Schriftenreihe des Instituts für Anwaltsrecht
Herausgegeben von Prof. Dr. Martin Henssler und
Prof. Dr. Hanns Prütting

Schurr
Anwaltsgesellschaften in Deutschland und
den Vereinigten Staaten von Amerika

Anwaltsgesellschaften in Deutschland und den Vereinigten Staaten von Amerika

Ein gesellschaftsrechtlicher Vergleich

Dr. Renate Schurr

LL.M. (Columbia Univ.), attorney-at-law (N.Y.)
Erlangen

DeutscherAnwaltVerlag

Die Deutsche Bibliothek – CIP-Einheitsaufnahme

Schurr, Renate:
Anwaltsgesellschaften in Deutschland und den Vereinigten Staaten von Amerika :
ein gesellschaftlicher Vergleich / Renate Schurr. - Bonn : Dt. Anwaltverl., 1998
(Schriftenreihe des Instituts für Anwaltsrecht an der Universität zu
Köln ; Bd. 28)
Zugl.: Erlangen, Univ., Diss., 1997
ISBN 3-8240-5192-3

D 29

Copyright 1998 by Deutscher Anwaltverlag, Bonn
Satz: Graphische Werkstätten Lehne GmbH, Grevenbroich
Druck: Richarz Publikations-Service GmbH, Sankt Augustin
Titelgestaltung: D sign Korn, Solingen
ISBN: 3-8240-5192-3

Vorwort

Die Strukturen anwaltlicher Zusammenarbeit erfahren derzeit einen grundlegenden Wandel. Vor diesem Hintergrund analysiert diese Arbeit die deutsche und US-amerikanische Rechtslage. Insbesondere untersucht sie, inwieweit sich US-amerikanische Regelungen vorteilhaft auf das deutsche Rechtssystem übertragen lassen.

Die vorliegende Arbeit wurde im Sommersemester 1997 von der Juristischen Fakultät der Friedrich-Alexander-Universität Erlangen-Nürnberg als Dissertation angenommen. Sie berücksichtigt die rechtliche Entwicklung in Deutschland bis Herbst 1997, wobei der am 18.11.1997 vom Bundeskabinett beschlossene Entwurf eines Gesetzes zur Änderung der Bundesrechtsanwaltsordnung, der Patentanwaltsordnung und anderer Gesetze nicht mehr eingearbeitet werden konnte; hinsichtlich des amerikanischen Rechts ist sie auf dem Stand von Sommer 1996.

Herrn Prof. Dr. Klaus Vieweg danke ich sehr herzlich für die umfassende Betreuung der Arbeit. Die Mühe des Zweitgutachtens hat dankenswerterweise Herr Prof. Dr. Reinhard Greger auf sich genommen. Weiterhin bin ich der University of California at Berkeley für die Unterstützung meines Aufenthalts als Visiting Scholar im Jahre 1996 zu Dank verpflichtet. Ohne diesen Forschungsaufenthalt, für dessen großzügige finanzielle Förderung ich der Schmitz-Nüchterlein-Stiftung, Nürnberg, danke, hätte der amerikanische Teil der Arbeit nicht entstehen können. Schließlich profitierte diese Arbeit von Frau Dr. Anne Röthels, Herrn Stephan Bleisteiners und Herrn Dr. Kurt Dittrichs wertvollen Anregungen und Kommentaren. Mein besonderer Dank aber gilt meinen Eltern. Alles, was ich erreicht habe, haben erst sie mir ermöglicht.

Frankfurt am Main, im Januar 1998   Renate Schurr

Inhaltsübersicht

Inhaltsverzeichnis

Abkürzungsverzeichnis

a.	Act; Atlantic Reporter (Regionalfallrechtssammlung)
A. 2d	Atlantic Reporter, 2d Series
a.A.	andere Ansicht
a.a.O.	am angegebenen Ort
A.B.A.	American Bar Association (Amerikanischer Bundesverband der Anwaltschaft)
A.B.A.J.	American Bar Association Journal
AcP	Archiv für die civilistische Praxis
A.D. 2 Dept.	Supreme Court (New York), Appellate Division, Second Department
aff'd	affirmed
Akron L. Rev.	Akron Law Review
Ala.	Alabama Court of Appeals Reports
Ala. Code	Code of Alabama
A.Law.	American Lawyer
A.L.I.	American Law Institute
ALI-ABA	American Law Institute American Bar Association Continuing Legal Education
A.L.R.	American Law Reports
Ann.	Annotated
AnwBl	Anwaltsblatt
App. Div.	Appellate Division
Ariz. L. Rev.	Arizona Law Review
Ariz. Rev. Stat. Ann.	Arizona Revised Statutes Annotated
Ark. L. Rev.	Arkansas Law Review
Art.	Article
A. Soc. Rev.	American Sociological Review
Ass'n	Association
Attor.	Attorney(s)
Aufl.	Auflage
AVO	Ausführungsverordnung
B.	Bar
B.A.	Bar Association

Bankr.	Bankruptcy (Court)
BayObLG	Bayerisches Oberstes Landesgericht
BB	Der Betriebs-Berater
Bd.	Band
BerufsO	Berufsordnung
BFH	Bundesfinanzhof
BFHE	Entscheidungen des Bundesfinanzhofs
BGB	Bürgerliches Gesetzbuch
BGBl	Bundesgesetzblatt
BGH	Bundesgerichtshof
BGHZ	Entscheidungen des Bundesgerichtshofes in Zivilsachen (Bd., S.)
BNA	Bureau of National Affairs
B.R.	Bankruptcy Law Reporter
BRAGO	Bundesgebührenordnung für Rechtsanwälte
BRAK	Bundesrechtsanwaltskammer
BRAK-Mitt.	Mitteilungen der Bundesrechtsanwaltskammer
BRAO	Bundesrechtsanwaltsordnung
BR-Drucks.	Bundesrats-Drucksache
BT-Drucks.	Bundestagsdrucksache
Bus.	Business
Bus. Law.	The Business Lawyer
Bus. L. Today	Business Law Today
BVerfG	Bundesverfassungsgericht
BVerfGE	Entscheidungen des Bundesverfassungsgerichts (Bd., S.)
bzgl.	bezüglich
bzw.	beziehungsweise
Cal.	California
Cal. 3d	California Reports, 3d Series
Cal. App.	California Appellate Reports (Berufungsgerichtsentscheidungen)
Cal. App. 3d	California Appellate Reports, 3d Series
Cal. Bus. & Prof. Code	(West's) Annotated California Business & Professions Code
Cal. Corp. Code	(West's) Annotated California Corporations Code
Cal. Rptr.	(West's) California Reporter
Case W. Res. L. Rev.	Case Western Reserve Law Review
C.B.	Cumulative Bulletin

CCH	Commerce Clearing House
cert. granted	certiorari granted
cert. den.	certiorari denied
C.F.R.	Code of Federal Regulations
Ch.	Chapter
Chem.	Chemical
Chi.	Chicago
Cin. L. Rev.	Cincinnati Law Review
Cir.	Circuit (Gerichtsbezirk eines Federal Court of Appeals)
9 th Cir.	United States Court of Appeals, 9 th Circuit
Civ.	Civil
Civ. Ct.	Civil Court
Co.	Company
Colum. L. Rev.	Columbia Law Review
Colo. Rep.	Colorado Reports
Colo. Rev. Stat.	Colorado Revised Statutes
Colo. Rev. Stat. Ann.	(West's) Colorado Revised Statutes Annotated
Comm.	Committee
Conn.	Connecticut
Conn. B. J.	Connecticut Bar Journal
Conn. Gen. Stat.	General Statutes of Connecticut
Conn. Gen. Stat. Ann.	Connecticut General Statutes Annotated (West)
Conn. L. Rev.	Connecticut Law Review
Conn. Rep.	Connecticut Reports
Cons.	Consolidated
Coop.	Cooperative
Corp.	Corporat(e, ion)
Corp. Couns. Wkly.	Corporate Counsel Weekly
Couns.	Counsel (or, ors, or's)
CPA	Certified Public Accountant
Ct. App.	Court of Appeals
Ct. Spec. App.	Court of Special Appeals
D.	United States District Court, District of
DAV	Deutscher Anwaltverein
DB	Der Betrieb
D.C.	District of Columbia
D.C.App.	Appeals Cases, District of Columbia

D.C.Code Ann.	District of Columbia Code Annotated
Del.	Delaware
Del. Code Ann.	Delaware Code Annotated
ders.	derselbe
d. h.	das heißt
dies.	dieselbe(n)
Dig.	Digest
Disc.	Discipline
Diss.	Dissertation
doc.	document
DR	Disciplinary Rule
DStB	Der Steuerberater
DStR	Deutsches Steuerrecht
DZWir	Deutsche Zeitschrift für Wirtschaftsrecht
E.	East(ern)
EC	Ethical Consideration
ECR	European Court Reports
ed.	edit(ion, or)
E.D.Pa.	Federal Court for the Eastern District of Pennsylvania
EGV	EG-Vertrag
ERTA	Economic Recovery Tax Act
EStG	Einkommensteuergesetz
EU	Europäische Union
EuZW	Europäische Zeitschrift für Wirtschaftsrecht
EWiR	Entscheidungen zum Wirtschaftsrecht
EWIV	Europäische Wirtschaftliche Interessenvereinigung
f., ff.	folgende Seite(n)
F.	Federal Reporter (Entscheidungen der Federal Courts of Appeals, d. h. der Bundesberufungsgerichte)
F. 2d	Federal Reporter, 2d Series
FAZ	Frankfurter Allgemeine Zeitung
Fed.	Federal
Fin.	Financ(e, ial)
Fla.	Florida
Fla. L. Rev.	Florida Law Review
Fla. Stat.	Florida Statutes
Fla. Stat. Ann.	Florida Statutes Annotated (West)
Fla. St. L. Rev.	Florida State University Law Review
Fn.	Fußnote

Fordham L. Rev.	Fordham Law Review
F.R.	Federal Regulation
FRCP	Federal Rules of Civil Procedure
FS	Festschrift
F. Supp.	Federal Supplement (Entscheidungen der Federal District Courts, d. h. der erstinstanzlichen Bundesgerichte)
Ga.	Georgia
Ga. App.	Georgia Appeals Reports
Ga. Code Ann.	Official Code of Georgia Annotated (Michie)
Ga. L. Rev.	Georgia Law Review
GATS	General Agreement on Trade in Services
GbR	Gesellschaft des bürgerlichen Rechts
GbR mbH	Gesellschaft des bürgerlichen Rechts mit beschränkter Haftung
gem.	gemäß
Gen.	General
Georgetown J. Legal Ethics	Georgetown Journal of Legal Ethics
Geo. Wash. L. Rev.	George Washington Law Review
GewStG	Gewerbesteuergesetz
ggf.	gegebenenfalls
GmbH	Gesellschaft mit beschränkter Haftung
GmbHR	GmbH-Rundschau
GmbH & Co KG	Kommanditgesellschaft, deren einziger Komplementär eine GmbH ist
GP	General Partnership
GVBl/GVOBl	Gesetz- und Verordnungsblatt
Harv. L. Rev.	Harvard Law Review
Hastings L. J.	Hastings L. J.
Haw. Rev. Stat.	Hawaii Revised Statutes
Hb.	Halbband
h.M.	herrschende Meinung
Hofstra L. Rev.	Hofstra Law Review
Hous.	Houston
Hous. Law.	The Houston Lawyer
HReg.	Handelsregister
hrsg.	herausgegeben
Hrsg.	Herausgeber

Idaho Code	Idaho Code
IECL	International Encyclopedia of Comparative Law
Ill.	Illinois
Ill. B. J.	Illinois Bar Journal
Ill. Rev. Stat.	Illinois Revised Statutes
Inc.	Incorporated
Ind.	Indiana
Ind. Code	Indiana Code
Ind. Code Ann.	(West's) Annotated Indiana Code
Indus.	Industry
Ins.	Insurance
Inst.	Institute
Int'l	International
Int'l Fin. L. Rev.	International Financial Law Review
Iowa Code	Code of Iowa
Iowa Code Ann.	Iowa Code Annotated (West)
IPRax	Praxis des Internationalen Privat- und Verfahrensrechts
I.R.B.	Internal Revenue Bulletin
I.R.C.	Internal Revenue Code
I.R.S.	Internal Revenue Service
IStR	Internationales Steuerrecht
i.V.m.	in Verbindung mit
J.	Journal
JA	Juristische Arbeitsblätter
J. Bus. L.	Journal of Business Law
J. Corp. L.	Journal of Corporation Law
J. Corp. Tax'n	Journal of Corporate Taxation
J. L. & Econ.	Journal of Law and Economics
J. Legal Prof.	Journal of the Legal Profession
J. O.	Journal Officiel
J. Partnership Tax'n	Journal of Partnership Taxation
J. Pol. Econ.	Journal of Political Economy
JR	Juristische Rundschau
Jud.	Judicial
Jud. Ct.	Judicial Court
JZ	Juristenzeitung
Kan. Corp. Code Ann.	Vernon's Kansas Corporation Code Annotated

Kan. L. Rev.	Kansas Law Review
Kan. Stat. Ann.	Kansas Statutes Annotated
Ky. L.J.	Kentucky Law Journal
Ky. Rev. Stat. Ann.	Baldwin's Official Edition, Kentucky Revised Statutes Annotated
L.	Law
La.	Lousiana
Lab.	Laborator(y, ies)
La. L. Rev.	Lousiana Law Review
La. Rev. Stat. Ann.	West's Lousiana Revised Statutes Annotated
Law.	Lawyer
Legis.	Legislat(ion, ive)
Lim.	Limited
LG	Landgericht
L.J.	Law Journal
LLC	Limited Liability Company
LLP	Limited Liability Partnership
LLLP	Limited Liability Limited Partnership
Loy. U. L. J.	Loyola University Law Journal
LP	Limited Partnership
L.R.A.	Lawyer's Reports Annotated
L. Rev.	Law Review
L. & Soc. Inquiry	Law & Social Inquiry
Ltd.	Limited
Mass. Gen. L.	General Laws of Massachusetts
Mass. Gen. Laws Ann.	Massachusetts General Laws Annotated (West)
M.B.C.A.	Model Business Corporation Act
Md. Code Ann.	Annotated Code of Maryland
Md. L. Rev.	Maryland Law Review
MDR	Monatsschrift für Deutsches Recht
Me. Rev. Stat. Ann.	Maine Revised Statutes Annotated (West)
Mich. Comp. Laws	Michigan Compiled Laws
Mich. Comp. Laws Ann.	Michigan Compiled Laws Annotated (West)
Mich. L. Rev.	Michigan Law Review
Minn.	Minnesota
Minn. L. Rev.	Minnesota Law Review
Minn. Stat.	Minnesota Statutes

Minn. Stat. Ann.	Minnesota Statutes Annotated (West)
Misc.	New York Miscellaneous Reports (New Yorker untergerichtliche Entscheidungen)
Miss. Code Ann.	Mississippi Code Annotated
Mo. Ann. Stat.	Vernon's Annotated Missouri Statutes
Mont.	Montana
Mont. Code Ann.	Montana Code Annotated
Mo. Rev. Stat.	Missouri Revised Statutes
M.P.C.A.	Model Professional Corporation Act (Professional Corporation Supplement zum Business Corporation Act, 1978)
M.P.C.S.	Model Professional Corporation Supplement (1984)
MR	Model Rule
MüKo	Münchener Kommentar zum Bürgerlichen Gesetzbuch
m.w.N.	mit weiteren Nachweisen
N.	North(ern)
Nat'l	National
Nat'l L. J.	National Law Journal
N.C.	North Carolina
N.C. Gen. Stat.	General Statutes of North Carolina
N.D.	North Dakota
N.D. Cent. Code	North Dakota Century Code
N.E.	(West's) Northeastern Reporter
N.E. 2d	(West's) North Eastern Reporter, 2d Series
Neb.	Nebraska
Neb. L. Rev.	Nebraska Law Review
Neb. Rev. Stat.	Revised Statutes of Nebraska
Nev. Rev. Stat.	Nevada Revised Statutes
Nev. Rev. Stat. Ann.	Nevada Revised Statutes Annotated (Michie)
N.H. Rev. Stat. Ann.	New Hampshire Revised Statutes Annotated
N.J. Rev. Stat.	New Jersey Revised Statutes
N.J. Stat. Ann.	New Jersey Statutes Annotated (West)
NJW	Neue Juristische Wochenschrift
NJW-RR	Rechtsprechungsreport der Neuen Juristischen Wochenschrift
N.M.	New Mexico
N.M. Stat. Ann.	New Mexico Statutes Annotated (Michie)
No.	Number

nom.	nomine
(n.s.)	new series
Nw.	Northwestern
N.W.	(West's) North Western Reporter
N.W. 2d	(West's) North Western Reporter, 2d Series
Nw. U. L. Rev.	Northwestern University Law Review
N.Y.	New York
N.Y.2d	New York Reports, 2d Series
N.Y. Bus.Corp.Law	New York Business Corporation Law (McKinney's Consolidated Laws of New York Annotated)
N.Y. Jud.Law	New York Judiciary Law (McKinney's Consolidated Laws of New York Annotated)
N.Y.L.J.	New York Law Journal
N.Y.Partnership Law	New York Partnership Law (McKinney's Consolidated Laws of New York Annotated)
N.Y.S.	(West's) New York Supplement (New Yorker untergerichtliche Entscheidungen)
N.Y.S. 2d	(West's) New York Supplement, 2d Series
Ohio Rev. Code Ann.	Ohio Revised Code Annotated (Baldwin)
Ohio St. L. J.	Ohio State Law Journal
O.J.	Official Journal
Okla. Stat.	Oklahoma Statutes
OLG	Oberlandesgericht
Or.	Oregon
Or. Rev. Stat.	Oregon Revised Statutes
P.	(West's) Pacific Reporter
P. 2d	(West's) Pacific Reporter, 2d Series
P.A.	Practicing Attorney
Pace L. Rev.	Pace Law Review
PartG	Partnerschaftsgesellschaft
PartGG	Partnerschaftsgesellschaftsgesetz
Pa. Stat. Ann.	(Purdon's) Pennsylvania Statutes Annotated
PC	Professional Corporation
Pepp. L. Rev.	Pepperdine Law Review
Prac.	Practi(cal, ce, tioners)
Proc.	Proce(edings, dure)
Prof.	Profession(al)
PC	Professional Corporation

Pub.	Public
Q.	Quarterly
R.	Review
RADG	Rechtsanwaltsdienstleistungsgesetz
RBerG	Rechtsberatungsgesetz
R. Civ. P.	Rules of Civil Procedure
Rdnr.	Randnummer
Rdnrn.	Randnummern
Reg.	Register; Regulat(ion, ory)
RegE	Regierungsentwurf
Rep.	Report(s, er)
Resp.	Responsibility
Rev.	Revis(ed, ion)/Review
rev'd	reversed
Rev. Rul.	Revenue Ruling
RGBl	Reichsgesetzblatt
RGZ	Entscheidungen des Reichsgerichts in Zivilsachen
R.I.	Rhode Island
Richtl.	Richtlinie
RichtlRA	Grundsätze des anwaltlichen Standesrechts
R.I. Gen. Laws	General Laws of Rhode Island
RIW	Recht der Internationalen Wirtschaft
RLLP	Registered Limited Liability Partnerhip
RLPA	Revised Limited Partnership Act
R.M.B.C.A.	Revised Model Business Corporation Act
RpflAnpG	Rechtspflege-Anpassungsgesetz
Rpfleger	Der Deutsche Rechtspfleger
Rs	Rechtssache
R.U.L.P.A.	Revised Uniform Limited Partnership Act
RUPA	Revised Uniform Partnership Act
S.	Seite(n); South(ern)
S.C.	South Carolina
S.C. Code Ann.	Code of Laws of South Carolina annotated (Law. Co-op.)
S. Ct.	Supreme Court Reporter
S.D.	South Dakota; Southern District (Gerichtsbezirk eines erstinstanzlichen Bundesgerichts innerhalb eines Staates)

S.D. Codified Laws Ann.   Douth Dakota Codified Laws Annotated

S.D.N.Y.	New York District Court (cases before 1932)
S.E.	(West's) Southeastern Reporter
S.E.2d	(West's) Southeastern Reporter, 2d Series
Sec.	Section
So.	(West's) Southern Reporter
So. 2d	(West's) Southern Reporter, 2d Series
Soc.	Social; Sociolog(ical, y)
St.	State
Stan. L. Rev.	Stanford Law Review
Stat.	Statute
StB	Der Steuerberater
StBerG	Steuerberatungsgesetz
Stbg	Die Steuerberatung
St. Rspr.	Ständige Rechtsprechung
Super. Ct.	Superior Court
Supp.	Supplement
Supr. Ct.	Supreme Court
Supr. Jud. Ct.	Supreme Judicial Court
Sur. Ct.	Surrogate's Court (Vormundschafts- und Nachlaßgericht)
S.W.	(West's) South Western Reporter
Tax'n	Taxation
TEFRA	Tax Equity and Fiscal Responsibility Act
Temp. L. Rev.	Temple Law Review
Tenn.	Tennessee
Tenn. Code Ann.	Tennessee Code Annotated
Tenn. L. Rev.	Tennessee Law Review
Tex.	Texas
Tex. Bus. Corp. Act Ann.	(Vernon's) Texas Business Corporation Act Annotated
Tex. Corps. & Ass'ns Code Ann.	(Vernon's) Texas Corporations and Associations Code Annotated
tit.	title
u.	und
U.	Uniform; Universit(ies, y)
u. a.	und andere
U. Chi. L. Rev.	University of Chicago Law Review

U. Colo. L. Rev.	University of Colorado Law Review
ULLCA	Uniform Limited Liability Company Act
ULPA	Uniform Limited Partnership Act
U. Miami L. Rev.	University of Miami Law Review
UPA	Uniform Partnership Act
U. Pitt. L. Rev.	University of Pittsburgh Law Review
U. Rich. L. Rev.	University of Richmond Law Review
U.S.	United States Supreme Court
U.S. (mit Ziffern)	United States Reports
U.S.A.	United States of America
U.S.C.	United States Code
U.S.C.A.	(West's) United States Code Annotated
Utah Code Ann.	Utah Code Annotated

v.	versus; vom
Va.	Virginia
Va. Code Ann.	Code of Virginia Annotated
Va. L. Rev.	Virginia Law Review
Vanderbilt L. Rev.	Vanderbilt Law Review
VersR	Versicherungsrecht
vgl.	vergleiche
Vol.	Volume (Band)
Vorb.	Vorbemerkung
Vt.	Vermont
Vt. Stat. Ann.	Vermont Statutes Annotated

W.	West(ern)
Wake Forest L. Rev.	Wake Forest Law Review
Wall St. J.	Wall Street Journal
Wash.	Washington
Wash. App.	Washington Appellate Reports
Wash. 2d	Washington Reports, 2d Series
Wash. Rev. Code	Revised Code of Washington
Wash. Rev. Code Ann.	Revised Code of Washington Annotated
Wash. U. L. Q.	Washington University Law Quarterly
WBl	Wirtschaftsrechtliche Blätter
WiB	Wirtschaftsrechtliche Beratung
Wis.	Wisconsin
Wis. Stat.	Wisconsin Statutes
Wis. Stat. Ann.	(West's) Wisconsin Statutes Annotated

Wk.	Week
Wkly.	Weekly
WL	Westlaw
WM	Zeitschrift für Wirtschafts- und Bankrecht, Wertpapier-Mitteilungen
WPg	Die Wirtschaftprüfung
WPK-Mitt.	Wirtschaftsprüferkammer-Mitteilungen
WPO	Wirtschaftsprüfungsordnung
WRP	Wettbewerb in Recht und Praxis
W. Va.	West Virginia
Wyo.	Wyoming
Wyo. Stat.	Wyoming Statutes
ZAP	Zeitschrift für die Anwaltspraxis
z. B.	zum Beispiel
ZGR	Zeitschrift für Unternehmens- und Gesellschaftsrecht
ZHG	Zahnheilkundegesetz
ZHR	Zeitschrift für das gesamte Handels- und Wirtschaftsrecht
ZIP	Zeitschrift für Wirtschaftsrecht
ZPO	Zivilprozeßordnung
ZRP	Zeitschrift für Rechtspolititk
z. T.	zum Teil

1. Teil: Einleitung

Lange Zeit waren die gesellschaftsrechtlichen Gestaltungsmöglichkeiten für Rechtsanwälte sehr begrenzt. Der Gesetzgeber hielt die Regelung der §§ 705 ff. BGB für eine ausreichende Basis freiberuflicher Kooperation, obgleich das Recht der Gesellschaft des bürgerlichen Rechts (GbR) aufgrund seines hohen Abstraktionsniveaus und seines dispositiven Charakters kaum präzise Lösungen für Einzelfragen zuläßt.[1] Dies hatte zur Folge, daß sich der Strukturwandel, der in den letzten Jahren in der Anwaltschaft zu beobachten war, auf detaillierte Vertragswerke stützte. Mit dieser Entwicklung verbunden war der Ruf nach einer Reform des Berufsrechts und der gesetzlichen Zulassung der Anwalts-GmbH.[2] Er wurde damit begründet, daß die Wettbewerbsfähigkeit der Anwaltschaft gestärkt werden könne, indem ihre gesellschaftsrechtlichen Kooperationsmöglichkeiten erweitert und damit mittelbar auch das Wachstum von Anwaltsgesellschaften, eine Spezialisierung, Arbeitsteilung und die gegenseitige Vertretung erleichtert würden.[3]

Judikatur und Legislative reagierten auf den Ruf nach Reformen, indem sie den notwendigen Änderungsprozeß in Gang setzten. So erklärte das Bayerische Oberste Landesgericht im November 1994 unter bestimmten Voraussetzungen die Anwalts-GmbH für zulässig.[4] Am 13.3.1995 wurde in Köln die erste Anwalts-GmbH in das Handelsregister eingetragen.[5] Seit dem 1.7.1995 steht den Rechtsanwälten als Angehörigen der Freien Berufe mit der Partnerschaftsgesellschaft (PartG)[6] in Deutschland neben der GbR und der Anwalts-GmbH eine weitere Gesellschaftsform zur Verfügung. Es besteht, wie noch im einzelnen darzulegen sein wird, aber noch immer Regelungsbedarf. Das Bundesjustizministerium hat mittlerweile den Entwurf eines „Gesetzes zur Regelung der Anwaltsgesellschaft mit beschränkter Haftung (Anwalts-GmbH-Gesetz)" vorgelegt.[7] Der Referen-

---

1 Vgl. *Henssler*, NJW 1993, 2137 (2138).

2 Vgl. z. B. *Henssler*, NJW 1993, 2137 (2141 m.w.N.); *ders.*, DB 1995, 1549.

3 *Henssler*, NJW 1993, 2137; *ders.*, ZIP 1994, 844.

4 BayObLG GmbHR 1995, 42.

5 Vgl. die Mitteilung über die Eintragung der ersten Anwalts-GmbH, welche in Köln vorgenommen wurde, in der GmbHR 1995, Heft 6, R 42.

6 BGBl I, 1744.

7 Vgl. hierzu *Römermann*, GmbHR 1997, 530 ff.; abgedruckt ist der Referentenentwurf zur Anwalts-GmbH in ZIP 1997, 1518 ff.

tenentwurf schlägt auch Änderungen des Rechts der PartG vor, durch welche diese im Hinblick auf Haftungsfragen günstiger gestaltet werden soll.[8] In den Vereinigten Staaten von Amerika (U.S.A.) können die Rechtsanwälte ihre freiberufliche Tätigkeit schon seit Jahrzehnten nicht nur in der general partnership (GP),[9] sondern auch in einer speziell für Freiberufler entwickelten Kapitalgesellschaft, der sogenannten professional corporation (PC),[10] ausüben. Die Diskussion über die Zulässigkeit anwaltlicher Berufsausübung in einer Kapitalgesellschaft begann in den U.S.A. schon um die Jahrhundertwende.[11] Zu Beginn der sechziger Jahre wurde dann die Tätigkeit in der Form der professional corporation von den ersten einzelstaatlichen Gesetzen für zulässig erklärt.[12] Im Jahre 1976 konzipierte die American Bar Association ein Modellgesetz.[13] Daran anschließend erließen alle einzelstaatlichen Gesetzgeber Regelungen, welche die Ausübung anwaltlicher und sonstiger freiberuflicher Tätigkeit in Form der professional corporation ermöglichten.[14] Heute bietet die professional corporation vor allem den Vorteil der Haftungsbeschränkung.[15]

In jüngster Zeit schufen einzelstaatliche Gesetzgeber mit der professional service limited liability company (LLC)[16] und der registered limited liability partnership (LLP)[17] weitere Gesellschaftsformen, die Haftungsbeschränkungen gewähren und von Freiberuflern genutzt werden können. Die limited liability company existiert in den U.S.A. bereits seit

---

8 Vgl. *Seibert*, ZIP 1997, 1046.
9 Die general partnership ist eine der deutschen Offenen Handelsgesellschaft vergleichbare Gesellschaftsform.
10 Die professional corporation ist eine der deutschen Gesellschaft mit beschränkter Haftung vergleichbare Kapitalgesellschaft, welche in einigen Staaten als professional association oder personal service corporation bezeichnet wird. Sie ist nur Freiberuflern zugänglich.
11 Vgl. hierzu *Donath*, ZHR 156 (1992), 134 (146 ff.).
12 Vgl. die Nachweise bei *Maycheck*, 47 U. Pitt. L. Rev. 1986, 817 ff.; *Note*, Professional Corporations ans Associations, 75 Harv. L. Rev. 1962, 776 (779 ff.).
13 Dies war das Professional Corporation Supplement zum Model Business Corporation Act, abgedruckt in: 32 Bus. Law. 1976, 291 ff.
14 Einen Überblick geben *Maycheck*, 47 U. Pitt. L. Rev. 1986, 817 ff. und *Schneider*, 55 Cin. L. Rev. 1987, 785 ff.
15 Zu weiteren Vorteilen vgl. *Maycheck*, 47 U. Pitt. L. Rev. 1986, 817 ff.
16 Ein deutsches Äquivalent hierfür gibt es nicht; die limited liability company verbindet die Vorteile der Gesellschaftsformen der limited liability partnership (vergleichbar mit der deutschen Kommanditgesellschaft) einerseits und der S- und der C-corporation (vergleichbar mit der deutschen Gesellschaft mit beschränkter Haftung) andererseits.
17 Die registered limited liability partnership ist eine der deutschen Kommanditgesellschaft vergleichbare Gesellschaftsform.

1977,[18] wobei die meisten einzelstaatlichen Gesetzgeber allerdings erst nach 1988 entsprechende Gesetze erließen.[19] Die LLC verbindet die Besteuerung als Personengesellschaft mit den für Kapitalgesellschaften typischen Haftungsbeschränkungen.[20] In den meisten Einzelstaaten können freiberufliche Tätigkeiten in einer LLC ausgeübt werden.[21] Ähnliche Vorteile bietet die Gesellschaftsform der limited liability partnership, die Texas 1991[22] als erster Einzelstaat gesetzlich anerkannte. Es folgte eine größere Zahl von Einzelstaaten, unter ihnen Delaware im Jahre 1993[23] und New York 1994.[24]

Vor dem Hintergrund steigender Schadensersatzforderungen[25] stellt sich für US-amerikanische Anwälte vermehrt die Frage, mit welcher Gesellschaftsform sie sich am wirksamsten vor einer persönlichen Haftung schützen können.[26] Als besonders problematisch wird dabei die Gefahr

---

18 In diesem Jahr erließ Wyoming als erster Einzelstaat ein LLC-Gesetz, Act of March 4, 1977, ch. 155, 1977 Wyo. Session Laws 512.

19 Vgl. *Cunningham*, 4 Bus. L. Today, 3/4 1995, 21 (22).

20 Vgl. z. B. Tex. Tax Code, § 171.001(a)(2) (Vernon Supp. 1996); N.Y. Limited Liability Company Law §§ 501 f., 601 ff., 609 (McKinney 1994 & Supp. 1996).

21 Vgl. z. B. Del. Code Ann. tit. 6, § 18-106 (Michie Supp. 1994); S. D. Codified Laws Ann. § 47-13A.1 (Supp. 1995); N.Y. Limited Liability Company Law § 1201(b) (McKinney 1994 & Supp. 1996); eine Übersicht findet sich bei *Christensen/Bertschi*, 29 Ga. L. Rev. 1995, 693 (697).

22 Tex. Rev. Civ. Stat. Ann. art. 6132b (Vernon Supp. 1996).

23 Del. Code Ann. tit. 6, §§ 1501–1547 (Michie Supp. 1994).

24 N.Y. Partnership Law, art. 8-B (§§ 121-1500 bis 121-1503) (McKinney 1988 & Supp. 1995).

25 Der starke Anstieg der Einkünfte aus juristischen Dienstleistungen (diese wuchsen zwischen 1972 und 1989 um 480 % auf 75 Milliarden US Dollar; vgl. *Nelson*, 44 Case W. Res. L. Rev. 1994, 345 ff.) und die Millionenbeträge der Schadensersatzforderungen (in den Jahren 1986-1992 kam es zu 14 Vergleichsabschlüssen über Beträge von mindestens 20 Millionen US Dollar zwischen US-amerikanischen Sozietäten und ihren Mandanten *Couric*, 79-APR A.B.A. J. 1993, 64) machen die volkswirtschaftliche Bedeutung der Anwaltshaftung deutlich.

26 Firms Become Limited Liability Partnerships in a Scramble to Protect their Assets, Natÿl L. J., Dec. 26, 1995, C 14; *Banoff*, 4 Bus. L. Today 3/4 1995, 10 (14). So wurde beispielsweise die New Yorker Sozietät Kaye, Scholer, Fierman, Hayes and Hadler auf US $ 275.000.000 verklagt. Es kam zu einem Vergleichsabschluß über US $ 49.000.000. Einen Teil dieses Betrags übernahm die Versicherung der Sozietät, die restlichen US $ 16.000.000 hatten die Partner der Sozietät persönlich zu zahlen; vgl. *Fortney*, 66 U. Colo. L. Rev. 1995, 329. Bis vor etwa acht Jahren sahen sich Großkanzleien nicht allzu vielen Klagen ausgesetzt, da potentielle Kläger erwarteten, daß sich die law firms sehr heftig verteidigen würden. Mittlerweile betrachten Mandanten diese jedoch als zahlungskräftige Gegner. Neben der Finanzkraft der größeren law firms trägt auch zur Beliebtheit von Klagen gegen diese bei, daß bei größeren Forderungen, die gegen auf ihre Reputation bedachte Big Firms gerichtet sind, Vergleichsschlüsse wahrscheinlicher sind, die das Ziel haben, Publizität zu

gesehen, auch für nicht persönlich verschuldete Fehler zu haften.[27] Daher werden Gesellschaftsformen wie die oben erwähnten, die die Möglichkeit der Haftungsbeschränkung bieten, in den U.S.A. immer bedeutender.

Die langjährige Erfahrung der US-amerikanischen Anwälte mit der Rechtsfigur der professional corporation wie auch die Schaffung neuer Gesellschaftsformen zeitlich parallel mit dem Strukturwandel in der deutschen Anwaltschaft geben Anlaß zu einer rechtsvergleichenden Untersuchung. Die vorliegende Arbeit hat es sich insoweit zur Aufgabe gemacht, die deutschen wie die US-amerikanischen Regelungen hinsichtlich der gemeinschaftlichen anwaltlichen Berufsausübung aus gesellschaftsrechtlicher Sicht kritisch zu würdigen. Steuerliche Gesichtspunkte[28] müssen hierbei weitestgehend vernachlässigt werden, da eine Erörterung den Umfang dieser Arbeit sprengen würde. Aus dem gleichen Grund bleiben auch die Europäische Wirtschaftliche Interessenvereinigung (EWIV)[29] und andere Formen loser Kooperationen von Anwälten unberücksichtigt.

---

vermeiden; *Duncan*, 10 BNAÿs Corporate Counsel Weekly 1995, 8.

27 Dies wird in der amerikanischen Literatur zum Teil sehr drastisch beschrieben: „The actions of a partner you donÿt even know, working in an office on the other side of the country, could cost you your house and force your kids to go to public school"; *Fortney*, 66 U. Colo. L. Rev. 1995, 329.

28 Vgl. für das deutsche Recht z.B. *Sauren/Haritz*, MDR 1996, 109 ff. (Anwalts-GmbH); *Gail/Overlack*, 43 ff. (Anwalts-PartG); *Kaiser/Bellstedt*, 119 ff. (Rdnrn. 300 ff.; Anwalts-GbR); 206 ff. (Rdnrn. 520 ff.; Anwalts-PartG); 260 ff. (Rdnrn. 694 ff.; Anwalts-GmbH) und für das amerikanische Recht auf *Hey*, RIW 1992, 916 ff.

29 Hinsichtlich der EWIV soll nur festgestellt werden, daß in ihr Anwälte sowie Anwaltssozietäten aus den Mitgliedstaaten der Europäischen Union zusammenarbeiten können; vgl. z. B. *Marx*, AnwBl 1997, 241 ff.; *Zuck*, NJW 1990, 954 ff.; *Klein-Blenkers*, DB 1994, 2224 f. Nach Art. 3 I der Verordnung des Ministerrats der EG vom 25.7.1985; ABl. EG Nr. L 199, 1 ff. (unmittelbare Geltung gemäß Art. 189 II EGV; vgl. auch das in Deutschland ergangene Ausführungsgesetz vom 25.7.1988; BGBl I, 514 ff.) hat die EWIV allerdings nur Hilfscharakter: „Die Vereinigung hat den Zweck, die wirtschaftliche Tätigkeit ihrer Mitglieder zu erleichtern oder zu entwickeln sowie die Ergebnisse dieser Tätigkeit zu verbessern oder zu steigern; sie hat nicht den Zweck, Gewinn für sich selbst zu erzielen. Ihre Tätigkeit muß im Zusammenhang mit der wirtschaftlichen Tätigkeit ihrer Mitglieder stehen und darf nur eine Hilfstätigkeit hierzu bilden"; vgl. beispielsweise *Müller-Gugenberger*, NJW 1989, 1449 (1453 f.); *Kollhosser/Raddatz*, JA 1989, 10 (12); *Sieg*, 55; *von Rechenberg*, in: von der Heydt/von Rechenberg, 13 ff.; *Scriba*, 55 ff. Die EWIV erfreut sich gerade für Zusammenschlüsse von Rechtsanwälten großer Beliebtheit; vgl. hierzu *Römermann*, 8 ff. Allerdings darf eine Rechtsanwalts-EWIV selbst keine freiberufliche und damit auch keine rechtsberatende Tätigkeit ausüben. Dies ist dem Erwägungsgrund 5 der Verordnung zu entnehmen. Die EWIV führt zwar einen eigenen Namen, doch es sind die einzelnen Mitglieder, welche die eigentlichen anwaltlichen Leistungen erbringen. Vgl. hierzu z.B. *Müller-Gugenberger*, NJW

Im folgenden wird daher zuerst die bisherige tatsächliche Entwicklung anwaltlicher Zusammenarbeit in Deutschland und den U.S.A. dargestellt (2. Teil). Danach werden die den Rechtsanwälten in Deutschland und den U.S.A. zur Verfügung stehenden gesellschaftsrechtlichen Kooperationsformen erläutert (3. und 4. Teil). Hierbei werden im 3. Teil die Sozietät in Form der GbR, die PartG und die Anwalts-GmbH miteinander verglichen. Dabei geht die Arbeit zuerst auf Entwicklung, Zulässigkeit und Rechtsnatur der Kooperationsformen ein. Dann werden die Errichtung der Gesellschaften, das Innenverhältnis, der Gesellschafterwechsel und schließlich das Außenverhältnis diskutiert. Im Kapitel über das Außenverhältnis werden insbesondere Haftungsfragen erörtert. Da mit zunehmender Größe der Sozietät auch die Gefahr zunimmt, daß Anwälte persönlich für Fehler von Kollegen haften, deren Arbeit nicht von ihnen überwacht werden kann, und weil im Bereich der Wirtschaftsberatung und der grenzüberschreitenden anwaltlichen Tätigkeit das Risiko nicht vorhersehbarer und mit wirtschaftlich sinnvollen Prämien nicht mehr versicherbarer Haftungsfälle steigt, wird bei der Diskussion der Haftungsfragen den von den verschiedenen Gesellschaftsformen angebotenen Möglichkeiten der Haftungsbeschränkung besonderes Gewicht beigemessen. Im 4. Teil dieser Arbeit werden die GP, die PC, die LLC und die LLP hinsichtlich ihrer Eignung als Kooperationsformen für Rechtsanwälte miteinander verglichen. Es werden Entwicklung, Zulässigkeit und Rechtsnatur, die Errichtung, das Innenverhältnis, etwaige beim Gesellschafterwechsel auftretende Probleme und das Außenverhältnis der US-amerikanischen Gesellschaftsformen erörtert. Der Schwerpunkt der Ausführungen liegt auch hier wieder im Bereich der Haftung. Im Hinblick auf die im Vergleich zu Deutschland ungleich größere Zahl an Großkanzleien und deren zum Teil erheblich größeren Umfang werden die haftungsrechtlichen Besonderheiten, die sich in den großen US-amerikanischen Anwaltsgesellschaften (Big Firms) ergeben, besonders vertieft. Die in den Vereinigten Staaten von Amerika vorzufindenden Gesellschaftsformen und Möglichkeiten der Haftungsbeschränkung für anwaltliche Tätigkeit werden im 5. Teil der Arbeit dann mit der deutschen Rechtslage verglichen, um Anregungen für einen Umgang mit den neuen Möglichkeiten zur Ausübung anwaltlicher Tätigkeit in Deutschland zu geben. Hieran schließt sich eine zusammenfassende Bewertung an (6. Teil).

1989, 1449 (1456); ausführlich zu Aspekten einer EWIV von Rechtsanwälten *Grüninger*, AnwBl 1990, 228 ff.; *ders.*, AnwBl 1992, 111 ff.; *Römermann*, 8 ff.; *Sieg*, 54 ff. m.w.N.

2. Teil: Entwicklung anwaltlicher Kooperationen in Deutschland und den Vereinigten Staaten von Amerika

1. Kapitel: Deutschland

Unter dem Druck internationaler Konkurrenz begann ein erhebliches Wachstum vor allem großer deutscher Sozietäten erst um 1990, wobei die Größe deutscher Kanzleien aber immer noch erheblich hinter der ihrer amerikanischen und englischen Konkurrenten zurückbleibt. Im folgenden soll ein kurzer Überblick über die Entwicklung in Deutschland gegeben werden. Daran schließt sich die Diskussion möglicher Ursachen an.

A. Entwicklung der deutschen Anwaltsgesellschaften

Die Entwicklung deutscher Anwaltsgesellschaften ist vor dem Hintergrund der von Grundsätzen wie dem Vorrang des Mandanteninteresses, dem Verbot von Erfolgshonoraren, Unabhängigkeit, Geheimhaltung und anderen Pflichten geprägten Reputation der deutschen Anwaltschaft zu sehen.[30] Dies führte nicht nur zu einer internen Stabilität der deutschen Anwaltschaft, sondern auch zu dem Versuch einer Abschottung gegen den internationalen Wettbewerb in Deutschland. Viele Anwälte sahen in den anglo-amerikanischen Kanzleien mit ihrer Ausrichtung auf Profitabilität und mit ihrer starken Spezialisierung eine Bedrohung für berufliche Wertvorstellungen.[31] Eine Tätigkeit als Einzelanwalt oder in einer kleinen Sozietät dürfte Interessenkonflikte minimieren und die persönliche Aufmerksamkeit gegenüber den Problemen der Mandanten erleichtern. Unter diesem Gesichtspunkt wurden kleine, an nur einem Ort lokalisierte Kanzleien als sinnvolle Form anwaltlicher Zusammenarbeit angesehen.[32]

---

30 Vgl. hierzu *Henssler*, AnwBl 1993, 541.
31 Vorbrugg, AnwBl 1989, 451.
32 Vgl. *Hüchting*, AnwBl 1989, 440, welcher eine Reihe von der Anwaltschaft bequemen Regeln darstellt, die Schutz gegen nichtjuristische Konkurrenten sowie gegen große ausländische Kanzleien gewährten, selbst aber auf die Notwendigkeit der Beteiligung

Nachdem der BGH mit seinem Beschluß vom 18.9.1989[33] die überörtliche Sozietät als Kooperationsform für Rechtsanwälte erstmals für zulässig erklärt hatte, kam es zu zahlreichen Fusionen und Ausgründungen.[34] Heute beschäftigen die größten deutschen Kanzleien etwa 100–150 Rechtsanwälte.

B. Gründe für die Entwicklung in Deutschland

I. Grundlagen

Die Entwicklung anwaltlicher Zusammenarbeit in Deutschland wurde in den letzten Jahren von erhöhtem Wettbewerb geprägt, der wiederum einerseits auf einen dramatischen Anstieg der Zahl der in Deutschland zugelassenen Anwälte und andererseits auf das Eindringen englischer und US-amerikanischer sowie holländischer Großkanzleien mit umfassendem Beratungsangebot und erheblicher Finanzkraft in den europäischen und deutschen Beratungsmarkt zurückzuführen ist. So waren 1950 lediglich 11.818 Rechtsanwälte in Deutschland zugelassen; 1984 waren es bereits 44.530 und 1994 70.438.[35] Ende Januar 1996 wurde die Zahl von 80.000 Anwälten überschritten und es wird erwartet, daß sich diese Zahl bis Ende 1996 auf 80.500 und bis zum Herbst 1999 auf 100.000 erhöhen wird.[36]

---

der deutschen Anwälte am internationalen Wettbewerb hinweist; *Wieser*, AnwBl 1989, 660 (661), der eine durch den DAV durchgeführte Meinungsumfrage zitiert, nach welcher 69,9 % der befragten deutschen Anwälte sich gegen die Zulassung überörtlicher Sozietäten aussprachen.

33 BGH NJW 1989, 2890 f.

34 Drei der jüngsten Großfusionen unter den deutschen Anwaltskanzleien sind der Zusammenschluß der Kanzleien Gaedertz Vieregge Quack Kreile und Albert, Flad & Schloßhahn zur neuen Sozietät „Gaedertz Rechtsanwälte" mit Wirkung vom 1.8.1997, der Zusammenschluß der Kanzleien Heuking Kühn Lüer Kunz Wojtek und Heussen Braun von Kessel zu einer Sozietät mit dem Namen „Heuking Kühn Lüer Heussen Wojtek" vom 1.7.1997 und der Zusammenschluß der Kanzleien Graf von Westphalen & Modest und Fritze, Weigel, Bornemann, Arnold & Kelm und von Pander, Willfort & Partner zu einer Sozietät mit dem Namen „Graf von Westphalen Fritze & Modest" mit Wirkung vom 1.10.1997; vgl. die Pressenotizen in der FAZ v. 9.7.1997, 21, „Weitere Großfusionen unter den deutschen Anwaltskanzleien" und v. 27.8.1997, 22, „Wieder eine Fusion unter Rechtsanwälten".

35 Bedingt durch die Wiedervereinigung enthält die Zahl für 1994 auch die Rechtsanwälte, welche in den neuen Bundesländern arbeiten.

36 Vgl. zu diesem Zahlenmaterial die Pressenotizen in der FAZ v. 1.6.1996, 43, „Für Juristen ist der Arbeitsmarkt nur noch wenig einladend" und v. 11.11.1996, 17, „Stan-

II. Europarecht

Die Entwicklungen im Europarecht machten nach und nach nationale Abschottungsbestrebungen zunichte, verstärkten den Wettbewerb der europäischen Anwälte und ermöglichten die Entstehung europaweit agierender Großkanzleien. Zwar regelt der EG-Vertrag[37] selbst die grenzüberschreitenden Betätigungsmöglichkeiten für Anwälte nicht unmittelbar. Die Art. 52 ff. EGV enthalten aber Bestimmungen über die Niederlassungsfreiheit und die Art. 59 ff. EGV über die Dienstleistungsfreiheit. Art. 57 EGV kommt dabei besondere Bedeutung zu, da sein Zweck die Förderung der Mobilität von Freiberuflern im Raum der Europäischen Union ist. Dies soll durch die Koordinierung der Ausbildungs- und Tätigkeitsbedingungen sowie die Anerkennung der Diplome und sonstigen Befähigungsnachweise erfolgen. Es herrschte allerdings bis zum Jahre 1974 die allgemeine Überzeugung, daß Freiberufler, die Bürger eines Mitgliedstaates der Europäischen Gemeinschaft waren, sich nicht in einem anderen Mitgliedstaat auf die Art. 52 ff. EGV verankerte Niederlassungsfreiheit berufen konnten, solange keine Richtlinie nach Art. 57 EGV erlassen worden war.[38] Diesem Stillstand setzte der EuGH 1974 mit zwei Entscheidungen ein Ende. Das Gericht stellte in Reyners v. Belgium[39] und in Van Binsbergen v. Bestuur Van De Bedrijfsvereniging[40] das Recht der freiberuflich tätigen EG-Bürger fest, in einem anderen als ihrem Herkunfts-Mitgliedsstaat nicht wegen ihrer Nationalität diskriminiert zu werden. Insoweit erkannte der EuGH Art. 59[41] und Art. 52[42] EGV unmittel-

---

desgeist und Werbefreiheit"; *Busse*, AnwBl 1994, 482. Vgl. im übrigen *Oberlander*, Handelsblatt v. 14.1.1994, K3; *Winters*, NJW 1988, 521 (528); *Hüchting*, AnwBl 1989, 440; *Abels*, AnwBl 1990, 281.

37 Früher EWG-Vertrag (EWGV; Vertrag zur Gründung der Europäischen Gemeinschaft vom 25.3.1957, BGBl II, 766; 1958 II, 64); seit dem EU-Vertrag vom 1.11.1993 (BGBl II, 1947) EG-Vertrag (EGV).

38 Vgl. *Bermann*, 584 f.

39 Rs 2/74, EuGHE 1974, 631 ff.; vgl. hierzu auch *Merle*, 60 ff. Interessanterweise hat dieser Fall eine Parallele im amerikanischen Recht. Einige Wochen bevor die Entscheidung in Reyners v. Belgium fiel, hatte der Supreme Court der Vereinigten Staaten im Fall Application of Griffiths, 413 U.S. 717 ff. (1973) entschieden, daß Connecticut die amerikanische Staatsbürgerschaft nicht zur Voraussetzung für eine Zulassung zur Anwaltschaft machen durfte. Zudem verwarf das Gericht die Auffassung, Anwälte müßten amerikanischer Staatsbürger sein, da sie als Organe der Rechtspflege (officers of the court) tätig seien; vgl. hierzu *Bermann*, 586, 595.

40 Rs 33/74, EuGHE 1974, 1299 ff.

41 In der Entscheidung Van Binsbergen v. Bestuur Van De Bedrijfsvereniging, Rs 33/74, EuGHE 1974, 1299 ff.

42 In der Entscheidung Reyners v. Belgium, Rs 2/74, EuGHE 1974, 631 ff.

bare Wirkung für die Bürger der Mitgliedstaaten zu. In Reyners v. Belgium machte der EuGH zudem noch deutlich, daß die Mitgliedstaaten die Regelung des Art. 55 EGV, welcher die Art. 52 ff. EGV hinsichtlich der mit „Ausübung öffentlicher Gewalt" verbundenen Tätigkeiten für unanwendbar erklärt, nicht zur Rechtfertigung einer Beschränkung des Anwaltsberufs auf die jeweils eigenen Bürger heranziehen können.[43] Damit wurde den protektionistischen Bestrebungen der nationalen Anwaltschaften das Argument genommen, die *Art. 52 ff. EGV* und *Art. 59 ff. EGV* fänden auf Rechtsanwälte wegen ihrer Stellung als „unabhängige Organe der Rechtspflege" keine Anwendung. Nach diesen Entscheidungen wurde nicht mehr in Frage gestellt, daß die Rechtsanwälte der Mitgliedstaaten Rechte aus Art. 52 ff. EGV und Art. 59 ff. EGV herleiten können. Im folgenden wurden die Tätigkeitsmöglichkeiten der europäischen Anwälte durch verschiedene Richtlinien und EuGH-Entscheidungen erweitert. So ermöglichte die *Richtlinie* des Rates der Europäischen Gemeinschaften vom *22.3.1977 zur Erleichterung der tatsächlichen Ausübung des freien Dienstleistungsverkehrs der Rechtsanwälte*[44] die Dienstleistung von Rechtsanwälten in einem Mitgliedstaat unter der im Heimatstaat geführten Berufsbezeichnung. Hierbei macht es keinen Unterschied, ob sich der Rechtsanwalt zur Erbringung der Dienstleistung in dem anderen Mitgliedstaat zum ausländischen Mandanten begibt, ob dies umgekehrt der Mandant tut oder ob nur die Dienstleistung selbst die Grenze überquert.[45] Rechtsanwälte anderer Mitgliedstaaten, die nicht in Deutschland zugelassen sind, dürfen auf der Grundlage der Richtlinie 77/249, Art. 4, 5 ohne Beschränkung rechtliche Beratung im Bereich des deutschen Rechts vornehmen und auch Mandate vor Gerichten ohne Anwaltszwang[46] wahrnehmen.

---

43 Reyners v. Belgium, Rs 2/74, EuGHE 1974, 631 ff.

44 Richtlinie des Rates 77/249/EWG, ABl. EG v. 26.3.1977 Nr. L 78, 17, 18; abgedruckt auch in *Feuerich/Braun*, 1135 ff. In Deutschland wurde die Richtlinie 77/249 durch das Rechtsanwaltsdienstleistungsgesetz vom 14.3.1990, BGBl I, 1453 ff., umgesetzt.

45 Nach dem EuGH kommt es für die Anwendbarkeit der Bestimmungen des EG-Vertrages nur auf den Auslandsbezug, also hier die Tatsache, daß die Dienstleistung gegenüber einem ausländischen Mandanten erbracht wird, an; vgl. Procureur du Roi v. J.V.C. Debauve, Rs 52/79, EuGHE 1980, 833 (840).

46 Vor Gerichten mit Anwaltszwang ist ein Auftreten nur „im Einvernehmen" mit einem dort ansässigen deutschen Anwalt möglich, § 4 RADG, vgl. hierzu und zu den damit verbundenen Fragen einer „reverse discrimination" der Inländer gegenüber den EG-Ausländern *Henssler*, in: Anwaltliche Tätigkeit in Europa, Henssler/Nerlich (Hrsg.), 9 (14 ff.) sowie die berühmte „Cassis de Dijon" Entscheidung, Rewe-Zentrale AG v. Bundesmonopolverwaltung für Branntwein, Rs 120/78, EuGHE 1979, 649 ff.; vgl. zu dieser Frage auch den Fall Commission v. Germany (Lawyersÿ services), Rs 427/85, EuGHE 1988, 1123 (1154 ff.); hier stellte der EuGH fest, daß die deutsche Umsetzung

Nach der auf der Grundlage der Art. 52 ff. EGV ergangenen *Richtlinie* des Rates der Europäischen Gemeinschaften vom 21.12.1988 *über eine allgemeine Regelung zur Anerkennung der Hochschuldiplome, die eine mindestens dreijährige Berufsausbildung abschließen*[47] haben europäische Rechtsanwälte, die in Deutschland Dienstleistungen erbringen wollen, eine Eignungsprüfung zu bestehen und können sich dann in Deutschland als Rechtsanwälte niederlassen.[48] Obgleich Art. 52 EGV primär die Diskriminierung von Freiberuflern eines Mitgliedstaates der Europäischen Union, die sich im Gebiet eines anderen Mitgliedstaates niederlassen wollen, verbietet, können sich europäische Anwälte auch gegen ihren Heimatstaat auf Art. 52 EGV berufen, wenn ihr Vorhaben, grenzüberschreitende Dienstleistungen anzubieten, behindert wird.[49] Die Niederlassungsfreiheit ist grundsätzlich nur im Rahmen der Regelungen garantiert, die der jeweilige Mitgliedstaat für seine eigenen Bürger aufgestellt hat, so daß ein aus einem anderen Mitgliedsstaat stammender EG-Bürger grundsätzlich die gleichen Anforderungen wie die Bürger des betreffenden Staates erfüllen muß.[50] Dies gilt allerdings nur eingeschränkt, denn der EuGH stellte in der Entscheidung Ordre des Avocats au Barreau de Paris v. Klopp[51] fest, daß solche Bestimmungen keine Anwendung auf Rechtsanwälte aus anderen Mitgliedstaaten fin-

---

der Richtlinie 77/249 im Hinblick auf dieses „notwendige Einvernehmen" unter anderem wegen Unverhältnismäßigkeit eine Verletzung des Art. 59 EGV darstellt, welche durch die Richtlinie 77/249 nicht gerechtfertigt ist.

47 89/49/EWG, ABl. EG Nr. L 19, 16; abgedruckt auch in *Feuerich/Braun*, 1148 ff.; vgl. *Kunz*, 34 ff.; vgl. auch *Kunz*, 37 f., zur Richtlinie 92/51/EWG, welche zur Ergänzung der Diplomanerkennungsrichtlinie ergangen ist; vgl. zur Richtlinie 89/48 auch *Henninger*, BB 1990, 73 ff.

48 Vgl. das Gesetz über die Eignungsprüfung für die Zulassung zur Rechtsanwaltschaft vom 6.7.1990, BGBl I, 1349, welches Teil der gesetzgeberischen Maßnahmen zur Umsetzung der Richtlinie 89/48 ist, sowie die Verordnung über die Eignungsprüfung für die Zulassung zur Rechtsanwaltschaft vom 18.12.1990, BGBl I, 2881. Im Hinblick auf die Art. 52 ff. EGV ist bemerkenswert, daß die Zusammenarbeit von Rechtsanwälten in der Form der EWIV nicht zu einer Niederlassung im Sinne der Art. 59 ff. EGV führt, denn hierfür ist nach der Entscheidung des EuGH im Fall Commission v. Germany, Rs 205/84, EuGHE 1986, 3755 ff., ständige Präsenz nötig; ausführlich hierzu *Henssler*, in: Henssler/Nerlich (Hrsg.), Anwaltliche Tätigkeit in Europa, 9 (21).

49 Gullung v. Conseils de lÿordre des avocats du barreau de Colmar et de Saverne, Rs 296/86, EuGHE 1988, 111 ff.; vgl. zu dieser Entscheidung auch *Merle*, 68 ff.

50 Gullung v. Conseils de lÿordre des avocats du barreau de Colmar et de Saverne, Rs 296/86, EuGHE 1988, 111 (136 f.).

51 Rs 107/83, EuGHE 1984, 2971 ff.; in diesem Fall ging es um einen deutschen Anwalt, der in Deutschland bereits niedergelassen war, sich aber zusätzlich noch in Paris niederlassen wollte, was die Anwaltskammer Paris unter Hinweis darauf, daß nach französischem Recht ein Zweigstellenverbot bestand, zu verhindern suchte.

den, die es diesen Anwälten praktisch unmöglich machen, in dem betreffenden Staat tätig zu werden und die für den Schutz des rechtssuchenden Publikums nicht unabdingbar sind.[52] Nach der *neueren
Rechtsprechung des EuGH* müssen die Mitgliedstaaten bei nationalen
Maßnahmen, die die Ausübung der durch den EG-Vertrag garantierten
grundlegenden Freiheiten behindern, die folgenden vier Voraussetzungen erfüllen: sie haben die nationalen Maßnahmen in nicht-diskriminie-
render Weise anzuwenden; diese müssen aus zwingenden Gründen gerechtfertigt sein; sie müssen geeignet sein, die Verwirklichung des mit
ihnen verfolgten Zieles zu gewährleisten; und sie dürfen nicht über das
hinausgehen, was zur Erreichung dieses Zieles erforderlich ist.[53] Die
Mitgliedstaaten dürfen dabei auch nicht die Kenntnisse und Qualifikationen außer acht lassen, die der Betroffene in einem anderen Mitgliedstaat erworben hat.[54]

Es sind verschiedene neuere Entwicklungen im Europarecht zu beobachten, welche die Tätigkeit europäischer Anwälte beeinflussen könnten.
Zu nennen ist hier die Diskussion um eine *„Europäische Partnerschaft"*,
für die die EU-Kommission ein sogenanntes Konsultationsdokument
vom 19.2.1992[55] vorgelegt hat. Hierdurch soll eine einheitliche Rechtsform für die gemeinschaftliche Berufsausübung der Freiberufler zur
Verfügung gestellt werden. Die Aussichten auf eine Realisierung dieser
„Europäischen Partnerschaft" werden allerdings als gering eingestuft.[56]
Weiterhin verdient der *Richtlinienvorschlag der Europäischen Kommission vom 21.12.1994* Beachtung, nach dem Anwälte aus Mitgliedstaaten,
die drei Jahre lang in einem anderen Mitgliedstaat praktiziert haben, in
diesem Mitgliedstaat ohne weitere Prüfung zur Anwaltschaft zugelassen
werden sollen und es dann erlaubt sein soll, die Berufsbezeichnung zu
führen, welche in diesem Staat – und nicht im Heimatstaat des Anwalts –

---

52 Für die Niederlassung ausländischer Anwälte in Deutschland ist auch auf die §§ 206, 207
   BRAO zu verweisen. Danach dürfen Anwälte aus den Mitgliedstaaten der Europäischen
   Union, die sich in Deutschland niedergelassen haben, ohne eine Eignungsprüfung
   ablegen zu müssen, unter ihrem heimatlichen Berufsbezeichnung Rechtsberatung in ausländischen, internationalen und europäischen Recht erteilen. Vgl. hierzu auch die Ausführungen *Hensslers* in: Henssler/Nerlich (Hrsg.), Anwaltliche Tätigkeit in Europa, 9
   (32).
53 Vgl. die Entscheidungen Dieter Kraus, EuZW 1993, 322 (324); Reinhard Gebhard, NJW
   1996, 579 ff.
54 Vgl. die Entscheidung Vlassopoulou, EuZW 1991, 380 Tz.15; vgl. hierzu auch *Merle*,
   71 ff.
55 Der Verordnungsentwurf ist bislang nicht veröffentlicht; vgl. hierzu *Nerlich*, 106 ff.;
   Sieg, 37 f.
56 Vgl. *Sieg*, 38 m.w.N.

geführt wird, wie beispielsweise in Deutschland die Bezeichnung „Rechtsanwalt".[57] Der Richtlinienvorschlag geht auf einen Vorschlag des Rates der Europäischen Anwaltschaften (CCBE)[58] zum Erlaß einer Niederlassungsrichtlinie für Rechtsanwälte aus dem Jahre 1992 zurück. Danach soll es europäischen Anwälten erlaubt werden, sich in einem anderen Mitgliedstaat zunächst unter der Berufsbezeichnung ihres Heimatstaates niederzulassen, aber auch im Recht des anderen Mitgliedstaates zu beraten. Nach dreijähriger Tätigkeit auch im Recht des Aufnahmestaates und nach Stellung eines dahingehenden Antrags würde dem Rechtsanwalt ohne weitere Prüfung die Zulassung zur Anwaltschaft des Aufnahmestaates erteilt. Dies beinhaltet das Recht, die entsprechende Berufsbezeichnung zu führen.[59]

Schließlich führt die europäische Einigung auch dazu, daß der *Bedarf an grenzüberschreitender Rechtsberatung* steigt.[60] Die europäischen Anwälte stehen nun vor der Aufgabe, Unternehmen, die sich neue Absatzfelder in Mitgliedstaaten der Europäischen Union erschließen wollen, eine qualifizierte fachliche Beratung in Fragen des Europarechts und des ausländischen Rechts zu bieten. Dies läßt ein europaweit vernetztes Anwaltsteam zweckmäßig erscheinen. Allerdings sind hierfür nicht unbedingt feste gesellschaftsrechtliche Zusammenschlüsse erforderlich; von der Schaffung einer transnationalen Sozietät über die vorsichtigere gesellschaftsrechtliche Annäherung europäischer Anwälte oder Kanzleien auf dem Wege einer EWIV bis hin zu Joint Ventures und anderen lockeren Kooperationen ist hier vieles denkbar.[61]

---

57 Vorschlag der Kommission vom 21.12.1994 für eine Richtlinie zur Erleichterung der ständigen Ausübung des Anwaltsberufs in einem anderen Mitgliedstaat als dem, in dem die Qualifikation erworben wurde, ABl. 1995, C 128, 6; vgl. hierzu *Kunz*, 40 ff. sowie die Pressenotizen in der FAZ v. 21.4.1994, 12 und v. 21.4.1995, 15, „Brüssel will mehr Rechte für die Anwälte", sowie „Widerstand gegen neue Anwaltsrichtlinie".

58 Conseil des Barreaux de la Communauté Européenne; der Entwurf des CCBE ist abgedruckt in: BRAK-Mitt. 1993, 3 ff.; vgl. hierzu *Kunz*, 38 ff.

59 Detaillierte Ausführungen zu dem Richtlinienvorschlag machen *Henssler*, in: Henssler/Nerlich (Hrsg.), Anwaltliche Tätigkeit in Europa, 9 (26 f.) und *Weber*, DZWiR 1996, 127 (128 f.).

60 Vgl. hierzu *Henssler*, in: Henssler/Nerlich (Hrsg.), Anwaltliche Tätigkeit in Europa, 9 f.

61 Vgl. *Nerlich*, in: Henssler/Nerlich (Hrsg.), Anwaltliche Tätigkeit in Europa, 37 ff. Einen Überblick über die möglichen Gestaltungsformen für die Zusammenarbeit ausländischer und deutscher Anwälte („Best Friends – System", „Club-System", „Allianz-System", EWIV, Joint Ventures, Vollfusionen und Auslandsbüros) gibt auch *Hellwig*, AnwBl 1996, 124 ff.

III. General Agreement on Trade in Services

Zu dem europaweit gestiegenen Wettbewerb kommt die Erweiterung der Möglichkeiten für ausländische Rechtsanwälte, in Deutschland tätig zu werden, durch das „Allgemeine Übereinkommen über den Handel mit Dienstleistungen" („General Agreement on Trade in Services" (GATS)).[62] Dabei handelt es sich um ein völkerrechtliches Abkommen, das die Vertragsstaaten am 15.4.1994 im Rahmen des GATT-Übereinkommens[63] unterzeichnet haben.[64] Das General Agreement on Trade in Services hat gemäß Art. I GATS für alle Maßnahmen von Mitgliedstaaten Geltung, die den Handel mit Dienstleistungen einschließlich der Rechtsberatung beeinträchtigen, und will eine Dienstleistungs- und Niederlassungsfreiheit unter den Mitgliedern erreichen. Nach Art. II GATS findet dabei der Grundsatz der Meistbegünstigung Anwendung. Danach hat jedes Mitglied hinsichtlich aller von GATS erfaßten Maßnahmen den Dienstleistungen und Dienstleistungserbringern eines anderen Mitglieds sofort und bedingungslos eine Behandlung zu gewähren, die nicht weniger günstig ist als diejenige, die es den gleichen Dienstleistungen oder Dienstleistungserbringern eines anderen Landes gewährt. So muß beispielsweise, wenn ein Anwalt aus einem Vertragsstaat Rechtsberatung in seinem Heimatrecht ausüben darf, dies auch den Anwälten aus den anderen Vertragsstaaten unter den gleichen Voraussetzungen möglich sein. Eingeschränkt wird dieser Grundsatz durch die Ausnahmebestimmung für Freihandelszonen in Art. V GATS.[65] In Deutschland steht ausländischen Anwälten, die zwar nicht aus den Mitgliedstaaten der Europäischen Union, aber aus einem Mitgliedstaat der Welthandelsorganisation stammen, mit dem Inkrafttreten des Abkommens die Möglichkeit der Beratung über das Recht des Herkunftstaates und des Völkerrechts offen, § 206 II BRAO.[66]

---

62 Der Vertragstext ist abgedruckt in BGBl II, 1994, 1438 (englische Originalfassung: 1473 ff.; deutsche Übersetzung: 1643 ff.); vgl. hierzu *Errens*, AnwBl 1994, 461 (462).
63 General Agreement on Tariffs and Trade.
64 *Sieg*, 39 m.w.N.
65 Vgl. hierzu *Sieg*, 39.
66 Vgl. umgekehrt zu den Möglichkeiten für ausländische Rechtsanwälte, in New York als ausländische Rechtskundige (foreign legal consultants) Rechtsberatung durchzuführen, die im Jahre 1974 vom New York Court of Appeals aufgestellten Grundsätze in N.Y. Ct.App. Rules for Foreign Legal Consultants § 521 v. 17.11.1993 (McKinneyȳs New York Rules of Court 1996). Weitere Einzelstaaten, die die Rechtsberatung durch foreign legal consultants zulassen, sind Alaska, Kalifornien, Connecticut, der District of Columbia, Florida, Georgia, Hawaii, Illinois, Indiana, Kansas, Michigan, Minnesota, New Jersey, Ohio, Oregon und Washington, vgl. hierzu *Adams*, N.Y.L.J. v. 17.12.1993, 1. Zudem werden ausländische Juristen in New York, nachdem sie ein Master of Laws

IV. Deutsches Recht

Begünstigt wurde das Wachstum deutscher Anwaltsgesellschaften auch durch ein Urteil des Bundesgerichtshofes aus dem Jahre 1989, in welchem erstmals ausdrücklich festgestellt wurde, daß Rechtsanwälte in *überörtlichen Sozietäten* kooperieren dürfen.[67] Die Möglichkeit überörtlicher Kooperation ist notwendig, um die Wettbewerbsfähigkeit deutscher Kanzleien gegenüber amerikanischen und englischen law firms zu fördern, denn deutsche Kanzleien können eine wettbewerbsfähige Größe leichter erreichen, wenn sie Niederlassungen in verschiedenen Städten errichten dürfen. Auch erleichtert der Zusammenschluß zu überregionalen Anwaltsgesellschaften mit größerem Potential an Arbeitskräften die Wahrnehmung der durch die deutsche Wiedervereinigung eröffneten Betätigungsmöglichkeiten und beispielsweise auch die Erledigung anwaltlicher Leistungen im Rahmen von Unternehmenskäufen.

Ein weiterer Faktor sind die Anwälten seit jüngster Zeit zur Verfügung stehenden Gesellschaftsformen *Anwalts-GmbH* und *PartG*. Obgleich deutsche Kanzleien in der Lage waren, in Form der Gesellschaft bürgerlichen Rechts zu beträchtlicher Größe zu wachsen, ist doch zu erwarten, daß auch die neuen Formen anwaltlicher Zusammenarbeit die Expansion deutscher Kanzleien fördern werden, denn hierdurch wird die Kontinuität des Bestandes der Kanzlei gewährleistet,[68] und es werden Haftungsbe-

---

Program an einer durch den Bundesstaat und die Association of American Law Schools oder die American Bar Association akkreditierten law school absolviert haben, bei welchem mindestens 24 points of credit erworben wurden, zur New Yorker Anwaltsprüfung (New York Bar Exam) zugelassen und können sich nach deren erfolgreicher Ablegung als attorney-at-law (New York) eintragen lassen; N.Y. Ct.App. Rules for the Admission of Attorneys and Counselors at Law, § 520. Nach Rule § 520.6: „Study of Law in Foreign Country; Required Legal Education" gilt für Bewerber aus Ländern, deren Rechtsordnung nicht auf dem Common Law System gründet, wie beispielsweise Deutschland: „(a) An applicant who has studied in a foreign country may qualify to take the New York State bar examination; (b)(2) if applicant . . . has successfully completed a full time or part time program consisting of a minimum of 24 semester hours of credit, or the equivalent in professional law subjects in an approved law school in the United States." (McKinneyÿs New York Rules of Court 1996).

67 BGH NJW 1989, 2890; die Zulässigkeit überregionaler Sozietäten ist zwar immer noch umstritten (gegen die überörtliche Sozietät z. B. *Feuerich*, AnwBl 1989, 362 ff.; *Hauschka*, AnwBl 1989, 551 ff.; *Rheinspitz*, AnwBl 1990, 260 f.; für die überörtliche Sozietät z. B. *Salger*, NJW 1988, 186 f. Dieser Streit hat aber aufgrund weiterer Entscheidungen des Bundesgerichtshofes zugunsten der überörtlichen Sozietät seine praktische Bedeutung verloren, vgl. BGH AnwBl 1994, 415; BGH NJW 1993, 196.

68 Das Ausscheiden eines Gesellschafters führt weder bei der Anwalts-GmbH, noch bei der

schränkungen erleichtert. Letzteres hat in großen Kanzleien insbesondere deshalb Bedeutung, weil hier der einzelne Anwalt nicht die Arbeit aller seiner Kollegen überwachen oder auch nur überblicken kann. Weiterhin werden durch die neuen Gesellschaftsformen auch die Möglichkeiten der Rechtsanwälte erweitert, Kooperationen mit Angehörigen anderer Berufe einzugehen. Die Rechtsform der GmbH ist schließlich als im internationalen Recht bekannte – wenn auch mißverstandene – Gesellschaftsform vorteilhaft für die internationale Kooperation.[69]

Auch die *Aufgabe der Verknüpfung von Postulationsfähigkeit und berufsrechtlicher Lokalisierung*[70] für die Zivilprozesse vor den Land- und Familiengerichten durch das Gesetz zur Neuordnung des Berufsrechts der Rechtsanwälte und der Patentanwälte vom 2.9.1994 könnte die zukünftige Entwicklung der Kanzleien beeinflussen.[71] Nach Art. 22 II des Berufsrechts der Rechtsanwälte und der Patentanwälte tritt die Neuregelung in den alten Bundesländern und in Berlin im Jahre 2000 in Kraft. Demnach müssen sich die Parteien im Anwaltsprozeß nur noch bei den Gerichten des höheren Rechtszuges von einem beim Prozeßgericht zugelassenen Rechtsanwalt vertreten lassen. Im Anwaltsprozeß vor den Land- und Familiengerichten genügt dagegen ein bei irgendeinem Amts- oder Landgericht zugelassener Anwalt. In den neuen Bundesländern sollte diese Regelung gemäß Art. 22 II des Gesetzes zur Neuordnung des Berufsrechts der Rechtsanwälte und Patentanwälte ab dem Jahre 2005 Gültigkeit haben. Infolge der Befristung der Übergangsregelung des § 22 RpflAnpG, wonach in Anwaltsprozessen vor Land- und Familiengerichten der neuen Bundesländer bis zum 31.12.1994 jeder nach dem Rechtsanwaltsgesetz zugelassene und registrierte Rechtsanwalt postulationsfähig war, wurde die beschränkte Postulationsfähigkeit in den neuen Bundesländern für die Dauer von 10 Jahren neu eingeführt. Diese Regelung wiederum wurde durch einen Beschluß des Bundesverfassungsgerichts vom 5.12.1995 für mit Art. 12 I GG unvereinbar und nichtig erklärt. So kann sich bis zum Inkrafttreten einer neuen gesetzlichen Regelung, spätestens bis zum

---

PartG zur Auflösung der Gesellschaft, denn auch bei der Partnergesellschaft ist die Struktur so verfestigt, daß das Ausscheiden eines Partners nicht die Auflösung der Gesellschaft nach sich zieht.

69 *Kremer*, GmbHR 1983, 259 (262); vgl. auch *Kremers* rechtstatsächliche Untersuchung zur freiberuflichen Partnerschaft in der Rechtsform der GmbH, ebd.

70 Vgl. zur historischen Entwicklung des Lokalisationsprinzips *Kotulla*, AnwBl 1990, 126 (127); vgl. zur neuen Bundesrechtsanwaltsordnung *Schardey*, AnwBl 1994, 369; vgl. für die Verfassungsmäßigkeit des Lokalisationsprinzips z. B. *Lange*, AnwBl 1990, 241 (242); *Tiebing*, AnwBl 1990, 300 (301); BVerfG, NJW 1990, 1033; vgl. dagegen z. B. *Kotulla*, AnwBl 1990, 126 (127).

71 BGBl I, 2278.

31.12.2004, eine Partei oder ein an einem Verfahren beteiligter Dritter in Anwaltsprozessen vor einem Land- oder Amtsgericht der Länder Brandenburg, Mecklenburg-Vorpommern, Sachsen, Sachsen-Anhalt und Thüringen von jedem Rechtsanwalt vertreten lassen, der bei einem Amts- oder Landgericht eines dieser Länder zugelassen ist.[72]

---

72 BVerfG, Beschl. v. 5.12.1995, AnwBl 1996, 164 ff.

2. Kapitel: Vereinigte Staaten von Amerika

In den Vereinigten Staaten kam es wesentlich früher als in Deutschland zu Zusammenschlüssen von Rechtsanwälten in größeren Einheiten; eine Entwicklung, die im folgenden dargestellt werden soll und deren Ursachen im Anschluß analysiert werden sollen.

A. Entwicklung der US-amerikanischen Anwaltsgesellschaften

I. Grundlagen

Die Anwaltschaft der U.S.A. ist durch eine Zweiteilung in Großkanzleien mit vorwiegend unternehmerisch strukturierter Klientel (Corporate oder Big Firms) und in Einzelanwälte oder Kleinsozietäten, deren Mandanten vorwiegend Einzelpersonen sind, charakterisiert.[73] Für die vorliegende Untersuchung anwaltlicher Kooperationsformen interessieren aufgrund ihrer komplexen Struktur vor allem diese Big Firms. Die Umwandlung der Kanzlei des Einzelanwalts oder der kleinen Anwaltssozietät zur Big Firm läßt sich in drei Zeitabschnitte unterteilen: die Ursprünge der großen Kanzleien (um 1900); die Entwicklung zwischen 1945 und 1970 – in diese Zeitspanne fällt auch das sogenannte „Goldene Zeitalter" der Big Firm, das vom Ende der fünfziger bis zum Ende der sechziger Jahre andauerte – und die Veränderungen, die in den siebziger Jahren begannen und bis heute anhalten.

II. Ursprünge der „Big Firm" (1900)

In den Jahren 1870–1915 kam es in den U.S.A. hinsichtlich der Strukturen anwaltlicher Kooperation zu einem Umwandlungsprozeß. In dieser Zeit nahm die Zahl der größeren Kanzleien infolge von Änderungen im Mandantenstamm und in der Art der zu erbringenden Leistungen jährlich zu[74]

---

73 *Galanter/Palay*, 1; vgl. zu der Gesamtthematik auch *Galanter/Palay*, 76 Va. L. Rev. 1990, 747 ff.
74 *Gordon*, a.a.O., 431.

und zwar in weit stärkerem Umfang, als die Anwaltschaft selbst wuchs.[75] Die ersten mehrköpfigen spezialisierten Sozietäten entstanden schon um 1870;[76] die Entwicklung der Big Firm als Vorgänger der heutigen Multipartner-Kanzleien wird allerdings erst um das Jahr 1900 datiert.[77] Ein Charakteristikum der Big Firm war, daß die bislang auf gemeinsame Benutzung von Büroräumen und nur gelegentliche Arbeitsteilung beschränkte Zusammenarbeit von Anwälten sich verfestigte und Mandanten nicht mehr Mandanten eines einzelnen Anwalts, sondern solche der Kanzlei waren.[78] Weiterhin wurden die unbezahlten clerks[79] durch an juristischen Fakultäten ausgebildete associates[80] mit festem Gehalt ersetzt, welche ihre ganze Arbeitskraft den Mandanten der Sozietät widmeten.[81] Mandanten waren zunehmend große Unternehmen, welche dauerhaft spezialisierte juristische Dienstleistungen benötigten, die wiederum nur durch ein Team von Anwälten erbracht werden konnten.[82] Die Folge war eine weitgehende Spezialisierung. Zu der gerichtlichen Vertretung kam die Beratungstätigkeit hinzu.[83] Schon zur Zeit der Ursprünge der Big Firm

---

75 Vgl. *Hobson*, 3; 1915 gab es bereits 27 Kanzleien mit 7 oder mehr Partnern bzw. mit 10 oder mehr Mitgliedern (law factories); *Hobson*, 17. Im Jahre 1924 war diese Zahl auf 101 angestiegen; *Hobson*, 5.

76 *Hobson*, 3 ff.

77 Vgl. *Galanter/Palay*, 4; *Gordon*, in: Wilton (ed.), 431. Allerdings wurde die Big Firm zu dieser Zeit zumeist als law office und nicht als law firm bezeichnet; vgl. *Galanter/Palay*, 4 Fn. 1.

78 *Galanter/Palay*, 4.

79 Die *law clerks* waren noch bis in die zweite Hälfte des 19. Jahrhunderts unbezahlte Rechtsgehilfen, welche in der Regel durch die Erledigung von Routinearbeiten im Büro eines praktizierenden Anwaltes und das Lesen von Blackstoneÿs Commentaries (Blackstoneÿs Commentaries on the Laws of England erschienen erstmals zwischen 1765 und 1769; *William Blackstone* (1723–1780), der erste Professor für englisches Recht der Universität Oxford, gab in ihnen eine systematische Darstellung des englischen Rechts in umfassender Breite) sowie später von Kentÿs Commentaries (Kentÿs Commentaries on American Law bestehen aus einer Sammlung der von *James Kent* (1763–1847) als Juraprofessor am Columbia College gehaltenen Vorlesungen; *Kent* deckte mit seinen Commentaries alle Bereiche des Privatrechts ab) – ohne universitäre Ausbildung – auf das Anwaltsexamen vorbereiteten. Hiervon sind die heutigen law clerks zu unterscheiden. Bei letzteren handelt es sich zumeist um junge Absolventen bekannter law schools (juristischer Fakultäten der Universitäten) mit herausragenden Noten, die ein oder zwei Jahre lang für einen Richter arbeiten.

80 Der Begriff des associate wurde bereits in der Ausgabe des Hubbelÿs Law Directory von 1914 verwendet, vgl. *Galanter/Palay*, 4, Fn. 2. Unter associates sind heute die angestellten Anwälte zu verstehen.

81 *Galanter/Palay*, 4.

82 *Galanter/Palay*, 5.

83 *Galanter/Palay*, 5.

kam es zu ersten Befürchtungen hinsichtlich einer zu starken Kommerzialisierung des Anwaltsberufes.[84]

III. „Goldenes Zeitalter" der „Big Firm" (um 1960)

Die Zeit nach dem Zweiten Weltkrieg bis etwa 1970 war durch dauerhafte geschäftliche Beziehungen der Sozietäten mit den wichtigsten Mandanten geprägt, welche praktisch sämtliche Angelegenheiten von einer Kanzlei betreuen ließen. Was die Art der Arbeit betrifft, so lag der Schwerpunkt der Tätigkeit der Big Firm auf den Gebieten des Gesellschafts-, Bank- und Steuerrechts. Die Prozeßführung nahm nur einen untergeordneten Stellenwert ein.[85] Die Sozietäten wuchsen weiter. So gab es bereits in den frühen sechziger Jahren in New York City 21 Kanzleien mit 50 oder mehr Anwälten.[86] Junge Anwälte betraten ihre law firm in der Erwartung, in ihr ein Leben lang zu arbeiten.[87] Abwerbungen von Anwälten bei anderen Sozietäten kamen nicht vor. Es gab ein gentlemenÿs agreement, wonach die Kanzleien den associates das gleiche Anfangsgehalt bezahlten.[88] Die Zeitspanne, nach deren Ablauf über die Ernennung des angestellten Anwalts (associate) zum Gesellschafter mit Gewinnbeteiligung (partner) entschieden wurde, verkürzte sich von den früher üblichen zehn Jahren auf etwa sieben Jahre.[89] Trotzdem kam es zu dieser Zeit vermehrt zu Klagen darüber, daß die Anwälte sich nicht mehr als Vertreter des Rechts, als Inhaber öffentlichen Vertrauens und – staatsmännisch – als Gewissen der amerikanischen Wirtschaft verstünden, sondern daß sich die Anwaltstätigkeit von einem Beruf (profession) zu einem Geschäft (business) gewandelt habe.

---

84 So erklärte der Präsident der Vereinigten Staaten von Amerika, Theodore Rosevelt, im Jahre 1905:"Many of the most influential and most highly remunerated members of the bar in every center of wealth make it their special task to work out bold and ingenious schemes by which their very wealthy clients, individual or corporate, can evade the laws which are made to regulate in the interes of the public the use of great wealth." (Zitiert nach: *Brallier*, 93).

85 *Levy*, 35; vgl. auch *Levy*, 165:"Preventive law, as against crisis law, is the kind of law which lawyers practice today."

86 *Smigel*, 43, 34-35.

87 *Gordon*, 433.

88 *Smigel*, 207; dieses gentlemenÿs agreement wurde 1968 von der Kanzlei Cravath, Swaine & Moore gebrochen, welche die Gehälter der associates einseitig von US $ 10.500 auf US $ 15.000 anhob, vgl. *Smigel*, 366.

89 *Smigel*, 79; *Nelson*, 141.

IV. Veränderungen in den Jahren 1970–1995

Die Jahre 1970–1995 stellen eine neue Phase in der Entwicklung amerikanischer Großkanzleien dar. Diese Zeit war geprägt von internationalem Wettbewerb, neuer Mobilität des Kapitals und starker Volatilität – also der Aktienmärkte. Die Unternehmen versuchten, Kosten zu senken. Das führte unter anderem dazu, daß Arbeitsabkommen mit den Gewerkschaften nicht eingehalten wurden und arbeitsrechtliche Streitigkeiten zunahmen. Die Zahl der Wettbewerbsstreitigkeiten und Übernahmen (takeovers) erhöhte sich ebenfalls. Dadurch stiegen die Rechtsberatungs- und Prozeßkosten der Unternehmen. Diese reagierten, indem sie mehr juristische Arbeit in eigenen Rechtsabteilungen ausführten, dauerhafte Geschäftsbeziehungen mit Sozietäten beendeten und nur spezielle Aufgaben durch Kanzleien erledigen ließen.[90] Damit nahm der Anteil an risikoreicher Prozeßführung sowie im Zusammenhang mit Übernahmen und Konkursen stehender Arbeiten in Relation zur Gesamttätigkeit der Anwaltsgesellschaften zu. Vorhandene Mandanten konnten aber eine regelmäßige, gleichmäßige Versorgung mit derartigen Angelegenheiten nicht gewährleisten. Zudem begannen vermeintlich „kanzleitreue" Mandanten sogar, wenn derartige Probleme auftraten, gezielt bei verschiedenen Kanzleien nach Spezialisten zu suchen. Dies alles führte dazu, daß der Wettbewerb zwischen den Anwaltssozietäten härter wurde. Beginnend mit den siebziger Jahren wurde auch mit den früher üblichen Anstellungsmethoden gebrochen. Während es in den fünfziger und sechziger Jahren gebräuchlich war, nur Anwälte ohne Berufserfahrung (first-year-associates) einzustellen, und diejenigen, die nicht Partner wurden, zu kleineren Sozietäten oder zu Unternehmen, nicht aber zu einer der anderen Big Firms wechselten, gingen die Großkanzleien nun dazu über, Anwälte abzuwerben, die bereits auf eine mehrjährige Tätigkeit zurückblicken konnten (lateral hiring). Spezialisten und rainmakers[91] wechselten die Anwaltssozietäten.[92] Dazu kamen die Übernahme ganzer Abteilungen sowie Fusionen von Anwaltsgesellschaften,[93] aber auch Teilungen und Sozietätsauflösungen.[94] Die großen law firms wuchsen in ihrer Mehrheit weiter. Während in den späten

---

90 *Gordon*, 434.
91 Rainmakers sind Anwälte, die besonders erfolgreich beim Anwerben neuer Mandanten sind. Ihre Akquisitionsstärke ist höher als ihre eigene Erledigungskapazität, so daß ihre Mitgesellschafter einen Teil der neuen Mandate bearbeiten müssen.
92 Für diese Abwerbetaktik wurde in den späten achziger Jahren der Begriff des cherry picking geprägt.
93 *Galanter/Palay*, 54.
94 Letztere betrafen vor allem mittelgroße law firms; vgl. *Galanter/Palay*, 55.

fünfziger Jahren nur 38 Anwaltsgesellschaften in den U.S.A. mehr als 50 Anwälte beschäftigten[95], waren es 1985 schon 508.[96] Auffallend ist insoweit, daß die Anwaltsgesellschaften vor 1970 vergleichsweise langsam wuchsen und es um 1970 dann vorübergehend zu einem dramatischen Wachstum kam. Diesem folgte ein stärkeres Wachstum als vor 1970.[97] Vor allem die New Yorker Anwaltssozietäten erhöhten die Zahl der angestellten Anwälte relativ zu der der Partner.[98] Die Zeitspanne, nach der über die Ernennung des associate zum partner entschieden wurde, verkürzte sich in den zwei Jahrzehnten vor 1980; aber nach 1980 kam es erneut zu einer Verlängerung.[99] Der Anteil der associates, die Partner wurden, sank.[100] Dafür nahm das dauerhaft angestellte und bezahlte juristische Personal wie beispielsweise paralegals[101] und permanent associates[102] zu. Noch 1960 hatten fast alle großen Anwaltssozietäten nur eine Niederlassung in jeweils einer Stadt.[103] Bis 1980 hatten jedoch 87 der 100 größten Anwaltsgesellschaften der U.S.A. überregionale Zweigbüros gegründet.[104] In den achtziger Jahren erhöhte sich nicht nur die Zahl der „Zweigstellen", sondern es vergrößerte sich auch ihr Umfang und der prozentuale Anteil der Zweigstellenanwälte an der Gesamtzahl der Anwälte in den Anwaltsgesellschaften. 1988 hatten die 100 größten law firms der U.S.A. bereits insgesamt 136 Büros in Übersee.[105] Unter dem Wettbewerbsdruck sahen sich viele Kanzleien veranlaßt, ihr Angebot an Dienstleistungen auszuweiten und auch bestimmte nichtjuristische Tätigkeiten miteinzubeziehen. Bei-

---

95 Smigel, 25 A. Soc. Rev. 1960, 25, 58.

96 Curran, The U.S. Legal Profession in 1985, 58.

97 Vgl. *Galanter/Palay*, 78 f.

98 Galanter/Palay, 59 ff.

99 Permanent associates sind angestellte Anwälte ohne Aussicht auf Partnerschaft. Detaillierte Ausführungen zum Status der permanent associates finden sich bei *Galanter/Palay*, 29, 64 f.

100 Er dürfte nun für viele große Anwaltsgesellschaften bei etwa 10 % liegen; vgl. auch *Galanter/Palay*, 63 f.

101 Paralegals sind angestellte juristische Hilfskräfte, die die Zulassung zur Anwaltschaft nicht besitzen und unter der Überwachung von Anwälten juristische Routinearbeiten erledigen; vgl. *Galanter/Palay*, 65.

102 *Galanter/Palay*, 75 f.

103 *Galanter/Palay*, 47; eine Ausnahme war die Vereinbarung zwischen Adlai Stevenson und Paul Weiss im Jahre 1957, welche zu einer überregionalen Kanzlei mit Büros in Illinois, Washington, D.C. und New York führte, welche bis 1961 andauerte (diese Vereinbarung war so ungewöhnlich, daß sie zuvor durch die zuständigen Anwaltskammern zugelassen werden mußte), *Galanter/Palay*, 23; Baker & McKenzie leisteten insoweit Pionierarbeit, als sie in den fünfziger Jahren fünf ausländische Büros und ein Büro in Washington errichteten, vgl. *Lyons*, A. Law. 10/1985, 115 f.

104 *Curran*, U.S. Legal Profession in the 1980ÿs, 53; *Galanter/Palay*, 47.

105 *Galanter/Palay*, 48.

spiele für solche Tätigkeiten sind Investmentberatung, Unternehmensberatung, Personalberatung und Grundstückserschließung.[106] Dies führte zur Beschäftigung von Nichtjuristen.[107] Die interprofessionelle Zusammenarbeit in Anwaltsgesellschaften ließ allerdings viele Juristen befürchten, die anwaltliche Integrität könnte gefährdet sein.[108] Diese Bedenken veranlaßten die Anwaltskammern unter anderem, vorzuschlagen, lediglich die Erbringung nichtjuristischer Dienstleistungen, die mit den juristischen Arbeiten in einem notwendigen Zusammenhang stehen, durch Anwaltsgesellschaften zuzulassen.[109]

B. Gründe für die Entwicklung in den Vereinigten Staaten von Amerika

Die Faktoren, welche das Wachstum der amerikanischen Großkanzleien förderten, waren: erstens die Zunahme der regulierenden Tätigkeit der Regierung hinsichtlich der amerikanischen Wirtschaft durch die Securities Acts und die New Deal Gesetzgebung, welche den Bedarf an juristischen Dienstleistungen erhöhte;[110] zweitens die Entwicklung der Vereinigten Staaten von einer auf die Fertigungsindustrien gegründeten Gesellschaft zu einer Dienstleistungsgesellschaft mit starker Beteiligung am internationalen Wirtschaftsverkehr;[111] drittens die sich in den frühen siebziger Jahren in der Art und Weise der Inanspruchnahme juristischer Dienstleistungen durch Wirtschaftsunternehmen vollziehenden Veränderungen;[112] viertens die Zunahme an Fusionen und Firmenakquisitionen in den achtziger Jahren;[113]

---

106 *Galanter/Palay*, 66.
107 1990 erlaubte der District of Columbia als erster US-amerikanischer Staat Nichtjuristen, Partner in Kanzleien zu werden; *Lewis*, New York Times v. 2.3.1990, B10; *Noah*, Wall St. J. v. 27.4.1990, A14.
108 *Galanter/Palay*, 67.
109 *American Bar Association (ed.)*, Ancillary Business, 3.
110 *Galanter/Palay*, 36; vgl. beispielhaft für die Auswirkung des New Deal auf eine amerikanische Großkanzlei: *Lipartito/Pratt*, 135 ff.
111 Vgl. *Nelson*, 44 Case W. Res. L. Rev. 1994, 345 (347).
112 Die Zunahme an Komplexität in der Geschäftswelt, die Bereitschaft, bereits in frühen Stadien einer Transaktion einen Anwalt beizuziehen und die erhöhte Prozeßführungsbereitschaft ließen die Zahl der Rechtsstreitigkeiten ansteigen; enge Fristen und der Umfang bestimmter juristischer Projekte erfordern die Bearbeitung durch eine größere Zahl von Anwälten; vgl. *Galanter/Palay*, 115 f.; *Gilson/Mnookin*, 37 Stan. L. Rev. 1985, 313 (316).
113 Vgl. *Nelson*, 44 Case W. Res. L. Rev. 1994, 345 (351).

fünftens die Praxis, automatisch einen von vornherein festgelegten Prozentsatz der angestellten Anwälte nach Ablauf einer bestimmten Zeitspanne zum Partner zu ernennen, was zur Anstellung weiterer Anwälte führte, welche den zum Partner aufgestiegenen Anwalt ersetzten;[114] sechstens der starke Anstieg an Jurastudenten und Anwälten[115] und siebtens schließlich die frühzeitige Ermöglichung überregionaler Kooperation.[116]

114 *Galanter/Palay,* 88, die meinen, daß dies den Hauptgrund für das exponentielle Wachstum der Kanzleien nach 1970 darstellt; diese Theorie unterschätzt aber andere Gründe wie wirtschaftliche Rahmenbedingungen, die Abwerbung von Anwälten von anderen law firms (lateral hiring), das Abwandern von Partnern, Verschmelzungen zwischen Kanzleien sowie Abspaltungen von Teilen einer Kanzlei; vgl. *Johnson,* 58 Tenn. L. Rev. 1991, 537 (556). Zudem wird nicht berücksichtigt, daß das up-or-out-System – bei dem ein angestellter Anwalt nach Ablauf einer bestimmten Zeitspanne entweder zum Partner befördert oder entlassen wird – bereits seit Jahren vielfach durch ein die Produktivität des einzelnen Partners verstärkt berücksichtigendes System ersetzt wird. Dazu kommen die Experimente mit neuen Anwaltskategorien wie der des auf Dauer angestellten Anwalts ohne Aussicht auf Partnerschaft (permanent associate) oder des ein Gehalt beziehenden Partners (salaried partner) durch law firms wie Davis, Polk & Wardwell; vgl. *Gilson/Mnookin,* 37 Stan. L. Rev. 1985, 313 (316); *dies.,* 41 Stan. L. Rev. 1989, 567 ff. Siehe auch *Gilsons* und *Mnookins* Begründung der relativen Stabilität des up-or-out Systems: Es sei als strukturelle Antwort sowohl auf die Ungewißheit des associates zum Zeitpunkt des Eintritts in die Kanzlei hinsichtlich der Fairneß der zukünftigen Entscheidung über seine Ernennung zum Partner, als auch auf die anfängliche Unsicherheit der Anwaltsgesellschaft bezüglich der Fähigkeiten des jungen associates zu verstehen. Die Anwaltsgesellschaft könne während der mehrjährigen Tätigkeit des Anwalts als associate feststellen, ob dieser über die erforderliche Befähigung verfüge. Die Ungewißheit des associate könne durch den Zwang, den associate entweder zu befördern, oder aber zu entlassen, ebenfalls beseitigt werden. Wenn die Kanzlei den associate nämlich nach Ablauf der Zeitspanne weiter als Angestellten beschäftigen könnte, obwohl die Voraussetzungen einer Ernennung zum Partner vorliegen, so wäre das profitabel für die Kanzlei und stellte daher einen Anreiz dar, die ursprüngliche Vereinbarung zu brechen und sich opportunistisch und unfair zu verhalten. Folglich habe das up-or-out-System Fairneß und Sicherheit auf beiden Seiten zur Folge; *Gilson/Mnookin,* 41 Stan. L. Rev. 1989, 567 (581).

115 Zwischen 1960 und 1980 verdreifachte sich die Zahl der Jurastudenten; die Zulassungen zur Anwaltschaft vervierfachten sich sogar; *Menkel-Meadow,* 44 Case W. Res. L. Rev. 1994, 621 (625); die Zahl der Absolventen der acht renommiertesten juristischen Fakultäten der U.S.A. hielt jedoch nicht mit diesen Steigerungen Schritt; vgl. *Sander/Williams,* 14 L. & Soc. Inquiry 1989, 431 (462); daher waren die Kanzleien gezwungen, überproportional Absolventen weniger prestigereicher Universitäten anzuwerben, was nach Ansicht *Galanters* und *Palays* zu geringerer Produktivität führte und die Notwendigkeit nach sich zog, mehr Anwälte als zuvor zur Erledigung der Arbeit zu beschäftigen, um die geringere Produktivität zu kompensieren; *Galanter/Palay,* 111.

116 Vgl. Baker & McKenzieÿs Büro in Washington zusätzlich zum New Yorker Hauptbüro in den fünfziger Jahren; *Galanter/Palay,* 47 Fn. 69. Die ABA stellte die Zulässigkeit in der Formal Opinion 316 vom 18.1.1967 klar: „The Canons of Ethics do not prohibit a lawyer in State I from entering into an agreement with a lawyer in State II for the practice of law by which they share in the responsibility and liability of each other, if

Die gesellschaftsrechtliche Form der Zusammenarbeit scheint in den U.S.A. in der Vergangenheit keinen Einfluß auf das Kanzleiwachstum gehabt zu haben. So blieben viele amerikanische Sozietäten auch nachdem die Einzelstaaten Gesetze erlassen hatten, welche die Zusammenarbeit in einer professional corporation erlaubten, professional partnerships und dies selbst zu einer Zeit, zu der die steuerrechtlichen Vorteile, die mit der professional corporation verbunden waren, der professional partnership noch nicht zugänglich gemacht worden waren.[117] In jüngster Zeit hat die Frage nach der geeigneten gesellschaftsrechtlichen Form der anwaltlichen Zusammenarbeit an Aktualität gewonnen. Seit 1991, dem Jahr, in welchem in Texas der erste Limited Liability Partnership Act der Vereinigten Staaten erlassen wurde, haben über 800 texanische Gesellschaften aus Gründen der Haftungsbeschränkung die Form der limited liability partnership gewählt. In New York ließen sich in den ersten vier Wochen nach Inkrafttreten des New Yorker Limited Liability Partnership Acts im Oktober 1994 bereits 35 Anwaltssozietäten als limited liability partnerships eintragen.[118] Wie sich diese Änderungen auf die weitere Entwicklung der amerikanischen Anwaltsgesellschaften auswirken werden, ist derzeit noch nicht abzusehen.

they indicate the limitations on their practice in a manner consistent with canons. Subject to the same limitations, offices of the firm could be opened in both states."

117 *Gilson*, 99 J. Pol. Econ. 1991, 424 Fn. 9; Statistiken, die sich mit dem Thema des Wachstums US-amerikanischer Kanzleien befassen, beziehen sich in aller Regel nicht auf unterschiedliche gesellschaftsrechtliche Organisationsformen, denen offensichtlich keine Bedeutung beigemessen wird. Eine Ausnahme stellt die folgende Übersicht über US-amerikanische Kanzleien dar, die immerhin Angaben über Organisationsformen zu zwei verschiedenen Zeitpunkten macht: Danach gab es im Jahre 1972 95.820 allein praktizierende Anwälte (sole practitioners), 25.488 Anwaltspersonengesellschaften (partnerships) und 4.574 Anwaltskapitalgesellschaften (professional service organizations); Die Vergleichszahlen für das Jahr 1977 sind 124.415, 29.234 und 14.247; *Abel*, 340, Tafel 40 (Quelle: US Bureau of the Census).

118 Darunter waren New Yorker Kanzleien wie Morgan, Lewis & Bockius und LeBoeuf, Lamb, Greene & McRae; sowie Zweigbüros von außerhalb New York ansässigen Kanzleien, wie das der Washingtoner Kanzlei Dickstein, Shapiro & Morin; vgl. *Firms become limited liability partnerships in a scramble to protect their assets*, Natÿl L. J. v. 26.12.1994, C14; *Duncan*, 10 BNAÿs Corp. Couns. Wkly. v. 8.2.1995, 8.

3. Kapitel: Vergleich der Entwicklung in Deutschland mit der in den Vereinigten Staaten von Amerika

Kooperationen von Rechtsanwälten haben sich in Deutschland und den U.S.A. zwar unterschiedlich entwickelt, es gibt aber auch Parallelen. In Deutschland wurden die anwaltlichen Kooperationsformen lange Zeit durch ein traditionelles Berufsbild und damit verbundene „Schutzvorschriften" geprägt, was im Verbot überörtlicher Anwaltssozietäten, im Lokalisationsprinzip und im Versuch, sich gegen die ausländische Konkurrenz abzuschotten, zum Ausdruck kam. Erst als die Entwicklungen im europäischen Recht eine Abgrenzung nach außen zunehmend unmöglich machten, englische und amerikanische Großkanzleien auf den deutschen Rechtsberatungsmarkt drängten und die deutschen Gerichte die Bildung überörtlicher Sozietäten und damit auch Fusionen von in verschiedenen Städten gelegenen Anwaltsgesellschaften ermöglichten, kam es zu Änderungen in der Entwicklung der Sozietäten, zu verstärkter Spezialisierung und Wachstum. In den U.S.A. dagegen wurden überregionale Anwaltsgesellschaften zu keinem Zeitpunkt als Gefahr für den Beruf des Anwalts oder die Rechtspflege angesehen und bereits in den 50er Jahren dieses Jahrhunderts errichtet. Was die Parallelen in der Entwicklung betrifft, so läßt sich zum einen auf das starke Ansteigen der Anwaltszulassungen in den beiden Ländern in den letzten Jahrzehnten verweisen. Zum anderen scheinen die gesellschaftsrechtlichen Kooperationsmöglichkeiten in beiden Ländern in der Vergangenheit keinen großen Einfluß auf die Entwicklung der Kanzleien gehabt zu haben. Wie dargestellt, verhinderte die Beschränkung der Anwaltschaft auf die GbR in Deutschland nicht die Entstehung von Großkanzleien mit 100 und mehr Anwälten.[119] In den U.S.A. wiederum blieben viele Anwaltsgesellschaften selbst zu einer Zeit, zu der die meisten Einzelstaaten bereits die Tätigkeit in einer Kapitalgesellschaft erlaubten, professional partnerships.

---

119 Die erste eingetragene Rechtsanwalts-GmbH wiederum ist – entgegen den Befürchtungen *Brauns* in MDR 1995, 447 – keine hochspezialisierte Großkanzlei, sondern eine junge und kleine, durch nur zwei Anwälte gegründete Anwaltsgesellschaft, vgl. MDR Heft 6, 1995, R 9 („Steckbrief").

3. Teil: Gesellschaftsrechtlicher Vergleich der deutschen Anwaltsgesellschaften

1. Kapitel: Grundlagen

Die Entwicklung der Anwalts-GbR, Anwalts-PartG und Anwalts-GmbH ist verbunden mit der Frage der rechtlichen Zulässigkeit der Gesellschaften und den an sie zu stellenden Mindestanforderungen, die im folgenden erörtert werden sollen. Auf dieser Grundlage kann dann der gesellschaftsrechtliche Vergleich erfolgen.

A. Gesellschaft des bürgerlichen Rechts

Der Begriff der Anwaltssozietät setzt nach § 59a BRAO eine gemeinsame Berufsausübung im Rahmen der eigenen beruflichen Befugnisse durch Anwälte und gegebenenfalls auch Angehörige nach § 59a BRAO sozietätsfähiger Berufe sowie eine gemeinschaftliche Kanzlei oder mehrere Kanzleien, in denen jeweils mindestens ein Mitglied der Sozietät verantwortlich tätig ist, voraus.[120] Die Rechtsverhältnisse der Sozietät werden durch das Recht der GbR und Vorschriften der BRAO bestimmt. Grundsätzlich schulden alle Sozietätsmitglieder die Erfüllung der übernommenen Pflichten gemeinsam und haften dem Mandanten gegenüber gesamtschuldnerisch.[121] Als zulässig angesehen wird die Anwaltssozietät seit dem Inkrafttreten der RAO vom 1.7.1878.[122] Kodifiziert wurde der Sozietätsbegriff durch die Änderung der Berufsordnung vom 2.9.1994 in § 59a BRAO.[123]

---

120 Vgl. hierzu auch *Feuerich/Braun,* § 59a Rdnrn. 1, 8.
121 Vgl. hierzu die detaillierten Ausführungen in *Kaiser/Bellstedt,* 31 f. (Rdnrn. 2 ff.).
122 *Kaiser/Bellstedt,* 34 (Rdnr. 11).
123 BGBl I, 2278 ff.

B. Partnerschaftsgesellschaft

Die Diskussion um eine neue Gesellschaftsform für die Angehörigen der freien Berufe begann bereits in den fünfziger Jahren.[124] Ein 1971 in den Deutschen Bundestag eingebrachter Entwurf eines Partnerschaftsgesetzes[125] wurde nicht Gesetz.[126] 1976 verabschiedete der Bundestag in Dritter Lesung einstimmig einen neuen Entwurf eines Partnerschaftsgesetzes. Dieser scheiterte aber nach heftiger Kritik der freiberuflichen Organisationen im Bundesrat.[127] Die Diskussion ist auch in der Folgezeit nicht verstummt.[128] Unter der Beteiligung der Standesvertretungen der freien Berufe hat dann am 20.7.1993 die Bundesregierung einen Entwurf des Partnerschaftsgesetzes beschlossen.[129] Er wurde am 25.7.1994 verabschiedet und trat am 1.7.1995 in Kraft.[130] Die PartG ist eine Sonderform der GbR. Sie ist der OHG ähnlich ausgestaltet und wird daher als „OHG für Freiberufler" bezeichnet.[131] Hierdurch soll der personenbezogene Charakter der Tätigkeit der Freiberufler zum Ausdruck kommen.[132] Die PartG ist eine rechtsfähige Personengesellschaft, welche als Gesamthandsge-

---

124 1956 regte das Institut der Wirtschaftsprüfer in Deutschland e.V. beim Bundesjustizministerium an, eine neue Gesellschaftsform eigens für Freiberufler zu schaffen; vgl. hierzu *Michalski/Römermann*, PartGG, Einführung Rdnrn. 1 ff.; *Thümmel*, WPg 1971, 399 m.w.N. Vgl. zur Entstehungsgeschichte der PartG auch *Seibert*, AnwBl 1993, 155 ff.; *Wüst*, JZ 1989, 270 ff.; *Henssler*, JZ 1992, 697 ff.; *Müller-Gugenberger*, DB 1972, 1517 ff.

125 BT-Drucks. 6/2047 ff.

126 Vgl. hierzu *Michalski/Römermann*, PartGG, Einführung Rdnrn. 6 f.

127 BT-Drucks. 7/5413 und BR-Drucks. 444/1/76.

128 Hierbei gab es neben befürwortenden auch kritische Stimmen. So wandte sich *K. Schmidt* in seinem Gutachten zur Überarbeitung des Schuldrechts gegen die Schaffung eines Sondergesellschaftsrechts für die freien Berufe, vgl. hierzu Gutachten zur Überarbeitung des Schuldrechts, Band III, 502 ff. *Seibert* hielt dem entgegen, so wie das Handelsgesetzbuch sich als Sondergesellschaftsrecht für die vollkaufmännischen Gewerbetreibenden bewährt habe, könne ein Sondergesellschaftsrecht, das auf die spezifischen Bedürfnisse der Freiberufler zugeschnitten sei, die hier bestehende gravierende gesellschaftsrechtliche Lücke füllen und die zahlreichen, nicht mehr leicht abgrenzbaren und daher einer lediglich berufsrechtlichen Regelung nicht zugänglichen Probleme lösen; *Seibert*, AnwBl 1993, 155.

129 BT-Drucks. 12/6152.

130 Gesetz zur Schaffung von Partnerschaftsgesellschaften und zur Änderung anderer Gesetze vom 25.7.1994, BGBl I, 1744.

131 Vgl. *Henssler*, DB 1995, 1549 (1552); amtliche Begründung, BT-Drucks. 12/6152, 8; *K. Schmidt*, ZIP 1993, 633 (635). Aufgrund der zahlreichen Verweise des PartGG auf das Recht der OHG werden in den folgenden Ausführungen die §§ 105 ff. HGB berücksichtigt.

132 *Meilicke/von Westphalen/Hoffmann/Lenz*, PartGG, § 1 Rdnr. 19.

meinschaft zwar keine juristische Person ist, dieser aber doch weitgehend angenähert wurde.[133] Die Beratungsverträge kommen unmittelbar zwischen Mandant und Partnerschaftsgesellschaft zustande, die Partner haften jedoch gesamtschuldnerisch neben dem Gesellschaftsvermögen unmittelbar und persönlich für die Gesellschaftsschulden. § 8 II PartGG ermöglicht allerdings eine Haftungskonzentration auf den handelnden Partner.

C. Gesellschaft mit beschränkter Haftung

I. Entwicklung des Meinungsstandes

Die Anwalts-GmbH wurde bis etwa 1990 im Schrifttum als de lege lata unzulässig angesehen, wenngleich zum Teil als rechtspolitisch wünschenswert.[134] Seit Beginn der neunziger Jahre mehrten sich dann die Stimmen, die für eine Zulässigkeit der Anwalts-GmbH schon nach geltendem Recht eintraten.[135] Die hierbei vorgebrachten Gründe und die Argumentation des BGH bei der erstmaligen Anerkennung der Zahnärzte-GmbH im Jahre 1993[136] veranlaßten das *BayObLG*, die erste Anwalts-GmbH[137] in seinem *Beschluß vom 24.11.1994* als im Handelsregister

---

133 Vgl. zum Regelungskonzept *Henssler*, WiB 1994, 53 ff; *Seibert*, DB 1994, 2381; *ders.*, Die Partnerschaft, 37 ff.; *Meilicke/von Westphalen/Hoffmann/Lenz*, PartGG, § 1 Rdnr. 19.

134 Vgl. *Kremer*, GmbHR 1983, 259 ff. und die Nachweise bei *Henssler*, JZ 1992, 697 (698).

135 Vgl. *Ahlers*, AnwBl 1991, 10 ff., 226 ff.; *Heinemann*, AnwBl 1991, 233 ff.; *Henssler*, NJW 1993, 2137; *ders.*, ZIP 1994, 844 (848 f.); *ders.*, JZ 1992, 697 ff.; *Koch*, AnwBl 1993, 157 ff.; *Bakker*, AnwBl 1993, 245 ff.; dagegen: *Zuck*, AnwBl 1988, 19 (21 f.); *Düwell*, AnwBl 1990, 388 ff.; für die Ansicht, eine Anwalts-GmbH sei ohne Gesetzesänderung nicht möglich vgl. *Odersky*, AnwBl 1991, 238 (242); *Kremer*, GmbHR 1983, 259 ff.; *Donath*, ZHR 1992, 134 (167); vgl. für eine ausführlichen Überblick über die Stellungnahmen von Anwaltschaft und Rechtswissenschaft in der rechtspolitischen Diskussion über die künftige Zulässigkeit einer Rechtsanwalts-GmbH *Henssler*, JZ 1992, 697 f., Fn. 2, 3.

136 BGHZ 124, 224 ff.

137 Hierbei sind grundsätzlich drei verschiedenen Erscheinungsformen vorstellbar (vgl. zu dieser Dreiteilung *Bellstedt*, AnwBl 1995, 573). Zum einen ist die originär anwaltliche Leistungen anbietende GmbH möglich, also das Gegenstück zur Steuerberatungs- und Wirtschaftsprüfungs-GmbH. Diese ist, wie die nachfolgenden Ausführungen zeigen werden, bereits nach geltendem Recht zulässig und nur auf diese Form der Anwalts-GmbH beziehen sich die Ausführungen in dieser Arbeit, solange nicht ausdrücklich auf eine der anderen Erscheinungsformen Bezug genommen wird. Zum anderen ist eine Anwalts-GmbH denkbar, welche nur die rechtlichen und tatsächlichen Rahmenbedin-

eintragungsfähig zu bezeichnen.[138] Nach dem die Zulässigkeit der Anwalts-GmbH bei Einhaltung bestimmter Mindestanforderungen anerkennenden Beschluß des BayObLG und den ersten GmbH-Neugründungen[139] ist die Diskussion um die Rechtsanwalts-GmbH allerdings nicht verstummt.[140] Im Hinblick auf die Innenstruktur der Gesellschaft wurde sie

gungen für die anwaltliche Berufsausübung der bei ihr angestellten Rechtsanwälte zur Verfügung stellt. Von dieser Erscheinungsform geht das BayObLG in seinen Beschlüssen vom 24.11.1994 und 28.8.1996, BB 1994, 2433 (2435); MDR 1996, 1251 aus. Bislang wurden alle Anwalts-GmbHs als Organisations-GmbH gegründet (vgl. *Römermann*, GmbHR 1997, 530 (532)). Der Referentenentwurf zur Anwalts-GmbH sieht dagegen vor, daß sich die Bestimmungen des Anwalts-GmbH-Gesetzes nur auf diejenigen GmbHs beziehen, durch die eine anwaltliche Berufsausübung bezweckt wird (§ 59 c BRAO-E). Die Organisations-GmbH kann danach berufsrechtlich nicht zugelassen werden und darf auch nicht den Zusatz Rechtsanwaltsgesellschaft mit beschränkter Haftung führen (vgl. hierzu *Römermann*, GmbHR 1997, 530 (531 f.)). Die dritte Möglichkeit schließlich ist die von *Bellstedt* als „Besitz-GmbH" bezeichnete Variante, bei der die von der GmbH angestellten Anwälte und/oder die ihre Geschäfte führenden anwaltlichen Gesellschafter-Geschäftsführer im Auftrag der GmbH anwaltliche Leistungen erbringen. Auch diese Modalität der Anwalts-GmbH geht auf die Ausführungen des BayObLG zurück, welches feststellte: „zudem ist auch die Aufspaltung in eine Kapitalgesellschaft (als Besitzgesellschaft) und eine Partnerschaft (als Berufsausübungsgesellschaft) denkbar"; BB 1994, 2433 (2435). Da in dieser Form der Anwalts-GmbH die volle Haftung der Anwälte bestehenbliebe, wird sie in dieser Arbeit nicht im Detail erörtert. Vgl. insofern aber die Ausführungen *Bellstedts* zur Besitz-GmbH, AnwBl 1995, 573 (578). Schließlich wird auch die in der aktuellen berufsrechtlichen Diskussion weniger bedeutsame Frage der Zulässigkeit und Ausgestaltung einer Anwalts-AG in dieser Arbeit außer Betracht gelassen; vgl. hierzu die detaillierten Ausführungen *Hommelhoffs* und *Schwabs* zur Unzulässigkeit der Anwalts-AG in WiB 1995, 115 (117 f.) und *Römermanns* Ausführungen zu ihrer Zulässigkeit in GmbHR 1997, 530 (532) sowie in *Römermann*, 183 und *Hensslers* Warnungen vor der Möglichkeit, daß eine Anwalts-AG als konzernabhängige Rechtsabteilung eines Großunternehmens fungieren könnte, in JZ 1992, 697 (703).

138 BayObLG BB 1994, 2433 ff., dem Beschluß zustimmend: *Sommer*, GmbHR 1995, 249 (251); *Landry*, MDR 1995, 558; *Hommelhoff/Schwab*, WiB 1995, 115 ff.; *Henssler*, DB 1995, 1549 ff.; *Ahlers*, AnwBl 1995, 3 ff.; *ders.*, AnwBl 1995, 121 ff.; *Dauner-Lieb*, GmbHR 1995, 259 ff.; dagegen: *Taupitz*, NJW 1995, 369 ff.; das BayObLG bestätigte seine Entscheidung vom 24.11.1994 knapp zwei Jahre später mit Beschluß vom 28.8.1996, mit welchem es den Antrag der Anwaltskammer auf Löschung der in München eingetragenen Seuffert-GmbH zurückwies („Seuffert II"), MDR 1996, 1251.

139 In Reaktion auf den Beschluß des BayObLG vom 24.11.1994 gründete als erste im Jahre 1995 eine Kölner Kanzlei eine Anwalts-GmbH; diese wurde am 13.3.1995 im Handelsregister von Köln eingetragen; vgl. hierzu MDR Heft 6/1995, R9 – "Steckbrief"; *Römermann*, 142.

140 So vertritt beispielsweise *Taupitz*, NJW 1995, 369 ff, weiterhin die Auffassung, daß die Anwalts-GmbH unzulässig ist.

im Gegenteil durch den Beschluß erst entfacht.[141] Allgemein wurde und wird ein Tätigwerden des *Gesetzgebers* gefordert.[142] Dieser soll insbesondere die Mindestvoraussetzungen festschreiben, welche das BayObLG zur Wahrung der Stellung des Rechtsanwalts als unabhängigem Organ der Rechtspflege und des Charakters des freien Berufs aufgestellt hat und die bis zu einer entsprechenden gesetzlichen Regelung in der Satzung der jeweiligen Anwalts-GmbH niedergelegt werden müssen. Unverzichtbar seien auch detaillierte gesetzliche Regelungen, welche die Frage der angemessenen Mindestversicherungssumme sowie die strittigen Punkte wie Postulationsfähigkeit der GmbH und die Form des berufsrechtlichen Anerkennungs- oder Zulassungsverfahrens klären.[143] Mittlerweile hat das Bundesministerium der Justiz einen Referentenentwurf eines „Gesetzes zur Regelung der Anwaltsgesellschaft mit beschränkter Haftung (Anwalts-GmbH)" vorgelegt.[144] Danach soll die GmbH – unter Ausschluß der bislang üblichen Organisations-GmbH, auf welche das Gesetz keine Anwendung findet – einer Erlaubnis nach dem Rechtsberatungsgesetz bedürfen; die Mindesthaftpflichtversicherungssumme soll DM 5 Mio. betragen; das Mindestkapital von DM 50.000,– soll voll einzuzahlen sein. Geschäftszweck soll allein die Anwaltstätigkeit sein; Anwälte sollen nur dann Anteile halten dürfen, wenn sie beruflich aktiv sind; vor allem aber soll ein wesentliches Charakteristikum der Kapitalgesellschaft durch Einführung einer persönlichen Haftung des handelnden Rechtsanwalts aufgehoben werden.[145] Der Deutsche Anwaltverein hat bereits zu dem Gesetzesentwurf Stellung genommen und insbesondere die vorgesehene Haftung des handelnden Rechtsanwalts kritisiert.[146]

---

141 Vgl. hierzu *Römermann*, 143 m.w.N. und die Pressenotiz in der FAZ v. 7.10.1996, 19, „Die GmbH für Anwälte rückt näher".

142 Vgl. statt vieler *Henssler*, ZIP 1994, 844 (849); *ders.*, DB 1995, 1549 (1550); *Hommelhoff/Schwab*, WiB 1995, 115 f; *Kleine-Cosack*, BRAO, § 59a Rdnr. 54.

143 Vgl. *Henssler*, DB 1995, 1549 (1550) und die Pressenotizen in der FAZ v. 7.10.1996, 19 und v. 26.8.1996, 4, „Die GmbH für Anwälte rückt näher" und „Ausbildungsreform gefordert".

144 Abgedruckt in: ZIP 1997, 1518 ff.; siehe hierzu auch die obigen Ausführungen im 1. Teil, Einleitung.

145 Vgl. §§ 59 c, f, p, q BRAO-E; abgedruckt in: ZIP 1997, 1518 ff.

146 Vgl. Pressemitteilung des DAV Nr. 5/97 vom 30.6.1997, abgedruckt in: AnwBl 1997, 405 f.

II. Der Beschluß des Bayerischen Obersten Landesgerichts vom 24.11.1994

Das BayObLG erklärte in diesem Beschluß[147] den Zusammenschluß von Rechtsanwälten zur gemeinsamen Berufsausübung in einer GmbH für grundsätzlich zulässig. Die *Anwalts-GmbH* soll danach jedenfalls dann im Handelsregister eintragungsfähig sein, wenn ihre Satzung die zur Wahrung der Unabhängigkeit des Rechtsanwalts unerläßlichen *Mindestvoraussetzungen* enthält. Diese vier Mindestvoraussetzungen sind nach dem BayObLG – welches insoweit auf *Henssler*[148] verweist – die Beschränkung der Geschäftsführerpositionen auf Rechtsanwälte, die Vermeidung einer Weisungsbefugnis der Gesellschafterversammlung gegenüber den Geschäftsführern hinsichtlich der anwaltlichen Tätigkeit im Einzelfall, das Verbot auswärtiger Kapitalbeteiligung und der Abschluß einer Haftpflichtversicherung, deren Mindestbetrag deutlich höher als die Mindestversicherungssumme eines Einzelanwalts sein muß.[149] Das BayObLG begründet die grundsätzliche Zulässigkeit der Anwalts-GmbH mit Art. 12 I GG. Danach hat jede nach deutschem Recht gebildete und in Deutschland ansässige juristische Person das Recht auf freie Berufswahl. Daher müsse, wenn man die Eintragung einer GmbH mit dem Hinweis auf ein standesrechtliches oder sonstiges Verbot ablehnen wolle, eine *ausreichende gesetzliche Grundlage für die Unzulässigkeit oder das Verbot der Anwalts-GmbH* bestehen. Das BayObLG kommt nach der Feststellung, daß aus der Sicht des Gesellschaftsrechts keine Bedenken gegen eine Anwalts-GmbH bestünden sowie nach der Erörterung einer Reihe berufs- und standesrechtlicher Grundsätze und Normen zu dem Ergebnis, daß eine solche ausreichende gesetzliche Grundlage fehlt. Daraus schließt das Gericht auf die Zulässigkeit der Anwalts-GmbH nach geltendem Recht.

Im Rahmen der Diskussion des Berufs- und Standesrechts führt das BayObLG folgendes aus: § 59a BRAO untersage den Zusammenschluß von Rechtsanwälten in einer Anwalts-GmbH nicht. Zwar sei Grundprinzip einer in dieser Norm beschriebenen Sozietät, daß ihre Mitglieder gemeinsam die Erfüllung übernommener Pflichten schulden und den Mandanten

---

147 BayObLG, BB 1994, 2433 ff.

148 *Henssler*, JZ 1992, 697 (709).

149 BayObLG, BB 1994, 2433 (2436); so schon *Henssler*, ZIP 1994, 844 (849). Bis zum Tätigwerden des Gesetzgebers sind diese Voraussetzungen vom Registergericht zu überprüfen – eine Regelung, deren Effektivität zweifelhaft ist; vgl. hierzu *Hommelhoff/ Schwab*, WiB 1995, 115 (116), welche ein gesondertes Verwaltungsverfahren fordern, für das die höchste Behörde der Landesjustizverwaltung entsprechend § 49 III StBerG, § 30 I WPO zuständig sein soll.

solidarisch haften. Das gelte aber nur, soweit sich die Rechtsanwälte gerade für diese Form der anwaltlichen Zusammenarbeit entschieden hätten. Folglich lasse sich § 59a BRAO nicht mit der für ein die Berufsausübung einschränkendes Verbot erforderlichen Bestimmtheit entnehmen, daß den Rechtsanwälten als Rechtsform für ihre Zusammenarbeit nur und ausschließlich die Sozietät zur Verfügung stehe und andere Rechtsformen eines Zusammenschlusses ausgeschlossen sein sollen. Dem Berufsbild des Rechtsanwalts lasse sich ein solches Verbot nicht entnehmen, da kein einheitliches Berufsbild des Rechtsanwalts existiere. Der „Kanzleirechtsanwalt" sei nur eine Seite eines vielschichtigen Berufsbildes. Aus den durch § 51a I BRAO eröffneten Möglichkeiten der Haftungsbeschränkung lasse sich dabei entnehmen, daß auch die unbeschränkte und persönliche Haftung des Rechtsanwalts für das Berufsbild nicht mehr maßgebend sei. Weder aus dem in der Bundesrechtsanwaltsordnung verankerten Berufsbild des Rechtsanwalts noch aus dem vorkonstitutionellen Gewohnheitsrecht könne für den Rechtsanwalt ein einheitliches Berufsbild hergeleitet werden. Damit fehle es an der nach Art. 12 GG notwendigen Festlegung dieses Berufsbildes und seiner Ausschließlichkeit, die sich aus Gesetz oder vorkonstitutionellem Gewohnheitsrecht ergeben müsse.[150] Das PartGG schließe die Anwalts-GmbH nicht aus, denn nach ausdrücklichen Hinweisen in den Begründungen des Gesetzgebers sollte hierdurch der Frage der Zulässigkeit der Anwalts-Kapitalgesellschaften nicht vorgegriffen, sondern diese vielmehr durch das Berufsrecht entschieden werden.[151] Im Rahmen der Diskussion des § 4 BRAO, welcher die Zulassung zur Rechtsanwaltschaft mit der Befähigung zum Richteramt verknüpft, überträgt das BayObLG die vom BGH in der Entscheidung zur Zahnheilkunde-GmbH und zu § 1 ZHG verwendete Argumentation auf die Anwalts-GmbH und die dem § 1 ZHG vergleichbare Bestimmung des § 4 BRAO. Der BGH führt in dieser Entscheidung aus, daß die Ausübung der Zahnheilkunde nach § 1 ZHG approbierten Ärzten vorbehalten sei. Zahnheilkunde im Sinne von § 1 ZHG sei eine Betätigung, die dem eigentlichen Bereich der zahnärztlichen Betätigung, nämlich Feststellung, Behandlung und Heilung des Leidens der Patienten, zuzuordnen sei. Wenn eine GmbH daher nur die rechtlichen und tatsächlichen Voraussetzungen für eine solche Betätigung der bei ihr angestellten Zahnärzte schaffe, so unterfalle das nicht dem Begriff der Zahnheilkunde.[152] Indem es diese Ausführungen auf die Anwalts-GmbH überträgt, folgert das BayObLG, aus § 4 BRAO könne zunächst nur hergeleitet werden, daß auch in einer GmbH diejenigen,

---

150 BayObLG, BB 1994, 2433 (2435 f.).
151 BayObLG, BB 1994, 2433 (2434 f.).
152 BGHZ 124, 224 ff.

welche die Rechtsberatung ausüben, die Zulassung zur Rechtsanwaltschaft haben müssen. Dies könnten Gesellschafter, Geschäftsführer
und angestellte Anwälte sein. Soweit die Anwalts-GmbH aber als Organisationseinheit nur die rechtlichen und tatsächlichen Voraussetzungen für
die Ausübung der Rechtsberatungstätigkeit schaffe, übe sie selbst gar
keine Rechtsberatung aus und bedürfe daher keiner Zulassung zur
Rechtsanwaltschaft.[153] Dem stehe auch nicht entgegen, daß nach § 10 der
1. AVO zum RBerG in ganz besonders gelagerten Fällen einer juristischen
Person die Erlaubnis zur Rechtsberatung erteilt werden könne, denn das
Rechtsberatungsgesetz habe eine andere Zielrichtung. Es solle Rechtsanwälte, die im Interesse der Rechtspflege als deren Organ standes- und
gebührenrechtlichen Schranken unterliegen, im Bereich der Rechtsberatung gegen den Wettbewerb vor Personen schützen, für die solche Einschränkungen nicht gelten.[154] Daraus, daß eine ausreichende gesetzliche
Grundlage für ein Verbot der Anwalts-GmbH nicht ersichtlich ist, schließt
das BayObLG, wie bereits erwähnt, auf deren grundsätzliche Zulässigkeit.

Durch die vier vom BayObLG für die Anwalts-GmbH geforderten *Mindestvoraussetzungen*[155] wiederum soll die Stellung des Rechtsanwalts als
unabhängiges Organ der Rechtspflege gewährleistet werden. Mit dem
Verbot auswärtiger Kapitalbeteiligung will das BayObLG die Eigenver-
antwortung und Weisungsfreiheit in der Berufsausübung sicherstellen.
Danach ist der Erwerb von Geschäftsanteilen durch eine Satzungsbestimmung dem in § 59a BRAO genannten Personenkreis vorzubehalten, so daß
der Einfluß berufsfremder Kapitaleigner ausgeschlossen bleibt. Hierbei
fordert das BayObLG, daß die Mehrheit der Geschäftsanteile und Stimmrechte sich in der Hand von Rechtsanwälten befindet, die ihren Beruf aktiv
in der Gesellschaft ausüben. Dem gleichen Zweck sollen auch die Erfordernisse der Beschränkung der Geschäftsführerpositionen auf Rechtsanwälte sowie des Ausschlusses der Weisungsbefugnis der Gesellschafterversammlung gegenüber den Geschäftsführern hinsichtlich der
anwaltlichen Tätigkeit im Einzelfall dienen. Der Mandantenschutz und die
vertrauensvolle Beziehung zwischen Auftraggeber und Anwalt wiederum
werden durch die vierte vom BayObLG geforderte Voraussetzung, nämlich
durch den Abschluß einer Haftpflichtversicherung, deren Mindestbetrag
deutlich höher als die Mindestversicherungssumme eines Einzelanwalts
liegen muß, gewährleistet. Nach dem BayObLG soll das Registergericht
dann, wenn die Erfüllung dieser vier Mindestanforderungen in der Satzung

---

153 BayObLG, BB 1994, 2433 (2435).
154 BayObLG, BB 1994, 2433 (2435).
155 Vgl. hierzu BayObLG, BB 1994, 2433 (3436).

einer Anwalts-GmbH sichergestellt ist, nicht befugt sein, ohne gesetzliche oder vorkonstitutionelle gewohnheitsrechtliche Normen zusätzliche Anforderungen an ihre Eintragungsfähigkeit zu stellen, wenn solche Anforderungen im Ergebnis das Recht der freien Berufswahl einschränken würden. Fehlten entsprechende Satzungsbestimmungen dagegen, so müsse der Gesellschaft zunächst die Gelegenheit gegeben werden, eine geänderte oder ergänzte Satzung einzureichen. Dann habe das Registergericht eigenverantwortlich zu prüfen, ob die Satzung seiner Ansicht nach die für eine Anwalts-GmbH unerläßlichen Mindestvoraussetzungen erfüllt.[156]

III. Diskussion

1. Gesellschaftsrecht

Aus gesellschaftsrechtlicher Sicht bestehen keine Bedenken gegen eine Verwendung der Organisationsform der GmbH für freiberufliche Tätigkeiten, da die GmbH jeden beliebigen Zweck haben kann, sofern er mit dem Gesetz vereinbar ist.[157] Die Zulässigkeit der Anwalts-GmbH bestimmt sich daher nicht nach dem Gesellschaftsrecht, sondern nach Art. 12 GG in Verbindung mit dem einschlägigen Berufsrecht.[158]

2. Grundrechte, Berufs- und Standesrecht

a) Ausgangspunkt

Ausgangspunkt der Problematik ist eine befürchtete Gefährdung des Vertrauensverhältnisses zwischen Anwalt und Mandant sowie der anwaltlichen Unabhängigkeit. So wird an standesrechtlichen Bedenken hauptsächlich vorgebracht, daß der Anwaltsberuf traditionell auf einem Vertrauensverhältnis zwischen Mandant und Rechtsanwalt beruhe, in dessen Rahmen sich der Mandant auf die fachliche Qualifikation, die Einsatzbereitschaft und die Loyalität des Anwalts verlasse. Dies könne im Zuge der Kommerzialisierung, der Spezialisierung und der mit ihr verbundenen Abkehr von der umfassenden Befähigung auf dem Berufsfeld

---

156 BayObLG, BB 1994, 2433 (3436).
157 *Hachenburg/Ulmer*, GmbHG § 1 Rdnr. 16; *Roth*, GmbHG § 1 Anm. 3.1.b); *Baumbach/Hueck*, GmbHG § 1 Rdnr. 9; *Lutter/Hommelhoff*, GmbHG § 1 Rdnr. 7; *Rowedder/Rittner*, GmbHG § 1 Rdnr. 12; *Kremer*, GmbHR 1983, 259 (261); *Henssler*, JZ 1992, 697 (702).
158 *Henssler*, JZ 1992, 697 (700); *ders.*, NJW 1993, 2137 (2138); *K. Schmidt*, ZIP 1993, 633 ff.

sowie der die Unabhängigkeit der Berufsausübung gefährdenden Kollektivierung verlorengehen.[159]

b) Art. 12 GG

aa) Erforderlichkeit einer gesetzlichen Grundlage

Voraussetzung dafür, daß die Eintragung einer GmbH mit dem Hinweis auf ein standesrechtliches oder sonstiges Verbot abgelehnt werden kann, ist jedoch, daß eine ausreichende gesetzliche Grundlage für die Unzulässigkeit oder das Verbot der Anwalts-GmbH besteht, denn jede nach deutschem Recht gebildete und in Deutschland ansässige juristische Person hat gemäß Art. 12 I GG das Recht auf freie Berufswahl. Daher kann nicht maßgeblich sein, ob rechtliche Regelungen vorhanden sind, die die betreffende Tätigkeit zulassen. Die Ausgangsfrage ist vielmehr, ob gesetzliche Bestimmungen vorhanden sind, die eine entsprechende Berufsausübung verbieten, und, wenn ja, ob sie mit Art. 12 GG zu vereinbaren sind.[160]

---

159 Vgl. zu den standesrechtlichen Bedenken *Hachenburg/Ulmer*, GmbHG § 1 Rdnr. 16; *Roth*, GmbHG § 1 Anm. 3.1.b); *Baumbach/Hueck*, GmbHG § 1 Rdnr. 9; *Lutter/Hommelhoff*, GmbHG § 1 Rdnr. 7; *Rowedder/Rittner*, GmbHG § 1 Rdnr. 12; *Kremer*, GmbHR 1983, 259 (264 f.); *Karlsbach*, 13.
160 BayObLG, BB 1994, 2433 ff. (Anwalts-GmbH); BGHZ 124, 224 (Zahnbehandlungs-GmbH); *Dauner-Lieb*, GmbHR 1995, 259 (260); *Henssler*, ZIP 1994, 844 (848); *ders.*, NJW 1993, 2137; *ders.*, JZ 1992, 697 (704). Eine andere Auffassung vertritt *Krämer*, NJW 1995, 2313 (2315). Dieser weist auf den Charakter der Anwaltstätigkeit als eines „staatlich gebundenen Vertrauensberufs" hin (vgl. BVerfGE 38, 105 (119) und argumentiert folgendermaßen: Da der Rechtsanwalt Aufgaben wahrnehme, die seine Tätigkeit als „gemeinwohlbezogen" qualifizierten, könne der Status des Anwalts nicht lediglich individualrechtlich in Anknüpfung an Art. 12 I GG definiert werden. Dem ist jedoch entgegenzuhalten, daß die Stellung des Rechtsanwalts als Organ der Rechtspflege allein nicht zur Klassifizierung seiner Tätigkeit als Wahrnehmung staatsgebundener Aufgaben führen kann. Damit stünde der weitere Schritt, hieraus Eingriffsbefugnisse gem. Art. 12 I, II GG herzuleiten, erst recht mit dem GG nicht im Einklang. Für eine detaillierte Stellungnahme zu dieser verfassungsrechtlichen Problematik vgl. *Mayen*, NJW 1995, 2317 (2320 f.).

bb) Gesetzliche Bestimmungen

(1) PartGG

Eine abschließende Wirkung dahingehend, daß es den Rechtsanwälten neben der GbR nur die PartG zur Verfügung stellt und damit die Zulässigkeit
von Kapitalgesellschaften für Anwaltskooperationen verneint, kann dem
PartGG nicht entnommen werden, da sich sowohl in der Begründung des
Regierungsentwurfs vom 11.11.1993 zum PartGG[161] als auch in der amtlichen Begründung zur neuen BRAO[162] der Hinweis findet, daß der Frage der
Zulässigkeit der Anwalts-Kapitalgesellschaften nicht vorgegriffen werden
solle, sie vielmehr durch das Berufsrecht zu entscheiden sei.[163]

(2) § 1 RBerG; § 10 der 1. AVO zum RBerG

Denkbar wäre, daß § 1 RBerG und § 10 der 1. AVO zum RBerG der
Zulässigkeit der Anwalts-GmbH entgegenstehen. So wird argumentiert,
daß einerseits einer GmbH die nach § 1 RBerG erforderliche Erlaubnis zur
Rechtsberatung in aller Regel nicht erteilt werden könne.[164] Andererseits
aber laufe – wenn man dem BayObLG darin folge, daß eine Anwalts-
GmbH, ohne selbst eine Erlaubnis zu besitzen, zulässigerweise Erlaubnis-
träger nach dem RBerG beschäftigen könne – die Bestimmung des § 10 der
1. AVO zum RBerG leer, wonach einer juristischen Person nur in besonders
gelagerten Ausnahmefällen diese Erlaubnis erteilt werden kann.[165]

Nach der Zielrichtung des RBerG kann diesem jedoch, wie das BayObLG
und Vertreter des Schrifttums zutreffend feststellen, kein Verbot der Anwalts-GmbH entnommen werden.[166] So will das RBerG zum Schutz des
Rechtsuchenden fachlich ungeeignete und unzuverlässige Personen von
der geschäftsmäßigen Besorgung fremder Rechtsangelegenheiten abhal-
ten[167] und die Anwaltschaft gegen Wettbewerb von Personen schützen, die

---

161 BT-Drucks. 12/6152, 8.
162 BT-Drucks. 12/4993, 23. Der Regierungsentwurf erwähnt lediglich verbleibende
   „Zweifel" bzgl. der Frage, ob die Form einer Kapitalgesellschaft den besonderen
   Strukturen der anwaltlichen Tätigkeit gerecht werden könne, woraus geschlossen werden kann, daß auch der Entwurf von einer grundsätzlichen Zulässigkeit der Anwalts-
   GmbH ausgeht, vgl. BayObLG BB 1994, 2433 (2436).
163 Vgl. BayObLG, BB 1994, 2433 (2435); der Auffassung des Gerichts, dem PartGG sei
   kein Verbot der Anwalts-GmbH zu entnehmen, zustimmend *Dauner-Lieb*, GmbHR
   1995, 259 (261); *Henssler*, DB 1995, 1549 (1550).
164 *Braun*, MDR 1995, 447; *Taupitz*, NJW 1995, 369 ff.; *ders.*, JZ 1994, 1100 (1105).
165 So *Taupitz*, JZ 1994, 1100 (1105).
166 BayObLG, BB 1994, 2433 (2435); BayObLG, ZIP 1996, 1706 ff.; *Henssler*, DB 1995,
   1549; *ders.*, JZ 1992, 697 (702 f.); *Dauner-Lieb*, GmbHR 1995, 259 (261); *Koch*,
   AnwBl 1993, 157 ff.; *Hommelhoff/Schwab*, WiB 1995, 115.
167 BVerfG, NJW 1976, 1349.

keinen standesrechtlichen, gebührenrechtlichen und ähnlichen, im Interesse der Rechtspflege gesetzten Schranken unterliegen.[168] Dem ist Genüge getan, wenn die im Rahmen der Anwalts-GmbH ausgeübte Rechtsberatung ausschließlich durch Personen erfolgt, welche die Erlaubnis zur Rechtsberatung haben.[169]

(3) § 4 BRAO

§ 4 BRAO verknüpft die Zulassung zur Rechtsanwaltschaft mit der Befähigung zum Richteramt, welche nur von natürlichen Personen erworben werden kann. Daher wird zum Teil behauptet, die Zulässigkeit einer Anwalts-GmbH setze eine Änderung des § 4 BRAO durch den Gesetzgeber voraus.[170] Für die Organisations-GmbH hat das BayObLG aber völlig zutreffend in seinem Beschluß zur Anwalts-GmbH[171] die vom BGH in der Entscheidung zur Zahnheilkunde-GmbH und zu § 1 ZHG verwendete Argumentation auf die Anwalts-GmbH und auf § 4 BRAO übertragen. Danach kommt es für § 4 BRAO auf die tatsächliche Ausübung der Beratungstätigkeit durch natürliche Personen an. Diejenigen, welche die Rechtsberatungstätigkeit ausüben, müssen also die Zulassung zur Rechtsanwaltschaft haben. Die GmbH als Organisationseinheit schafft dagegen lediglich die rechtlichen und tatsächlichen Voraussetzungen für die Ausübung der Rechtsberatungstätigkeit, übt jedoch selbst im Sinne des öffentlich-rechtlichen Berufsausübungsrechts gar keine Rechtsberatung aus und bedarf daher keiner Zulassung, obwohl sie zivilrechtlich Vertragspartner der Mandanten wird.[172]

---

168 Begründung zum RBerG, RStBl 1935, 1528 – Anhang B; BGH, NJW 1967, 1558 (1559); BayObLG, BB 1994, 2433 (2435).

169 *Henssler*, NJW 1993, 2137 (2140); *ders.*, ZIP 1994, 848 (849); BayObLG, BB 1994, 2433 (3435); BayObLG, ZIP 1996, 1706 ff.; *Ahlers*, AnwBl 1995, 121 (124 f.). Vgl. auch BayObLG MDR 1996, 1251 (Seuffert II). Hier stellt das BayObLG fest, eine Organisations-GmbH bedürfe schon deshalb keiner Erlaubnis nach dem Rechtsberatungsgesetz, weil sie selbst keine Rechtsberatung ausführe.

170 Vgl. *Odersky*, AnwBl 1991, 238 (242); BGHZ 119, 225 (234); die sich hierbei allerdings nicht auf § 4 BRAO beziehen, sondern auf die Erwartungshaltung des rechtsuchenden Publikums hinsichtlich der persönlichen Haftung der in einer Sozietät tätigen Anwälte, welche nur durch eine durch den Gesetzgeber vorzunehmende Änderung der Haftungsstruktur gewandelt werden könne.

171 BayObLG, BB 1994, 2433 (2435).

172 BayObLG, BB 1994, 2433 (2435); ähnlich bereits *Henssler*, JZ 1992, 697 (704 ff.); *ders.*, ZIP 1994, 844 (848); zustimmend *Hommelhoff/Schwab*, WiB 1995, 115; im Ergebnis ebenso unter Verweis auf den Normzweck des § 4 BRAO, der auf die Sicherung der Qualität rechtlicher Beratung und nicht auf die – für die fachliche Kompetenz irrelevante – Beschränkung der Organisationsformen anwaltlicher Tätigkeit gerichtet ist, *Dauner-Lieb*, GmbHR 1995, 259 (260); *Koch*, AnwBl 1993, 157 (159); *Henssler*, NJW 1993, 2137 (2140); rechtsvergleichend *Bakker*, AnwBl 1993, 245 f. (England)

(4) § 59a BRAO

Auch § 59a BRAO ist kein die Berufsausübung einschränkendes Verbot dahingehend, daß Rechtsanwälte nur in einer Sozietät zusammenarbeiten dürfen, zu entnehmen. § 59a BRAO beschreibt die Sozietät und stellt klar, daß die Mitglieder einer solchen gemeinsam die Erfüllung übernommener Pflichten schulden und solidarisch haften. Dies gilt jedoch nur, wenn sich die Rechtsanwälte für die Zusammenarbeit in Form einer Sozietät entschieden haben. Wie die EWIV[173] zeigt, sind andere Formen der Zusammenarbeit nicht ausgeschlossen.[174] Diese Beurteilung ändert sich auch nicht deshalb, weil für Rechtsanwälte, anders als für Wirtschaftsprüfer und Steuerberater (§§ 3, 49 StBerG; §§ 1 III, 27 I WPO), die GmbH nicht ausdrücklich zugelassen ist. Vielmehr läßt sich aus den genannten Bestimmungen ableiten, daß die GmbH auch für die Angehörigen freier Berufe nichts Undenkbares ist.[175]

(5) § 51a II BRAO

§ 51a II BRAO steht der Anwalts-GmbH ebenfalls nicht entgegen. Danach haften die Mitglieder einer Sozietät aus dem zwischen ihr und dem Auftraggeber bestehenden Vertragsverhältnis als Gesamtschuldner. Hierzu merkte der Rechtsausschuß in der Begründung seiner Beschlußempfehlung zur BRAO-Novelle zwar an, daß die gesamtschuldnerische Haftung nicht auf die GbR beschränkt werden, sondern „für alle derzeit und künftig möglichen Formen einer beruflichen Zusammenarbeit" Geltung haben solle.[176] Diese Stellungnahme wurde in den amtlichen Begründungen zum PartGG[177] und zur BRAO[178] nicht mehr aufgenommen, nach welchen über die Zulässigkeit der Anwalts-GmbH durch die neue BRAO gerade nicht entschieden werden sollte. Daher kann aus der Stellungnahme des Rechtsausschusses kein dem Bestimmtheitsgrundsatz genügendes gesetzliches Verbot abgeleitet werden.[179]

---

und *Kespohl-Willemer*, AnwBl 1991, 457 (458) (Dänemark) mit dem Verweis darauf, daß auch im europäischen Ausland nicht daran Anstoß genommen werde, daß die Anwaltsgesellschaft selbst keine Berufszulassung erhalte.

173 Vgl. zur EWIV die Nachweise im 1. Teil dieser Arbeit.

174 BayObLG BB 1994, 2433 (2434); zustimmend *Dauner-Lieb*, GmbHR 1995, 259 (261); *Hommelhoff/Schwab*, WiB 1995, 115.

175 *Henssler*, JZ 1992, 697 (704); BayObLG BB 1994, 2433 (2434).

176 BT-Drucks. 12/7656, 50.

177 BT-Drucks. 12/6152, 8.

178 BT-Drucks. 12/4993, 32.

179 In der juristischen Methodenlehre wird der Begründung des Rechtsausschusses und der amtlichen Begründung des Gesetzesentwurfs für die Gesetzesauslegung ein ähnlich hoher Stellenwert zuerkannt; vgl. zum Ganzen *Henssler*, DB 1995, 1549 (1550).

(6) § 43 BRAO

Ebenso scheidet die Möglichkeit aus, standesrechtliche Pflichten – in Verbindung mit § 43 BRAO als gesetzlicher Grundlage – zur Begründung eines Verbots der Anwalts-GmbH anzuführen, da die Generalklausel des § 43 BRAO kein hinreichend bestimmtes Verbot darstellt[180] und auch schon das BVerfG Bedenken dagegen formuliert hat, in § 43 BRAO eine hinreichend bestimmte Grundlage für Eingriffe in die Berufsausübung durch Rechtsanwälte zu sehen.[181]

(7) § 1 BRAO

Voraussetzung für die Ableitung eines dem Art 12 I, II GG genügenden Verbotes der Anwalts-GmbH aus § 1 BRAO in Verbindung mit dem anwaltlichen Berufsbild des Rechtsanwalts ist eine hinreichende Festlegung dieses Berufsbildes und seine Ausschließlichkeit, die sich aus Gesetz oder vorkonstitutionellem Gewohnheitsrecht ergeben muß. Diese fehlen aufgrund des vielschichtigen Berufsbildes. So gibt es nicht nur den selbständigen Kanzleianwalt, sondern auch angestellte Anwälte, arbeitnehmerähnliche Anwälte, Konkursverwalter, Syndikusanwälte usw.[182] Auch die

---

180 *Hommelhoff/Schwab*, WiB 1995, 115. Dies gilt auch für die Verschwiegenheitspflicht des Rechtsanwalts (§ 43 II BRAO), die *Brauns* Ansicht nach bei einer Tätigkeit in Form einer GmbH nicht gewahrt sein soll, weil nach § 51a GmbHG jeder Gesellschafter einen uneingeschränkten Informationsanspruch gegen die Gesellschaft hat, welcher durch die Satzung nicht beschränkt werden kann; *Braun*, MDR 1995, 447. *Braun* übersieht dabei, daß dies nur dann ein Problem darstellt, wenn auch Personen, die nicht der Verschwiegenheitspflicht unterliegen, Gesellschafter werden können. Wenn jedoch, so wie das BayObLG BB 1994, 2433 (2436) entschieden hat, nur Mitglieder im Sinne von § 59a BRAO sozietätsfähiger Berufe Gesellschafter sein dürfen, stellt sich dieses Problem nicht. Zudem ist zu bedenken, daß auch in einer GbR jeder Gesellschafter einen Unterrichtungsanspruch gegen die Gesellschaft hat; vgl. *Landry*, MDR 1995, 558.

181 BVerfG 76, 171 (189).

182 BayObLG BB 1994, 2433 (2434); zustimmend *Hommelhoff/Schwab*, WiB 1995, 115; *Henssler*, ZIP 1994, 844 (849); *Ahlers*, AnwBl 1991, 226 (229); kritisch, aber im Ergebnis ebenso: *Dauner-Lieb*, GmbHR 1995, 259 (262) unter Verweis auf ein nach wie vor in Öffentlichkeit und Anwaltschaft existierendes, historisch gewachsenes Bild vom Anwaltsberuf, das allerdings den vom BVerfG gesetzten strengen Anforderungen an eine normative Fixierung (vgl. BVerfGE 22, 144; 15, 226; BVerfG NJW 1988, 191) nicht genüge und daher keine tragfähige Grundlage für ein Verbot der Anwaltskapitalgesellschaft darstelle; vgl. auch *Koch*, AnwBl 1993, 157 (159), der darauf hinweist, daß nach der ständigen Rechtsprechung des Bundesgerichtshofes (z. B. AnwBl 1991, 536) eine mit dem Anwaltsberuf unvereinbare Tätigkeit nur dann angenommen werden kann, wenn ein Rechtsanwalt in abhängiger Stellung im Auftrag eines nicht dem anwaltlichen Standesrecht unterworfenen Dritten Rechtsrat erteilt. Dies sei bei der Anwalts-GmbH nicht der Fall, denn der Rechtsanwalt sei als Gesellschafter-Geschäftsführer Organ und gesetzlicher Vertreter der Anwalts-GmbH, also sei er nicht

gesetzliche Wertung des § 1 BRAO hinsichtlich der Unabhängigkeit des Rechtsanwalts steht einer Anwalts-GmbH nicht entgegen, sofern im Gesellschaftsvertrag die Möglichkeit einer Einflußnahme auf den Rechtsanwalt durch Weisungen einer den Pflichten des Anwaltsstandes nicht unterworfenen Person oder Organisation ausgeschlossen wird.[183] Die unbeschränkte und persönliche Haftung des Rechtsanwalts wiederum ist nicht mehr maßgeblich für das anwaltliche Berufsbild, was durch § 51a I Nr. 1 in Verbindung mit § 51 IV S. 1 BRAO deutlich wird. Diese Bestimmungen erlauben eine Haftungsbegrenzung der Rechtsanwälte für fahrlässig verursachte Schäden durch Individualvereinbarung auf DM 500.000 sowie durch vorformulierte Vertragsbedingungen auf DM 2 Mio. Dabei wird nach § 51a I Nr. 2 BRAO ein Versicherungsschutz vorausgesetzt.[184] Auch § 8 PartGG sieht ausdrücklich die Möglichkeit einer Haftungsbeschränkung vor. Dazu kommt, daß der Zusammenschluß von Rechtsanwälten in der Rechtsform von Kapitalgesellschaften auch im europäischen Ausland nichts Ungewöhnliches ist – so ist die anwaltliche Tätigkeit in einer Kapitalgesellschaft beispielsweise in Frankreich,[185] den Niederlanden,[186] Dänemark[187] und England[188] zulässig.

---

in abhängiger Stellung im Auftrag eines nicht dem Standesrecht unterliegenden Dritten tätig. Zudem sei er nicht an Weisungen Berufsfremder gebunden, wenn diese nicht zum Gesellschafterkreis gehörten.

183 Vgl. BayObLG BB 1994, 2433 (2436); *Henssler*, JZ 1992, 697 (703); *ders.*, ZIP 1994, 844 (849).

184 BayObLG BB 1994, 2433 (2436); *Landry*, MDR 1995, 558. Nach *Karlsbach*, 618, steht das streng persönliche Verhältnis zwischen Rechtsanwalt und Mandant einer Beschränkung der Haftung in der Rechtsform der GmbH entgegen. Dem ist aber – abgesehen davon, daß der Gesetzgeber mittlerweile selbst Möglichkeiten der Haftungskonzentration eingeräumt hat – entgegenzuhalten, daß das Vertrauensverhältnis zwischen Rechtsanwalt und Mandant eher von der Persönlichkeit und Kompetenz des ersteren, als von der – für einen juristischen Laien schwer zu erfassenden – rechtlichen Organisationsform der Kanzlei abhängt; vgl. insoweit *Henssler*, JZ 1992, 697 (707). Auch steht dem Mandanten bei einer GmbH mit deren Mindestkapitalausstattung und dem obligatorischen Abschluß einer Berufshaftpflichtversicherung, deren Mindestbetrag deutlich höher als die Mindestversicherungssumme eines Einzelanwalts liegen muß, ein Haftungspotential zur Verfügung, das das des Berufsanfängers, der in einer GbR tätig ist, im Regelfall überschreiten dürfte; vgl. z. B. *Henssler*, ZIP 1994, 844 (849).

185 *Donath*, ZHR 1992, 134 (155 ff.); *Maier*, AnwBl 1991, 82.

186 *Donath*, ZHR 1992, 134 (160); *Schardey*, AnwBl 1991, 2; *Bakker*, AnwBl 1993, 245.

187 *Donath*, ZHR 1992, 134 (161); *Kespohl-Willemer*, AnwBl 1990, 457.

188 *Donath*, ZHR 1992, 134 (160); *Bakker*, AnwBl 1993, 245 (248); allerdings besteht eine vollständige rechtsformbedingte Haftungsbeschränkung nur in England und Wales. Dort haben Anwaltsgesellschaften mit beschränkter Haftung dann eine zusätzliche Versicherungspflicht für Haftpflichtschäden; vgl. *Bakker*, AnwBl 1993, 245 (251 f.). In den anderen Ländern haftet grundsätzlich zumindest der jeweils handelnde bzw. ver-

(8) § 2 BRAO

Auch der Charakter des Anwaltsberufes als freier Beruf – damit verbunden die fehlende Gewerblichkeit, § 2 BRAO –, stehen der Anwalts-GmbH nicht entgegen.[189] Zwar gilt die GmbH, selbst wenn sie kein Handelsgewerbe betreibt, als Handelsgesellschaft im Sinne des HGB; § 13 III GmbHG, § 6 I HGB. Eine GmbH, die kein Grundhandelsgeschäft im Sinne von § 1 II HGB zum Gegenstand hat, wird aber nur aufgrund einer Fiktion und nicht, weil sie tatsächlich ein Handelsgewerbe betreibt, zur Handelsgesellschaft im Sinne des Handelsgesetzbuches.[190] Daher ist § 2 BRAO Genüge getan, gemäß welchem der Rechtsanwalt einen freien Beruf ausübt und seine Tätigkeit kein Gewerbe ist. Zudem ist hinsichtlich des Charakters des freien Berufes weniger die Rechtsform, in der der Rechtsanwalt seinen Beruf ausübt als das Maß seiner Unabhängigkeit und Eigenverantwortlichkeit bei seinem beruflichen Tun maßgeblich.

3. Gesamtergebnis

Als Ergebnis ist damit festzuhalten, daß der Anwalts-GmbH weder aus Sicht des Gesellschaftsrechts, noch des anwaltlichen Berufs- und Standesrechts ein auf ausreichender gesetzlichen Grundlage beruhendes Verbot entgegensteht.[191] Da nach Art. 12 GG jede nach deutschem Recht gebildete und in Deutschland ansässige juristische Person ein Recht auf freie Berufswahl hat, ist die Anwalts-GmbH bei Einhaltung bestimmter unerläßlicher Mindestvoraussetzungen, die die Stellung des Rechtsan-

---

antwortliche Anwalt für fehlerhafte Berufsausübung neben der Gesellschaft unbeschränkt. Hierbei besteht aber zumeist ein institutioneller Ausschluß der Haftung für Sozien und für Verwaltungsverbindlichkeiten; vgl. *Donath*, ZHR 1992, 134 (162 ff.); *Bakker*, AnwBl 1993, 245 (250 ff.); *Stuber*, WiB 1994, 705 (706); *Braun*, MDR 1995, 447.

189 So aber *Zuck*, AnwBl 1988, 19 (21 f.).

190 *Ahlers*, AnwBl 1991, 226 (229); ebenso *Boin*, NJW 1995, 371 (372); vgl. auch die Argumentation *Hensslers*, der – ohne auf § 13 III GmbHG einzugehen – nur auf den entscheidenden Punkt abstellt, daß die GmbH gerade nicht auf den Betrieb eines Gewerbes ausgerichtet sein muß; *Henssler*, JZ 1992, 697 (704).

191 Eine andere Frage ist es, ob es verfassungskonform wäre, ein solches Verbot durch eine künftige Gesetzesänderung einzuführen; bejahend insoweit *Dauner-Lieb*, GmbHR 1995, 259 (260); *Henssler*, ZIP 1994, 844 (850 f.); dagegen *Hellwig*, ZHR 1997, 337 (349) unter Hinweis darauf, daß dem Gemeinwohlinteresse an der Bewahrung der anwaltlichen Unabhängigkeit im Rahmen von Art. 12 I S.3 GG mit weniger einschneidenden Mitteln als einem Verbot Rechnung getragen werden könne und ein Verbot im Hinblick auf die den Angehörigen der wirtschaftsprüfenden und steuerberatenden Berufe offenstehenden Möglichkeiten an Art 3 II GG scheitern würde; vgl. ferner zur Rechtsprechung des BVerfGs zur Berufsfreiheit: *Hufen*, NJW 1994, 2913.

walts als eines unabhängigen Organs der Rechtspflege wahren, de lege lata zulässig.

IV. Mindestvoraussetzungen

1. Überblick

Ist somit von der grundsätzlichen Zulässigkeit der Anwalts-GmbH auszugehen, so stellt sich die Anschlußfrage, welche Mindestvoraussetzungen bei der Anwalts-GmbH eingehalten werden müssen, damit sie nach derzeit geltendem Recht zulässig ist. Das BayObLG hat, wie ausgeführt, die folgenden vier Mindestanforderungen aufgestellt: Erstens sind auswärtige Kapitalbeteiligungen verboten. Die Gesellschafterstellung ist dem in § 59a BRAO genannten Personenkreis vorzubehalten, so daß der Einfluß berufsfremder Kapitaleigner ausgeschlossen bleibt. Das BayObLG verlangt hierbei, daß die Mehrheit der Geschäftsanteile und Stimmrechte sich in der Hand von Rechtsanwälten befindet, die ihren Beruf aktiv in der Gesellschaft ausüben. Zweitens dürfen nur Rechtsanwälte Geschäftsführer werden. Drittens ist eine Weisungsbefugnis der Gesellschafterversammlung gegenüber den Geschäftsführern hinsichtlich der anwaltlichen Tätigkeit im Einzelfall auszuschließen. Viertens muß eine Haftpflichtversicherung abgeschlossen werden, deren Mindestbetrag deutlich höher als die Mindestversicherungssumme eines Einzelanwalts sein muß.

2. Verbot auswärtiger Kapitalbeteiligung

a) Beschränkung der Gesellschafterstellung nach § 59a BRAO

In einer Anwalts-GmbH muß der Gesellschafterkreis auf Rechtsanwälte und die in § 59a BRAO genannten Personen begrenzt werden, denn hierdurch wird verhindert, daß Personen, die keiner Berufsverschwiegenheit unterliegen, Auskunft über Mandate über das unabdingbare Informationsrecht des § 51a I, III GmbHG erzwingen können.[192]

---

192 *Hommelhoff/Schwab*, WiB 1995, 115 (116). Aus diesem Grund und wegen der parallelen Regelungen der WPO und des StBerG – auch hier hat sich der Gesetzgeber nicht mit der Möglichkeit der Informationsverweigerung wegen der Strafbarkeit der Auskunft begnügt – erscheint eine Erweiterung des Gesellschafterkreises über § 59a BRAO hinaus, wie sie von *Heinemann* AnwBl 1991, 233 (235) und *Römermann*, 157 f. vorgeschlagen wird, nicht tragbar zu sein.

b) Anwaltliche Anteils- und Stimmenmehrheit

Nicht unabdingbar notwendig erscheint jedoch das Postulat des BayObLG, daß sich die Mehrheit der Geschäftsanteile und Stimmrechte in der Hand von Rechtsanwälten befinden muß.[193] Dieses Mehrheitserfordernis[194] wurde schon bald nach dem Judikat des BayObLG durch *Henssler* in Frage gestellt. Völlig zutreffend macht er darauf aufmerksam, daß es de lege lata an einer rechtlichen Grundlage hierfür fehlt, solche Mehrheiten auch bei einer Sozietät nicht für nötig gehalten werden und die Anwalts-GmbH als Organisations-GmbH momentan selbst nicht postulationsfähig ist,[195] vielmehr vor Gericht von dort zugelassenen Rechtsanwälten vertreten wird.[196] Diese Auffassung vermag sich auch über den Einwand hinwegzusetzen, die anwaltliche Unabhängigkeit sei gefährdet, wenn keine anwaltliche Anteils- und Stimmenmehrheit gegeben sei. Die Anwalts-GmbH ist – soweit es sich um eine Organisations-GmbH handelt – nach dem Beschluß des BayObLG nur der Organisationsrahmen,[197] nimmt aber nicht selbst Rechtsberatung wahr. Infolgedessen ist die gesetzliche Wertung des § 1 BRAO hinsichtlich der Unabhängigkeit des Rechtsanwalts gewahrt, sofern im Gesellschaftsvertrag die Möglichkeit einer Einflußnahme bezüglich der anwaltlichen

---

193 BB 1994, 2433 (2436). Ebenso entschied das OLG Köln, ZIP 1997, 1502 f. Vgl.
dagegen die Regelungsvorschläge *Hellwigs*, ZHR 1997, 337 (351), der – allerdings
unter der Voraussetzung einer berufsrechtlichen Zulassung der Anwalts-GmbH – eine
anwaltliche Stimmenmehrheit fordert und dabei auf die Rechtslage bei den Wirt-
schaftsprüfungs- und Steuerberatungsgesellschaften verweist.

194 Dieses Mehrheitserfordernis wurde allerdings auch in § 59 d des Referentenentwurfs
des Bundesjustizministeriums für eine Anwalts-GmbH (abgedrckt in: ZIP 1997,
1518 f.) aufgenommen. So stellt § 59 d II BRAO-E das Erfordernis einer absoluten
Mehrheit von Rechtsanwälten bei Stimmrechten und Kapitalanteilen auf. *Römermann*,
GmbHR 1997, 530 (534) erkennt hierin einen Widerspruch zu § 59 c I BRAO-E, nach
welchem Rechtsanwalts-GmbHs „zum Zweck der anwaltlichen Berufsausübung" errichtet werden können. Da die Einzelbegründung zu § 59 c BRAO-E feststellt, daß die
Gesellschaft nur diesen Geschäftszweck verfolgen darf und der Rechtsanwalts-GmbH
die Aufnahme anderer Erwerbstätigkeiten versagt ist, stellt sich – wie *Römermann*
zutreffend bemerkt – die Frage, worin dann noch die Bedeutung des § 59 d I BRAO-E
gesehen werden kann. Letzterer läßt die Angehörigen sozietätsfähiger Berufe ausdrücklich als Gesellschafter zu. Möglicherweise sollen sie also nur Kapitaleigner ohne
eigene Berufsausübung sein dürfen, im Gegensatz zu den Rechtsanwälten, bei denen
das bloße Halten eines Geschäftsanteils ohne berufliche Aktivität nach der Begründung zu § 59 g BRAO-E sogar verboten sein soll; *Römermann*, GmbHR 1997, 530
(534).

195 Vgl. zur fehlenden Postulationsfähigkeit *Kaiser/Bellstedt*, 213 (Rdnr. 543), 227
(Rdnr. 576).

196 *Henssler*, DB 1995, 1549 (1550).

197 BB 1994, 2433 (2435).

Berufsausübung im Einzelfall auf die Rechtsanwälte durch Weisungen von Personen ausgeschlossen wird, die den Pflichten des Anwaltsstandes nicht unterliegen.[198] Schließlich kann nicht argumentiert werden, daß insoweit eine Regelungslücke vorliegt, die aufgrund des vergleichbaren Lebenssachverhalts in Anlehnung an das in § 28 II S. 3 WPO niedergelegte Erfordernis einer Anteils- und Stimmenmehrheit der Wirtschaftsprüfer geschlossen werden müßte. Diese Mehrheiten werden auch für die Anwalts-GbR und die Anwalts-PartG nicht gefordert, die der Anwalts-GmbH von der Vergleichbarkeit des Lebenssachverhalts her näher als einer Wirtschaftsprüfer-GmbH stehen. Daher müssen im Ergebnis diese Mehrheitserfordernisse hinsichtlich der Anwalts-GmbH bis zu einer gesetzlichen Regelung verzichtbar erscheinen.

c) Aktive Mitarbeit

Gegen das Erfordernis der aktiven Mitarbeit der Mehrheit der anwaltlichen Gesellschafter sprechen schon gewichtige praktische Probleme. So führt es dazu, daß ein Rechtsanwaltsgesellschafter, der in den Ruhestand gehen will, nicht ohne weiteres – nämlich zumindest dann nicht, wenn durch ihn die Mehrheit der aktiv in der Gesellschaft tätigen Anwälte verloren geht – seinen Anteil halten und Gesellschafter bleiben kann. Damit geht ein bedeutender Vorteil der Anwalts-GmbH verloren, denn die ehemals aktiv tätigen Anwälte können in diesem Fall ihre Altersversorgung nicht teilweise den Gewinnen der Gesellschaft entnehmen.[199] Dazu kommt, daß sich bereits im Gründungsstadium schwer kontrollieren läßt, wie viele Gesellschafter aktiv tätig sind: Das Registergericht müßte hierzu verlangen können, daß die GmbH auch alle mit ihren Gesellschaftern abgeschlossenen Dienstverträge vorlegt, was nicht praktikabel erscheint.[200] Schließlich können gegen dieses Postulat des BayObLG aber die gleichen Einwände vorgebracht werden, die bereits eine anwaltliche Stimmen- und Anteilsmehrheit verzichtbar erscheinen lassen.[201]

---

198 Vgl. hierzu die Ausführungen oben unter 3.1.2.

199 *Hommelhoff/Schwab*, WiB 1995, 115 (117). In § 59 g I BRAO-E ist vorgesehen, daß jeder Gesellschafter die Stellung eines Geschäftsführers innehat. Nach der Einzelbegründung zu § 59 g BRAO-E (abgedruckt in: ZIP 1997, 1518 (1520 f.)) soll das bloße Halten eines Geschäftsanteils ohne berufliche Aktivität durch das anwaltliche Berufsbild verboten sein; zur Kritik hieran vgl. *Römermann*, GmbHR 1997, 530 (534).

200 Hierauf weist *Schlosser*, JZ 1995, 345 (348), hin.

201 Vgl. oben 3. Teil, 1.Kapitel, C.IV.2.b.

d) Zwischenergebnis

Zusammenfassend ist daher festzuhalten, daß die Satzung der Anwalts-GmbH den Gesellschafterkreis auf Rechtsanwälte und die in § 59a BRAO genannten Personen begrenzen muß, daß aber eine anwaltliche Anteils- und Stimmenmehrheit sowie erst recht eine Anteils- und Stimmenmehrheit der in der GmbH aktiv tätigen Anwälte nicht erforderlich ist.

3. Besetzung der Geschäftsführerpositionen

a) Beschränkung auf Rechtsanwälte

Wenig überzeugend ist auch, wenn das BayObLG zugleich verlangt, die Geschäftsführerpositionen in der Anwalts-GmbH zur Wahrung der anwaltlichen Unabhängigkeit ausschließlich mit Anwälten zu besetzen.[202] Zu diesem Postulat des BayObLG ist vorab festzustellen, daß nicht eindeutig ist, ob das BayObLG wirklich eine Beschränkung der Geschäftsführerpositionen auf Rechtsanwälte fordert oder ob es ihm lediglich um eine Mehrheit der anwaltlichen Geschäftsführerpositionen geht. In seinem Beschluß verweist das Gericht nämlich zum einen ausdrücklich auf *Henssler*,[203] der dieses Erfordernis in Anlehnung an die §§ 49 ff. StBerG und §§ 27 ff. WPO als einen der notwendigen Bestandteile einer gesetzlichen Normierung aufgestellt habe.[204] *Henssler* hat aber in der fraglichen Veröffentlichung lediglich gefordert, den für die Geschäftsführerpositionen in Betracht kommenden Personenkreis auf Rechtsanwälte „beziehungsweise sozietätsfähige Berufe"[205] zu beschränken.[206] Auch entspricht eben dies den in §§ 50 I, II StBerG, 27, 28 I, II WPO enthaltenen Regelungen, wonach – in einer Steuerberatungsgesellschaft – neben Steu-

---

202 BayObLG BB 1994, 2433 (2436). § 59 g BRAO-E (abgedruckt in: ZIP 1997, 1518 (1520)) sieht dagegen nur eine Mehrheit der Rechtsanwälte im Hinblick auf die Geschäftsführerpositionen vor.

203 *Henssler*, ZIP 1994, 844 (849); in einer früheren, an anderer Stelle des Beschlusses durch das BayObLG zitierten Veröffentlichung vertrat dieser allerdings noch die Auffassung, daß Geschäftsführer einer Anwalts-GmbH nur zur Rechtsanwaltschaft zugelassene Personen werden dürfen, vgl. *Henssler*, JZ 1992, 697 (703).

204 BayObLG BB 1994, 2433 (2436).

205 *Henssler*, ZIP 1994, 844 (849).

206 So auch *Ahlers*, AnwBl 1995, 3 (5); anders *Hommelhoff/Schwab*, WiB 1995, 115 (117), die nach dem Beschluß des BayObLG zur Anwalts-GmbH davon ausgehen, daß alle Geschäftsführerpositionen mit Rechtsanwälten besetzt sein müssen. Zutreffend weist *Henssler* in ZHR 1997, 305 (313) darauf hin, daß ein Zwang zur Übernahme einer Organstellung durch jeden Gesellschafter-Rechtsanwalt in großen Kapitalgesellschaften zu einer unpraktikablen Schwerfälligkeit etwa bei Registeranmeldungen gemäß §§ 57, 58 GmbHG führt.

erberatern unter anderem Rechtsanwälte und Wirtschaftsprüfer und – in einer Wirtschaftsprüfungsgesellschaft – neben Wirtschaftsprüfern unter anderem Steuerberater sowie unter den Voraussetzungen des § 28 II S. 2 WPO auch Rechtsanwälte Geschäftsführer sein können. Die Problematik in der Anwalts-GmbH ist der in der Steuerberatungs- und Wirtschaftsprüfungsgesellschaft vergleichbar, denn in allen Fällen geht es darum, die Unabhängigkeit der betreffenden Berufsangehörigen durch eine entsprechende Beschränkung der Geschäftsführerpositionen zu sichern. Daher erscheint es sachgemäß, auch in einer Anwalts-GmbH die Geschäftsführerpositionen nicht auf Rechtsanwälte zu beschränken, sondern zusätzlich andere Angehörige des Personenkreises des § 59a BRAO zuzulassen und damit auch die Möglichkeit zur interprofessionellen Zusammenarbeit in der GmbH zu erweitern.

b) Anwaltliche Mehrheit

Dies wirft die Folgefrage auf, ob sich die Mehrheit der Geschäftsführer aus Rechtsanwälten zusammensetzen muß. Zwar gilt hier wie für die Frage einer anwaltlichen Anteils- und Stimmenmehrheit, daß die Anwalts-GmbH – bei der Oragnisations-GmbH – nur der Organisationsrahmen ist und entscheidend sein muß, daß keine Einflußnahme auf Rechtsanwälte durch Personen erfolgt, die den Pflichten des Anwaltsstandes nicht unterliegen. Im Hinblick auf die Geschäftsführerpositionen ist aber anders als für die Gesellschafter eine anwaltliche Mehrheit zu fordern, da nur auf diesem Wege die Unabhängigkeit der Berufsausübung der Anwälte sichergestellt werden kann. Dem entspricht die rechtliche Lage in Wirtschaftsprüfungsgesellschaften. Hier muß die Zahl der Geschäftsführer, die nicht Wirtschaftsprüfer sind, geringer sein als die der Wirtschaftsprüfer, § 28 II S. 3 WPO. Der Schutz der Unabhängigkeit der Rechtsanwälte sollte unter Berücksichtigung ihrer Stellung als Organe der Rechtspflege nicht schwächer sein als der Schutz der Unabhängigkeit der Geschäftsführer einer Wirtschaftsprüfungsgesellschaft. Diese Qualifikationsmerkmale für die Geschäftsführer der Anwalts-GmbH sind in den Gesellschaftsvertrag der GmbH aufzunehmen, welcher für die Person des Geschäftsführers beliebige Voraussetzungen persönlicher oder sachlicher Art vorschreiben kann.[207]

---

207 *Lutter/Hommelhoff*, § 6 Rdnr. 20; vgl. zur rechtstechnischen Sicherung der Begrenzung des Gesellschafter- und Geschäftsführerkreises in der Satzung *Hommelhoff/Schwab*, WiB 1995, 115 (116). Anders *Römermann*, 152 f., 167 f., der den Begriff der Geschäftsführung bei der Anwalts-GmbH anders als bei der PartG oder Anwalts-GbR nur auf das Kanzleimanagement, nicht aber auf die zur Berufstätigkeit zählenden Akte

c) Zahl der Geschäftsführer

Nicht zwingend notwendig ist es, sämtliche Gesellschafter einer Anwalts-GmbH zugleich zu Geschäftsführern zu bestellen. Gerade bei großen, überörtlichen Anwaltsgesellschaften wird in der Regel eine Beschränkung der Geschäftsführerpositionen auf wenige Gesellschafter an einem Standort der Übersichtlichkeit und Einheitlichkeit der Geschäftsführung dienen.[208]

d) Zwischenergebnis

Die Anwalts-GmbH muß in ihrer Satzung sicherstellen, daß die Mehrheit der Geschäftsführerpositionen sich in der Hand von Rechtsanwälten befindet. Eine Beschränkung der Geschäftsführerpositionen ausschließlich auf Rechtsanwälte ist hingegen nicht erforderlich.

4. Ausschluß der Weisungsbefugnis

Grundsätzlich zuzustimmen ist dem BayObLG insoweit, als die Geschäftsführer bei ihrer anwaltlichen Tätigkeit im Einzelfall weder an Weisungen der Gesellschafter gebunden, noch durch Gesellschafterbeschlüsse beschränkt werden dürfen.[209] Die Geschäftsführer in einer GmbH unterliegen zwar dem Weisungsrecht der Gesellschafter, § 37 I GmbHG. Zur Sicherung der anwaltlichen Unabhängigkeit und der Eigenverantwortlichkeit der Berufsausübung dürfen die Geschäftsführer im Hinblick auf ihre anwaltliche Tätigkeit im Einzelfall aber nicht an Weisungen der Gesellschafter oder Gesellschafterbeschlüsse gebunden sein, § 1 BRAO. Dies ist sogar dann von Bedeutung, wenn die Anwälte die Stimmenmehrheit in der Anwalts-GmbH haben. Auch in diesem Fall kann es zu berufsbezogenen Weisungen an die Geschäftsführer kommen, die – die Rechtsanwälte werden nicht immer geschlossen abstimmen – auf einer Mehrheit aus Rechtsanwälten und sonstigen Gesellschaftern basieren.[210] Allerdings erscheint die vom BayObLG geforderte Aufnahme einer entsprechenden Bestimmung in die Satzung verzichtbar, da ein Verstoß gegen die berufsrechtliche Regelung des § 1 BRAO ohnehin nach § 134 BGB zur Nichtigkeit des Gesellschaftsbeschlusses führt.[211] Dabei darf das Verbot einer die anwaltliche Unabhängigkeit verletzenden Einflußnahme aber weder in der

---

bezieht und daher keine Gefährdung der anwaltlichen Unabhängigkeit sieht.

208 Vgl. hierzu *Vorbrugg/Salzmann*, AnwBl 1996, 129 (134); *Römermann*, 152 f.
209 BayObLG BB 1994, 2433 (2436).
210 *Hommelhoff/Schwab*, WiB 1995, 115 (116).
211 So zutreffend *Römermann*, 155.

Anwalts-GmbH noch in der GbR zur Folge haben, daß jeder anwaltliche Geschäftsführer oder Partner unabhängig von den anderen anwaltlichen Gesellschaftern oder Sozien über Annahme, Niederlegung sowie Art und Weise der Durchführung eines Mandats entscheiden kann, zumal dies auch für angestellte Rechtsanwälte nicht der Fall ist.[212]

5. Haftpflichtversicherung

Völlig zutreffend ist es auch, daß das BayObLG[213] den Abschluß einer Berufshaft–pflichtversicherung verlangt, deren Mindestbetrag die Mindestversicherungssumme eines Einzelanwalts deutlich übersteigen muß, da der durch die Form der Kapitalgesellschaft beschränkten Haftung aus Gründen des Mandantenschutzes ein angemessener Ausgleich gegenüberzustehen hat. Ein solcher ist durch den Abschluß einer Haftpflichtversicherung mit einem gegenüber der Mindestversicherungssumme eines Einzelanwalts deutlich erhöhten Mindestbetrag gewährleistet. §§ 51a I Nr. 2, 51 IV S. 1 BRAO sehen für eine Haftungsbeschränkung durch vorformulierte Vertragsbedingungen eine Mindestversicherungssumme von DM 2 Mio. vor. Es erscheint zweckmäßig, diesen Betrag auf die im Ergebnis vergleichbare rechtsformbedingte Haftungsbeschränkung in der Anwalts-GmbH zu übertragen.[214] Weiterhin ist mit *Römermann* davon auszugehen, daß der Gesetzgeber, wäre ihm die Zulässigkeit der Anwalts-GmbH nach geltendem Recht bewußt gewesen, eine Versicherungspflicht nicht nur für die Anwälte, sondern zusätzlich für die juristische Person festgelegt hätte. Diese planwidrige Regelungslücke ist durch eine analoge Anwendung der §§ 51, 51a I Nr. 2 BRAO zu schließen und die Anwalts-GmbH damit selbst zum Abschluß einer Versicherung zu verpflichten.[215]

212 *Schlosser*, JZ 1995, 345 (347); *Römermann*, 155. Hierbei ist, wie *Henssler* in ZHR 1997, 305 (312) zutreffend bemerkt, zu berücksichtigen, daß schon das Berufsbild des angestellten Rechtsanwalts verdeutlicht, daß Weisungen jener Personen, die ihrerseits als Rechtsanwälte das Berufsrecht zu beachten haben, toleriert werden müssen. Auch die Einzelbegründung zu § 59 g BRAO-E (abgedruckt in: ZIP 1997, 1518 (1521)) weist darauf hin, daß kein Grund ersichtlich ist, Rechtsanwälte als Gesellschafter einer Rechtsanwalts-GmbH insoweit freier zu stellen als andere angestellte Rechtsanwälte.
213 BayObLG BB 1994, 2433 (2436).
214 *Römermann*, 159; *Hommelhoff/Schwab*, WiB 1995, 115 (116); *Henssler*, NJW 1993, 2137 (2140 f.).
215 *Römermann*, 159. Die von der Gesellschaft selbst abzuschließende Haftpflichtversicherung mit der in § 59 q BRAO-E (abgedruckt in: ZIP 1997, 1518 (1522)) vorgesehenen Mindestversicherungssumme in Höhe von DM 5 Mio. für jeden Versicherungsfall erscheint dagegen überzogen, da – wie *Römermann* zutreffend nachweist – in Anwaltsregreßprozessen hierzulande noch selten Schadensbeträge von über DM 1

6. Gesamtergebnis

Die Zulässigkeit der Anwalts-GmbH setzt voraus, daß den folgenden *drei Mindestvoraussetzungen* genügt wurde: Erstens muß die Satzung der Anwalts-GmbH den Gesellschafterkreis auf Rechtsanwälte und die in § 59 a BRAO genannten Personen begrenzen. Zweitens hat die Anwalts-GmbH in ihrer Satzung sicherzustellen, daß die Mehrheit der Geschäftsführerpositionen sich in der Hand von Rechtsanwälten befindet. Drittens müssen Haftpflichtversicherungen über einen Mindestbetrag von DM 2 Mio. für die Anwälte und die Gesellschaft selbst abgeschlossen werden. *Verzichtbar* erscheinen dagegen eine Anteils- und Stimmenmehrheit der (früher) in der GmbH aktiv tätigen Anwälte. Das Gleiche gilt für die Aufnahme einer Satzungsbestimmung, nach der die Geschäftsführer bei ihrer anwaltlichen Tätigkeit im Einzelfall weder an Weisungen der Gesellschafter gebunden sind noch durch Gesellschafterbeschlüsse beschränkt werden können. Auch das Postulat einer Beschränkung der Geschäftsführerpositionen ausschließlich auf Rechtsanwälte ist nicht überzeugend.

Mio. auftreten und zudem die Versicherungspflicht sämtlicher tätiger Rechtsanwälte noch daneben besteht (*Römermann*, GmbHR 1997, 530 (535)).

2. Kapitel: Errichtung

Auf der Grundlage der Bejahung der Zulässigkeit der Anwalts-GmbH de lege lata kann nun der gesellschaftsrechtliche Vergleich mit einer Diskussion der Errichtungsvoraussetzungen der verschiedenen Anwaltsgesellschaftsformen beginnen.

A. Gesellschaftsverträge: Mindestinhalt und Formerfordernisse

I. Gesellschaft des bürgerlichen Rechts

In dem der Anwalts-GbR zugrundeliegenden Vertrag[216] sollten alle Fragen geregelt werden, die für die Gesellschaft und die Sozien von der Gründung bis zur Beendigung der Sozietät bedeutsam werden können. Da die Bedürfnisse der Vertragsschließenden oft sehr unterschiedlich sind, stellen sich auch die im Sozietätsvertrag zu klärenden Rechtsfragen sehr unterschiedlich dar. Dem entspricht die Vielzahl an Gestaltungsmöglichkeiten, die hierfür bestehen.[217] Als Mindestinhalt eines Sozietätsvertrages können daher nur genannt werden: der Gesellschaftszweck; Name und Beruf der Mitglieder sowie bei einer überörtlichen Sozietät die einzelnen Kanzleisitze und Zulassungsgerichte der anwaltlichen Sozien.[218]

Einer Form bedarf der Gesellschaftsvertrag einer GbR nicht. Er kann sogar stillschweigend geschlossen werden.[219] Für Zusammenschlüsse von Rechtsanwälten in der Form der GbR gilt insoweit nichts anderes, denn das Recht anwaltlicher Zusammenarbeit ist in der BRAO nicht geregelt, wenn auch die Sozietät erwähnt wird. Auch die Formvorschrift des § 3 PartGG ist nicht übertragbar, da es sich hierbei um eine spezialgesetzliche Vorschrift handelt, die zudem nicht ins Personengesellschaftsrecht paßt, in welchem für die Offenlegung der internen Verhältnisse der Gesellschafter in der Regel kein Anlaß besteht. Eine schriftliche Abfassung des Vertrages dient jedoch der Klarheit der Rechtsbeziehungen und der einfacheren Regelung

---

216 Vgl. hierzu MüKo/*Ulmer*, Vor § 705 Rdnr. 19.
217 Vgl. hierzu *Kaiser/Bellstedt*, 75 ff. (Rdnrn. 149 ff.), welche auch eine Übersicht über die möglichen Motive einer Sozietätsgründung geben, 75 f. (Rdnr. 151).
218 Vgl. *Kaiser/Bellstedt*, 78 (Rdnr. 159).
219 Vgl. statt vieler *K. Schmidt*, Gesellschaftsrecht, § 59 I 2.a, 1731.

etwaiger zukünftiger Auseinandersetzungen.[220] Die notarielle Form muß eingehalten werden, wenn sich ein Gesellschafter zur Einbringung eines Grundstücks verpflichtet, § 313 BGB.

II. Partnerschaftsgesellschaft

1. Mindestinhalt und Form

Für den Partnerschaftsvertrag ist dagegen zwingend die Schriftform vorgeschrieben, § 3 PartGG. Danach muß der Partnerschaftsvertrag den Namen und Sitz der Partnerschaft, Namen, Vornamen, Wohnort sowie den in der Partnerschaft ausgeübten Beruf jedes Partners und den Gegenstand der Partnerschaft enthalten, § 3 II PartGG. Wie für die GbR gilt auch für die PartG, daß die notarielle Form eingehalten werden muß, wenn sich ein Gesellschafter zur Erbringung eines Grundstücks verpflichtet.

2. Verletzung des § 3 PartGG

Zu welchen Rechtsfolgen ein Verstoß gegen § 3 PartGG führt, ist unklar. Denkbar wäre, daß § 3 PartGG lediglich einen Anspruch auf ein schriftliches Festhalten der getroffenen Vereinbarungen im Partnerschaftsvertrag begründet und die *Wirksamkeit von mündlichen Abreden unberührt* läßt.[221] Hierfür können Sinn und Zweck der Vorschrift vorgebracht werden. So ist das Schriftformerfordernis im Personen-, anders als im Kapitalgesellschaftsrecht ein Fremdkörper.[222] Eine schriftliche Fixierung des Innenverhältnisses zum Schutze Dritter erscheint vor allem dann nicht zwingend erforderlich, wenn – wie gemäß § 8 I PartGG – die Gesellschafter Dritten gegenüber gesamtschuldnerisch haften und – wie nach § 9 PartGG – die Gesellschaftsanteile nicht frei auf Dritte übertragbar sind. Daß der Gesetzgeber mit dem Formerfordernis warnen und den Erklärenden vor übereilten Bindungen schützen wollte, kann wiederum nicht angenommen werden, da beim Abschluß von Gesellschaftsverträgen in aller Regel nicht unterstellt werden kann, daß einer der Gesellschafter im Vergleich zu den anderen

---

220 Vgl. zum Sozietätsvertrag allgemein *Kaiser/Bellstedt*, 35 f., 76 (Rdnrn. 14 ff., 154).

221 Vgl. hierzu *Meilicke/von Westphalen/Hoffmann/Lenz*, PartGG, § 3 Rdnr. 10.

222 Wenn auch bei den Personengesellschaften des Handelsgesetzbuches die erforderliche Registeranmeldung gemäß § 106 HGB einen faktischen Schriftformzwang zur Folge hat, so bedarf doch ihr Gesellschaftsvertrag wie auch einer der GbR nicht der Schriftform.

Gesellschaftern schützenswerter ist.[223] Auch eine Kontrollfunktion des Schriftformerfordernisses rechtfertigt eine Nichtigkeit bei einer Verletzung des § 3 PartGG nicht, weil das PartGG für eine Vielzahl an Freien Berufen gilt, von denen nur ein Teil behördlicher Kontrolle unterliegt.[224] Der Beweisfunktion des § 3 PartGG würde bereits durch eine Auslegung als deklaratorisches Schriftformerfordernis genügt.[225] Schließlich ist zu berücksichtigen, daß die Anmeldung der PartG im Partnerschaftsregister, welche von allen Partnern in notariell beglaubigter Form zu unterzeichnen ist, gemäß § 4 I PartGG ebenfalls die dem Schriftformerfordernis des § 3 II PartGG unterliegenden Angaben zu enthalten hat. Eine Nichtigkeitsfolge ist bei einem Verstoß gegen § 3 PartGG wenig zweckmäßig, da sie nur zu zusätzlichen Unsicherheiten in den Partnerschaftsbeziehungen führen würde.

Allerdings spricht der Wortlaut des § 3 I PartG für die *Nichtigkeit des Partnerschaftsvertrags bei Verstoß gegen das Formerfordernis*, da er den Formulierungen entspricht, die der Gesetzgeber auch sonst verwendet, um eine Form mit konstitutiver Wirkung vorzuschreiben und so an den Mangel der Form die in § 125 S. 1 BGB bestimmte Nichtigkeitsfolge zu knüpfen.[226] Die amtliche Begründung stellt ausdrücklich fest, daß ein Partnerschaftsvertrag, der das Schriftformerfordernis verletzt, formnichtig ist.[227] Damit steht fest, daß der gesetzgeberische Wille darauf abzielt, die Rechtsfolge des § 125 S. 1 BGB herbeizuführen. Solange der Gesetzgeber das Schriftformerfordernis im PartGG nicht streicht, kann daher nicht argumentiert werden, daß es überflüssig oder aus sonstigen Gründen verfehlt ist, aus der Verletzung des § 3 PartGG die Nichtigkeitskonsequenz zu ziehen.[228] Aus dem gleichen Grund überzeugen auch systematische Argumente im Ergebnis nicht. Damit ist festzuhalten, daß die Verletzung des § 3 PartGG nach §§ 125 S. 1, 126 BGB zur Nichtigkeit des Partnerschaftsvertrages führt.[229]

---

223 *Meilicke/von Westphalen/Hoffmann/Lenz*, PartGG, § 3 Rdnr. 5.

224 *Meilicke/von Westphalen/Hoffmann/Lenz*, PartGG, § 3 Rdnr. 6.

225 *Meilicke/von Westphalen/Hoffmann/Lenz*, PartGG, § 3 Rdnr. 10.

226 *Meilicke/von Westphalen/Hoffmann/Lenz*, PartGG, § 3 Rdnr. 10; *Stuber*, WiB 1994, 705 (707); *Michalski/Römermann*, § 3 Rdnr. 12.

227 Vgl. die amtliche Begründung zu § 3 Absatz 1, BT-Drucks. 12/6152, 13; auch abgedruckt in: *Seibert*, 106 f.

228 Ähnlich auch *Meilicke/von Westphalen/Hoffmann/Lenz*, PartGG, § 3 Rdnr. 10.

229 Aus den dargestellten Gründen überzeugt auch die Ansicht *K. Schmidts* nicht, der einen den Formerfordernissen des § 3 PartGG nicht genügenden Partnerschaftsvertrag nicht für nichtig, sondern nur für ungeeignet hält, aus einer GbR eine als PartG eintragungsfähige Gesellschaft zu machen, und der dies mit einer systematischen Betrachtungsweise begründet, aus der sich ergebe, daß der Vertrag nach § 3 PartGG nur die Funktion habe, eine unternehmenstragende GbR zu einer PartG im Sinne des neuen

3. Konsequenzen der Formnichtigkeit

Als nächstes stellt sich nun die Frage, welche Rechtsfolgen ein formnichtiger Partnerschaftsvertrag hat. Hierbei ist zwischen einer Verletzung des Schriftformerfordernisses bei der Gründung der PartG sowie bei der Änderung des Partnerschaftsvertrages zu unterscheiden.[230] Im Falle der *Verletzung der Schriftform bei der Errichtung der Partnerschaft* gilt, daß Dritte insoweit vor den Rechtsfolgen der Nichtigkeit des Partnerschaftsvertrages geschützt sind, als § 5 II PartGG auf § 15 HGB verweist. Danach kann sich ein Dritter – vorausgesetzt, daß er die fehlende Schriftform und die daraus abzuleitende Rechtsfolge der Nichtigkeit der Partnerschaft nicht kannte – der Partnerschaft und den Partnern gegenüber auf die Eintragung der Partnerschaft ins Partnerschaftsregister berufen, auch wenn der Partnerschaftsvertrag nichtig ist und die Partnerschaft daher zu Unrecht in das Partnerschaftsregister eingetragen ist. Das führt zu einer notwendigen Vereinfachung in den Geschäftsbeziehungen des Dritten mit der Partnerschaft, da er Verträge mit der Partnerschaft schließen und sie gemäß § 7 II PartGG, § 124 I HGB unter ihrem Namen verklagen kann, ohne vorher die Einhaltung des Schriftformerfordernisses im Partnerschaftsvertrag überprüfen zu müssen. Die das Innenverhältnis betreffenden Regelungen eines formnichtigen Partnerschaftsvertrages wiederum sind wirksam, wenn die Partner bei Kenntnis der Formnichtigkeit eine GbR gewollt hätten, da der formnichtige Partnerschaftsvertrag allen Erfordernissen eines Gesellschaftsvertrages einer GbR entspricht und nach § 140 BGB in einen solchen umgedeutet werden kann.[231] Infolgedessen kann sich ein Partner nicht unter Hinweis auf den Formverstoß vorzeitig von den eingegangenen Verpflichtungen lösen.

Die Wirkungen der Formnichtigkeit des Partnerschaftsvertrages werden zudem durch die *Lehre von der fehlerhaften Gesellschaft* gemildert.[232] Danach wird eine fehlerhafte, das heißt eine auf einem mit – nach den allgemeinen BGB-Vorschriften zur Nichtigkeit oder Anfechtbarkeit führenden – Mängeln behafteten Vertrag beruhende Gesellschaft zunächst als

---

Gesetzes zu machen, vgl. *K. Schmidt*, NJW 1995, 1 (3); *ders.*, Gesellschaftsrecht, § 64 II. 2., 1879.

230 Vgl. hierzu *Meilicke/von Westphalen/Hoffmann/Lenz*, PartGG, § 3 Rdnrn. 32 ff.

231 *Meilicke/von Westphalen/Hoffmann/Lenz*, PartGG, § 3 Rdnr. 33; *Stuber*, WiB 1994, 705 (707); a.A. *K. Schmidt*, NJW 1995, 1 (3), welcher eine Umdeutung zur Erzielung dieser Rechtsfolge für unnötig hält.

232 Vgl. zur Anwendung der Lehre von der fehlerhaften Gesellschaft auf die PartG *K. Schmidt*, ZIP 1993, 633 (640) sowie die amtliche Begründung zu § 3 PartGG, BT-Drucks. 12/6152, 13, auch abgedruckt in: *Seibert*, 106 f., in welcher feststelltgestellt wird, daß die Rechtslage insoweit der der Personenhandelsgesellschaften entspricht.

wirksam behandelt, wenn sie bereits in Vollzug gesetzt wurde.[233] Die Lehre von der fehlerhaften Gesellschaft schützt das Vertrauen in die – unter Umständen langjährige – Zusammenarbeit des Personenverbandes, indem sie die tatsächliche Gestaltung der Verhältnisse durch die Durchführung des mangelbehafteten Vertrages berücksichtigt. Damit werden ungerechte Ergebnisse, die bei einer Rückabwicklung nach allgemeinen Regeln auftreten könnten, verhindert. In diesem Zusammenhang ist vor allem die Frage von praktischer Bedeutung, ob die PartG trotz des formnichtigen Vertrages unter ihrem Namen Rechte erwerben und klagen kann, § 7 II PartGG, § 124 HGB. Dies setzt voraus, daß die Grundsätze über die fehlerhafte Gesellschaft nicht nur zugunsten von Dritten, sondern auch zum Nachteil gegen Dritte, welche mit ihr in geschäftliche Beziehungen treten, Anwendung finden. Hiervon ist auszugehen, da kein Grund dafür ersichtlich ist, daß gesellschaftsfremde Dritte davon profitieren sollten, daß den Partnern bei Abschluß ihres Partnerschaftsvertrages – welcher in der Regel eine Fülle rein interner Vorschriften enthält und den Dritten daher nicht betrifft – ein Formfehler unterlaufen ist.[234] Damit wird beispielsweise ausgeschlossen, daß jede von einer PartG verklagte Person den Prozeß verlängern kann, indem sie die Vorlage und Überprüfung der Angaben des Partnerschaftsvertrages erzwingt oder daß im Namen der PartG erhobene Klagen als unzulässig abgewiesen werden, was unter Umständen zur Folge hat, daß die Klage zum Zeitpunkt der Entdeckung des Fehlers im Gesellschaftsvertrag verjährt ist.[235]

Wird das Schriftformerfordernis nicht bei der Gründung der PartG, sondern *bei der Änderung des Partnerschaftsvertrages verletzt*,[236] so hat das keinen Einfluß auf das ursprünglich formwirksame Zustandekommen der PartG. Die Lehre von der fehlerhaften Gesellschaft gilt entsprechend, wenn ein neuer Gesellschafter unter Verstoß gegen das Formerfordernis

---

233 Vgl. statt vieler zu den Voraussetzungen Großkommentar/*Ulmer*, § 105 Rdnrn. 339-356, zu den Rechtsfolgen Rdnrn. 357-363 (für die OHG); *Hueck*, Gesellschaftsrecht, § 13 III. 2., 97 ff. Die rechtliche Behandlung fehlerhafter Gesellschaftsverträge war lange sehr streitig. Das RG und der BGH haben – ausgehend vom Recht der Kapitalgesellschaften (vgl. heute die teilweise gesetzliche Regelung in §§ 275 ff. AktG und §§ 75 ff. GmbHG) und später parallel dazu – im Wege der Rechtsfortbildung auch für die Personengesellschaften Lösungen entwickelt, über die im Ergebnis heute im Grundsatz Einigkeit herrscht. Im einzelnen und hinsichtlich der dogmatischen Grundlagen der Lehre von der fehlerhaften Gesellschaft ist allerdings noch vieles streitig. Vgl. zur Entwicklung Großkommentar/*Ulmer*, § 105 Rdnrn. 327-338.
234 *Meilicke/von Westphalen/Hoffmann/Lenz*, PartGG, § 3 Rdnr. 36.
235 *Meilicke/von Westphalen/Hoffmann/Lenz*, PartGG, § 3 Rdnr. 36.
236 *Meilicke/von Westphalen/Hoffmann/Lenz*, PartGG, § 3 Rdnrn 36 ff.

beigetreten ist.[237] Auch das fehlerhafte Ausscheiden eines Gesellschafters ist nach den Grundsätzen über die fehlerhafte Gesellschaft nicht ex tunc unwirksam.[238] Auf sonstige formunwirksame Vertragsänderungen sollen die Regeln über die fehlerhafte Gesellschaft dagegen grundsätzlich keine Anwendung finden. Eine Ausnahme soll dann gemacht werden, wenn im Einzelfall auch hier das Bedürfnis nach Bestandsschutz überwiegt.[239]

III. Gesellschaft mit beschränkter Haftung

Der Gesellschaftsvertrag einer GmbH bedarf stets und zwingend der notariellen Form, § 2 I GmbHG. Den *Mindestinhalt* des Gesellschaftsvertrages schreibt § 3 I GmbHG vor. Danach müssen die Firma, der Sitz, der Gegenstand des Unternehmens, der Betrag des Stammkapitals und die Beträge der Stammeinlagen in den Vertrag aufgenommen werden.[240] Bei der Anwalts-GmbH sind, solange eine diesbezügliche gesetzliche Regelung fehlt, zusätzliche Bestimmungen in den Gesellschaftsvertrag aufzunehmen. So hat die Satzung sicherzustellen, daß der Erwerb von Geschäftsanteilen der Anwalts-GmbH nur den in § 59a BRAO genannten Personen möglich ist, die Mehrheit der Geschäftsführer Rechtsanwälte sind und eine angemessene Haftpflichtversicherung über einen Betrag von DM 2 Mio. für die Rechtsanwälte und die Anwalts-GmbH selbst abgeschlossen wird.[241] Abgesehen von diesem zwingend notwendigen Inhalt besteht hinsichtlich des Vertrages einer GmbH weitgehende Gestaltungsfreiheit. Infolgedessen kann ein sonstiger – also *fakultativer* – *Inhalt* in weitestem Umfang in den Gesellschaftsvertrag aufgenommen werden. Was etwaige *Mängel* im Gesellschaftsvertrag betrifft, so können diese nach der Eintragung ins Handelsregister, welcher weitgehend heilende Wirkung zukommt, grundsätzlich nicht mehr geltend gemacht werden. Eine Ausnahme bilden be-

---

237 Vgl. statt vieler (für die OHG) *Baumbach/Hopt*, § 105 Rdnr. 92 m.w.N.

238 *Heymann/Emmerich*, § 105 Rdnr. 108; *Baumbach/Hopt*, § 105 Rdnr. 95 m.w.N.

239 BGHZ 62, 26 (28); *Heyman/Emmerich*, § 105 Rdnr. 102; anders *Baumbach/Hopt*, § 105 Rdnr. 96 (für die OHG); *Meilicke/von Westphalen/Hoffmann/Lenz*, PartGG, § 3 Rdnr. 41.

240 Vgl. die detaillierten Ausführungen *Bellstedts* zum Vertragswerk zwischen Anwalts-GmbH, Sozietät und Dritten, in welchen der Autor zu Fragen der Sach- und Bargründung, Versicherungen, bestehenden Arbeitsverhältnisse, Ausbildungsverhältnisse und Geschäftsführer-Anstellungsverträge Stellung bezieht, im AnwBl 1995, 573 (579 ff.) und in *Kaiser/Bellstedt*, 238 ff. (Rdnrn. 606 ff.).

241 Vgl. oben 3. Teil, 1.Kapitel, B.IV.; vgl. auch *Hommelhoff/Schwab*, WiB 1995, 115 (116) zur rechtstechnischen Sicherstellung der Begrenzung des Gesellschafter- und Geschäftsführerkreises durch in die Satzung aufzunehmende Anteilsvinkulierungen.

stimmte schwerwiegende Inhaltsmängel, die Grundlage einer Nichtigkeits-
klage oder eines Eingreifens des Registergerichts nach §§ 144a, 144b FGG
sein können, §§ 60 I Nr. 5, 75, 76 GmbHG. Die speziell bei der Anwalts-
GmbH erforderlichen zusätzlichen Satzungsbestimmungen können hierunter nicht gefaßt werden. Sie ermöglichen auch nicht die Auflösung der
Gesellschaft durch die zuständige Verwaltungsbehörde nach § 62 GmbHG,
da diese eine Gefährdung des Gemeinwohls sowie gesetzeswidrige Beschlüsse oder Handlungen der Gesellschafter voraussetzen. Die an die Anwalts-GmbH zu stellenden Mindestanforderungen sind jedoch nicht gesetzlich geregelt. Auch ist eine Gefährdung des Gemeinwohls durch ihre
Nichtbefolgung nicht vorstellbar.

IV. Vergleich

Im Hinblick auf die GbR ist festzuhalten, daß Anwälte, die sich zur gemeinschaftlichen Berufsausübung in einer Sozietät zusammenschließen,
ihre Rechtsbeziehungen in einem schriftlichen Sozietätsvertrag, der zumindest Angaben über den Gesellschaftszweck sowie Namen und Berufe
der Mitglieder enthalten muß, festlegen und ordnen sollten, daß sie aber
rechtlich nicht zur Einhaltung einer Form beim Abschluß des Gesellschaftsvertrags verpflichtet sind. Im Gegensatz dazu schreibt das Recht der
PartG für den Partnerschaftsvertrag mit den in § 3 II PartGG festgelegten
Mindestangaben zwingend die Schriftform vor, § 3 I PartGG. Demnach hat
ein Verstoß gegen diese Pflicht die Nichtigkeit des Partnerschaftsvertrages
zur Folge. Die Konsequenz ist eine Unsicherheit in den Partnerschaftsbeziehungen, die allerdings durch die Möglichkeit einer Umdeutung in
eine GbR sowie durch die auch auf die PartG anwendbare Lehre von der
fehlerhaften Gesellschaft beseitigt wird. Der Gesellschaftsvertrag der Anwalts-GmbH wiederum bedarf nach § 2 I GmbHG der notariellen Form. In
den Vertrag sind nicht nur die in § 3 I GmbHG festgelegten Mindest-
bestimmungen aufzunehmen, sondern zusätzlich die für die Zulässigkeit
der Anwalts-GmbH geforderten Regelungen.[242] Die damit verbundene
Offenlegung der internen Verhältnisse mag zwar als Nachteil der Anwalts-
GmbH empfunden werden, entspricht aber den allgemein für Kapitalgesellschaften geltenden Grundsätzen, nach denen die Offenlegung unter
anderem wegen der Haftungsbeschränkung zum Schutze Dritter nötig ist.

---

242 Vgl. oben 3. Teil, 1. Kapitel, B. IV.

B. Unternehmensgegenstand

I. Gesellschaft des bürgerlichen Rechts

Die GbR kann zur Verfolgung eines beliebigen erlaubten Zwecks – gleichgültig, ob wirtschaftlicher oder ideeller Natur – begründet werden, § 705 BGB.[243] In der Anwaltssozietät schließen sich mehrere Rechtsanwälte – gegebenenfalls auch mit Angehörigen anderer sozietätsfähiger Berufe – zur gemeinschaftlichen Ausübung ihres Berufes zusammen.[244]

II. Partnerschaftsgesellschaft

Nach § 3 II Nr. 3 PartGG haben die Partner den Gegenstand der PartG festzulegen. Das Amtsgericht hat zu überprüfen, ob er sich auf die Ausübung der Freien Berufe der Partner im Sinne von § 1 I PartGG – im Falle einer Anwalts-PartG also auf die gemeinschaftliche anwaltliche Berufsausübung – erstreckt. Es genügt, wenn der Gegenstand *auch* freiberufliche Tätigkeiten umfaßt, er kann also auch gemischt gewerblich sein.[245] Daß die Berufsausübung in der Partnerschaft unter Beachtung des für den jeweiligen Freien Beruf geltenden Berufsrechts zu erfolgen hat, welches die Tätigkeit von zusätzlichen Voraussetzungen abhängig machen oder ausschließen kann, stellt § 1 III PartGG fest.

III. Gesellschaft mit beschränkter Haftung

Der Unternehmensgegenstand einer GmbH muß, um § 3 I Nr. 2 GmbHG zu genügen, im Gesellschaftsvertrag so weitgehend individualisiert werden, daß der Schwerpunkt der Geschäftstätigkeit für die beteiligten Wirtschaftskreise ausreichend erkennbar wird.[246] Die Satzung einer Anwalts-GmbH hat infolgedessen den Gegenstand des Unternehmens als die „Übernahme von Aufträgen, die zur Berufstätigkeit von Rechtsanwälten gehören," zu beschreiben. Da sich von selbst versteht, daß hierbei das anwaltliche Berufsrecht zu beachten ist, erscheint die Aufnahme eines

---

243 Vgl. z. B. *K. Schmidt*, Gesellschaftsrecht, § 59 I. 3., 1737 ff.
244 Vgl. *Kaiser/Bellstedt*, 35 (Rdnr. 14).
245 *Meilicke/von Westphalen/Hoffmann/Lenz*, PartGG, § 3 Rdnr. 25.
246 Vgl. statt vieler *Hachenburg/Ulmer*, § 3 Rdnr. 21; *Lutter/Hommelhoff*, § 3 Rdnr. 9.

Hinweises hierauf in die Satzung allerdings nicht zwingend erforderlich.[247]

IV. Vergleich

Die Gesellschafter schließen sich in der Anwalts-GbR, der Anwalts-PartG und der Anwalts-GmbH gleichermaßen zur gemeinschaftlichen Ausübung ihrer anwaltlichen Berufstätigkeit zusammen.

C. Gesellschafter

I. Gesellschaft des bürgerlichen Rechts

1. Natürliche Personen

Gesellschafter einer GbR können grundsätzlich neben natürlichen Personen auch juristische Personen und bestimmte nicht rechtsfähige Personenvereinigungen, wie die OHG und KG, sein.[248] Es existiert auch Rechtsprechung dahingehend, daß das anwaltliche Berufsrecht einer aus Anwälten und einer Steuerberatungs- oder Wirtschaftsprüfungsgesellschaft gebildeten Sozietät nicht entgegenstehe. So führte der EGH Baden-Württemberg[249] zu §§ 1–3 BRAO aus, daß diesen Vorschriften lediglich entnommen werden könne, daß der Anwalt seinen Beruf nicht als Gewerbe und nur in persönlicher Verantwortung ausüben dürfe. Dagegen werde jedoch durch eine Sozietät oder Bürogemeinschaft mit einer Steuerberatungs- und Wirtschaftsprüfungskapitalgesellschaft nicht verstoßen, da diese als solche weder zur Gewerblichkeit führten, noch die Unabhängigkeit anwaltlicher Tätigkeit beeinträchtigten. Auch aus der Gesamtregelung der BRAO lasse sich ein derartiges Verbot nicht ableiten. Auf der Grundlage der neuen Vorschrift des § 59 a BRAO ist dies

---

247 Auch das BayObLG hat dies in seinem Beschluß zur Anwalts-GmbH nicht gefordert; vgl. aber die Klausel § 2 in *Ahlers* Vorschlag einer Mustersatzung in AnwBl 1995, 3 (6).

248 Vgl. MüKo/*Ulmer*, § 705 Rdnrn. 53 ff.

249 Ehrengerichtshof Baden-Württemberg, AnwBl 1988, 245 (246) (Sozietät aus Rechtsanwälten und einer Steuerberatungs-AG); vgl. aber auch die kritischen Bemerkungen *Hensslers* zur Sozietät von Anwälten mit Steuerberatungs- bzw. Wirtschaftsprüfungskapitalgesellschaften, NJW 1993, 2137 (2144).

jedoch nicht haltbar. So läßt sich § 59 a BRAO entnehmen, daß das anwaltliche Berufsrecht nur natürliche Personen als Gesellschafter einer Sozietät zuläßt.[250]

Damit können nur natürliche Personen Gesellschafter einer Rechtsanwaltssozietät sein.

2. Interprofessionelle Zusammenschlüsse

Die Zusammenarbeit von Rechtsanwälten mit anderen Berufsgruppen in Form der GbR ist nur zulässig, solange die Unabhängigkeit des Rechtsanwalts und sein freiberuflicher, nichtgewerblicher Status hierdurch nicht gefährdet werden. Maßgebende Gesichtspunkte für die Zulässigkeit einer Zusammenarbeit in einer Sozietät sind daher unter anderem die Artverwandtschaft oder Artverschiedenheit der Berufe. Eine Zusammenarbeit mit Angehörigen rechts- und wirtschaftsberatender Berufe ist zulässig, sofern nach der jeweiligen Vorbildung die Homogenität des Beratungsangebotes sichergestellt ist.[251] In einer GbR können sich Rechtsanwälte dementsprechend insbesondere mit Steuerberatern und Wirtschaftsprüfern verbinden.[252] Für eine interprofessionelle Zusammenarbeit in Form einer GbR mit Wirtschaftsprüfern oder Steuerberatern gelten §§ 44b WPO, 56 StBerG. Die Aufzählung der Berufsgruppen, mit denen sich Rechtsanwälte in einer Sozietät zur gemeinsamen Berufsausübung zusammenschließen können, in § 59a BRAO bewirkt insoweit eine Klarstellung.[253]

3. Zahl der Gesellschafter

Nach dem Recht der GbR sind mindestens zwei natürliche und/oder juristische Personen und/oder sonstige, als Gesellschafter einer GbR zulässige Personenvereinigungen erforderlich.

---

250 Vgl. auch *Gail/Overlack,* Rdnr. 33.
251 *Kaiser/Bellstedt,* 39 ff. (Rdnrn. 31 ff.); *Jähnke,* NJW 1988, 1888 (1893); *Römermann,* 89 ff.
252 MüKo/*Ulmer,* vor § 705, Rdnr. 19. Vgl. allerdings auch den Beschluß des BGH vom 18.9.1995 zur Unzulässigkeit einer Sozietät eines Anwaltsnotars mit einem Wirtschaftsprüfer, BGH NJW 1996, 392 f. und die Kritik hieran, *Huff,* FAZ vom 2.4.1996, 17; sowie die durch das BVerfG mit Beschluß vom 20.9.1996 ergangene Einstweilige Anordnung, AnwBl 1997, 667.
253 *Hommelhoff/Schwab,* WiB 1995, 115 (117).

II. Partnerschaftsgesellschaft

1. Natürliche Personen

§ 1 II S. 3 PartGG legt ausdrücklich fest, daß nur natürliche Personen Gesellschafter einer PartG sein können. Mit dieser Ausgestaltung der PartG als reine „mitunternehmerische Berufsausübungsgesellschaft"[254] sollte dem Leitbild der auf ein persönliches Vertrauensverhältnis zum Mandanten ausgerichteten freiberuflichen Tätigkeit Rechnung getragen werden.[255] Folglich ist es beispielsweise nicht möglich, daß eine Anwalts-GmbH oder eine weitere PartG zur Partnerin einer PartG wird. Aus den Worten „ zur Ausübung" in § 1 I PartGG folgt, daß eine aktive Mitarbeit erforderlich ist, so daß eine bloße Kapitalbeteiligung nicht ausreicht.[256]

2. Interprofessionelle Zusammenschlüsse

Nach § 1 II PartGG können die in dieser Vorschrift ausgeführten Freien Berufe die PartG benutzen.[257] Hierbei gilt aber der „allgemeine Berufsrechtsvorbehalt" des § 1 III PartGG. Danach kann die Berufsausübung in der PartG in den Vorschriften über die einzelnen Berufe ausgeschlossen oder von weiteren Voraussetzungen abhängig gemacht werden. Infolgedessen ist ein Zusammenschluß berufsrechtlich nur möglich, wenn die beabsichtigte Kombination nach den *Berufsrechten aller Beteiligten* zulässig ist. Die Zusammenarbeit von Anwälten mit Steuerberatern und Wirtschaftsprüfern in der Form der PartG setzt also voraus, daß sie nicht nur nach Maßgabe der BRAO, sondern auch des StBerG sowie der WPO gestattet ist.

---

254 *K. Schmidt*, NJW 1995, 1 (3).

255 BT-Drucks. 12/6152, 9; vgl. zur Kritik an der Beschränkung auf natürliche Personen *Meilicke/von Westphalen/Hoffmann/Lenz*, PartGG, Rdnr. 102 – *Lenz* verweist hier darauf, daß es nicht Aufgabe des Gesellschaftsrechts, sondern des Standesrechts sei, derartige Beschränkungen vorzunehmen; ähnlich *Michalski*, ZIP 1993, 1210 (1211) und *K. Schmidt*, ZIP 1993, 633 (639).

256 Vgl. *Meilicke/von Westphalen/Hoffmann/Lenz*, PartGG, § 1 Rdnrn. 86 ff. sowie *Stuber*, WiB 1994, 705 (706 f.) zum erforderlichen Umfang der Mitarbeit. Ausführlich zur Frage der aktiven Mitarbeit äußert sich ferner *Römermann*, 106 ff., der ein Erfordernis einer konkreten Aktivität allerdings im Ergebnis ablehnt und allein auf die Zugehörigkeit eines Partners zur Anwaltschaft bzw. zu einem der sozietätsfähigen Berufe abstellt, 112 f.

257 Die Aufzählung der Freien Berufe in § 1 II PartGG sieht sich der Kritik ausgesetzt, daß diese mangels eines gesicherten Bildes der Freien Berufe kein geeignetes Abgrenzungsmerkmal darstelle, welches die Sondergesellschaftsform der PartG rechtfertigen könne, *K. Schmidt*, NJW 1995, 1 ff.; *ders.*, ZIP 1993, 633 (637).

Das anwaltliche Berufsrecht und das PartGG stehen der Zusammenarbeit von Rechtsanwälten und Wirtschaftsprüfern oder Steuerberatern in der Form der PartG nicht entgegen, §§ 59a BRAO, 1 II, III PartGG.

Nach § 49 I StBerG und § 27 I WPO können Steuerberatungs- und Wirtschaftsprüfungsgesellschaften in der Form der PartG betrieben werden. Ist die PartG als Wirtschaftsprüfungsgesellschaft oder Steuerberatungsgesellschaft anerkannt,[258] so sind §§ 49 ff. StBerG und §§ 27 ff. WPO anwendbar. Unter den Voraussetzungen der §§ 50 II StBerG, 28 II WPO ist die Zusammenarbeit von Rechtsanwälten und Steuerberatern oder Wirtschaftsprüfern in einer Steuerberatungs- oder Wirtschaftsprüfungsgesellschaft möglich.[259]

Hiervon zu unterscheiden ist die nicht als Steuerberatungs- oder Wirtschaftsprüfungsgesellschaft anerkannte PartG, in der Steuerberater oder Wirtschaftsprüfer mit Rechtsanwälten zusammenarbeiten. Diese Form der interprofessionellen Kooperation ist nach dem Wortlaut der §§ 56 StBerG, 44b WPO auf die GbR beschränkt.

Daraus ist aber nicht zu schließen, daß eine Zusammenarbeit von Steuerberatern oder Wirtschaftsprüfern mit Rechtsanwälten in einer interprofessionellen, nicht als Steuerberatungs- oder Wirtschaftsprüfungsgesellschaft anerkannten PartG unzulässig ist.[260] So wird im Rechtsausschußbericht zum PartGG ausdrücklich darauf hingewiesen, daß bei einer PartG, in welcher Anwälte sich mit Steuerberatern oder

---

258 Mittlerweile wurde die PartG ausdrücklich in den Katalog des § 49 I StBerG und des § 27 I WPO aufgenommen und damit klargestellt, daß die Reglementierungen der §§ 49 ff. StBerG, 27 ff. WPO auch auf die PartG anwendbar sind. Letzteres wurde vor der Einfügung „und Partnerschaftsgesellschaften" in § 49 StBerG beispielsweise von *Bösert*, DStR 1993, 1332 (1337) wegen Art. 12 GG für solche Reglementierungen bezweifelt, die nicht Ausfluß der allgemeinen Berufspflichten der Steuerberater sind. Vgl. auch *Seibert*, DB 1994, 2381 (2384).

259 Rechtsanwälten, die neben Wirtschaftsprüfern und/oder vereidigten Buchprüfern Vorstandsmitglieder, Geschäftsführer oder persönlich haftende Gesellschafter von Wirtschaftsprüfungsgesellschaften oder Buchprüfungsgesellschaften werden wollen, muß allerdings zuerst eine „besondere Befähigung" durch das zuständige Wirtschaftsministerium nach Anhörung der Wirtschaftsprüferkammer attestiert werden, um die Genehmigung dazu zu erhalten, § 28 II S. 2 WPO. Vgl. *Jürgenmeyer*, BRAK-Mitt. 4/1995, 142 (143 ff.) zum problematischen Verhältnis zwischen dem interprofessionellen Ansatz des PartGG und den berufsausübungsbeschränkenden Regelungen der WPO und des StBerG. Vgl. auch *Gerkens* verfassungsrechtliche Bedenken bzgl. der Unzulässigkeit einer ausschließlichen Besetzung der Geschäftsführerpositionen einer Steuerberatungsgesellschaft durch Rechtsanwälte, *Gerken*, AnwBl 1996, 157 f.

260 Vgl. zur Frage der Rechtsanwälten und Steuerberatern in der Form der PartG offenstehenden Kooperationsmöglichkeiten *Gilgan*, Stbg 1995, 28.

Wirtschaftsprüfern zusammengeschlossen haben, und die nicht als Steuerberatungsgesellschaft oder Wirtschaftsprüfungsgesellschaft anerkannt ist, für den Namen der PartG § 2 PartGG unverändert gelte. Es handle sich hierbei um eine normale PartG, zu welcher der Steuerberater oder Wirtschaftsprüfer schon nach § 1 II PartGG Zugang habe.[261] Infolgedessen ist auch eine interprofessionelle Zusammenarbeit von Rechtsanwälten mit Steuerberatern in einer nicht als Steuerberatungsgesellschaft oder Wirtschaftsprüfungsgesellschaft anerkannten PartG möglich.

3. Zahl der Gesellschafter

Die PartG setzt die Zusammenarbeit von mindestens zwei natürlichen Personen als Partner voraus.

III. Gesellschaft mit beschränkter Haftung

1. Natürliche und juristische Personen

In einer Anwalts-GmbH ist der *Gesellschafterkreis auf Rechtsanwälte und den in § 59a BRAO genannten Personenkreis begrenzt.* Hierdurch wird verhindert, daß Personen, die keiner Berufsverschwiegenheit unterliegen, auf dem Wege des unabdingbaren Informationsrechts nach § 51a I, III GmbHG Auskunft über Mandate erzwingen können.[262] Eine Anteils- und Stimmenmehrheit der anwaltlichen Gesellschafter oder sogar der in der Anwalts-GmbH aktiv tätigen anwaltlichen Gesellschafter ist aber nicht erforderlich.

Gesellschafter einer GmbH können sowohl *natürliche* als auch *juristische Personen* sein. Für eine Anwalts-GmbH muß wegen § 59 a BRAO aber etwas anderes gelten. § 59 a BRAO regelt nur die Zusammenarbeit von Rechtsanwälten als natürlichen Personen. Die juristische Person, die gesellschaftsrechtlich als Gesellschafterin einer GmbH in Frage kommt, ist daher unter berufsrechtlichen Gesichtspunkten als Gesellschafterin aus-

---

261 BT-Drucks. 12/7642, 12 f.; hierauf verweist auch *Seibert*, DB 1994, 2381 (2383 f.).
262 *Hommelhoff/Schwab*, WiB 1995, 115 (116). Aus diesem Grund und wegen der parallelen Regelungen der WPO und des StBerG – auch hier hat sich der Gesetzgeber nicht mit der Möglichkeit der Informationsverweigerung wegen der Strafbarkeit der Auskunft begnügt – erscheint eine Erweiterung des Gesellschafterkreises über § 59a BRAO hinaus, wie sie von *Heinemann* AnwBl 1991, 233 (235) vorgeschlagen wird, nicht tragbar zu sein.

geschlossen.[263] Auch § 59 d BRAO-E sieht vor, daß ausschließlich natürliche Personen Gesellschafter einer Anwalts-GmbH werden können.[264]

2. Interprofessionelle Zusammenschlüsse

Für interprofessionelle Zusammenschlüsse zwischen Anwälten, Wirtschaftsprüfern und Steuerberatern in der Form der GmbH ergibt sich folgendes aus den einschlägigen Berufsrechten:[265] Rechtsanwälte dürfen bereits seit langer Zeit Vorstandsmitglieder, Geschäftsführer oder persönlich haftende Gesellschafter von Steuerberatungs- bzw. Wirtschaftsprüfungsgesellschaften sein, §§ 50 II StBerG, 28 II WPO, und gleichzeitig Gesellschaftsanteile an diesen Gesellschaften halten, §§ 50a StBerG, 28 IV WPO.[266] Hierfür gelten eine Reihe berufsrechtlicher Einschränkungen. So ist beispielsweise die Dominanz der Wirtschaftsprüfer in der Wirtschaftsprüfungsgesellschaft vorgeschrieben. Damit stellt sich die Frage, ob die berufsrechtlichen Reglementierungen der WPO und des StBerG in jedem Fall auch auf eine GmbH anzuwenden sind, in welcher Wirtschaftsprüfer oder Steuerberater und Rechtsanwälte zusammenarbeiten. Eine andere Möglichkeit wäre, eine interprofessionelle Zusammenarbeit in einer Anwalts-GmbH im Hinblick darauf, daß es sich hierbei schwerpunktmäßig um eine Rechtsanwaltsgesellschaft handelt, ohne Anwendung der Reglementierungen der §§ 27 ff. WPO und §§ 49 ff. StBerG zu erlauben, diese Bestimmungen also teleologisch zu reduzieren. Gedanklich sind damit zwei Alternativen zu unterscheiden: Die eine ist die Zusammenarbeit von Rechtsanwälten und Steuerberatern oder Wirtschaftsprüfern in einer Steuerberatungs- bzw. Wirtschaftsprüfungsgesellschaft. Hierauf sind die berufsrechtlichen Einschränkungen der §§ 27 ff. WPO und §§ 49 ff. StBerG auf jeden Fall anwendbar. Nicht zusätzlich einschlägig sind jedoch die an die Zulässigkeit der Anwalts-GmbH gestellten Anforderungen,[267] denn es handelt sich gerade nicht um eine Anwalts-GmbH, sondern lediglich um die seit Jahren zulässige Zusam-

---

263 *Gail/Overlack*, Rdnr. 68 m.w.N.
264 Abgedruckt in: ZIP 1997, 1518 (1519). Dagegen plädiert *Henssler* dafür, der Anwalts-GmbH eine Organisationsstruktur zuzugestehen, bei welcher als einziger GmbH-Gesellschafter eine GbR auftritt und verweist auf die hiermit verbundenen Vorteile bei der Übertragung von Gesellschaftsanteilen und Satzungsänderungen; vgl. *Henssler,* ZHR 1997, 305 (316 f.).
265 Vgl. hierzu *Hommelhoff/Schwab*, WiB 1995, 115 (117); *Sommer*, GmbHR 1995, 249 (251); *Henssler,* DB 1995, 1549 (1550).
266 Vgl. zu der damit verbundenen „Vorreiterrolle für die Anwalts-GmbH" *Jürgenmeyer*, BRAK-Mitt. 4/1995, 142 (146).
267 Vgl. hierzu oben 3. Teil, 1. Kapitel, B. IV.

menarbeit von Rechtsanwälten und Steuerberatern und/oder Wirtschaftsprüfern in einer Steuerberatungs- und Wirtschaftsprüfungsgesellschaft.
Die andere Alternative ist die interprofessionelle Kooperation von
Rechtsanwälten, Wirtschaftprüfern und Steuerberatern in der neuen Anwalts-GmbH, die dann zu einer gemischten Wirtschaftsprüfer/Anwalts-
GmbH oder Steuerberater/Anwalts-GmbH wird. Hier sind jedenfalls die
an die Zulässigkeit der Anwalts-GmbH zu stellenden Mindestanforderungen einschlägig.[268] Zweifelhaft ist, ob daneben auch die Reglementierungen der §§ 27 ff. WPO und der §§ 49 ff. StBerG anzuwenden sind. Bevor
diese Frage geklärt wird, soll allerdings erst einmal veranschaulicht werden, welche *Konsequenzen diese Kumulierung berufsrechtlicher Einschränkungen* hättte.

Nach § 28 II S. 3 WPO ist zur Sicherung der Unabhängigkeit der Wirtschaftsprüfer in einer Wirtschaftsprüfungsgesellschaft erforderlich, daß
die Stimm- und Anteilsmehrheit sich in der Hand von Wirtschaftsprüfern
befindet und die Mehrzahl der Geschäftsführerposten mit Wirtschaftsprüfern besetzt sind. In der Anwalts-GmbH ist die Mehrzahl der Geschäftsführerpositionen mit Rechtsanwälten zu besetzen. Da den Anforderungen der Berufsrechte der Wirtschaftsprüfer und der Anwälte damit –
einmal abgesehen von dem Fall, daß die GmbH über genügend Gesellschafter mit Mehrfachqualifikation verfügt – nicht gleichzeitig entsprochen werden kann, scheidet eine aus Anwälten und Wirtschaftsprüfern
gebildete GmbH aus, wenn die berufsrechtlichen Einschränkungen der
§§ 27 ff. WPO neben den an die Zulässigkeit der Anwalts-GmbH gestellten
Mindestanforderungen einschlägig sind.

Bei einer Steuerberatungs-GmbH ist die Rechtslage etwas anders. Nach
§§ 50 II, 50a I Nr. 5 StBerG kann das zahlenmäßige Verhältnis zwischen
Rechtsanwälten, Wirtschaftsprüfern, Steuerberatern und anderen als Gesellschafter geeigneten Personen in einer Steuerberatungsgesellschaft beliebig sein; es genügt, wenn die in § 50a I Nr. 5 StBerG genannte Anteils-
und Stimmenmehrheit durch die dort genannten Personen zusammen zustandekommen, also beispielsweise durch Anwälte und Steuerberater.
Demzufolge ist sogar eine Anteils- und Stimmenmehrheit der Rechtsanwälte denkbar. Der Grund hierfür liegt darin, daß alle in § 50a I Nr. 5
StBerG aufgezählten Personengruppen zur Steuerberatung befugt sind,
§ 3 I StBerG. Eine Besetzung der Mehrheit der Geschäftsführerpositionen
mit Rechtsanwälten, welche eine der Voraussetzungen für die Zulässigkeit
der Anwalts-GmbH ist, ist dagegen nicht möglich, weil nach § 50 I, II

---

268 Vgl. oben 3. Teil, 1. Kapitel, B. IV.

StBerG Rechtsanwälte lediglich „neben" Steuerberatern Geschäftsführer sein können.[269] Damit scheitert die kombinierte Steuerberater/Anwalts-GmbH an § 50 I, II StBerG und an der für die Anwalts-GmbH zu fordernden anwaltlichen Mehrheit der Geschäftsführerpositionen.[270] Die Konsequenz der Kumulierung der berufsrechtlichen Einschränkungen dergestalt, daß auch die §§ 27 ff. WPO, 49 ff. StBerG angewendet werden, wäre also die Unzulässigkeit sowohl der gemischten Wirtschaftsprüfer/Anwalts-GmbH, als auch der gemischten Steuerberater/Anwalts-GmbH. Dieses Ergebnis widerspricht dem interprofessionellen Ansatz des BayObLG in seinem Beschluß zur Anwalts-GmbH. Hierin wird ausdrücklich festgestellt, daß der Erwerb von Geschäftsanteilen dem in § 59a BRAO aufgeführten Personenkreis möglich sein soll.[271] Zudem verdient auch die Argumentation der Begründung des Regierungsentwurfs zur Änderung der Bundesrechtsanwaltsordnung Beachtung, wonach die internationalen Wirtschaftsbeziehungen die Anforderungen an die anwaltliche Betreuung erhöht und verändert haben und die deutsche Anwaltschaft sich zunehmend internationalem Wettbewerb ausgesetzt sieht. Dies habe den Zusammenschluß zahlreicher Rechtsanwälte in großen, auch internationalen Sozietäten zur Folge und diesem müsse auch bei der Neuordnung des Berufsrechts Rechnung getragen werden.[272] Dies kann für die Zulässigkeit der interprofessionellen Zusammenarbeit von Rechtsanwälten, Steuerberatern und Wirtschaftsprüfern in der Form der GmbH vorgebracht werden, denn in zahlreichen großen, international agierenden Anwaltsgesellschaften arbeiten bereits heute Rechtsanwälte mit diesen Berufsgruppen zusammen, um den Anforderungen internationaler Beratungsaufträge an eine umfassende Beratung entsprechen zu können. Diesen Kanzleien wäre eine Umwandlung in eine GmbH bei Geltung der §§ 49 ff. StBerG, 27 ff. WPO verwehrt, das Ziel, sie im internationalen Wettbewerb durch die neue Rechtsform der Anwalts-GmbH zu stärken, nicht erreicht. Sachgemäß erscheint daher folgende Lösung: Die §§ 49 ff. StBerG, 27 ff. WPO sind entsprechend ihrem Wortlaut nur für nach Maßgabe des StBerG und der WPO anerkannte Steuerberatungs- und Wirtschaftsprüfungsgesellschaften einschlägig. An diesen können sich in den durch §§ 50 StBerG, 28 WPO gesetzten Grenzen auch Rechtsanwälte beteiligen, ohne daß hierdurch die für die Anwalts-GmbH geltenden Restriktionen auf eine derartige

---

269 Kritisch hierzu *Gerken*, AnwBl 1996, 157 f.
270 Vgl. zu den Zuläsigkeitsvoraussetzungen an die Anwalts-GmbH oben 3. Teil, 1. Kapitel, B. IV.
271 BayObLG, BB 1994, 2433 (2436).
272 BayObLG, BB 1994, 2433 (2434) unter Hinweis auf BT-Drucks. 12/4993, 22 f.

Gesellschaft Anwendung finden. Die Gesellschaften bleiben Steuerberatungs- oder Wirtschaftsprüfungs-Gesellschaften mit beschränkter Haftung. Ist eine von Anwälten und Steuerberatern oder Wirtschaftsprüfern betriebene Kapitalgesellschaft dagegen nicht nach §§ 49 StBerG, 27 WPO anerkannt, so gelten nicht die in §§ 50 StBerG, 28 WPO enthaltenen Einschränkungen, sondern die Mindestvoraussetzungen der Anwalts-GmbH.[273] Die Anwalts-GmbH darf dann auch nur als solche firmieren.[274]

Danach ist es möglich, eine gemischte Anwalts/Wirtschaftsprüfer-GmbH oder Anwalts/Steuerberater-GmbH zu gründen, sofern diese – sollte sie nach §§ 49 StBerG, 27 WPO anerkannt sein, den in §§ 49 ff. StBerG, 27 ff. WPO enthaltenen Restriktionen oder aber – bei fehlender Anerkennung gemäß §§ 49 StBerG, 27 WPO – den für die Zulässigkeit der Anwalts-GmbH erforderlichen Mindestanforderungen[275] genügt. Der Referentenentwurf zur Anwalts-GmbH[276] sieht dagegen in § 59 d II BRAO-E eine anwaltliche Anteils- und Stimmenmehrheit und in § 59 g III BRAO-E eine anwaltliche Mehrheit im Hinblick auf die Geschäftsführerpositionen vor. Nach § 59 d I BRAO-E können neben Rechtsanwälten auch Angehörige sozietätsfähiger Berufe Gesellschafter einer Anwalts-GmbH sein. Einwände gegen eine mehrfache berufsrechtliche Zulassung oder Anerkennung werden nicht erhoben, so daß danach, wie *Henssler*[277] zutreffend feststellt, eine Gesellschaft künftig nicht nur entweder als Steuerberatungs- oder Wirtscaftsprüfungsgesellschaft oder Anwalts-GmbH, sondern auch als Rechtsanwalts-, Steuerberatungs- und Wirtscaftsprüfungsgesellschaft-mbH firmieren könnte. Dies wäre aufgrund der oben diskutierten, im StBerG und der WPO enthaltenen Mehrheitserfordernisse aber nur bei Mehrfachqualifikationen der Gesellschafter möglich.

---

273 Dies wird offensichtlich auch von der Rechtsprechung so gesehen: Im Rahmen einer Wettbewerbsstreitigkeit stellte das OLG Bamberg fest, daß die vom BayObLG in seinem Beschluß vom 24.11.1994 (BB 1994, 2433 ff.) für die Zulässigkeit der Anwalts-GmbH genannten Gründe auch für eine durch einen Zusammenschluß von Anwälten und Steuerberatern gebildete GmbH zutreffen. Voraussetzung für die Zulässigkeit soll zusätzlich sein, daß eine unzulässige Einflußnahme der Steuerberater auf die ihnen selbst nicht erlaubte Rechtsberatung durch entsprechende Satzungsbestimmungen ausgeschlossen wird; vgl. OLG Bamberg, Beschluß vom 1.2.1996, MDR 1996, 423.
274 Vgl. hierzu *Henssler*, ZHR 1997, 305 (319).
275 Vgl. hierzu oben 3. Teil, 1. Kapitel, B. IV.
276 Abgedruckt in: ZIP 1997, 1518 ff.
277 ZIP 1997, 1481 (1485).

3. Zahl der Gesellschafter

In der GmbH genügt gemäß § 1 GmbHG ein Gesellschafter. Das gilt auch für die Anwalts-GmbH.[278] Hier ist ebenfalls – wie hinsichtlich der Zulässigkeit der Anwalts-GmbH als solcher – wegen Art 12 GG die Frage zu stellen, ob ein gesetzliches Verbot besteht. Diese Frage ist zu verneinen, denn die unbeschränkte und persönliche Haftung ist, wie oben[279] dargelegt, nicht mehr maßgeblich für das anwaltliche Berufsbild. Zudem würde ein Verbot der Einmann-Anwalts-GmbH den Einzelanwalt in ungerechtfertigter Weise im Wettbewerb mit Mehrpersonenkanzleien schlechterstellen. Schließlich ist auch nicht ersichtlich, daß derartige Kanzleien die Gefahr der Irreführung von Mandanten mit sich bringen und damit ein wettbewerbsrechtliches Problem darstellen.[280]

IV. Aufspaltung

Auch soll Freiberuflern nach der amtlichen Begründung zum Regierungsentwurf zum PartGG[281] eine Aufspaltung[282] in eine *Kapitalgesellschaft (als Besitzgesellschaft)* und in eine *Partnerschaft (als Berufsausübungsgesellschaft)* möglich sein, sofern die jeweiligen Berufsrechte dem nicht entgegenstehen.[283] Anwälten ist es grundsätzlich berufsrechtlich erlaubt, ihre Sozietät in eine GmbH, der das Anlagevermögen gehört, und in eine PartG oder GbR, in der sie ihrer beruflichen Tätigkeit nachkommen, aufzuspalten. Die für die Zulässigkeit der Anwalts-GmbH aufgestellten Mindestanforderungen gelten hierfür nicht, da sie sich nicht auf eine Besitzgesellschaft, sondern auf eine Berufsausübungsgesellschaft beziehen. Allerdings ist auch im Zusammenhang mit der Besitzgesellschaft die Gewährleistung der anwaltlichen Unabhängigkeit von Bedeutung.[284]

---

278 So auch *Hommelhoff/Schwab*, WiB 1995, 115 (117); *Gail/Overlack*, 12; *Römermann*, 180.

279 Vgl. 3. Teil, 1. Kapitel, C. III. 2.b.bb.(7).

280 Vgl. *Gail/Overlack*, Rdnrn. 59 ff.

281 Entwurf eines Gesetzes zur Schaffung von Partnerschaftsgesellschaften und zur Änderung anderer Gesetze, BT-Drucks. 12/6152, 8.

282 Vgl. auch die Ausführungen *Stehles* und *Longins*, 42 ff., über Betriebsaufspaltungen bei den Freien Berufen.

283 Dies gehört zwar strenggenommen nicht unter den Gliederungspunkt „Gesellschafter", soll aber dennoch aufgrund des Sachzusammenhangs hier erörtert werden.

284 Vgl. die Ausführungen *Bellstedts* zu der im Hinblick auf die Frage der Zulässigkeit einer solchen Besitzgesellschaft zu diskutierenden anwaltlichen Unabhängigkeit (sie könnte gefährdet sein, wenn der Anwalt seinen Beruf „im Auftrag" seiner Anwalts-

Fraglich ist aber, ob die in der amtlichen Begründung vorgeschlagene Aufspaltung in eine PartG als Berufsausübungsgesellschaft und in eine Kapitalgesellschaft als Besitzgesellschaft sinnvoll ist. Dies hat zwar den Vorteil, daß die „Besitz-GmbH" ihre Funktionen, für die Sozietät alle sachlichen Mittel zur Verfügung zu stellen und als Arbeitgeberin des Personals zu fungieren, ohne Rücksicht auf den wechselnden Bestand der Sozietätsmitglieder zeitlich unbegrenzt erfüllen kann, weil das Ausscheiden und der Tod eines Gesellschafters bei der GmbH nach § 60 I GmbHG keinen Auflösungsgrund darstellen.[285] Wenn die Berufsausübung aber in der Partnerschaft stattfindet, haften die Anwälte als Partner grundsätzlich – also von einer Beschränkung auf den handelnden Partner nach § 8 II - PartGG und auf Höchstbeträge gemäß § 51a BRAO abgesehen – persönlich und unbeschränkt. Das Anlagevermögen ist vor dem Zugriff der Mandanten wegen fehlerhafter Berufsausübung der in der PartG tätigen Anwälte naturgemäß insoweit geschützt, als die Ansprüche der Mandanten nur gegen das Vermögen der PartG und die Partner gerichtet sind, nicht aber unmittelbar gegen die GmbH. Da die Partner allerdings mit den Gesellschaftern der GmbH identisch sein dürften und die Gläubiger von GmbH-Gesellschaftern deren GmbH-Anteile nach § 857 ZPO pfänden können, haben die Gläubiger über die unbeschränkte persönliche Haftung der Partner als Gesamtschuldner mittelbar auch Zugriff auf die Geschäftsanteile an der GmbH und damit auf das Anlagevermögen. Infolgedessen erscheint der Vorschlag der Regierungsbegründung hinsichtlich einer entsprechenden Aufspaltung für die Praxis nicht zweckmäßig.

Sinnvoller ist es, den entgegengesetzten Weg zu beschreiten. Eine Aufspaltung in eine *Anwalts-GmbH als Berufsausübungsgesellschaft* und in eine *PartG oder sonstige Personengesellschaft als Besitzgesellschaft* schützt die Anwälte vor persönlicher Haftung. Auch das Anlagevermögen ist vor dem Zugriff der Mandanten sicher, die Schadensersatzansprüche wegen fehlerhafter Berufsausübung der Anwälte stellen wollen. Diese Ansprüche bestehen – zumindest wenn nicht entgegen der derzeitigen Gesetzeslage auch in der Anwalts-GmbH eine Handelndenhaftung angenommen wird[286] – nur gegen die Anwalts-GmbH selbst, § 13 II GmbHG. Damit können die Mandanten auch nicht mittelbar über eine persönliche Inanspruchnahme auf das Vermögen der PartG zugreifen. Somit erscheint diese Lösung aus haftungsrechtlichen Gesichtspunkten zweckmäßiger zu

---

GmbH ausübt) und die Möglichkeit eines Verstoßes der Herausgabe der Honorareinkünfte an die GmbH gegen § 49b BRAO; *Bellstedt*, AnwBl 1995, 573 (578).

285 *Bellstedt*, AnwBl 1995, 573 (578).

286 Der Referentenentwurf zur Anwalts-GmbH sieht eine Handelndenhaftung vor, § 59 p BRAO-E, abgedruckt in: ZIP 1997, 1518 (1521).

sein.[287] Zweifelhaft ist allerdings ihre berufsrechtliche Zulässigkeit. Die PartG ist, wie dargelegt, eine „Berufsausübungsgesellschaft", § 1 I PartGG. Sie kommt daher als reine Besitzgesellschaft nicht in Frage. Als solche könnte eine andere Personengesellschaft, wie die GbR, verwendet werden. Die Anwalts-GmbH als Berufsausübungsgesellschaft wiederum ist unter Wahrung der hierfür aufgestellten Mindestanforderungen[288] zulässig. Diesen – also der Besetzung der Mehrheit der Geschäftsführerpositionen mit Rechtsanwälten, dem Ausschluß der Weisungsbefugnis der Gesellschafterversammlung gegenüber den Geschäftsführern hinsichtlich der anwaltlichen Tätigkeit im Einzelfall, der Beschränkung der Gesellschafterstellung auf den in § 59a BRAO umschriebenen Personenkreis und dem Abschluß einer Haftpflichtversicherung, deren Mindestbetrag deutlich höher liegt als die Mindestversicherungssumme eines Einzelanwalts – kann auch in einer Anwalts-GmbH entsprochen werden, deren Anlagevermögen auf eine Personengesellschaft übertragen wurde. Die Mandanten sind hier ausreichend durch die Haftpflichtversicherung und das durch die Kapitalerhaltungsvorschriften der §§ 30 ff. GmbHG gesicherte Stammkapital der GmbH geschützt. Die unbeschränkte Haftung des Rechtsanwalts ist auch für das Berufsbild nach § 51a I BRAO nicht mehr maßgebend. Demnach steht einer Aufspaltung einer Anwaltskanzlei in eine PartG oder sonstige Partnergesellschaft als Besitzgesellschaft und eine Anwalts-GmbH als Berufsausübungsgesellschaft nichts entgegen.

V. Vergleich

Eine Sozietät in Form der GbR benötigt mindestens zwei Gesellschafter. Hierfür kommen aufgrund des anwaltlichen Berufsrechts nur natürliche Personen in Betracht. Die Zusammenarbeit von Rechtsanwälten mit den in § 59a BRAO aufgezählten Berufsgruppen, insbesondere mit Steuerberatern und Wirtschaftsprüfern, in der Rechtsform der GbR ist möglich. Die PartG setzt die Zusammenarbeit von mindestens zwei natürlichen Perso-

---

287 Die steuerrechtliche Bedeutung von Betriebsaufspaltungen in eine Personengesellschaft, der das Anlagevermögen gehört, und in eine Kapitalgesellschaft, die das Anlagevermögen pachtet und den Betrieb weiterführt, mit in der Regel identischen Gesellschaftern hat mittlerweile ihre Bedeutung verloren, vgl. hierzu *Emmerich/Sonnenschein*, § 12 IV.1., 193 f. Vgl. allerdings auch *Bellstedt*, AnwBl 1995, 573 (578), der auf den gewerbesteuerlichen Abzug der Geschäftsführergehälter und die Möglichkeit, Pensionsrückstellungen mit steuerlicher Wirkung zu bilden, hinweist.

288 Vgl. hierzu oben 3. Teil, 1. Kapitel, B. IV.

nen als Partner voraus. Bei der PartG kommen juristische Personen und sonstige Personenvereinigungen als Partner nach der ausdrücklichen ge- setzlichen Regelung nicht in Frage. In der Form einer PartG können Rechtsanwälte wie in der GbR mit bestimmten anderen Berufsgruppen, insbesondere Steuerberatern und Wirtschaftsprüfern, zusammenarbeiten. Die Anwalts-GmbH schließlich kann auch als Einmann-Gesellschaft ge- führt werden. Aufgrund des anwaltlichen Berufsrechts können sich an ihr nur natürliche Personen beteiligen. Interdisziplinäre Zusammenschlüsse mit Steuerberatern und Wirtschaftsprüfern in der Form der GmbH sind wie in der GbR und der PartG möglich.

D. Registeranmeldung

I. Gesellschaft des bürgerlichen Rechts

Für eine Anwalts-GbR sind keine Registeranmeldungen erforderlich.

II. Partnerschaftsgesellschaft

Dagegen muß die PartG zum Partnerschaftsregister angemeldet wer- den.[289] Das Prüfungs- und Eintragungsverfahren ist aber vom Gesetzge- ber bewußt einfach gehalten worden. Die Amtsgerichte (§ 160b FGG n.F.) führen für die Partnerschaftsgesellschaften ein besonderes Partner- schaftsregister. Zuständig für die Anmeldung ist das Amtsgericht, bei dem die PartG ihren Sitz hat, § 4 I PartGG, § 106 I HGB. Nach § 4 I PartGG muß die Anmeldung die gleichen Angaben enthalten, die dem Schriftformerfordernis des § 3 II PartGG unterfallen, § 4 I S. 2 PartGG, sowie Änderungen dieser Angaben, § 4 I S. 3 PartGG. Gemäß § 4 II - S. 2 PartGG hat das Registergericht dabei keine eigene Prüfungs- befugnis, sondern muß die Angaben der Partner zugrundelegen, es sei denn, ihm ist deren Unrichtigkeit bekannt. Wenig überzeugend ist es, wenn *K. Schmidt* in diesem Zusammenhang meint, die praktische Be- deutung des § 3 I PartGG werde darin bestehen, daß der Registerrichter von Fall zu Fall die Vorlage des schriftlichen Partnerschaftsvertrages

---

289 Vgl. hierzu *Seibert,* Die Partnerschaft, 45 f.; *Gail/Overlack,* Rdnrn. 119 ff.; *K. Schmidt,* NJW 1995, 1 (3 f.); *Meilicke/von Westphalen/Hoffmann/Lenz,* PartGG, § 4 Rdnrn. 8 ff.; *Schaub,* NJW 1996, 625 ff.

verlangen könne.[290] Hiergegen spricht, daß die im Gesetzesentwurf aus dem Jahre 1971 enthaltene Vorschrift, wonach die Partnerschaft „unter Beifügung des Partnerschaftsvertrages" zur Eintragung in das Partnerschaftsregister anzumelden sei,[291] nicht ins PartGG übernommen wurde. Auch kann der Partnerschaftsvertrag zahlreiche rein interne Vorschriften – beispielsweise über die Gewinnverteilung – enthalten, für deren Öffentlichmachung kein Bedürfnis besteht, zumal schutzwürdige Interessen Dritter hieran aufgrund der gesamtschuldnerischen Haftung der Partner nicht ersichtlich sind.[292] Infolgedessen muß der Partnerschaftsvertrag bei der Registeranmeldung nicht eingereicht werden. Es kommt zu keiner Inhaltskontrolle durch den Registerrichter. Auch die Überwachung der Einhaltung des Berufsrechts bleibt den berufsständischen Organisationen überlassen.

Nach § 5 II PartGG sind die für das Handelsregister geltenden Vorschriften der §§ 8–12, 13, 13c, 13d, 13h und 14-16 HGB auf das Partnerschaftsregister entsprechend anzuwenden. Es gilt also insbesondere die Registerpublizität des § 15 HGB. Dabei ist zu erwarten, daß die Publizitätsregeln im Zusammenhang mit den Bestimmungen über die Vertretungsverhältnisse (§ 7 III PartGG), die Haftung (§ 8 PartGG) und die Nachhaftung (§ 10 II PartGG) Druck auf die Partner ausüben und sie veranlassen werden, eingetretene Veränderungen anzumelden.[293] Vorteilhaft für die angestellten Anwälte einer Anwalts-PartG ist, daß sie nunmehr auf Briefköpfen erscheinen können, ohne das Risiko persönlicher Haftung in Kauf nehmen zu müssen, da aus dem Partnerschaftsregister ersichtlich ist, daß sie keine Partner sind.[294] Letzteres erscheint allerdings rechtspolitisch fragwürdig, da nicht erwartet werden kann, daß alle – insbesondere auch die nichtgewerblichen – Mandanten das Partnerschaftsregister regelmäßig einsehen.[295] Gemäß § 7 I PartGG wird die Partnerschaft im Verhältnis zu Dritten mit ihrer Eintragung in das Partnerschaftsregister wirksam. Das PartGG enthält also eine dem § 123 I HGB vergleichbare Regelung. Dagegen ist im PartGG keine dem § 123 II HGB entsprechende Regelung zu finden, wonach die OHG bereits mit Geschäftsbeginn auch ohne Eintragung wirksam

---

290 *K. Schmidt*, ZIP 1993, 633 (640).
291 Initiativantrag, BT-Drucks. 6/2047; hierauf weist *Meilicke* in *Meilicke/von Westphalen/Hoffmann/Lenz*, PartGG, § 3 Rdnr. 9, hin.
292 *Meilicke/von Westphalen/Hoffmann/Lenz*, PartGG, § 3 Rdnr. 9.
293 Vgl. *K.Schmidt*, NJW 1995, 1 (3).
294 *Meilicke/von Westphalen/Hoffmann/Lenz*, PartGG, § 4 Rdnr. 9; dagegen haftet bei der GbR im Außenverhältnis jeder auf dem Briefkopf erscheinende Anwalt, auch wenn er im Innenverhältnis lediglich ein angestellter Anwalt und nicht Partner ist, BGHZ 70, 247 (249 ff.); BGH NJW 1991, 1225 f.
295 Vgl. hierzu *Stuber*, WiB 1994, 705 (707).

werden kann. Infolgedessen unterliegt die PartG hinsichtlich ihres Außenverhältnisses bis zu ihrer Eintragung dem Recht der GbR und erst nach der Eintragung dem PartGG.[296]

III. Gesellschaft mit beschränkter Haftung

Die GmbH ist gemäß § 7 I GmbHG zum Handelsregister anzumelden. Nach § 9c S. 1 GmbHG hat das Registergericht ein formelles und materielles Prüfungsrecht sowie eine Prüfungspflicht. Die materielle Prüfungspflicht umfaßt die Kontrolle der Rechtmäßigkeit der Gesellschaftserrichtung und der inhaltlichen Richtigkeit des für die Eintragung angemeldeten rechtserheblichen Sachverhalts.[297] Im Rahmen der materiellen Rechtmäßigkeitskontrolle hat der Registerrichter, der die Anmeldung einer Anwalts-GmbH zu bearbeiten hat, auch zu prüfen, ob die Einhaltung der zur Sicherung der anwaltlichen Unabhängigkeit erforderlichen Mindestanforderungen durch entsprechende Bestimmungen in der Satzung gewährleistet ist.[298] Zweifelhaft ist, ob die Registergerichte die geeignete Instanz für die Überprüfung des Berufsrechts und hierbei insbesondere für die Gewährleistung der Unabhängigkeit der Rechtsanwälte sind. Die umfassenden und komplizierten Prüfungspflichten könnten zu langwierigen Registerverfahren führen. Zudem erscheint es problematisch, daß das Registergericht nicht selbst einschreiten darf, wenn es zu dem Ergebnis der Rechtswidrigkeit der Gesellschaftserrichtung kommt. Einschreiten kann nur die nach § 62 II GmbHG zuständige Behörde.[299] Daher wird in Anlehnung an § 49 III StBerG, § 30 I WPO vorgeschlagen, gesetzlich ein gesondertes Anerkennungsverfahren durch die höchste Behörde der Landesjustizverwaltung einzuführen.[300]

IV. Vergleich

Nur die PartG und die Anwalts-GmbH, nicht aber die herkömmliche Sozietät bedürfen einer Registereintragung. Dabei hat das Registergericht allerdings keine eigene Prüfungsbefugnis hinsichtlich der Angaben der Partner einer PartG, während es die inhaltliche Korrektheit der für

296 *Gail/Overlack*, Rdnrn. 125 f.; *K. Schmidt*, NJW 1995, 1 IV.
297 *Scholz/Winter*, § 9c Rdnrn. 4 ff.; *Lutter/Hommelhoff*, § 9c Rdnrn. 2 ff.
298 Vgl. zu den Mindestanforderungen oben 3. Teil, 1. Kapitel, B. IV.
299 Hierauf weisen *Hommelhoff/Schwab*, WiB 1995, 115 (116) hin.
300 *Hommelhoff/Schwab*, WiB 1995, 115 (116).

die Eintragung einer Anwalts-GmbH gemachten Angaben kontrollieren darf und muß. Ob die gesetzliche Anordnung der Partnerschafts- und der Handelsregistereintragung in der derzeitigen Form sinnvoll ist, ist zu bezweifeln. So führt die Registerpublizität in der PartG zu einer Beseitigung der bei der GbR gegebenen Rechtsscheinshaftung der auf dem Briefkopf aufgeführten „(Schein-) Sozien". Dies ist rechtspolitisch fragwürdig, da insbesondere von nichtkaufmännischen Mandanten keine regelmäßige Kontrolle des Partnerschaftsregisters erwartet werden kann. Bei der Anwalts-GmbH wiederum ist zu kritisieren, daß nicht feststeht, ob die Registergerichte die komplizierten Prüfungspflichten hinsichtlich des Gesellschaftsvertrags, die erforderlich sind, um die Einhaltung der an die Zulässigkeit der Anwalts-GmbH zu stellenden Mindestanforderungen zu gewährleisten, überhaupt effektiv bewältigen können.

E. Entstehung durch Umwandlung

I. Umwandlung einer Gesellschaft des bürgerlichen Rechts in eine Partnerschaftsgesellschaft und umgekehrt

Eine Sozietät in der Rechtsform der GbR kann ohne Vermögensübertragung auf die „neue" Gesellschaft und ohne Liquidation der „alten" Gesellschaft mit der Eintragung als PartG in das Partnerschaftsregister in eine PartG „umgewandelt" werden.[301] Das neue Umwandlungsrecht – das nun aber, wie unten darzulegen sein wird, geändert werden soll[302] – hat die PartG nicht zur Kenntnis genommen. Nach § 191 I Nr. 1 UmwG kann eine Personenhandelsgesellschaft zwar formwechselnder Rechtsträger sein, das heißt, sie kann durch Formwechsel nach den Vorschriften des UmwG eine andere Rechtsform erhalten. § 191 II Nr. 1 UmwG wiederum stellt klar, daß eine Personenhandelsgesellschaft auch Rechtsträger neuer Rechtsformen sein kann. Die PartG ist in § 191 I UmwG aber weder als Rechtsträger neuer Rechtsformen, noch als formwechselnder Rechtsträger genannt. Da die PartG auch keine Personenhandelsgesellschaft ist, §§ 1 I S. 2 PartGG,

---

301 Vgl. zu diesem „identitätswahrenden Rechtsformwechsel" *Bösert*, DStR 1993, 1332 (1336); *Stucken*, WiB 1994, 744 (747); *Henssler*, DB 1995, 1549 (1555); *Seibert*, 101.

302 Vgl. den Referentenentwurf eines Ersten Gesetzes zur Änderung des Umwandlungsgesetzes; auszugsweise abgedruckt in: ZIP 1997, 725 f.

3 I Nr. 1 UmwG,[303] ist § 191 I Nr. 1, II Nr. 2 UmwG nicht anwendbar. Die PartG ähnelt der Personenhandelsgesellschaftsform der OHG in vielfacher Hinsicht, eine analoge Anwendung des UmwG auf die PartG verbietet sich jedoch wegen § 1 II UmwG. Danach ist eine Umwandlung im Sinne des § 1 I UmwG außer in den im UmwG geregelten Fällen nur möglich, wenn sie durch ein anderes Bundesgesetz oder Landesgesetz ausdrücklich vorgesehen ist, was bei der PartG nicht der Fall ist. Auch die Begründung zum UmwG stellt klar, daß § 191 UmwG eine abschließende Regelung enthält.[304] Aus § 2 II PartGG, in welchem die Geltung des § 24 II HGB auch bei der Umwandlung einer GbR in eine PartG angeordnet wird, ist jedoch zu schließen, daß die Umgründung einer GbR in eine PartG im Sinne eines „identitätswahrenden Rechtsformwechsels", nicht allerdings im Sinne des Umwandlungsgesetzes, zulässig sein muß.[305] Im Verhältnis zwischen den Gesellschaftern wird eine Anwalts-GbR mit Abschluß des Partnerschaftsvertrags, im Verhältnis zu Dritten mit Eintragung im Partnerschaftsregister nach § 7 I PartGG zur PartG. Da hierdurch die Identität des Rechtsträgers nicht berührt wird, ist die Umgründung in die PartG organisatorisch einfach und kostengünstig. So wird beispielsweise das Grundbuch lediglich berichtigt, und es fällt mangels Eigentumsübertragung keine Grunderwerbssteuer an.[306] Für den Weg aus der PartG gilt, daß eine PartG ohne weiteres zur GbR wird, wenn sie ihren freiberuflichen Gesellschaftszweck verliert.[307] Im Verhältnis zu Dritten erscheint es aus Verkehrsschutzgesichtspunkten allerdings sinnvoll, § 5 HGB analog anzuwenden und auf die Löschung im Partnerschaftsregister abzustellen.

Mit dem mittlerweile vorliegenden Referentenentwurf eines Ersten Gesetzes zur Änderung des Umwandlungsgesetzes[308] wird vorgeschlagen, Partnerschaftsgesellschaften auch ausdrücklich den Weg einer Umwandlung nach dem Umwandlungsgesetz zu eröffnen.[309]

---

303 § 3 I Nr.1 UmwG macht deutlich, daß unter den Personenhandelsgesellschaften auch im Sinne des Umwandlungsrechts nur die OHG und die KG zu verstehen sind.

304 Begründung zum UmwG, BT-Drucks. 12/6699, 1 (137); vgl. *Wertenbruch*, ZIP 1995, 712 (714).

305 *Seibert*, DB 1994, 2381 (2382).

306 *Meilicke/von Westphalen/Hoffmann/Lenz*, PartGG, § 8 Rdnr. 36 für weitere Beispiele.

307 *Henssler*, DB 1995, 1549 (1555).

308 Auszugsweise abgedruckt in: ZIP 1997, 725 f.

309 Im einzelnen ermöglicht der Referentenentwurf eine Verschmelzung auf eine Partnerschaftsgesellschaft, wenn alle Anteilsinhaber übertragender Rechtsträger natürliche Personen sind, die einen freien Beruf ausüben (vgl. § 45 a UmwG-E). Einen Formwechsel von Partnerschaftsgesellschaften in die Kapitalgesellschaft und die eingetragene Genossenschaft will § 225 a UmwG-E ermöglichen. Vgl. zum Ganzen *Neye*, ZIP 1997, 722 ff.

II. Umwandlung einer Gesellschaft des bürgerlichen Rechts in eine Gesellschaft mit beschränkter Haftung und umgekehrt

Dagegen ist die rechtsformwechselnde Umwandlung einer GbR in eine Anwalts-GmbH nicht möglich, weil § 191 I UmwG lediglich die Personenhandelsgesellschaften, nicht aber die GbR als formwechselnden Rechtsträger erwähnt. Nach § 191 II UmwG kommt die GbR ausschließlich als Rechtsträger neuer Rechtsformen in Frage. Wie bereits erwähnt, ist gemäß § 1 II UmwG eine Umwandlung nur in den im UmwG und in anderen Gesetzen ausdrücklich genannten Fällen möglich. Als Lösungsweg wird vorgeschlagen, per Bargründung eine GmbH zu errichten. Dabei müssen die GmbH-Gesellschafter identisch mit denen der GbR sein. Sie beschließen dann eine Erhöhung des Stammkapitals der GmbH und die neuen Stammeinlagen werden durch Einbringung sämtlicher Gesellschaftsanteile der Gesellschafter der GbR geleistet. Infolgedessen wächst das Vermögen der GbR der GmbH zu und alle Verbindlichkeiten der GbR werden von der GmbH übernommen. Die Vorschriften des GmbH-Rechts über Kapitalerhöhungen und die Einbringung neuer Stammeinlagen durch Sacheinlagen sind zu beachten.[310] Der Übergang von der Anwalts-GmbH in die Anwalts-GbR ist dagegen unproblematisch. Die GbR kommt nach dem UmwG als neuer Rechtsträger in Frage. Damit kann eine Anwalts-GmbH gemäß § 191 II Nr. 1, §§ 226 ff. UmwG in eine GbR umgewandelt werden.[311]

III. Umwandlung einer Partnerschaftsgesellschaft in eine Gesellschaft mit beschränkter Haftung und umgekehrt

Eine übertragende Umwandlung einer PartG in eine GmbH ist bislang nicht möglich, da das UmwG die PartG nicht zur Kenntnis nimmt und eine analoge Anwendung des § 191 UmwG auf die PartG ausscheidet. Allerdings kann der Weg von der PartG in die Anwalts-GmbH durch eine Simultanübertragung sämtlicher Partnerschaftsanteile auf eine GmbH gegangen werden. Letztere kann sich zwar als juristische Person nach § 1 I S. 3 PartGG nicht an einer bestehenden Partnerschaft beteiligen. An-

---

310 *Gail/Overlack*, Rdnrn. 295 ff.; dieser Weg wird als „Einbringungsmodell" bezeichnet.
311 Vgl. – auch zu der Begründung des Gesetzgebers – *Wertenbruch*, ZIP 1995, 712 (714).

gesichts des Umstandes, daß eine übertragende Umwandlung einer PartG in eine GmbH nach dem UmwG völlig ausgeschlossen ist, erscheint aber eine teleologische Reduktion des § 1 I S. 3 PartGG dahingehend zweckmäßig, daß dieser einem – zum Erlöschen der PartG führenden – Erwerb sämtlicher Anteile nicht entgegensteht. Infolgedessen kann eine PartG durch Simultanübertragung sämtlicher Anteile in eine GmbH „umgewandelt" werden.[312] Eine übertragende Umwandlung einer GmbH in eine PartG scheidet nach dem UmwG ebenfalls aus, da die PartG weder in § 191 II UmwG noch in §§ 226 ff. UmwG als neuer Rechtsträger genannt wird. Die § 226 ff. UmwG ermöglichen lediglich die Umwandlung einer Kapitalgesellschaft in eine GbR, eine Personenhandelsgesellschaft, eine andere Kapitalgesellschaft oder eine eingetragene Genossenschaft. Eine analoge Anwendung der für die GbR oder die Personenhandelsgesellschaften geltenden Umwandlungsregeln ist durch § 1 II UmwG ausgeschlossen.[313] Möglich ist dagegen die formwechselnde Umwandlung einer GmbH in die GbR gemäß §§ 226 ff. UmwG mit nachfolgender Umwandlung der GbR in die PartG.[314]

IV. Vergleich

Eine Sozietät in Form der GbR kann auf dem Wege eines „identitätswahrenden Rechtsformwechsels" in eine PartG übergehen. Auch der umgekehrte Weg ist denkbar. Dagegen kann zwar eine GmbH nach dem UmwG in eine GbR umgewandelt werden, aber der umgekehrte Weg ist nach dem UmwG verschlossen. Was die Umwandlung einer PartG in eine GmbH und umgekehrt betrifft, so ist festzuhalten, daß nach dem UmwG beide Alternativen ausscheiden, allerdings durch eine Simultanübertragung sämtlicher Anteile der Weg von der PartG in die GmbH gegangen werden kann.

---

312 Vgl. *K. Schmidt*, NJW 1995, 1 (7); anders *Knoll/Schüppen*, DStR 1995, 646 (650), die stattdessen die Rechtsgültigkeit des Analogieverbotes des § 1 II UmwG bezweifeln und die Vorschriften der §§ 190 ff. UmwG anwenden wollen.

313 Vgl. *Wertenbruch*, ZIP 1995, 712 (714); zur Nichtanwendbarkeit des UmwG auf die Umwandlung einer PartG in eine GmbH und umgekehrt vgl. auch *Henssler*, DB 1995, 1549 (1555); *Gail/Overlack*, Rdnrn. 308 ff.

314 *Seibert*, DB 1994, 2381 (2382); *Meilicke/von Westphalen/Hoffmann/Lenz*, PartGG, § 8 Rdnr. 37.

3. Kapitel: Gesellschafterwechsel

Auf dem Vergleich der Errichtungsvoraussetzungen aufbauend können nun der Gesellschafterwechsel bei Anwalts-GbR, Anwalts-PartG und Anwalts-GmbH diskutiert werden. Hierbei soll zuerst die Möglichkeit eines Eintritts, einer Kündigung und einer Ausschließung eines Gesellschafters erörtert und dann auf die rechtsgeschäftliche Anteilsübertragung, auf ein Ausscheiden von Todes wegen und Fragen der Abfindung eingegangen werden, bevor in einem späteren Kapitel dann der Zusammenhang mit Haftungsfragen hergestellt werden kann.

A. Eintritt, Kündigung, Ausschließung

I. Gesellschaft des bürgerlichen Rechts

Der Eintritt eines neuen Gesellschafters erfolgt in der Regel durch einen Aufnahmevertrag, der zwischen ihm und den bisherigen Gesellschaftern geschlossen wird. Hierbei ist grundsätzlich eine einstimmige Zustimmung aller Beteiligten erforderlich. Allerdings kann der Gesellschaftsvertrag die Aufnahme neuer Gesellschafter erleichtern, indem er geringere Mehrheitserfordernisse vorsieht oder einzelnen Gesellschaftern die Befugnis einräumt, über die Aufnahme eines neuen Gesellschafters zu entscheiden.[315] Der neue Gesellschafter muß bei der Anwalts-GbR zwingend dem Personenkreis des § 59a BRAO angehören. Eine Kündigung ist in der GbR nach § 723 BGB möglich. Dabei kann die Kündigung eines Partners einer Anwalts-GbR mangels anderweitiger Vereinbarung gemäß § 723 I BGB jederzeit erfolgen. Der Ausschluß eines Partners aus der Sozietät erfordert dagegen einen wichtigen Grund in der Person des Sozius, §§ 723 I S. 2, 737 BGB.[316] In der Praxis werden regelmäßig hiervon abweichende Regelungen in den Gesellschaftsvertrag aufgenommen. Erklärt ein Gesellschafter die Kündigung, § 723 BGB, so hat dies die Auflösung der GbR zur Folge. Die Gesellschaft kann aber von den verbleibenden Gesellschaftern fortgesetzt werden, wenn alle Gesellschafter zustimmen oder die Fortführung bereits im Gesellschaftsvertrag angeordnet war.

---

315 Vgl. *Hueck*, Gesellschaftsrecht, § 10.I., 69 f.
316 Vgl. *Kaiser/Bellstedt*, 70 (Rdnr. 134).

II. Partnerschaftsgesellschaft

Der Eintritt neuer Gesellschafter in eine PartG setzt voraus, daß sie dem Personenkreis des § 59a BRAO und dem des § 1 II PartGG angehören. Er erfolgt in der Regel durch einen Aufnahmevertrag. Hierfür ist mangels anderweitiger Regelungen im Gesellschaftsvertrag die Zustimmung aller Partner erforderlich. Auf die Kündigung eines Partners nach § 9 I PartGG finden die Vorschriften des HGB zur Offenen Handelsgesellschaft entsprechende Anwendung, §§ 9 I PartGG, 131-144 HGB. Die ordentliche Kündigung richtet sich nach §§ 9 I PartGG, 132 HGB. Dabei handelt es sich um eine Austrittskündigung, § 9 II PartGG; sie führt also – anders als bei der grundsätzlich auflösenden Kündigung in der OHG – nicht zur Auflösung der PartG. Zudem hat jeder Partner aufgrund allgemeiner Rechtsgrundsätze ein unabdingbares Recht, seine Beteiligung an der PartG bei Vorliegen eines wichtigen Grundes ohne Beachtung von Kündigungsfristen zu beenden. Aufgrund des Verweises auf das Recht der OHG in § 9 I PartGG steht hierfür aber nicht die Kündigung, sondern die Auflösungsklage gemäß § 133 HGB zur Verfügung.[317] Dem entspricht es, daß die Gesellschafter nach §§ 9 I PartGG, 140, 142 HGB im umgekehrten Fall, in dem sie für den Ausschluß ihres Partners einen wichtigen Grund sehen, eine Ausschließungsklage anzustrengen haben. Abweichende Regelungen im Partnerschaftsvertrag sind insoweit jedoch möglich.[318]

III. Gesellschaft mit beschränkter Haftung

Auf das Postulat der anwaltlichen Anteils- und Stimmenmehrheit ist zu verzichten.[319] Daher kann der Eintritt eines neuen Gesellschafters auf dem

---

317 Vgl. *Meilicke/von Westphalen/Hoffmann/Lenz*, § 9 Rdnr. 9; a.A. *K. Schmidt*, NJW 1995, 1 IV, welcher feststellt, daß das Recht jedes Partners, seine Beteiligung an der PartG aus wichtigem Grund zu kündigen, keiner ausdrücklichen gesetzlichen Zulassung bedürfe. Dem ist aber entgegenzuhalten, daß aus allgemeinen Rechtsgrundsätzen nur ein Recht gefolgert werden kann, ein Dauerrechtsverhältnis ohne Beachtung von Fristen aus wichtigem Grund zu beenden. Aus allgemeinen Grundsätzen ergibt sich aber nicht, daß die Möglichkeit bestehen muß, das Rechtsverhältnis gerade durch Kündigung zu beenden. Diese Möglichkeit sieht das PartGG aufgrund seines Verweises auf § 133 HGB in § 9 I PartGG eben gerade nicht vor – und der Verweis auf das BGB, welches in § 723 BGB das Recht zur Kündigung der GbR aus wichtigem Grund vorsieht, in § 1 IV PartGG ist nur dann einschlägig, wenn im PartGG „nichts anderes bestimmt" ist.

318 Vgl. hierzu *Meilicke/von Westphalen/Hoffmann/Lenz*, § 9 Rdnrn. 9 ff.

319 Vgl. im einzelnen oben 3. Teil, 1. Kapitel, C. IV. 2. b.

Wege des ursprünglichen Erwerbs unproblematisch durch die Übernahme einer Stammeinlage im Rahmen einer Kapitalerhöhung nach §§ 55 ff. GmbHG erfolgen, sofern der neue Gesellschafter dem Personenkreis des § 59a BRAO angehört. Erforderlich ist neben der Beitrittserklärung des neuen Gesellschafters insbesondere die Zustimmung der anderen Gesellschafter zum Beitritt mit mindestens satzungsändernder Mehrheit, §§ 53, 55 II S.1 GmbHG.[320] Das GmbHG kennt keine ordentliche Kündigung. Auch § 723 BGB ist nicht entsprechend anwendbar.[321] Die Satzung einer GmbH kann jedoch den Gesellschaftern ein Kündigungsrecht gewähren und die Wirkung einer Kündigung auch dahingehend präzisieren, daß der Kündigende aus der Gesellschaft ausscheidet, sie also nicht aufgelöst wird.[322] Bei einer Anwalts-GmbH ist die Einräumung eines Kündigungsrechts in der Satzung zugunsten der anwaltlichen Gesellschafter sogar zwingend, da es eine Voraussetzung für die Sicherung der anwaltlichen Unabhängigkeit ist. Hierbei kann beispielsweise festgesetzt werden, daß der betreffende Gesellschaftsanteil eingezogen, von der Gesellschaft oder den anderen Gesellschaftern erworben oder aber auf einen neuen Gesellschafter übertragen wird. Zudem ist – unabhängig von einer Regelung im Gesellschaftsvertrag – im Recht der GmbH das Austrittsrecht eines Gesellschafters bei Vorliegen eines wichtigen Grundes anerkannt.[323] Es kann durch die Satzung weder ausgeschlossen noch eingeschränkt werden, ist aber auch nur dann einschlägig, wenn keine andere zumutbare Möglichkeit zur Lösung der für den betreffenden Gesellschafter unzumutbaren Situation gegeben ist.[324]

IV. Vergleich

Der Eintritt neuer Gesellschafter erfordert bei Anwalts-GbR und Anwalts-PartG mangels anderweitiger Regelungen im Gesellschaftsvertrag die einstimmige Zustimmung der anderen Gesellschafter, während bei der Anwalts-GmbH eine satzungsändernde Mehrheit genügt. Bei allen Gesellschaftsformen ist aber eine Zugehörigkeit des neu eintretenden Gesellschafters zum Personenkreis des § 59a BRAO nötig. Eine Kündigung

320 Vgl. hierzu *Kaiser/Bellstedt*, 253 (Rdnrn. 663 ff.).
321 Dagegen besteht die Möglichkeit, die Gesellschaft aus wichtigem Grund durch Urteil auflösen zu lassen, § 61 I GmbHG. Auch können die Geschäftsanteile abgetreten werden, § 15 I, III GmbHG, vgl. hierzu im einzelnen unten 3. Teil, 3. Kapitel, B. III.
322 Vgl. *Rowedder/Rasner*, § 60 Rdnr. 35 ff.
323 Vgl. *Lutter/Hommelhoff*, § 34 Rdnr. 44 m.w.N.
324 *Lutter/Hommelhoff*, § 34 Rdnr. 44; *Reichert*, 133.

eines Partners ist in der GbR nach § 723 BGB und in der PartG nach §§ 9 I PartGG, 132 HGB möglich. In der PartG steht daneben auch die Auflösungsklage gemäß § 133 HGB zur Verfügung. Im Gesellschafts- oder Partnerschaftsvertrag können hiervon abweichende Vereinbarungen getroffen werden. Das GmbHG kennt dagegen keine ordentliche Kündigung, sondern nur die Auflösungsklage aus wichtigem Grund, § 61 I GmbHG. Zur Sicherung der anwaltlichen Unabhängigkeit muß den anwaltlichen Gesellschaftern in einer Anwalts-GmbH aber ein Kündigungsrecht in der Satzung eingeräumt werden.

B. Rechtsgeschäftliche Anteilsübertragung

I. Gesellschaft des bürgerlichen Rechts

In der GbR kann ein Gesellschafterwechsel durch Anteilsverfügung erfolgen.[325] Anders als beim vertraglichen Ausscheiden und Neueintritt kommt hierbei eine unmittelbare Rechtsbeziehung zwischen Anteilsveräußerer und -erwerber zustande, ohne daß jedoch der Anteil als solcher verändert wird oder eine An- oder Abwachsung eintritt. Bei der Übertragung der Mitgliedschaft in einer Anwalts-GbR muß aber das Schutzbedürfnis der Mitgesellschafter berücksichtigt werden, indem die Anteilsübertragung entweder im Gesellschaftsvertrag zugelassen wird oder alle Mitgesellschafter zustimmen müssen.

II. Partnerschaftsgesellschaft

Das PartGG enthält keine ausdrückliche Regelung der Übertragbarkeit von Anteilen. Aus der amtlichen Begründung ergibt sich aber, daß die von der Rechtsprechung zum Personengesellschaftsrecht entwickelten

---

325 *K. Schmidt*, Gesellschaftsrecht, § 45 III. 2.b., 1319 m.w.N.; BGHZ 13, 179 (184 f.); MüKo/*Ulmer*, § 719 Rdnr. 19 ff. Bedingt durch die weitgehende Verselbständigung der Gesamthand gegenüber ihren Mitgliedern ist sogar die vollständige und gleichzeitige Auswechslung aller Mitglieder unter Wahrung der Identität der Personengesellschaft und Aufrechterhaltung des ihr zugeordneten Gesamthandsvermögens anerkannt, BGHZ 44, 229 (231); zur Entwicklung von Rspr. und Lehre zu der in der Vergangenheit umstrittenen Frage der Zulässigkeit der Anteilsübertragung vgl. *K. Schmidt*, Gesellschaftsrecht, § 45 III 2.a., 1318 f m.w.N.

Grundsätze entsprechend angewandt werden sollen.[326] Danach ist – eine gesellschaftsvertragliche Zulassung oder eine Zustimmung aller Partner vorausgesetzt – eine Anteilsübertragung grundsätzlich wirksam.[327] Als partnerschaftsspezifische Besonderheit ist hierbei zu beachten, daß die Anteilsübertragung nicht zu einer Umgehung der Erfordernisse des § 1 II PartGG führen darf. Zulässig ist daher nur eine Anteilsübertragung an eine Person, welche für die Ausübung des jeweiligen Freien Berufes zugelassen ist.[328] Eine andere, im Gesetz nicht geregelte Frage ist es, wie verhindert werden soll, daß eine Anteilsübertragung an einen nach § 1 II PartGG ungeeigneten Partner mit der Zustimmung aller Partner erfolgt. Die Sanktionierung einer solchen fehlerhaften Partneraufnahme könnte dem Berufsrecht überlassen werden. Es wäre aber auch möglich, die Beteiligung des ungeeigneten Partners als nichtig oder sie erst nach Löschung der PartG im Partnerschaftsregister und ihrer Umwandlung in eine GbR als wirksam anzusehen. Kommt es zu einer Eintragung des fehlerhaft beigetretenen Gesellschafters ins Partnerschaftsregister, so sind die bereits oben[329] erläuterten Regeln des fehlerhaften Beitritts zur PartG und die Publizitätsregeln der §§ 5 II PartGG, 15 III HGB anzuwenden.[330]

III. Gesellschaft mit beschränkter Haftung

Anders als bei der GbR und der PartGG sind die Geschäftsanteile in der GmbH grundsätzlich ohne Zustimmung der Gesellschaft, der Gesellschafterversammlung und der anderen Gesellschafter durch eine notariell beurkundete Abtretung übertragbar, § 15 I, III GmbHG.[331] Die Satzung

---

326 Amtliche Begründung zu § 9 Abs. 4, BT-Drucks. 12/6152, 21; auch abgedruckt in: *Seibert*, 119.

327 Vgl. BGHZ 13, 179 (184 ff.).

328 Amtliche Begründung zu § 9 Abs. 4, BT-Drucks. 12/6152, 21; auch abgedruckt in: *Seibert*, 119; hier wird darauf hingewiesen, daß dies bereits § 1 I, II PartGG in Verbindung mit dem Rechtsgrundsatz des § 134 BGB entnommen werden und daher auf eine ausdrückliche Normierung verzichtet werden könne. Vgl. auch *Kaiser/Bellstedt*, 117 (Rdnr. 222).

329 Vgl. 3. Teil, 2. Kapitel, A. II.

330 *K. Schmidt*, NJW 1995, 1 (4).

331 Vgl. hierzu *Henssler*, DB 1995, 1549 (1551), der wegen der Kosten einer bei jeder Übertragung eines (Teil-)Geschäftsanteils und damit auch bei jeder Änderung der Beteiligungsverhältnisse der Anwälte untereinander erforderlichen notariellen Beurkundung die Verwendung eines zweistufigen Gesellschaftsverhältnisses vorschlägt. Danach sollen sich die Mitglieder einer Anwalts-GmbH nicht unmittelbar an dieser beteiligen, sondern Gesellschafter einer GbR bleiben, die wiederum sämtliche Anteile an der Rechtsanwalts-GmbH hält, so daß sich Änderungen der Beteiligungsverhält-

kann die Abtretung von Geschäftsanteilen allerdings nach § 15 V GmbHG erschweren, indem sie sie an weitere Voraussetzungen wie die Genehmigung der Gesellschafterversammlung knüpft. Auch ein statuarischer Ausschluß der Anteilsübertragung ist möglich.[332] In der Satzung einer Anwalts-GmbH sind die Geschäftsanteile nach der derzeitigen Rechtslage[333] zu vinkulieren, um die Begrenzung des Gesellschafterkreises auf den Personenkreis des § 59a BRAO sicherzustellen.[334] Die Satzung sollte die Verfügung über Geschäftsanteile an die Zustimmung der Gesellschafterversammlung knüpfen. Wenn die Gesellschafterversammlung unter Verstoß gegen die Satzung die Genehmigung zur Übertragung an einen Berufsfremden erteilt, so führt das grundsätzlich zur Unwirksamkeit der Abtretung. Etwas anderes gilt nach dem Recht der GmbH dann, wenn die Gesellschafterversammlung die Abtretung einstimmig genehmigt hat.[335] Für den Spezialfall der Anwalts-GmbH kann allerdings auch die einstimmige Genehmigung nicht zur Wirksamkeit der Abtretung führen, weil eine Aufnahme eines nicht zum Personenkreis des § 59a BRAO gehörenden Gesellschafters aus Gründen des Mandantenschutzes bei der Anwalts-GmbH ausgeschlossen werden muß.[336] Die Unwirksamkeit der Anteilsübertragung kann hier auf eine analoge Anwendung der §§ 28 IV Nr. 1 WPO, 50a I Nr. 1 StBerG in Verbindung mit § 134 BGB gestützt werden.[337]

IV. Vergleich

Sowohl in der GbR, als auch in der PartG ist eine rechtsgeschäftliche Anteilsübertragung möglich, sofern die Mitgesellschafter durch eine – bei Anwaltsgesellschaften aufgrund der Bedeutung des einzelnen Gesell-

---

nisse oder im Gesellschafterbestand nicht in der GmbH vollziehen, sondern bei der GbR.

332 Vgl. *Reichert*, 112; *Hachenburg/Zutt*, § 15 Rdnrn. 3 f.; *Lutter/Hommelhoff*, § 15 Rdnr. 38.

333 Nach dem Referentenentwurf zur Anwalts-GmbH (abgedruckt in: ZIP 1997, 1518 ff.) ist eine Vinkulierung der Anteile dagegen nicht mehr erforderlich. So bestimmt § 59 e I BRAO-E, daß die Übertragung von Gesellschaftsanteilen der Zustimmung der Gesellschafter bedarf. § 59 e II S. 1 BRAO-E enthält ein Verbot der Übertragung von Geschäftsanteilen durch Rechtsgeschäft auf Personen, die nicht den in § 59 a I S. 1, III BRAO genannten Berufen angehören.

334 Vgl. hierzu oben 3. Teil, 1.Kapitel, C. IV. 2. a.

335 *Lutter/Hommelhoff*, § 15 Rdnr. 22.

336 Vgl. hierzu oben 3. Teil, 1.Kapitel, C. IV. 2. a.

337 So zutreffend *Hommelhoff/Schwab*, WiB 1995, 115 (116); anders *Römermann*, 171.

schafters und seines Arbeitseinsatzes für den Erfolg der Gesellschaft allerdings unwahrscheinliche – gesellschaftsvertragliche Zulassung oder eine Zustimmung aller Partner hinreichend geschützt sind. Dagegen sind die Geschäftsanteile in einer GmbH grundsätzlich ohne Zustimmung der Gesellschaft, der Gesellschafterversammlung und der anderen Gesellschafter übertragbar. Die Satzung kann hiervon abweichende Regelungen treffen. In der Anwalts-GmbH müssen die Geschäftsanteile allerdings vinkuliert werden, um die Begrenzung des Gesellschafterkreises sicherzustellen.

C. Veränderungen von Todes wegen

I. Gesellschaft des bürgerlichen Rechts

In der GbR hat der Tod eines Gesellschafters die Auflösung der Gesellschaft zur Folge, sofern sich nicht aus dem Gesellschaftsvertrag etwas anderes ergibt, § 727 I BGB. Daher muß der Erbe den Tod unverzüglich den anderen Sozien mitteilen.[338] Für Anwaltssozietäten kommen – wegen der höchstpersönlichen Natur dieses Zusammenschlusses und der Notwendigkeit einer bestimmten beruflichen Qualifikation der Gesellschafter – als von der Auflösungsfolge abweichende Vereinbarungen vor allem Fortsetzungsklauseln nach § 736 BGB in Betracht, die den Bestand der Gesellschaft vom Tod einzelner Mitglieder unabhängig machen und die Erben des Verstorbenen auf einen Abfindungsanspruch beschränken.[339] In diesem Fall wächst der Gesellschaftsanteil des Verstorbenen automatisch den verbleibenden Gesellschaftern zu. Neben einer entsprechenden Klausel im Sozietätsvertrag kann auch eine Vereinbarung zwischen den verbleibenden Sozien nach dem Tod des Partners zur Fortsetzung der Sozietät führen. Eine solche Vereinbarung kann in der Regel stillschweigend angenommen werden, wenn die verbleibenden Partner die Geschäfte als Sozietät fortsetzen.[340]

---

338 Vgl. hierzu *Kaiser/Bellstedt*, 70 (Rdnr. 134).
339 Vgl. zu den erbrechtlichen Nachfolgeklauseln allgemein MüKo/*Ulmer*, § 727 Rdnrn. 21 ff.
340 *Kaiser/Bellstedt*, 70 f. (Rdnr. 135).

II. Partnerschaftsgesellschaft

Nach § 9 II PartGG wird die PartG durch den Tod eines Partners nicht aufgelöst, sondern unter Ausschluß des verstorbenen Partners von den verbleibenden Gesellschaftern fortgesetzt. Für den Zeitpunkt des Ausscheidens gilt § 138 HGB entsprechend. Das hier zum gesetzlichen Regelfall erhobene Prinzip *„Ausscheiden statt Auflösung"* soll der Strukturverfestigung dienen. Die Rechtsfolgen des Ausscheidens eines Partners – also die Fragen der Anwachsung und der Abfindung – regeln sich entsprechend den im Personengesellschaftsrecht geltenden Grundsätzen. Damit kommt, vorbehaltlich anderweitiger Bestimmungen im Partnerschaftsvertrag, insbesondere § 738 BGB zur Anwendung.[341]

Die Beteiligung an einer PartG ist gemäß § 9 IV S. 1 PartGG nicht vererblich. Der grundsätzliche *Ausschluß der Vererblichkeit* kommt dem in Freiberuflergesellschaften bestehenden Interesse entgegen, sich die Mitgesellschafter, die in der PartG aktiv und unabhängig mitarbeiten sollen und daher zum Ansehen oder Schaden der Gesellschaft unmittelbar beitragen werden, sehr genau auszusuchen.[342] § 9 IV S. 2 PartGG schränkt diesen Grundsatz jedoch ein. Danach kann der Partnerschaftsvertrag bestimmen, daß die Beteiligung an der PartG an solche Dritte vererblich ist, die Partner im Sinne des § 1 I, II PartGG sein können. Dies kann dazu führen, daß ein Anteil an eine Person vererbt wird, die einem Freien Beruf angehört, nach dessen Berufsrecht ein Zusammenschluß mit in der betreffenden PartG tätigen Freiberuflern verboten ist. Um eine solche Situation zu vermeiden, sollten in der Praxis konkretere – zumindest auf den berufsrechtlich mit den in der PartG vertretenen Berufen vereinbaren Personenkreis beschränkte – Nachfolgeklauseln in den Partnerschaftsvertrag aufgenommen werden.[343] Die praktische Relevanz derartiger Klauseln im Partnerschaftsvertrag einer Anwalts-PartG dürfte gering sein, da kaum vorstellbar ist, daß die überlebenden Anwälte sich auf diese Weise dem Erben eines verstorbenen Partners öffnen werden. Dies wird eher durch Neuaufnahme des betreffenden Partners geschehen.[344]

---

341 Vgl. die amtliche Begründung zu § 9 Absatz 2, in: *Seibert*, 117.
342 Vgl. *Seibert,* 51.
343 Der Partnerschaftsvertrag kann auch strengere Anforderungen an die Person des Erben als Nachfolger des verstorbenen Partners stellen, vgl. hierzu *Lenz*, MDR 1994, 741 (744).
344 Vgl. *Gail/Overlack*, Rdnrn. 254 ff..

III. Gesellschaft mit beschränkter Haftung

Nach dem Recht der GmbH berührt der Tod eines GmbH-Gesellschafters den Bestand der GmbH nicht. Der Geschäftsanteil des Verstorbenen steht als Teil des Nachlasses seinen gesetzlichen oder testamentarischen Erben oder Vermächtnisnehmern zu,[345] § 15 I GmbHG. Im Spezialfall der Anwalts-GmbH ist das *Verbot auswärtiger Kapitalbeteiligung* zu beachten.[346] Um dies sicherzustellen, könnte die Satzung für den Fall des Todes eines Gesellschafters eine Anteilsabtretung an die Mitgesellschafter vorsehen.[347] Eine andere Möglichkeit wäre, die Begrenzung des Gesellschafterkreises auf die Personengruppe des § 59a BRAO dadurch zu erreichen, daß in der Satzung die Vererblichkeit des Anteils an Berufsfremde ausgeschlossen und die Einziehung des Geschäftsanteils des verstorbenen Gesellschafters per Gesellschafterbeschluß vorgenommen wird, sofern der Anteil an einen berufsfremden Erben oder Vermächtnisnehmer fällt.[348] Zusätzlich müßte die Satzung den automatischen Verlust der Geschäftsführerstellung vorsehen.[349] Die Gesellschafter können nicht gezwungen werden, einen bestehenden Abtretungsanspruch oder ein Einziehungsrecht geltend zu machen. Um dem Risiko, daß ein Gesellschafter aufgenommen wird, welcher aus berufsrechtlichen Gründen in einer Anwalts-GmbH nicht tätig werden darf, entgegenzuwirken, sollte die Satzung die Auflösung der Gesellschaft für diese Fälle bestimmen.[350] Die praktische Bedeutung dieser Fragen dürfte aus den für die PartG genannten Gründen auch bei einer Anwalts-GmbH gering sein. Der Referentenentwurf zur Anwalts-GmbH wiederum sieht

---

345 Vgl. *Scholz/Winter*, § 15 Rdnr. 18.

346 BayObLG BB 1994, 2433 (2436).

347 Eine automatische Einziehung kraft Satzungsbestimmung im Erbfall ist im GmbH-Recht zwar nicht zulässig, eine Regelung, nach der die GmbH den Anteil durch Gesellschafterbeschluß einziehen darf, jedoch möglich. *Lutter/Hommelhoff*, § 15 Rdnr. 2; *Scholz/Winter*, § 15 Rdnr. 21; *Hachenburg/Zutt*, § 15 Rdnr. 6. Die automatische Einziehung ist aus Gründen der Rechtssicherheit problematisch, denn es ist ungewiß, ob die notwendigen gesetzlichen Einziehungsvoraussetzungen – die Volleistung der Einlagen und die Möglichkeit zur Entgeltzahlung ohne Beeinträchtigung des Stammkapitals – zu diesem Zeitpunkt vorliegen; vgl. *Scholz/Winter*, § 15 Rdnr. 21.

348 Vgl. *Sommer*, GmbHR 1995, 249 (253); *Hommelhoff/Schwab*, WiB 1995, 115 (116). Gleiches müßte, wie *Römermann* zutreffend bemerkt, bei dem Verlust der Zulassung als Rechtsanwalt sowie bei der Anteilspfändung gelten; *Römermann*, 172.

349 Vgl. *Römermann*, 172.

350 Auch *Sommer*, GmbHR 1995, 249 (253), schlägt eine Bestimmung in der Satzung vor, die als Notlösung die Auflösung vorsieht. Danach soll die Auflösung stattfinden, wenn die Einziehung nach Ablauf einer angemessenen Frist nicht erfolgt ist.

für den Fall des Todes eines Gesellschafters eine zweijährige Übergangsregelung vor.[351]

IV. Vergleich

Der Tod eines Sozius hat nach dem Recht der GbR grundsätzlich die Auflösung der Sozietät zur Folge. Im Sozietätsvertrag – aber auch, sogar stillschweigend, unter den anderen Sozien – kann die Fortsetzung der Sozietät durch die verbleibenden Partner vereinbart werden. Aus Gründen der Strukturverfestigung ist dagegen im PartGG das Prinzip „Ausscheiden statt Auflösung" zum gesetzlichen Regelfall erhoben worden. Auch im Recht der GmbH berührt der Tod eines Gesellschafters den Bestand der GmbH nicht. Im Spezialfall der Anwalts-GmbH ist allerdings durch entsprechende Satzungsbestimmungen sicherzustellen, daß das Verbot auswärtiger Kapitalbeteiligung beachtet wird.

D. Abfindung

I. Gesellschaft des bürgerlichen Rechts

Die Abfindung eines ausgeschiedenen Partners richtet sich mangels abweichender Vereinbarungen im Gesellschaftsvertrag nach *§§ 738 ff. BGB.* Für die Berechnung des Abfindungsanspruchs kommt es auf den wirklichen Wert des lebenden Unternehmens einschließlich stiller Reserven und des inneren Wertes einer Sozietät[352] an. Die gebräuchliche Bewertungsmethode ist dabei die Ertragswertmethode.[353] Für die Anwaltssozietät treten berufsspezifische Umstände hinzu, welche zur Entwicklung spezieller Regelun-

---

351 So heißt es in § 59 e II 2 BRAO-E, abgedruckt in: ZIP 1997, 1518 ff.: „Geht ein Anteil an einer Rechtsanwaltsgesellschaft im Wege der Erbfolge über, so haben Erben, die keinem der in § 59 a I 1, III genannten Berufe angehören, binnen zwei Jahren aus der Gesellschaft auszuscheiden."

352 Vgl. hierzu *Feuerich/Braun*, § 27 Rdnrn. 16 ff.

353 Vgl. MüKo/*Ulmer*, § 738 Rdnrn. 24 ff.; *K. Schmidt*, Gesellschaftsrecht, § 50 IV. 1., 1462 ff.; *Baumbach/Hopt*, § 138 Rdnrn. 20 ff.; *Gail/Overlack*, Rdnrn. 272 ff.; *Sommer*, GmbHR 1995, 249 (254); *Palandt/Thomas*, § 738 Rdnr. 5. Die Ertragswertmethode stellt nicht auf den Substanzwert, sondern auf den Ertragswert des Unternehmens ab, der nicht durch Bewertung der einzelnen Vermögensgegenstände, sondern im Wege der Gesamtbewertung festgestellt wird.

gen für die Berechnung des Abfindungsanspruchs geführt haben. So trägt der Tätigkeitsbeitrag eines jeden Gesellschafters zum Erfolg der Sozietät bei. Verläßt ein Gesellschafter die Sozietät, kann das unmittelbare Auswirkungen auf deren Wert haben. Unter Umständen ist der betreffende Anwalt in der Lage, Mandate mitzunehmen. Dann stellt sich die Frage, ob ihr Wert bei der Berechnung einer Abfindung zu berücksichtigen ist.[354] Für die Berechnung der Höhe des Abfindungsanspruchs hinsichtlich einer Beteiligung an einer Anwalts-GbR wird daher zwischen dem Substanzwert und dem Praxiswert der Sozietät unterschieden. Der Praxiswert ist der innere Wert, also der good will, einer Sozietät. Dieser ist bei der Berechnung zusätzlich zum Substanzwert zu berücksichtigen.[355] Von den gesetzlichen Regelungen abweichende Abfindungsbeschränkungen durch *Abfindungsklauseln* im Gesellschaftsvertrag sind grundsätzlich zulässig, sofern nicht ein erhebliches Mißverhältnis zwischen dem Abfindungsbetrag und dem tatsächlichen Wert des Anteils besteht, welches dazu führt, daß der ausscheidende Gesellschafter zum Festhalten an der vertraglichen Regelung auch unter Berücksichtigung des berechtigten Interesses der anderen Gesellschafter gezwungen wird, obwohl ihm dies nicht mehr zuzumuten ist.[356] Der Praxiswert einer Anwaltssozietät ist dabei nach der Rechtsprechung des Bundesgerichtshofes mit einer Teilung der Sachwerte ohne Teilnahme des Ausscheidenden an dem Ertragswert des Unternehmens angemessen abgefunden, sofern ein Anwalt berechtigt ist, beim Ausscheiden aus der Kanzlei Mandanten mitzunehmen und sich damit die Grundlage für seine weitere Existenz als Anwalt zu erhalten.[357]

---

354 Vgl. hierzu BGH, DB 1995, 1121 (1122) sowie ⊥ zu den Schranken, die § 134 BGB i.V.m. § 3 BRAO und §§ 74 ff. HGB der Vereinbarung von Wettbewerbsverboten setzen, *Feuerich/Braun*, § 2 Rdnrn. 38 f.

355 Für die exakte Berechnung vgl. *Feuerich/Braun*, § 27 Rdnrn. 16 ff.; *Sommer*, GmbHR 1995, 249 (254).

356 Vgl. MüKo/*Ulmer*, § 738 Rdnrn. 27 ff.; *ders.*, in: Festschrift Quack, 477 ff.; *Baumbach/Hopt*, § 138 Rdnrn. 36 ff; *Gail/Overlack*, Rdnrn. 272 ff. Hierbei sind neben dem Wertmißverhältnis auch alle Umstände des konkreten Falles zu berücksichtigen. So ist beim Ausscheiden eines Gesellschafters ohne einen in seiner Person liegenden wichtigen Grund eine Begrenzung der Abfindung auf den Buchwert unzulässig, sofern sie aufgrund des erheblichen Mißverhältnisses zwischen Buchwert und wirklichem Wert die Freiheit des Gesellschafters, sich zur Kündigung zu entschließen, unvertretbar einengen würden, *Sommer*, GmbHR 1995, 249 (254). Nach der Rspr. des BGH führt ein erhebliches Mißverhältnis zwischen Abfindungsbetrag und tatsächlichem Wert des Anteils, welches dem ausscheidenden Gesellschafter ein Festhalten an der vertraglichen Abfindungsregelung unzumutbar macht, zur ergänzenden Vertragsauslegung unter Berücksichtigung der veränderten Verhältnisse und des wirklichen oder mutmaßlichen Willens der Vertragsschließenden, BGH ZIP 1993, 1160 (1162).

357 BGH WM 1979, 1064 (1065); BGH ZIP 1990, 1200 (1201); dafür, daß angesichts der Bedeutung des persönlichen Einsatzes in Anwaltsgesellschaften der Gedanke an eine

II. Partnerschaftsgesellschaft

Bei der PartG gilt das zur GbR Ausgeführte, weil das PartGG zur Abfindung schweigt und daher nach § 1 IV PartGG die Vorschriften des BGB – und damit auch die von der Rechtsprechung zum bisherigen Personengesellschaftsrecht entwickelten Grundsätze über die Zulässigkeit von Abfindungsklauseln – zur Anwendung kommen.[358]

III. Gesellschaft mit beschränkter Haftung

In der GmbH ist der wirkliche Wert des Geschäftsanteils zu ermitteln, wenn keine Vorschriften zur Ermittlung der Abfindung in der Satzung enthalten sind. Hierbei ist der Verkehrswert maßgeblich.[359] Gesellschaftsvertragliche Abfindungsbeschränkungen sind möglich und üblich. Der Abfindungsbetrag darf zwar geringer sein als der Verkehrswert. Der Gesellschafter darf durch die Abfindungsbeschränkung jedoch weder faktisch am Austritt aus wichtigem Grund gehindert noch der Willkür der übrigen Gesellschafter ausgeliefert werden.[360] Die Anwalts-GmbH ist zur Erstellung einer Bilanz zum Ende jedes Geschäftsjahres verpflichtet, was die Berechnung des anteiligen Anlage- und Umlaufvermögens vereinfacht.[361] Die Ermittlung des anteiligen Geschäftswertes wirft allerdings grundsätzlich die gleichen Probleme auf wie bei der GbR und der PartG.

IV. Vergleich

Für Anwalts-GbR und Anwalts-PartG gelten gleichermaßen die von der Rechtsprechung zum Personengesellschaftsrecht entwickelten Grundsätze

---

zwingende Teilhabe am künftigen Ertragswert der Gesellschaft erheblich zurücktritt, spricht sich auch *K. Schmidt* aus, NJW 1995, 1 (4).

358 Darauf weist auch die amtliche Begründung zu § 9 Abs. 2, in: *Seibert*, 117, hin, in welcher es heißt, daß „die Fragen der ... Abfindung" sich „entsprechend den zum bisherigen Personengesellschaftsrecht geltenden Grundsätzen" regeln. Dies soll bedeuten, „daß vorbehaltlich abweichender Bestimmungen im Partnerschaftsvertrag insbesondere § 738 BGB zur Anwendung kommt."

359 *Baumbach/Hueck*, § 34 Rdnr. 25.

360 *Baumbach/Hueck*, § 34 Rdnr. 21; vgl. zur Berechnung der Abfindung bei einer Anwalts-GmbH ausführlich *Sommer*, GmbHR 1995, 249 (254 f.).

361 *Sommer*, GmbHR 1995, 248 (254).

zur Zulässigkeit von Abfindungsklauseln. Danach ist bei der Berechnung des Abfindungsbetrages grundsätzlich zusätzlich zum Substanzwert auch der Praxiswert zu berücksichtigen. Abfindungsbeschränkungen im Gesellschaftsvertrag sind zulässig, soweit sie nicht zu einem erheblichen Mißverhältnis zwischen dem Betrag der Abfindung und dem tatsächlichen Wert des Anteils führen. Auch bei der Anwalts-GmbH kann der Abfindungsbetrag bei einer entsprechenden Regelung im Gesellschaftsvertrag niedriger als der Verkehrswert sein, vorausgesetzt, es wird dadurch kein Gesellschafter faktisch daran gehindert, die Anwalts-GmbH aus wichtigem Grund zu verlassen. Da die Anwalts-GmbH zum Ende jedes Geschäftsjahres eine Bilanz zu erstellen hat, ist die Berechnung des anteiligen Anlage- und Umlaufvermögens bei ihr einfacher als bei Anwalts-GbR oder Anwalts-PartG.

4. Kapitel: Innenverhältnis

Die folgende Darstellung konzentriert sich nun auf die Geschäftsführung, Beschlußfassung, Kapitalausstattung und Gewinnverteilung in den Anwaltsgesellschaften. Diese Aspekte des Innenverhältnisses stehen unter anderem mit der Haftung in Zusammenhang, welche dann hierauf aufbauend erörtert werden kann.

A. Geschäftsführung

I. Gesellschaft des bürgerlichen Rechts

In der GbR steht die Geschäftsführung[362] grundsätzlich allen Gesellschaftern gemeinschaftlich zu, § 709 BGB.[363] Da der Grundsatz der Gesamtgeschäftsführung nicht zwingend ist, können die Gesellschafter durch entsprechende Abreden im Gesellschaftsvertrag eine größere Beweglichkeit in der Geschäftsführung erreichen. So haben sich vor allem größere Anwaltssozietäten[364] überwiegend für die Einzelgeschäftsführung entschieden, was zur Folge hat, daß jeder Partner mit der Annahme eines Mandats alle Sozien berechtigt und verpflichtet[365] und jeder Gesellschafter ein Widerspruchsrecht hinsichtlich der Vornahme eines Geschäfts durch einen anderen Gesellschafter hat, § 711 BGB. Dies muß auch in der Anwaltssozietät gelten, denn zum einen folgt aus der anwaltlichen Unabhängigkeit lediglich, daß kein Rechtsanwalt gezwungen werden darf, gegen seine Überzeugung ein Mandat anzunehmen oder eine bestimmte Rechtsansicht nach außen zu vertreten. Zum anderen findet die Unabhängigkeit eines Anwalts beim Zusammenschluß in einer

---

362 Dabei umfaßt die Geschäftsführung nach deutschem Recht bei einer Anwaltssozietät sowohl die Berufsausübung, als auch „sonstige Geschäfte"; vgl. *Römermann*, 38, der insoweit auf § 6 II PartGG verweist.

363 Daraus folgt, wie *Römermann*, 39, zutreffend bemerkt, allerdings nicht, daß „jeder Rechtsanwalt vor Absendung eines Schriftsatzes die ausdrückliche Zustimmung aller übrigen Partner einzuholen hätte". Vielmehr ist ein stillschweigendes Einverständnis der Mitgesellschafter ausreichend, das stets zu bejahen sein dürfte, wenn ein Partner entsprechend der mit allen Gesellschaftern abgestimmten Handhabung innerhalb der Sozietät die eigentliche Sachbearbeitung eines Mandats übernimmt.

364 *Römermann*, 42, hat ermittelt, daß das Prinzip der Gesamtgeschäftsführung im wesentlichen nur noch in Sozietäten mit maximal 10 Sozii anzutreffen ist.

365 Vgl. *Kaiser/Bellstedt*, 35 (Rdnr. 14).

Gesellschaft ihre Grenze in der Unabhängigkeit seiner Partner.[366] In der GbR können einzelne Gesellschafter durch den Gesellschaftsvertrag von der Geschäftsführung ausgeschlossen werden. Dies kann auch durch die Übertragung der Geschäftsführung im Gesellschaftsvertrag auf einen oder mehrere Gesellschafter gemäß § 710 BGB geschehen, weil hierdurch die Geschäftsführungsbefugnis aller übrigen Gesellschafter verneint wird. Dabei haben die von der Geschäftsführung ausgeschlossenen Gesellschafter auch kein Widerspruchsrecht, da dies ein Teil der Geschäftsführungsbefugnis ist.[367] Die gesetzliche Regelung des § 710 BGB ist aber für die Anwaltssozietät regelmäßig ebenfalls zu modifizieren, denn die Bedingungen des Sozietätsvertrages müssen so gestaltet sein, daß kein Partner in seiner Bewegungsfreiheit eingeengt oder in der Unabhängigkeit gefährdet wird.[368] Daher ist ein Ausschluß einzelner Partner von der Führung der normalen – also der den Gegenstand der anwaltlichen Berufsausübung bildenden – Geschäfte nicht denkbar. Dagegen können die Gesellschafter, sofern dies im Gesellschaftsvertrag so vorgesehen ist, mit Stimmenmehrheit beispielsweise entscheiden, ob ein Mandat angenommen werden soll, wer welche Termine wahrzunehmen hat oder ob einem Gesellschafter ein Mandat entzogen wird. Was die Gesellschafter oder ein zum Vorgesetzten bestimmter Sozius gegenüber einem angestellten Anwalt festlegen können, kann bei vorgesehener Mehrheitsentscheidung auch die Gesellschafterversammlung gegenüber einem einzelnen Sozius anordnen.[369]

II. Partnerschaftsgesellschaft

Anders als das Recht der GbR geht das PartGG von der Alleingeschäftsführung als Regelfall aus, §§ 6 III PartGG, 114 I HGB. Die Geschäftsführung kann nach §§ 6 III PartGG, 114 II HGB auf einzelne Partner übertragen werden, was insoweit den Ausschluß der anderen Partner von der Geschäftsführung zur Folge hat, § 114 II HGB. Nach § 6 II PartGG ist jedoch immer zu beachten, daß einzelne Partner im Partnerschaftsvertrag nur von der Führung der „sonstigen" Geschäfte ausgeschlossen werden können, nicht aber von der Führung der normalen Geschäfte, also der den Gegenstand der PartG bildenden Berufsausübung im Sinne von

---

366 So auch *Henssler*, DB 1995, 1549 (1553).
367 Vgl. RGZ 102, 410 (412); MüKo/*Ulmer*, § 710 Rdnr. 6.
368 *Kaiser/Bellstedt*, 35 (Rdnr. 14).
369 Vgl. *Schlosser*, JZ 1995, 345 (347).

§ 6 I PartGG.[370] Dies ist zwar ein Unterschied zum Recht der GbR, § 710 BGB, entspricht aber den in einer Anwaltssozietät in Form der GbR regelmäßig geltenden Bestimmungen. Im Hinblick darauf, daß beim Abschluß von Dienstverträgen mit Mandanten die Gefahr eines Interessenkonflikts zu beachten ist und die PartG in der Lage sein muß, eine einheitliche Politik bei der Akquisition von Mandaten zu verfolgen,[371] kann aus § 6 II PartGG jedoch nicht geschlossen werden, daß jeder Partner nach freiem Belieben Verträge mit Mandanten abschließen oder verweigern kann. Aus § 6 II PartGG kann auch nicht gefolgert werden, daß jedem Partner ein Widerspruchsrecht im Sinne von § 115 I HGB zustehen muß, denn § 115 I HGB ist abdingbar[372] und seine Abbedingung stellt keinen Ausschluß von der Geschäftsführung dar.[373] Andererseits müssen berufsrechtliche Vorschriften beachtet und es muß verhindert werden, daß einem Partner die Ausübung seiner anwaltlichen Tätigkeit unmöglich gemacht wird.[374] Daher kann zwar ein anwaltlicher Partner beispielsweise nicht von sämtlichen Mandantenkontakten ausgeschlossen werden, er muß aber hinnehmen, daß im Einzelfall eine Abstimmung zwischen den Partnern erfolgt, bei welcher er sich gegebenenfalls einer im Partnerschaftsvertrag vereinbarten Hierarchie unterzuordnen hat.[375] Die Geschäftsführungsbefugnis kann keinem Partner durch einfachen Gesellschafterbeschluß entzogen werden, §§ 6 III PartGG, 114 I, II, 117 HGB.

III. Gesellschaft mit beschränkter Haftung

Nach der derzeitigen Rechtslage sind nicht alle Gesellschafter notwendigerweise gleichzeitig auch Geschäftsführer. Das Recht der GmbH geht von

---

370 Zur Definition der „beruflichen Leistungen" vgl. *Meilicke/von Westphalen/Hoffmann/ Lenz*, PartGG, § 6 Rdnr. 44; vgl. ferner *Seibert*, 50.

371 Vgl. auch *Meilicke/von Westphalen/Hoffmann/Lenz*, PartGG, § 6 Rdnr. 46, die auf die grundsätzlich gesamtschuldnerische Haftung aller Partner bzw. auf die Bedeutung der Reputation der betreffenden PartG verweisen, woraus folge, daß die Partner in der Lage sein müßten, mit einem Veto oder einer Anweisung in die Art und Weise der Berufsausübung eines Partners einzugreifen. Ähnlich argumentiert auch *Henssler*, DB 1995, 1549 (1553), der darauf hinweist, daß die anwaltliche Unabhängigkeit nicht das Recht beinhalte, die zur gemeinsamen Berufsausübung verbundenen Partner ohne Rücksprache in nicht überschaubare Haftungsrisiken zu zwingen.

372 *Schlegelberger/Martens*, § 115 Rdnr. 1.

373 *Meilicke/von Westphalen/Hoffmann/Lenz*, PartGG, § 6 Rdnr. 45.

374 So setzt z. B. § 43 BRAO für die Zulassung zur Rechtsanwaltschaft die Möglichkeit eigenverantwortlicher Tätigkeit des Anwalts voraus; vgl. *Meilicke/von Westphalen/ Hoffmann/Lenz*, PartGG, § 6 Rdnr. 47.

375 *Meilicke/von Westphalen/Hoffmann/Lenz*, PartGG, § 6 Rdnr. 47.

der Gesamtgeschäftsführung als gesetzlichem Regelfall aus. Vor allem bei der größeren Anwalts-GmbH ist, wie bei der Sozietät, die Vereinbarung einer Einzelgeschäftsführung zweckmäßig.[376] Nicht erforderlich ist es dagegen, das dann bestehende Widerspruchsrecht der Mitgesellschafter nach § 115 HGB analog auszuschließen.[377] Der Gesellschaftsvertrag der Anwalts-GmbH hat sicherzustellen, daß die Mehrheit der Geschäftsführerpositionen mit Rechtsanwälten besetzt wird.[378] Dagegen erübrigt sich die Aufnahme einer Bestimmung in die Satzung, nach der die Geschäftsführer bei ihrer anwaltlichen Tätigkeit im Einzelfall weder an Weisungen der Gesellschafter gebunden noch durch Gesellschafterbeschlüsse beschränkt werden dürfen.[379] Aufgrund des Unabhängigkeitsgebotes des § 1 BRAO darf ein anwaltlicher Geschäftsführer nicht gemäß §§ 47 I, 6 III S. 2, 46 Nr. 5 GmbHG mit einfacher Mehrheit der Stimmen der Gesellschafter bestellt oder abberufen werden. Dies könnte dadurch gelöst werden, daß die Satzung für eine Bestellung der anwaltlichen Geschäftsführer zumindest einen qualifizierten Mehrheitsbeschluß und für eine Abberufung darüber hinaus das Erfordernis eines wichtigen Grundes vorsieht.

Dagegen sieht der Referentenentwurf zur Anwalts-GmbH in § 59 g I BRAO-E vor, daß jeder Gesellschafter automatisch die Stellung eines Geschäftsführers hat. Sollte dies Gesetz werden, so schiede zumindest für größere Sozietäten eine Umgründung in eine GmbH wegen der großen Zahl der Geschäftsführer und der hiermit verbundenen Schwerfälligkeit der Gesellschaft von vornherein aus.[380] Eine sachliche Rechtfertigung für diese Regelung, die im Steuerberatungsgesetz und in der Wirtschaftsprüfungsordnung kein Äquivalent hat, ist nicht ersichtlich.

---

376 Auch in der Anwalts-GmbH muß allerdings zum Schutz der anderen Partner die Möglichkeit bestehen, beispielsweise Vertragsentwürfe an die Gegenzeichnung eines anderen Partners oder die Annahme bestimmter risikoträchtiger Mandate an die Zustimmung der anderen Partner zu binden, vgl. *Henssler*, DB 1995, 1549 (1553).

377 Ein solches besteht ja auch bei einer Anwalts-GbR, § 711 BGB; vgl. *Hommelhoff/ Schwab*, WiB 1995, 115 (117).

378 Vgl. hierzu oben 3. Teil, 1. Kapitel, C.IV.3. Anders *Römermann*, 152 f., 167.

379 Vgl. oben 3. Teil, 1. Kapitel, C.IV.4.

380 So wäre z. B. jede Änderung in den Personen der Geschäftsführer sowie die Beendigung der Vertretungsbefugnis eines Geschäftsführers nach § 39 GmbHG zum Handelsregister anzumelden. So auch *Henssler*, ZIP 1997, 1481 (1484).

IV. Vergleich

In der Anwaltssozietät in der Form der GbR wird regelmäßig vom gesetzlichen Leitbild abgewichen und Einzelgeschäftsführung vereinbart, um der Eigenverantwortlichkeit der anwaltlichen Berufsausübung zu entsprechen. Im Gegensatz zum Recht der GbR geht das PartGG von der Alleingeschäftsführung als Regelfall aus. Einzelne anwaltliche Partner können weder im Gesellschaftsvertrag der Anwalts-GbR noch im Partnerschaftsvertrag von der Führung der normalen Geschäfte ausgeschlossen werden. In der Anwalts-GmbH gilt – abweichend vom gesetzlichen Leitbild – wie bei der GbR regelmäßig Einzelgeschäftsführung als vereinbart. In der Anwalts-GmbH muß die Mehrheit der Geschäftsführerpositionen mit Anwälten besetzt sein.

B. Beschlußfassung

I. Gesellschaft des bürgerlichen Rechts

Die Beschlüsse der Gesellschafter werden bei der GbR einstimmig gefaßt, § 709 BGB, sofern der Gesellschaftsvertrag keine hiervon abweichende Regelung enthält. Die Stimmenmehrheit ist mangels anderweitiger Regelung im Gesellschaftsvertrag nach der Zahl der Gesellschafter zu berechnen, § 709 II BGB.

II. Partnerschaftsgesellschaft

Das PartGG selbst enthält keine Bestimmung über die Stimmrechte der Partner. § 6 III PartGG verweist auf die Vorschrift des § 119 HGB. Danach sind Beschlüsse grundsätzlich einstimmig zu fassen, § 119 I HGB. Mehrheitsbeschlüsse sind zulässig, wenn der Gesellschaftsvertrag das vorsieht. In diesem Fall erfolgt die Berechnung der Mehrheit im Zweifel – also mangels anderweitiger Vereinbarung im Gesellschaftsvertrag[381] – nach

---

381 Obgleich die PartG kein am Kapitalanteil orientiertes Stimmrecht kennt, da in § 6 III PartGG nicht auf § 120 II HGB verwiesen wird, ist aufgrund des allgemeinen Verweises auf die Vorschriften des BGB in § 1 IV PartGG davon auszugehen, daß eine Abstimmung nach Kapitalanteilen im Partnerschaftsvertrag wirksam vereinbart werden kann, denn im Recht der GbR ist die Möglichkeit der Abstimmung nach Kapitalanteilen

der Zahl der Gesellschafter, § 119 II HGB. Das Verfahren der Beschlußfassung ist grundsätzlich formfrei. Wenn der Beschluß allerdings als Änderung des Partnerschaftsvertrags anzusehen ist, bedarf er nach § 3 I
PartGG der Schriftform.

III. Gesellschaft mit beschränkter Haftung

In der Anwalts-GmbH können Beschlüsse mit der Mehrheit der abgegebenen Stimmen gefaßt werden, wobei je 100 DM eines Geschäftsanteils
eine Stimme gewähren, § 47 I, II GmbHG. Diese Bestimmungen sind abdingbar.[382] So kann in der Satzung beispielsweise ein Stimmrecht nach
Köpfen eingeräumt werden, was in einer Anwalts-GmbH zweckmäßig
erscheint. Die Mehrheitserfordernisse sind zum Teil zur Wahrung der
anwaltlichen Unabhängigkeit zu ändern.[383]

IV. Vergleich

In der GbR und der PartG sind Beschlüsse nach dem gesetzlichen Leitbild
einstimmig zu fassen, sofern der Gesellschaftsvertrag bzw. Partnerschaftsvertrag keine abweichende Regelung trifft. Im Gegensatz dazu
können Beschlüsse in der Anwalts-GmbH nach dem Gesetz mit Stimmenmehrheit getroffen werden, wobei sich in Abweichung vom gesetzlichen Leitbild die Vereinbarung eines Stimmrechts nach Köpfen anbietet.
Eine entsprechende Gestaltung der Gesellschaftsverträge wird in der Praxis häufig zu einer Angleichung der Bedingungen, unter denen Beschlüsse
in der Anwalts-GbR, der Anwalts-PartG und der Anwalts-GmbH gefaßt
werden, führen.

---

anerkannt, vgl. MüKo/*Ulmer*, § 709 Rdnrn. 43, 82.
382 *Scholz/K.Schmidt*, § 47 Rdnrn. 3, 6, 8 ff.
383 Vgl. hierzu oben 3. Teil, 4.Kapitel, A.III.

C. Kapitalausstattung

I. Gesellschaft des bürgerlichen Rechts und Partnerschaftsgesellschaft

Weder das Recht der GbR, noch das PartGG enthalten Vorschriften über eine Mindestkapitalausstattung oder Entnahmebeschränkung. Infolgedessen herrscht weite Gestaltungsfreiheit bzgl. der Sach- oder Bareinlagen.

II. Gesellschaft mit beschränkter Haftung

Das Mindeststammkapital einer Anwalts-GmbH beträgt – wie auch in einer Wirtschaftsprüfungs-[384] oder Steuerberatungs-GmbH – DM 50.000, § 5 I S. 1 GmbHG. Da der Gläubigerschutz in einer Anwalts-GmbH nicht nur auf das geringe Haftkapital, sondern vor allem auch auf die Versicherungspflicht gestützt werden kann, erscheint die Höhe des Mindestkapitals auch für die Anwalts-GmbH als ausreichend.[385]

Der Referentenentwurf sieht in seinem § 59 f BRAO-E jedoch abweichend von § 7 II 2 GmbHG vor, daß die Anmeldung zum Handelsregister erst erfolgen darf, wenn mindestens DM 50.000 auf das Stammkapital der Rechtsanwaltsgesellschaft eingezahlt worden sind. Diese Abweichung von § 7 II und III GmbHG läßt sich in Anbetracht der erhöhten Mindestversicherungssumme, durch welche die Mandanten ausreichend geschützt sind, nicht begründen und sollte daher gestrichen werden.[386]

III. Vergleich

Lediglich die Anwalts-GmbH enthält Bestimmungen über eine Mindestkapitalausstattung; das Recht der GbR und das PartGG ermöglichen dagegen eine freiere Gestaltung der Bar- oder Sacheinlagen.

---

384 Vgl. allerdings auch § 28 VI S. 2 WPO, nach dem über § 7 II GmbHG hinaus auch mindestens DM 50.000 eingezahlt sein müssen.

385 So auch *Kaiser/Bellstedt*, 237 (Rdnrn. 603 ff.); *Sommer*, GmbHR 1995, 248 (250) stellt dies allerdings unter Berufung auf die anwaltliche Unabhängigkeit in Frage.

386 So auch *Henssler*, ZIP 1997, 1481 (1484).

D. Gewinnverteilung

I. Gesellschaft des bürgerlichen Rechts

Die Gewinnverteilung wird im Recht der GbR in den §§ 721, 722 BGB geregelt. Nach § 722 I BGB hat in Ermangelung einer anderweitigen Regelung im Gesellschaftsvertrag jeder Gesellschafter einen gleichen Anteil am Gewinn und Verlust. Im Sozietätsvertrag wird aber in aller Regel bestimmt, an welchen Sozius welcher Gewinnanteil entfällt.

II. Partnerschaftsgesellschaft

Das PartGG enthält keine Vorschriften zur Überschußermittlung und Gewinnverteilung. Nach der amtlichen Begründung zum PartGG wurde von einer Verweisung auf die §§ 120-122 HGB abgesehen, weil in der PartG kein dringendes Bedürfnis für eine Gewinnverteilungsvorschrift besteht, denn die Partner arbeiten alle aktiv mit und werden daher die Einnahmen im wesentlichen als Geschäftsführergehälter auszahlen. Zudem wollte der Gesetzgeber den Freiberuflern nicht die in den §§ 120 ff. HGB vorausgesetzte Bilanzierung zumuten.[387] Eine Gewinnverteilung kann im Partnerschaftsvertrag vereinbart werden. Subsidiär gilt das Recht der GbR, § 1 IV PartGG.

III. Gesellschaft mit beschränkter Haftung

Für die Anwalts-GmbH sieht die gesetzliche Regelung in § 29 III GmbHG die Verteilung des Ergebnisses nach dem Verhältnis der Geschäftsanteile vor. Nach § 29 III S. 2 GmbHG können die Gesellschafter einen anderen Verteilungsmaßstab festsetzen. Allerdings hat dies in der Satzung zu erfolgen, die für jedermann einsehbar ist, § 54 GmbHG, § 9 HGB.[388] Die in

---

387 Vgl. amtliche Begründung zu § 6, BT-Drucks. 12/6152, 14 f., auch abgedruckt in: *Seibert*, 110.

388 Vgl. auch *Kaiser/Bellstedt*, 248 f. (Rdnrn. 643 ff.), die darauf aufmerksam machen, daß das in § 53a AktG verankerte Recht auf gleichmäßige Behandlung aller Gesellschafter im GmbH-Recht analog angewendet wird, so daß eine Gruppe von Gesellschaftern nicht ohne ihre Zustimmung in ihrem Gewinnbeteiligungsrecht benachteiligt werden kann und „z. B. revoltierende Junioren, die 75 % der Stimmen zusammenbringen, durch Beschluß die Pfründen der Senioren" nicht beschneiden und die im Gesell-

einer GmbH tätigen Anwälte werden in der Regel vermeiden wollen, daß die Gewinnverteilungsabrede publik gemacht wird. Zu diesem Zweck kann die Ergebnisverwendung in der Satzung von einem Gesellschafter-beschluß abhängig gemacht werden. Die intern vereinbarten Gewinnquoten können dann durch einen Stimmbindungsvertrag gesichert werden.[389] Auch in der Anwalts-GmbH – wie in der PartG – kann die Bedeutung der Gewinnverteilung über die Vereinbarung der Geschäftsführergehälter verringert werden. Für die Anwalts-GmbH gelten die handelsrechtlichen Vorschriften über die Rechnungslegung. Auch die sogenannten kleinen Kapitalgesellschaften im Sinne von § 267 HGB müssen danach eine verkürzte Bilanz aufstellen. Ähnliches gilt für die Gewinn und Verlustrechnung nach §§ 275, 276 HGB.

IV. Vergleich

Sowohl in der Anwalts-GbR, als auch in der PartG werden die Gesellschafter in aller Regel eine Regelung der Gewinnverteilung in dem Gesellschaftsvertrag oder Partnerschaftsvertrag aufnehmen und damit die gesetzliche Regelung des Rechts der GbR, die auch für die PartG subsidiär gilt und nach der jeder Gesellschafter den gleichen Anteil an Gewinn und Verlust zu tragen hat, abbedingen. Auch in der Anwalts-GmbH wird die gesetzliche Regelung zur Ergebnisverteilung, welche vorsieht, daß Gewinn und Verlust nach dem Verhältnis der Geschäftsanteile verteilt werden, in der Praxis meist abbedungen und ein anderer Verteilungsmaßstab festgesetzt werden. Dies hat in der Satzung zu erfolgen. Während bei der GbR und der PartG der die Gewinnverteilungsregelung enthaltende Gesellschafts- bzw. Partnerschaftsvertrag bei der Registeranmeldung nicht vorgelegt werden muß, ist die Satzung der Anwalts-GmbH für jedermann einsehbar. Um Einblicke Dritter in die Gewinnverteilung zu verhindern, kann die Ergebnisverwendung allerdings in der Satzung von einem Gesellschafterbeschluß abhängig gemacht werden.

---

schaftsvertrag der GmbH festgelegte Gewinnverteilung trotz ihrer satzungsändernden Mehrheit (§ 53 GmbHG) nicht verändern können.

389 Vgl. *Gail/Overlack*, Rdnr. 213; zu Stimmbindungsverträgen allgemein *Scholz/ K.Schmidt*, § 47 Rdnrn. 35-62.

5. Kapitel: Außenverhältnis

Im Rahmen des Außenverhältnisses wird nach einem Vergleich der namens- sowie registerrechtlichen Publizitätserfordernisse sowie des Vertretungsrechts der Anwaltsgesellschaften ein Überblick über das Anwaltshaftungsrecht gegeben, auf dessen Grundlage die Möglichkeiten der Haftungsbeschränkung in den verschiedenen Gesellschaftsformen erörtert werden können.

A. Name, Firma

I. Gesellschaft des bürgerlichen Rechts

Die GbR kann sich unter einem Gesamtnamen am Rechtsverkehr beteiligen, auch wenn sie unter diesem Namen keine Rechte erwerben oder Verbindlichkeiten eingehen, klagen oder verklagt werden kann.[390] Für die Bildung des Gesamtnamens existieren keine positiven Regelungen oder Mindestvoraussetzungen. Allerdings sollten die Gesellschafter sich um eine unterscheidungskräftige Bezeichnung bemühen, um der Namensfunktion und der Schutzfähigkeit des Namens gerecht zu werden. Der Namensschutz erfolgt gemäß § 12 BGB und §§ 5, 15, MarkenG.[391] Bei Anwaltssozietäten sind Sachfirmenbezeichnungen oder Phantasienamen unzulässig. Es muß mindestens ein bürgerlicher Name in dem Namen enthalten sein.[392] Am unproblematischsten ist die *Aneinanderreihung der bürgerlichen Namen aller Partner* und die Angabe ihrer Berufsbezeichnung. Dies ist allerdings nur bei kleinen Sozietäten praktikabel.

Vor allem für größeren Kanzleien hat sich daher in der Anwaltschaft die Übung durchgesetzt, in den Gesellschaftsnamen den Familiennamen des bekanntesten und/oder des ältesten – gegebenenfalls auch eines gestorbenen oder ausgeschiedenen[393] – Sozietätsmitglieds aufzunehmen und die Familiennamen eines oder mehrerer anderer Sozietätsmitglieder anzufü-

---

390　Vgl. hierzu *Kaiser/Bellstedt*, 36 f. (Rdnrn 19 ff.).

391　MüKo/*Ulmer*, § 705 Rdnrn. 225-228; *Baumbach/Hefermehl*, UWG § 16; *Starck*, DZWiR 1996, 313 f.

392　*Kaiser/Bellstedt*, 36 (Rdnrn. 19 f.).

393　Vgl. hierzu *Feuerich/Braun*, § 43b Rdnr. 47 und *Römermann*, 74 ff. m.w.N.

gen.[394] Derartige *Kurzbezeichnungen* mit dem Zusatz „und Sozien" oder dergleichen[395] sind zulässig. Dies beruht darauf, daß sich der Verkehr mittlerweile bei Sozietäten an Kurzbezeichnungen gewöhnt hat und der Sozietätsname daher immer mehr den Charakter einer Information über die Namen der Partner verliert.[396] Infolgedessen gibt die Kanzleibezeichnung dem Verkehr nur Auskunft darüber, mit welchem Zusammenschluß er es zu tun hat. Der oder die Namensgeber treten dabei in den Hintergrund, so daß es auch zulässig sein muß, die Namen verstorbener Partner weiterzuführen. Es kommt hier nicht in Betracht, der Sozietät wegen Irreführung des Verkehrs die Weiterführung des eingeführten und einen gewissen Vermögenswert repräsentierenden Namens zu untersagen.

Aus der Feststellung, daß der Sozietätsname dem Verkehr nur Auskunft darüber gibt, mit welchem Zusammenschluß er es zu tun hat und daß der oder die Namensgeber dabei in den Hintergrund treten, kann entgegen einer Entscheidung des OLG München[397] aber nicht auf die rechtliche Unbedenklichkeit einer Sozietätsbezeichnung geschlossen werden, die den Namen ausgeschiedener, noch anderweitig aktiver ehemaliger Sozietätsmitglieder enthält. Hier besteht die Gefahr, daß der Rechtsverkehr davon ausgeht, daß der Namensgeber trotz der neuen Tätigkeit noch in die Sozietät eingebunden ist. Damit liegt eine Irreführung nach § 3 UWG nahe.[398]

Die Zusätze „und Partner" oder „Partnerschaft" wiederum sind nach § 11 PartGG den Partnerschaften nach dem PartGG vorbehalten. Sozietäten, die den Zusatz bereits zum Zeitpunkt des Inkrafttretens des PartGG in ihrem Namen führten, dürfen ihn weiterführen, müssen aber nach Ablauf einer zweijährigen Übergangsfrist in der Sozietätsbezeichnung einen Hinweis auf die Rechtsform hinzufügen, also „GbR" oder „Gesellschaft bürgerlichen Rechts".[399] Da bei einem gemeinschaftlichen Auftreten von Rechtsanwälten nach außen mangels entgegenstehender Anhaltspunkte

394 *Ahlers*, AnwBl 1992, 54 (58 f.).
395 Vgl. *Henssler*, DB 1995, 1549 (1555).
396 Vgl. OLG München, NJW-RR 1993, 621 ff.; *Bornkamm*, WRP 1993, 643 (649); *Römermann*, 75 f.
397 OLG München, WRP 1993, 708 ff. Das Gericht gestattete hier einer Sozietät von Rechts- und Patentanwälten die – im Sozietätsvertrag vereinbarte – Weiterführung des Sozietätsnamens, der den Namen des ausgeschiedenen Partners enthielt. Dieser war in einer anderen Kanzlei weiter in der gleichen Stadt aktiv.
398 *Bornkamm*, WRP 1993, 643 (649), ähnlich auch OLG Düsseldorf, WRP 1995, 119 ff.
399 Die Zusätze „Partnerschaft" oder „und Partner" ohne einen solchen Hinweis dürfen dann nur noch die Partnerschaften nach dem PartGG führen. Vgl. hierzu ausführlich *Meilicke/von Westphalen/Hoffmann/Lenz*, PartGG, § 11 Rdnr. 1 ff.

grundsätzlich davon ausgegangen wird, daß diese in der Form der GbR zusammenarbeiten, ist es aber nicht zwingend erforderlich, das Gesellschaftsverhältnis durch Zusätze wie „Anwaltssozietät" oder „Sozietät" kenntlich zu machen.[400] Wenn eine Kurzbezeichnung verwendet wird, sind die einzelnen Sozien in einer Randspalte oder in sonstiger Weise auf allen Schriftstücken einzeln aufzuführen,[401] da § 28 II-V der Grundsätze des anwaltlichen Standesrechts als Ausprägung des unvermindert bestehenbleibenden Verbotes irreführender Werbung trotz der Beschlüsse des BVerfG vom 14.7.1987[402] fortgelten.[403]

II. Partnerschaftsgesellschaft

Die Partnerschaft ist zur Führung eines Namens verpflichtet.[404] Nach § 2 I PartGG muß der Name der Partnerschaft den *Namen mindestens eines Partners*, den *Zusatz „und Partner" oder „Partnerschaft"* sowie die Berufsbezeichnungen aller in der Partnerschaft vertretenen Berufe enthalten. Eine Sachbezeichnung ist also nicht zulässig. § 2 II PartGG verweist auf firmenrechtliche Vorschriften, insbesondere auch auf § 24 II HGB, dessen Geltung auch bei einer Umwandlung einer GbR in eine PartG angeordnet wird. § 2 II PartGG verweist aber ebenfalls beispielsweise auf § 30 HGB, welcher die Unterscheidbarkeit des Namens aller Partnerschaften am selben Ort fordert. Das Namensrecht der PartG ist insoweit vorteilhaft, als der *Name eines ausgeschiedenen Partners* bei dessen Einwilligung ohne zeitliche Begrenzung und ohne Zusatz fortgeführt werden darf, § 2 II PartGG, § 24 HGB. Da § 2 II 2.Halbsatz PartGG hinsichtlich der Umwandlung einer GbR in eine PartG nur auf § 24 II HGB, nicht aber auf § 24 I HGB verweist, muß die aus einer GbR hervorgehende PartG ihren Namen gemäß § 2 I PartGG bilden und kann nicht immer den Namen der GbR fortführen. Hierbei darf sie allerdings den Namen eines Gesellschafters,

---

400 Vgl. hierzu *Römermann*, 72 ff.

401 *Kaiser/Bellstedt*, 36 f. (Rdnr. 21); anders *Römermann*, 74. Vgl. zur Frage der irreführenden Werbung auf Briefbögen auch *Feuerich/Braun*, § 43b Rdnrn. 35 ff.

402 BVerfG NJW 1988, 191 ff.

403 Vgl. *Feuerich/Braun*, § 43 Rdnr. 1 ff. Die neue BRAO schafft nun mit § 59b II Nr.3 BRAO die Satzungskompetenz für eine Regelung des Verbotes irreführender Werbung. § 59b BRAO soll durch eine Berufsordnung – die am 11.3.1997 in Kraft getreten ist – den notwendigen Ersatz schaffen für die zur Konkretisierung der beruflichen Pflichten eines Rechtsanwalts in den Richtlinien festgestellte allgemeine Auffassung über Fragen der Ausübung des Anwaltsberufs, vgl. hierzu *Feuerich/Braun*, § 59b Rdnr. 1.

404 Vgl. *Meilicke/von Westphalen/Hoffmann/Lenz*, PartGG, § 2 Rdnr. 1; vgl. zum Namen der PartG auch *Naegele/Jürgensen*, 69.

dessen Name in der Sozietätsbezeichnung enthalten war, im Namen der PartG weiterführen. Das gilt auch dann, wenn der namensgebende Gesellschafter ausgeschieden ist, bevor die GbR in die PartG umgewandelt wurde.[405] Voraussetzung ist die ausdrückliche Einwilligung des ausgeschiedenen Gesellschafters oder seiner Erben, § 2 II PartGG, § 24 II HGB. Infolgedessen besteht vor einer Eintragung der GbR ins Partnerschaftsregister – also vor einer Umwandlung der GbR in die PartG – die Möglichkeit, den Namen der PartG durch Kombination eines schon seit längerem ausgeschiedenen Gesellschafters der GbR mit den Namen von neuen Partnern abzuändern. Wenn die PartG bereits wirksam entstanden ist, können die Namen ausgeschiedener Partner nicht neu mit den Namen anderer Partner kombiniert werden.[406] Nach § 2 I PartGG ist es nicht verboten, zusätzliche Angaben in den Namen der PartG aufzunehmen. In Betracht kommen hierbei auch schlagwortartige Bezeichungen oder Phantasienamen.[407] Allerdings sind diese bei der Anwalts-PartG wegen der durch § 1 III PartGG angeordneten Geltung der Grundsätze des anwaltlichen Berufsrechts, das irreführende Werbung verbietet, wie bei der Anwaltssozietät in Form der GbR unzulässig. Aus dem gleichen Grund sind bei Verwendung einer Kurzbezeichnung die Namen aller Sozien in einer Randspalte oder in sonstiger Weise auf allen Schriftstücken einzeln aufzuführen.

III. Gesellschaft mit beschränkter Haftung

Nach § 4 I GmbHG können die Gesellschafter einer GmbH zwischen einer Personen- und einer Sachfirma wählen. Dabei muß die Firma immer den Rechtsformzusatz „mit beschränkter Haftung" enthalten. Die freie *Wahlmöglichkeit* zwischen *Sach- und Personenfirma* kann aus berufsrechtlichen Gründen aber nicht für die Gesellschafter einer Anwalts-GmbH gelten.

Auch nach § 59 h I 1 BRAO-E hat die Firma der Anwalts-GmbH den Namen mindestens eines anwaltlichen Gesellschafters und den vorgeschriebenen Rechtsformzusatz zu enthalten. Eine Sachfirma ist danach unzulässig. Über die Firmenfortführung nach dem Tode oder Ausscheiden eines namensgebenden Partners findet sich keine Aussage.[408]

---

405 Vgl. BT-Drucks. 12/6152.
406 *Meilicke/von Westphalen/Hoffmann/Lenz*, PartGG, § 2 Rdnr. 39.
407 *Meilicke/von Westphalen/Hoffmann/Lenz*, PartGG, § 2 Rdnr. 7.
408 Vgl. im Einzelnen *Römermann*, GmbHR 1997, 530 (535).

Den Streit der Judikatur darüber ob die Anwalts-GmbH den Zusatz „Partnerschaft" oder „und Partner" führen darf – während das OLG Frankfurt/M. diesen Zusatz bei der Anwalts-GmbH unter Hinweis auf die wegen des zwingenden GmbH-Zusatzes (§ 4 II GmbHG) fehlende Verwechslungsgefahr erlauben wollte,[409] entnahm das BayOblG § 11 S. 1 PartGG ein Verbot der Zusätze „Partnerschaft" oder „und Partner" für die Anwalts-GmbH und legte die Frage dem Bundesgerichtshof vor[410] – hat der BGH am 21.4.1997 zugunsten der Rechtsansicht des BayObLGs entschieden: Danach darf außer der PartG keine Gesellschaft, die nach dem Inkrafttreten des PartGG gegründet oder umbenannt wurde, die Bezeichnung „und Partner" oder „& Partner" führen. Der BGH begründet dies damit, daß der Gesetzgeber nach dem klaren Wortlaut des § 11 S. 1 PartGG diese Bezeichnungen für die PartG reservieren wollte. Die PartG sei eine neue Gesellschaftsform, die zur Führung der genannten Bezeichnung verpflichtet sei. Die Zusätze „Partner" bzw. „& Partner" erlangten daher nun als Bezeichnung für diese neu geschaffene Gesellschaftsform für die freien Berufe *technische Bedeutung*. Das Gesetz wolle ihre untechnische Verwendung durch andere Gesellschaften auch dann ausschließen, wenn wegen eines zwingenden Rechtsformzusatzes keine Verwechslungsgefahr bestehe. Dies beruhe darauf, daß die untechnische Verwendung einer Einbürgerung der Begriffe als spezifische Bezeichnung der neuen Gesellschaftsform entgegenstünde.[411]

Da die Firma einer GmbH vom Gesellschafterbestand unabhängig ist, kann die Firma nach Ausscheiden eines im Firmennamen aufgeführten Gesellschafters unverändert weitergeführt werden, ohne daß es hierfür einer dem § 2 II PartGG entsprechenden Regelung bedarf. Eine Zustimmung des ausscheidenden Gesellschafters ist grundsätzlich nicht erforderlich. Er kann allerdings ein schützenswertes Interesse daran haben, daß sein Name nicht in der Firma der GmbH fortgeführt wird.

---

409 OLG Frankfurt/M., ZIP 1996, 1082 f.
410 BayObLG, Vorlagebeschl. v. 2.8.1996, ZIP 1996, 1702 (1703 f.).
411 BGH NJW 1997, 1854 f. Dagegen plädieren *Bärwaldt* und *Schabacker*, MDR 1997, 114 ff., dafür, daß zumindest solche Gesellschaften, bei denen der Zusatz „und Partner" ein gewöhnlicher Namensbestandteil ist und ein Rechtsformzusatz wie „GmbH" in der Bezeichnung enthalten ist, der Verwechslungen ausschließt, trotz § 11 PartGG nicht umfirmieren müssen.

IV. Vergleich

In der Sozietät in Form der GbR können Kurzbezeichnungen als Sozietätsnamen geführt werden. In ihnen muß aber aus berufsrechtlichen Gründen mindestens ein bürgerlicher Name enthalten sein. Sachfirmenbezeichnungen oder Phantasienamen sind unzulässig. Anders als die GbR ist die PartG zur Führung eines Namens verpflichtet. Auch der Name der PartG muß den Namen mindestens eines Partners enthalten. Daneben ist der Zusatz „und Partner" sowie „Partnerschaft" und die Berufsbezeichnung aller in der PartG enthaltenen Berufe erforderlich. In der Anwalts-PartG sind Sachbezeichnungen ebenfalls aufgrund des anwaltlichen Berufsrechts unzulässig. Gleiches gilt für die Firma der Anwalts-GmbH. Bei ihr ist daneben die Haftungsbeschränkung kenntlich zu machen. Nicht nötig ist allerdings die Aufführung der Berufsbezeichnungen aller Gesellschafter.

B. Registerrechtliche Publizität

I. Gesellschaft des bürgerlichen Rechts

Die GbR ist zu keinem Register anzumelden und unterliegt daher auch keiner registerrechtlichen Publizität.

II. Partnerschaftsgesellschaft

Die PartG ist gemäß §§ 4, 5 PartGG zum Partnerschaftsregister anzumelden. Das Partnerschaftsregister ist ebenso wie das Handelsregister öffentlich. Es besteht Registereinsicht für jedermann, was § 5 II PartGG durch seine Verweisung auf § 9 I HGB klarstellt. Dabei steht nicht nur das Register selbst, sondern es stehen auch die zu ihm eingereichten Schriftstücke wie beispielsweise Partnerschaftsverträge[412] oder auch Niederschriften des Registergerichts über vor ihm abgegebene Erklärungen[413] ohne be-

---

412 Diese müssen allerdings bei der Registeranmeldung nicht vorgelegt werden; vgl. hierzu oben 3. Teil, 2.Kapitel, D.II.
413 Für eine Einsicht in diese ist in Abweichung von § 34 FGG kein Nachweis eines besonderen Interesses erforderlich.

sondere Voraussetzungen jedermann offen.[414] Die Publizität des Partnerschaftsregisters ergibt sich aus dem in § 5 II PartGG enthaltenen Verweis auf § 15 HGB.[415]

III. Gesellschaft mit beschränkter Haftung

Nach § 9 I HGB ist die Einsicht des Handelsregisters sowie der zum Handelsregister eingereichten Schriftstücke und damit auch des Gesellschaftsvertrages der GmbH, § 8 I Nr. 1 GmbHG, jedem gestattet. Ist die Gewinnverteilung in der Satzung geregelt, so kann daher jedermann in Erfahrung bringen, wie die Gewinne der Anwalts-GmbH unter den Anwälten verteilt werden.[416]

IV. Vergleich

Anders als für die GbR gilt für die PartG wie die GmbH der Grundsatz der Registerpublizität und die Publizitätswirkung des § 15 HGB.[417]

414 *Meilicke/von Westphalen/Hoffmann/Lenz*, PartGG, § 5 Rdnr. 23.
415 Vgl. zu den Publizitätswirkungen des Partnerschaftsregisters *Meilicke/von Westphalen/Hoffmann/Lenz*, PartGG, § 5 Rdnrn. 50 ff.
416 Vgl. *Kaiser/Bellstedt*, 249 f. (Rdnr. 648).
417 Von der registerrechtlichen ist die bilanzrechtliche Publizität zu unterscheiden. Für letztere gilt folgendes: Die GbR und die PartG unterliegen keiner bilanzrechtlichen Veröffentlichungspflicht, sofern sie nicht die Größenmerkmale nach dem PublG erreichen. Freiberufler sind gemäß § 4 III EStG grundsätzlich nur zu einer einfachen „Einnahmen-Überschußrechnung" verpflichtet. Bei der Anwalts-GmbH dagegen ist der Jahresabschluß unverzüglich mit seiner Vorlage, spätestens jedoch vor Ablauf des 9. Monats ab dem Ende des jeweiligen Geschäftsjahres zum Handelsregister einzureichen, § 325 I S. 1 HGB. Das gilt ebenso für den Lagebericht, den Bericht des Aufsichtsrates und gegebenenfalls für den Vorschlag für die Ergebnisverwendung und den Beschluß über seine Verwendung unter Angabe des Jahresüberschusses oder -fehlbetrages, § 325 I S. 2 HGB. Damit wird gegenüber jedermann das Unternehmensergebnis offengelegt, § 9 HGB. Vgl. hierzu *Henssler*, DB 1995, 1549 (1552); *Sommer*, GmbHR 1995, 249 (255).

C. Vertretung

I. Gesellschaft des bürgerlichen Rechts

In der GbR deckt sich, wenn im Gesellschaftsvertrag nichts anderes vereinbart ist, die Vertretungsmacht mit der Geschäftsführungsbefugnis, § 714 BGB. Falls der Gesellschaftsvertrag nichts anderes bestimmt, besteht also mit der Gesamtgeschäftsführung (§ 709 I BGB) auch Gesamtvertretungsmacht. Die Rechtsprechung geht allerdings entgegen § 714 BGB von der Vertretungsmacht jedes einzelnen Gesellschafters in der Anwaltssozietät aus, da der Mandant nach der Verkehrsanschauung eine Einzelvertretungsbefugnis unterstellen darf und er in seinem Vertrauen auf einen Vertragsschluß mit der gesamten Gemeinschaft schutzwürdig ist.[418]

II. Partnerschaftsgesellschaft

§ 7 III PartGG erklärt die Vorschriften des HGB zur Vertretung, §§ 125 I, II, IV, 126, 127 HGB für entsprechend anwendbar. Daher ist grundsätzlich jeder Gesellschafter alleinvertretungsberechtigt, § 125 II HGB. Nach § 125 II HGB kann hiervon im Gesellschaftsvertrag abgewichen und allen oder mehreren Gesellschaftern nur Gesamtvertretungsberechtigung eingeräumt werden, welche zur Wirksamkeit gegenüber Dritten der Eintragung ins Partnerschaftsregister bedarf, §§ 7 III PartGG, 125 IV HGB.[419] Infolgedessen besteht bei der PartG eine einfach zu handhabende Möglichkeit, den für die Einzelvertretungsbefugnis bestehenden Rechtsschein zu zerstören.

III. Gesellschaft mit beschränkter Haftung

§ 35 GmbHG sieht für die GmbH die Gesamtvertretung vor und stellt fest, daß im Gesellschaftsvertrag etwas anderes vereinbart werden kann. Es kommen daher neben der Gesamtvertretung die unechte Gesamtvertretung und die Einzelvertretung in Betracht. Nach § 35 II S. 1, 2 GmbHG können die Vertretungsverhältnisse auch durch Gesellschafterbeschlüsse geregelt

---

418 BGHZ 70, 247 (249); BGH NJW 1991, 1225 f.; hierauf weist *Henssler* in DB 1995, 1549 (1553) hin; vgl. auch *Kaiser/Bellstedt*, 35 (Rdnr. 14).
419 Vgl. hierzu auch *Meilicke/von Westphalen/Hoffmann/Lenz*, PartGG, § 7 Rdnr. 30.

werden, sofern eine entsprechende Ermächtigung im Gesellschaftsvertrag vorliegt.[420] Für die Anwalts-GmbH ist wie bei der Anwalts-GbR allerdings von einer Vertretungsmacht jedes einzelnen Gesellschafters auszugehen, da der Mandant auch bei einer Anwalts-Kapitalgesellschaft nach der Verkehrsanschauung annehmen darf, daß die Gesellschafter einzelvertretungsbefugt sind.[421]

IV. Vergleich

In einer Anwaltssozietät in Form der GbR und in der Anwalts-GmbH gilt regelmäßig in Abweichung vom dispositiven Gesetzesrecht Einzelvertretung als vereinbart. Im Gegensatz dazu ist in der PartG schon nach dem Gesetz grundsätzlich jeder Gesellschafter alleinvertretungsberechtigt.

D. Haftung und Haftungsbeschränkung

I. Überblick über das Anwaltshaftungsrecht

1. Voraussetzungen anwaltlicher Haftung

Die Anwaltshaftung ist mangels eines gesetzlich näher ausgestalteten Anwaltsvertrags als besonderer Vertragstyp und mangels einer Norm, welche die Voraussetzungen anwaltlicher Haftung festlegt, aus den allgemeinen Rechtsgrundsätzen herzuleiten.[422] Die Haftungsgrundlage bildet danach überwiegend das Vertragsverhältnis zwischen dem Rechtsanwalt und dem Mandanten, wobei es sich in der Regel um einen Dienstvertrag nach § 611 BGB handelt, welcher eine entgeltliche Geschäftsbesorgung zum

---

420 Vgl. *Gail/Overlack*, Rdnrn. 167 ff.

421 Vgl. hierzu oben unter 3. Teil, 5.Kapitel, C.I.m.w.N.

422 § 44 S. 2 BRAO ist praktisch bedeutungslos, vgl. hierzu *Gatto*, 87. Nach der Entscheidung des Bundesverfassungsgerichts vom 14.7.1987 zu den anwaltlichen Standesrichtlinien dürfen diese weder zur Konkretisierung der Generalklausel des § 43 BRAO über die anwaltlichen Berufspflichten – welche in Reaktion auf das Urteil allerdings mittlerweile in § 43a BRAO eine eingehendere Normierung gefunden haben – herangezogen werden, noch als normative Regelung dieser Pflichten, NJW 1988, 191 ff. Zum Anwaltsdienstvertrag vgl. z. B. *Feuerich*, in: *Feuerich/Braun*, § 44 Rdnrn. 14 ff.

Gegenstand hat.[423] Als *Anspruchsgrundlage* kommt für einen vertraglichen Schadensersatzanspruch des Mandanten zumeist die positive Vertragsverletzung in Betracht, weil sich die anwaltliche Haftung in der Praxis fast ausschließlich aus der fahrlässigen Verletzung von Nebenpflichten – in der Regel der allgemeinen Sorgfaltspflichten – ergibt.[424] Die Rechtsprechung definiert die anwaltlichen Pflichten gegenüber dem Mandanten sehr weit. Der Anwalt hat danach kraft des Anwaltsvertrags die Interessen seines Mandanten in umfassender Weise wahrzunehmen.[425] Er muß vor einer Beratung den von ihm zu beurteilenden Sachverhalt genau klären und ist verpflichtet, den Mandanten möglichst erschöpfend aufzuklären, ihm den sichersten Weg vorzuschlagen und ihn über mögliche Risiken zu informieren.[426] Der Anwalt hat die Geschäfte so zu erledigen, daß Nachteile für den Mandanten möglichst vermieden werden.[427] Hierbei setzt die Rechtsprechung ein umfassendes Wissen des Rechtsanwalts über die jeweilige Rechtslage einschließlich der höchstrichterlichen Rechtsprechung voraus.[428] Eine deliktische Haftung des Rechtsanwalts gegenüber seinem Mandanten aus § 823 I BGB kommt dagegen in der Regel nicht in Frage, weil der Mandant nur reine Vermögensschäden erleidet, die von dieser Vorschrift gerade nicht ersetzt werden.[429]

---

423 Vgl. *Vollkommer*, 120 (Rdnr. 214).
424 Vgl. z. B. *Vollkommer*, 121 (Rdnrn. 215 ff.); *Gatto*, 89.
425 BGH NJW 1988, 2880 (2881); BGH NJW 1987, 1322 (1323).
426 Vgl. statt vieler BGH NJW 1994, 1472 (1473 ff.); zu der Verpflichtung, einer Verjährung und dem damit verbundenen Rechtsverlust entgegenzuwirken, vgl. z. B. BGH NJW 1993, 1179 (1780 ff.).
427 Vgl. z. B. BGH NJW 1993, 2676 ff. zur Frage der Beweissicherungspflicht des Rechtsanwalts; BGH NJW 1994, 1211 ff. zur Frage, welche Rolle ein schuldhafter Schadensbeitrag eines zweiten Anwalts, der hinzugezogen wird, um einen Fehler eines ersten Rechtsanwalts zu beheben, für ein etwaiges Mitverschulden des Mandanten spielt; und BGH NJW 1993, 3259 ff. zur Frage der Beweislast bei Verstößen gegen die Beratungspflicht.
428 Vgl. zur Kenntnis der Rspr. z. B. BGH NJW 1989, 1155 (1156); zur Kenntnis deutscher Gesetze z. B. OLG Hamm, VersR 1981, 936; BGH VersR 1967, 704 f. Dabei dient das präsente Wissen des Anwalts vor allem dazu, ihn in die Lage zu versetzen, dem Mandanten eine erste Schilderung der Rechtslage zu geben. Hinzu muß, soweit erforderlich, eine Einarbeitung in die konkrete Rechtsfrage des betreffenden Falles kommen. Vgl. die Ausführungen *Vollkommers*, 63-81 (Rdnrn. 119-153) und *Gattos*, 106-121 zur erforderlichen Rechtskenntnis bzw. zur Rechtsprüfungspflicht des Anwalts.
429 Vgl. beispielsweise *Fischer*, 127 f.

2. Möglichkeiten der Haftungsbeschränkung

a) Entwicklung

Das Bemühen der Anwaltschaft um Haftungsschranken steht im Zusammenhang mit den außerordentlich hohen Anforderungen, welche von der Rechtsprechung im Bereich der Anwaltspflichten gestellt werden.[430] Bei der Frage, ob eine Haftungsbeschränkung oder ein Haftungsausschluß wirksam ist, ist sowohl ihre Vereinbarkeit mit *zivilrechtlichen* Grundsätzen zu prüfen als auch mit dem Berufsrecht der Anwälte. So dürfte – wegen der Monopolstellung der zur Verfügung stehenden Anwälte – eine Haftungsbeschränkung beispielsweise dann zivilrechtlich unwirksam sein, wenn für ein bestimmtes Verfahren Anwaltszwang besteht und der Mandant nicht in der Lage ist, einen Anwalt zu finden, welcher ohne Haftungsbeschränkung für ihn tätig wird.[431] Was die *standesrechtliche* Beurteilung angeht, wurde ursprünglich jede Haftungsbeschränkung als unwirksam angesehen, später aber ein Haftungsausschluß für nicht versicherbare Risiken sowie eine Haftungsbeschränkung auf die Mindestdeckungssumme der Berufshaftpflichtversicherung als grundsätzlich unbedenklich betrachtet.[432] Danach sollte ein Haftungsausschluß durch Individualvereinbarung zumindest dann zulässig sein, wenn er sich an einem bestimmten Gegenstand anwaltlicher Tätigkeit orientierte und sich nur auf leichte Fahrlässigkeit bezog.[433] Grundsätzlich sollte auch die Möglichkeit bestehen, die Haftung

---

430 Diese Problematik ist nicht neu. Schon in den zwanziger Jahren wurde von Anwälten die Frage diskutiert, ob Haftungsbeschränkungsvereinbarungen zivilrechtlich bzw. standesrechtlich zu mißbilligen oder aber wünschenswert seien; *Vollkommer*, 242 (Rdnr. 422) und *Borgmann/Haug*, 259 ff. (§ 40 Rdnrn. 33 ff.) m.w.N.

431 *Vollkommer*, 244 (Rdnr. 424).

432 Vgl. *Vollkommer*, 245 (Rdnr. 425), nach § 49 RichtlRA war eine Haftungsbeschränkung oder ein Haftungsausschluß nur dann standeswidrig, wenn das Risiko durch eine Berufshaftpflichtversicherung mit der Mindestsumme des § 48 RichtlRA gedeckt werden konnte; vgl. *Feuerich/Braun*, § 51a Rdnr. 2 zur Nichtweitergeltung des für die Aufrechterhaltung der Funktionsfähigkeit der Rechtspflege nicht unerläßlichen § 49 RichtlRA nach den Beschlüssen des BVerfG, NJW 1988, 191 ff.

433 *Vollkommer*, 247 (Rdnr. 427); *Feuerich/Braun*, § 51a Rdnr. 2. Bei einem Ausschluß der Haftung für einfache Fahrlässigkeit in einer Individualvereinbarung sollte es darauf ankommen, ob sich im Einzelfall anerkennenswerte Gründe hierfür finden ließen. Dies sei bei einem allgemeinen Ausschluß der Haftung nicht der Fall. Bei einer Individualvereinbarung, die die Haftung für vorsätzliches Handeln ausschließt, ergibt sich die Unwirksamkeit dagegen schon aus § 276 II BGB. Die Möglichkeit eines Haftungsausschlusses für grobe Fahrlässigkeit durch Individualvereinbarungen war wiederum unklar. Teilweise wurde der Ausschluß der Haftung zumindest für bestimmte Sonderfälle wie beispielsweise bei Unentgeltlichkeit des Auftrags als wirksam angesehen; *Lingenberg/Hummel/Zuck/Eich*, § 49 Rdnr. 9; weitere Nachweise bei *Vollkommer*, 246 Fn. 23. Teilweise wurde in derartigen Vereinbarungen aber ein Verstoß gegen den

mit vorformulierten Vertragsbedingungen zu beschränken.[434] Mittlerweile hat das Gesetz zur Neuordnung des Berufsrechts der Rechtsanwälte und der Patentanwälte vom 2.9.1994[435] jedoch neue Grundsätze aufgestellt und mit § 51a BRAO einen festen Rahmen für die Beschränkungsmöglichkeiten vorgegeben.

b) § 51a BRAO

aa) Grundlagen

Nach der Begründung des Gesetzesentwurfs der Bundesregierung soll § 51a BRAO[436] es dem Rechtsanwalt ermöglichen, ein hohes, möglicherweise existenzgefährdendes Haftungsrisiko für fehlerhafte Berufsleistungen in vertretbaren Grenzen zu halten. Diese Regelung ist insbesondere wegen der sehr hohen Anforderungen notwendig geworden, welche die Rechtsprechung an die Sorgfaltspflichten des Rechtsanwalts stellt. Weiterhin ist zu bedenken, daß das Schadensrisiko nicht durch den

---

Grundsatz von Treu und Glauben gesehen, weil die Annahme eines Mandats einen Vertrauenstatbestand begründe, der nicht mit einem Ausschluß der Haftung des Anwalts selbst für schwere und offensichtliche Fehler zu vereinbaren sei; *Vollkommer*, 247 (Rdnr. 428); *Feuerich/Braun*, § 51a Rdnr. 2.

434 Zu den Kritikern und Befürwortern der Allgemeinen Mandatsbedingungen und ihren Argumenten vgl. *Vollkommer*, 246 (Rdnr. 426) m.w.N. Allerdings sollte ursprünglich selbst die Haftung für einfache Fahrlässigkeit durch die Verwendung von Allgemeinen Mandatsbedingungen nicht völlig ausgeschlossen werden können. Zur Begründung wurde auf den aus dem Anwaltsvertrag folgenden Vertrauenstatbestand verwiesen. Auch wurde ein Haftungsausschluß, welcher sich auch auf die Kardinalpflichten aus dem abgeschlossenen Vertrag bezog, wegen § 9 AGBG nicht anerkannt; vgl. *Vollkommer*, 250 (Rdnr. 436) m.w.N. Ein Ausschluß der Haftung für bestimmte Beratungsgegenstände – beispielsweise für ausländisches Recht – oder in einzelnen Beziehungen – wie für telefonisch gegebene Auskünfte – sollte dagegen möglich sein; vgl. *Vollkommer*, 250 f. (Rdnrn. 437 f.) m.w.N.; auch dies war aber nicht unstreitig; vgl. *Feuerich/Braun*, § 51a Rdnr. 3, welche sowohl eine Beschränkung der Haftung auf bestimmte Gegenstände als auch den Haftungsausschluß für Telefonauskünfte auf vorformulierten Vertragsbedingungen für unwirksam erklären. Allerdings sollte auch hier ein berechtigtes Interesse an der Freizeichnung nur zu erkennen und diese daher nur wirksam sein, soweit der Schaden, der dem Mandanten entstehen kann, nicht durch eine Berufshaftpflichtversicherung abgedeckt ist oder durch einen unter zumutbaren Bedingungen zu erlangenden Versicherungsschutz abgedeckt hätte werden können; vgl. *Vollkommer*, 251 (Rdnr. 439); *Feuerich/Braun*, § 51a Rdnr. 3.

435 BGBl I, 2278 ff.

436 Vgl. auch *von Westphalens* sowie *Römermanns* Ausführungen zum Einfluß der EG-Richtlinie über mißbräuchliche Klauseln in Verbraucherverträgen (Richtlinie 93/13/EWG v. 5.4.1993, ABl Nr. L95 v. 21.4.1993, 29) auf die Möglichkeit der Haftungsbeschränkung nach § 51a BRAO; *von Westphalen*, ZIP 1995, 546 (547 f.); *Römermann*, 129 ff.

Gegenstandswert des Mandats begrenzt ist, sondern diesen um ein Vielfaches übersteigen kann und die Anwälte auch bei schwierigen und komplexen Beratungsangelegenheiten an die Gebührenordnung gebunden sind. Auch haften in der Sozietät als GbR alle Gesellschafter als Gesamtschuldner persönlich, selbst wenn sie keinen Einfluß auf die Tätigkeit ihrer Sozien nehmen können.

Diesen Problemen soll mit der gesetzlichen Regelung nun entgegengewirkt und dabei auch berücksichtigt werden, daß die deutschen Anwälte sich mittlerweile im Wettbewerb mit ausländischen Kollegen befinden, welche zum Teil bereits Möglichkeiten der Haftungsbeschränkung haben. Die berechtigten Interessen der Rechtssuchenden, den Rechtsanwalt für ein berufliches Fehlverhalten in Anspruch nehmen zu können, werden durch eine vereinbarte Haftungsbeschränkung nicht beeinträchtigt. So wird der notwendige Mandantenschutz durch die Einführung einer Berufshaftpflichtversicherung (§ 51 BRAO) sichergestellt. Diese gewährleistet den Ausgleich wirtschaftlicher Schäden, die ein Mandant durch fehlerhafte Berufshandlungen eines Anwalts erleidet, zuverlässiger als die Anordnung einer unbeschränkten persönlichen Haftung des Anwalts.[437] Zudem ist zu berücksichtigen, daß die Bestimmungen des § 51a I, II BRAO lediglich die Möglichkeit einer Beschränkung der persönlichen Haftung der Rechtsanwälte betreffen. Damit wird klargestellt, daß die Gesellschaft – also die Anwalts-GbR oder die Anwalts-PartG, je nachdem, in welcher Form der Sozietät die Anwälte zusammenarbeiten – mit ihrem Vermögen neben den Gesellschaftern haftet.[438]

bb) § 51a I Nr. 1 BRAO

Die Regelung in § 51a I Nr. 1 BRAO sieht vor, daß der Anspruch des Mandanten aus dem zwischen ihm und dem Rechtsanwalt bestehenden Vertragsverhältnis auf Ersatz eines fahrlässig verursachten Schadens durch schriftliche *Individualvereinbarung* bis zur Höhe der Mindestversicherungssumme begrenzt werden kann. Die Höhe der Mindestversicherungssumme beträgt nach § 51 IV BRAO derzeit DM 500.000.[439]

---

437 Entwurf eines Gesetzes zur Neuordnung des Berufsrechts der Rechtsanwälte und Patentanwälte, BT-Drucks. 12/4993, 32 (Gesetzesentwurf der Bundesregierung).

438 Ein Ausschluß der Haftung der Gesellschaft selbst wäre unzulässig; vgl. hierzu *Borgmann/Haug*, 265 (§ 41 Rdnr. 47); BGH NJW 1992, 3037 ff.

439 Die RichtlRA sahen seit 1963 eine Versicherungssumme von DM 50.000 und seit 1977 in Höhe von 100.000 vor. Durch die Erhöhung auf DM 500.000 wurde der Betrag den gesetzlichen Regelungen der steuer- und wirtschaftsberatenden Berufe (§§ 67 StBerG, 54 WPO) angepaßt. Sind Anwälte in einer interprofessionellen Sozietät verbunden

Abweichend von der Rechtslage vor Gültigkeit des neuen § 51a BRAO kann der Anwalt die Haftung nun für jede Art der Fahrlässigkeit, also auch für grob fahrlässiges Verhalten, begrenzen. In der Begründung des Gesetzesentwurfs der Bundesregierung wird hierzu ausgeführt, dem Rechtsanwalt stehe es frei, mit seinen Mandanten die besonderen Risiken eines Auftrages zu erörtern und mit diesem individuell zu vereinbaren, daß sich die anwaltliche Haftung auf die gesetzliche Mindestversicherungssumme beschränkt. Eine solche Beschränkung auf die gesetzliche Mindestversicherungssumme durch eine schriftliche Einzelvereinbarung erscheine im Verhältnis zur Höhe des vertragstypischen Schadensrisikos nicht unangemessen.[440]

cc) § 51a I Nr. 2 BRAO

Durch § 51a I Nr. 2 BRAO wird dem Anwalt nunmehr ausdrücklich auch die Beschränkung der Haftung durch *vorformulierte Vertragsbedingungen* auf den vierfachen Betrag der Mindestversicherungssumme gestattet. Der Gesetzgeber hielt dies für vertretbar, weil diese Regelung nur in Fällen von Bedeutung ist, in denen es um sehr hohe Streitwerte geht.[441] Zudem sei einerseits der Rahmen, in dem das Haftungsrisiko versichert werden könne, nicht unbegrenzt, da die Versicherungsprämien ab einer bestimmten Höhe wirtschaftlich kaum noch tragbar seien. Andererseits dürfte auch auf seiten der – im Hinblick auf die in der Regel sehr hohen Streitwerte wohl vorwiegend kaufmännisch geprägten – Mandantschaft eher die Bereitschaft bestehen, sich auf eine Haftungsbeschränkung einzulassen, die in

---

(§ 59a BRAO), so muß jeder der Sozien eine Berufshaftpflichtversicherung mit einer Deckungssumme von DM 500.000 haben, *Feuerich/Braun*, § 51 Rdnr. 15. Nach § 51 VIII BRAO kann das Bundesministerium der Justiz die Mindestversicherungssumme durch Rechtsverordnung mit Zustimmung des Bundesrates festsetzen, vgl. hierzu *Feuerich/Braun*, § 51a Rdnr. 19.

440 Entwurf eines Gesetzes zur Neuordnung des Berufsrechts der Rechtsanwälte und Patentanwälte, BT-Drucks. 12/4993, 32.

441 Zwar muß kein unmittelbarer Zusammenhang zwischen dem Streitwert und der Schadenshöhe bestehen; Fälle, in denen es um so hohe Risiken geht, daß die möglichen Schadensfolgen den vierfachen Betrag der Mindestversicherungssumme – also derzeit DM 2.000.000 – überschreiten, dürften aber in aller Regel auch mit hohen Streitwerten verbunden sein und zumeist im wirtschaftsrechtlichen Bereich liegen. Gerade im Bereich der wirtschaftsrechtlichen Beratung aber besteht ein starkes Bedürfnis für eine Haftungsbeschränkung, da zwischen der rechtlich unangreifbaren Bearbeitung eines Falles einerseits und der noch wirtschaftlich sinnvollen Bearbeitung anderseits häufig ein großer Unterschied besteht und die Haftungsrisiken in diesem Bereich wiederum häufig einen Umfang erreichen, der sich nicht mehr mit wirtschaftlich tragbaren Prämien versichern läßt.

vorformulierten Vertragsbedingungen enthalten ist.[442] Die Interessen der Mandanten wiederum werden dadurch berücksichtigt, daß der Rechtsanwalt – um über § 51a I Nr. 2 BRAO die Möglichkeit zu erhalten, die Haftung durch vorformulierte Vertragsbedingungen auf den vierfachen Betrag der Mindestversicherungssumme zu beschränken – auch für einen entsprechenden Versicherungsschutz zu sorgen hat. Wie *Liesenfeld* zutreffend ausführt, kann der Anwalt zum Zeitpunkt der Eingehung eines Mandatsverhältnisses nicht mit Sicherheit bestimmen, inwieweit ihm die Deckung seiner Berufshaftpflichtversicherung noch zur Verfügung steht, oder aber durch vorausgegangene fehlerhafte Berufsleistungen – die dem Anwalt noch nicht bekannt zu sein brauchen – verbraucht ist. Infolgedessen muß der Anwalt mit seinem Berufshaftpflichtversicherer eine unmaximierte Deckungssumme vereinbaren, um zu gewährleisten, daß die Deckungssumme von derzeit DM 2.000.000 für beliebig viele Schadensfälle pro Versicherungsjahr in Anspruch genommen werden kann.[443] Damit ist der geschädigte Mandant in der Regel besser gestellt als bei einem unbeschränkten Anspruch, bei dem die Berufshaftpflichtversicherung des Rechtsanwalts aber nur in Höhe der gesetzlichen Mindestversicherungssumme eintritt.[444]

Allerdings sind die Voraussetzungen für eine Haftungsbegrenzung durch vorformulierte Vertragsbedingungen enger als die für die individualvertraglichen Haftungsbeschränkungen. So kann die Haftung in vorformulierten Vertragsbedingungen nur für *einfache Fahrlässigkeit*, nicht aber für grobe Fahrlässigkeit beschränkt werden. Die ursprünglich im Regierungsentwurf für jede Art der Fahrlässigkeit vorgesehene Möglichkeit der Haftungsbeschränkung durch vorformulierte Vertragsbedingungen[445] mußte auf Drängen des Bundesrates geändert und auf die Fälle einfacher Fahrlässigkeit beschränkt werden. Dies wurde damit begründet, daß die Möglichkeit, die Haftung durch vorformulierte Vertragsbedingungen auch für Fälle grobfahrlässig verursachter Schäden zu begrenzen, die Mandanten unangemessen benachteilige. Durch diese spezialgesetzliche Regelung würde nämlich die in § 11 Nr. 7 AGBG zum Schutz der Verbraucher auf-

---

442 Entwurf eines Gesetzes zur Neuordnung des Berufsrechts der Rechtsanwälte und Patentanwälte, BT-Drucks. 12/4993, 32. Dies gilt um so mehr, wenn – wie bei der Haftungsbeschränkung durch vorformulierte Vertragsbedingungen – das Haftungslimit das Vierfache der Mindestversicherungssumme beträgt, also DM 2.000.000.
443 *Liesenfeld*, AnwBl 1996, 96.
444 Entwurf eines Gesetzes zur Neuordnung des Berufsrechts der Rechtsanwälte und Patentanwälte, BT-Drucks. 12/4993, 32.
445 Vgl. § 51b BRAO des Regierungsentwurfes des Gesetzes zur Neuordnung des Berufsrechts der Rechtsanwälte und Patentanwälte, BT-Drucks. 12/4993, 8.

gestellte Grundregel außer Kraft gesetzt, daß ein Ausschluß oder eine Begrenzung der Haftung für einen Schaden, der auf einer grobfahrlässigen Vertragsverletzung beruhe, in Allgemeinen Geschäftsbedingungen nicht möglich sein soll. Allein die Annahme, daß es sich bei Mandaten mit Gegenstandswerten von mehr als DM 2.000.000 vorwiegend um Fälle handeln dürfte, die von einer kaufmännisch geprägten Mandantschaft in Auftrag gegeben wurden, soll eine solche pauschale Freizeichnungsmöglichkeit in vorformulierten Vertragsbedingungen nicht rechtfertigen können.[446] Diese Begrenzung des § 51a I Nr. 2 BRAO auf die Fälle einfacher Fahrlässigkeit ist allerdings deshalb problematisch, weil nach der Rechtsprechung des Bundesgerichtshofes zur Anwaltshaftung nur selten von einer lediglich einfachen Fahrlässigkeit ausgegangen wird,[447] so daß eine Beschränkung der Haftung in vorformulierten Vertragsbedingungen für den Anwalt immer das Risiko mit sich bringt, daß sein Verschulden später durch die Rechtsprechung als nicht nur leicht fahrlässig beurteilt wird und er daher doch unbeschränkt haftet.[448] Die Unkalkulierbarkeit der Haftung in diesen Fällen läßt sich beispielhaft durch die Ausführungen des Bundesrates selbst vor Augen führen. Danach soll die Klärung der Frage, ob im Falle einer Fristversäumung von leichter oder grober Fahrlässigkeit auszugehen sei, der Rechtsprechung zur Klärung überlassen werden.[449] Was die Begrenzung der Haftung auf den vierfachen Betrag der Mindestversicherungssumme betrifft, so hat der Anwalt, wie bereits ausgeführt, für einen entsprechenden Versicherungsschutz zu sorgen. Unterläßt er das und vereinbart er trotzdem mit einem Mandanten in vorformulierten Vertragsbedingungen eine Haftungsbeschränkung auf den vierfachen Betrag der Mindestversicherungssumme, so stellt dies eine ahndungsfähige Berufs-

---

446 Stellungnahme des Bundesrates zum Entwurf eines Gesetzes zur Neuordnung des Berufsrechts der Rechtsanwälte und Patentanwälte, BR-Drucks. 93/93, 6. Hiermit sollte wohl berücksichtigt werden, daß Kaufleute über § 9 AGBG heute weitgehend gleichbehandelt werden.

447 Vgl. die amtliche Begründung zu § 51a BRAO, BT-Drucks. 12/7650, 50; *Feuerich/ Braun*, § 51a Rdnr. 6 mit zahlreichen Rechtsprechungsnachweisen; *Kleine-Cosack*, § 51a Rdnr. 12, § 51b Rdnrn. 17 ff.

448 Kritisch auch *Borgmann/Haug*, 264 (§ 41 Rdnr. 43 ff.); *Feuerich/Braun*, § 51a Rdnr. 6. Der Rechtsausschuß stellte in seiner Begründung zur BRAO-Novelle ebenfalls fest, daß die Beschränkung auf Fälle der einfachen Fahrlässigkeit in § 51a I Nr. 2 BRAO wegen der damit verbundenen Abgrenzungsschwierigkeiten zwischen Fällen von einfacher und solchen von sonstiger Fahrlässigkeit nicht sinnvoll ist, BT-Drucks. 12/7656, 50.

449 BR-Drucks. 504/94, 2; zur Überwindung der Abgrenzungsschwierigkeiten zwischen einfacher Fahrlässigkeit und den anderen Formen der Fahrlässigkeit soll die Rechtsprechung zu Vorschriften, in denen der Begriff der groben Fahrlässigkeit zum Tatbestand gehört, wie beispielsweise § 277 BGB, hilfreich sein, BR-Drucks. 504/94, 2.

verfehlung dar.[450] Zudem ist nach dem Gesetzeswortlaut – „… kann beschränkt werden durch vorformulierte Vertragsbedingungen … auf den vierfachen Betrag der Mindestversicherungssumme, wenn insoweit Versicherungsschutz besteht" (§ 51a I Nr. 1 BRAO) – und nach der Begründung des Gesetzgebers – „um in den Genuß der Möglichkeit zu kommen, … zu beschränken, muß der Rechtsanwalt auch für ausreichenden Versicherungsschutz sorgen"[451] – davon auszugehen, daß die haftungsbeschränkende Vereinbarung in diesem Falle ihre Wirksamkeit verliert. Auch ist zu berücksichtigen, daß eine Haftungsbegrenzung in vorformulierten Vertragsbedingungen nicht gegen allgemeine Grundsätze oder die neben § 51a I Nr. 2 BRAO, welcher lex specialis gegenüber dem AGBG ist, weitergeltenden Regelungen des AGB-Gesetzes verstoßen darf. So sind beispielsweise überraschende Klauseln weiterhin nach § 3 AGBG unwirksam,[452] und es wird angenommen, daß eine völlige Freizeichnung von leichter Fahrlässigkeit im Wege allgemeiner Mandatsbedingungen mit dem besonderen Vertrauensverhältnis zwischen Anwalt und Mandant nicht in Einklang zu bringen ist und daher gegen § 9 II AGBG verstößt.[453]

dd) § 51a II BRAO

§ 51a II BRAO stellt der Möglichkeit der Haftungsbeschränkung auf den oder die Handelnden in *Satz 1* voran, daß die Mitglieder einer Sozietät „aus dem zwischen ihr und dem Auftraggeber bestehenden Vertragsverhältnis als Gesamtschuldner" haften. Diese Formulierung ist allerdings, wie *Borgmann* und *Haug* zutreffend bemerken, mißglückt, da bei der Tätigkeit der Anwälte in der Form der GbR, anders als bei der in der PartG oder GmbH, grundsätzlich alle Sozien, nicht aber auch die Sozietät, vertragliche Mandatspartner sind. Es müßte also „zwischen ihnen" statt „zwischen ihr" heißen.[454] Allerdings ist zu berücksichtigen, daß von dem Begriff der „Sozietät" in § 51a II BRAO nicht nur die GbR, sondern auch die PartG erfaßt wird.[455]

§ 51a II S. 2 BRAO eröffnet die Möglichkeit, die persönliche Haftung für Schadensersatz auf diejenigen Mitglieder einer Sozietät zu beschränken, die vertragsgemäß die Bearbeitung des Mandats übernommen haben. Dies gilt

---

450 *Feuerich/Braun*, § 51a Rdnr. 7.
451 Entwurf eines Gesetzes zur Neuordnung des Berufsrechts der Rechtsanwälte und Patentanwälte, BT-Drucks. 12/4993, 32.
452 Vgl. hierzu und zu weiteren Beispielsfällen *Feuerich/Braun*, § 51a Rdnr. 8.
453 *Liesenfeld*, AnwBl 1996, 96.
454 *Borgmann/Haug*, 265 (§ 41 Rdnr. 46).
455 Vgl. hierzu *K. Schmidt*, NJW 1995, 1 (6).

für örtliche und überörtliche Sozietäten, für solche, in denen nur Anwälte verbunden sind und für interprofessionelle Zusammenschlüsse. Diese Zulassung einer Beschränkung der persönlichen Haftung auf den oder die Handelnden bezweckt, das Haftpflichtrisiko, welches die einzelnen Sozii, soweit sie das Mandat selbst nicht bearbeiten, kaum kontrollieren können, zu begrenzen. So erscheint die Haftung der an der Mandatsbearbeitung nicht beteiligten Gesellschafter insbesondere bei überörtlichen und interprofessionellen Sozietäten problematisch.[456] Danach bietet sich beispielsweise bei überörtlichen Zusammenschlüssen an, die Haftung auf die Sozien zu beschränken, die am Ort der vorgesehenen Mandatsbearbeitung ihren Kanzleisitz haben. Auch eine Beschränkung auf nur ein Mitglied soll aber nicht ausgeschlossen sein.[457] Die persönliche Haftung kann auch durch vorformulierte Vertragsbedingungen beschränkt werden, § 51a II S. 2 BRAO. Die Haftungsbeschränkung kann jedoch nur auf Mitglieder der Sozietät vorgenommen werden, nicht also beispielsweise auf einen angestellten Anwalt oder einen freien Mitarbeiter. Der Haftende muß im Interesse der Rechtssicherheit namentlich bezeichnet werden. Die Haftungsbeschränkung kann sich nur auf diejenigen Gesellschafter beziehen, „die das Mandat im Rahmen ihrer eigenen beruflichen Befugnisse bearbeiten". Danach setzt die Wirksamkeit der Haftungseinschränkung voraus, daß das Mandat auch tatsächlich von dem namentlich genannten Gesellschafter erledigt wird. Ist die Haftungsbeschränkung unwirksam, so ist davon auszugehen, daß alle Sozien nach der gesetzlichen Grundregel als Gesamtschuldner haften.[458] Bedenklich ist diese Regelung wegen der mit ihr verbundenen Rechtsunsicherheit – es wird beispielsweise bei komplexen Aufträgen häufig nicht von vornherein feststehen, welche speziellen Probleme sich im Laufe der Bearbeitung herausstellen und welche Sozien daher hinzuzuziehen sind. Arbeiten andere, in der haftungsbegrenzenden Vereinbarung nicht namentlich genannte Partner mit und handeln sie hierbei fehlerhaft, so müßte das nach der Regelung des § 51a II S. 2 BRAO die Nichtigkeit der Haftungsbeschränkung zur Folge haben.[459]

Im übrigen legt *Satz 3* fest, daß die Zustimmungserklärung des Auftraggebers zu einer derartigen Beschränkung keine anderen Erklärungen ent-

---

456 Entwurf eines Gesetzes zur Neuordnung des Berufsrechts der Rechtsanwälte und Patentanwälte, BT-Drucks. 12/4993, 32 f.

457 Vgl. hierzu *Borgmann/Haug*, 265 (§ 41 Rdnr. 47).

458 So auch *Borgmann/Haug*, 266 (§ 41 Rdnr. 50).

459 Denkbar wäre auch, aus der haftungsbeschränkenden Vereinbarung zu schließen, daß nur den genannten Sozien das Mandat erteilt wurde, und die anderen Mitglieder der Sozietät lediglich Gehilfen sind, für die die Haftungsanwälte dann nach § 278 BGB einzustehen hätten; vgl. *Borgmann/Haug*, 266 (§ 41 Rdnr. 49).

halten darf und vom Auftraggeber unterschrieben sein muß, weil die durch § 51a II S. 2 BRAO eröffneten Haftungsbeschränkungsmöglichkeiten nicht ohne weiteres mit der Erwartungshaltung der Rechtssuchenden gegenüber einer Sozietät übereinstimmen dürften.

ee) Anwendbarkeit des § 51a I BRAO auf Anwaltssozietäten

Die gesetzlichen Möglichkeiten einer Haftungsbeschränkung nach § 51a I Nrn. 1 und 2 BRAO beziehen sich dem Wortlaut nach nur auf zwischen einem einzelnen Rechtsanwalt und einem Mandanten bestehende Vertragsverhältnisse, während § 51a II BRAO die Möglichkeit einer vertraglichen Haftungsbeschränkung für Sozietäten vorsieht. Die Gesetzesbegründungen wiederum nehmen zwar nicht ausdrücklich dazu Stellung, ob lediglich § 51a II BRAO mit seiner Möglichkeit der Haftungsbeschränkung auf den Handelnden für Zusammenschlüsse von Rechtsanwälten gelten soll, während die anderen Möglichkeiten der Haftungsbeschränkung Einzelanwälten vorbehalten bleiben sollen. Dafür, daß § 51a I Nrn. 1 und 2 BRAO auch auf Sozietäten anzuwenden ist und § 51a II BRAO nur eine zusätzliche Möglichkeit der Haftungsbeschränkung in Sozietäten vorsieht,[460] spricht folgendes: Es war ein erklärter Zweck der Neuregelung der Haftungsbeschränkungsmöglichkeiten, die deutschen Anwälte im internationalen Wettbewerb zu stärken. Die Konkurrenzsituation, in der die Anwaltschaft im Bereich der wirtschaftsrechtlichen Beratung steht, macht wiederum eine Zusammenarbeit notwendig, worauf die Regierungsbegründung ebenfalls ausdrücklich hinweist.[461] Dabei erscheint eine Haftungsbegrenzung auf den Handelnden nicht immer praktikabel. So kann einerseits insbesondere bei umfangreichen und vielschichtigen Beratungsaufträgen eine größere Zahl von Anwälten beteiligt sein, so daß eine Haftungsbegrenzung auf die Handelnden einen beträchtlichen Anteil der in der Sozietät tätigen Partner betreffen und damit wenig Sinn machen würde. Zudem mag die namentliche Bezeichnung der Handelnden zum Zeitpunkt des Vertragsschlusses schwierig sein, da unter Umständen noch nicht absehbar ist, welche Probleme sich ergeben werden und die Heranziehung welcher Spezialisten – sowie überhaupt wie vieler Anwälte – im

---

460 Zu diesem Ergebnis kommt – allerdings ohne Begründung – für Steuerberatungsgesellschaften für den mit § 51a I Nr. 1, 2 BRAO vergleichbaren § 67a I Nr. 1, 2 StBerG auch *Mittelsteiner*, DStR 1994, Beihefter zu Heft 37, 1 (32). Auch *K. Schmidt*, NJW 1995, 1 (6) nimmt hierzu Stellung und führt aus, § 51a I BRAO gelte für die Haftung eines jeden Rechtsanwalts – und damit auch einer PartG oder Sozietät in Form der GbR.

461 BT-Drucks. 12/4993, 32.

Laufe der Bearbeitung notwendig werden wird. In solchen Fällen ist eine Begrenzung der Haftung auf die das Mandat bearbeitenden Anwälte also nicht zweckmäßig. Andererseits ist zu bedenken, daß, wenn die Haftung auf ein einzelnes oder einzelne Mitglieder der Sozietät beschränkt wird, diese die gesamte Haftungslast tragen. Infolgedessen drängt sich hier eine gesonderte Haftungsbeschränkung der Höhe nach auf.[462] Nach der BRAO kann also auch bei Zusammenschlüssen von Anwälten – und das gilt für die Anwalts-GbR gleichermaßen wie für die Anwalts-PartG – die grundsätzlich unbegrenzte persönliche Haftung des Handelnden vertraglich beschränkt werden.

II. Gesellschaft des bürgerlichen Rechts

1. Haftungsvoraussetzungen

a) Grundlagen

Die Gesellschafter einer GbR haften für rechtsgeschäftlich begründete Verbindlichkeiten der Gesellschaft neben dieser persönlich.[463] Streitig ist insofern allerdings, auf welcher Rechtsgrundlage den Gesellschaftsgläubigern nicht nur ein Anspruch gegen die Gesamthand, sondern auch noch Forderungen gegen die Gesellschafter persönlich eingeräumt werden können. Nach der *Theorie der Doppelverpflichtung* handelt der geschäftsführende Gesellschafter beim Abschluß eines Vertrages regelmäßig im eigenen Namen, im Namen der Gesamthandsgesellschaft und im Namen jedes Mitgesellschafters und verpflichtet damit sowohl die Gesellschaft,

---

462 Hierauf weisen auch *Borgmann/Haug*, 267 (§ 41 Rdnr. 52) hin, welche die Frage einer Anwendbarkeit des § 51a I BRAO auf Sozietäten allerdings nicht problematisieren, sondern ohne weiteres davon ausgehen, daß der gesamte § 51a BRAO auf Sozietäten Anwendung findet.

463 Die Frage nach der Rechtsnatur der GbR soll hier nicht weiter vertieft werden. Die obige Formulierung geht davon aus, daß die GbR entsprechend dem Urteil des BGH vom 10.2.1992 (ZIP 1992, 695 (698)) eine jedenfalls teilweise verselbständigte Organisation ist, die „eigene Gläubiger haben kann". Nach der früheren Rechtsprechung (BGH, Urt. v. 15.12.1980, BGHZ 79, 374 (378)) war von einer fehlenden Verselbständigung der Gesellschaft gegenüber ihren Mitgliedern auszugehen. Der Ausgangspunkt der Problematik lag hierbei darin, daß der GbR ursprünglich die Fähigkeit abgesprochen wurde, Träger von Rechten und Pflichten zu sein, weil es nach dem Gesetzeswortlaut neben den Gesellschaftern der GbR kein weiteres Rechtssubjekt gibt. Daher erschien auch eine eigenständige Regelung der Haftung der Gesellschafter überflüssig – eine dem § 124 HGB vergleichbare Norm fehlt im Recht der GbR, Verbindlichkeiten der Gesellschafter werden über §§ 164 ff. BGB begründet.

als auch die Gesellschafter persönlich. Dies soll im Regelfall sowohl dem Willen des handelnden Gesellschafters, als auch der Verkehrsauffassung entsprechen.[464] Im Gegensatz dazu ist nach der *Akzessorietätstheorie* die Gesellschaft Vertragspartner und Schuldner. Die Haftung der Gesellschafter ist akzessorisch – sie hängt nicht von der Vertretungsmacht der Geschäftsführer den anderen Gesellschaftern gegenüber ab, sondern besteht immer dann, wenn mit dem jeweiligen Gläubiger keine Haftungsbeschränkung auf das Gesamthandsvermögen der GbR vereinbart ist. Hierbei wird überwiegend § 128 HGB analog angewandt.[465] Nach beiden Theorien besteht also grundsätzlich eine persönliche Gesellschafterhaftung für Gesellschafterschulden. *Praktische Bedeutung* erlangt der *Theorienstreit* aber insbesondere dann, wenn es darum geht, die Gesellschafter persönlich für gesetzliche Gesamthandsverbindlichkeiten haftbar zu machen. Dies läßt sich bei Anwendung der Akzessorietätstheorie unproblematisch begründen, während die Gesellschafter nach der Doppelverpflichtungstheorie grundsätzlich nicht persönlich für ausschließlich durch Gesetz begründete Verbindlichkeiten der Gesellschaft – wie insbesondere für Ansprüche wegen von Organen begangenen unerlaubten Handlungen – haftbar sind, soweit nicht § 31 BGB bei der GbR angewendet wird.[466] Zu unterschiedlichen Ergebnissen führen die beiden Theorien auch, wenn die Haftung für Altschulden auf einen Neueintretenden erstreckt werden soll. Hier wendet die Rechtsprechung die §§ 128, 130 HGB auf das Recht der GbR nicht entsprechend an, so daß es nicht ohne weiteres zu einer Haftung eines neu eintretenden Partners für die vor seinem Eintritt begründeten Verbindlichkeiten kommt.[467] Relativiert wird dies allerdings dadurch, daß

---

464 Vgl. als Vertreter der Theorie der Doppelverpflichtung statt vieler BGHZ 74, 240 (242 f.); MüKo/*Ulmer*, § 714 Rdnrn. 24-28 m.w.N.

465 Vgl. statt vieler *K. Schmidt*, Gesellschaftsrecht, § 60 III.4., 1796 m.w.N. in Fn. 69; OLG Hamm, WM 1989, 1572 (1573 f.), kritisch hierzu *Crezelius*, EWiR 1989 (§ 714 BGB), 979 f.

466 Die Anwendbarkeit des § 31 BGB auf die GbR ist umstritten. Gegner einer derartigen Analogie begründen ihre Auffassung damit, daß die GbR sich in ihrem Außenhandeln nicht hinreichend deutlich von ihren Mitgliedern unterscheide; BGHZ 45, 311 (312). Die Befürworter der Analogie sehen zumindest dann eine die Analogie zu rechtfertigende Regelungslücke im Recht der GbR, wenn diese als Außengesellschaft über ein verselbständigtes Sondervermögen und eine den Personenhandelsgesellschaften vergleichbare, der Teilnahme am Rechtsverkehr dienende Organisationsstruktur verfügt; MüKo/*Ulmer*, § 705 Rdnr 218 m.w.N.

467 BGHZ 74, 240 (242 ff.). Vgl. auch MüKo/*Ulmer*, §714 Rdnr. 56; anders z. B. *Schlegelberger/K. Schmidt*, § 130 Rdnr. 5. Für die Nachhaftung gilt, daß die Haftung eines Gesellschafters für Verbindlichkeiten der GbR, die vor seinem Ausscheiden begründet waren, nach § 736 II BGB spätestens mit dem Ablauf von fünf Jahren ab der Kenntnis des Gläubigers vom Ausscheiden des Gesellschafters erlischt. Vgl. hierzu auch

in einer Anwaltssozietät nach der Verkehrsauffassung regelmäßig eine Mitbeauftragung auch der künftigen Sozii anzunehmen ist.[468] Schließlich ist der Theorienstreit auch noch von Relevanz, wenn die Vertretungsmacht im Gesellschaftsvertrag auf die Vertretung der Gesamthand beschränkt wird und sich die Frage stellt, ob hierdurch die persönliche Gesellschafterhaftung ausgeschlossen werden kann. Letzteres wird im folgenden erörtert.

b) Anwaltssozietäten

Für den Spezialfall einer Anwalts-GbR sind im Hinblick auf die Haftungsvoraussetzungen einige Abweichungen von den oben dargestellten Grundsätzen zu beachten. So ist nach der – über § 157 BGB zu berücksichtigenden – Verkehrsauffassung davon auszugehen, daß der Anwalt einer Sozietät mit der Annahme eines Mandats nicht nur sich, sondern auch seine Sozien verpflichtet.[469] Dies beruht darauf, daß eine Sozietät den guten Ruf, den sie als solche genießt, den Mandanten anbietet. Letztere wollen sich mit der Beauftragung einer Sozietät in der Regel gerade die Vorteile zunutze machen, die ihnen aus der gemeinschaftlichen Berufsausübung verschiedener Anwälte erwachsen. Daher haften alle Anwälte der Sozietät unbeschränkt für den Schaden, den einer von ihnen verschuldet, obgleich § 425 II BGB das für Schadensersatzansprüche erforderliche Verschulden von der Gesamtwirkung ausnimmt.[470] Diese Grundsätze gelten auch dann, wenn Rechtsanwälte mit Steuerberatern und/oder Wirtschaftsprüfern in einem Sozietätsverhältnis stehen.[471] Die persönliche Gesellschafterhaftung ist daher der gesetzliche Regelfall. Nur bei Vorlie-

---

Henssler, DB 1995, 1549 (1554).

468 MüKo/*Ulmer,* § 714 Rdnr. 25 – nach der Doppelverpflichtungstheorie haftet ein neu eintretender Gesellschafter nicht für bereits begründete Verbindlichkeiten der Gesellschaft; der BGH lehnt die Anwendung des § 130 HGB auf die GbR ab, vgl. BGHZ 74, 240 (242 ff). A.A. beispielsweise *K. Schmidt,* NJW 1995, 1 (5 f.), wonach § 130 HGB für die unternehmenstragende – auch freiberufliche – GbR sinngemäß gelten soll, so daß es zu einer Haftung der neu eintretenden Gesellschafter für die Altschulden kommt. Nach *Henssler,* DB 1995, 1549 (1554) und BGH DB 1994, 372 sind in einer Anwaltssozietät die bei Vertragsschluß abgegebenen Willenserklärungen in der Regel nach der Verkehrsauffassung und der Interessenlage der Parteien im Sinne einer Mitbeauftragung auch der künftigen Sozii zu verstehen.

469 BGHZ 56, 355 (359).

470 Ständige Rechtsprechung, vgl. BGHZ 56, 355 (359); BGHZ 70, 247 (248 f.); BGH ZIP 1990, 1500 (1502); BGH ZIP 1993, 1879 f.; BGH WM 1988, 986 f.; BGH NJW 1991, 49 f. Vgl. auch *Vollkommer,* Anwaltshaftungsrecht, Rdnr. 58 f.

471 BGHZ 83, 328 (330).

gen besonderer Umstände kommt die Begründung eines Einzelmandats mit der Folge, daß die anderen Sozien nicht haften, in Betracht.[472]

2. Vertragliche Haftungsbeschränkung

Die nach dem Grundsatz der Vertragsfreiheit zulässigen, ausdrücklich mit dem Gläubiger vereinbarten Haftungsbeschränkungen sind der sicherste Weg, um als GbR-Gesellschafter zum Ziel der persönlichen Haftungsbeschränkung zu kommen. Speziell für Rechtsanwälte sieht der neue § 51a I, II BRAO, wie oben[473] im einzelnen dargelegt, nun ausdrücklich die Möglichkeit individualvertraglicher sowie unter Verwendung vorformulierter Vertragsbedingungen getroffener Vereinbarungen zur Haftungsbeschränkung vor. In der Praxis sind explizite vertragliche Haftungsbeschränkungen durch Anwälte allerdings bislang eher unüblich,[474] denn von einem in einer Sozietät tätigen Anwalt bei den Verhandlungen über das Zustandekommen eines Mandats angesprochene Haftungsbeschränkungen wirken in der Regel alles andere als vertrauensfördernd, zumal die Gesellschaftsform der GbR ihre Akzeptanz im Wirtschaftsverkehr überwiegend noch aus der Vorstellung einer unbeschränkten Haftung der einzelnen Gesellschafter ableitet.[475] Möglicherweise schadet ein ausdrücklicher Haftungsausschluß dem guten Ruf der Sozietät. Zudem ist das Verfahren einer einzelvertraglich ausgehandelten Haftungsbeschränkung schwerfällig, weil sie in jedem Einzelfall erläutert und ausgehandelt werden muß. Eher ist zu erwarten, daß die Anwaltschaft von den in § 51a BRAO eröffneten Haftungsbeschränkungsmöglichkeiten in personeller und sachlicher Hinsicht durch die Verwendung vorformulierter Vertragsbedingungen Gebrauch machen wird, um die Haftungsrisiken in vertretbaren Grenzen zu halten.[476]

---

472 BGHZ 56, 355 (360); *Vollkommer*, Anwaltshaftungsrecht, Rdnr. 52; BGH ZIP 1993, 1879 (1880).
473 Vgl. 3. Teil, 5. Kapitel, D.I.2.b.
474 Vgl. *Heermann*, BB 1994, 2421 (2422).
475 Vgl. BGHZ 73, 217 (221); BGH NJW 1992, 3037 (3038); *Heermann*, BB 1994, 2421 (2422).
476 Vgl. auch die Begründung des Regierungsentwurfes zu § 51a BRAO, BT-Drucks. 12/4993, 32.

3. Haftungsbeschränkung kraft Rechtsform durch eine GbRmbH

a) Rechtspolitische Dimension

In der Anwendung im Einzelfall wiederum ist eine Haftungsbeschränkung, die sich bereits aus dem Namen der GbR oder aber der im Gesellschafts-vertrag verankerten Vertretungsregelung ergibt, mit weniger Aufwand verbunden. Diese von der Rechtsprechung anerkannte[477] „GbR mbH" ist allerdings rechtspolitisch bedenklich, weil das Recht der GbR keine Min-destkapital- und keine Kapitalerhaltungsvorschriften enthält. Während bei der GmbH dem Ausschluß der persönlichen Haftung aller Gesellschafter ein Stammkapital in Höhe von DM 50.000 gegenübersteht, § 5 I S. 1 GmbHG, das durch die zwingenden Kapitalerhaltungsvorschriften der §§ 30 ff. GmbHG gesichert wird, kann das Gesellschaftsvermögen nach dem Recht der GbR jederzeit an die Gesellschafter vollständig ausge-schüttet werden.[478]

b) Vertraglich begründete Verbindlichkeiten

aa) Rechtliche Konstruktion der Haftungsbeschränkung

Von der rechtspolitischen Dimension einer „GbR mbH" abgesehen ist auch rechtlich fraglich, ob die persönliche Haftung der Gesellschafter einer GbR ohne eine diesbezügliche Vereinbarung mit dem Gläubiger begrenzt werden kann. Nach § 714 BGB kann die *Vertretungsmacht* da-hingehend *beschränkt* werden, daß die Gesellschafter nur die Gesamthand als solche verpflichten. Hierfür kommt eine ausdrückliche Beschränkung der Vertretungsbefugnis im Gesellschaftsvertrag, aber auch eine Be-schränkung der Haftung auf das Gesellschaftsvermögen in Betracht. Da letztere rechtstechnisch nur auf dem Weg über eine Beschränkung der Vertretungsmacht zu erreichen ist, ist diese Regelung als Beschränkung der Vertretungsbefugnis des handelnden Gesellschafters auszulegen.[479] Für die – möglicherweise erforderliche – Erkennbarkeit im Außenverhält-nis können die Art des Auftretens und damit unter Umständen die Be-zeichnung, unter der die Gesellschaft im Rechtsverkehr auftritt, genü-

477 Vgl. die grundlegende Entscheidung RGZ 155, 75 (87) und z. B. BGH NJW 1985, 619;
   BGH NJW 1992, 3037 (3039); BGH NJW-RR 1990, 701 (703).
478 Heermann, BB 1994, 24221 (2422) spricht daher von einer „GmbH zum Nulltarif";
   Kornblum, 50, spricht in Fn. 63 von einer „Krypto-GmbH"; vgl. auch die Ausführungen *Gummerts*, der sich wegen der Gefahr der Umgehung der Kapitalaufbringungs-
   und -erhaltungsvorschriften des GmbH-Rechts gegen eine „GbR mbH" ausspricht,
   Gummert, Haftung, 100-106; *ders.*, ZIP 1993, 1063 (1065 ff.).
479 Vgl. OLG Hamm, NJW 1985, 1846.

gen.[480] Die Antwort auf die Frage, ob eine einseitige Haftungsbeschränkung in der GbR erreicht werden kann, hängt davon ab, ob der Akzessorietätstheorie oder der Doppelverpflichtungstheorie gefolgt wird.

Bei der Anwendung der *Akzessorietätstheorie* ist zu unterscheiden: Wird nicht nur § 128 HGB, sondern auch § 126 HGB analog angewendet, dann ist eine Beschränkung der organschaftlichen Vertretungsmacht des handelnden Gesellschafters nicht möglich.[481] Damit scheidet eine Haftungsbeschränkung durch Vollmachtsbeschränkung aus. Wendet man das Akzessorietätsprinzip an, läßt aber aufgrund von § 714 BGB eine Beschränkung der organschaftlichen Vertretungsmacht des geschäftsführenden Gesellschafters zu,[482] so kommt auch keine wirksame Haftungsbeschränkung zustande. Nach dem Akzessorietätsprinzip muß nämlich, da grundsätzlich jeder Gesellschafter für die Gesellschaftschulden haftet, der Ausschluß der persönlichen Haftung der Gesellschafter mit dem Gläubiger vereinbart werden. Eine interne Abrede genügen zu lassen, würde das Akzessorietätsprinzip ad absurdum führen.[483] Zudem stünde dem auch § 128 S. 2 HGB entgegen. Wenn ein geschäftsführender Gesellschafter unter Verstoß gegen eine entsprechende interne Abrede mit einem Dritten ein Rechtsgeschäft ohne gleichzeitige haftungsbeschränkende Vereinbarung abschließt und die interne Verpflichtung eine zulässige Bedingung der Bevollmächtigung zur Vertretung der Gesellschaft ist, hat dies zur Folge, daß der Geschäftsführer ohne Vollmacht handelt. Daher kommt das betreffende Rechtsgeschäft mit der Gesellschaft nicht zustande – und damit auch keine Haftung der Mitgesellschafter. Gleiches ergibt sich, wenn man hier lediglich eine Vollmachtsüberschreitung annimmt. Da die unterlassene haftungsbeschränkende Vereinbarung nicht positiv als bestandskräftiger Teil des verpflichtenden Rechtsgeschäfts differenziert werden kann, sondern sie zur Ausschaltung der akzessorischen Haftung erst noch vorgenommen werden müßte, läßt sich die uneingeschränkte Verpflichtung der Gesellschaft auch nicht in Anwendung des § 139 BGB als Teil eines nur partiell nichtigen Rechtsgeschäfts aufrechterhalten.[484]

Auf der Grundlage der *Doppelverpflichtungstheorie* ist diese Form der Haftungsbeschränkung grundsätzlich möglich, da sich nach der Doppel-

480 So hat das OLG Hamm in NJW 1985, 1846, die Bezeichnung „BGB-Ges. m. Haftungsbeschränkung" für ausreichend erachtet, da hierdurch bei Dritten Zweifel am Umfang der Vertretungsbefugnis geweckt würden.
481 *Gummert*, ZIP 1993, 1063 (1065).
482 Vgl. *Flume*, Allgemeiner Teil des Bürgerlichen Rechts I/1, 327 ff.
483 Vgl. *Gummert*, ZIP 1993, 1063 (1065), Fn. 27.
484 *Gummert*, ZIP 1993, 1063 (1065).

verpflichtungstheorie die persönliche Haftung für vertragliche Ansprüche daraus ergibt, daß auch die Gesellschafter und nicht lediglich die Gesellschaft als Vertragspartner vertreten werden. Weil § 128 HGB nicht entsprechend anwendbar ist, kann die Vollmachtsbeschränkung auf die Vertretung der Gesamthand zur Haftungsbeschränkung führen und eine eigenständige persönliche Haftung der Mitgesellschafter entfallen. Ihre Haftung reduziert sich dann auf das in die Gesamthand eingebrachte Vermögen.[485] Fraglich ist allerdings, ob eine derartige Haftungsbeschränkung ohne weiteres Außenwirkung hat. Nach allgemeinen zivilrechtlichen Grundsätzen müßte dies zu bejahen sein, denn es ist Sache des Dritten, den Bestand und den Umfang der Vertretungsmacht zu prüfen, um eine Haftung des Vertretenen zu begründen. Der gute Glaube an die Vertretungsmacht wird im Zivilrecht grundsätzlich nur im Rahmen des § 179 BGB geschützt. Danach kommt die Haftung des vollmachtlosen Vertreters, nicht jedoch die der Vertretenen, in Betracht. Eine Haftung der Mitgesellschafter für den ohne Vertretungsmacht handelnden Geschäftsführer kann zivilrechtlich lediglich durch einen Rückgriff auf die Grundsätze zur Duldungs- und Anscheinsvollmacht erfolgen.[486] Etwas anderes ergäbe sich dann, wenn man in Anlehnung an Bestimmungen des Gesellschaftsrechts bei der GbR ausnahmsweise eine solche Prüfungspflicht verneinte. Hierfür kämen die Regelungen der §§ 126 II HGB, 37 II GmbHG in Frage, welche die Beschränkung des Umfanges der Vertretungsmacht Dritten gegenüber für wirkungslos erklären. Damit würde man aber den vom Gesetzgeber gewollten Unterschied zwischen den §§ 709, 714 BGB einerseits und den §§ 125, 126 HGB, § 37 GmbHG andererseits unbeachtet lassen. Der in den Vertretungsregelungen bei OHG, KG und GmbH enthaltene erhöhte Verkehrsschutz hat in den Vorschriften zur GbR gerade keine Entsprechung gefunden. Infolgedessen kann ein besonderer, von der zivilrechtlichen Grundkonzeption abweichender Gutglaubensschutz hinsichtlich des Umfangs der Vertretungsmacht allein aus der Zugehörigkeit der GbR zu den (Personen)gesellschaften nicht abgeleitet werden.[487] Eine Aufhebung der grundsätzlichen Prüfungsobliegenheit kann hierdurch also nicht gerechtfertigt werden.

---

485 Vgl. hierzu z. B. *Henssler*, NJW 1993, 2137 (2138).
486 Vgl. *Heermann*, BB 1994, 2421 (2423); *Heckelmann*, in: Festschrift Quack, 244 (250).
487 Wie hier *Heckelmann*, in: Festschrift Quack, 244 (250); auch das OLG Hamm, NJW 1985, 1846, wendet sich gegen eine Übertragung des § 37 II GmbHG auf das Recht der GbR, da es einen allgemeinen Rechtsgrundsatz, wonach Haftungsbeschränkungen oder Beschränkungen der Vertretungsmacht unaufgefordert offenzulegen wären, nicht gebe.

Allerdings ist zu beachten, daß – zumindest juristisch nicht einschlägig vorgebildete – Teilnehmer am *Rechtsverkehr* grundsätzlich davon ausgehen, daß die Gesellschafter einer nach außen auftretenden GbR grundsätzlich unbeschränkt persönlich haften. Damit ist zwangsläufig die *Erwartung* verbunden, daß die im Rechtsverkehr auftretenden Gesellschafter auch eine unbeschränkte Vertretungsmacht besitzen. Für diese Annahme gibt es verschiedene Gründe. So ist nach einer früher verbreiteten, aber auch heute noch vertretenen Theorie[488] für eine Unterscheidung zwischen Gesellschafts- und Gesellschafterschulden im Recht der GbR kein Raum. Eine Verpflichtungsfähigkeit der Gesamthand selbst wird nicht anerkannt. Gesellschaftsschulden werden vielmehr als gemeinschaftliche Schulden der Gesellschafter betrachtet.[489] Damit wird zugleich die unbeschränkte Haftung der Gesellschafter bejaht. Zudem geht das in den §§ 705 ff. BGB verankerte gesetzliche Grundmodell der Haftungsstruktur der GbR von der unbeschränkten Haftung sämtlicher Gesellschafter aus. Die Ausschaltung der nach § 714 BGB „im Zweifel" vorliegenden Ermächtigung eines geschäftsführenden Gesellschafters zur Vertretung der Mitgesellschafter im Außenverhältnis wiederum bleibt dem unbefangenen Dritten gegenüber regelmäßig verborgen. Er verläßt sich – in Anbetracht der starken Ausrichtung der GbR auf die Personen der Gesellschafter und den nur schwach ausgeprägten Mechanismen zum Schutz vorhandenen Gesellschaftsvermögens – im wesentlichen auf die uneingeschränkte, persönliche Haftung der Gesellschafter.[490] Schließlich ist auch noch im Auge zu behalten, daß Einschränkungen der Vertretungsmacht – soweit sie gesetzlich möglich sind – im Recht der OHG, KG, GmbH, AG und der Genossenschaften durch Registereintragung öffentlich bekanntzumachen sind.[491] Daher stellt sich die Frage, ob der im Recht der GbR durch die fehlende Publizität insoweit fehlende Drittschutz anderweitig ausgeglichen werden muß oder ob in diesem Zusammenhang aufgestellte zusätzliche Erfordernisse die vom Gesetzgeber gewollten Unterschiede unzulässig einebnen würden. Zur Klärung dieser Problematik sollen im folgenden der Standpunkt der Rechtsprechung und der der Literatur zur Frage der Vor-

---

488 Vgl. BGHZ 23, 307 (313); *Jauernig/Stürner*, §§ 714, 715 Anm. 1; *Lipp*, BB 1982, 74 ff.
489 Dagegen BGHZ 74, 240 (241); MüKo/*Ulmer*, § 714 Rdnr. 20 m.w.N.
490 *Heermann*, BB 1994, 2421 (2423); für einen in diesem Zusammenhang wegen der Abweichung von der Normalgestaltung angebrachten Verkehrsschutz spricht sich auch *Leptien* aus, EWiR 1990 (§ 714 BGB), 883 (884).
491 Vgl. §§ 125 IV HGB, 39 I GmbHG, 81 I AktG, 29 I GenG i.V.m. § 15 I HGB. Auf diesen, das Gesellschaftsrecht beherrschenden Grundsatz weist *Heermann*, BB 1994, 2421 (2423) hin.

aussetzungen der einseitigen Haftungsbeschränkung in der GbR dargestellt werden.

Der *Bundesgerichtshof* hat in seinem *Urteil zu den Möglichkeiten der
Haftungsbegrenzung in einer GbR* vom 25.6.1992 festgestellt, daß die
Gesellschafter einer GbR ihre Haftung grundsätzlich nicht nur durch Vereinbarung mit dem jeweiligen Mandanten, sondern auch durch eine entsprechende Beschränkung der Vertretungsmacht des geschäftsführenden
Gesellschafters im Gesellschaftsvertrag beschränken können. Voraussetzung für eine wirksame Beschränkung der Vertretungsmacht sei aber, daß
diese „zumindest nach einer Prüfung... für Dritte erkennbar ist." Im Falle
der Nichterkennbarkeit soll eine Haftung der Gesellschafter für den ohne
Vertretungsmacht handelnden Geschäftsführer nach den Grundsätzen der
Duldungs- oder Anscheinsvollmacht erfolgen.[492] In der Literatur ist dieser
auf die Erkennbarkeit der Vollmachtsbeschränkung gerichtete Ansatz der
Rechtsprechung unter den Anhängern der Doppelverpflichtungstheorie
zum Teil akzeptiert.[493] Mit der Formel des BGH ist allerdings eine erhebliche Rechtsunsicherheit verbunden. Ist die Erkennbarkeit nämlich schon
dann zu bejahen, wenn dem interessierten Dritten auf Nachfrage mitgeteilt
wird, inwieweit die Vollmacht des Handelnden beschränkt ist,[494] so ist
nicht klar, ob eine ausdrückliche oder konkludente Erklärung der Beschränkung erforderlich ist. Damit ist im Einzelfall nicht objektiv fest-
stellbar, wer verpflichtet ist. Völlig zutreffend verlangen daher andere
Vertreter der Literatur, daß die Vollmachtsbeschränkung „offenkundig"
gemacht wird.[495]

---

492 BGH NJW 1992, 3037 (3039) m.w.N. = BGH ZIP 1992, 1500 (1502 f.); ähnlich BGH
     NJW-RR 1990, 701 (703): Auch hier wird auf die Erkennbarkeit der Vollmachtsbe-
     schränkung abgestellt; dabei soll allerdings schon genügen, daß sie aus dem Gesell-
     schaftsvertrag ersichtlich ist, was darauf beruhen mag, daß sich das Urteil mit einem
     Immobilienfonds in der Rechtsform der GbR befaßt, bei denen eine derartige Haf-
     tungsbegrenzung anders als beispielsweise bei Anwaltssozietäten üblich ist. Enger ist
     allerdings die Entscheidung BGH NJW 1979, 2304 (2306), in welcher eine besondere
     Vereinbarung einer Haftungsbeschränkung auf das Gesellschaftsvermögen gefordert
     wird. Ihren Ausgangspunkt findet die jetzige Rechtsprechung des BGH bereits in RGZ
     155, 75 (87). Hier wurde eine Beschränkung der Haftung einzelner Mitgesellschafter
     durch eine Beschränkung der Vertretungsmacht des geschäftsführenden Gesellschaf-
     ters „in einer Dritten erkennbaren Weise" in der GbR für zulässig erachtet.
493 Vgl. *Palandt/Thomas*, § 714 Rdnr. 4 m.w.N.
494 So BGH ZIP 1990, 610 (613 f); OLG Hamm NJW 1985, 1846 f.
495 Vgl. MüKo/*Ulmer*, § 714 Rdnr. 34 sowie Rdnrn. 32 ff. m.w.N. Eine weitere, die Erken-
     nbarkeitsformel des Bundesgerichtshofes modifizierende Alternative wäre es, die Er-
     kennbarkeit nur für die Fälle zu bejahen, in denen keine „Zweifel" im Sinne des § 714
     BGB mehr bestehen bleiben und die allgemeine Verkehrsauffassung erschüttert wird.
     Hier soll die zunächst von Rechtsscheinstatbeständen überlagerte vertretungs-

In diesem Zusammenhang ist auch das *Ausmaß einer Haftungsbeschränkung in personeller Hinsicht* zu klären.[496] Nicht überzeugend ist es, wenn
Schwark meint, der handelnde Gesellschafter hafte grundsätzlich nicht
persönlich. Er trete vielmehr – und dies sei eine Konsequenz der Doppelverpflichtungstheorie – aufgrund seiner organschaftlichen Vertretungsmacht für die GbR auf. Eine persönliche Haftung könne sich nur daraus
ergeben, daß der Vertreterwille nicht erkennbar zutage trete. Dann werde
allerdings nur der Vertreter und nicht die GbR verpflichtet.[497] Die Annahme, der handelnde Gesellschafter hafte grundsätzlich nicht persönlich,
widerspricht jedoch dem gesetzlichen Leitbild der §§ 709, 714 BGB, welche auf eine grundsätzlich unbeschränkte persönliche Haftung sämtlicher
Gesellschafter der GbR gerichtet sind.[498] Auch handelt der geschäftsfüh-

---

rechtliche Prüfungsobliegenheit Dritter hinsichtlich Bestand und Umfang der Vertretungsmacht wieder aufleben: So weist *Heckelmann*, Festschrift für Quack, 244 (252)
darauf hin, daß es genügt, wenn bei Dritten Zweifel am Umfang der Vertretungsmacht
geweckt werden; *Heermann*, BB 1994, 2421 (2425) wiederum will mit diesem Ansatz
eine interessengerechte Abstimmung der gegensätzlichen Rechtspositionen – also der
Vertretungsregeln des Zivilrechts (§§ 164 ff. BGB) einerseits, welche den Geschäftspartnern von BGB-Gesellschaften, die nicht von sämtlichen Gesellschaftern vertreten
werden, eine Prüfungsobliegenheit hinsichtlich des Vollmachtsumfanges auferlegen,
und der gesellschaftsrechtlichen Vorschriften (v.a. §§ 709, 714 BGB) andererseits,
welche bzgl. einer Begrenzung der Vertretungsmacht eher auf eine Offenbarungs-
obliegenheit des Vertreters hindeuten – erreichen.

496 Vgl. auch die Ausführungen *Hensslers*, NJW 1993, 2137 (2138) m.w.N. zu ausländischen Rechtsordnungen, welche Kapitalgesellschaften für Rechtsanwälte vorsehen,
hierbei aber eine Handelndenhaftung beibehalten.

497 *Schwark*, in: Festschrift für Heinsius, 753 (757 f.); *Schwark* vertritt diese Ansicht
allerdings nicht selbst, sondern behauptet, daß sie die notwendige Folge der herr-
schenden Meinung sei, welche der Doppelverpflichtungstheorie folge und von der
Rechtssubjektivität der Gesamthand ausgehe. Dies wird m.E. von *Heermann*, BB 1994,
2421 (2425) mißverstanden, welcher *Schwark* unterstellt, selbst der Auffassung zu
sein, daß die am Vertragsschluß mitwirkenden Gesellschafter grundsätzlich nicht
persönlich haften. Dies soll nach *Heermann* auf *Schwarks* kollektivistischem Verständnis der Gesamthand, verbunden mit der Überzeugung, daß sich die persönliche
Haftung der Gesellschafter nur auf der Grundlage der Akzessorietätstheorie begründen
lasse, beruhen. Dementsprechend greift *Heermann Schwarks* Ansicht dann auch mit
einer Argumentation an, die darauf verweist, daß sich gerade die Akzessorietätstheorie
eng an das Recht der OHG anlehne und insbesondere § 128 S. 1 HGB analog anwendet,
welcher die unbeschränkte Haftung aller Gesellschafter – also auch des Handelnden –
anordnet. *Schwark* selbst ist zwar Anhänger der Akzessorietätstheorie, will aber –
entgegen dem Verständnis *Heermanns* – auf ihrer Basis gerade eine persönliche Haftung der Handelnden begründen, um den Wertungswiderspruch zu lösen, der sich
seiner Ansicht nach nach der Doppelverpflichtungstheorie ergebe, die den entfernter
stehenden Gesellschafter haften lasse, den am Vertragsschluß beteiligten aber nicht.
Vgl. *Schwark*, in: Festschrift für Heinsius, 753 (757 f., 769)

498 Vgl. *Heermann*, BB 1994, 2421 (2425).

rende Gesellschafter auf der Grundlage der Doppelverpflichtungslehre bei der Vornahme von Rechtsgeschäften gerade nicht lediglich für die GbR, sondern tritt zum einen als Vertreter der Mitgesellschafter und der Gesellschaft, zum anderen auch im eigenen Namen auf. Was den handelnden Gesellschafter selbst angeht, so liegt ein Fall der Vertretung nicht vor. Er verpflichtet sich mit dem Abschluß eines Vertrages persönlich und haftet, wie jeder Schuldner, grundsätzlich mit seinem gesamten Vermögen. Die Beschränkung der durch die übrigen Gesellschafter erteilten Vollmacht wirkt sich bei ihm selbst folglich nicht aus.[499] Daher ist davon auszugehen, daß die Haftungsbeschränkung durch Beschränkung der Vollmacht des handelnden Gesellschafters auf die Verpflichtung der Gesellschaft in der Regel zur unbeschränkten Haftung des handelnden Gesellschafters neben der auf das Gesellschaftsvermögen beschränkten Haftung der übrigen Gesellschafter führt.

Keine einheitliche Rechtsmeinung findet sich auch hinsichtlich der Frage, *wie der Hinweis auf die Haftungsbeschränkung ausgestaltet* sein muß, um ausnahmsweise auch zum *Ausschluß der persönlichen Haftung des handelnden Gesellschafters* zu führen. So wird in der Literatur zum Teil gefordert, sämtliche Umstände – insbesondere die Art und Weise der haftungsbeschränkenden Hinweise und der Struktur der GbR – zu berücksichtigen und auf diesem Wege zu ermitteln, ob für den Rechtsverkehr die Annahme einer persönlichen Haftung des handelnden Gesellschafters naheliegt oder ob die Erwartung erschüttert ist. Hiermit soll eine interessengerechte Lösung des Konflikts gefunden werden, welcher zwischen der – dem allgemeinen Vertretungsrecht zugrundeliegenden – grundsätzlichen Prüfungsobliegenheit des Rechtsverkehrs und der gesellschaftsrechtlich begründeten, auf eine unbeschränkte persönliche Haftung der GbR-Gesellschafter gerichteten Verkehrsauffassung bestehe.[500] Nicht genügen soll dabei beispielsweise das Auftreten des Geschäftsführers für eine „BGB-Gesellschaft ohne persönliche Haftung". Gegen diese, für den Vertreter günstige Auffassung lassen sich aber sowohl Gründe anführen, die sich aus dem Gesellschaftsrecht ableiten, als auch solche aus dem

---

499 BGH NJW-RR 1990, 701 (702); der BGH geht allerdings anders als die obigen Ausführungen in diesem Urteil noch von der individualistischen Gesamthandslehre aus. Dies macht jedoch bei der hier zu entscheidenden Frage der persönlichen Haftung des handelnden Gesellschafters keinen Unterschied. Es kommt für die Möglichkeit der Vollmachts- und Haftungsbeschränkung vielmehr nur darauf an, daß die Gesellschafter und nicht nur die Gesellschaft als Vertragspartner vertreten werden. Wenn das der Fall ist, ist auch eine Vollmachtsbeschränkung mit allen mit ihr verbundenen Folgefragen denkbar.

500 *Heermann*, BB 1994, 2421 (2425).

allgemeinen Vertretungsrecht. Im Hinblick auf das Gesellschaftsrecht ergibt sich aus der starken Ausrichtung der GbR auf die Personen der Gesellschafter ein Argument für engere Anforderungen an den vom handelnden Gesellschafter zu gebenden Hinweis auf seine eigene Haftungsbeschränkung. Hieraus und auch aus § 714 BGB, welcher ein Ausdruck dieser personalistischen Struktur ist, folgt, daß der handelnde Gesellschafter grundsätzlich auch für sich selbst handelt, also auch sich selbst verpflichten will. Dem entspricht es, daß der Rechtsverkehr die Erklärungen von Gesellschaftern einer GbR in aller Regel dahingehend versteht, daß sie sich dadurch auch persönlich verpflichten wollen. Was das Vertretungsrecht betrifft, so stellt § 164 II BGB fest, daß es nicht genügt, Zweifel am Mangel des Willens, im eigenen Namen zu handeln, zu wecken. Unklarheiten über die Vertreterfunktion des Handelnden gehen zu dessen Lasten. Der Wertung des § 164 II BGB ist dabei zu entnehmen, daß der Handelnde in solchen Fällen persönlich verpflichtet ist. Danach muß der Wille, nur als Vertreter zu handeln, klar erkennbar sein.[501] Infolgedessen ist mit dem Bundesgerichtshof und einem Teil der Literatur eine ausdrückliche Vereinbarung mit dem Vertragspartner oder zumindest ein eindeutiger Hinweis zu fordern.[502]

bb) Anwaltssozietäten

Auch wenn man der Doppelverpflichtungstheorie folgt, kann man nicht ohne weiteres von der Zulässigkeit einer „Anwalts-GbR mbH" ausgehen. So ist bislang nicht geklärt, ob die dargestellten Grundsätze auf die Anwaltssozietät übertragbar sind und welche Anforderungen in diesem Fall an die Erkennbarkeit der Haftungsbeschränkung nach außen zu stellen sind. Das OLG Düsseldorf hat den Zusatz „GbR mbH" bei einer Anwaltssozietät für wettbewerbswidrig erklärt. Hierdurch werde der Eindruck erweckt, daß die Sozietät in einer Gesellschaftsform betrieben werde, die es tatsächlich gar nicht gebe.[503] Der *Bundesgerichtshof* wiederum hat in seiner ersten und bislang einzigen Entscheidung[504] zu diesen Fragen offengelassen, ob eine GbR mbH bei Anwälten denkbar ist. Die Unzulässigkeit der konkreten Gestaltungsform ergab sich hier schon daraus, daß sich die Angabe „Gesellschaft bürgerlichen Rechts (mit beschränkter

---

501 Vgl. hierzu auch *Heckelmann*, in: Festschrift für Quack, 244 (252); MüKo/*Ulmer*, § 714 Rdnr. 36.
502 BGH NJW-RR 1990, 701 (702); *Heckelmann*, in: Festschrift für Quack, 244 (252); MüKo/*Ulmer*, § 714 Rdnr. 36.
503 OLG Düsseldorf, WRP 1990, 702 ff.
504 BGH, Urt. v. 25.6.1992 ZIP 1992, 1500 ff. = NJW 1992, 3037 ff.

Haftung)" am unteren Rand des Briefbogens zwischen den Kommunikationsangaben, den Namen der Sozietätsmitglieder und den Angaben der Bankverbindungen befand. Damit fehlte es bereits an der vom BGH in jedem Falle geforderten Erkennbarkeit des Hinweises auf die Haftungsbeschränkung. Der BGH stellt in diesem Urteil allerdings die bereits in seiner grundlegenden Entscheidung zur Haftung der Anwaltssozietät aus dem Jahre 1971[505] ausgeführten Überlegungen noch einmal dar. So soll die *Anwaltssozietät* gegenüber anderen BGB-Gesellschaften insoweit einen *Sonderfall* darstellen, als der Mandant, der eine Sozietät beauftrage, dieser ein größeres Vertrauen entgegenbringe als dem einzelnen Anwalt und sich gerade die Vorteile zunutze machen wolle, die sich ihm durch die Verbundenheit und Zusammenarbeit der Anwälte böten. Im Anschluß hieran weist das Gericht darauf hin, daß eine Übertragung seiner Rechtsprechung zur GbR mit beschränkter Haftung ihm bedenklich erscheine, da der Verkehr bei Anwaltssozietäten bislang nicht an Gesellschaftsbezeichnungen mit Haftungsbeschränkungen gewöhnt sei und in der Regel von der unbeschränkten Haftung ausgehe.[506] Dazu komme, daß dem Rechtsverkehr auch die genauere Tragweite dieser Haftungsbeschränkung klar werden müsse, denn insoweit sei denkbar, daß alle Gesellschafter nur mit dem Gesellschaftsvermögen hafteten, aber auch, daß der geschäftsführende Gesellschafter zusätzlich persönlich hafte oder daß die Haftung nur auf bestimmte Verschuldenserfordernisse beschränkt sei. Auch sei die Vereinbarkeit derartiger Haftungsbeschränkungshinweise mit dem anwaltlichen Standesrecht zu überprüfen. Schließlich verweist der BGH noch darauf, daß der Gesetzgeber auch für Anwaltssozietäten – wie schon für andere Freiberufler wie Steuerberater und Wirtschaftsprüfer – bestimmte Gesellschaftsformen zulassen könne, welche dem Bedürfnis der Anwaltschaft nach Haftungserleichterungen entgegenkommen könnten, die aber gleichzeitig – für den Rechtsverkehr erkennbar – bestimmte Mindestvoraussetzungen hätten.[507]

In der *Literatur* wird dagegen – soweit zum Spezialfall der Anwalts-GbRmbH überhaupt Stellung genommen wird – die Ansicht vertreten, es seien dann *keine durchgreifenden Bedenken* gegen eine Anwalts-GbRmbH erkennbar, wenn der Mandant wegen eines deutlichen Hinweises auf dem Briefkopf oder beim Vertragsschluß die Beschränkung der Vertretungsmacht des Sozietätsmitglieds erkennen könne – dabei seien allerdings hohe Anforderungen an die Erkennbarkeit zu stellen – weil hiermit der

---

505 BGHZ 56, 355 (359 f.).
506 BGH ZIP 1992, 1500 (1502).
507 BGH ZIP 1992, 1500 (1502).

Schutzbedürftigkeit des Mandanten in ausreichendem Umfang Rechnung getragen werde.[508] Auch aus dem Standesrecht sollen sich keine Argumente gegen eine „Anwalts-GbR mit Haftungsbeschränkung" ergeben. Nach den vom BVerfG für fortdauerndes Standesrecht aufgestellten Anforderungen müßte ein Verbot dieser Gesellschaftsform zur Aufrechterhaltung der Rechtspflege zwingend erforderlich sein.[509] Dies scheide aber schon deshalb aus, weil ein in einer Sozietät tätiger Anwalt ja jederzeit sogar vereinbaren könne, daß der Anwaltsvertrag nur mit ihn zustandekomme.[510]

Im Rahmen der Frage nach der Zulässigkeit der Anwalts-GbRmbH sind auch die zwischenzeitlichen *gesetzgeberischen Maßnahmen* hinsichtlich der BRAO und des PartGG sowie die Intervention der Rechtsprechung im Hinblick auf die Anwalts-GmbH zu hinterfragen. Diese betreffen die Anwalts-GbR mbH zwar nicht unmittelbar, sind hierfür aber doch von Bedeutung.

Dem Urteil des Bundesgerichtshofs zur Haftungsbegrenzung in Rechtsanwaltssozietäten vom 25.6.1992[511] kann nicht entnommen werden, daß die zwischenzeitlichen Veränderungen die Anwalts-GbR mbH unzulässig machen. Zum Zeitpunkt dieses Urteils bestanden für Rechtsanwälte noch völlig unzureichende Möglichkeiten der Haftungsbeschränkung. Dies und auch die insoweit bestehende Ungleichbehandlung der Anwälte im Vergleich mit Wirtschaftsprüfern und Steuerberatern hatte das Gericht in diesem Urteil anerkannt. Der BGH hatte darauf hingewiesen, daß *standesrechtliche und Verkehrsschutzgesichtspunkte* dagegen sprechen könnten, Haftungserleichterungen bei Anwaltssozietäten im Zusammenhang mit der Gesellschaftsbezeichnung de lege lata als zulässig anzusehen. Dann führte das Gericht aus, „einem Bedürfnis nach Haftungserleichterung könnte dadurch entsprochen werden, daß der Gesetzgeber auch für Anwaltssozietäten ... bestimmte Gesellschaftsformen zuläßt, bei denen – für den Rechtsverkehr erkennbar – gesetzliche Mindestvoraussetzungen bestehen". Dem hat die Rechtsprechung mit der

---

508 *Henssler*, NJW 1993, 2137 (2139); *Römermann*, 32; vgl. auch *Heermann*, BB 1994, 2421 (2429).

509 BVerfG NJW 1988, 191 ff.

510 Henssler, NJW 1993, 2137 (2139); *Henssler* problematisiert im Zusammenhang mit der Frage der Zulässigkeit einer Anwalts-GbR mit beschränkter Haftung auch den Sozietätsbegriff, denn nach bislang herrschender Meinung setzt dieser eine gesamtschuldnerische Haftung aller Gesellschafter voraus, so daß eine Anwalts-GbR mit beschränkter Haftung keine Sozietät mehr darstellen würde, vgl. hierzu *Henssler*, NJW 1993, 2137 (2139).

511 BGH NJW 1992, 3037 (3039) = BGH ZIP 1992, 1500 (1502).

Zulassung der Anwalts-GmbH und der Gesetzgeber durch die Schaffung der PartG entsprochen. Die Bedeutung einer Konstruktion einer Anwalts-GbR mbH hat damit abgenommen. Hieraus lassen sich allerdings keine Rückschlüsse auf ihre Zulässigkeit ziehen.

Die Feststellung des Bundesgerichtshofes wiederum, eine Übertragung seiner Rechtsprechung zur GbR mbH auf die Anwaltssozietät erscheine ihm bedenklich, da der Verkehr bei Anwaltssozietäten bislang nicht an Gesellschaftsbezeichnungen mit Haftungsbeschränkungen gewöhnt sei und in der Regel von der unbeschränkten Haftung ausgehe,[512] hat mit der Zulassung der Anwalts GmbH an Überzeugungskraft verloren und wird vor allem mit zunehmender Verbreitung der Anwalts-GmbH noch weiter an Bedeutung verlieren.

Allerdings könnte der neue § 51a II S. 1 BRAO mit seiner Anordnung einer gesamtschuldnerischen Haftung für alle Sozietätsmitglieder gegen die Zulässigkeit einer Anwalts-GbR mbH sprechen. Fraglich ist daher, wie diese Bestimmung zu interpretieren ist. Der Wortlaut selbst gibt nichts für die Frage her, ob es sich lediglich um eine Klarstellung handelt – Gesellschafter einer GbR haften grundsätzlich gesamtschuldnerisch, wenn nicht die Vertretungsmacht entsprechend beschränkt ist – oder ob man dieser Feststellung entnehmen muß, daß die GbR mbH zumindest den Rechtsanwälten als Kooperationsform verschlossen ist. Die Begründung des Rechtsausschusses zur BRAO-Novelle stellt, wie bereits im Rahmen der Diskussion der Zulässigkeit der Anwalts-GmbH[513] erwähnt, zur Anordnung der gesamtschuldnerischen Haftung in § 51a II S. 1 BRAO fest, diese solle für alle derzeit und künftig möglichen Formen einer beruflichen Kooperation von Rechtsanwälten Geltung haben. Eine Beschränkung der Regelung auf Sozietäten, die als GbR gebildet sind, sei nicht beabsichtigt.[514] Dies sagt aber nichts über die mögliche Zulässigkeit einer Anwalts-GbR mbH aus, weil die Begründung des Regierungsentwurfs zur BRAO diesen Angaben widerspricht – auch hier wird zwar nicht zu einer GbR mit beschränkter Haftung Stellung genommen, aber immerhin deutlich gemacht, daß die Gesetzesänderungen nicht dazu dienen, die Möglichkeit von – auch erst in der Zukunft zuzulassenden – Gesellschaftsformen mit institutioneller Haftungsbeschränkung zu verbieten.[515] Aufgrund dieser Widersprüche ist es nicht möglich, sich Klarheit über den gesetzgeberischen Willen zu verschaffen. Auch § 51a I Nr. 2 BRAO, welcher die Ver-

---

512 BGH ZIP 1992, 1500 (1502).
513 Vgl. oben 3. Teil, 1.Kapitel, C.III.b.bb.(5).
514 BT-Drucks. 12/7656, 50.
515 BT-Drucks. 12/4993, 32.

wendung vorformulierter Vertragsbedingungen zur Haftungsbeschränkung unter bestimmten Voraussetzungen zuläßt, löst die Frage nicht. Zwar wäre daran zu denken, daß mit der ausdrücklichen Zulassung vorformulierter Vertragsbedingungen zur Haftungsbeschränkung nun auch das Auftreten als GbR mbH – beispielsweise mit einem entsprechenden Vermerk auf dem Briefkopf – leichter eine Haftungsbeschränkung nach sich ziehen könnte. Das ist aber nicht der Fall, weil die in § 51a I Nr. 2 BRAO vorgesehene Haftungsbeschränkungsmöglichkeit nur für eine Haftungsbeschränkung auf eine bestimmte Summe und nur für die Fälle einfacher Fahrlässigkeit möglich ist. Bei einer GbR mbH wären diese Einschränkungen nicht gegeben. Folglich läßt sich der neuen BRAO – wie auch dem PartGG – kein Argument für die Zulässigkeit der Anwalts-GbR mbH entnehmen. Da sich aus ihnen auch kein Grund gegen die Zulässigkeit dieser Gesellschaftsform ergibt, muß man davon ausgehen, daß – soweit die Voraussetzungen der § 51a BRAO und § 8 PartGG im Einzelfall nicht erfüllt sind – anwaltliche Zusammenschlüsse in der Form der GbR weiterhin dem Recht der BGB-Gesellschaften einschließlich der zu diesem entwickelten Möglichkeiten der Haftungsbeschränkung unterfallen. Damit können aus § 51a II S. 1 BRAO keine zwingenden Argumente gegen die Zulässigkeit der Anwalts-GbR mbH abgeleitet werden.

Mangels durchgreifender, gegen die Anwalts-GbR mbH sprechender Gründe ist daher mit den genannten Stimmen in der Literatur[516] davon auszugehen, daß eine Anwalts-GbR mbH dann zulässig ist, wenn die Gefahr einer Täuschung des Mandanten durch deutliche Hinweise auf die Haftungsbeschränkung ausscheidet.

c) Gesetzlich begründete Verbindlichkeiten

Ob eine Erstreckung einer gesellschaftsvertraglichen Haftungsbeschränkung auf gesetzlich begründete Verbindlichkeiten überhaupt erforderlich ist, hängt entscheidend von der jeweiligen Position im Theorienstreit um die Begründung der persönlichen Gesellschafterhaftung in der GbR ab.[517] Die Akzessorietätstheorie läßt Haftungsbeschränkungen auf das Gesamthandsvermögen aufgrund ihres Lösungsansatzes über § 128 S. 1 HGB analog nur dann zu, wenn diese zwischen den vertragsschließenden Parteien ausdrücklich oder zumindest konkludent vereinbart worden sind und führt daher stets auch zu einer Haftung der Gesellschafter mit ihrem Privatvermögen für alle nicht vertraglichen Gesamthandsverbindlich-

---

516 *Henssler*, NJW 1993, 2137 (2139); *Römermann*, 32
517 *Heermann*, BB 1994, 2421 (2426).

keiten, für die Vereinbarungen über eine Haftungsbeschränkung naturgemäß fehlen.[518] Auf der Basis der Doppelverpflichtungstheorie dagegen kann eine persönliche Haftung der BGB-Gesellschafter für gesetzliche Gesamthandsverbindlichkeiten nur dann angenommen werden, wenn diese persönlich die Anspruchsvoraussetzungen erfüllen.[519] Da es bei einem nicht selbst handelnden Gesellschafter bei der Begehung einer unerlaubten Handlung durch den Geschäftsführer regelmäßig an einem Verpflichtungstatbestand fehlt,[520] sind Haftungsbeschränkungsmöglichkeiten insoweit kaum relevant. Auch eine analoge Anwendung des § 31 BGB[521] zieht nicht die persönliche Haftung des Gesellschafters nach sich, denn sie rechnet das deliktische Verhalten des Geschäftsführers lediglich der Gesamthand zu, die als Gesamtschuldner neben dem verantwortlichen Gesellschafter nach § 840 BGB haftet.[522] Fraglich ist allerdings, ob eine Möglichkeit der Haftungsbeschränkung hinsichtlich der Einstandspflicht für eigenes Verschulden des Handelnden besteht. Dies ist unter den oben für vertraglich begründete Ansprüche dargelegten Voraussetzungen zu bejahen. Dabei muß in jedem Falle zusätzlich gefordert werden muß, daß dem Gläubiger die gesellschaftsvertragliche Haftungsbeschränkung vor dem Entstehen des gesetzlichen Anspruchs erkennbar war und der Handelnde einen eindeutigen Hinweis auf die Beschränkung auch seiner eigenen persönlichen Haftung gegeben hat. Für eine Anwaltssozietät mbH müßte das gleiche gelten. Gesetzliche Ansprüche haben insoweit aber kaum Bedeutung.[523]

4. Ergebnis

Es ist zu unterscheiden zwischen vertraglich vereinbarten und solchen Haftungsbeschränkungen, die sich bereits aus dem Namen der GbR – GbRmbH – oder der im Gesellschaftsvertrag verankerten Vertretungsre-

---

518 Vgl. hierzu *Saller*, DStR 1995, 183 (186).
519 Vgl. OLG Hamm, WM 1989, 1572 (1573 f.); BFH ZIP 1990, 643 (644); vgl. auch die Stellungnahme *Haddings* zu diesen Urteilen, in: Festschrift für Rittner, 133 (144 f.). Die Akzessorietätstheorie kommt mit ihrer analogen Anwendung des § 128 S. 1 HGB allerdings zu anderen Ergebnissen.
520 Vgl. hierzu *Hadding*, Festschrift für Rittner, 133 (144 f.).
521 Der BGH lehnt die analoge Anwendung des § 31 BGB hier ab, BGHZ 45, 311 (312). Vgl. zum Meinungsstand im Hinblick auf eine Analogie zu § 31 BGB für die GbR MüKo/*Ulmer*, § 705 Rdnr. 218 m.w.N. und oben 3. Teil, 5.Kapitel, D. II. 1. a).
522 Vgl. *Wellkamp*, NJW 1993, 2715 (2717).
523 Vgl. im übrigen die ausführliche Darstellung *Heermanns*, BB 1994, 2421 (2426 f.) zu zivilrechtlichen Ansprüchen und Ansprüchen des Fiskus gegen die GbR mit beschränkter Haftung.

gelung ergeben. Vertragliche Haftungsbeschränkungen sind der sicherste Weg, um als GbR-Gesellschafter zum Ziel der persönlichen Haftungsbeschränkung zu kommen. Speziell für Rechtsanwälte sieht nun der neue § 51a I, II BRAO ausdrücklich die Möglichkeit individualvertraglicher sowie unter Verwendung vorformulierter Vertragsbedingungen getroffener Vereinbarungen zur Haftungsbeschränkung vor. Auch die Zulässigkeit einer „Anwalts-GbR mbH" ist jedoch zu bejahen, wenn im Einzelfall ein ausreichender Drittschutz durch die Erkennbarkeit der Haftungsbeschränkung gewährleistet ist. Dies beruht im wesentlichen darauf, daß ein Verbot der Anwalts-GbR mbH zur Aufrechterhaltung der Rechtspflege nicht zwingend erforderlich ist.

III. Partnerschaftsgesellschaft

1. § 8 I PartGG

Nach § 8 I S. 1 PartGG haften den Gläubigern neben dem Vermögen der PartG die Partner mit ihrem Privatvermögen als Gesamtschuldner für die Verbindlichkeiten der PartG. Gemeint sind damit alle Verbindlichkeiten der PartG ohne Rücksicht auf den Rechtsgrund ihrer Entstehung, also gleichermaßen rechtsgeschäftlich wie gesetzlich begründete Verbindlichkeiten. Die Haftung der Partner gemäß § 8 I PartGG setzt zwingend voraus, daß es sich um eine Gesellschaftsverbindlichkeit handelt.[524] Ist die Verbindlichkeit rechtsgeschäftlicher Art, so ist dies nur zu bejahen, wenn der jeweilige Vertrag zwischen dem Auftraggeber und der PartG – und nicht lediglich mit bestimmten Gesellschaftern der PartG – geschlossen wurde.[525] § 8 I PartGG entspricht zwar im wesentlichen der Struktur von § 128 HGB.[526] Anders als § 128 S. 1 HGB, nach welchem die Gesellschafter einer OHG dem Gesellschaftsgläubiger für die Verbindlichkeiten der Gesellschaft persönlich als Gesamtschuldner haften, ordnet § 8 I PartGG aber ein Gesamtschuldverhältnis zugunsten der Gläubiger zwischen dem Vermögen der PartG und dem der Partner – und damit eine umfassende Zugriffsmöglichkeit der Gläubiger – an.[527] Nach § 8 I S. 2 PartGG sind die §§ 129 und 130 HGB auf die PartG entsprechend anzuwenden. Infolgedessen kann ein Partner, welcher wegen einer Verbindlichkeit der PartG in Anspruch genommen wird, Einwendungen, die nicht in seiner Person

---

524 Vgl. *K. Schmidt*, NJW 1995, 1 (5).
525 Vgl. *Meilicke/von Westphalen/Hoffmann/Lenz*, PartGG, § 8 Rdnrn. 9 f.
526 Vgl. hierzu *K. Schmidt*, NJW 1995, 1 (5).
527 Vgl. *Meilicke/von Westphalen/Hoffmann/Lenz*, PartGG, § 8 Rndr. 11.

begründet worden sind, dem Gesellschaftsgläubiger gegenüber nur insoweit geltend machen, als sie auch von der PartG erhoben werden können, §§ 129 I HGB, 8 I S. 2 PartGG. Gemäß §§ 129 II, III HGB, 8 I S. 2 PartGG hat der Partner im Falle der Anfechtungs- bzw. Aufrechnungsbefugnis der PartG ein Leistungsverweigerungsrecht.[528] Durch die Verweisung auf § 129 HGB wird klargestellt, daß auch für die Haftung der Partner nach dem PartGG der Grundsatz der Akzessorietät gilt.[529] Die entsprechende Anwendung von § 130 HGB wiederum führt dazu, daß der in eine PartG neu eingetretene Partner – gleich den übrigen Partnern – nach §§ 128, 129 HGB – für die „vor seinem Eintritt begründeten Verbindlichkeiten" der PartG haftet. Die Haftung des neu eintretenden Partners für die Altschulden der PartG ist gegenüber Dritten zwingend, §§ 130 II HGB, 8 I S. 2 PartGG. Die Möglichkeit einer Haftungsfreistellung im Innenverhältnis bleibt hiervon allerdings unberührt.[530]

2. Haftungskonzentration nach § 8 II PartGG

a) Gesetzgeberischer Zweck

Das Kernstück des PartGG ist die Eröffnung der Möglichkeit, Haftungsbeschränkungen zu vereinbaren, welche den Besonderheiten der gemeinschaftlichen Ausübung freiberuflicher Tätigkeiten Rechnung trägt. So können die Partner ihre Haftung für Verbindlichkeiten der PartG nach § 8 I S. 1 PartGG für solche Ansprüche, die sich aus Schäden wegen fehlerhafter Berufsausübung ergeben, individualvertraglich sowie unter Verwendung vorformulierter Vertragsbedingungen auf den Partner beschränken, der innerhalb der PartG die berufliche Leistung zu erbringen oder verantwortlich zu leiten oder zu überwachen hat, § 8 II PartGG.[531] Eine *Haftungskonzentration* kann insoweit für sämtliche *vertragliche* Ansprüche der Auftraggeber bestimmt werden, unabhängig davon, ob sie auf Unmöglichkeit, Verzug, positiver Vertragsverletzung oder Gewährlei-

---

528 Vgl. zur entsprechenden Anwendung von § 129 HGB PartGG/*von Westphalen*, § 8 Rdnrn. 17- 25.

529 *K. Schmidt*, NJW 1995, 1 (5).

530 BT-Drucks. 12/6152, 17 f.; vgl. zur entsprechenden Anwendung von § 130 HGB Vgl. *Meilicke/von Westphalen/Hoffmann/Lenz*, PartGG, § 8 Rdnrn. 26-40; *Stuber*, WiB 1994, 705 (708); *K. Schmidt*, NJW 1995, 1 (5 f.). Letzterer schlägt vor, den Verweis des § 8 I S. 2 PartGG auf § 130 HGB im Hinblick auf die unternehmenstragende – auch freiberufliche – GbR nicht als argumentum e contrario, sondern als eine auch das Haftungsrecht der GbR formende Integrationsnorm anzusehen.

531 Vgl. auch die Bedenken *von Westphalens* hinsichtlich der Vereinbarkeit von § 8 II PartGG mit der EG-Verbraucherschutzrichtlinie (Richtlinie 93/13/EWG v. 5.4.1993, ABl Nr. L95 v. 21.4.1993, 29); *von Westphalen*, ZIP 1995, 546 (549 f.).

stungsrecht beruhen. Dabei sind Ansprüche Dritter, soweit sie in den Schutzbereich des Vertrages einbezogen sind, ebenso erfaßt wie Pflichtverletzungen bei den Vertragsverhandlungen. Einbezogen sind aber auch deliktische Verbindlichkeiten der PartG, da nach § 8 I PartGG alle Partner neben dem Vermögen der PartG für die deliktisch begründeten Verbindlichkeiten der PartG infolge von Handlungen, die ein Partner in Ausführung der ihm zustehenden Verrichtungen begeht, haften; wie die Begründung des Gesetzesentwurfs ausdrücklich feststellt, ist § 31 BGB entsprechend der Rechtslage bei den Personenhandelsgesellschaften auch auf die PartG analog anzuwenden.[532] Unberührt von einer Haftungsbeschränkung nach § 8 II PartGG bleibt allerdings die deliktische Eigenhaftung des jeweils tätig werdenden Partners für Schäden aus fehlerhafter Berufsausübung, denn hierbei handelt es sich nicht um Verbindlichkeiten der PartG. Insoweit finden weiterhin die allgemeinen Grundsätze Anwendung.[533] Durch die Möglichkeit der Haftungskonzentration nach § 8 II - PartGG sollte die überregionale, internationale und interprofessionelle Zusammenarbeit von Freiberuflern erleichtert und berücksichtigt werden, da es gerade in den Fällen von Großsozietäten, in denen dem Geschädigten eine große Zahl an Gesamtschuldnern gegenübersteht, nicht sachgerecht ist, in jedem Fall jeden Partner mit seinem Privatvermögen für Ansprüche aus fehlerhafter Berufsausübung eines anderen Partners haften zu lassen.[534] Der Anlaß für die neue Regelung ist insofern gesellschaftsrechtlicher Art.[535] Die angebotene Lösung dagegen ist nicht gesellschaftsrechtlicher – eine Kommanditpartnerschaft mit einer festen Haftungszuordnung, also einem oder mehreren persönlich haftenden Partnern und im übrigen beschränkt haftenden Kommanditpartnern läßt das Gesetz nicht zu –, sondern rein vertragsrechtlicher Art. Der oder die den Mandanten betreuenden Partner und die PartG selbst[536] haften, und es geht nur um die Frage, ob die anderen Partner durch die Vereinbarung einer Haf-

---

532 BT-Drucks. 12/6152, 18; vgl. hierzu auch *Henssler*, DB 1995, 1549 (1554), der zutreffend darauf hinweist, daß die deliktische Haftung des Anwalts eine vergleichsweise untergeordnete Bedeutung spielt, weil es sich hier zumeist um reine Vermögensschäden handelt, die von § 823 BGB nicht erfaßt werden; *Stuber*, WiB 1994, 705 (709).

533 BT-Drucks. 12/6152, 18.

534 BT-Drucks. 12/6152, 17; vgl. auch *Meilicke/von Westphalen/Hoffmann/Lenz*, PartGG, § 8 Rdnr. 1.

535 Vgl. *K. Schmidt*, NJW 1995, 1 (5).

536 Der Gesetzgeber ging davon aus, daß die Partner lediglich dazu berechtigt sind, die Haftung auf einen oder – über den Wortlaut hinaus – auch mehrere Partner zu konzentrieren, daß aber die Haftung der PartG mit dem gesamten Partnerschaftsvermögen in jedem Fall daneben bestehen bleibt, vgl. BT-Drucks. 12/6152, 17. Dies geht auch unzweideutig aus dem Wortlaut des § 8 II PartGG hervor, denn danach dürfen die Partner ihre Haftung konzentrieren, also nicht auch die PartG.

tungskonzentration in den Genuß einer Haftungserleichterung kommen können.[537] Anders wäre die Rechtslage nach Artikel 4 des Referentenentwurfs zur Anwalts-GmbH, welcher, wenn er Gesetz werden sollte, § 8 II PartGG und damit die Haftungsverfassung der PartG grundlegend ändern und statt der vertragsrechtlichen eine gesellschaftsrechtliche Lösung bieten wird. Danach sollen nur die Partner, die mit der Bearbeitung eines Auftrages befaßt waren, gemäß § 8 I S. 1 PartGG für berufliche Fehler neben der PartG haften. Eine gesonderte Vereinbarung der Haftungskonzentration bei jedem neuen Mandat würde sich damit erübrigen.[538]

---

537 *K. Schmidt*, NJW 1995, 1 (6); zur Frage, ob angesichts der mit einer Handelndenhaftung verbundenen Probleme nicht eine Kommanditpartnerschaft mit fester Haftungszuordnung die angemessenere Lösung darstellte, vgl. *K. Schmidt*, ZIP 1993, 633 (649 f.); *Michalski*, ZIP 1993, 1210 (1214). Kritisch mit der Frage einer Freiberufler-KG setzt sich auch *Seibert*, 57, auseinander. *Seibert* betont dabei die persönliche Dienstleistung und das enge persönliche Vertrauensverhältnis des einzelnen Partners zu seinem Mandanten, aufgrund dessen nur eine Haftungskonzentration auf die Partner in Betracht komme, die mit der Bearbeitung des Vertragsverhältnisses auch tatsächlich befaßt waren. An eine starre Aufteilung der Partner in Voll- und Beschränkthafter sei unter dem Gesichtspunkt zu denken gewesen, daß die Juniorpartner als Kommanditpartner von der persönlichen Haftung ausgenommen worden und als „Komplementäre" die Seniorpartner eingetreten wären, deren höheres Haftungsrisiko durch einen höheren Anteil am Unternehmensgewinn ausgeglichen würde. *Seibert* weist in diesem Zusammenhang allerdings auch darauf hin, daß eine vergleichbare Aufteilung in persönlich haftende und nicht persönlich haftende Anwälte bereits seit längerem in Anwaltssozietäten praktiziert werde, denn der Aufnahme eines Partners gehe regelmäßig eine mehrjährige Zeit als Angestellter voraus und den angestellten Berufsträger treffe – von der deliktischen Haftung abgesehen – die Haftung wegen fehlerhafter Berufsausübung nicht unmittelbar.

538 Der Referentenentwurf ist abgedruckt in: ZIP 1997, 1518 ff; nach der amtlichen Begründung des Referentenentwurfs ist derjenige Partner mit einem Auftrag befaßt, der den Auftrag selbst bearbeitet oder seine Bearbeitung überwacht hat oder dies nach der internen Zuständigkeitsverteilung hätte tun müssen. Waren alle Partner in diesem Sinne mit dem Auftrag „befaßt", so sollen alle Partner persönlich haften. Das Gleiche soll gelten, wenn kein Partner „befaßt" war. Nach dem Gesetzeswortlaut der geplanten Änderung des § 8 II PartGG sollen Bearbeitungsbeiträge von untergeordneter Bedeutung ausgenommen sein. Zur Frage, welche Beiträge in diesem Sinne untergeordnete Bedeutung besitzen, führt die amtliche Begründung aus: „ ... Von untergeordneter Bedeutung sind z. B. Urlaubsvertretungen ohne eigene gebotene inhaltliche Bearbeitung oder geringfügige Beiträge aus nur am Rande betroffenen Berufsfeldern (zum Beispiel konsularische Beiziehung). Ein Bearbeitungsbeitrag, der den Berufsfehler selbst mitgesetzt hat, kann niemals von untergeordneter Bedeutung sein. Es kann der Rechtsprechung überlassen bleiben, hier eine angemessene Grenzziehung vorzunehmen."; vgl. ZIP 1997, 1518 (1523).

b) Vorformulierte Vertragsbedingungen

Die Haftungskonzentration nach § 8 II PartGG kann durch individuelle Vereinbarung ebenso erreicht werden wie durch die Verwendung von AGB-Klauseln. Mit der Ermöglichung der Haftungskonzentration nach § 8 II PartGG durch vorformulierte Vertragsbedingungen hat der Gesetzgeber spezialgesetzlich bestimmt, daß keine Inhaltskontrolle nach §§ 9-11 AGBG erfolgt und insbesondere die Vorschrift des § 11 Nr. 7 AGBG insoweit keine Anwendung findet. Die Konzentration der Haftung auf einen oder mehrere Partner ist also keine von Rechtsvorschriften abweichende oder diese ergänzende Regelung im Sinne des § 8 AGBG.[539] Das hat zur Folge, daß auch eine Haftung für Schäden, welche auf der fahrlässigen Verletzung wesentlicher Vertragspflichten, auf grob fahrlässigen Pflichtverletzungen und auf durch Erfüllungsgehilfen begangenen vorsätzlichen Pflichtverletzungen beruhen, auf einen oder mehrere Partner konzentriert werden kann und damit für die anderen, an der Erbringung, Leitung oder Überwachung nicht beteiligten Partner ausgeschlossen werden kann.[540] Im übrigen gilt aber das AGBG im Rahmen seines Anwendungsbereichs. Hervorzuheben sind hierbei vor allem § 2 AGBG, wonach die Mandatsbedingungen ausdrücklich in den Vertrag mit dem Mandanten einbezogen werden müssen und § 3 AGBG, welcher den Auftraggeber vor solchen Haftungsbeschränkungen schützt, die aufgrund von Besonderheiten des äußeren Erscheinungsbildes des Vertrages so ungewöhnlich sind, daß er mit ihnen nicht zu rechnen braucht. Unberührt bleiben auch die allgemeinen, vor allem in §§ 134, 138, 276 II BGB niedergelegten Grenzen vertraglicher Abreden.[541]

c) Fehlerhafte Berufsausübung

Die Konzentration der Haftung nach § 8 II PartGG ist nur im Hinblick auf Schäden aus fehlerhafter Berufsausübung möglich. Dies setzt voraus, daß es sich um eine Berufsausübung im Sinne von § 1 II PartGG handelt[542] und daß die zum Schadensersatz verpflichtende Handlung als objektive

---

539 BT-Drucks. 12/6152, 17; *Stuber*, 53; *Bösert*, DStR 1993, 1332 (1333); *Meilicke/von Westphalen/Hoffmann/Lenz*, PartGG, § 8 Rdnrn. 76 ff. Dagegen sollen nach *Römermann*, 132 f., die §§ 9–11 AGBG auf die Haftungskonzentration nach § 8 PartGG Anwendung finden, da das Gesetz hier eine von der ansonsten gegebenen Rechtslage gerade abweichende Gestaltungsmöglichkeit eröffnet habe.

540 Vgl. hierzu *Stuber*, 53; *Bösert*, DStR 1993, 1332 (1333); *Meilicke/von Westphalen/Hoffmann/Lenz*, PartGG, § 8 Rdnrn. 76 ff.

541 Vgl. BT-Drucks. 12/6152, 17.

542 Vgl. hierzu *Meilicke/von Westphalen/Hoffmann/Lenz*, PartGG, § 1 Rdnr. 22.

Pflichtverletzung in einem sachlichen Zusammenhang zu der Berufsausübung steht, welche Gegenstand des jeweiligen Vertragsverhältnisses
zwischen PartG und Geschädigtem ist.[543] Dies wird im Hinblick darauf
kritisiert, daß auch in Fällen, in denen es nicht um die fehlerhafte Berufsausübung durch einen Partner, sondern beispielsweise um hohe Ansprüche
aus Mietverhältnissen oder Dienstverträgen gehe, ein Bedürfnis nach einer
Haftungskonzentration bestehen könne.[544] Diese Kritik ist aber nicht berechtigt. Der Gesetzgeber wollte mit den durch das PartGG eröffneten
Möglichkeiten der Haftungsbeschränkung berücksichtigen, daß in einigen
freien Berufen den im Falle fehlerhafter Berufsausübung sehr hohen
Schadensersatzrisiken eine Beschränkung der Honorare durch das Ge-
bührenrecht gegenübersteht, so daß die persönliche Haftung aller Partner
mit ihrem Privatvermögen nicht immer sachlich gerechtfertigt zu sein
scheint.[545] Diese Sachlage ist jedoch im Falle von Miet- oder Gehaltsan-
sprüchen nicht gegeben. Sie mögen zwar in Einzelfällen auch einmal ein
die Existenz der Kanzlei bedrohendes Ausmaß annehmen, bergen jedoch
anders als die Möglichkeit von Schäden aus fehlerhafter Berufsausübung
keine unübersehbaren Risiken. Daher besteht auf der Seite der Partner kein
dringendes Bedürfnis nach Haftungsbeschränkung, welches eine Abweichung vom Grundsatz der Mithaftung aller zu rechtfertigen vermöchte.

d) Inhalt der Vereinbarung

aa) Haftung des Handelnden

(1) Namentliche Benennung

Die Haftungskonzentration des § 8 II PartGG setzt Personenidentität zwischen demjenigen, der nach der Vereinbarung mit dem Auftraggeber verantwortlich sein soll und dem, der innerhalb der PartG die berufliche
Leistung tatsächlich erbringt, voraus. Sind der real tätiggewordene Schädiger und der in der Haftungskonzentration genannte Partner personen-
verschieden, dann schlägt die Haftungskonzentration nach § 8 II PartGG
fehl und es bleibt bei der gesamtschuldnerischen Haftung von Partnerschaft und allen Partnern gemäß § 8 I S. 1 PartGG. Damit soll sichergestellt
werden, daß als Verantwortliche nur einer oder einzelne Partner benannt
werden können, in deren Berufszweig die von der PartG zu erbringende
Dienstleistung fällt.[546] Hierbei stellt sich, da anders als in § 51a II BRAO

---

543 Vgl. *Meilicke/von Westphalen/Hoffmann/Lenz*, PartGG, § 8 Rdnr. 48.
544 *Gail/Overlack*, 1. Aufl., 38.
545 BT-Drucks. 12/6152, 17 f.; vgl. hierzu auch *Seibert*, 56 f.
546 BT-Drucks. 12/6152, 17; vgl. hinsichtlich der Bedenken gegen die Praktikabilität der

die namentliche Bezeichnung des verantwortlichen Partners in § 8 II - PartGG nicht gefordert wird, die Frage, welche *Anforderungen an die Konkretisierung der Person des verantwortlichen Partners* in der haftungskonzentrierenden Vereinbarung zu stellen sind. Dies wird nicht einheitlich beurteilt.

Wenig überzeugend ist es, wenn *K. Schmidt, Sommer, Sotiropoulos* und *von Westphalen* insoweit pauschal die Ansicht vertreten, der oder die verantwortlichen Partner seien zwingend *namentlich* zu bezeichnen.[547] Das gleiche gilt für die Forderung *Stuckens*, der oder die verantwortlichen Partner sowie die tatsächliche Zuständigkeit des bezeichneten Partners innerhalb der PartG seien zumindest für die Leitung und Überwachung der betreffenden Leistung eindeutig und konkret zu bezeichnen.[548] Dies wird damit begründet, daß eine Haftungsvereinbarung, welche auf den „jeweiligen Leistungserbringer" abhebe, im Grunde genommen nur eine Haftungszuweisung an „den, den es angeht" sei, was – auch aus Gründen der Rechtsklarheit und der Beweisbarkeit – nicht genügen könne.[549] Etwas anderes könne nur dann gelten, wenn es um die Konzentration der Haftung auf alle Partner einer Niederlassung einer überörtlichen PartG gehe.[550] Gegen diese enge Auffassung sprechen bereits die auch von ihren Vertretern anerkannten,[551] mit der namentlichen Bezeichnung verbundenen praktischen Schwierigkeiten. Dazu kommt, daß der Wortlaut des § 8 II PartGG im Gegensatz zu den parallelen Formulierungen in §§ 51a II S. 2 BRAO, 54a II WPO und 67a II StBerG gerade nicht ausdrücklich die namentliche Bezeichnung des oder der verantwortlichen Partner(s) fordert. Dieser Unterschied muß nach den Gesetzesbegründungen, die zumindest im Falle der Haftungskonzentration auf eine Gruppe von Rechtsanwälten ausdrücklich eine abstrakte Formulierung zulassen,[552] dem

---

Regelung *Lenz*, MDR 1994, 741 (744); *Meilicke/von Westphalen/Hoffmann/Lenz*, PartGG, § 8 Rdnrn. 61 ff.; *Michalski*, ZIP 1993, 1210 (1213).

547 Vgl. *Meilicke/von Westphalen/Hoffmann/Lenz*, PartGG, § 8 Rdnr. 63; *ders.*, ZIP 1995, 546 (548); *Sommer*, GmbHR 1995, 249 (251); *K. Schmidt*, NJW 1995, 1 (6). *Sotiropoulos*, ZIP 1995, 1879 (1881) verweist insoweit auf *K. Schmidt*.

548 *Stucken*, WiB 1994, 744 (748).

549 *K. Schmidt*, NJW 1995, 1 (6); ihm zustimmend *Meilicke/von Westphalen/Hoffmann/Lenz*, PartGG, § 8 Rdnr. 63.

550 *Meilicke/von Westphalen/Hoffmann/Lenz*, PartGG, § 8 Rdnr. 63; *Sommer*, GmbHR 1995, 249 (251); *Sotiropoulos*, ZIP 1995, 1879 (1881).

551 Vgl. *K. Schmidt*, NJW 1995, 1 (6); *Meilicke/von Westphalen/Hoffmann/Lenz*, PartGG, § 8 Rdnrn. 62-65; *Sommer*, GmbHR 1995, 249 (252); am ausführlichsten äußert sich *Michalski*, ZIP 1993, 1210 (1213 f.) zu den mit der namentlichen Bezeichung verbundenen Schwierigkeiten.

552 Vgl. BT-Drucks. 12/7642, 12; BT-Drucks. 12/6152, 17.

Gesetzgeber auch bewußt gewesen sein. Das Erfordernis einer namentlichen Bezeichnung würde diesen Unterschied einebnen.

Andererseits erscheint die aufgrund der mit einer namentlichen Benennung des haftenden Partners zu Beginn des Mandatsverhältnisses verbundenen gravierenden praktischen Probleme[553] von *Michalski*[554] und *Seibert*[555] vorgeschlagene Möglichkeit, die Haftung mit einer *generalklauselartigen Haftungsbeschränkung auf die Partner, die tatsächlich tätig werden,* zu begrenzen, zu weit zu gehen und aus Gründen des Mandantenschutzes nicht haltbar zu sein. In einem solchen Fall weiß der Mandant zum Zeitpunkt des Abschlusses des Mandatsvertrags nicht, wer im Falle eines Schadens neben der PartG persönlich haftet. Er hat keine Möglichkeit zu beurteilen, ob der schließlich tatsächlich handelnde und daher persönlich haftende Partner vermögenslos ist oder ob ihm die Haftung seines Vermögens neben dem der PartG genügt. Zudem weist auch die Begründung des Gesetzentwurfs darauf hin, daß es einerseits von entscheidender Bedeutung sein soll, ob dem Mandanten klar ist, an wen er im Schadensfall seine Ansprüche adressieren muß, und daß andererseits bei einem Wechsel der bearbeitenden Partner einem Leerlaufen der Haftungskonzentration dadurch entgegengewirkt werden kann, daß der verantwortliche Partner später von den Vertragsparteien auch einvernehmlich ausgetauscht wird.[556]

Unter Berücksichtigung des Willens des Gesetzgebers, der eine abstrakte Formulierung zumindest für den Fall zulassen wollte, daß die Haftung auf sämtliche Partner einer Niederlassung konzentriert wird,[557] ist daher mit

---

553 *Michalski,* ZIP 1993, 1210 (1213); diese praktischen Probleme erkennt allerdings auch *von Westphalen* an, welcher darauf hinweist, daß sich der Nutzen der Haftungskonzentration stark relativiere, wenn eine PartG sachlich sehr ausdifferenzierte Leistungen erbringe, beispielsweise also für einen Mandanten praktisch die Rechtsabteilung ersetze. Dann würden nämlich zwangsläufig zahlreiche Partner tatsächlich als Leistungserbringer und damit als potentielle Schädiger tätig werden; *Meilicke/von Westphalen/Hoffmann/Lenz,* PartGG, § 8 Rdnr. 65.

554 *Michalski,* ZIP 1993, 1210 (1213).

555 *Seibert,* 60.

556 BT-Drucks. 12/6152, 17.

557 Die Begründung des Gesetzesentwurfs der Bundesregierung geht davon aus, daß die Haftungskonzentration auf sämtliche Partner der das Mandat bearbeitenden Niederlassung einer überörtlichen PartG durch für eine Vielzahl von Vertragsabschlüssen vorformulierte Vertragsbedingungen möglich ist, ohne daß die Partner einzeln namentlich benannt werden müssen. Dieser Weg soll aber nicht gangbar sein, wenn es um die Haftungskonzentration auf einen einzelnen Partner geht. In diesem Fall sei der Partner, der die Verantwortung für das konkrete Vertragsverhältnis übernimmt, im Einzelfall namentlich zu benennen. Dies könne auch dadurch geschehen, daß sein Name in eine Freistelle der Vertragsbedingungen anläßlich des Vertragsabschlusses eingetragen wird; vgl. BT-Drucks. 12/6152, 17. Die Ausführungen der Beschlußemp-

Henssler davon auszugehen, daß eine *abstrakte Formulierung* grundsätzlich genügt. Dies setzt allerdings voraus, daß der *persönlich haftende Partner nach objektiven Kriterien bestimmbar* ist, so daß der Mandant die Konsequenzen der Haftungskonzentration übersehen kann.[558]

(2) Personenidentität

§ 8 II PartGG setzt dem Wortlaut nach eine Personenidentität zwischen dem benannten und dem die berufliche Leistung erbringenden Partner voraus. Dies kann bei einer Beteiligung mehrerer Partner problematisch sein. Hierbei sind zwei Alternativen zu unterscheiden: entweder sind in der haftungskonzentrierenden Vereinbarung mehr haftende Partner genannt, als später tatsächlich tätig werden, wobei die real Tätigen aber alle aufgeführt sind, oder in der haftungskonzentrierenden Vereinbarung wurden weniger oder andere Partner als die real Tätigwerdenden, also nur einzelne oder keine der später tatsächlich tätigen Personen genannt.

In der erstgenannten Alternative, bei der *alle tatsächlich tätigen* und zusätzlich mindestens ein unbeteiligter Partner in der haftungskonzentrierenden Vereinbarung *genannt* sind, ist die Wirksamkeit der Haftungskonzentration unproblematisch zu bejahen. Hierfür spricht zum einen die Interessenlage, denn die Haftungssituation des Mandanten ist verbessert, wenn ihm noch zusätzliche Partner haften. Zudem würden die Partner ohne die Haftungskonzentration gesamtschuldnerisch haften.[559] Zum anderen läßt sich dies auf die Begründung des Gesetzgebers stützen, in der es heißt: „Diese Regelung eröffnet auch die Möglichkeit, die Haftung auf mehrere Partner, z. B. alle Partner einer Niederlassung, zu konzentrieren, soweit diese oder einer von ihnen die Leistung zu erbringen . . . hat."[560] Danach kommt es nur darauf an, daß zumindest einer der genannten Partner tatsächlich tätig wird.

Die zweitgenannte Alternative, bei der *in der Haftungskonzentration weniger oder andere als die später real tätigwerdenden Partner genannt*

fehlung des Rechtsausschusses zu § 8 II PartGG gehen noch etwas weiter und wollen die abstrakte Formulierung nicht auf den Fall aller Partner einer Niederlassung beschränkt sehen. So soll die PartG nicht nur einen einzelnen verantwortlichen und persönlich haftenden namentlich benennen, sondern auch eine abstrakte Formulierung wählen und ohne namentliche Nennung eine bestimmte Gruppe von Partnern umschreiben können, die für die berufliche Leistung verantwortlich sind und auf die die persönliche Haftung beschränkt werden soll. Entscheidend sei, daß für den Auftraggeber Klarheit darüber herrsche, an wen er sich im Schadensfall persönlich halten könne; vgl. BT-Drucks. 12/7642, 12.

558 *Henssler*, DB 1995, 1549 (1554); *ders.*, PartGG, § 8 Rdnrn. 38 ff.
559 Vgl. *Michalski/Römermann*, § 8 Rdnr. 61.
560 Begründung des Gesetzesentwurfs der Bundesregierung, BT-Drucks. 12/6152, 17.

sind, ist dagegen problematisch. So sind in der Rechtsanwalts-PartG eine gleichwertige Teamarbeit und eine unterschiedlich starke Beteiligung mehrerer Partner ebenso denkbar wie eine Bearbeitung eines Mandats nur von Angestellten unter einer Gesamtleitung durch alle Partner.[561] Damit stellt sich in der Rechtsanwalts-PartG die Frage, ob alle beteiligten Partner in der haftungskonzentrierenden Vereinbarung als Verantwortliche genannt sein müssen oder ob die Haftung auf einen von ihnen beschränkt werden kann. Wenn die letztgenannte Alternative bejaht werden kann, ist zweifelhaft, ob der Partner, auf den die Haftung beschränkt wird, derjenige mit dem umfangreichsten Tätigkeitsbeitrag oder bei einer Bearbeitung des Mandats ausschließlich durch Angestellte unter einer Gesamtleitung aller Partner derjenige mit den meisten Rechten oder dem größten Einfluß in der Kanzlei sein muß, oder aber, ob insoweit ein freies Wahlrecht besteht.

Von Westphalen[562] meint, der Schädiger und der in der Vereinbarung namentlich bezeichnete Partner müßten ein und dieselbe Person sein. Nach § 8 II PartGG ist jedoch lediglich zwingend, daß der nach der Haftungskonzentration verantwortliche Partner „innerhalb der Partnerschaft die berufliche Leistung zu erbringen oder verantwortlich zu leiten und zu überwachen hat". Der Regierungsbegründung zum Gesetzesentwurf zufolge soll dabei entscheidend sein, daß als Verantwortlicher nur ein Partner benannt werden kann, der innerhalb der PartG die berufliche Verantwortung für das Vertragsverhältnis übernimmt, der also die Dienstleistung selbst erbringt oder aber verantwortlich leitet oder überwacht.[563] Dies spricht dafür, daß es nur darauf ankommt, daß derjenige, der in der Haftungskonzentration genannt wurde, an der Erbringung der beruflichen Leistung auch tatsächlich in verantwortlicher Weise – und damit jedenfalls in nicht unmaßgeblichem Umfang – beteiligt ist. Die Haftungskonzentration nach § 8 II PartGG ist danach auch dann anwendbar, wenn neben dem verantwortlichen Partner noch andere Partner an der Leistungserbringung mitwirken. Da es hierbei sowohl nach dem Wortlaut des Gesetzes als auch nach der Regierungsbegründung entscheidend auf die Übernahme der berufli-chen Verantwortung für das Mandat innerhalb der PartG ankommt, muß konsequenterweise die Konzentrationswirkung auch dann noch gültig sein, wenn der Schaden selbst nicht durch den das Mandat maßgeblich bearbeitenden Partner, sondern durch einen seiner Kollegen verursacht

561 Vgl. *Michalski*, ZIP 1993, 1210 (1213), der eine größere Zahl möglicher Fallkonstellationen darstellt.
562 Vgl. hierzu *Meilicke/von Westphalen/Hoffmann/Lenz*, PartGG, § 8 Rdnr. 61.
563 BT-Drucks. 12/6152, 17.

wird. Auch ist zu berücksichtigen, daß es im Falle der Konzentration der Haftung nicht auf einen einzelnen, sondern auf alle Partner einer Niederlassung nach der Regierungsbegründung sogar genügen soll, wenn nur einer der Partner die Leistung erbringt.[564] Daraus ist zu schließen, daß jedenfalls ein Erfordernis einer Identität des Schädigers und der in der Haftungsbeschränkung namentlich bezeichneten Person vom Gesetz nicht getragen wird.

Andererseits überzeugt auch die extreme Gegenposition zu *von Westphalens* engen Anforderungen an die Personenidentität nicht. So hält *Stucken* die tatsächliche Zuständigkeit des Partners innerhalb der PartG für die Leitung und Überwachung der betreffenden Leistung für ausreichend und will es genügen lassen, daß die zu erbringende Dienstleistung in den Berufszweig des benannten Partners fällt.[565] Dies widerspricht aber dem Wortlaut des § 8 II PartGG, nach dem die Haftung nur auf einen Partner beschränkt werden kann, der das Mandat selbst bearbeitet oder die Bearbeitung verantwortlich leitet oder überwacht – also auf den real tätig werdenden und nicht auf einen lediglich dem Berufszweig nach zuständigen Partner.

Infolgedessen ist mit *Henssler*[566] und *Seibert*[567] davon auszugehen, daß – bei der Benennung eines einzelnen Partners in der haftungskonzentrierenden Vereinbarung – dieser auf jeden Fall an der Erbringung der beruflichen Leistung maßgeblich mitwirken muß, was aber nicht ausschließt, daß sich an ihr auch andere Partner beteiligen.

---

564 BT-Drucks. 12/6152, 17.

565 *Stucken*, WiB 1994, 744 (748). *Stuckens* Ausführungen sind insoweit allerdings nicht völlig klar. So wie in der vorliegenden Arbeit werden sie auch durch *von Westphalen* interpretiert, vgl. *Meilicke/von Westphalen/Hoffmann/Lenz*, PartGG, § 8 Rdnr. 63. Möglicherweise nahm *Stucken* allerdings mit seinem Hinweis, die zu erbringende Dienstleistung müsse zumindest in den Berufszweig des benannten Partners fallen, lediglich darauf Bezug, daß nach der Begründung des Gesetzesentwurfs (BT-Drucks. 12/6152, 17) als Verantwortlicher nur ein Partner benannt werden kann, in dessen Berufszweig die von der PartG zu erbringende Dienstleistung fällt – ohne damit ausdrücken zu wollen, daß dies für die Personenidentität genügt.

566 *Henssler*, DB 1995, 1549 (1554); vgl. allerdings auch *Henssler*, PartGG, § 8 Rdnr. 53: Hier geht *Henssler* davon aus, daß dann, wenn entgegen der ursprünglichen Planung neben dem benannten Partner ein anderer Gesellschafter zur Vertragserfüllung tätig wird, ohne daß ein entsprechender Hinweis über den Fortbestand der sich auf die Haftungskonzentration beziehenden Klausel an den Mandanten erfolgt ist und ohne daß sich der Mandant mit dem Bearbeiterwechsel einverstanden erklärt hat, nicht nur diese Partner haften, sondern auch die übrigen.

567 *Seibert*, 59.

Die Frage, ob diese verantwortliche Beteiligung des nach der Vereinbarung haftenden Partners daneben nur einen untergeordneten Tätigkeitsbeitrag zuläßt – so *Henssler*[568] – oder ob jede Art von Beitrag wie vieler Partner auch immer in Betracht kommt – so wohl *Seibert*[569] – ist damit allerdings noch nicht beantwortet. Entscheidend ist, daß dem Mandanten zu Beginn des Mandatsverhältnisses bewußt ist, wer ihm im Schadensfall persönlich haftet, so daß die Konsequenzen der Haftungskonzentration überblickt werden können. Das wird durch die namentliche Bezeichnung oder sonstige Umschreibung des haftenden Partners sichergestellt. Daneben muß die Möglichkeit ausgeschlossen sein, die Haftung auf einen vermögenslosen Strohmann[570] zu konzentrieren. Dies geschieht bereits dadurch, daß derjenige, der als verantwortlicher Partner genannt ist, maßgeblich an der Erbringung der beruflichen Leistung beteiligt sein muß. Damit ist dem Wortlaut des § 8 II PartGG sowie dem Mandantenschutz genüge getan. Daraus folgt, daß – eine maßgebliche Beteiligung des verantwortlichen Partners vorausgesetzt – nicht nur eine untergeordnete, sondern jede Form von Beitrag eines oder mehrerer anderer Anwälte zulässig ist, soweit er nicht so gravierend und umfangreich ist, daß er die Tätigkeit des nach der Vereinbarung verantwortlichen Partners als untergeordnet erscheinen läßt.

Schließlich ist noch zu klären, ob die *fehlende Personenidentität* die *Wirksamkeit der Haftungskonzentrationsklausel* unberührt läßt, so daß es lediglich zu der Haftung des tatsächlich tätigen Partners neben dem oder den benannten Partner(n) kommt, oder ob sie ein Fehlschlagen der Haftungskonzentration und in der Folge eine gesamtschuldnerische Haftung aller Partner nach § 8 I S. 1 PartGG nach sich zieht. Für die zusätzliche Haftung nur des tatsächlich Tätigen[571] wird vorgebracht, daß die Haftung aller Partner ein praxisfremdes Ergebnis sei und die Haftungskonzentrationsmöglichkeit nach § 8 II PartGG ohnehin nur die Mithaftung für Verbindlichkeiten aus fehlerhafter Berufsausübung nach § 8 I PartGG betreffe.[572] Dies überzeugt aber nicht, da die PartG dann völlig risikolos eine zu enge Haftungskonzentration vornehmen könnte und dem Man-

---

568 *Henssler*, DB 1995, 1549 (1554).
569 *Seibert*, 59.
570 Vgl. zur Haftung des tatsächlich Handelnden, welche eine „Strohmannhaftung" ausschließt, *Michalski*, ZIP 1993, 1210 (1213); *Lenz*, MDR 1994, 741 (744); *K. Schmidt*, NJW 1995, 1 (5 f.); *Stucken*, WiB 1994, 744 (748); *Stuber*, 53; *ders.*, WiB 1994, 705 (709).
571 Zu ihren Befürwortern gehören *Knoll/Schüppen*, DStR 1995, 646 (647) und *Sotiropoulos*, ZIP 1995, 1879 (1881).
572 *Sotiropoulos*, ZIP 1995, 1879 (1881).

danten damit letztlich hinsichtlich des zwar nicht genannten, aber haftenden Partners das Prozeßrisiko aufbürden würde, vor welchem ihm das PartGG durch die Benennungspflicht des § 8 II PartGG gerade bewahren wollte. Es ist daher davon auszugehen, daß eine fehlende Personenidentität die gesamtschuldnerische Haftung aller Partner nach sich zieht.[573]

bb) Haftung des Überwachenden

Anders als nach § 51a II BRAO kann die Haftung nach § 8 II PartGG nicht nur auf den das Mandat selbst bearbeitenden Anwalt, sondern daneben auch auf die Partner, die innerhalb der PartG die Dienstleistung zur verantwortlichen Leitung und Überwachung übernehmen, beschränkt werden. Die Übernahme der beruflichen Verantwortung beruht auf einem Organisationsakt der PartG und begründet keine zusätzliche Verbindlichkeit gegenüber dem Vertragspartner, insbesondere kein abstraktes Leistungsversprechen.[574] Derjenige, auf den die Haftung nach § 8 II PartGG konzentriert wird und der die Leitung und Überwachung übernimmt, muß immer ein *Partner* sein. Die Haftungskonzentration schlägt daher fehl, wenn tatsächlich nur angestellte Anwälte leisten, leiten und überwachen. Voraussetzung für das verantwortliche Leitungsrecht nach § 8 II PartGG ist, daß der Partner, der nach der haftungskonzentrierenden Vereinbarung die Leitung übernimmt, innerhalb der PartG das Weisungs- und Direktionsrecht gegenüber demjenigen hat, der tatsächlich die fehlerhafte Leistung erbracht hat. Mit dem arbeitsrechtlichen Direktionsrecht ist das selbstverantwortliche Leitungsrecht des § 8 II PartGG nicht vergleichbar, da ersteres Sache der PartG als Arbeitgeber ist. Das rein organisatorische Leitungs- und Weisungsrecht reicht nicht aus, wenn der Schaden von einem Mitarbeiter, Angestellten oder Dritten verursacht wurde, der aktuell nicht dem Leitungs- und Weisungsrecht des namentlich genannten Partners unterworfen war. Es ist erforderlich, daß die *organisatorische und tatsächliche Leitungsmacht* bei dem in der haftungsbeschränkenden Vereinbarung genannten Partner zusammenfallen[575] und daß der Partner tatsächlich selbst aktiv tätig wird und die Mitarbeiter die Leistung nach seinen Anweisungen erbringen.[576]

---

573 Hierfür sprechen sich auch *Meilicke/von Westphalen/Hoffmann/Lenz*, PartGG, § 8 Rdnrn. 61, 95 und *Michalski/Römermann*, § 8 Rdnrn. 60 ff. aus.
574 BT-Drucks. 12/6152, 17.
575 Vgl. *Meilicke/von Westphalen/Hoffmann/Lenz*, PartGG, § 8 Rdnr. 67; *Seibert*, 60.
576 *Michalski/Römermann*, § 8 Rdnr. 53.

Dabei setzt der Begriff der verantwortlichen Überwachung aber entgegen *von Westphalen* nicht zwingend eine fortgesetzte Prüfung, ob der jeweils handelnde Dritte noch zu der ihm übertragenen Leistung befähigt ist, sowie ein Zusammenfallen der organisatorischen Überwachungspflicht und der tatsächlichen Überwachung voraus.[577] Vielmehr ist mit *Michalski* und *Römermann* davon auszugehen, daß *alle Überwachungsformen* möglich sind, sofern *gleichzeitig eine Leitung* durch den verantwortlichen Partner vorliegt,[578] denn es fehlt an einer gesetzlichen Klarstellung hinsichtlich der Frage, ob es sich um eine permanente Kontrolle oder nur um eine stichprobenartige oder gar um eine nur in Problemfällen einschreitende Überwachung handelt. Auch sind die Interessen des Mandanten bereits durch das Erfordernis des Zusammenfallens der – ein eigenes aktives Tätigwerden des Partners voraussetzenden – Leitung und der Überwachung ausreichend geschützt.

Hinsichtlich des Erfordernisses der *Konkretisierung* des verantwortlich leitenden oder überwachenden Partners in der haftungskonzentrierenden Vereinbarung gelten die gleichen Erwägungen wie für die Haftungskonzentration auf den selbst leistenden Partner.[579] Während dem Leistungserbringer die fehlerhafte Berufsausübung unmittelbar zuzurechnen ist, kommt es im Hinblick auf die Leitungs- und Überwachungspflichten lediglich darauf an, daß sie dem Bereich des nach der haftungskonzentrierenden Vereinbarung verantwortlichen Partners organisatorisch zugewiesen sind und daß innerhalb dieser organisatorisch bezeichneten Sphäre die zum Schadensersatz verpflichtende fehlerhafte Berufsausübung tatsächlich begangen wurde.[580] Der Begriff der „Verantwortlichkeit" schließlich stellt – worauf *Michalski* und *Römermann* zutreffend hinweisen – kein zusätzliches definitorisches Abgrenzungskriterium dar, denn der leitende und überwachende Partner ist aufgrund dieser Funktion verantwortlich. Eine Unterscheidung zwischen verantwortlich leitenden und lediglich leitenden Partnern ist nicht möglich.[581]

cc) Praktische Konsequenzen

Um sicherzustellen, daß die haftungskonzentrierende Vereinbarung nach § 8 II PartGG nicht nur zum Zeitpunkt des Vertragsschlusses wirksam ist,

---

577 Vgl. *Meilicke/von Westphalen/Hoffmann/Lenz*, PartGG, § 8 Rdnr. 70, die sich insoweit an § 831 I S. 2 BGB orientieren.
578 *Michalski/Römermann*, § 8 Rdnr. 54.
579 Vgl. hierzu oben unter 3. Teil, 5. Kapitel, D.III.2.d.aa.
580 Vgl. *Meilicke/von Westphalen/Hoffmann/Lenz*, PartGG, § 8 Rdnr. 71.
581 *Michalski/Römermann*, § 8 Rdnr. 55.

sam ist, sondern auch während der Dauer der Leistungserbringung wirksam bleibt, ist ein hoher organisatorischer Aufwand erforderlich. In kleineren Partnerschaften mit strenger Trennung der Aufgabenbereiche der einzelnen Partner dürften die Probleme und Gefahren, die die Haftungskonzentration mit sich bringt, leicht zu bewältigen sein. Dies gilt auch für überörtliche Partnerschaften, wenn die Haftung auf alle Anwälte einer Niederlassung konzentriert wird, und für interprofessionelle Partnerschaften, soweit die Zuordnung der beruflichen Leistung eindeutig ist. Anders sieht es aber immer dann aus, wenn ein Mandat sachlich sehr ausdifferenzierte berufliche Leistungen erforderlich macht, so daß zahlreiche Partner als Leistungserbringer und damit als potentielle Schädiger in Frage kommen. Hier ist der organisatorische Aufwand, mit dem dem Risiko entgegengewirkt werden muß, daß es trotz Vereinbarung einer Haftungskonzentration zu der gesamtschuldnerischen Haftung nach § 8 I PartGG kommt, selbst bei einer weiten Interpretation der Personenidentität, die die Mitarbeit von anderen, nicht namentlich in der haftungskonzentrierenden Vereinbarung genannten Partnern neben dem eigentlich handelnden Partner zuläßt, hoch. Das gleiche gilt, wenn das Spektrum der zu erbringenden Leistungen zum Zeitpunkt der Auftragserteilung noch gar nicht feststeht, sondern sich entsprechend den wechselnden Bedürfnissen des Auftraggebers ständig verändert, so daß immer neue auf das jeweilige Fachgebiet spezialisierte Partner eingeschaltet werden. Auch im Falle eines Wechsels der „Zuständigkeiten", wenn also – beispielsweise aufgrund einer Erkrankung des nach der Vereinbarung verantwortlichen Partners – ein nicht in der Haftungskonzentration genannter Partner in die Leistungserbringung eingeschaltet wird, und auch falls ein bislang angestellter Mitarbeiter während der Bearbeitung des Mandats den Rang eines Partners erhält, kann es zu erheblichen Problemen kommen. In diesen Problemfällen steht der Vorteil der Haftungskonzentration – auch unter Berücksichtigung der Möglichkeiten eines adäquaten Versicherungsschutzes – unter Umständen in keinem Verhältnis mehr zu dem erforderlichen organisatorischen Aufwand.[582]

e) Form der Vereinbarung

§ 8 II PartGG setzt keine gesonderte schriftliche, vom Mandanten unterschriebene Zustimmungserklärung für die Vereinbarung einer Haftungs-

---

582 Vgl. zu den praktischen Konsequenzen der Haftungskonzentration auch *Meilicke/von Westphalen/Hoffmann/Lenz*, PartGG, § 8 Rdnrn. 105 f.

konzentration voraus, sondern ermöglicht eine formlose, also auch mündliche oder sogar stillschweigende Haftungskonzentration. Danach ist beispielsweise denkbar, daß die Haftungskonzentration beim Abschluß des Mandatsvertrags mit der Vollmachtserteilung dem Mandanten vorgelegt und gegebenenfalls, aber nicht zwingend, mitunterzeichnet wird; hierbei genügt die bloße Aushändigung einer formularmäßigen oder für den konkreten Fall einseitig ausgefüllten Haftungskonzentrationsregelung. Allerdings ist im Falle der Verwendung vorformulierter Vertragsbedingungen immer zu beachten, daß eine Einbeziehung nach § 2 I AGBG in den Vertrag zwischen der PartG und dem Auftraggeber erfolgen muß.[583]

Im Gegensatz zu § 8 II PartGG fordert allerdings *§ 51a II BRAO* für die wirksame Vereinbarung einer Haftungskonzentration eine gesonderte, vom Auftraggeber zu unterzeichnende Zustimmungserklärung. Aufgrund dieser Unterschiede ist die Frage von Bedeutung, ob eine *Haftungskonzentration* wegen des in § 1 III PartGG verankerten „Berufsrechtsvorbehalts" *ausschließlich nach § 51a II BRAO möglich*[584] oder aber *§ 8 II PartGG als speziellere Regelung vorrangig ist.*[585] Nach dem allgemeinen „Berufsrechtsvorbehalt" des § 1 III PartGG kann die Berufsausübung in der PartG in Vorschriften über einzelne Berufe ausgeschlossen oder von weiteren Voraussetzungen abhängig gemacht werden, was einem Vorrang des § 8 II PartGG gegenüber einer Regelung der BRAO entgegenstehen könnte. Unter „Vorschriften über einzelne Berufe" im Sinne des PartGG sind alle Rechtsvorschriften zu verstehen, welche Regelungen über den Berufszugang und die Berufsausübung enthalten.[586] Die nach § 51a II BRAO geforderten hohen Formalanforderungen an die Vereinbarung einer Haftungskonzentration betreffen die Berufsausübung und stellen damit Vorschriften im Sinne des § 1 III PartGG dar. Dies hat allerdings nicht notwendig zur Folge, daß eine Haftungskonzentration nur auf § 51a II BRAO gestützt werden kann. Vielmehr geht die Vorschrift des PartGG nach den Begründungen der Bundesregierung[587] und des Rechtsausschusses[588] der Haftungskonzentrationsregelung in der BRAO als speziellere, nicht jegliche Form der Sozietät,[589] sondern nur die Berufsaus-

---

583 BT-Drucks. 12/6152, 17; *Seibert*, 59; *Sommer*, GmbHR 1995, 249 (251).
584 So *Gilgan*, Stbg 1995, 28 (30); *Michalski/Römermann*, § 8 Rdnr. 80.
585 So *Henssler*, DB 1995, 1549 (1553); *Sommer*, GmbHR 1995, 249 (251); *Seibert*, 59.
586 BT-Drucks. 12/6152, 11.
587 BT-Drucks. 12/6152, 18.
588 BT-Drucks. 12/7642, 12.
589 § 51a II BRAO gilt – anders als die vergleichbaren Haftungskonzentrationsvorschriften in der WPO und dem StBerG (§§ 54a II WPO, 67a II StBerG) – nicht nur für Sozietäten in der Form der GbR (vgl. hierzu §§ 44b I WPO, 56 StBerG; *Seibert*, 59), sondern

übung in der PartG betreffende Regelung vor.[590] Mit dem Vorrang des § 8 II PartGG soll verhindert werden, daß es bei interprofessionellen Zusammenschlüssen zwischen Rechtsanwälten und weiteren nach § 59a BRAO partnerschaftsfähigen Berufen wie vor allem Steuerberatern und Wirtschaftsprüfern zu unterschiedlichen Anforderungen an die haftungsbeschränkenden Vereinbarungen kommt.[591] Diese Auffassung vermag sich auch darüber hinwegzusetzen, daß nach der Begründung des Gesetzesentwurfs der Bundesregierung dann, wenn unterschiedliche berufsrechtliche Regelungen aufeinandertreffen, nur die nach allen Regelungen zulässige Lösung oder – wo dies möglich ist – die für den jeweils betreffenden Angehörigen eines freien Berufs maßgebliche Regelung gelten soll,[592] denn zumindest im Falle einer reinen Anwalts-PartG lassen sich hieraus keine Rückschlüsse auf die Anwendbarkeit der strengeren Formalanforderungen auch auf die PartG ziehen, weil in diesem Fall nicht unterschiedliche Berufsrechte – wie beispielsweise die BRAO und die WPO – kollidieren, sondern nur das Verhältnis von BRAO und PartGG zu bestimmen ist. Das PartGG ist aber selbst kein Berufsrecht. Im *Ergebnis* ist daher festzuhalten, daß die Partner mit Mandanten ohne Einhaltung einer besonderen Form eine Haftungskonzentration nach § 8 II PartGG vereinbaren können.

Der Referentenentwurf zur Anwalts-GmbH will den Vorrang des § 8 II PartGG gesetzlich bestätigen. So sieht er in seinem Artikel 1, Ziffer 2 die Einfügung eines § 51 a II S. 4 BRAO vor, nach welchem § 8 II PartGG durch die Regelung des § 51 a II BRAO unberührt bleiben soll.[593]

---

aufgrund des allgemein gehaltenen Wortlautes für alle Formen der Sozietät. Der Begriff der Anwaltssozietät ist als organisierter Zusammenschluß von Rechtsanwälten zur gemeinsamen Berufsausübung zu definieren. Die Sozien üben ihren Beruf im Interesse und auf Rechnung aller Partner unter Benutzung ihrer gemeinsamen Einrichtungen als Einheit aus, *Kaiser/Bellstedt*, 31 (Rdnr. 2). Vgl. ferner *Hensslers* Ausführungen zum Sozietätsbegriff und der Frage, ob dieser Begriff die gesamtschuldnerische Haftung aller Gesellschafter voraussetzt, NJW 1993, 2137 (2139). Da auch die PartG unter diesen allgemeinen Sozietätsbegriff gefaßt werden kann, muß § 51a II BRAO grundsätzlich auch auf die PartG anwendbar sein.

590 Vgl. BT-Drucks. 12/6152, 18.
591 Vgl. BT-Drucks. 12/7642, 12.
592 BT-Drucks. 12/6152, 11.
593 Vgl. hierzu auch *Römermann*, GmbHR 1997, 530 (536). *Römermann* weist zutreffend darauf hin, daß die gesetzliche Festlegung eines Anwendungsvorrangs des § 8 II PartGG nur dann sinnvoll wäre, wenn die Möglichkeiten einer Haftungskonzentrationsvereinbarung nach § 8 II PartGG und § 51 a BRAO wie bisher in Konkurrenz zueinander stünden. Dies wäre aber nach der von der Bundesregierung geplanten Neufassung des § 8 II PartGG, in welcher eine gesetzliche Handelndenhaftung vorgesehen ist, aufgrund derer eine Vereinbarung über die Haftungskonzentration wir-

3. § 8 III PartGG

§ 8 III PartGG eröffnet die Möglichkeit, durch Gesetz für einzelne Berufe eine Beschränkung der Haftung für Ansprüche aus Schäden wegen fehlerhafter Berufsausübung auf einen bestimmten *Höchstbetrag* zuzulassen. Voraussetzung hierfür ist, daß gleichzeitig eine Pflicht zum Abschluß einer Berufshaftpflichtversicherung der Partner oder der PartG begründet wird. Nach der Regierungsbegründung hat dieser „Berufsrechtsvorbehalt" klarstellenden Charakter. Bereits nach allgemeinen schuldrechtlichen Grundsätzen mögliche Haftungsbeschränkungsvereinbarungen sollen durch die Vorschrift nicht beschränkt werden.[594] Soweit die *PartG* nur aus *Gesellschaftern einer Berufsgruppe* besteht, bereitet die Bestimmung von § 8 III PartGG keine Schwierigkeiten. Es gilt dann für die Möglichkeiten und Voraussetzungen einer wirksamen Vereinbarung einer summenmäßigen Haftungsbeschränkung autonom das jeweilige Berufsrecht.[595] Die einschlägige Vorschrift aus dem Berufsrecht der Rechtsanwälte ist § 51a I BRAO. Diese Bestimmung ist aus den oben[596] angeführten Gründen auf die Anwalts-PartG anwendbar. Infolgedessen gibt § 51a I BRAO auch den Partnern die Möglichkeit einer summenmäßigen Haftungsbeschränkung.

Schwieriger ist die Rechtslage im Falle einer *interprofessionellen PartG*. Denkbar wäre, in § 8 III PartGG eine Spezialregelung zu sehen.[597] Dann würde eine interprofessionelle PartG allein deshalb nicht in den Genuß berufsrechtlich zugelassener Haftungshöchstgrenzen kommen, weil sie nicht als Sozietät, sondern als PartG organisiert ist. Dies widerspricht aber, wie *von Westphalen* zutreffend ausführt, dem allgemeinen Berufsrechtsvorbehalt des § 1 III PartGG.[598] Auch ist nach dem Willen des Gesetzgebers lediglich die Haftungskonzentrationsregelung des § 8 II PartGG Spezialgesetz gegenüber § 51a II BRAO, nicht jedoch § 8 III PartGG.[599] Im Hinblick auf eine summenmäßige Haftungsbeschränkung trifft § 8 III PartGG selbst keine Regelung. Dies begründet der Gesetzgeber damit, daß

---

kungslos würde, gerade nicht der Fall; vgl. den Referentenentwurf zur Anwalts-GmbH, Artikel 4, abgedruckt in: ZIP 1997, 1518 (1523 f.).

594 BT-Drucks. 12/6152, 18.

595 Vgl. BT-Drucks. 12/6152, 18; vgl. *Meilicke/von Westphalen/Hoffmann/Lenz*, PartGG, § 8 Rdnr. 107.

596 Vgl. 3. Teil, 5.Kapitel, D.I.2.b.ee.

597 So *von Westphalen*, der in diesem Zusammenhang die Ausführungen des Rechtsausschusses in BT-Drucks. 12/7642, 12 zitiert; vgl. *Meilicke/von Westphalen/Hoffmann/ Lenz*, PartGG, § 8 Rdnr. 107.

598 *Meilicke/von Westphalen/Hoffmann/Lenz*, PartGG, § 8 Rdnr. 107.

599 Vgl. BT-Drucks. 12/7642, 12.

der Haftungshöchstbetrag für die verschiedenen freien Berufe unterschiedlich festzulegen sei, so daß eine einheitliche Regelung im PartGG nicht angemessen wäre. Die berufsrechtlichen Vorschriften sollten eine solche Haftungsbegrenzung regeln, soweit sie für erforderlich gehalten wird.[600] Letzteres ist beispielsweise in §§ 51a I BRAO, 67a I StBerG und 54a I WPO bereits geschehen. Nach der gesetzgeberischen Intention hat, wenn unterschiedliche berufsrechtliche Regelungen aufeinandertreffen, entweder nur die nach allen Regelungen zulässige Lösung, oder – in den Fällen, in denen dies möglich ist – die für den jeweils betreffenden Angehörigen eines freien Berufes maßgebliche Regelung zu gelten.[601]

Daraus ergibt sich folgendes für die Haftung der einzelnen Partner in interprofessionellen Partnerschaften: Weil im Hinblick auf die einzelnen Partner die Möglichkeit besteht, die für die jeweils betreffenden Berufsangehörigen maßgebliche Regelung anzuwenden, steht einer summenmäßigen Haftungsbeschränkung zugunsten der einzelnen Partner entsprechend den jeweiligen Berufsrechten nichts entgegen. Was die Haftung der interprofessionellen PartG selbst betrifft, so kann nicht die für den jeweils betreffenden Berufsangehörigen maßgebliche berufsrechtliche Regelung angewandt werden. Daher ist in diesem Falle nach dem kleinsten gemeinsamen Nenner zu suchen. Eine summenmäßige Haftungsbeschränkung zugunsten der interprofessionellen PartG selbst ist also nur möglich, wenn die Berufsrechte aller in der betreffenden PartG zusammenarbeitenden Berufsangehörigen sie erlauben und auch dann nur unter Voraussetzungen, die allen Berufsrechten genügen.

4. Verhältnis des § 8 II, III PartGG und 51a I BRAO

Für das Verhältnis von §§ 8 II, III PartGG und 51a I BRAO wären zwei Alternativen denkbar. Einerseits könnte § 8 II PartGG eine abschließende Wirkung zukommen, die verhindert, daß der Handelnde, auf den die Haftung konzentriert wurde, zusätzlich seine eigene Haftung betragsmäßig beschränkt. Andererseits könnte die Möglichkeit einer weitergehenden Haftungsbeschränkung dergestalt bestehen, daß der nach der Haftungskonzentrationsvereinbarung verantwortliche Partner seine eigene Haftung der Höhe nach gemäß § 51a I Nr. 1, 2 BRAO beschränkt, während die übrigen Partner aufgrund der Haftungskonzentration überhaupt nicht persönlich haften. Dieser Möglichkeit der zusätzlichen Haftungsbegrenzung auch des an sich verantwortlichen Partners für Schäden, die auf einfacher

---

600 BT-Drucks. 12/6152, 18.
601 BT-Drucks. 12/6152, 11.

Fahrlässigkeit beruhen, ist der Vorzug zu geben. Voraussetzung ist allerdings, daß die Freizeichnung sich im Rahmen des nach §§ 9 ff. AGBG und des jeweiligen Berufsrechts allgemein Zulässigen hält und es sich nicht um die Verletzung von Kardinalpflichten handelt. Hierfür läßt sich, wie *Stuber*[602] zutreffend ausführt, der Wortlaut des § 8 II PartGG vorbringen, der darauf hindeutet, daß es sich um eine bloße Erweiterung der Haftungsbeschränkungsmöglichkeiten durch teilweise Befreiung von der Geltung des AGBG handelt, was gegen eine abschließende Wirkung des § 8 II PartGG spricht. Auch ergibt sich aus den Ausführungen des Rechtsausschusses,[603] daß § 8 II PartGG lediglich eine zusätzliche Möglichkeit einer Haftungskonzentration unter Verwendung vorformulierter Vertragsbedingungen eröffnen und ihre Voraussetzungen festlegen, nicht aber eine individualvertragliche Haftungsbeschränkung entsprechend den jeweiligen Berufsrechten ausschließen wollte. Die Begründung des Regierungsentwurfs[604] schließlich weist darauf hin, daß § 8 III PartGG nicht bereits nach allgemeinen schuldrechtlichen Grundsätzen mögliche Haftungsbeschränkungsvereinbarungen beschränken solle.[605] Festzuhalten bleibt daher, daß § 8 II PartGG dergestalt mit §§ 8 III PartGG, 51a I BRAO kombiniert werden kann, daß die Haftung des an sich nach § 8 II PartGG verantwortlichen Partners gemäß § 51a I BRAO individualvertraglich für auf jeder Form der Fahrlässigkeit beruhende und durch vorformulierte Vertragsbedingungen für auf einfacher Fahrlässigkeit beruhende Schäden beschränkt werden kann, vorausgesetzt, daß es nicht um die Verletzung von Kardinalpflichten geht und die Bestimmungen des AGBG hinsichtlich der betragsmäßigen Haftungsbegrenzung beachtet werden.

5. Haftungsbegrenzung durch Beschränkung der Vertretungsmacht

Eine Haftungsbegrenzung durch erkennbare Beschränkung der Vertretungsmacht der Partner ist in der PartG wegen der zwingenden Haftung aller Partner, von der nur durch vertragliche Vereinbarung nach § 8 II PartGG – oder durch die vertragliche Vereinbarung einer summenmäßigen

---

602 *Stuber,* 53, der allerdings darauf hinweist, daß eine solche Interpretation des § 8 II PartGG nicht ganz zweifelsfrei sei, vgl. *Stuber,* 84, Fn. 117. Kritisch hierzu noch *Stuber,* WiB 1994, 705 (709). *Stucken* schlägt im § 9 I, II seines Mustervertrags einer Partnerschaftsgesellschaft eine solche weitergehende Haftungsbeschränkung vor, WiB 1994, 744 (745).
603 BT-Drucks. 12/7642, 12.
604 BT-Drucks. 12/6152, 18.
605 Hierauf weist auch *Stuber,* WiB 1994, 705 (709), hin.

Haftungsbegrenzung nach §§ 8 III PartGG, 51a I BRAO – abgewichen werden kann, nicht möglich.

6. Dritthaftung

Nicht ausgeschlossen werden kann die Haftung gegenüber Dritten, zu denen der Anwalt keine vertraglichen Beziehungen unterhält. Hier sind vor allem die Ansprüche aus culpa in contrahendo einzuordnen, welche entstehen können, wenn der Anwalt gegenüber einem Vertragspartner seines Mandanten im Vorfeld persönliches Vertrauen in Anspruch genommen, es enttäuscht und hierdurch einen Schaden verursacht hat. Durch die Rechtsprechung des BGH zur quasivertraglichen Sachwalterhaftung aus Verschulden bei Vertragsschluß[606] wird dem Rechtsanwalt insoweit ein umfangreiches Pflichtenprogramm auferlegt. So haftet der Anwalt, der als Vertreter seines Mandanten das Vertrauen von dessen Geschäftspartnern in Anspruch nimmt, für Beratungsfehler.[607] Auch kann ein Anwalt – ohne daß vertragliche Beziehungen bestehen – im Falle der Mitwirkung an Finanzemissionen oder dem Verkauf von Kapitalanlagen auf dem Immobiliensektor von der Prospekthaftung betroffen sein,[608] denn alle Personen haben für die sachlich richtige und vollständige Information in Prospekten zur Werbung von Kapitalanlegern einzustehen, die durch ihr nach außen in Erscheinung tretendes Mitwirken an der Prospektgestaltung einen besonderen – zusätzlichen – Vertrauenstatbestand schaffen. Dazu gehören vor allem solche Personen, die wegen ihrer allgemein anerkannten und herausgehobenen beruflichen und wirtschaftlichen Stellung oder ihrer Eigenschaft als berufsmäßige Sachkenner eine Garantenstellung übernehmen. In Betracht kommen hierbei vor allem Wirtschaftsprüfer und Rechtsanwälte, die mit ihrer Zustimmung im Prospekt als Sachverständige angeführt werden und in dieser Eigenschaft Erklärungen abgeben. Von ihnen werden berufliche Sachkunde und persönliche Zuverlässigkeit erwartet. Der Kapitalanleger legt ihren Aussagen im Prospekt häufig eine maßgebliche Bedeutung bei. Sind die Angaben des Prospektes unrichtig oder unvollständig, so kommt eine Schadensersatzpflicht nach den Grundsätzen der culpa in contrahendo in Betracht.[609] Bei dieser vertragsähnlichen, nicht durch Willenserklärungen begründeten Haftung scheiden

---

606 BGH NJW 1971, 1309 (1310 f.); BGH NJW 1978, 1374; BGH BB 1988, 2338 f.; das Schrifttum stimmt dem überwiegend zu, vgl. *Hartstang*, 569 ff.
607 *Henssler*, NJW 1995, 2137 (2142); *Stuber*, WiB 1994, 705 (709).
608 Vgl. *Henssler*, NJW 1995, 2137 (2142); *Stuber*, WiB 1994, 705 (709); vgl. zur Frage der Prospekthaftung BGHZ 70, 337 (340 ff.); BGH NJW 1980, 1840 (1841).
609 BGH NJW 1980, 1840 (1841).

die vertraglichen Haftungsbeschränkungen des PartGG und der BRAO
aus. Die Gläubiger vertrauen nach der Verkehrsanschauung grundsätzlich
auf die persönliche Einstandspflicht der Mitgesellschafter im Falle ver-
tragsähnlicher Ansprüche, weshalb die persönliche Haftung der Mitgesellschafter zu bejahen ist.[610] Infolgedessen kommt es hier zwingend zu
einer Haftung aller Partner. Nach der Begründung des Gesetzesentwurfs
sind hiervon jedoch die Fälle zu unterscheiden, bei denen es zu einem
Vertragsschluß kommt, der beispielsweise eine Haftungskonzentration
nach § 8 II PartGG enthält, und in denen es um Pflichtverletzungen bei den
Vertragsverhandlungen oder um Ansprüche von Dritten geht, welche in
den Schutzbereich des Vertrages einzubeziehen sind.[611] Hier ist eine Haftungsbeschränkung auch im Hinblick auf Ansprüche möglich, die auf
culpa in contrahendo beruhen. Die Problematik der fehlenden Haftungsbeschränkungsmöglichkeit in der PartG besteht mit anderen Worten nur
dann, wenn es nicht zu einem Vertragsschluß kommt.

7. Haftung des ausgeschiedenen Partners

Ein ausgeschiedener Partner haftet für die im Zeitpunkt seines Ausscheidens begründeten Verbindlichkeiten weiter, da § 8 I S. 1 PartGG ein
Gesamtschuldverhältnis zwischen dem Vermögen der PartG und dem der
einzelnen Partner anordnet.[612] Die Haftung des ausgeschiedenen Partners erlischt spätestens mit dem Ablauf von fünf Jahren seit der Eintragung des Ausscheidens ins Partnerschaftsregister, §§ 10 II PartGG, 160
HGB.[613]

8. Interner Haftungsausgleich

Das PartGG enthält keine spezielle Regelung des internen Haftungsaus-
gleichs. Nach den allgemeinen Regeln haftet der Partner, der seine beruflichen Pflichten gegenüber dem Auftraggeber schuldhaft verletzt und damit einen Schaden verursacht hat, im Innenverhältnis in Ermangelung
einer anderweitigen Vereinbarung aus positiver Vertragsverletzung seiner
Geschäftsführerpflichten. Im Innenverhältnis haftet der handelnde Partner

---

610 Vgl. MüKo/*Ulmer*, § 714 Rdnrn. 45, 29.
611 BT-Drucks. 12/6152, 18.
612 Vgl. hierzu *Meilicke/von Westphalen/Hoffmann/Lenz*, PartGG, § 8 Rdnr. 14; *K. Schmidt*, NJW 1995, 1 (6).
613 Vgl. zur Nachhaftung *Meilicke/von Westphalen/Hoffmann/Lenz*, PartGG, § 10 Rdnrn. 37 ff.; *Henssler*, DB 1995, 1549 (1554); *Stuber*, 55; *K. Schmidt*, NJW 1995, 1 (6).

also grundsätzlich allein.[614] Das erscheint im Falle von leicht fahrlässigen Fehlern nicht angemessen. Es bietet sich daher an, eine Bestimmung in den Partnerschaftsvertrag aufzunehmen, wonach die PartG den handelnden Partner von der Haftung freistellt, sofern ihm lediglich leichte Fahrlässigkeit vorzuwerfen ist. Allerdings werden die Vorteile einer Haftungskonzentrationsvereinbarung nach § 8 II PartGG erheblich relativiert, wenn nach dem Partnerschaftsvertrag die auf einfacher Fahrlässigkeit beruhenden Haftpflichtschäden im Innenverhältnis auf alle Partner verteilt werden. Infolgedessen kann sich für diese Fälle eine partnerschaftsvertragliche Regelung empfehlen, nach welcher der jeweils verantwortliche Partner nicht nur im Außenverhältnis dem Gläubiger gegenüber neben dem Vermögen der PartG haftet, sondern den Schaden auch im Innenverhältnis allein zu tragen hat.[615]

9. Ergebnis

Für Gesellschaftsverbindlichkeiten der PartG ordnet § 8 I S. 1 PartGG zugunsten der Gläubiger ein *Gesamtschuldverhältnis* zwischen dem Vermögen der PartG und dem der Partner an. Die Zugriffsmöglichkeit der Gläubiger ist daher umfassend. Nach § 8 I S. 2 PartGG sind die §§ 129 und 130 HGB auf die PartG entsprechend anzuwenden, so daß auch für die Haftung der Partner in einer PartG der Grundsatz der Akzessorietät Gültigkeit hat.

Die zentrale Bestimmung des PartGG ist allerdings § 8 II PartGG. Durch diese Vorschrift wird den Partnern die Möglichkeit eröffnet, eine *Haftungskonzentration* auf den die berufliche Leistung erbringenden oder verantwortlich leitenden oder überwachenden Partner zu vereinbaren. Diese Handelndenhaftung, neben der die Haftung der PartG selbst bestehen bleibt, soll den Besonderheiten der Großsozietäten, in denen dem Geschädigten eine große Zahl an Gesamtschuldnern gegenübersteht und die persönliche Haftung eines jeden Partners für Ansprüche aus fehlerhafter Berufsausübung nicht in jedem Fall sachgerecht erscheint, Rechnung tragen und die überregionale, internationale und interprofessionelle Zusammenarbeit von Freiberuflern erleichtern. Das Gesetz geht vom Grundsatz der persönlichen Haftung aller Partner sowie der PartG aus und ermöglicht lediglich die vertragliche Vereinbarung einer Haftungskonzentration, aufgrund derer die anderen Partner in den Genuß einer Haftungserleichterung kommen können. Die Möglichkeit der Haftungskonzentration gilt nur für Schäden aus fehlerhafter Berufsausübung. Diese

---

614 Vgl. hierzu *Stuber*, 54; *Stucken*, WiB 1994, 744 (748).
615 Vgl. hierzu *Stuber*, 54 f.

vertragsrechtliche Lösung stellt insoweit eine Erweiterung der Möglichkeiten der Haftungsbeschränkung dar, als sie die Anwendbarkeit der in §§ 9–11 AGBG normierten Inhaltskontrolle auf Partnerschaften ausschließt. Dem Erfordernis der *Personenidentität* kann auch durch eine abstrakte Formulierung der haftungskonzentrierenden Vereinbarung genügt werden, wenn dem Mandanten zum Zeitpunkt des Vertragsschlusses die Person oder die Personen des ihm verantwortlichen Partners bekannt ist oder sind. Um ein Fehlschlagen der Haftungskonzentration mit der Folge der gesamtschuldnerischen Haftung aller Partner zu vermeiden, muß der benannte Partner in jedem Fall an der Erbringung der beruflichen Leistung tatsächlich mitwirken. Dies schließt jedoch die Mitwirkung anderer Partner nicht aus, solange sie nicht einen Umfang erreicht, der die Tätigkeit des nach der Vereinbarung verantwortlichen Partners als untergeordnet erscheinen läßt. Das verantwortliche Leitungsrecht nach § 8 II PartGG wiederum setzt voraus, daß der Partner, der nach der haftungskonzentrierenden Vereinbarung die Leitung übernimmt, innerhalb der PartG das Weisungs- und Organisationsrecht gegenüber demjenigen hat, der tatsächlich die fehlerhafte Leistung erbracht hat. Ebenso wie bei der Erbringung der Leistung durch den verantwortlichen Partner selbst muß der verantwortliche Partner auch bei der Leitung oder Überwachung dem Mandanten zum Zeitpunkt des Vertragsschlusses bekannt sein. Für die Personenidentität reicht es hierbei allerdings aus, wenn die Leitungs- und Überwachungspflichten dem Bereich des nach der Haftungskonzentration verantwortlichen Partners organisatorisch zugewiesen sind und die fehlerhafte Berufsausübung auch tatsächlich innerhalb dieser organisatorisch bezeichneten Sphäre begangen wird. Die Haftungskonzentration nach § 8 II PartGG kann – im Gegensatz zu der nach § 51a II BRAO – *formlos* erfolgen. In der praktischen Anwendung wird der mit ihr verbundene organisatorische Aufwand sowie die unter Umständen fehlende Akzeptanz bei den Mandanten den Nutzen der Haftungskonzentration häufig in Frage stellen. Daher ist die geplante Änderung der Haftungsverfassung der PartG dahingehend, daß die Haftungskonzentration auf den handelnden Partner per Gesetz eintritt, zu begrüßen.

§ 8 III PartGG eröffnet die Möglichkeit, durch Gesetz für einzelne Berufe eine Beschränkung der Haftung für Ansprüche aus Schäden wegen fehlerhafter Berufsausübung auf einen bestimmten *Höchstbetrag* zuzulassen. Im Falle einer reinen Anwalts-PartG eröffnet daher § 51a I BRAO sowohl den Partnern persönlich als auch der PartG die Möglichkeit einer summenmäßigen Haftungsbeschränkung. In einer interprofessionellen PartG kann eine summenmäßige Beschränkung zugunsten der einzelnen Partner entsprechend den für diese jeweils geltenden Berufsrechte; zugunsten der PartG selbst allerdings nur unter Voraussetzungen vereinbart werden, die den Berufsrechten aller beteiligten Berufsgruppen genügen. Im übrigen kann § 8 III PartGG dergestalt mit §§ 8 II PartGG und 51a I BRAO kombiniert werden, daß die Haftung des an sich nach § 8 II PartGG verantwortlichen Partners sowie der PartG für auf jeder Form der Fahrlässigkeit beruhende Schäden individualvertraglich und für auf einfacher Fahrlässigkeit beruhende Schäden durch vorformulierte Vertragsbedingungen nach § 51a I BRAO beschränkt wird, soweit es nicht um die Verletzung von Kardinalpflichten geht.

IV. Gesellschaft mit beschränkter Haftung

1. Haftungsbeschränkung nach § 13 II GmbHG

Mit Eintragung der *GmbH* gelangt die juristische Person zur Entstehung und für Verbindlichkeiten der Gesellschaft haftet den Gläubigern nur das Gesellschaftsvermögen, § 13 II GmbHG.[616] Wenn der Gesellschafter seine Einlage auf die von ihm übernommene Stammeinlage geleistet hat, kann er von den Gläubigern der Gesellschaft nicht mehr in Anspruch genommen werden. Hiervon zu unterscheiden ist bei der Anwalts-GmbH die Verpflichtung zum Abschluß einer Berufshaftpflichtversicherung, die durch Leistung der Einlage nicht entfällt.[617]

Die Haftungsbeschränkung nach § 13 II GmbHG, die der Referentenentwurf zur Anwalts-GmbH für den mit der Bearbeitung des Auftrags befaßten Geschäftsführer aufheben will,[618] hat also in vollem Umfang auch für die *Anwalts-GmbH* zu gelten. Dabei wird der Mandantenschutz durch die erforderliche Haftpflichtdeckung gewährleistet, welche auch etwaige Befürchtungen, in Zukunft könne jeder Anwalt eine Einpersonen-GmbH gründen und der Rechtssuchende sähe sich alsbald nur noch haftungs-

---

616 Hiervon zu unterscheiden ist die Gründerhaftung, also die Haftung der Geschäftsführer, der Gründer und deren etwaiger Hintermänner bei falschen Angaben sowie bei schuldhafter Schädigung im Zusammenhang mit Einlagen oder Gründungsaufwand. Diese Form der Haftung hat bei der Anwalts-GmbH keine besondere, im Vergleich mit einer gewerblich tätigen GmbH erhöhte Bedeutung. Vor allem kann die Gründerhaftung nicht zu einer Haftung der Rechtsanwälte für im Rahmen von späteren Mandatsverhältnissen erbrachte fehlerhafte Berufsleistungen führen. Daher wird die Gründerhaftung im folgenden außer acht gelassen. Vgl. zur Gründerhaftung bei der GmbH *K. Schmidt*, Gesellschaftsrecht, § 34 III. 3. c., 1021 ff.

617 Siehe *Sommer*, GmbHR 1995, 249 (252).

618 § 59 p BRAO-E; abgedruckt in: ZIP 1997, 1518 (1521).

beschränkten Kapitalgesellschaften gegenüber, beseitigt.[619] Ebenfalls nicht zu befürchten ist, wie *Römermann* zutreffend bemerkt, daß mit der institutionellen Haftungsbeschränkung durch die Tätigkeit in der Rechtsform der GmbH ein Ansehenverlust der Rechtsanwaltschaft verbunden ist, denn Ansehen erwirbt ein Berufsstand durch die Qualität der geleisteten Arbeit. Die persönliche Haftung der Berufsangehörigen für fehlerhafte Berufsleistungen dürfte demgegenüber nur eine untergeordnete Rolle spielen.[620] Möglich ist allerdings, daß andere Nachteile mit der Haftungsbeschränkung verbunden sind. So mag sie im Einzelfall eine eingeschränkte Kreditwürdigkeit nach sich ziehen und die Anwälte veranlassen, für Betriebsmittelkredite vertraglich eine persönliche Haftung gegenüber dem Kreditinstitut zu übernehmen.[621] Schließlich ist zu berücksichtigen, daß das Kapitalgesellschaftsrecht eine Reihe von gesetzlichen Korrektiven zur Haftungsbeschränkung vorsieht. Zu nennen sind hier die Kapitalerhaltungs- und Kapitalaufbringungsvorschriften sowie der Konkursanmeldungstatbestand[622] der Überschuldung einschließlich der gesetzlichen Sanktion der persönlichen Haftung der Geschäftsführer im Falle der Verletzung.[623]

2. Durchgriff

a) Durchgriffshaftung im eigentlichen Sinn

Konsequenz des für die GmbH als juristische Person geltenden *Trennungsprinzips* ist eine scharfe rechtliche Trennung zwischen Gesellschaft und Gesellschaftern, insbesondere auch zwischen dem Gesellschafts- und dem Privatvermögen der einzelnen Gesellschafter. Trotzdem können unter besonderen, eng zu begrenzenden Umständen rechtlich relevante Tatsachen oder Vorgänge bei der GmbH ausnahmsweise auch den Gesellschaftern

---

619 *Oppermann*, AnwBl 1995, 453 (456); *Donath*, ZHR 156 (1992), 134 (164 f.). Problematisiert wird die Frage der Haftungsbeschränkung allerdings von *Schlosser*, JZ 1995, 345 (348), der darauf hinweist,daß das Registergericht keine Handhabe hat, sich den Abschluß einer solchen Haftpflichtversicherung nachweisen zu lassen. Eine Satzungsbestimmung des Inhalts, daß die GmbH verpflichtet sei, eine Haftpflichtversicherung abzuschließen, sei denkbar, könne jedoch keine Verpflichtung der Gesellschaft gegenüber der Öffentlichkeit begründen.

620 *Römermann*, 162.

621 Vgl. *Heinemann*, AnwBl 1991, 233 (234).

622 *Sandberger* und *Müller-Graff*, ZRP 1975, 1 (5) stellten hierzu fest, daß ein ständiges Konkursrisiko über der GmbH schwebe wie ein Damoklesschwert, weil ein Schadensfall, gegen den die Freiberufler-GmbH nicht versichert ist, jederzeit eintreten könne, und das Betriebs- und Stammkapital der GmbH hierfür in Anspruch genommen werden müssen.

623 §§ 9 ff., 24, 30 ff., 64 GmbHG; vgl. hierzu auch *Donath*, ZHR 156 (1992), 134 (164).

zugerechnet werden und umgekehrt. Es kommt zum sogenannten Durchgriff. Handelt es sich hierbei um eine Haftungsfrage, so wird der Durchgriff als „Haftungsdurchgriff" oder „Durchgriffshaftung" bezeichnet.[624]

Ein *Durchgriff* kommt im GmbH-Recht beispielsweise bei Unterkapitalisierung[625] und Vermögensvermischung[626] in Betracht. Im Hinblick auf die *Unterkapitalisierung* stellt sich die Frage, ob ein Durchgriff die Folge ist, wenn es bei einer Freiberufler-GmbH zum Eintritt eines größeren, durch die Versicherung oder das Gesellschaftskapital nicht gedeckten Schadens aufgrund der Erbringung fehlerhafter Berufsleistungen kommt. Denkbar wäre, dies darauf zu stützen, daß ein größerer Schadensfall in einer Anwalts-GmbH nie ausgeschlossen werden kann und die Gesellschaft für eine ausreichende Kapitalgrundlage oder Versicherungssumme hätte sorgen müssen.[627] Ein solcher Durchgriff ist jedoch abzulehnen, weil damit die Haftung der GmbH-Gesellschafter immer dann begründet werden könnte, wenn die Versicherung und das Gesellschaftskapital den Schaden nicht decken. Dies stellt einen Wertungswiderspruch zu § 13 II GmbHG dar. Eine Durchbrechung des Trennungsprinzips kann vielmehr nur in Ausnahmefällen in Frage kommen. Auch beschränkt sich der BGH bei der Haftung wegen Unterkapitalisierung auf die Anwendung der von ihm entwickelten Grundsätze über eigenkapitalersetzende Gesellschafterdarlehen, die zum Teil in §§ 32a, 32b GmbHG niedergelegt wurden.[628] Auf diese Grundsätze kann eine Durchgriffshaftung wegen Schäden aus Berufsfehlern also nicht gegründet werden. Gleiches gilt für eine *ungenügende Trennung der Vermögenszuordnung*. Infolgedessen kommt den Durchgriffstatbeständen der Unterkapitalisierung und der Vermögensvermischung für die Anwalts-GmbH keine besondere Bedeutung zu.

---

624 Vgl. *Hueck*, 366 (§ 36II.5.). Zu einem Überblick über die Durchgriffshaftung vgl. *Hachenburg/Mertens*, GmbHG, Anhang § 13; *Mertens* weist dem Begriff des Durchgriffs allerdings nur eine Stichwortfunktion zu und lehnt eine Unterscheidung zwischen Haftungsfragen, die als Durchgriff im eigentlichen Sinn bezeichnet werden, und solchen, die nicht eigentlich als Fälle der Durchgriffshaftung anzusehen sind (so z. B. *Scholz/Emmerich*, § 13 Rdnrn. 75 ff.; BGH ZIP 1985, 29 (30)), ab; *Hachenburg/Mertens*, GmbHG, Anhang § 13, Rdnr. 37.

625 Obgleich die Gesellschafter nach geltendem Recht nicht verpflichtet sind, eine GmbH mit Stammkapital in der für die Verfolgung des Gesellschaftszwecks erforderlichen Höhe auszustatten, versucht das Schrifttum teilweise, die Unterkapitalisierung durch eine mehr oder weniger weitgehende persönliche Haftung der Gesellschafter auszugleichen; vgl. *Hachenburg/Ulmer*, GmbHG Anhang § 30, Rdnrn. 35 ff. m.w.N.

626 Vgl. z. B. BGHZ 22, 226 (230); 31, 258 (270 f.); 68, 312 (315).

627 So *Sandberger/Müller-Graff*, ZRP 1975, 1 (5).

628 BGHZ 90, 381 (388 f.).

Auch im Rahmen der *Konzernhaftung* kann es zu einem Haftungsdurchgriff kommen.[629] Die Rechtsprechung hat sich, wie *Kulka* zutreffend bemerkt, bislang allerdings nur mit einem Teilaspekt der Konzernhaftung von Freiberuflern befaßt.[630] So stellte der BGH zur Haftung anderweitig freiberuflich tätiger herrschender Gesellschafter für Verbindlichkeiten einer GmbH, die selbst nicht freiberuflich tätig war, fest, die die Unternehmenseigenschaft begründende anderweitige unternehmerische Betätigung könne auch in der Ausübung einer freiberuflichen Tätigkeit bestehen.[631] Für die anwaltliche Berufsausübung in Form der GmbH, bei der die Frage der Haftung für fehlerhafte Berufsleistungen im Vordergrund steht, spielen diese Durchgriffsmöglichkeiten allerdings kaum eine Rolle.

Vereinzelt wird in der Literatur eine Durchgriffshaftung auf *§ 242 BGB* sowie eine *wirtschaftliche Interessenidentität* gestützt, was in Ausnahmefällen eine Haftung von Gesellschaftern einer GmbH zur Folge haben soll.[632] Dementsprechend wird – im Hinblick darauf, daß die Anwalts-GmbH ihren Gegenstand durch Rechtsanwälte und damit auch ihre Gesellschafter verwirklicht – vorgeschlagen, in der anwaltlichen Berufsausübung eine Handlung zu sehen, die das Trennungsprinzip durchbricht, und die Handlungen und Erklärungen der Gesellschafter als Eigenverpflichtungen begründend zu beurteilen.[633] Gegen diese Form des Durchgriffs läßt sich anführen, daß mit der Durchgriffshaftung Fälle erfaßt werden, bei denen die Voraussetzungen der vermögensmäßigen Selbständigkeit nicht erfüllt sind oder die Haftungsbeschränkung zweckwidrig mißbraucht wird. Nur in diesen Fällen ist die Durchbrechung des Trennungsprinzips und die Haftung der Gesellschafter für die Schulden der Gesellschaft zu rechtfertigen.[634] Die anwaltliche Tätigkeit in der Rechtsform der GmbH als solche läßt sich hierunter nicht fassen, denn wenn den Anforderungen an die erforderliche Haftpflichtdeckung entsprochen wird, kann hierin kein zweckwidriger Mißbrauch der Rechtsform der juristischen Person und der durch diese gewährten Haftungsbeschränkung gesehen werden. Auch würde ein Zugriff auf das Privatvermögen der Gesellschafter im Wege der

---

629 Vgl. zur Konzernhaftung BGHZ 122, 123 (126 ff.) („TBB-Urteil").
630 *Kulka*, DZWiR 1995, 45.
631 BGH MDR 1995, 164.
632 *Hachenburg/Mertens*, GmbHG, Anhang § 13, Rdnr. 12.
633 Vgl. *Gail/Overlack*, Rdnrn. 357 ff., die allerdings im Ergebnis einen derartigen Durchgriff ablehnen, da die Tätigkeit des Rechtsanwalts, der sich der Organisationsform der GmbH bediene, nicht die die Durchgrifffshaftung begründenden rechtlichen relevanten Merkmale aufweise; *dies.*, Rdnr. 359.
634 Vgl. *Wiedemann*, Gesellschaftsrecht, § 4 III.1., 221 ff.; *Hachenburg/Mertens*, GmbHG, Anhang § 13, Rdnrn. 28 ff.

Durchgriffshaftung, der sich lediglich darauf stützt, daß die Gesellschafter einer Anwalts-GmbH durch die anwaltlichen Gesellschafter den Gesellschaftsgegenstand verwirklichen, letztlich zu einer persönlichen Haftung der Gesellschafter alleine aufgrund ihrer Gesellschafterstellung führen. Dies stellt wiederum einen Wertungswiderspruch zum Trennungsprinzip dar.[635] Infolgedessen kann eine derartige, auf das bloße Kriterium der anwaltlichen Berufstätigkeit gestützte Konstruktion einer allgemeinen Durchbrechung des Trennungsprinzips bei Anwaltskapitalgesellschaften nicht überzeugen.

b) Deliktische Haftung

aa) Grundlagen

Für die deliktische Haftung ist vorab daran zu erinnern, daß eine Haftung von Anwälten gegenüber ihren Mandanten für berufliche Fehlleistungen in aller Regel nicht auf § 823 I BGB gestützt werden kann, da der Mandant reine Vermögensschäden erleidet, die von dieser Vorschrift gerade nicht erfaßt werden.[636] Denkbar ist dagegen, eine unmittelbare Haftung der Gesellschafter oder Geschäftsführer gegenüber Gläubigern aus § 823 II BGB oder § 826 BGB abzuleiten. Gegebenenfalls besteht diese unmittelbare Haftung des Gesellschafters oder Geschäftsführers neben der Haftung der Gesellschaft nach § 31 BGB.[637]

bb) § 823 II BGB

Ein Teil des Schrifttums[638] postuliert eine aus § 823 II BGB zu entwickelnde Berufshaftung gegenüber Dritten, deren Vermögen durch berufliches Fehlverhalten vorhersehbar betroffen ist. Dabei sollen auch anerkannte Verkehrspflichten, die von der Rechtsprechung zum Schutze

---

635 Vgl. hierzu auch die Parallele bei der Geschäftsführerhaftung. So setzt eine Haftung der Geschäftsführer im Rahmen der Sachwalterhaftung aufgrund wirtschaftlichen Eigeninteresses voraus, daß der Geschäftsführer ein unmittelbares eigenes Interesse am Vertragsschluß hat; das ganz allgemeine Interesse, das jeder Gesellschafter-Geschäftsführer an den Geschäften „seiner" GmbH hat, genügt nicht; vgl. BGH WM 1984, 475 (477); BGH GmbHR 1991, 409; BGH NJW 1986, 586 (567).

636 Vgl. hierzu oben 3. Teil, 5. Kapitel, D.I.1.

637 Vgl. hierzu *Baumbach/Hueck*, GmbHG, § 13 Rdnr. 9; *Bartl/Henkes/Schlarb*, GmbHG, § 13 Rdnr. 247; *Palandt/Heinrichs*, § 31 Rdnrn. 1 ff.

638 *K. Huber*, in: Festschrift für v. Caemmerer, 359 (377 ff.); vgl. ferner *Mertens*, der zwischen besonders schutzbedürftigen Vermögenspositionen und solchen, die weniger schutzbedürftig sind, unterscheidet und meint, die §§ 823 I, II BGB sollten für eine Ergänzung der deliktischen Haftung bei bestimmten Fallgruppen offen sein; *Mertens*, AcP 178 (1978), 227 (250 ff.).

Dritter statuiert worden sind, „Schutzgesetze" im Sinne des § 823 II BGB sein. Dies wird im wesentlichen darauf gestützt, daß das Sacheigentum im Rahmen eines sozialen Wandels zusehends durch das „Eigentum am Vermögen" ersetzt werde und die für die Praxis wichtigsten Verkehrspflichten zum Schutz fremden Vermögens die Berufspflichten seien. Dem ist mit *Köndgen* entgegenzuhalten, daß aus der grundsätzlichen deliktischen Schutzfähigkeit des Vermögens noch nicht folgt, daß jede mittelbare Vermögensbeeinträchtigung zum Ersatz berechtigt.[639] Auch läßt eine auf die fahrlässige Verletzung von Berufspflichten gestützte deliktische Berufshaftung außer Betracht, daß der Vorhersehbarkeitstest der Fahrlässigkeitshaftung keine adäquate Selektionswirkung hat, und es insbesondere in Fällen, in denen Auskünfte erteilt werden, zu einer „Allwirkung" der Berufspflichten kommen könnte.[640] Daher ist eine derartige allgemeine Berufshaftung aus § 823 II BGB abzulehnen.

cc) § 826 BGB

Nach der Rechtsprechung besteht die Möglichkeit einer Eigenhaftung von Gesellschafter-Geschäftsführern einer GmbH wegen sittenwidriger Schädigung gemäß § 826 BGB, wenn sie als vertretungsberechtigte Organe der GmbH dieser obliegende Offenbarungspflichten nicht erfüllen.[641] Für die Haftung wegen Berufsfehlern hat die qualifizierte Verschuldenshaftung aus § 826 BGB allerdings kaum Relevanz, da es hier in aller Regel am Element des Vorsatzes, zu dem das Bewußtsein gehört, daß das Handeln den schädlichen Erfolg haben wird, fehlt.[642]

c) Haftung bei Prozeßmandaten

Die Mandatsverhältnisse kommen zwischen dem Mandanten und der Anwalts-GmbH zustande. Die GmbH selbst ist nicht postulationsfähig,[643] die

---

639 *Köndgen*, 366 f.
640 *Köndgen*, 373.
641 Vgl. z. B. BGHZ 56, 73 (77 f.). Danach besteht beispielsweise eine Verpflichtung zur Offenlegung bei Verhandlungen über den Abschluß oder die Fortführung von Verträgen, wenn Umstände vorliegen, die dem Vertragspartner nach Treu und Glauben bekannt sein müssen, weil sein Verhalten bei den Vertragsverhandlungen und die von ihm zu treffenden Entscheidungen davon wesentlich beeinflußt werden oder der Geschäftsführer der GmbH weiß oder wissen muß, daß die GmbH zur Erfüllung der Verbindlichkeiten, die begründet werden sollen, nicht in der Lage ist.
642 Vgl. *Palandt/Thomas*, § 826 Rdnr. 19.
643 Die Postulationsfähigkeit wird der Anwalts-GmbH auch im Referentenentwurf zur Anwalts-GmbH (abgedruckt in: ZIP 1997, 1518 ff.) verwehrt; vgl. hierzu auch *Henssler*, ZIP 1997, 1481 (1488); *Hellwig*, ZHR 1997, 337 (362 f.).

Prozeßvollmacht lautet aber auf die GmbH. Diese muß sich zur Ausführung des Mandats eines zugelassenen Rechtsanwalts bedienen, welcher in Untervollmacht auftritt. Es verhandelt also der Rechtsanwalt und nicht die Anwalts-GmbH vor Gericht. Infolgedessen bleibt es bei der persönlichen Haftung für prozessuale Fehler und Versäumnisse:[644] bis zu einer gesetzlichen Anerkennung der Anwalts-GmbH als Rechtsberatungsperson[645] kommt die in der Anwalts-GmbH grundsätzlich nach § 13 II GmbHG gewährleistete Haftungsbeschränkung auf das Gesellschaftsvermögen dem handelnden Prozeßanwalt nicht zugute; der Mandant kann seinen Schadensersatzanspruch gegenüber der GmbH geltend machen und diese wird gemäß § 43 GmbHG[646] beim Anwalt Regreß nehmen, wenn es sich bei dem betreffenden Rechtsanwalt um einen Geschäftsführer handelt, was dann, wenn der Referentenentwurf zur Anwalts-GmbH Gesetz werden sollte, bei jedem anwaltlichen Gesellschafter der Fall wäre.[647]

d) Sachwalterhaftung

Im Rahmen der Sachwalterhaftung kann ein Geschäftsführer einer *GmbH* nach den Grundsätzen des Verschuldens bei Vertragsverhandlungen persönlich haften, wenn er entweder in besonderem Maße persönliches Vertrauen in Anspruch genommen hat oder aber dem Verhandlungsgegenstand besonders nahe steht, weil er wirtschaftlich selbst stark an dem Vertragsschluß interessiert ist und aus dem Geschäft eigenen Nutzen erstrebt.[648] Der Geschäftsführer haftet nicht schon deshalb aus culpa in contrahendo wegen Inanspruchnahme besonderen persönlichen Vertrauens, weil das normale Verhandlungsvertrauen, welches bei der Anbahnung von Geschäftsbeziehungen immer gegeben ist oder zumindest vorhanden sein sollte, bei den für die GmbH geführten Vertragsverhandlungen zwi-

---

644 *Henssler*, ZHR 1997, 305 (321 f.); *Kaiser/Bellstedt*, 213 (Rdnr. 543); 227 (Rdnr. 576).

645 Vgl. *Kaiser/Bellstedt*, 227 (Rdnr. 576), die insoweit auch auf die Ungleichbehandlung der Anwalts-GmbH einerseits und der Wirtschaftsprüfungs- und Steuerberatungsgesellschaften andererseits hinweisen.

646 Nach § 43 II GmbHG haften die Geschäftsführer einer GmbH, wenn sie ihre Obliegenheit verletzen, der Gesellschaft für den entstandenen Schaden. Gläubiger der Forderungen aus § 43 GmbHG ist dabei kraft ausdrücklicher gesetzlicher Bestimmung die Gesellschaft, § 43 II GmbHG. § 43 GmbHG ist kein Schutzgesetz im Sinne von § 823 II BGB; vgl. z. B. BGH DB 1979, 1694 (für § 93 I, II, 92 I AktG); *Rowedder/Koppensteiner*, GmbHG, § 43 Rdnr. 39; *Bartl/Henkes/Schlarb*, GmbHG, § 43 Rdnr. 439.

647 § 59 g I BRAO-E; abgedruckt in: ZIP 1997, 1518 (1520).

648 BGH NJW 1986, 686 (587). Diese Rechtsprechung wurde vom Reichsgericht entwickelt; RGZ 120, 249 (252 f.); 143, 219 (222 f.); 159, 33 (54 f.) und vom BGH übernommen; BGH NJW 1964, 2009; BGH WM 1967, 481; BGH WM 1981, 876 (877).

schen ihm und dem Dritten bestand. Unterläßt er es in dieser Situation, als Vertretungsorgan für die Entscheidung des Vertragspartners der GmbH maßgebliche Erklärungen abzugeben, so verletzt er lediglich eine Pflicht der GmbH, für die auch allein diese einzustehen hat. Besonderes persönliches Vertrauen nimmt der Geschäftsführer dagegen in Anspruch, wenn er dem Verhandlungsgegner eine zusätzliche, von ihm persönlich ausgehende Gewähr für die Richtigkeit und Vollständigkeit seiner Erklärungen geboten hat, die für den Willensentschluß des anderen Teils bedeutsam gewesen ist.[649] Der besondere, in der Person des Geschäftsführers geschaffene Verpflichtungstatbestand und damit die Eigenhaftung des Vertreters beruht hier darauf, daß dieser mit den Vertragsverhandlungen eine erfolgreiche Vertrauenswerbung für sich persönlich verbindet und die auf dieses Vertrauen gegründete Erwartung des Vertragspartners nicht enttäuschen darf.[650] Eine Eigenhaftung des Geschäftsführers aufgrund eines wirtschaftlichen Eigeninteresses an der Durchführung des Rechtsgeschäftes wiederum setzt ein mehr als nur mittelbares Interesse des Vertreters am Vertragsschluß voraus. So genügt beispielsweise das ganz allgemeine Interesse, das jeder Gesellschafter an den Geschäften der GmbH hat, an der er beteiligt ist, nicht.[651] Es ist vielmehr eine so enge Beziehung zum Gegenstand der Vertragsverhandlungen erforderlich, daß der Vertreter wirtschaftlich gleichsam in eigener Sache beteiligt ist, so daß eine persönliche Haftung des Geschäftsführers aus eigenem Verschulden – und nicht eine im Widerspruch zur in der GmbH geltenden Haftungsordnung stehende Haftung des Gesellschafter-Geschäftsführers für Verbindlichkeiten der Gesellschaft – bejaht werden kann.[652] Das besondere wirtschaftliche Eigeninteresse des Vertreters am Zustandekommen des Vertrages muß also über die bloße Beteiligung an der vertretenen Gesellschaft hinausgehen.[653]

Eine Übertragung der Sachwalterhaftung auf die Geschäftsführer einer *Anwalts-GmbH* ist denkbar, da der jeweils mit dem Mandat befaßte anwaltliche Geschäftsführer in der Regel ein enges persönliches Vertrauensverhältnis mit dem Mandanten haben wird. Auch mag er ein wirtschaftliches Eigeninteresse haben, das über sein bloßes, schon durch die

649 BGH GmbHR 1991, 409 (410).
650 Vgl. BGH NJW 1986, 586 (588).
651 Vgl. z. B. BGH WM 1984, 475 (477); BGH GmbHR 1991, 409; BGH NJW 1986, 586 (587).
652 BGH NJW 1984, 2284 ff. (zur Haftung eines Kommanditisten einer GmbH & Co KG aus culpa in contrahendo).
653 BGH NJW 1986, 586 (588); BGH WM 1984, 475 (477); BGH GmbHR 1991, 409; vgl. allerdings auch BGHZ 87, 27 (33 f.).

Gesellschafterstellung bedingtes Interesse an den Geschäften der Anwalts-GmbH hinausgeht. Allerdings ist zu berücksichtigen, daß Einstandspflichten ohne Vertrag im deutschen Rechtssystem eine besondere Ausnahme darstellen[654] und auch dem Ausnahmecharakter der Sachwalterhaftung von Geschäftsführern einer GmbH ausreichendes Gewicht beizumessen ist, damit der Grundsatz der Haftungstrennung nicht zu Lasten der Geschäftsführer aufgeweicht wird.[655] Auch betreffen die Fälle der Sachwalterhaftung im wesentlichen das vom Geschäftsführer in zurechenbarer Weise begründete Vertrauen des Vertragspartners in die Leistungsfähigkeit und die wirtschaftliche Bonität der GmbH. Bei der Anwalts-GmbH geht es dagegen vorwiegend um die Frage der persönlichen Haftung für eine fehlerhafte Berufsausübung. Fehlerhafte Berufsleistungen, die während der Durchführung des Mandats erbracht werden, werden von der auf das Rechtsinstitut des Verschuldens bei Vertragsverhandlungen gestützten Sachwalterhaftung aber ohnehin nicht erfaßt. Eine persönliche Haftung der im Einzelfall tätig werdenden anwaltlichen Gesellschafter aus positiver Vertragsverletzung, wie sie *K. Schmidt*[656] für die Kommanditisten einer Kommanditpartnerschaft vorgeschlagen hat, sofern diese individuelle Träger des Schutzvertrauens des Mandanten sind, erscheint ebenfalls ausgeschlossen. Anders als die Haftung aus culpa in contrahendo beruht die Haftung aus positiver Vertragsverletzung nämlich nicht auf der Inanspruchnahme von Vertrauen, sondern auf der Verletzung von vertraglichen Pflichten. Hierfür hat nach § 278 BGB der Vertragspartner selbst, also im Falle der Anwalts-GmbH die GmbH, nicht aber auch sein Gehilfe, dem Vertragsgegner einzustehen, da nur die Vertragspartner einander vertraglich verpflichtet sind.[657] Daher kann für eine Verletzung vertraglicher Pflichten aus einem Mandatsverhältnis durch fehlerhafte Berufsausübung auch nur die Anwalts-GmbH selbst haften, nicht aber zusätzlich der handelnde Rechtsanwalt persönlich. Infolgedessen ist im Bereich der fehlerhaften Berufsausübung von einer persönlichen Inanspruchnahme der Geschäftsführer einer Anwalts-GmbH auf der Grundlage der Sachwalterhaftung abzusehen.

---

654 Vgl. *Hopt*, AcP 183 (1983), 608 (640 ff.; 698 ff.).

655 Vgl. hierzu *Scholz/Schneider*, GmbHG, § 43 Rdnr. 227.

656 *K. Schmidt*, ZIP 1993, 633 (649).

657 BGH NJW 1964, 2009; vgl. allerdings auch *Canaris*, VersR 1965, 114 ff.

3. Handelndenhaftung

a) Mittelbare Handelndenhaftung über § 43 II GmbHG

Nach § 43 II GmbHG haften Geschäftsführer, welche ihre Obliegenheiten verletzen, der Gesellschaft solidarisch für den entstandenen Schaden. Hiervon sind auch Pflichtverletzungen eines als Gesellschafter-Geschäftsführer in einer Anwalts-GmbH tätigen Rechtsanwalts erfaßt. Nach der Rechtsprechung des BGH nimmt § 43 GmbHG die Vertragshaftung aus dem Anstellungsverhältnis in sich auf,[658] so daß alle Fälle pflichtwidriger Vertragserfüllung einschließlich fehlerhafter Beratungsleistungen gegenüber Dritten erfaßt sind.[659] Der Anspruch aus § 43 II GmbHG betrifft zwar nur das Innenverhältnis zwischen GmbH und Geschäftsführer; er kann aber vom geschädigten Mandanten gepfändet werden, wenn dessen Ansprüche gegen die Anwalts-GmbH nicht durchsetzbar sind.[660] Völlig zutreffend weist *Henssler* in diesem Zusammenhang darauf hin, daß die in dem Referentenentwurf vorgesehene Geschäftsführerstellung jedes Gesellschafters wegen § 43 II GmbHG zu einer mittelbaren Handelndenhaftung der Gesellschafter führen würde.[661]

b) Rechtspolitische Zweckmäßigkeit einer Handelndenhaftung

Zahlreiche ausländische Rechtsordnungen sehen eine sogenannte Handelndenhaftung vor, also die persönliche Haftung des Rechtsanwalts, der für den Berufsfehler verantwortlich ist, neben der Haftung der Gesellschaft.[662] *In Deutschland fehlt* bislang – der Referentenentwurf schlägt allerdings die gesetzliche Einführung einer Handelndenhaftung vor[663] – eine ausdrückliche *gesetzliche Regelung*. Wie dargelegt, kann eine allgemeine Handelndenhaftung auch nicht aus den Grundsätzen der eigentlichen Durchgriffshaftung, aus dem Deliktsrecht oder den Rechtsprechungsgrundsätzen zur Sachwalterhaftung abgeleitet werden. Dementsprechend wäre eine persönliche Haftung des Handelnden für sei-

---

658 Vgl. BGH BB 1989, 1637 ff.

659 *Henssler,* ZHR 1997, 305 (322); vgl. auch *ders.,* ZIP 1997, 1481 (1484).

660 *Henssler,* ZIP 1997, 1481 (1484).

661 *Henssler,* ZIP 1997, 1481 (1484).

662 Eine Handelndenhaftung der in kapitalgesellschaftsrechtlicher Form organisierten Rechtsanwälte sehen beispielsweise die Rechtsordnungen folgender Länder vor: Dänemark (vgl. hierzu *Stoldt,* in: *Seibert,* Die Partnerschaft, 62 (64 f. m.w.N.)); die Niederlande (vgl. *dies.,* 75 m.w.N.); Frankreich (vgl. *dies.,* 70 f. m.w.N.; *Henssler,* JZ 1992, 697 (709); *Maier,* AnwBl 1991, 182) und die Vereinigten Staaten (vgl. hierzu die Ausführungen dieser Arbeit unter 4. Teil, 5.Kapitel, D.).

663 § 59 p BRAO-E; abgedruckt in: ZIP 1997, 1518 (1521).

ne fehlerhaften Berufsleistungen in Deutschland erst noch durch den Gesetzgeber einzuführen. Die Meinungen darüber, ob dies rechtspolitisch sinnvoll wäre, befinden sich im Fluß. So trat beispielsweise *Henssler* ursprünglich für eine Handelndenhaftung ein.[664] Zur Begründung verwies er darauf, daß sich „das derzeit sehr hohe Ansehen der Anwaltschaft... am sichersten bewahren" lasse, „wenn derjenige Rechtsanwalt, der das Mandat unmittelbar bearbeitet, auch künftig einer persönlichen Haftung" unterliege.[665] Mittlerweile meint *Henssler* jedoch, angesichts der „versicherungsrechtlichen Gewährleistung des Mandantenschutzes" habe „eine zwingende Handelnden-Haftung ... weitgehend ihre Funktion" verloren.[666] Dies entspricht auch der nun überwiegend in der Literatur vertretenen, die Handelndenhaftung ablehnenden Auffassung.[667]

Vor einer Diskussion der für und gegen die gesetzliche Einführung einer Handelndenhaftung sprechenden Gründe sollte, worauf *Donath* zutreffend verweist, überlegt werden, welche *Funktionen* die *Haftung beim Anwaltsberuf* hat. Danach ist zwischen dem Ausgleich der Schäden, die ein Mandant durch die fehlerhafte Berufsausübung erleidet, und der Präventivfunktion, nach der die Anwälte durch Androhung persönlicher Haftung zum sorgfältigen Arbeiten gezwungen und damit zur Schadensverhinderung motiviert werden sollen, zu unterscheiden.[668] Das kompensatorische Element hat in Anbetracht der Höhe der erforderlichen Versicherungsdeckung, die den Ausgleich vom Mandanten erlittener Schäden zuverlässiger gewährleistet als ein tatsächlich nicht immer realisierbarer[669] Anspruch gegen den fehlerhaft handelnden Anwalt persönlich,[670] bei der

---

664 *Henssler*, NJW 1993, 2137 (2141); *ders.*, ZIP 1994, 844 (849).
665 *Henssler*, ZIP 1994, 844 (849).
666 *Henssler*, DB 1995, 1549 (1551). Allerdings weist derselbe nun auch darauf hin, daß die Handelndenhaftung in Anwaltsgesellschaften international weit verbreitet ist und äußert sich – unter der Voraussetzung einer Angleichung der Regelungen für andere Freiberufler-Kapitalgesellschaften – vorsichtig für die Einführung einer Handelndenhaftung in der Anwalts-GmbH; ZHR 1997, 305 (328 f.); ZIP 1997, 1481 (1487).
667 Vgl. z. B. *Römermann*, 162 ff.; *Vorbrugg/Salzmann*, AnwBl 1996, 129 (135); *Dauner-Lieb*, GmbHR 1995, 259 (264); *Oppermann*, AnwBl 1995, 453 (455); *Sommer*, GmbHR 1995, 249 (252); *Borgmann/Haug*, 241 (§ 36 Rdnr. 18); *Prohaska*, MDR 1997, 701 (702); anders aber noch *Seibert*, Die Partnerschaft, 60.
668 Vgl. hierzu *Donath*, ZHR 156 (1992), 134 (164 f. m.w.N.).
669 Vgl. hierzu *Zuck*, AnwBl 1988, 351 (353), der meint: „So wenig das Vertrauen zum Mandanten in einer Sozietät verloren geht, so wenig ist dies bei der Rechtsberatung durch eine GmbH der Fall. Vertrauen ist im übrigen auch keine Frage der unbeschränkten Haftung, und das muß man ganz realistisch sehen: prüft man die Einkommensstatistik der deutschen Anwälte, dann ist doch die unbeschränkte Haftung in einer Vielzahl der Fälle nur ein leeres Versprechen."
670 So auch die Begründung zum Regierungsentwurf der BRAO-Novelle, BT-Drucks. 12/

Anwalts-GmbH keine entscheidende Bedeutung. Damit ist ein ausreichender Mandantenschutz bereits durch die Mindestversicherungssumme gewährleistet.[671] Auch die Präventivfunktion der Haftung verliert durch bestehende Haftpflichtversicherungen an Bedeutung, da diese die unbeschränkte persönliche Haftung des handelnden Anwalts für seine Fehler in den meisten Fällen im Ergebnis ausschalten. Zudem kann davon ausgegangen werden, daß die Rechtsanwälte sich auch ohne die Gefahr persönlicher Haftung um eine einwandfreie Berufstätigkeit bemühen werden, da Anwaltskanzleien vor allem von ihrem guten Ruf leben. Das Ziel, diesen good will zu erhalten, dürfte als Ansporn zu sorgfältigem Arbeiten mehr ins Gewicht fallen als die persönliche Haftung für einen Schadensfall.[672] Der good will ist, wie *Hellwig* zutreffend feststellt, keine Frage der Rechtsform. Aus diesem Grund ist auch nicht zu befürchten, daß eine fehlende Handelndenhaftung zu einem Ansehensverlust der Anwaltschaft führt.[673] Im übrigen darf nicht vergessen werden, daß es sich bei der Zulassung der Anwalts-GmbH ohne Handelndenhaftung nur um ein Angebot an die Anwaltschaft handelt,[674] das von dieser nicht wahrgenommen werden muß. Wer glaubt, die persönliche Haftung werbewirksam einsetzen zu können, kann sie vertraglich vereinbaren oder eine andere Rechtsform für die Zusammenarbeit wählen. Zwar mag der Rechtsverkehr derzeit mit der anwaltlichen Tätigkeit die persönliche Einstandspflicht der Rechtsanwälte für berufliche Pflichtverletzungen verbinden. Dies ist letztlich aber darauf zurückzuführen, daß die Möglichkeit einer gesellschaftsrechtlichen Haftungsbeschränkung noch neu ist. Dabei ist dem Rechtsverkehr bekannt, daß auch die Haftung des handelnden Anwalts vertraglich ausgeschlossen oder begrenzt werden kann. Der Rechtsverkehr, der die Gesellschaftsform der GmbH kennt, wird daher auch kaum davon ausgehen, daß bei einer Anwalts-GmbH anders als es bei einer GmbH gewöhnlich der Fall ist und auch im Gegensatz zu Wirtschafts- oder Steuerberatungskapitalgesellschaften der handelnde Rechtsanwalt zusätzlich persönlich haftet.[675] Auch die in der Begründung des Referentenentwurfs zur Anwalts-GmbH genannte besondere Vertrauensstellung des Rechtsanwalts kann nicht für die Notwendigkeit der Einführung einer Handelndenhaftung angeführt werden. So haben die Mandanten die Wahl zwischen einer Anwalts-GmbH, Zusammenschlüssen von Rechtsanwälten

---

4993, 32; vgl. ferner *Römermann*, 162 f.
671 So auch *Oppermann*, AnwBl 1995, 453 (455); *Henssler*, DB 1995, 1549 (1551).
672 Vgl. *Römermann*, 164.
673 So aber – ursprünglich – *Henssler*, ZIP 1994, 844 (849).
674 Darauf weist insbesondere auch *Henssler*, NJW 1993, 2137 (2141) hin.
675 So auch *Hellwig,* ZHR 1997, 337 (357).

in anderer Form und Einzelanwälten. Sie werden sich nur dann dafür entscheiden, eine Anwalts-GmbH zu mandatieren, wenn sie dieser das notwendige Vertrauen entgegenbringen.[676] Dazu kommt, daß auch Steuerberater und Wirtschaftsprüfer eine besondere Vertrauensstellung besitzen, ohne daß dort eine Handelndenhaftung normiert oder auch nur gefordert würde.[677] Schließlich kann vor dem Hintergrund der Entwicklung des Berufsrechts, das mit § 51 a BRAO und § 8 II PartGG Haftungsbeschränkungen zuläßt, nicht argumentiert werden, die persönliche Haftung des handelnden Rechtsanwaltes gehöre zum anwaltlichen Berufsbild.[678] Infolgedessen erscheint eine gesetzliche Einführung der Handelndenhaftung in Deutschland rechtspolitisch zumindest nicht erforderlich.

Gegen eine positive Statuierung einer *Handelndenhaftung* durch den Gesetzgeber in Abweichung von § 13 II GmbHG spricht schon, daß diese einen Systembruch im deutschen Gesellschaftsrecht darstellen würde.[679] Die Zulassung der GmbH als Rechtsform anwaltlicher Zusammenarbeit würde erheblich relativiert.[680] Auch würde die gesetzliche Normierung der Handelndenhaftung erhebliche Probleme in der Praxis mit sich bringen. Hinzuweisen ist hier auf die mit der Definition des Handelnden verbundenen praktischen Probleme, die bereits im Zusammenhang mit der Haftungskonzentration nach § 8 II PartGG dargestellt wurden. So ist die Feststellung des Handelnden vor allem bei umfangreichen Mandaten, bei denen zahlreiche Partner als Leistungserbringer und potentielle Schädiger in Frage kommen, schwierig.[681] Nach dem Referentenentwurf zur Anwalts-GmbH, § 59 p BRAO-E,[682] wiederum sollen die mit der Bearbeitung des Auftrags „befaßten" Geschäftsführer neben der Rechtsanwaltsgesellschaft persönlich als Gesamtschuldner „haften". Dabei bedeutet „Befassung" nach der amtlichen Begründung zu § 59 p BRAO-E, daß der Geschäftsführer den Auftrag selbst bearbeitet oder seine Bearbeitung überwacht hat oder dies nach der internen Zuständigkeitsverteilung hätte tun müssen.[683] Die für die Änderung des § 8 II PartGG vorgeschlagene Ausnahme von Bearbeitungsbeiträgen von untergeordneter Bedeutung[684]

---

676 So auch *Prohaska*, MDR 1997, 701 (702 m.w.N.).
677 *Hellwig*, ZHR 1997, 337 (358).
678 Vgl. *Prohaska*, MDR 1997, 701.
679 So auch *Henssler*, DB 1995, 1549 (1551); *Römermann*, 163; *Vorbrugg/Salzmann*, AnwBl 1996, 129 (135).
680 Vgl. *Römermann*, 163.
681 Siehe hierzu oben 3. Teil, 5.Kapitel, D.III.2.d.cc.
682 Abgedruckt in: ZIP 1997, 1518 (1521).
683 Abgedruckt in: ZIP 1997, 1518 (1522).
684 Abgedruckt in: ZIP 1997, 1518 (1523).

fehlt in § 59 p BRAO-E wie auch in der Begründung. Daher liegt insoweit ein Umkehrschluß und infolgedessen eine weite, auch Beiträge untergeordneter Bedeutung erfassende Auslegung nahe. Dies würde die Gefahr in sich bergen, daß Rechtsanwälte sich über die Arbeit ihrer Kollegen möglichst wenig informieren, um eine eigene Haftung zu vermeiden. Im übrigen ist schwer voraussehbar, wie die „Befassung" im Sinne des § 59 p BRAO-E im Einzelfall abgegrenzt würde. Dies gilt vor allem dann, wenn im Rahmen eines umfangreichen Mandats Spezialfragen von anderen, im übrigen nicht an der Betreuung des Mandats beteiligten Rechtsanwälten bearbeitet werden oder wenn eine Haftung mit der internen Zuständigkeitsverteilung begründet werden soll, die es oft so eindeutig nicht geben wird.[685] Die Einführung einer Handelndenhaftung wäre in der Praxis weiterhin deshalb problematisch, weil davon auszugehen ist, daß diejenigen Rechtsanwälte, die besonders risikoträchtige Mandate bearbeiten, dann im Rahmen der Gewinnverteilung eine Risikoprämie beanspruchen würden und sich im Einzelfall bei besonders risikoreichen Mandaten möglicherweise niemand bereitfindet, sie zu bearbeiten, so daß im Ergebnis alle haften, falls das Mandat nicht von Anfang an abgelehnt wurde.[686] Der Zusammenhalt und die Zusammenarbeit in der Anwalts-GmbH würden hierdurch erschwert. Schließlich muß berücksichtigt werden, daß Steuerberater und Wirtschaftsprüfer einerseits keiner Handelndenhaftung unterworfen sind,[687] diesen andererseits aber zunehmend bisher Rechtsanwälten vorbehaltene Tätigkeitsgebiete eröffnet werden.[688] Eine nur für Rechtsanwälte statuierte Handelndenhaftung würde zu einer Ungleichbehandlung von Steuerberatern und Wirtschaftsprüfern einerseits und Rechtsanwälten andererseits führen, für die keine Rechtfertigung ersichtlich ist. Im Ergebnis bleibt damit festzuhalten, daß der Gesetzgeber von der geplanten Normierung einer Handelndenhaftung für in einer Anwalts-GmbH zusammengeschlossene Anwälte absehen sollte.

4. Ergebnis

Damit bleibt hinsichtlich der Haftungsbeschränkung in einer Anwalts-GmbH folgendes festzuhalten: *Die Gesellschafter haften grundsätzlich nicht persönlich.* Zwar kann bei der Anwalts-GmbH ausnahmsweise und

---

685 So zutreffend *Prohaska*, MDR 1997, 701 (704).
686 *Hellwig*, ZHR 1997, 337 (362).
687 Hierauf weisen auch *Henssler*, DB 1995, 1549 (1551); *Dauner-Lieb*, GmbHR 1995, 259 (264); *Römermann*, 163 und *Donath*, ZHR 156 (1992), 134 (165) hin.
688 So zutreffend *Vorbrugg/Salzmann*, AnwBl 1996, 129 (135); vgl. hierzu auch *Berger*, NJW 1990, 2355 ff.; OLG Hamm, NJW-RR 1989, 1061; BGH NJW 1988, 561 ff.

unter den gleichen Voraussetzungen – beispielsweise wegen Unterkapitalisierung oder Vermögensvermischung – wie bei einer gewerblich tätigen Gesellschaft ein *Haftungsdurchgriff* erfolgen. Die Gläubiger der Gesellschaft können sich aber nicht bei jedem größeren, auf Berufsfehlern beruhenden Schaden, der durch die Haftpflichtversicherung und das Gesellschaftskapital nicht gedeckt ist, auf Unterkapitalisierung berufen und einen Durchgriff vornehmen. Ebenso scheidet eine generelle Durchbrechung des Trennungsprinzips bei der Anwalts-GmbH mit der Begründung aus, die Gesellschaft verwirkliche ihren Gegenstand durch ihre anwaltlichen Gesellschafter und deshalb begründeten die Handlungen und Erklärungen der Gesellschafter deren Eigenverpflichtungen. Eine unmittelbare Haftung von Gesellschaftern oder Geschäftsführern aufgrund einer *unerlaubten Handlung*, die einen selbständigen Verpflichtungsgrund setzt, ist möglich, im Rahmen fehlerhafter Berufsausübung jedoch praktisch bedeutungslos. Gleiches gilt auch für die *Sachwalterhaftung*. Lediglich bei *prozessualen Fehlern* und Versäumnissen kommt die Haftungsbeschränkung dem handelnden Anwalt nicht zugute. Grundsätzlich kann der im Einzelfall handelnde Rechtsanwalt also für seine fehlerhaften Berufsleistungen in der Anwalts-GmbH – von den erwähnten Ausnahmen abgesehen – de lege lata nicht persönlich haftbar gemacht werden. Die im Referentenentwurf zur Anwalts-GmbH vorgesehene *Handelndenhaftung* erübrigt sich schon im Hinblick auf den durch die Versicherungspflicht gewährleisteten Mandantenschutz. Eine gesetzliche Regelung wäre auch nicht zweckmäßig, da die Definition des Handelnden in der Praxis zu schwer lösbaren Problemen führen, einen Systembruch im deutschen Gesellschaftsrecht darstellen und schließlich auch eine Ungleichbehandlung der Anwälte gegenüber Steuerberatern und Wirtschaftsprüfern zur Folge haben würde.

V. Vergleich

Anders als die Anwalts-PartG bietet die Anwalts-GmbH eine gesellschaftsrechtliche Lösung des Haftungsproblems an. So haftet in einer GmbH nach § 13 II GmbHG nur das Gesellschaftsvermögen für die Verbindlichkeiten der Gesellschaft. Dies gilt auch im Falle einer Anwalts-GmbH für alle Verbindlichkeiten der Gesellschaft, unabhängig davon, ob sie mit fehlerhaften Berufsleistungen zusammenhängen oder nicht, oder ob es sich um gesetzlich oder vertraglich begründete Verbindlichkeiten handelt. Zwar besteht in Ausnahmefällen die Möglichkeit einer unmittelbaren Haftung eines Gesellschafters oder Geschäftsführers wegen unerlaubter Handlungen, wie auch eine Sachwalterhaftung in Frage kommt; dies hat aber im Rahmen der Haftung wegen Berufsfehlern keine praktische Bedeutung. Ein Haftungsdurchgriff kommt bei einer Anwalts-GmbH unter den gleichen Voraussetzungen wie bei einer gewerblich tätigen GmbH in Betracht. Erweiterte Durchgriffsmöglichkeiten bestehen nicht. Eine generelle Handelndenhaftung ist daher de lege lata nicht möglich.

Im Gegensatz dazu ordnet das Gesetz ausdrücklich in § 51a II S. 1 BRAO allgemein für die Gesellschafter einer Anwaltssozietät und in § 8 I S. 1 PartGG speziell für die Partner einer PartG eine gesamtschuldnerische Haftung an. Bei der Anwalts-GbR ist allerdings eine Haftungsbeschränkung kraft Rechtsform möglich. Diese muß sich aus dem Namen der GbR – GbR mbH – oder der im Gesellschaftsvertrag verankerten Vertretungsregelung ergeben. Die Gefahr einer Täuschung der Mandanten muß durch deutliche Hinweise auf die Haftungsbeschränkung ausgeschlossen sein. Eine derartige Möglichkeit besteht aber nicht bei der PartG, bei der sich der Gesetzgeber gerade gegen eine gesellschaftsrechtlich festgelegte Haftungszuordnung mit „Kommanditpartnern" und „persönlich haftenden Partnern" entschieden hat. Die Rechtslage unterscheidet sich hier für GbR – nicht GbR mbH – und PartG nur insoweit, als die Gesellschafter einer GbR für rechtsgeschäftlich begründete Verbindlichkeiten neben der Gesellschaft persönlich haften, während die Haftung der Gesellschafter für gesetzliche Gesamthandsverbindlichkeiten auf der Grundlage der Doppelverpflichtungstheorie nur angenommen werden kann, wenn die Gesellschafter persönlich die Anspruchsvoraussetzungen erfüllen. Dagegen haften die Partner einer PartG neben dem Vermögen der Gesellschaft persönlich, unabhängig davon, ob es sich um rechtsgeschäftlich oder gesetzlich begründete Verbindlichkeiten handelt – § 31 BGB ist bei der PartG analog anzuwenden, was eine wesentliche Haftungsverschärfung gegenüber dem Recht der Anwalts-GbR darstellt. Verschärft wurde die Haftung in der PartG im Vergleich zur GbR ferner durch die in § 8 I S. 2 PartGG angeordnete entsprechende Anwendung des § 130 HGB, nach der neu eingetretene Partner für die vor ihrem Eintritt begründeten Verbindlichkeiten der PartG wie die übrigen Partner nach §§ 128, 129 HGB haften. Dagegen lehnt die Rechtsprechung eine entsprechende Anwendung der §§ 128, 130 HGB im Recht der GbR ab. Im übrigen ist bei der Anwalts-GbR – nicht GbR mbH – wie bei der Anwalts-PartG anders als bei der Anwalts-GmbH lediglich eine vertragliche Vereinbarung einer betragsmäßigen Haftungsbegrenzung möglich. Daneben kommt – gegebenenfalls auch zusätzlich – eine Konzentration der Haftung auf einen oder mehrere

Gesellschafter, die das Mandat nach § 51a II S. 2 BRAO „bearbeiten" oder entsprechend § 8 II PartGG „die beruflichen Leistungen zu erbringen oder verantwortlich ... leiten und ... überwachen" in Betracht. Die für die Anwalts-GbR geltenden Voraussetzungen sind dabei etwas enger als die für die PartG, da § 51a II S. 3 BRAO im Vergleich zu § 8 II PartGG höhere Formalanforderungen stellt und sich nur auf den oder die Gesellschafter bezieht, die das Mandat bearbeiten, wohingegen § 8 II PartGG auch eine Beschränkung auf einen Partner zuläßt, der die Auftragserfüllung leitet oder überwacht und damit einen nicht unmaßgeblichen Beitrag leistet. § 8 II PartGG ist wiederum insofern mit § 51a I, II BRAO vergleichbar, als beide nur eine Haftungsbegrenzung für mit fehlerhafter Berufsausübung verbundene Schäden ermöglichen, nicht aber, wie § 13 II GmbHG, die persönliche Haftung der Gesellschafter für alle Arten von Verbindlichkeiten ausschließen.

Diese Rechtslage soll nun nach dem Referentenentwurf zur Anwalts-GmbH geändert werden. Dieser schlägt – systemwidrig – die Einführung einer gesetzlichen Handelndehaftung in der Anwalts-GmbH vor. Vorgesehen ist ferner eine grundlegende Änderung der Haftungsverfassung der PartG. So soll per Gesetz eine Haftungskonzentration auf den oder die handelnden Partner eintreten. Wenn der Referentenentwurf zur Anwalts-GmbH Gesetz werden sollte, käme es in haftungsrechtlicher Sicht zu einer weitgehenden Angleichung der Anwalts-GmbH an die PartG.

4. Teil: Gesellschaftsrechtlicher Vergleich der US-amerikanischen Anwaltsgesellschaften

1. Kapitel: Grundlagen

Voraussetzung für einen gesellschaftsrechtlichen Vergleich der den Anwälten in den Vereinigten Staaten für die gemeinschaftliche Berufsausübung zur Verfügung stehenden Gesellschaftsformen ist, daß geklärt ist, welche Rechtsquellen heranzuziehen sind und welche Gesellschaftsformen zulässigerweise für die anwaltliche Berufsausübung nutzbar gemacht werden können.

A. Rechtsquellen

Die Antwort auf die Frage, welche Gesellschaftsformen für die anwaltliche Zusammenarbeit zur Verfügung stehen und wie diese rechtlich ausgestaltet sind, ergibt sich aus den staatlichen Gesetzen und Gerichtsentscheidungen sowie den Grundsätzen des anwaltlichen Standesrechts.

Das US-amerikanische Gesellschaftsrecht ist dadurch charakterisiert, daß einerseits eine *Vielzahl einzelstaatlicher gesellschaftsrechtlicher Regelungen* existiert, verschiedene *Modellgesetze* aber dennoch eine beträchtliche Vereinheitlichung herbeigeführt haben, da sie von zahlreichen staatlichen Legislativen zum Vorbild für die eigene Gesetzgebung genommen wurden. Zu nennen sind insoweit für das Personengesellschaftsrecht der von der National Conference of Commissioners on Uniform State Law (NCCUSL) im Jahre 1914 entworfene und angenommene Uniform Partnership Act (UPA) und seine Neufassung, der Revised Uniform Partnership Act (RUPA) aus dem Jahre 1994[689] sowie der Uniform Limited Part-

---

689 UPA (1914); RUPA (1994); abgedruckt in *Eisenberg*, 40 ff. (UPA) sowie 59 ff. (RUPA) und in *Bromberg/Ribstein*, Partnership, Appendix A (UPA); vgl. zum RUPA auch

nership Act (ULPA) von 1916 und seine Neufassung, der Revised Uniform Partnership Act (RULPA) aus dem Jahre 1976.[690] Auch hat die American Bar Association (ABA) ein Modellgesetz für limited liability partnerships (LLPs) konzipiert.[691] Zu der zwischen Personen- und Kapitalgesellschaftsrecht einzuordnenden Gesellschaftsform der limited liability company (LLC) hat die NCCUSL mittlerweile einen Uniform Limited Liability Company Act (ULLCA) veröffentlicht.[692] Für den Bereich des Kapitalgesellschaftsrechts hat die ABA im Jahre 1946 mit dem Model Business Corporation Act (M.B.C.A.) sowie mit seiner Neufassung, dem Revised Model Business Corporation Act (R.M.B.C.A.) von 1984[693] und mit dem Model Professional Corporation Act aus dem Jahre 1978[694] (M.P.C.A.) sowie mit dem Model Professional Corporation Supplement aus dem Jahre 1984[695] (M.P.C.S.) Modellgesetze konzipiert, welche von vielen Bundesstaaten übernommen wurden. Nach M.P.C.A. § 27 sind grundsätzlich die Bestimmungen des M.B.C.A. – in der Form, die sie im jeweiligen einzelstaatlichen Recht der business corporation gefunden haben – auf PCs anwendbar. Etwas anderes gilt nur für die Bestimmungen des M.B.C.A., die denjenigen des M.P.C.A. widersprechen. Gleiches ordnet M.P.C.S. § 2 für den R.M.B.C.A. an. Im Hinblick auf die Modellgesetze ist allerdings immer im Auge zu behalten, daß sie keinen zwingenden Charakter haben, sondern nur Richtlinien für den Erlaß einzelstaatlicher Gesetze darstellen.

Die Regelung der anwaltlichen Berufsausübung ist dem Bereich der einzelstaatlichen Polizeigewalt zuzuordnen, wobei die Gerichte und nicht die Gesetzgebung die letzte Entscheidungskompetenz besitzen. Dabei ist al-

---

Weidner/Larson, 49 Bus. Law. 1993, 1 ff. und die kritischen Anmerkungen *Ribsteins* in 49 Bus. Law. 1993, 45.

690 ULPA (1916); RULPA (1976), der später weiter überarbeitet wurde (RULPA 1985); abgedruckt in *Eisenberg*, 149 ff. (einschließlich der 1985 Amendments) und in *Bromberg/Ribstein*, Partnership, Vol. 4, Appendix B (U.L.P.A. 1916), Appendix C (U.L.P.A. 1976), Appendix D (U.L.P.A. 1985).

691 Der Prototype Registered Limited Liability Partnership Act wurde auf der Grundlage des RUPA (1994) von der ABA Business Law Section, Committee on Partnerships and Unincorporated Business Organizations, Working Group on Registered Limited Liability Partnerships entworfen; abgedruckt in: *Bromberg/Ribstein*, Limited Liability Partnerships, Appendix B, 417 ff.

692 Uniform Limited Liability Company Act (1994); abgedruckt in: *Eisenberg*, 828 ff.

693 Model Bus. Corp. Act (1984); abgedruckt in: *Eisenberg*, 274 ff.

694 Professional Corp. Supp. to the Model Business Corp. Act (1978); abgedruckt ist der Gesetzestext in seiner ursprünglichen Fassung in: 32 The Bus. Law. 1976, 291 ff. und in seiner Endfassung in: 33 Bus. Law. 1978, 929 ff.

695 Professional Corp. Supp. to the Model Business Corp. Act (1984); abgedruckt in: *ABA*, Model Business Corporation Act Annotated, PC-1 ff.

lerdings in den meisten Staaten die Anwaltskammer dafür zuständig, bei einer Verletzung standesrechtlicher Grundsätze (ethical rules) Disziplinarmaßnahmen zu verhängen. Zu diesem Zweck hat die ABA Modellsammlungen von *Standesrechtsgrundsätzen* verfaßt. Zu nennen sind dabei neben dem ABA Code of Judicial Conduct[696] der 1969 angenommene ABA Model Code of Professional Responsibility[697] und die 1983 als Ersatz für den ABA Model Code von der ABA angenommenen ABA Model Rules of Professional Conduct.[698] In den meisten Staaten orientieren sich die Grundsätze des anwaltlichen Standesrechts mittlerweile an den neueren ABA Model Rules; nur in wenigen Staaten folgen sie noch den im ABA Model Code dargestellten Regelungen.[699]

Hinsichtlich der Frage der *Zulässigkeit anwaltlicher Zusammenarbeit in einer Gesellschaftsform* sind danach zuerst die gesetzlichen Regelungen zu untersuchen. Dabei ist zu prüfen, ob der jeweilige Einzelstaat die Gesellschaftsform überhaupt regelt, ob die Ausübung freiberuflicher Tätigkeit in der betreffenden gesellschaftsrechtlichen Form im einzelstaatlichen Gesetz ausdrücklich zugelassen ist oder ihre Zulässigkeit bei einer Gesamtbetrachtung des Gesetzes unterstellt werden kann und ob die erlaubte Ausübung freiberuflicher Tätigkeiten – ausdrücklich oder aufgrund des Gesamtzusammenhangs – die Erbringung juristischer Dienstleistungen einschließt. Im nächsten Schritt ist dann zu untersuchen, ob die zuständige einzelstaatliche Anwaltskammer und der einzelstaatliche Supreme Court durch den Erlaß standesrechtlicher Grundsätze bzw. Gerichtsentscheidungen auf das jeweilige Gesetz reagiert haben. Hier sind Modifikationen der Gesetze bis zu einem an die Rechtsanwälte gerichteten Verbot, in dem betreffenden Einzelstaat in der jeweiligen Gesellschaftsform tätig zu werden, denkbar.[700]

Die folgende Abhandlung stützt sich vorwiegend auf die durch die NCCUSL und die ABA empfohlenen Modellgesetze. Wann immer es im

---

696 ABA Code of Judicial Conduct (1990). Die derzeitig gültige Version des ABA Code of Judicial Conduct stammt aus dem Jahre 1990; abgedruckt in: *Gillers/Simon*, 489 ff.

697 Model Code of Professional Responsibility (1981); abgedruckt in: *Gillers/Simon*, 349 ff.

698 Model Rules of Professional Conduct (1983); abgedruckt in: *Gillers/Simon*, 3 ff.

699 Vgl. für eine Übersicht über die Entwicklung der Rules und Codes *Gillers/Simon*, X f. Der New York Code of Professional Responsibility ist abgedruckt in: *Gillers/Simon*, 731 ff.

700 So erließ beispielsweise die Nebraska Bar Association eine ethics opinion, in welcher sie Rechtsanwälten die Tätigkeit in der Form der limited liability company untersagte, obgleich der Nebraska LLC Act die freiberufliche Tätigkeit in der Form der LLC ausdrücklich erlaubt; Nebraska State Bar Association, Ethics Opinion 94-1 (1994).

Hinblick auf den Umfang dieser Arbeit vertretbar erscheint, wird zudem ein Überblick über die in den verschiedenen Einzelstaaten geltenden Regelungen gegeben.

B. Personengesellschaftsformen

I. General Partnership

Die älteste Gesellschaftsform, in der Anwälte ihren Beruf gemeinsam ausüben dürfen, ist die general partnership (GP). Sie ist – mit Ausnahme Lousianas – in allen Bundesstaaten durch Gesetze geregelt, die auf der Basis des Einheitsgesetzes UPA und zum Teil[701] auch bereits auf der Grundlage des RUPA erlassen wurden. Die GP läßt sich als ein *Zusammenschluß von zwei oder mehr Personen, welche in Gewinnerzielungsabsicht gemeinschaftlich als Mitinhaber ein Geschäft betreiben*, definieren.[702] Sie ist der deutschen OHG vergleichbar. Allerdings kann der Geschäftszweck der GP jede auf Gewinn gerichtete Tätigkeit sein, nicht ausschließlich eine gewerbliche Tätigkeit wie bei der deutschen OHG. Insoweit ähnelt die GP also eher der deutschen GbR, von welcher sie sich wiederum durch die erforderliche Gewinnerzielungsabsicht unterscheidet. Nach UPA §§ 8, 10 kann die Gesellschaft im eigenen Namen Verträge schließen, Eigentum erwerben, klagen und verklagt werden. Sie besitzt allerdings nach dem UPA keine eigene Rechtspersönlichkeit, sondern steht zwischen Körperschaft (legal entity) und Gesamthand (aggregate).[703]

---

701 Der Revised Uniform Partnership Act wurde beispielsweise bereits in den Einzelstaaten Montana (vgl. Mont. Code Ann., tit.35 (Supp. 1995)) und Texas (vgl. Tex. Civ. Statutes, tit.105 (Vernon Supp. 1996)) übernommen.

702 UPA § 6(1): „A partnership is an association of two or more persons to carry on as co-owners a business for profit."

703 Vgl. *Bungert*, Gesellschaftsrecht, 5 f. Ob eine partnership eigene Rechtspersönlichkeit hat, wird seit langem diskutiert. Der UPA macht hierzu keine ausdrücklichen Angaben und ordnet der GP Charakteristika einer juristischen Person (legal entity) wie einer Gesamthand (aggregate) zu. RUPA wiederum bezeichnet die partnership als entity, RUPA § 201. Siehe hierzu *Bromberg/Ribstein*, Partnership, Vol. 1, 1:22 f.; *dies.*, Limited Liability Partnerships, 16.

II. Limited Partnership

Problematischer als die Frage der Zulässigkeit anwaltlicher Berufsausübung in einer GP ist die in Form der limited partnership (LP). Diese ist eine *Personengesellschaft*, bei der – einer deutschen Kommanditgesellschaft vergleichbar – *eine oder mehrere Personen unbeschränkt sowie eine oder mehrere beschränkt auf ihre Einlage haften.* Sie ist außer in Lousiana in allen Einzelstaaten gesetzlich entweder gemäß dem Einheitsgesetz ULPA oder nach dessen Neufassung, dem RULPA, geregelt. Im Hinblick auf die Frage eigener Rechtspersönlichkeit gilt für die LP das zur GP Ausgeführte.

Anders als die GP steht die LP *nicht in allen Einzelstaaten* als *mögliche Form anwaltlicher Zusammenarbeit* zur Verfügung, obgleich es ein nationales, in allen Einzelstaaten gültiges Verbot von Anwaltssozietäten in der Form der limited partnership[704] nicht gibt. Zwar stellte das Standing Committee on Ethics and Professional Responsibility der American Bar Association vor etwa 30 Jahren in der Informal Opinion 865[705] fest, daß die Erbringung juristischer Dienstleistungen in der Form der LP gegen standesrechtliche Grundsätze verstößt. Auch wurde diese Ansicht in einer späteren Opinion[706] bestätigt. Mittlerweile hat das Committee seine Posi-

---

704 Sie gewährt den limited partners beinahe vollständigen Schutz vor Haftung, indem sie deren Haftung sowohl im Hinblick auf die nicht mit fehlerhafter Berufsausübung zusammenhängenden Verpflichtungen als auch bezüglich der sogenannten vicarious liability (vgl. hierzu unten 4. Teil, 6.Kapitel, I. 2.), beschränkt.

705 ABA Informal Ethics Opinion 865 vom 23. September 1965; abgedruckt in: *Keatinge/Maxfield/Spudis*, Q229 ALI-ABA 1994, 1 (138, Fn. 549); sie beginnt mit der unzutreffenden Feststellung, daß der limited partnership act „as adopted in most states, provides that a limited partner may not actively participate in the conduct of the partnership business and still retain his immunities as a limited partner." Tatsächlich haftet ein limited partner nach UPA § 7 aber nur dann wie ein general partner, „if he takes part in the control of the business." Letztlich stellt die Opinion 865 nicht klar, warum Anwälte nicht in der Form der limited partnership praktizieren sollen dürfen. Zu beachten ist auch, daß die Möglichkeiten des limited partners, an den Entscheidungen der limited partnership teilzunehmen, unter RULPA wesentlich erweitert wurden, vgl. RULPA § 303(a) mit ULPA § 7.

706 Informal Opinion 85-1514: „The Committee has previously expressed the opinion that lawyers may not properly practice in a limited partnership. Opinion 865. That opinion was based on restrictions on advance limitations of liability for personal malpractice. Furthermore, however, a limited partner, to preserve limited partnership status, must normally remain a passive investor and may not participate in conduct of the partnership; participation through performance of service or assumption of responsibility for the representation is necessary for there to be a permissible division of fees." Abgedruckt in: *Keatinge/Maxfield/Spudis*, Q229 ALI-ABA 1994, 1 (138, Fn. 550).

tion aber geändert und betrachtet die Frage der Zulässigkeit anwaltlicher Berufsausübung als ein ausschließlich durch das einzelstaatliche Personengesellschaftsrecht und die einzelstaatlichen Anwaltskammern zu lösendes Problem.[707]

Ob eine Sozietät in Form der limited partnership geführt werden kann, hängt daher von dem Inhalt des einschlägigen LP-Gesetzes und den durch die jeweilige staatliche Bar Association oder den staatlichen Supreme Court erlassenen standesrechtlichen Grundsätzen ab. Für die Frage, welches einzelstaatliche Gesellschafts- und Standesrecht anwendbar ist, ist der Ort der Niederlassung der Sozietät maßgebend. Manche einzelstaatlichen LP-Gesetze enthalten Regelungen, die Dienstleistungen in den Bereichen Versicherungen und Banken untersagen. Ein ausdrückliches Verbot anwaltlicher Tätigkeit in der Form der LP ist jedoch in keinem LP-Gesetz zu finden. Dennoch werden in einigen Bundesstaaten die Zulassungsregelungen (rules of practice) des staatlichen Supreme Court oder die durch die Anwaltskammern erlassenen standesrechtlichen Grundsätze in einer die anwaltliche Berufsausübung in Form der LP ausschließenden Weise interpretiert. Zumindest in den Einzelstaaten, die den Zusammenschluß von Anwälten in der GP, der PC und der LLC ausdrücklich autorisieren, zur Frage der anwaltlichen Tätigkeit in der Form der LP dagegen nicht Stellung nehmen, ist daher einer Lösung der Vorzug zu geben, die – vorbehaltlich einer anderweitigen Regelung durch Gesetzgebung oder Rechtsprechung – von der Unzulässigkeit einer Anwalts-LP ausgeht.

Da die LP nicht in allen Einzelstaaten als gesellschaftsrechtliche Form für die anwaltliche Berufsausübung in Frage kommt und ihre Bedeutung angesichts der neuen Entwicklungen im Gesellschaftsrecht, durch die den Rechtsanwälten nunmehr in zahlreichen Einzelstaaten die LLC und die LLP zur Verfügung stehen, noch geringer geworden ist, wird in der folgenden Darstellung von einer weiteren Erörterung der Anwalts-LP abgesehen.

III. Limited Liability Partnership

Eine dritte Personengesellschaftsform existiert erst seit jüngster Zeit. So hat mittlerweile eine größere Zahl von Einzelstaaten Gesetze verabschiedet, welche die limited liability partnership (LLP), zum Teil auch

---

707 Vgl. hierzu Connecticut Bar Association, Informal Opinion 94-2 vom 3. Januar 1994, abgedruckt in: *Connecticut Bar Association*, 68 Conn. B.J. 1994, 460 f.

registered limited liability partnership (RLLP)[708] genannt, anerkennen: Texas[709] erließ als erster Staat im Jahre 1991 ein entsprechendes Gesetz; es folgten 1992 Lousiana,[710] 1993 Delaware[711] und im folgenden noch eine Reihe weiterer Staaten wie beispielsweise New York im Oktober 1994.[712] Die LLP ist eine besondere *Form der partnership*, bei welcher unter bestimmten Voraussetzungen, wie insbesondere der *Registrierung* der Personengesellschaft *bei dem einzelstaatlichen Secretary of State*, die *Haftung des general partner*[713] beschränkt wird. Eine Haftungsbegrenzung im Hinblick auf die Gesellschaft selbst ist hingegen nicht möglich. Dabei erlauben einige Staaten die Registrierung von Personengesellschaften, die in jedem beliebigen Bereich tätig sein dürfen. Andere dagegen, wie beispielsweise New York, gestatten nur die Registrierung solcher Personengesellschaften, die freiberufliche Dienstleistungen anbieten. In einigen Einzelstaaten[714] besteht die Möglichkeit der Registrierung für GPs und LPs, wodurch die GP zur LLP und die LP zur LLLP wird. Aufgrund ihrer geringen Verbreitung wird die Limited Liability Limited Partnership (LLLP) allerdings in der folgenden Darstellung außer acht gelassen. In den meisten Staaten kann – wie nach dem New Yorker LLP-Gesetz – nur die GP zum Register angemeldet werden.[715] Rechtsanwaltssozietäten, die in New York tätig sind, gibt die neue Gesellschaftsform die Möglichkeit, ihre traditionelle Form der partnership beizubehalten und dabei grundsätzlich die gleichen Haftungsbeschränkungen wie bei einer Tätigkeit in der Form der professional corporation zu erlangen. Trotz des Vorteils der Haftungsbeschränkung wird die LLP steuerlich nicht wie eine Kapital-, sondern wie eine Personengesellschaft behandelt, so daß lediglich eine Besteuerung der Gewinne auf der Ebene der Gesellschafter, nicht aber zusätzlich auch auf der der Gesellschaft

---

708 Im folgenden wird auf eine terminologische Differenzierung zwischen LLP und RLLP verzichtet und stellvertretend für die limited liability partnership und die registered limited liability partnership die Abkürzung LLP verwendet.

709 Tex. Rev. Civ. Stat. Ann. art. 6132b (Vernon Supp. 1996); vgl. hierzu *Rae*, 30 Hous. Law. 1993, 47 ff.

710 La. Rev. Stat. Ann. §§ 9:3431-35 (West Supp. 1996).

711 Del. Code Ann. tit.6, §§ 1501-1547 (Michie Supp. 1994).

712 N.Y. Partnership Law art. 8-B (§§ 121-1500 bis 121-1503) (McKinney 1988 & Supp. 1995).

713 Dieser haftet wie ein Komplementär in Deutschland bei der LP unbeschränkt.

714 Del. Code Ann. tit. 6, § 1553 (Michie Supp. 1994); Tex. Rev. Civ. Stat. Ann. art. 6132, § 3.08(e), art. 6132a-1, § 2.14 (Vernon Supp. 1996); Colo. Rev. Stat., §§ 7-62-109 (Supp. 1995); Fla. Stat. Ann. § 620.835 (West Supp. 1996); Mo. Rev. Stat. § 358.510 (Vernon Supp. 1996); Tenn. Code Ann § 61-1-101(8) (Supp. 1995).

715 N.Y. Partnership Law Art. 8-B; Nature of a Limited Liability Partnership (McKinneyÿs Cons. Laws of N.Y. Ann.; Pocket Part Practice Commentaries 1995).

selbst erfolgt (pass-through taxation).[716] Die LLP besitzt vollständige eigene Rechtspersönlichkeit. Im Vergleich mit den deutschen Gesellschaftsformen fällt auf, daß die LLP aufgrund der Betonung des personalen Elements den deutschen Personengesellschaften nahesteht, sich aber von ihnen durch die Haftungsbeschränkung für alle Partner und von den Personenhandelsgesellschaften zudem durch die Möglichkeit anwaltlicher und damit nichtgewerblicher Tätigkeit unterscheidet.[717]

C. Kapitalgesellschaftsform (Professional Corporation)

Anders als beim Zusammenschluß von Anwälten in der Form der Personengesellschaft war die Frage der Zulässigkeit anwaltlicher Tätigkeit in der Form der Kapitalgesellschaft in den Vereinigten Staaten von Amerika lange Zeit ein *Gegenstand erbitterter Diskussionen.* Diese begannen bereits um die Jahrhundertwende.[718] Dabei hielt es die Rechtsprechung lange Zeit für undenkbar, daß sich Rechtsanwälte zur gemeinschaftlichen Berufsausübung in Kapitalgesellschaften organisierten. So stellte der New York Court of Appeals im Jahre 1910 fest, daß die anwaltliche Tätigkeit einigen wenigen Personen mit gutem Charakter und durch ein entsprechendes Studium erworbenen sowie durch entsprechende Prüfungen festgestellten fachlichen Qualifikationen vorbehalten sei. Diese Personen müßten einen Eid ablegen, welcher die Bewerber zu Organen der Rechtspflege mache. Die Ausübung anwaltlicher Tätigkeit sei auf die – alle diese Anforderungen erfüllenden – Mitglieder der einzelstaatlichen Anwalts-

---

716 Die Internal Revenue Service (I.R.S.) hat zuerst hinsichtlich einer texanischen Anwaltssozietät in der Form der LLP in dieser Weise Stellung genommen: Das Private Letter Ruling 9229016 vom 16. April 1992 stellte fest, daß diese Sozietät mangels zentralisierter Geschäftsführung und freier Übertragbarkeit der Gesellschaftsanteile für steuerrechtliche Zwecke wie eine Personengesellschaft zu behandeln ist. Private Letter Rulings der I.R.S. sind unverbindlich, sie sind an Einzelpersonen gerichtet, die sich mit einer Frage hinsichtlich der zu erwartenden Auslegung der Steuergesetze durch die I.R.S. an die I.R.S. wandten und beziehen sich lediglich auf die im Einzelfall in Frage stehenden Sachverhaltskonstellationen. Später stellte die I.R.S. fest, daß eine New York general partnership, welche unter dem Delaware Uniform Partnership Act als LLP registrierte, steuerrechtlich auch als LLP weiterhin wie eine partnership zu behandeln ist, vgl. Private Letter Ruling 9423037 vom 16. März 1994.

717 Vgl. hinsichtlich eines Vergleichs der LLP mit den deutschen Gesellschaftsformen und der EWiV *Bungert,* RIW 1994, 360 (365).

718 Vgl. hierzu *Donath,* ZHR 156 (1992), 134 (146 ff.).

kammern beschränkt. Da eine Kapitalgesellschaft als solche diesen Voraussetzungen nicht entsprechen könne, sei die anwaltliche Tätigkeit kein zulässiger Unternehmensgegenstand einer Kapitalgesellschaft. Auch müsse die auf Vertrauen gegründete Beziehung zwischen Anwalt und Mandant bei einer gemeinschaftlichen Berufsausübung in der Form der Kapitalgesellschaft Schaden nehmen, denn der Anwalt würde sich in diesem Fall nicht mehr maßgeblich dem Mandanten, sondern der Gesellschaft und deren Zweck, Geld für die Anteilsinhaber zu verdienen, verpflichtet fühlen.[719] Etwa 50 Jahre später lehnte der Supreme Court of Ohio die Zulassung anwaltlicher Zusammenarbeit in der Form der Kapitalgesellschaft unter Hinweis darauf ab, die anwaltliche Tätigkeit sei nach den Rules of Practice des Staates Ohio natürlichen Personen vorbehalten.[720]

Ihren *Ursprung* hatten die *Inkorporationswünsche der Anwälte im Steuerrecht*,[721] welches bestimmte Vergünstigungen wie die Abzugsfähigkeit von Arbeitgeberbeiträgen zur Rentenversicherung oder Rückstellungen für Betriebsrenten an den Status der Kapitalgesellschaft knüpfte.[722] Die Inkorporationsversuche der Freiberufler scheiterten anfangs an der fehlenden Bereitschaft der Gerichte, die Gründung von Kapitalgesellschaften durch Freiberufler zuzulassen. Daraufhin begannen diese gegen Ende der dreißiger Jahre, ihre Unternehmen durch entsprechende vertragliche Gestaltung so umzugestalten, daß sie die seit einer grundlegenden Entscheidung des Supreme Court der Vereinigten Staaten von Amerika anerkannten typischen Merkmale von Kapitalgesellschaften – wie unbegrenzte Lebensdauer, zentralisierte Geschäftsführung und freie Übertragbarkeit der Gesellschaftsanteile – aufwiesen und damit der steuerrechtlichen Definition der corporation unterfielen.[723] Die Steuerbehörden wandten sich vor den Gerichten vergeblich gegen diese Vorgehensweise[724] und erließen schließlich im Jahre 1960 Richtlinien, nach welchen nur solche Gesellschaftsformen vom Steuerrecht als Kapitalgesellschaften behandelt wurden, welche auch nach dem Gesellschaftsrecht Kapitalgesellschaften waren.[725] Daraufhin erließen bis 1962 15 Einzelstaaten Gesetze, die

---

719 In Re Coop Law Co., 92 N.E. 15 f (N.Y. Ct.App. 1910).
720 State ex rel. Green v. Brown, 180 N.E.2d 157 f. (Ohio Supr.Ct. 1962).
721 Vgl. *Donath*, ZHR 156 (1992), 134 (147).
722 Vgl. für einen umfassenden Überblick *Bowmann*, 10 Pepp. L. Rev. 1983, 515 ff.
723 Die steuerrechtliche Definition der corporation wurde ursprünglich in der Supreme Court Entscheidung Morrissey v. Commissioner, 296 U.S. 344 (356 ff.) (1935), aufgestellt und durch spätere Entscheidungen modifiziert, vgl. z. B. Bert v. Helvering, 92 F.2d 491 (494 ff.) (D.C. Cir. 1936). In Anlehnung an diese Rechtsprechung nahmen die Freiberufler die Umgestaltung ihrer Unternehmensstrukturen vor.
724 Vgl. z. B. United States v. Kintner, 216 F.2d 418 (421 ff.) (9th Cir. 1954).
725 Treasury Regulation § 301.7701-1 (1960), 26 C.F.R. § 301.7701-1.

Freiberuflern die Tätigkeit in PCs[726] gestatteten.[727] Die Internal Revenue Service (I.R.S.) wandte sich auch gegen diese Entwicklung und erließ 1965 Richtlinien, welche die für die Gewährung der dargelegten steuerlichen Vorteile zu erfüllenden Anforderungen an die gesellschaftsrechtliche Ausgestaltung der Zusammenschlüsse der Freiberufler so hoch ansetzten, daß die meisten PCs ihnen nicht genügen konnten.[728] Diese Richtlinien wiederum wurden 1969 durch einige Bundesgerichte für unwirksam erklärt,[729] die zum Teil ausführten, die steuerrechtliche Behandlung einer Kapitalgesellschaft hänge allein davon ab, ob das Gesellschaftsrecht sie als Kapitalgesellschaft bezeichne und nicht davon, ob sie in jeder Hinsicht dem Wesen einer Kapitalgesellschaft entspreche.[730] Daraufhin änderte die I.R.S. ihre Position und erließ im Jahre 1970 eine Richtlinie, nach der die PCs steuerlich wie Kapitalgesellschaften behandelt wurden.[731] 1976 erließ die ABA ein Professional Corporation Supplement zum Model Business Corporation Act[732] und im Laufe der Zeit schufen alle einzelstaatlichen Legislativen gesetzliche Regelungen, welche die Ausübung freiberuflicher Tätigkeiten in der Form der PC ermöglichen.[733]

Die *steuerlichen Anreize* für den Zusammenschluß von Freiberuflern in Kapitalgesellschaften wurden jedoch durch die Verabschiedung zweier Gesetze in den Jahren 1981 und 1982 praktisch *beseitigt*: Der Economic Recovery Tax Act von 1981[734] und der Tax Equity and Fiscal Responsibility Act von 1982[735] glichen die steuerliche Behandlung der Pensionspläne von Kapital- und Personengesellschaften aneinander an.[736] In-

---

726 Die Terminologie variierte damals wie heute in den verschiedenen Einzelstaaten; stellvertretend für die Begriffe professional corporation, professional service corporation sowie professional association wird in der folgenden Darstellung der Begriff der professional corporation bzw. die Abkürzung PC verwendet.

727 Siehe hierzu die einen Überblick über diese Gesetze gebende *Note*, Professional Corporations and Associations, 75 Harv. L. Rev. 1962, 776 (779 ff.).

728 Treasury Regulation § 301.7701-2(h) (1965), 26 C.F.R. § 3301.7701-2(h); *Smith*, 30 Ohio State L. J. 1969, 439 (442).

729 Empey v. United States, 406 F.2d 157 (159 ff.) (10th Cir. 1969); Holder v. United States, 412 F.2d 1189 (5th Cir. 1969); Kurzner v. United States, 413 F.2d 97 (99 ff.) (5th Cir. 1969); OÿNeill v. United States, 410 F.2d 888 (894 ff.) (6th Cir. 1969).

730 Empey v. United States, 406 F.2d 157 (165 ff.) (10th Cir. 1969); OÿNeill v. United States, 410 F.2d 888 (895 ff.) (6th Cir. 1969).

731 Rev. Rul. 70-101 (1970), 1970-1 C.B. 278.

732 Abgedruckt in: 32 Bus. Law. 1976, 291 ff.

733 Vgl. für einen Überblick über die einzelstaatliche Gesetzgebung *Maycheck*, 47 U. Pitt. L. Rev. 1986, 817 ff.; *Schneider*, 55 Cin. L.Rev. 1987, 785 ff.

734 Economic Recovery Tax Act, Pub. L. No. 97-34, 95 Stat. 172 (1981).

735 Tax Equity and Fiscal Responsibility Act, Pub. L. No. 97-248, 96 Stat. 324 (1982).

736 Vgl. für einen umfassenden Überblick über die mit der professional corporation vor

folge dieser Eingriffe der Legislative und da die PC in aller Regel als Kapitalgesellschaft besteuert wird, wirkt sich das Steuerrecht bei der Rechtsformwahl zwischen PC und GP nun sogar nachteilig aus. Die PC unterliegt selbst der Körperschaftsteuer und die Ausschüttungen an die Gesellschafter werden dann zusätzlich bei diesen mittels der individuellen Einkommensteuer erfaßt. Eine Anrechnung der von der PC entrichteten Körperschaftsteuer auf die Einkommensteuer der Gesellschafter findet dabei nicht statt. Dagegen kommt es bei der GP nicht zu einer Besteuerung der Gesellschaft selbst.[737] Diese zweifache Besteuerung können die Gesellschafter einer PC nur vermeiden, wenn die PC im Einzelfall die Voraussetzungen einer sogenannten „S-Corporation" erfüllt. Danach dürfen maximal 35 Gesellschafter an der Gesellschaft beteiligt sein. Sie darf nicht 80 % oder mehr Anteile an einer anderen Kapitalgesellschaft besitzen. Nicht möglich ist auch, daß andere Kapitalgesellschaften sowie Ausländer ohne ständigen Wohnsitz in den Vereinigten Staaten Anteile an der S-Corporation halten. Schließlich müssen alle Anteile der gleichen Aktienklasse angehören.[738] Sind alle diese Anforderungen erfüllt, dann wird die PC steuerlich wie eine Personengesellschaft behandelt.[739] Vor allem aufgrund der Beschränkung auf 35 Anteilsinhaber kommt die Besteuerung der PC als S-Corporation für große Anwaltssozietäten aber nicht in Frage.

Infolge des Wegfalls der steuerlichen Vorteile gegenüber der Personengesellschaftsform konzentrieren sich Anwaltssozietäten heute bei einer Entscheidung der Frage, ob eine Inkorporierung sinnvoll erscheint, auf die nicht mit dem Steuerrecht verbundenen *Vorteile der Kapitalgesellschaftsform* wie vor allem die Haftungsbeschränkung, das zentralisierte Management, die unbegrenzte Lebensdauer und die freie Übertragbarkeit der Gesellschaftsanteile.[740] Dabei sehen die PC-Gesetze der Einzelstaaten eine personalistische Struktur der Gesellschaft vor. Der Umfang der Haftungsbeschränkung wiederum hat in den Gesetzen der Einzelstaaten und deren Modifizierungen durch die Gerichte eine unterschiedliche Ausgestaltung erfahren. Als Kapitalgesellschaft besitzt die PC eigene Rechtspersönlichkeit.[741]

und nach der Verabschiedung von ERTA und TEFRA für Freiberufler verbundenen Steuervorteile *Bowmann*, 10 Pepp. L. Rev. 1983, 515 ff.

737 Vgl. zur steuerrechtlichen Behandlung der PC *Bungert*, IStR 1993, 128 (129).

738 Geregelt ist die Subchaper S Corporation im I.R.C. §§ 1361 ff., 26 U.S.C.A. §§ 1361 ff. (West 1996).

739 Es kommt also lediglich zu einer Besteuerung auf Gesellschafter-, nicht aber zusätzlich auf Gesellschaftsebene (pass-through taxation).

740 *Maycheck*, 47 U. Pitt. L. Rev. 1986, 817 ff.

741 In New York ist die PC im Art. 15 des Business Corporation Law geregelt; N.Y. Bus.

Schließlich ist noch anzumerken, daß Rechtsanwälte ihrer gemeinschaftlichen Berufsausübung nur in Form der PC, nicht aber in der einer business corporation nachgehen dürfen.[742] So verbietet beispielsweise § 495(1.) Judiciary Law des Staates New York ausdrücklich die Tätigkeit von Rechtsanwälten in Form der Kapitalgesellschaft und § 495(6.) N.Y. Judiciary Law macht eine Ausnahme für die PC.[743]

D. Kapital- und personengesellschaftsrechtliches Hybrid (Limited Liability Company)

Neben Personengesellschaften und der PC als Kapitalgesellschaft steht US-amerikanischen Rechtsanwälten als weitere mögliche Form der gemeinschaftlichen Berufsausübung die sogenannte limited liability company (LLC) zur Verfügung. Diese Gesellschaftsform existiert in den Vereinigten Staaten seit dem Jahr 1977, als Wyoming als erster Einzelstaat ein LLC-Gesetz erließ.[744] Aufgrund des widersprüchlichen Verhaltens der I.R.S. hinsichtlich der Frage der Besteuerung der LLC[745] konnte sich diese neue Gesellschaftsform allerdings anfangs nicht durchsetzen. So erließ außer Florida[746] bis zum Jahre 1990 kein weiterer Einzelstaat ein LLC-Gesetz. 1988 veröffentlichte die I.R.S. ein Revenue Ruling,[747] in welchem sie erklärte, sie werde eine Wyoming LLC als partnership besteuern.[748]

Corp. Law, art. 15 (McKinney 1986 & Supp. 1995).

742 *Henn/Alexander*, 55.

743 N.Y. Jud. Law § 495 (McKinney 1983 & Supp. 1996).

744 Act of March 4, 1977, ch. 155, 1977 Wyo. Session Laws 512.

745 Zuerst erließ die I.R.S. ein Private Letter Ruling dahingehend, daß sie eine Wyoming LLC steuerrechtlich als partnership behandeln würde, Private Letter Ruling 81-06-082 vom 18. November 1980. Dann veröffentlichte die I.R.S einen Richtlinienvorschlag, nach welchem eine Besteuerung als partnership für solche gesellschaftsrechtlichen Formen, in denen kein Gesellschafter persönlich für die Schulden der Gesellschaft haftet, ausscheiden sollte, vgl. Proposed Treasury Regulation § 301.7701-2, 45 F.R. 75709 (1980). Diese zog die I.R.S. aufgrund weitverbreiteten Protests (vgl. hierzu *Keatinge/Ribstein/Hamill/Gravelle/Connaughton*, 47 Bus. Law. 1992, 375 (383)) zurück, vgl. I.R.S. News Release IR-82-145 vom 16. Dezember 1982.

746 Fla. Stat. Ann. §§ 608.401-471 (West Supp. 1996).

747 Die National Office der I.R.S. erläßt Revenue Rulings, deren Zweck die amtliche Interpretation des Steuerrechts im Hinblick auf bestimmte Rechtsgeschäfte ist. In ihrer Anwendung sind diese Revenue Rulings begrenzter als eine Revenue Regulation.

748 Revenue Ruling 88-76 (1988), 1988-2 C.B. 360.

Dabei ist seit der oben[749] erwähnten grundlegenden Entscheidung des Supreme Court der Vereinigten Staaten anerkannt, daß die *steuerrechtliche Definition der corporation* durch *vier Kriterien* bestimmt wird:[750] die unbegrenzte Lebensdauer; die zentralisierte Geschäftsführung; die auf das Gesellschaftsvermögen beschränkte Haftung und die freie Übertragbarkeit der Gesellschaftsanteile. Diesen Merkmalen wird bei der steuerrechtlichen Qualifizierung einer Gesellschaft als Personen- oder Kapitalgesellschaft gleiches Gewicht beigemessen. Wenn drei oder mehr dieser Kriterien vorliegen, wird die Gesellschaft steuerrechtlich als Kapitalgesellschaft behandelt, andernfalls als Personengesellschaft.[751] Eine weitere Klärung der steuerrechtlichen Behandlung der LLC erfolgte am 28.12.1994 durch das Revenue Procedure 95-10. Hier definierte die I.R.S. ihre Position im Hinblick auf zahlreiche mit den vier dargelegten Kriterien verbundene Problemfragen.[752] Nachdem die I.R.S. im Jahre 1988 erstmals ihre Bereitschaft klargestellt hatte, die *LLC steuerlich als Personengesellschaft* zu behandeln, kam der Gesetzgebungsprozeß hinsichtlich der LLC in zahlreichen Einzelstaaten in Gang. Mittlerweile haben 48 Einzelstaaten und der District of Columbia LLC-Gesetze erlassen.[753] Die Gesellschaftsform der LLC verbindet die Besteuerung als Personengesellschaft[754] mit dem

---

749 4. Teil, 1. Kapitel, C.

750 Diese ursprünglich in der Entscheidung Morrissey v. Commissioner, 296 U.S. 1935, 344 (356 ff.), aufgestellten vier Merkmale sind nunmehr in den I.R.S. Regulations enthalten, Treasury Regulation § 301.7701-2. Vgl. hierzu auch *Bungert*, IStR 1993, 128 (129 f.).

751 Vgl. hierzu *Cunningham*, 4 Bus. L. Today, 3/4 1995, 21 (22).

752 Revenue Procedure 95-10 (1995), 1995-3 I.R.B. 20; vgl. hierzu *Cunningham*, 4 Bus. L. Today, 3/4 1995, 21 (22 f.). Die I.R.S. erläßt Revenue Procedures, um Angelegenheiten, die für Steuerzahler und die I.R.S. von prozessualer Bedeutung sind und die Anwendung des Steuerrechts betreffen, zu klären.

753 Lediglich Hawaii und Vermont haben keine die LLC authorisierenden Gesetze erlassen. Vgl. aber die Gesetzesvorlagen für ein LLC-Gesetz in Hawaii (1995 Hawaii House Bill No. 603, 18th State Legislature (1995)) und in Vermont (1995 Vermont House Bill No. 346, Vermont 1995 Biennial Session).

754 Die Besteuerung erfolgt also – zumindest durch die I.R.S. – nur auf der Ebene der Gesellschafter und nicht auch zusätzlich auf der der Gesellschaft (pass-through-taxation). Eine Kapitalgesellschaftsteuer wird für Kapitalgesellschaften sowohl von der I.R.S., als auch von den Einzelstaaten erhoben. Die Steuer der I.R.S. liegt aber deutlich höher als die der Einzelstaaten. Manche Einzelstaaten, wie beispielsweise Texas, haben LLC-Gewinne ihrer Kapitalgesellschaftsteuer ausdrücklich unterstellt, vgl. Tex. Tax Code, § 171.001(a)(2) (Vernon Supp. 1996). Der Bundesstaat New York allerdings hat sich wie die meisten anderen Staaten für eine pass-through taxation entschieden, so daß es hier auch auf einzelstaatlicher Ebene nur zur Besteuerung der Gesellschafter und nicht der LLC selbst kommt. Allerdings ist eine jährliche Gebühr, das sogenannte „State Fee", von US $ 50 pro Gesellschafter, mindestens US $ 325 und höchstens US $ 10.000, zu entrichten, vgl. McKinneẙys Cons. Laws of N.Y. Ann., ch. 34 of the Cons.

für Kapitalgesellschaften charakteristischen Vorteil der beschränkten Haftung.[755] Anders als die beschränkt haftenden Partner einer LP können die Gesellschafter einer LLC an der Geschäftsführung teilnehmen, ohne damit die Haftungsbeschränkung zu gefährden. Die LLC ist mit eigener Rechtspersönlichkeit ausgestattet, besitzt Rechtsfähigkeit und ist insbesondere selbst Inhaber von Rechten und Schuldner von Verbindlichkeiten [756] Für die meisten einzelstaatlichen Regelungen gilt, daß die LLC ein Hybrid darstellt, das *Züge einer Personen- und einer Kapitalgesellschaft* aufweist, wobei das personale Element überwiegt.[757]

Die Frage der Zulässigkeit eines Zusammenschlusses von *Freiberuflern* in Form der LLC ist in den Einzelstaaten sehr unterschiedlich geregelt. Während Rhode Island in seinem LLC-Gesetz explizit die Verwendung der Gesellschaftsform der LLC durch Freiberufler verbietet,[758] gestatten die meisten Einzelstaaten die Ausübung freiberuflicher Tätigkeit in Form der LLC ausdrücklich. So haben 34 Einzelstaaten entweder durch Aufnahme einer speziellen Regelung in das jeweilige LLC-Gesetz[759] oder durch eine entsprechende Änderung bereits existierender, die Tätigkeit von Freiberuflern regelnder Gesetze die freiberufliche Tätigkeit in Form der LLC erlaubt.[760] 15 Einzelstaaten nehmen nicht ausdrücklich Stellung zur Frage

Laws, 1995, Pocket Part Practice Commentaries, „State Tax/Fee Treatment of LLCs and LLPs".

755 Die persönliche Haftung der Gesellschafter ist begrenzt auf die Differenz zwischen der vereinbarten und der tatsächlich erbrachten Einlage, vgl. N.Y. Limited Liability Company Law §§ 501 f., 601 ff., 609 (McKinney 1994 & Supp. 1996).

756 Vgl. für New York N.Y. Limited Liability Company Law § 202 (McKinney 1994 & Supp. 1996); für Wyoming: Wyo. Stat.§ 17-15-104 und § 17-15-118 (1995).

757 Vgl. *Bungert*, IStR 1993, 128 (130); vgl. ferner zur rechtlichen Einordnung der LLC – am Beispiel des LLC-Gesetzes des Bundesstaates Wyoming – *Hey*, RIW 1992, 916 (922).

758 R.I. Gen. Laws, § 7-16-3 (1992) – „Every limited liability company organized under this chapter has the purpose of engaging in any business which a limited partnership may carry on, except the provision of professional services." Dieser Ausschluß der Freiberufler ist unter anderem dadurch begründet, daß die Entwurfsverfasser – vor allem Juristen – sich genötigt sahen, den Gesetzgeber davon zu überzeugen, daß sie die Gesellschaftsform der LLC nicht lediglich als Haftungsbeschränkungsmöglichkeit für sich selbst und ihre freiberuflich tätigen Kollegen entworfen hatten, vgl. hierzu *Wheaton*, Q 229 ALI-ABA 1994, 145 (157).

759 Vgl. z. B. New York, N.Y. Limited Liability Company Law art. 12 (McKinney 1994 & Supp. 1996); Virginia, Va. Code Ann. §§ 13.1-1000-1123 (Michie 1995). Auch Oregon, das in seinem LLC-Gesetz ursprünglich die Verwendung der Form der LLC durch Freiberufler ausdrücklich verboten hatte (vgl. Or. Rev. Stat. § 63.074(2) (Supp. 1994)), erlaubt diese nunmehr explizit; Or. Rev. Stat. § 63.074(1), (2) (1995).

760 So änderte beispielsweise South Dakota sein PC-Gesetz durch die Hinzufügung des Satzes „and limited liability companies", S. D. Codified Laws Ann. § 47-13A-1 (Supp.

der Erbringung freiberuflicher Dienstleistungen in der Form der LLC, verfügen aber über LLC-Gesetze, die bestimmen, daß eine LLC zur Verfolgung eines jeden beliebigen Zweckes gegründet werden kann, soweit dieser gesetzmäßig ist.[761] Da die Ausführung freiberuflicher Tätigkeit durch zu dem betreffenden Beruf zugelassene Personen gesetzmäßig ist, impliziert dies, daß eine LLC freiberufliche Dienstleistungen erbringen kann.[762] Ist die freiberufliche Tätigkeit in dem einschlägigen LLC-Gesetz somit implizit oder explizit gestattet, ist schließlich noch zu klären, ob die Erbringung juristischer Dienstleistungen in der jeweiligen einzelstaatlichen Definition des Begriffs professional service enthalten ist – eine Frage, die von einigen Anwaltkammern verneint wurde. Dieses Problem wird in New York und zahlreichen anderen Staaten allerdings mittlerweile durch die ausdrückliche Aufnahme der anwaltlichen Tätigkeit in die Definition der professional services gelöst.[763]

1995).

761 Vgl. statt vieler Delaware, Del. Code Ann. tit.6, § 18-106 (Michie Supp. 1994): „Any lawful purpose".

762 Vgl. *Christensen/Bertschi*, 29 Ga. L. Rev. 1995, 693 (696).

763 Vgl. für New York: N.Y. Limited Liability Company Law § 1201(b) (McKinney 1994 & Supp. 1996): „Profession includes any practice as an attorney and counselor-at-law..." ; für eine Übersicht über die anderen, die Ausübung anwaltlicher Tätigkeit in der Definition der professional services ausdrücklich aufnehmenden Staaten vgl. *Christensen/Bertschi*, 29 Ga. L. Rev. 1995, 693 (697). Für die Auslegungsprobleme und die z. T. negativen Reaktionen der Anwaltkammern in den Einzelstaaten, die die anwaltliche Tätigkeit nicht ausdrücklich in die Definition der professional services aufnehmen, vgl. *dies.*, 696 f.

2. Kapitel: Errichtung

Die Bejahung der grundsätzlichen Zulässigkeit der GP, LLP, PC und LLC für die anwaltliche Berufsausübung und die Erörterung der Frage des anwendbaren Rechts erlauben den eigentlichen gesellschaftsrechtlichen Vergleich. Dieser soll mit der Diskussion der Errichtung der Anwaltsgesellschaften begonnen werden.

A. Formale Errichtungsvoraussetzungen

I. General Partnership

Eine GP kann nach UPA §§ 6, 7 ohne ausdrücklichen, schriftlichen Vertrag gegründet werden. Erforderlich ist lediglich, daß die Parteien den Willen haben, als Partner eine auf Gewinnerzielung gerichtete Tätigkeit auszuüben[764] und daß dieser Wille durch eine entsprechende Benennung des Unternehmens durch die Partner selbst[765] oder durch ihr sonstiges Verhalten manifestiert wird.[766] Wenn allerdings ein ausdrücklicher Ge-

---

764 Daß dieser Wille nötig ist, ergibt sich aus dem Begriff association, der in der UPA-Definition der partnership enthalten ist, denn im Bereich des Privatrechts beinhaltet der Begriff der association ihre Freiwilligkeit, vgl. *Bromberg/Ribstein*, Vol. 1, 2:28.

765 Die Aufnahme eines zweiten Anwalts im Briefkopf führt nicht notwendig zur Entstehung einer GP, wenn sie nur dazu diente, beim Mandanten eine falsche Vorstellung über das Bestehen einer Anwaltssozietät hervorzurufen, nicht aber auf einem entsprechendem Willen der Anwälte, als Partner zusammenzuarbeiten, beruhte, vgl. United States v. Anzelmo, 319 F.Supp. 1106 (1131) (E.D. La. 1970). Ethische Grundsätze verbieten Anwälten, den Anschein des Bestehens einer partnership zu wecken, aber tatsächlich nur in einer Bürogemeinschaft zu arbeiten, vgl. hierzu *Granelli*, Natÿl L. J. v. 23.10.1978, 1 (14). Zudem kommt Dritten gegenüber hier eine Haftung als partner by estoppel in Frage, UPA § 16.

766 Ausschlaggebend sind im Falle eines Widerspruchs zwischen der Bezeichnung der Beziehung durch die Partner selbst und ihrem sonstigen Verhalten objektiven Kriterien wie ein gemeinsames Konto, gemeinsames Management, Gewinn- und Verlustbeteiligungsvereinbarung für alle Partner, vgl. *Bromberg/Ribstein*, Partnership, Vol. 1, 2:36–2:40, 2:134. Für eine Anwalts-GP sind insoweit die gleichen Kriterien maßgebend, wie für jede andere GP, vgl. speziell zur Frage der wirksamen Entstehung einer Anwalts-partnership, *Darby*, 18 J. Legal Prof. 1993, 319. Eine GP kann als implied partnership unabhängig vom Willen der Gesellschafter von Gesetzes wegen (by operation of law) entstehen. Dabei wird das Bestehen der GP lediglich im Außenverhältnis gegenüber Dritten fingiert; die Partner können sich im Innenverhältnis nicht darauf berufen. Von einer implied partnership ist die partnership by estoppel nach UPA § 16 zu

sellschaftsvertrag existiert, ist sein Inhalt für die meisten Aspekte des Innenverhältnisses der Gesellschaft ausschlaggebend, da viele Bestimmungen des UPA dispositiv sind.[767] Obgleich die wirksame Entstehung einer GP nach UPA §§ 6, 7 keinen schriftlichen Gesellschaftsvertrag voraussetzt, ist ein solcher im Fall von Anwaltsozietäten unter anderem zur Regelung des Ausscheidens eines Gesellschafters einschließlich der Rechte am Mandantenstamm, der Aufnahme neuer Partner, der Beschäftigung angestellter Anwälte, der Auflösung der Gesellschaft, der Kapitalkonten, Stimmrechte und der Teilnahme an der Unternehmensführung sehr zweckmäßig und in Sozietäten mit mehr als fünf oder sechs Anwälten auch der Regelfall.[768] Zudem ist der Vertragsinhalt nur bei Einhaltung der Schriftform durchsetzbar, sofern die konkrete GP in den Anwendungsbereich des Statute of Frauds[769] fällt. Dies ist unter anderem dann der Fall, wenn eine Vereinbarung die Gründung einer GP betrifft, welche sich über mehr als ein Jahr erstrecken soll. Das wird auch ohne dahingehende ausdrückliche Abreden beispielsweise bei einer Anwalts-GP angenommen, die in einem Rechtsgebiet tätig ist, in welchem die einzelnen, zu bearbeitenden Fälle in aller Regel nicht innerhalb eines Jahres abgeschlossen werden.[770] Der Formverstoß kann zwar grundsätzlich durch die Aufnahme der Geschäfte einer GP (part performance),

---

unterscheiden. Danach haftet derjenige, der sich durch sein Verhalten als Partner einer bestehenden GP geriert, gegenüber einem Dritten, welcher in gutem Glauben hierauf einer tatsächlich nicht existierenden GP Kredit gegeben hat, als Partner. Sofern die tatsächlichen Partner der GP das Verhalten des Scheingesellschafters genehmigen, haften auch sie. Vgl. hierzu *Bungert*, Gesellschaftsrecht, 6.

767 Vgl. hierzu beispielsweise OÿDonnell v. McLoughlin, 125 A.2d 370 (371 ff.) (1956).

768 Vgl. *Granelli*, Natÿl L. J., 23.10.1978, 1 (14), welcher unter anderem die Worte eines bei Baker & McKenzie beschäftigten Anwalts zitiert:"The days of operating on a handshake are over."

769 Das Statute of Frauds stammt aus England, wo es im Jahre 1677 erlassen wurde, um Betrug und Meineid, die im Zusammenhang mit bestimmten Vertragsarten ein erhebliches Ausmaß angenommen hatten, ein Ende zu setzen. Mittlerweile haben die in diesem Gesetz enthaltenen Formvorschriften aber in mehr oder weniger modifizierter Form in allen Bundesstaaten der Vereinigten Staaten Aufnahme in einzelstaatliche Gesetze gefunden. Danach müssen unter anderem Kaufverträge über bewegliche Güter mit einem Wert von US $ 500 oder mehr, Grundstückskaufverträge und Verträge, bei denen ihrem Inhalt nach eine Erfüllung innerhalb eines Jahres nicht in Betracht kommt, in Schriftform abgefaßt und von der Vertragspartei unterschrieben sein, gegen die der Anspruch geltend gemacht wird. Wurden die Formvorschriften nicht eingehalten, so kann sich die beklagte Partei auf das Statute of Frauds berufen und der Anspruch ist wegen dieser Einwendung nicht durchsetzbar.

770 Vgl. Gano v. Jamail, 678 S. W.2d 152 (153 f.) (Tex. Ct.App. 1984), ein Fall, in welchem es um eine Anwalts-GP ging, die fast ausschließlich auf Rechtsstreitigkeiten spezialisiert war, die Personenschäden betrafen.

geheilt werden.[771] Es existiert aber Rechtsprechung dahingehend, daß dies speziell bei einer Anwalts-GP die Anwendbarkeit des Statute of Frauds nicht ausschließt.[772] Die Gründung einer GP erfolgt in aller Regel ohne Registereintragung.[773]

II. Limited Liability Partnership

Bei der Errichtung einer LLP ist maßgebend, daß diese eine *partnership* ist. Infolgedessen muß es möglich sein, sie unter deren Definition[774] zu fassen. Nach den einzelstaatlichen Regelungen kann die LLP nur durch Umwandlung einer partnership in eine LLP entstehen. Dies setzen voraus, daß die partnership bereits existiert, bevor sie in eine LLP umgewandelt wird.[775] Daher muß zumindest eine juristische Sekunde vor dem Einreichen des Antrags auf Registrierung als LLP eine partnership gegründet werden.[776] Weder der Prototyp eines LLP-Gesetzes, noch die

---

771 Regan v. Grady, 175 N.E. 567 (568 f.) (Ill. Supr.Ct. 1931); Sanger v. French, 51 N.E. 979 (980 ff.) (N.Y. Ct.App. 1898); Howell v. Bowden, 368 S. W.2d 842 (846 f.) (Tex. Ct.App. 1963).

772 Gano v. Jamail, 678 S. W.2d 152 (154 f.) (Tex. Ct.App. 1984); vgl. im einzelnen zu den Wirkungen des Statute of Frauds auf den Gesellschaftsvertrag einer GP *Bromberg/ Ribstein*, Partnership, Vol. 1, 2:124 ff.

773 Etwas anderes gilt dann, wenn die von der GP auszuübende Tätigkeit selbst – unabhängig von der gesellschaftsrechtlichen Form, in welcher sie ausgeübt wird – Registeranmeldungsanforderungen unterliegt, vgl. *Bromberg/Ribstein*, Partnership, Vol. 1, 2:127 f. Auch im Falle der Tätigkeit einer GP in einem anderen Einzelstaat als dem ihrer Gründung verlangen fast alle Bundesstaaten – anders als bei einer corporation oder LP – keine Anmeldung dieser Tätigkeit, vgl. *Bromberg/Ribstein*, Partnership, Vol. 1, 2:128.

774 UPA § 6(1), RUPA § 202 – „an association of two or more persons to carry on a business for profit."

775 Dies wird daran deutlich, daß in den meisten Einzelstaaten eine Mehrheit der Gesellschafter der partnership den Antrag auf Registereintragung als LLP unterzeichnen oder einen Partner zur Unterzeichnung ermächtigen; vgl. z.B. Del. Code Ann. tit.6, § 1544(a) (Michie Supp. 1994); Tex. Rev. Civ. Stat. Ann. art. 6132b-§ 3.08(b)(1)(D) (Vernon Supp. 1996). Nach dem Prototype LLP Act, § 910(c), setzt die Registrierung der LLP die Zustimmung der Gesellschafter zum Zeitpunkt der Registereintragung voraus, deren Anteile zusammen eine Mehrheitsbeteiligung ergeben. Auch muß die Anzahl der Partner in dem Antrag angegeben sein; vgl. Tex. Rev. Civ. Stat. Ann. art. 6132b - § 3.08(b)(2) (Vernon Supp. 1996).

776 Lediglich das LLP-Gesetz des Bundesstaates Colorado sieht ausdrücklich die Möglichkeit einer simultanen Gründung der partnership und Registrierung als LLP vor, vgl. Colo. Rev. Stat. § 7-60-102(7) (Supp. 1995). Dies wird wiederum mit dem Hinweis darauf kritisiert, daß nicht nachvollziehbar sei, wie eine partnership eingetragen werden könne, ohne daß sie wenigstens eine juristische Sekunde vorher gegründet wurde,

einzelstaatlichen Gesetze sehen eine Beschränkung der Gesellschaftsform der LLP auf in bestimmten Bereichen tätige partnerships vor. Die
einzige Ausnahme hierzu bildet das Recht des Staates New York, welches
lediglich freiberuflich tätigen partnerships die Umwandlung in LLPs
gestattet.[777] In diesem Zusammenhang stellt sich auch die Frage, ob eine
gemäß dem Gesetz eines Einzelstaates gegründete Personengesellschaft
– eine sogenannte foreign partnership – sich in einem anderen Einzelstaat
als LLP registrieren lassen kann. Dies hängt von verschiedenen Faktoren
ab. Grundsätzlich ist davon auszugehen, daß diese Möglichkeit besteht,
wenn die Definition der partnership in beiden Staaten im wesentlichen
die gleichen Elemente enthält und das Recht des Staates, in dem die
Registrierung erfolgen soll, keine Beschränkung der Form der LLP auf
die nach eigenem Recht gegründeten Personengesellschaften vorsieht.[778]

Wie für die GP existiert auch für die LLP *kein Erfordernis eines schriftlichen Gesellschaftsvertrages.* Die schriftliche Fixierung der der LLP zugrundeliegenden Vereinbarungen ist aber aus den bereits oben[779] bei der
GP genannten Gründen zweckmäßig. Bei der LLP ist die Aufnahme und
schriftliche Fixierung zusätzlicher Bestimmungen in den Gesellschaftsvertrag zweckmäßig, die sicherstellen, daß sie die gesetzlichen Voraussetzungen für die Beibehaltung dieser gesellschaftsrechtlichen Form regelmäßig erfüllt.[780]

Die *Registeranmeldung* der LLP erfolgt – durch die Einreichung eines
entsprechenden Antrags – im Regelfall beim Secretary of State[781] des
betreffenden Einzelstaates. Der Antrag muß nach dem Prototype LLP Act
§ 910(a) den Namen der Personengesellschaft, die Adresse ihrer Haupt-
niederlassung – welche nicht im Staat der Registeranmeldung liegen muß
– die Postanschrift eines etwaigen eingetragenen Gesellschaftssitzes
(registered office) sowie Namen, Adresse und weitere Angaben im Hin-

---

vgl. *Bromberg/Ribstein*, Limited Liability Partnerships, 34.

777 N.Y. Partnership Law § 121-1500(a) (McKinney Supp. 1995).
778 Detaillierte Ausführungen zu dieser Frage machen *Bromberg/Ribstein*, Limited Liability Partnerships, 33 f.
779 4. Teil, 2. Kapitel, A.I.
780 Eine Checkliste und eine Diskussion der für den Gesellschaftsvertrag einer LLP
zweckmäßigen Bestimmungen sind bei *Bromberg/Ribstein*, Limited Liability Partnerships, 63 ff. zu finden.
781 Dies ist die Rechtslage nach dem Prototype LLP Act, § 910 (a) und in den meisten
Einzelstaaten, vgl. z. B. Del. Code Ann. tit.6, § 1544(a) (Michie Supp. 1994). Für die in
manchen Einzelstaaten stattdessen zuständigen anderen Stellen vgl. *Bromberg/Rib-
stein*, Limited Liability Partnerships, 37.

blick auf den anfänglichen Zustellungsbevollmächtigten (initial registered agent) enthalten. In einigen Staaten sind daneben noch weitere Informationen wie die Angabe der Anzahl der Partner[782] und eine kurze Beschreibung der Geschäftstätigkeit der LLP[783] erforderlich. Der Antrag muß nach dem Prototype LLP Act § 910(c) zum Zeitpunkt der Registrierung die Zustimmung einer Anteilsmehrheit der Partner haben. In den meisten Einzelstaaten ist erforderlich, daß die Mehrheit der Gesellschafter oder ein durch diese ermächtigter Gesellschafter den Antrag unterzeichnet.[784] Zudem muß bei Antragstellung eine Gebühr beglichen werden, die in den meisten Staaten zwischen US $ 50 und US $ 200 beträgt.[785] In einigen Staaten bestimmt sich diese Gebühr nach der Zahl der Gesellschafter der LLP und kann einen erheblichen Umfang annehmen.[786] Die Registrierung gilt in den meisten Staaten für einen Zeitraum von einem Jahr ab dem Datum der Einreichung des Antrags beim Secretary of State. Dabei ist eine jährliche Erneuerung durch Einreichung eines Antrags, der dem auf erstmalige Registrierung weitgehend entspricht, sowie durch Zahlung einer Gebühr, gestattet.[787] Der Prototype LLP Act § 910(d) und einige Bundesstaaten[788] sehen stattdessen die Einreichung eines jährlichen Berichts sowie ein Verfahren für den Widerruf des LLP-Status für den Fall seiner Unterlassung vor. Die Tätigkeit einer LLP außerhalb des Gründungsstaates ist im Prototype LLP Act ausdrücklich erlaubt.[789] Die LLP entsteht zwar erst mit der Registrierung. Ob eine Gesellschaft mit eigener Rechtspersönlichkeit schon vorher vorhanden ist, hängt allerdings von der Frage ab, ob der zugrundeliegenden partnership Rechtspersönlichkeit zuerkannt wird.[790]

Eine gesellschaftsrechtliche Voraussetzung für die wirksame Errichtung der LLP – und nicht nur, aber insbesondere auch für die Wirksamkeit der mit der LLP verbundenen Haftungsbeschränkung – ist in den meisten

---

782 So z. B. in Delaware, Del. Code Ann. tit.6, § 1544(a) (Michie Supp. 1994).

783 Vgl. z. B. Del. Code Ann. tit.6, § 1544(a) (Michie Supp. 1994).

784 Vgl. beispielsweise Tex. Rev. Civ. Stat. Ann. art. 6132b- § 3.08(b)(2) (Vernon Supp. 1996).

785 Für eine Gebührenübersicht siehe *Bromberg/Ribstein*, Limited Liability Partnerships, 39 f. (Fn. 73).

786 Vgl. beispielsweise Fla. Stat. Ann., § 620.78 (West Supp. 1996): US $ 100 pro Gesellschafter bis zu einer Obergrenze von US $ 10.000.

787 Vgl. z. B. Del. Code Ann. tit.6, § 1544(e) (Michie Supp. 1994).

788 So beispielsweise Connecticut, Conn. Gen. Stat. Ann. §§ 34-10, 34-12 (West Supp. 1995).

789 Detaillierte Ausführungen zur Frage der Zulässigkeit derartiger Aktivitäten sind in *Bromberg/Ribstein*, Limited Liability Partnerships, 42 f., zu finden.

790 Vgl. hierzu oben unter 4. Teil, 1. Kapitel, B. I.

Einzelstaaten der Abschluß einer *Versicherung* für diejenige Art haftungsbegründender Handlungen, für welche die Haftung des anderen Partners beschränkt wurde.[791] Die Haftungssummen schwanken von Staat zu Staat zwischen US $ 100.000[792] und US $ 3.000.000.[793] Anstelle einer Haftpflichtversicherung kann auch die entsprechende Summe als Sicherheit in besonderer Form geleistet werden, wie vor allem als Bankakkreditiv oder Banktreuhandkonto.[794]

Keine Klarheit besteht hinsichtlich der *Konsequenzen* der *Nichteinhaltung* der erörterten *gesetzlichen Anforderungen* an die LLP. Der Prototype LLP Act § 910(a) sowie die meisten einzelstaatlichen Gesetze beschreiben die LLP als eine Personengesellschaft, welche registriert ist und den Anforderungen des einschlägigen LLP-Gesetzes entspricht.[795] Die Regeln über die Haftungsbeschränkung finden ebenfalls nur auf Partner einer registrierten LLP Anwendung.[796] Aus dem Wortlaut der Gesetze folgt daher grundsätzlich, daß die Haftungsbeschränkung dann nicht zum Tragen kommt, wenn eine LLP in irgendeiner Hinsicht nicht den gesetzlichen Anforderungen entspricht. Hiervon sind aber Ausnahmen zu machen. So erkennen manche Einzelstaaten an, daß den Gesellschaftern einer LLP die Vorteile dieser Gesellschaftsform auch dann zugute kommen, wenn die Anforderungen im wesentlichen eingehalten wurden (substantial compliance).[797] Nach dem Modellgesetz gilt gleiches, sofern lediglich gegen die Pflicht verstoßen wurde, jährlich nach dem Prototype LLP Act § 914

---

791 Zur Frage, zu welchem Zeitpunkt diese Voraussetzung erfüllt worden sein muß, siehe *Bromberg/Ribstein*, Limited Liability Partnerships, 53 f.

792 So z. B. in Texas, Tex. Rev. Civ. Stat. Ann. art. 6132b, § 45-C(1) (Vernon Supp. 1996).

793 So müssen freiberufliche LLPs in Washington je nach der Art ihrer Tätigkeit und der Größe der Gesellschaft eine Versicherung mit einer Haftungssumme von US $ 1.000.000 bis US $ 3.000.000 abschließen, Wash. Rev. Code § 25.04 (Supp. 1996).

794 Vgl. z. B. Wash. Rev. Code § 25.04 (Supp. 1996).

795 Vgl. beispielsweise Del. Code Ann. tit.6, § 1502(b) (Michie Supp. 1994); N.Y. Partnership Law § 2 (McKinney Supp. 1995).

796 Dies wird beispielsweise im Del. Code Ann. tit.6, § 1515(b) (Michie Supp. 1994) ausdrücklich festgestellt.

797 So stellt beispielsweise das Recht Delawares ausdrücklich fest, daß eine substantial performance genügt und gutgläubige Fehlangaben im Hinblick auf die Anzahl der Gesellschafter den Status der Gesellschaft als LLP sowie die Haftungsbeschränkung nicht beeinträchtigen. Aber auch wenn im betreffenden einzelstaatlichen Gesetz eine ausdrücklichen Bestimmung fehlt, die anordnet, daß es genügt, wenn die Anforderungen im wesentlichen eingehalten wurden, besteht die Möglichkeit, daß die Gerichte geringfügige Fehler entschuldigen. Wo hierbei die Grenze zu ziehen ist, steht nicht fest. Zu beachten ist aber jedenfalls, daß dies nicht dazu führen darf, daß die gesetzlichen Anforderungen an die LLP obsolet werden; vgl. hierzu *Bromberg/Ribstein*, Limited Liability Partnerships, 55.

Bericht zu erstatten.[798] Schließlich darf sich, wenn ein Fall der Unzulässigkeit der Rechtsausübung durch die Gegenseite (estoppel) gegeben ist, diese nicht darauf berufen, daß die LLP nicht wirksam zustande kam.[799]

III. Professional Corporation

Für die Errichtung einer Anwalts-PC sind nach dem M.P.C.S. grundsätzlich *drei Wege* denkbar. Der erste ist bei einem *neu zu gründenden* oder aber *bereits bestehenden, aber noch nicht inkorporierten Unternehmen* gangbar. Die Gründung einer PC erfolgt hier grundsätzlich auf dem gleichen Weg wie bei einer business corporation. Dabei sind allerdings einige zusätzliche Voraussetzungen zu erfüllen. Die Gründer müssen die Gründungsurkunde (articles of incorporation) unterzeichnen. Diese muß den Namen der Gesellschaft, die Zahl der Aktien, die anfängliche ladungsfähige Gesellschaftsadresse (initial registered office) sowie den Namen des anfänglichen Zustellungsbevollmächtigten (initial registered agent) und Name und Adresse jedes Gründers enthalten, R.M.B.C.A. § 2.02(a). Darüberhinaus können noch eine ganze Reihe weiterer Angaben in die Gründungsurkunde aufgenommen werden, R.M.B.C.A. § 2.02(b). Bei einer PC muß in der Gründungsurkunde nach M.P.C.S. § 10(a) zusätzlich bestimmt sein, daß es sich um eine PC handelt und daß diese ausschließlich den Zweck verfolgt, freiberufliche Dienstleistungen einer bestimmten,[800] in der Urkunde angegebenen Art zu erbringen.[801] In der Regel erfolgt dabei eine Beschränkung des Gesellschaftszwecks auf eine einzelne Berufssparte, M.P.C.S. § 11(a). Eine Zusammenarbeit zwischen zwei oder mehr Berufssparten innerhalb einer PC ist nach M.P.C.S. § 11(b) allerdings möglich, vorausgesetzt, daß das im Einzelfall einschlägige einzelstaatliche Genehmigungsrecht die Zusammenarbeit von Angehörigen verschie-

---

798 So bestimmt der Prototype LLP Act § 912(g) daß eine Gesellschaft, die ihren Status als LLP aufgrund des Unterlassens der Berichterstattung verloren hat, und die diesen Status innerhalb von zwei Jahren wieder erlangt, so behandelt wird, als ob sie ihn nicht verloren hätte.

799 Ein Gläubiger kann von der Verneinung des LLP-Status der Gesellschaft abgehalten werden, sofern die Geschäfte von den Vertragsparteien auf der Basis der Annahme vorgenommen wurden, daß es sich bei der Gesellschaft um eine LLP handelte. Vgl. hierzu *Bromberg/Ribstein*, Limited Liability Partnerships, 56 f.

800 Es muß daraus erkennbar sein, welche Genehmigungsbehörde für die PC zuständig ist, M.P.C.S. § 10, Official Comment, abgedruckt in : *ABA*, Model Business Corporation Act Annotated, PC-10.

801 Vgl. beispielsweise M.P.C.S. § 10(a); N.Y. Bus. Corp. Law. § 1506 (McKinney 1986 & Supp. 1995); Cal. Corp. Code § 202(b)(1)(ii) (West 1990 & Supp. 1995).

dener Berufssparten zuläßt.[802] Anschließend wird die Gründungsurkunde – in manchen Einzelstaaten zusammen mit einer Bescheinigung der Ermächtigung zur Geschäftsaufnahme (certificate of authority) beim Secretary of State des betreffenden Einzelstaates eingereicht, M.P.C.S. § 10(a). Das certificate of authority wird von der für die betreffende Berufsgruppe zuständigen Zulassungsbehörde (licensing authority) ausgestellt und erklärt, daß alle zukünftigen Aktieninhaber, die Verwaltungsratsmitglieder (directors)[803] und die vom Verwaltungsrat (board of directors) eingesetzten leitenden Angestellten (officers) die Zulassung zur Ausübung des betreffenden Berufes haben.[804] Der Secretary of State überprüft die Urkunde und gegebenenfalls das certificate of authority und stellt nach Begleichung der Gründungsgebühren die Gründungsbescheinigung (certificate of incorporation) aus, R.M.B.C.A. § 2.03. Die corporation entsteht als juristische Person in einigen Einzelstaaten in dem Moment, in dem der Secretary of State die Gründungsurkunde mit dem Vermerk „filed" versieht, in anderen Staaten geringfügig später, wenn die Gründungsbescheinigung den Gründern ausgehändigt wird oder aber auch erst nach Aufbringung eines gewissen Mindestkapitalbetrags.[805] Danach wird die Gründerversammlung abgehalten und es werden – sollten sie nicht bereits in der Gründungsurkunde ernannt worden sein – die Verwaltungsratsmitglieder bestellt, R.M.B.C.A. § 2.05(a). Auch werden die leitenden Angestellten ernannt und die obligatorischen Satzungsbestimmungen (by-laws) erlassen, R.M.B.C.A. § 2.06.

Sind die Anwälte *bereits in einer PC tätig*, die gemäß einem älteren, noch nicht am M.P.C.S. orientierten PC-Gesetz gegründet wurde, so kommen der zweite und dritte Weg für die Entstehung einer PC nach dem M.P.C.S. in Betracht. War die PC nach einem PC-Gesetz errichtet worden, das durch ein nach dem M.P.C.S. erlassenes PC-Gesetz aufgehoben wurde, so mußte die PC ihre Gründungsurkunde innerhalb von 90 Tagen nach Inkrafttreten des neuen Gesetzes ändern, um die von diesem aufgestellten Anforderungen zu erfüllen, M.P.C.S. § 70(a). War die PC gemäß einem Gesetz errichtet worden, welches durch ein auf der Grundlage des M.P.C.S. erlassenes

---

802 Damit überläßt M.P.C.S. § 11(b) es den für die einzelnen Berufssparten in den betreffenden Einzelstaaten zuständigen Genehmigungsbehörden, unter Berücksichtigung der ethischen Grundsätze der jeweiligen Berufsgruppe zu entscheiden, ob und in welchem Umfang mehrere Freiberuflergruppen in einer PC zusammenarbeiten können.

803 Das board of directors nimmt eine Zwischenstellung zwischen dem Vorstand und dem Aufsichtsrat des deutschen Rechts ein, vgl. *Bungert*, Gesellschaftsrecht, 78.

804 Vgl. N.Y. Bus. Corp. Law § 1503(b) (McKinney 1986 & Supp. 1995).

805 Vgl. hierzu *Bungert*, Gesellschaftsrecht, 22 m.w.N.

Gesetz nicht aufgehoben wurde, dann konnte die PC ihre Gründungsurkunde ändern, um sie in Einklang mit den neuen Bestimmungen zu bringen; sie mußte dies aber nicht tun, M.P.C.S. § 10(b).

Bevor die PC beginnen darf, ihre freiberuflichen Dienstleistungen auszuüben, ist eine *Registrierung* bei der für die betreffende Berufssparte zu-
ständigen Genehmigungsbehörde durch Einreichung einer Abschrift der
Gründungsurkunde erforderlich, M.P.C.S. § 60. Die einzelstaatlichen, für
die jeweiligen Berufsgruppen zuständigen Behörden werden durch
M.P.C.S. § 63 ermächtigt, Regelungen in Übereinstimmung mit dem
M.P.C.S. zu erlassen. Diese können unter anderem das Verfahren der
Registrierung betreffen. So sind beispielsweise in Kalifornien die ent-
sprechenden Regelungen für die Registrierung einer Anwalts-PC in den
Rules III und IV der State Barÿs Law Corporation Rules zu finden.[806] In
New York wiederum ist im N.Y. Bus.Corp. Law selbst geregelt, welche
Stellen für die Registrierung der Anwalts-PC zuständig sind, nämlich die
Appellate Division des Supreme Courts und der Court of Appeals,
N.Y.Bus.Corp.Law § 1503. Nach dem M.P.C.S. § 62 muß die PC jährlich
einen *Geschäftsbericht* beim Secretary of State einreichen. Der Ge-
schäftsbericht muß eine Erklärung, daß alle Aktionäre und nicht weniger
als die Hälfte der Verwaltungsratsmitglieder sowie alle leitenden Angestellten außer dem Schriftführer (secretary) [807] und dem Kassenwart
(treasurer) „qualified persons"[808] im Hinblick auf die PC sind, enthalten.
Nach M.P.C.S. § 61 ist bei der für die betreffende Berufssparte zuständigen
Genehmigungsbehörde jährlich eine *Erklärung* einzureichen, in der die
Namen und Adressen der Verwaltungsratsmitglieder und leitenden Angestellten der Gesellschaft sowie gegebenenfalls zusätzliche, von der Genehmigungsbehörde geforderte Informationen angegeben sein müssen

---

806 Hier werden unter anderem zahlreiche inhaltliche Anforderungen an den Antrag auf
Erlaß eines certificate of registration gestellt. Vgl. Rule IV.A., California Rules of
Court, Attorneys and State Bar Law Corporation Rules (West 1995), siehe hierzu auch
Friedman, 2-90.

807 Der Begriff des secretary ist im R.M.B.C.A. § 1.40(20) definiert. Danach handelt es
sich hierbei um den leitenden Angestellten, dem der Verwaltungsrat die Verantwortung
für die Verwahrung seiner Sitzungsprotokolle und der der Aktionärsversammlungen
sowie für die Beglaubigung der Geschäftsberichte der Kapitalgesellschaft übertragen
hat.

808 Der Begriff der qualified person wird im M.P.C.S. § 3(8) definiert als eine natürliche
Person, GP oder PC, welche nach dem M.P.C.S. dazu berechtigt ist, Aktien an einer PC
zu erwerben. Das ist nach dem M.P.C.S. § 20 bei natürlichen Personen der Fall, die die
Zulassung für die Erbringung der betreffenden, von der PC auszuübenden freiberuflichen Tätigkeit im Gründungsstaat der PC oder anderen Einzelstaaten haben, bei
aus diesen Personen zusammengesetzten Personengesellschaften sowie bei aus diesen
Personen zusammengesetzten PCs.

(statement of qualification). Hierfür stellt die Genehmigungsbehörde eine *Gebühr* in Rechnung, deren Höhe im M.P.C.S. nicht festgelegt ist. Die einzelstaatlichen Regelungen weichen zum Teil hiervon ab, indem sie beispielsweise – wie in New York – nur alle drei Jahre die Einreichung einer entsprechenden Erklärung bei der Genehmigungsbehörde[809] oder aber – wie Kalifornien – eine jährliche Erneuerung der Registrierung zusätzlich zum jährlichen Geschäftsbericht verlangen.[810] Unter bestimmten Voraussetzungen besteht die Möglichkeit, die Registrierung zu widerrufen.[811] Eine PC, die in einem anderen als dem Gründungsstaat tätig werden will, muß nach dem M.P.C.S. § 50 lediglich dann vor der Aufnahme ihrer Tätigkeit eine Bescheinigung der Ermächtigung zur Geschäftsaufnahme (certificate of authority) bei dem Secretary of State des betreffenden Einzelstaates beantragen, wenn sie eine Niederlassung in dem Staat errichtet.[812]

Hinsichtlich der *Konsequenzen* einer *Nichteinhaltung einzelner Gründungsvoraussetzungen* sind in erster Linie die speziellen Regelungen im M.P.C.S. und in den einzelstaatlichen PC-Gesetzen sowie die durch die Genehmigungsbehörden in diesem Zusammenhang erlassenen Bestimmungen zu beachten. So folgt aus der fehlenden Einreichung der Gründungsurkunde bei der zuständigen Genehmigungsbehörde nach dem Official Comment der ABA zu M.P.C.S. § 60, daß die betreffenden Freiberufler hinsichtlich ihrer Tätigkeit wie Gesellschafter einer GP behandelt werden.[813] Zudem sieht M.P.C.S. § 65 die Zahlung einer Strafgebühr vor, wenn Unterlagen wie beispielsweise die Gründungsurkunde bei der Genehmigungsbehörde eingereicht werden, die wissentliche Falschangaben enthalten. Gleiches gilt nach R.M.B.C.A. §§ 1.29, 15.30 für beim Secretary of State eingereichte Unterlagen. Sofern spezielle Regelungen nicht einschlägig sind, lassen sich wegen der subsidiären Anwendung des R.M.B.C.A. die zum Recht der business corporation entwickelten Grund-

---

809 N.Y. Bus. Corp. Law § 1514 (McKinney 1986 & Supp. 1995).
810 Cal. Bus. & Pof. Code § 6161.1, 6163 (West Supp. 1995).
811 Dies ist beispielsweise in Kalifornien unter anderem dann möglich, wenn die PC wissentlich eine Person angestellt hat, die die erforderlichen Qualifikationen für die Ausübung freiberuflicher Tätigkeiten nicht besitzt oder wenn keiner der Aktionäre diese Qualifikationen besitzt oder ein auf die PC anwendbares Gesetz bzw. eine von der für die betreffende Berufssparte zuständigen Genehmigungsbehörde aufgestellte Regelung verletzt, Cal. Bus. & Prof. Code §§ 6161, 6163, 6169 (West Supp. 1995).
812 Dagegen ist beispielsweise nach dem N.Y. Bus. Corp. Law § 1526 (McKinney 1986 & Supp. 1995) für die Erbringung freiberuflicher Dienstleistungen in New York durch eine foreign PC auch ohne Niederlassung in New York die Beantragung eines certificate of authority erforderlich.
813 Abgedruckt in: *ABA*, Model Business Corporation Act Annotated, PC-40.

sätze auf die PC übertragen. Infolgedessen ist auch die Rechtsprechung zu den business corporations auf die PC anwendbar, soweit dies den im M.P.C.S. enthaltenen und den von der Rechtsprechung aufgestellten Grundsätzen nicht widerspricht. Danach kommt es zu einer de jure corporation,[814] also zu einer Gesellschaft mit eigenständiger Rechtspersönlichkeit und beschränkter Haftung, wenn alle wesentlichen Vorschriften erfüllt wurden. Eine de facto corporation[815] entsteht, wenn diese zwar objektiv nicht erfüllt wurden, aber ein diesbezüglicher gutgläubiger Versuch und eine Invollzugsetzung beispielsweise durch einen Vertragsschluß im Namen der Gesellschaft erfolgt ist. Eine de facto corporation wird Dritten gegenüber als selbständige juristische Person mit wirksamer Haftungsbeschränkung behandelt, kann aber durch den Gründungsstaat aufgelöst werden. Bei einer corporation by estoppel[816] schließlich liegen schwere Gründungsfehler vor, jedoch sind Dritte oder die Gesellschaft selbst an der Einwendung der fehlenden Rechtspersönlichkeit gehindert, wenn sie zuvor trotz Kenntnis der fehlerhaften Gründung mit der Gesellschaft Verträge geschlossen haben.[817]

IV. Limited Liability Company

Die LLC entsteht mit eigener Rechtspersönlichkeit zum Zeitpunkt der Einreichung der *Gründungsurkunde* (articles of organization)[818] beim Secretary of State des betreffenden Einzelstaates, wenn in der Gründungsurkunde nicht ein späterer Zeitpunkt genannt ist, ULLCA § 202(a), (b). Die Gründungsurkunde muß nach ULLCA § 203(a) die folgenden Angaben enthalten: die Firma der Gesellschaft; eine anfängliche ladungsfähige Gesellschaftsadresse; Name und Anschrift eines anfänglichen Zustellungsbevollmächtigten; Name und Adresse eines jeden Gründers; die Zeitdauer, für die die Gesellschaft gegründet wird, oder die zeitliche Unbegrenztheit der geplanten Aktivitäten in Form der Gesellschaft; Name und Adresse eines jeden anfänglichen Geschäftsführers oder die Feststellung, daß die Gesellschaft durch ihre Gesellschafter geleitet wird; sowie entweder die Erklärung, daß die Gesellschafter für die Schulden der Ge-

---

814 Vgl im einzelnen Blackŷs Law Dictionary, 238 („Corporation de jure").
815 Vgl. Blackŷs Law Dictionary, 238 („Corporation de facto").
816 Der Begriff „estoppel" bedeutet „unzulässige Rechtsausübung". Vgl. im einzelnen Blackŷs Law Dictionary, 383 („Estoppel").
817 *Bungert*, Gesellschaftsrecht, 21.
818 In einigen Staaten wird die Gründungsurkunde auch als certificate of formation bezeichnet; vgl. z. B. Del. Code Ann. tit.6, § 18-201 (Michie Supp. 1994).

sellschaft nach ULLCA § 303(c) haften sollen, oder aber, daß sie nicht haften sollen. ULLCA § 203(b) bestimmt, welche zusätzlichen, nicht zwingenden Informationen in der Gründungsurkunde enthalten sein können. Die Einreichung der Gründungsurkunde kann durch eine einzelne oder mehrere Personen vorgenommen werden, ULLCA §§ 202(a), 206(a).[819] Beim Einreichen der Gründungsurkunde ist eine Gebühr zu entrichten, ULLCA § 202(b).[820] Die LLC muß einen jährlichen Bericht beim Secretary of State einreichen, der im wesentlichen die Information wiederholt oder berichtigt, die in der Gründungsurkunde enthalten waren, ULLCA § 211.[821]

Die Verfassung eines schriftlichen Gesellschaftsvertrags (operating agreement) ist keine Entstehungsvoraussetzung für die LLC, ULLCA § 103(a). Wenn *kein schriftlicher Gesellschaftsvertrag* vorhanden ist und keine Klarheit über den Inhalt eines mündlich abgeschlossenen Gesellschaftsvertrags besteht, sind die dispositiven Bestimmungen des jeweiligen einzelstaatlichen LLC-Rechts anzuwenden.[822]

Die *Folgen* einer *fehlerhaften Gründung* sind im ULLCA[823] und in den LLC-Gesetzen nicht ausdrücklich geregelt. Zwar bestimmen die meisten einzelstaatlichen LLC-Gesetze, daß Personen, die nur scheinbar in der Form der LLC Rechtsgeschäfte tätigen, persönlich gesamtschuldnerisch haften.[824] Es verlangt aber beispielsweise Delaware für die wirksame

---

819 Dies gilt auch für die Staaten, die mindestens zwei Gründer verlangen, vgl. z. B. Cal. Corp. Code § 17050(a) (West Supp. 1995).

820 Sie beträgt beispielsweise in New York US $ 200, N.Y. Limited Liability Company Law § 1101(f) (McKinney Supp. 1996).

821 Gleiches gilt beispielsweise auch in Kalifornien, Cal. Corp. Code § 17060(a) (West Supp. 1995).

822 Dies entspricht der Rechtslage in den meisten Einzelstaaten, vgl. *CCH (ed.)*, 302. Nach dem Recht Delawares, Kansas und New Yorks allerdings muß die LLC einen schriftlichen Gesellschaftsvertrag haben, Del. Code Ann. tit.6, § 18-101(7) (Michie Supp. 1994); Kan. Stat. Ann. § 17-7613 (Supp. 1994), N.Y. Limited Liability Company Law § 417(a) (McKinney Supp. 1996). Kalifornien wiederum bestimmt in Cal. Corp. Code §§ 17050(a), 17001(a), (b) (West Supp. 1995), daß nur ein schriftlicher Gesellschaftsvertrag bestimmte dispositive Regelungen des LLC-Rechts vorgeht.

823 ULLCA § 303(b) stellt lediglich fest, daß die Nichtbeachtung von Formalitäten beim Betreiben einer LLC nicht zur persönlichen Haftung der Gesellschafter führt, „The failure of a limited liability company to observe the usual company formalities or requirements relating to the exercise of its company powers or management of its business is not a ground for imposing personal liability on the members or managers for liabilities of the company."

824 Fla. Stat. Ann. § 608.437 (West Supp. 1996); Kan. Stat. Ann. § 17-7621 (Supp. 1994); Wyo. Stat. § 17-15-133 (1995). In Colorado ist zusätzlich das Fehlen eines guten Glaubens der Handelnden an den Besitz von Vertretungsmacht erforderlich, Colo. Rev.

Entstehung der LLC lediglich die Erfüllung der wesentlichen Gründungsvoraussetzungen.[825] Denkbar wäre, bei einer fehlerhaften Gründung die Rechtsfiguren der de jure corporation, der de facto corporation und der corporation by estoppel in modifizierter Form vom Recht der business corporation auf die LLC zu übertragen.

V. Vergleich

Im Ergebnis ist damit festzuhalten, daß bei der Errichtung einer GP, LLP oder LLC hinsichtlich der Gesellschaftsverträge in den meisten Staaten kein Schriftformerfordernis einzuhalten ist. Etwas anderes gilt nur für die Satzungsbestimmungen einer PC. Eine schriftliche Abfassung der Gesellschaftsverträge ist im Falle einer Anwaltsgesellschaft allerdings in aller Regel zweckmäßig.

Für die Gründung einer GP genügt, daß die Parteien als Partner eine auf Gewinnerzielung gerichtete Tätigkeit ausüben wollen und dieser Wille nach außen manifestiert wird. Dabei wird nicht einheitlich beurteilt, ob die Gesellschaft eine eigene Rechtspersönlichkeit hat. Im Gegensatz dazu setzt die Entstehung einer LLP voraus, daß beim Secretary of State des betreffenden Einzelstaates ein den gesetzlichen Mindestinhalt aufweisender Antrag auf Registereintragung gestellt wird und daß zugleich eine Gebühr beglichen wird. Die LLP entsteht zum Zeitpunkt der Eintragung mit eigener Rechtspersönlichkeit.

Noch etwas komplizierter ist das Verfahren bei der PC. Hier muß eine Gründungsurkunde mit einem bestimmten, gesetzlich festgelegten Mindestinhalt beim Secretary of State des Einzelstaates eingereicht werden. Einige PC-Gesetze fordern, daß der Gründungsurkunde noch eine Bescheinigung der für die betreffende Berufsgruppe zuständigen Genehmigungsbehörde beigelegt wird. Diese muß bestätigen, daß die Gesellschafter, Verwaltungsratsmitglieder und leitenden Angestellten die Zulassung zur Berufsausübung haben. Dem hat die Registrierung bei der für die Berufssparte zuständigen Genehmigungsbehörde durch Einreichung einer Abschrift der Gründungsurkunde zu folgen. Wann die PC mit eigener Rechtspersönlichkeit entsteht, hängt von dem einschlägigen einzelstaatlichen Recht der business corporation ab. Danach ist entweder maßgebend, wann der Secretary of State die Gründungsurkunde mit dem Vermerk

---

Stat. § 7-80-105 (Supp. 1995). Vgl. hierzu *Bungert*, Gesellschaftsrecht, 51.

825 Del. Code tit.6, § 18-201(b) (Michie Supp. 1994).

„filed" versieht, oder aber, wann die Gründungsurkunde den Gründern ausgehändigt wird. Auch kann ein in der Gründungsurkunde genannter späterer Zeitpunkt oder der Zeitpunkunkt, zu dem ein bestimmter Mindestkapitalbetrag aufgebracht wurde, für die Entstehung der PC maßgeblich sein.

Eine LLC wiederum wird in ähnlicher Weise wie eine LLP gegründet. Die bestimmte Mindestangaben beinhaltende Gründungsurkunde ist beim Secretary of State einzureichen. Es ist eine Gebühr zu entrichten. Mit Einreichung der Gründungsurkunde – wenn gewünscht, auch zu einem späteren Zeitpunkt – entsteht die Gesellschaft mit eigener Rechtspersönlichkeit.

Die meisten LLP-Gesetze erklären den Abschluß einer Haftpflichtversicherung in einer bestimmten, gesetzlich festgelegten Höhe zu einer gesellschaftsrechtlichen Voraussetzung für eine wirksame Errichtung der LLP. Dies ist eine bislang bei keiner anderen gesellschaftsrechtlichen Form zu findende Neuerung. Zwar fordern auch einige einzelstaatliche PC- und LLC-Gesetze den Abschluß einer Haftpflichtversicherung durch Freiberufler, nach diesen Gesetzen hat eine fehlende Versicherung aber keinen Einfluß auf die wirksame Entstehung der Gesellschaft, sondern nur auf den Umfang der Haftungsbeschränkung.

Für die Aufrechterhaltung der gesellschaftsrechtlichen Form haben LLP, PC und LLC regelmäßig bestimmte Anforderungen zu erfüllen. So hat die LLP ihren Antrag auf Registrierung jährlich zu erneuern oder – in manchen Staaten – einen jährlichen Bericht beim Secretary of State einzureichen. Für die PC ist sogar jährlich ein Geschäftsbericht beim Secretary of State einzureichen und in der Mehrheit der Einzelstaaten auch eine jährliche Erklärung, die Informationen über die Verwaltungsratsmitglieder und leitenden Angestellten enthält. Einige Einzelstaaten verlangen zusätzlich zum Geschäftsbericht eine jährliche Erneuerung der Registrierung. Für die LLC schließlich ist – der LLP vergleichbar – ein jährlicher Bericht beim Secretary of State einzureichen, der im wesentlichen die gleichen Informationen wie die Gründungsurkunde enthalten muß.

Die Folgen einer fehlerhaften Gründung – welche nur bei der LLP, PC und LLC denkbar ist, da die GP formlos gegründet werden kann – variieren von Gesellschaftsform zu Gesellschaftsform sowie von Einzelstaat zu Einzelstaat. So wird eine LLP zum Teil als wirksam entstanden betrachtet, wenn die gesetzlichen Anforderungen im wesentlichen eingehalten wurden. In anderen Staaten reicht dagegen die Nichtbeachtung einer einzelnen Formalanforderung aus, um die Gesellschaft als GP mit entsprechenden Konsequenzen vor allem für die persönliche Haftung zu behandeln. Ein

Teil der PC-Gesetze regelt einzelne Gründungsfehler ausdrücklich. Danach kann die Gesellschaft unter anderem bei Nichteinreichung der Gründungsurkunde nicht wirksam entstehen. Wenn hinsichtlich des konkreten Fehlers keine explizite Regelung vorhanden ist, sind die im Recht der business corporation zu findenden Grundsätze auf die PC entsprechend anzuwenden. Danach gilt, daß eine fehlerhafte Gründung die wirksame Entstehung der Gesellschaft nicht hindert, wenn die wesentlichen Errichtungsvoraussetzungen eingehalten wurden.

B. Unternehmensgegenstand

I. General Partnership

Der Unternehmensgegenstand einer GP ist im Gesetz ausdrücklich festgelegt. Danach müssen die Gesellschafter einer GP in Gewinnerzielungsabsicht gemeinschaftlich als Miteigentümer ein Geschäft betreiben, UPA § 6(1). Dieses Geschäft ist in UPA § 2 als jedes Gewerbe, jede Tätigkeit und jeder Beruf definiert.[826] Die bloße Bürogemeinschaft, also eine gemeinsame Nutzung von Büroräumen und eine entsprechende Kostenteilung, genügt hierfür nicht.[827] Ebenfalls unzureichend ist die bloße Mitinhaberstellung ohne gleichzeitigen gemeinschaftlichen Betrieb eines Geschäfts, UPA § 7(2).[828] In einer Anwalts-GP müssen sich die Rechtsanwälte daher in Gewinnerzielungsabsicht zur gemeinschaftlichen Ausübung anwaltlicher Tätigkeit zusammenschließen. Die Erbringung nichtjuristischer Dienstleistungen, die die eigentliche anwaltliche Tätigkeit ergänzen (ancillary services), durch die Anwaltsgesellschaft ist nach den ABA Model Rules of Professional Conduct MR 5.7 zulässig.[829] In Betracht kommen

---

826   „Business includes every trade, occupation, or profession", UPA § 2.

827   United States v. Schoendorf, 454 F.2d 349 ff. (7th Cir. 1971). Vgl. *Bromberg/Ribstein*, Partnership, Vol. 1, 2:42 mit weiteren Rechtsprechungsnachweisen.

828   „Joint tenancy, tenancy in common, tenancy by the entireties, joint property, common property, or part ownership does not of itself establish a partnership, whether such co-owners do or do not share any profits made by the use of the property", UPA § 7(2).

829   Vgl. Rule 5.7 in der Fassung von 1994: „(a) A lawyer shall be subject to the Rules of Professional Conduct with respect to the provision of law-related services, as defined in paragraph (b), if the law-related services are provided: (1) by the lawyer in circumstances that are not distinct from the lawyerÿs provision of legal services to clients; or (2) by a separate entity controlled by the lawyer individually or with others if the lawyer fails to take reasonable measures to assure that a person obtaining the law-related services knows that the services of the separate entity are not legal services and that the

hier beispielsweise Dienstleistungen, die mit Versicherungen gegen Rechtsmängel beim Grundstücksverkauf (title insurances) oder mit Treu- handverhältnissen (trusts) im Zusammenhang stehen.

II. Limited Liability Partnership

Im Hinblick auf den Unternehmensgegenstand gilt für die LLP das zur GP Ausgeführte, da die LLP eine Form der partnership ist. Zusätzlich ist zu beachten, daß die Form der LLP in New York auf freiberufliche Tätigkeiten beschränkt ist,[830] während in den LLP-Gesetzen der anderen Einzelstaaten keine den Geschäftstyp beschränkenden Angaben zu finden sind. Nur wenige Einzelstaaten gestatten die Verwendung der Form der LLP durch Freiberufler ausdrücklich.[831] Ob nach dem Recht der anderen Einzelstaa- ten alle Personengesellschaftsformen, einschließlich der der LLP, die Er- bringung freiberuflicher Dienstleistungen zum Unternehmensgegenstand haben dürfen, steht nicht fest. Allerdings wurden einige Ethics Opinions erlassen, die die Ausübung anwaltlicher Tätigkeit in der Form der LLP gestatteten.[832] Soweit die anwaltliche Berufsausübung in der Form der LLP zulässig ist, können in den durch die ABA Model Rules of Professio- nal Conduct gesetzten Grenzen[833] auch nichtjuristische Dienstleistungen erbracht werden.

III. Professional Corporation

Der Unternehmensgegenstand der PC ist enger als derjenige der Perso- nengesellschaften, da die Gesellschaftsform der PC ausschließlich für

---

protections of the client-lawyer relationship do not exist. (b) The term „law-related services" denotes services that might reasonably be performed in conjunction with and in substance are related to the provision of legal services, and that are not prohibited as unauthorized practice of law when provided by a nonlawyer." Erstmals – allerdings nur unter engen Voraussetzungen – wurden die ancillary services durch die ABA im Jahre 1992 zugelassen. Vgl. hierzu *Block/Warren/Meierhofer*, 5 Georgetown J. Legal Ethics 1992, 745 ff.; *Levinson*, 51 Ohio State L. J. 1990, 229 ff.; *Munneke*, 61 Fordham L. Rev. 1992, 559 ff. Für eine Übersicht über die ancillary business Aktivitäten in den 250 größten US-amerikanischen law firms siehe *Weidlich*, Natÿl L. J. v. 21.12.1992.

830 N.Y.Partnership Law § 121-1500(a) (McKinney Supp. 1995).
831 Vgl. z. B. Kan. Stat. Ann. § 1-308(a) (Supp. 1995).
832 Vgl. z. B. New York County Lawyersÿ Ethics Opinion No. 703 vom 28. November 1994; District of Columbia Bar Opinion vom 16.2.1993.
833 Vgl. hierzu die zur GP unter C.I. gemachten Ausführungen.

Freiberufler gedacht ist. So hat die PC zum Gegenstand, freiberufliche Dienstleistungen einschließlich ancillary services zu erbringen, M.P.C.S. § 11(a).[834] Hinsichtlich der Erbringung nichtjuristischer Dienstleistungen ist MR 5.7 der ABA Model Rules of Professional Conduct zu beachten.[835] Nach M.P.C.S. § 3(7) ist unter „professional service" grundsätzlich die Erbringung solcher Dienstleistungen zu verstehen, die nach dem Gesetz nicht in der Form der business corporation und nur durch Personen erfolgen dürfen, welche zuvor zur Erbringung dieser Dienstleistungen in der Form der PC durch die zuständige Genehmigungsbehörde autorisiert wurden. Welche Tätigkeiten im Detail als freiberufliche anerkannt werden, ist dabei – falls der betreffende Einzelstaat die Frage nicht durch eine gesetzliche Definition klärt – im Einzelfall nach dem einzelstaatlichen Recht der business corporations und dem anwendbaren Zulassungsrecht für Freiberufler zu entscheiden.[836]

IV. Limited Liability Company

Die LLC schließlich kann gemäß ULLCA § 112(a) wie auch nach dem Recht der meisten Bundesstaaten für jeden gesetzmäßigen Zweck gegründet werden. Eine Ausnahme gilt nach ULLCA § 112(a) dann, wenn spezielle gesetzliche Bestimmungen vorhanden sind, welche die von der LLC auszuübende Tätigkeit regeln.[837] Nach ULLCA § 112(a) wie auch

---

834 „ ... rendering professional services (including services ancillary to them) ..." , M.P.C.S. § 11(a).

835 Vgl. hierzu die obigen Ausführungen zur GP unter C.I.

836 Vgl. M.P.C.S. § 3(7), Official Comment, abgedruckt in: *ABA*, Model Business Corporation Act Annotated, PC-8.

837 Die den potentiellen Umfang des Unternehmensgegenstandes der Gesellschaft begrenzenden Bestimmungen (purpose clauses) des ULLCA und der LLC-Gesetze New Yorks, Delawares und Kaliforniens lauten folgendermaßen. ULLCA § 112(a): „A limited liability company may be organized under this Act for any lawful purpose, subject to any specific provisions of law of this State governing or regulating business." N.Y. Limited Liability Company Law § 201: „A limited liability company may be formed under this Chapter for any lawful business purpose or purposes except to do in the State any business for which another State specifically requires some other business entity or natural person to be formed or used for such business." N.Y. Limited Liability Company Law. § 102(e) (McKinney 1994 & Supp. 1996): „Business means every trade, occupation, profession or commercial activity." Del. Code Ann. tit.6, § 18-106 (Michie Supp. 1994): „A limited liability company may carry on any lawful business, purpose, or activity with the exception of the business of granting policies of insurance, or assuming insurance risks or banking." Cal. Corp. Code § 17002 (West Supp. 1995): „Subject to any limitations contained in the articles of organization and to comply with any other applicable laws, a limited liability company may engage in any lawful

beispielsweise gemäß dem LLC-Gesetz Delawares ist keine Gewinnerzielungsabsicht erforderlich, da die LLC für jeden gesetzmäßigen Zweck gegründet werden kann.[838] Im Gegensatz hierzu werden die entsprechenden Bestimmungen im Recht Georgias[839] und Kaliforniens[840] dahingehend interpretiert, daß die LLC in diesen Bundesstaaten nur zu Zwecken der Gewinnerzielung gegründet werden darf.[841] Die Verwendung der Form der LLC zur Erbringung freiberuflicher Dienstleistungen ist in den meisten einzelstaatlichen LLC-Gesetzen ausdrücklich oder implizit gestattet und umfaßt dann auch ancillary services.[842] Die Ausführung nichtjuristischer Tätigkeiten durch eine Anwalts-LLC ist nur in den durch die jeweils einschlägige einzelstaatliche Umsetzung der MR 5.7 der ABA Model Rules of Professional Conduct gesetzten Grenzen zulässig.[843]

V. Vergleich

In allen Anwaltsgesellschaften schließen sich die Gesellschafter in Gewinnerzielungsabsicht zur gemeinschaftlichen anwaltlichen Berufsausübung einschließlich der Erbringung von ancillary business zusammen.

C. Gesellschafter

I. General Partnership

Während eine GP unproblematisch *mindestens zwei Gesellschafter* voraussetzt, die als general partners bezeichnet werden, UPA § 6(1), können zwar gemäß UPA § 2 *natürliche Personen, Personen- und Kapitalgesellschaften* sowie andere Formen von Zusammenschlüssen Partner einer GP werden. Bestimmungen in anderen Gesetzen und die Rechtsprechung begrenzen

---

business activity, except for banking, insurance, or trust company business."
838 Del. Code Ann. tit.6, § 18-106 (Michie Supp. 1994).
839 Ga. Code Ann. § 14-11-201(b) (1994) „... unless a limited purpose is set in the articles of organization or a written operating agreement, the purpose of engaging in any lawful business in which corporations for profit, professional corporations, limited partnerships, or general partnerships formed in this state may engage ..."
840 Cal. Corp. Code § 17002 (West Supp. 1995) „... lawful business activity...."
841 *Keatinge/Maxfield/Spudis*, Q 229 ALI-ABA 1994, 1 (66).
842 Vgl. hierzu die Ausführungen oben unter 4. Teil, 1. Kapitel, D.
843 Vgl. hierzu die Ausführungen zur GP unter C.I.

aber nicht nur die Fähigkeit bestimmter natürlicher Personen,[844] sondern auch die von Kapitalgesellschaften,[845] Gesellschafter zu werden. So dürfen nach der überwiegenden Meinung in der Rechtsprechung *business corporations* nicht Partner einer GP werden, falls dies nicht ausdrücklich durch Gesetz oder Gesellschaftssatzung (charter)[846] gestattet ist.[847] Zur Begründung wird darauf verwiesen, daß die Macht der Partner, die Angelegenheiten der GP zu regeln und sich gegenseitig zu verpflichten, eine Delegation des corporate management beinhalte, welche unvereinbar mit dem gesetzlichen Leitbild sei, wonach das Management einer corporation durch ihren Verwaltungsrat (board of directors) zu erfolgen habe. Allerdings haben die Gerichte Wege entwickelt, die es einer business corporation letztlich doch ermöglichen, partner einer partnership zu werden.[848] Für die PC stellt sich dieses Problem nicht, da sie im Vergleich zur business corporation eine wesentlich stärker ausgestaltete personale Struktur besitzt. Auch gestattet § 5 des M.P.C.A. ausdrücklich die Teilnahme einer PC als general partner einer partnership. Voraussetzung ist nur, daß die partnership keine Tätigkeit ausübt, die der PC ihrerseits nicht erlaubt ist. Damit ist festzuhalten, daß Rechtsanwälte eine partnership of professional corporations errichten können. Hierbei handelt es sich um eine Personengesellschaft, deren Gesellschafter alle oder zum Teil separate PCs sind. Diese Form der anwaltlichen Berufsausübung ist allerdings heute kaum mehr verbreitet, weil der wichtigste Grund für ihre Verwendung mittlerweile aufgrund gesetzgeberischen Handelns weggefallen ist.[849]

---

844 So nehmen beispielsweise Minderjährige eine Sonderstellung ein, vgl. *Bromberg/Ribstein*, Partnership, Vol. 1, 2:18 ff. m.w.N.

845 Vgl. *Bromberg/Ribstein,* Partnership, Vol. 1, 2:23 ff.

846 In Lurie v. Arizona Fertilizer & Chem. Co., 421 P.2d 330 (333 ff.) (Ariz. Supr.Ct. 1966) wird der Begriff der charter definiert als „provisions of state Constitution, particular statute under which it is organized, and all other general laws which are made applicable to corporation formed thereunder and its articles of incorporation."

847 Tomlin v. Ceres Corp., 507 F.2d 642 (644) (5th Cir. 1975); Lurie v. Arizona Fertilizer & Chem. Co., 421 P.2d 330 (333 ff.) (Ariz. Supr.Ct. 1966); Brunswick Timber Co. v. Guy, 184 S. E. 426 f. (Ga. Ct.App. 1936). Für einen Überblick über Rechtsprechung und Literatur vgl. *Armstrong*, 20 Bus. Law. 1965, 899 ff.; sowie *Bromberg/Ribstein*, Partnership, Vol. 1, 2:23 ff. Kalifornien dagegen geht grundsätzlich davon aus, daß Kapitalgesellschaften Gesellschafter einer GP werden dürfen, Coronet Constr. Co. v. Palmer, 15 Cal. Rptr. 601 ff. (Cal. Ct.App. 1961); Universal Pictures Corp. v. Roy Davidge Film Lab., 45 P.2d, 1028 (1029 f.) (Ca. Ct.App. 1935).

848 Vgl. hierzu *Bromberg/Ribstein*, Partnership, Vol. 1, 2:24 ff.

849 Vgl. *Bowmann*, 10 Pepp. L. Rev. 1983, 515 (519): Es ging hierbei ursprünglich vorwiegend darum, geringerbezahlte Angestellte von den Sozialleistungen des Arbeitgebers auszuschließen. Dies geschah dadurch, daß die Freiberufler selbst einzelne PCs formten, die keine Angestellten hatten, so daß die Freiberufler selbst extensive Sozialleistungen erhalten konnten, ohne daß die Notwendigkeit bestand, weitere Per-

Viele amerikanische law firms haben ihr Angebot an Dienstleistungen in den letzten Jahren über den traditionellen, rein juristischen Bereich hinaus ausgeweitet, um der zunehmenden Nachfrage nach der Erbringung eines breiten Spektrums an Dienstleistungen an einem Ort durch ein einzelnes Unternehmen zu entsprechen. Dabei wird zumeist einer der folgenden beiden Wege eingeschlagen. Entweder wird eine Zahl von *Nichtjuristen*, die eine Art nichtjuristischer Beratungsabteilung innerhalb der Anwaltskanzlei bilden, als Angestellte beschäftigt.[850] Die andere Möglichkeit ist, die aus Nichtjuristen bestehenden Beratungsgruppen in der Form einer Tochtergesellschaft oder in Form eines sonstigen eigenständigen Gebildes – sei es als corporation, partnership oder limited partnership – zu strukturieren.[851] Eine dritte Alternative wäre es, Nichtjuristen die Stellung als Partner in einer Anwaltsgesellschaft einzuräumen. Dem stehen aber standesrechtliche Grundsätze entgegen, die es Juristen traditionell verbieten, juristische Dienstleistungen in einer Gesellschaft zu erbringen, an welcher Nichtjuristen beteiligt sind. Artikuliert wurden diese Bedenken bereits im Jahre 1910 in einer Entscheidung des New York Court of Appeals, in welcher das Gericht über die Zulässigkeit der Beschäftigung einer Gruppe von Rechtsanwälten durch eine business corporation zwecks Erbringung juristischer Dienstleistungen zu urteilen hatte. Das Gericht stellte hier fest, daß Gesellschaften, die sich zum Teil in der Kontrolle von Nichtjuristen befinden, der Öffentlichkeit keine juristischen Dienstleistungen anbieten dürfen.[852] Ein Verbot der finanziellen Beteiligung von Nichtjuristen an

---

sonen mit Sozialleistungen zu versorgen. Diese PCs konnten sich dann als Gesellschafter in einer Personengesellschaft zusammenschließen. Die von dieser beschäftigten Angestellten blieben dann von den Sozialleistungen der PCs ausgeschlossen. Diese Möglichkeit der partnership of professional corporations, Angestellte von Sozialleistungen auszuschließen, wurde allerdings Ende 1980 durch den Gesetzgeber beseitigt. Das Gesetz fordert nun, alle Angestellten von Mitgliedern einer affiliated service group – und damit einer partnership of professional corporations – so zu behandeln, als wären sie bei einem Arbeitgeber beschäftigt. Daher können die Gesellschafter einer PC nur dann die Vorteile der Sozialleistungen ihrer PC erhalten, wenn alle Angestellten der partnership of professional corporations, also der affiliated service group, in den Genuß der Sozialleistungen kommen, I.R.C. § 414; 26 U.S.C.A. § 414 (West 1996).

850 So hat beispielsweise die law firm OÿConnor & Hannan (Washington, D.C.), eine Beratungsabteilung innerhalb der law firm gegründet, welche Lobbyingdienste und legislatorische Beratungsleistungen erbringt und Jennings, Strouss and Salomon (Phoenix, Arizona) haben innerhalb der law firm eine mit Nichtjuristen besetzte Beratungsabteilung für Fragen der Gesundheitsfürsorge etabliert, vgl. *Note*, Branching Out, 75 A.B.A.J. 11/1989, 70.

851 Ein Beispiel hierfür ist Arnold & Porter (Washington, D.C.), eine law firm, die drei Tochtergesellschaften errichtet hat, deren Beratungsangebot unter anderem Lobbying und Finanzberatung umfaßt, *Note*, Branching Out, 75 A.B.A.J. 11/1989, 70 (74).

852 In re Coop. Law Co., 92 N.E. 15 ff. (N.Y. Ct.App. 1910).

juristischen Dienstleistungen wiederum enthalten die Canons of Ethics seit 1928.[853] 1969 wurde das Verbot der Zusammenarbeit von Juristen und Nichtjuristen als Gesellschafter einer Personen- oder Kapitalgesellschaft dann mit der Annahme des ABA Code of Professional Responsibility in die Disciplinary Rules aufgenommen.[854] Diese Verbote wurden in den 1983 durch die ABA angenommenen Model Rules of Professional Conduct übernommen.[855] Die meisten Einzelstaaten folgen der ABA Model Rule 5.4. Damit ist die Gesellschafterstellung bei der Anwalts-GP auf Juristen, andere Anwaltspersonengesellschaften einschließlich der Anwalts-LLP, Anwalts-LLC und Anwalts-PC begrenzt. Eine Ausnahme stellt der District of Columbia dar, welcher es Juristen seit dem 1.1.1991 als bislang einziger Einzelstaat erlaubt, Nichtjuristen als Gesellschafter in Anwalts-Personengesellschaften und andere Organisationsformen aufzunehmen.[856]

---

853 Canon 34 bestimmte, daß keine Teilung der Gebühren für anwaltliche Dienstleistungen zulässig ist, außer wenn sie mit einem anderen Juristen erfolgt und auf der Grundlage einer Aufteilung der Arbeit bzw. Verantwortung beruht; vgl. hierzu ABA Formal Opinion 91-360 (1991).

854 Nach DR 3-102(A) ist die Gebührenteilung mit einem Nichtjuristen im Hinblick auf juristische Dienstleistungen verboten. Gemäß DR 3-103(A) darf ein Anwalt keine Personengesellschaft mit einem Nichtjuristen errichten, wenn irgendeine ihrer Tätigkeiten die Erbringung juristischer Dienstleistungen betrifft. DR 5-107(C) wiederum verbietet Anwälten, mit einem Nichtjuristen in der Form einer PC zusammenzuarbeiten, an welcher der Nichtjurist entweder einen Anteil hält, oder aber in der der Nichtjurist als leitender Angestellter oder Verwaltungsratsmitglied tätig ist oder das Recht hat, das professionelle Urteilsvermögen des Juristen zu beeinflussen.

855 So untersagt Model Rule 5.4 Anwälten grundsätzlich die Gebührenteilung für juristische Dienstleistungen mit Nichtjuristen, 5.4(a), die Errichtung einer Personengesellschaft zusammen mit einem Nichtjuristen, wenn die Gesellschaft – und sei es auch nur in geringem Umfang – juristische Dienstleistungen erbringt, 5.4(b), die Tätigkeit in einer PC, welche zur Erbringung juristischer Dienstleistungen autorisiert ist, falls ein Nichtjurist Anteilsinhaber, Verwaltungsratsmitglied oder leitender Angestellter in ihr ist oder das Recht hat, das professionelle Urteilsvermögen des Anwalts zu beeinflussen.

856 Nach den neuen Rules of Professional Conduct des Districts of Columbia gilt folgendes: die durch den Nichtjuristen erbrachten Dienstleistungen müssen notwendiger Bestandteil der Erbringung juristischer Dienstleistungen sein; der einzige Zweck der Anwaltsgesellschaft muß im Angebot und der Erbringung juristischer Dienstleistungen bestehen; die Nichtjuristen müssen schriftlich erklären, ihre Bindung an die Rules of Professional Conduct der Anwaltskammer Washingtons anzuerkennen und die Anwälte müssen wiederum schriftlich erklären, die Tätigkeit der Nichtjuristen zu überwachen und hierfür die Verantwortung zu übernehmen. Der Text der die Teilnahme von Nichtjuristen an Anwaltsgesellschaften ab dem 1.1.1991 erlaubenden Bestimmungen ist abgedruckt in: *Note*, Non-Lawyer Partners Rule Released, Natÿl L. J. v. 12.3.1990, 7; sowie in *Ripps*, 27 Akron L. Rev. 1993, 1 (31, Fn. 19). Zur Diskussion über die Frage der Einführung einer entsprechenden Regelung in Kalifornien siehe *Justice*, 44 Vanderbilt L. Rev. 1991, 179 ff.

II. Limited Liability Partnership

Die an die Gesellschafterposition in der LLP zu stellenden Anforderungen sind, da die LLP aus einer GP entsteht und selbst eine Personengesellschaft ist, beinahe identisch mit denjenigen an den Partnerstatus in einer GP. So ist eine „Einmann-LLP" nach der derzeitigen Gesetzeslage nicht denkbar, eine LLP muß vielmehr mindestens zwei Gesellschafter – die sogenannten partners – haben.[857] Die Gesellschafter der LLP können nach dem Prototype LLP Act und dem Recht der meisten Einzelstaaten unter anderem natürliche Personen, Kapitalgesellschaften, Personengesellschaften und andere Personenvereinigungen sowie Joint Ventures sein.[858] Allerdings dürfen im Staat New York nur GPs, deren Gesellschafter sämtlich eine Berufszulassung in diesem Einzelstaat haben oder deren Mitglieder alle Freiberufler sind und von denen mindestens ein Mitglied die Berufszulassung in New York hat, Gesellschafter einer LLP werden.[859] Hinsichtlich der Frage der Zulässigkeit der Gesellschafterstellung von Nicht-

---

857 Es wird in der Literatur die Frage aufgeworfen, ob eine Änderung des Personengesellschaftsrechts dahingehend wünschenswert wäre, daß auch eine „Einpersonen-partnership" möglich ist. Insoweit wird zum Teil darauf verwiesen, daß die derzeitige Rechtslage zu einer Diskriminierung der Einzelunternehmer (sole proprietors) führt, die nicht in den Genuß der Haftungsbeschränkung kommen, die die LLP gewährt, vgl. *Klein/Zolt*, 66 U. Colo. L. Rev. 1995, 1001 (1029 ff.); *Hamilton*, 66 U. Colo. L. Rev. 1995, 1065 (1101 f.). Allerdings ist diese Problematik lediglich nach dem Recht derjenigen Einzelstaaten gegeben, deren LLP-Gesetze nicht nur eine Haftungsbeschränkung für unbeteiligte Partner für die malpractice oder negligence liability von Kollegen vorsehen – eine solche ist bei einer „Einmann-partnership" nicht denkbar – sondern nur in den Einzelstaaten, die – wie New York (N.Y. Partnership Law § 26(b)) und Minnesota (Minn. Stat. Ann. §§ 323.02-.47) – die Haftung für alle, vertraglichen wie deliktischen, Ansprüche beschränken. Demgegenüber verweisen *Bromberg/Ribstein*, Limited Liability Partnerhips, 31, darauf, daß das Element der gemeinschaftlichen Tätigkeit und der Miteigentümerstellung die Grundlage für die dispositiven Grundsätze des Personengesellschaftsrechts bilden.

858 Prototype LLP Act § 101(9): „Person means an individual, corporation, business trust, estate, trust, partnership, association, joint venture, government, governmental subdivision, agency, or instrumentality, or any other legal or commercial entity." In den meisten Einzelstaaten sind die LLP-Bestimmungen im GP-Gesetz des Staates zu finden. So finden sich zumeist Regelungen, die die Haftung der LLP-Gesellschafter beschränken und zusätzliche Anforderungen an die Zulässigkeit und rechtliche Ausgestaltung einer LLP stellen. Dies impliziert wiederum, daß jede in diesen Gesetzen beschriebene partnership eine LLP werden kann. Infolgedessen sind auch die entsprechenden Bestimmungen über die Gesellschafterstellung in der GP, nach der in aller Regel natürliche Personen, Personen- und Kapitalgesellschaften sowie andere Formen von Zusammenschlüssen Gesellschafter werden können, UPA § 2, auf die LLP anwendbar.

859 N.Y. Partnership Law § 121-1500(a) (McKinney Supp. 1995).

juristen in der LLP schließlich gilt das zur GP Ausgeführte[860] entsprechend, so daß sich der Gesellschafterkreis bei Anwalts-LLPs auf Rechtsanwälte, Anwalts-GPs, andere Anwalts-LLPs, Anwalts-LLCs und Anwalts-PCs beschränken muß.

III. Professional Corporation

Im Gegensatz zum Personengesellschaftsrecht enthält das M.P.C.S. *keine* ausdrücklichen Bestimmungen hinsichtlich einer *Mindestzahl* an – bei einer PC als Anteilseigner (shareholders) bezeichneten – Gesellschaftern. Gleiches gilt für den R.M.B.C.A. Da nicht explizit mehr als ein Gründer, Anteilseigner und Verwaltungsratsmitglied verlangt wird – im Rahmen der sich auf die Gründung beziehenden Bestimmung des M.P.C.S. § 10(a) heißt es sogar ausdrücklich, daß eine oder mehrere Personen eine PC gründen können – und sich auch aus dem Gesamtzusammenhang der Vorschriften nichts anderes ergibt, ist eine Einmann-PC ebenso wie eine business corporation mit nur einem Anteilsinhaber denkbar.

Gesellschafter einer PC können nach M.P.C.S. §§ 20(a), 22[861] *natürliche Personen* werden, die eine Genehmigung zur Erbringung der satzungsmäßig vorgesehenen Tätigkeiten im Gründungsstaat der PC oder in einem anderen Einzelstaat besitzen. Daneben kommen *GPs* als Anteilseigner in Betracht, wenn wenigstens ein Partner über die genannte Genehmigung verfügt, sowie *PCs*, welche die betreffende Genehmigung besitzen. Die letztgenannte Alternative ist nach dem Official Comment der ABA zu M.P.C.S. § 20(a)(3) allerdings auf den Fall zu beschränken, daß die Freiberufler als Aktionäre nach dem einschlägigen, für die betreffende Berufsgruppe anwendbaren, einzelstaatlichen Recht nicht persönlich für die Verpflichtungen der PC haften. Andernfalls sollen nur natürliche Personen und GPs Gesellschafter einer PC werden können, um zu verhindern, daß die Rechtsfigur einer PC, deren Anteilsinhaber ihrerseits PCs sind, entgegen dem jeweiligen Berufsrecht zur Umgehung der persönlichen Haftung mißbraucht wird.[862]

Hinsichtlich der Möglichkeit einer Zusammenarbeit von *Nichtjuristen* und Juristen als Gesellschafter einer Anwalts-PC gilt folgendes: M.P.C.S. § 11(b) überläßt die Entscheidung der Möglichkeit der Zusammenarbeit

---

860 Vgl. 4. Teil, 2.Kapitel, B. I.
861 M.P.C.S. § 20(a) beschränkt die Ausgabe und M.P.C.S. § 22 die Übertragung der Aktien in der dargelegten Weise.
862 Abgedruckt in: *ABA*, Model Business Corporation Act Annotated, PC-17.

verschiedener Freiberuflergruppen innerhalb der gleichen PC den einzelstaatlichen Genehmigungsbehörden und Berufsrechten. Die Disciplinary Rules und Model Rules der Einzelstaaten wiederum erklären – wie zur GP ausgeführt[863] – die Tätigkeit eines Juristen in einer PC, welche satzungsgemäß juristische Dienstleistungen erbringt, dann für unzulässig, wenn ein Nichtjurist Anteilsinhaber, Mitglied des Verwaltungsrates oder leitender Angestellter dieser Gesellschaft ist oder das Recht hat, das berufliche Urteilsvermögen eines Juristen zu beeinflussen.[864] Eine Ausnahme gilt lediglich für den District of Columbia, der unter bestimmten Voraussetzungen die Teilnahme von Nichtjuristen als Gesellschafter einer Anwalts-PC erlaubt.[865] Infolgedessen kommt es in den meisten Einzelstaaten auch bei einer PC zu einer Beschränkung des Gesellschafterkreises auf Juristen, Anwaltspersonengesellschaften und unter den genannten Voraussetzungen auf Anwaltskapitalgesellschaften.

IV. Limited Liability Company

Die Frage der *Mindestzahl* an Gesellschaftern, die bei der LLC members genannt werden, ist in den LLC-Gesetzen nicht einheitlich geregelt. So kann eine LLC nach ULLCA § 202(a) durch eine Einzelperson oder mehrere Personen gegründet werden und einen oder mehrere Gesellschafter haben, während die meisten einzelstaatlichen LLC-Gesetze voraussetzen, daß die LLC zumindest zum Zeitpunkt ihrer Gründung zwei Gesellschafter hat.[866] Gesellschafter einer LLC können unter anderem *natürliche Personen, Personengesellschaften, LLCs, Kapitalgesellschaften* und sonstige Gesellschaften sein, ULLCA §§ 202(a), 101(15).[867] Eine Höchstzahl von

---

863 Vgl. 4. Teil, 2. Kapitel, B. I.

864 Siehe Model Rule 5.4.

865 Vgl. hierzu die detaillierten Ausführungen oben unter 4. Teil, 2. Kapitel, B. I.

866 So sind beispielsweise in Kalifornien zwei Gesellschafter erforderlich, Cal. Corp. Code § 17050(a), (b) (West Supp. 1995), wohingegen in Delaware zwar zwei oder mehr Gründer vorhanden sein müssen, später aber ein Gesellschafter ausreicht, Del. Code tit.6, § 18.201(a), 18-101(5) (Michie Supp. 1995). In New York allerdings genügt sowohl für die Gründung als auch später als ein Gesellschafter eine Einzelperson, N.Y. Limited Liability Company Law § 203 (McKinney Supp. 1996). Die Existenz von mindestens zwei Gesellschaftern ist deshalb von Bedeutung, weil die steuerrechtliche Behandlung einer LLC als Personengesellschaft voraussetzt, daß sie eine Personenvereinigung darstellt. Ob hierfür allerdings genügt, daß zum Zeitpunkt der Gründung mehrere Gesellschafter vorhanden sind, die LLC aber später nur noch aus einem Gesellschafter besteht, ist bislang nicht geklärt; vgl. hierzu *Keatinge/Maxfield/Spudis*, Q 229 ALI-ABA 1994, 1 (30).

867 ULLCA § 101(15): „... individual, corporation, business trust, estate, trust, partners-

Gesellschaftern besteht nicht, ULLCA § 202(a). In einer Freiberufler-LLC muß jeder Gesellschafter die Zulassung zur Erbringung derjenigen freiberuflichen Dienstleistungen haben, für die die betreffende LLC errichtet wird.[868]

Für die Frage der *interprofessionellen Zusammenarbeit* zwischen Juristen und Nichtjuristen in der Form der LLC verweist beispielsweise das Recht New Yorks – der ULLCA schweigt hierzu – darauf, daß ihre Zulässigkeit von den entsprechenden berufsrechtlichen Regelungen abhänge.[869] Damit gelten auch für die LLC die oben für die Rechtsform der GP dargelegten Grundsätze.[870]

V. Vergleich

Bei Anwaltsgesellschaften wird der Gesellschafterkreis durch das traditionelle, auf ethischen Grundsätzen beruhende Verbot begrenzt, juristische Dienstleistungen in einer Gesellschaft zu erbringen, an der auch Nichtjuristen beteiligt sind. In der ganz überwiegenden Zahl der Einzelstaaten besitzt dieses Verbot auch heute noch Gültigkeit und findet gleichermaßen auf GPs, LLPs, PCs und LLCs Anwendung. Im übrigen gilt, daß in allen Gesellschaftsformen nicht nur natürliche Personen, sondern auch Personen- und mit gewissen Einschränkungen Kapitalgesellschaften die Gesellschafterstellung erhalten können. Ein Anteilsinhaber ist für eine PC und eine LLC ausreichend, während die GP und die LLP mindestens zwei Partner voraussetzen.

---

hip, limited liability company, association, joint venture, government, governmental subdivision, agency, or instrumentality, or any other legal or commercial entity." Speziell für Freiberufler-LLCs vgl. N.Y. Limited Liability Company Law §§ 1207, 1201 (c) (McKinney 1994 & Supp. 1996): „ ... an individual duly authorized to practice a profession, a professional service corporation, a professional service limited liability company, a foreign professional service limited liability company, a registered limited liability partnership, a foreign limited liability partnership, a foreign professional service corporation or a professional partnership."

868 N.Y. Limited Liability Company Law § 1203(a) (McKinney 1994 & Supp. 1996).
869 N.Y. Limited Liability Company Law § 1206 (McKinney 1994 & Supp. 1996): „ ... a professional service limited liability company ... authorized to practice law may only engage in another profession or other business or activities ... to the extent not prohibited by any other law of this state or any rule adopted by the appropriate appellate division of the supreme court or the court of appeals."
870 Vgl. 4. Teil, 2. Kapitel, B. I.

D. Entstehung durch Umwandlung

I. Entstehung einer Limited Liability Partnership durch Umwandlung

Die Umwandlung einer GP in eine LLP führt nicht zur Auflösung der GP und zur Entstehung eines neuen Rechtsträgers. Daher genügt nach den meisten einzelstaatlichen Gesetzen die Zustimmung einer einfachen Anteilsmehrheit der Gesellschafter zur Stellung des Antrags auf Registrierung.[871]

II. Entstehung einer Professional Corporation durch Umwandlung

Die Umwandlung einer GP in eine PC führt im Regelfall zur Auflösung und Beendigung der Personengesellschaft und zu einer Übertragung der Vermögensgegenstände auf das neue Unternehmen, was unter Umständen die Zustimmung aller Gesellschafter der GP und die Beendigung vorhandener Verträge voraussetzt.

III. Entstehung einer Limited Liability Company durch Umwandlung

Die Umwandlung einer Kapitalgesellschaft in eine LLC wird als ein Vorgang betrachtet, der die Auflösung der Kapitalgesellschaft beinhaltet.[872] Konsequenz ist eine Besteuerung der stillen Reserven.[873] Eine solche Form der Entstehung einer LLC ist daher in der Regel wenig attraktiv. Allerdings kann die Umwandlung einer Anwalts-PC in eine Anwalts-LLC üblicherweise ohne negative Folgen für die Besteuerung verwirklicht

---

871 Vgl. z. B. D.C. Code Ann. § 44(b) (Supp. 1995); Del. Code Ann. tit.6, § 1544(b) (Michie Supp. 1994).
872 Ausdrücklich geregelt ist die direkte Umwandlung einer Kapitalgesellschaft in eine LLC nur in Georgia, Ga. Code Ann. §§ 14-11-212(a) (1993).
873 Vgl. hierzu I.R.C. § 331; 26 U.S.C.A. § 331 (West 1996) (Auflösung von Kapitalgesellschaften) und I.R.C § 351; 26 U.S.C.A. § 351 (West 1996) (Restrukturierung von Kapitalgesellschaften).

werden, da die aufzuwertenden Vermögensgegenstände bei der PC in aller Regel keinen erheblichen Umfang haben.[874]

Die Entstehung einer LLC durch Umwandlung einer Personengesellschaft zieht in der Regel keine negativen Folgen im Hinblick auf die Besteuerung nach sich. Denkbar sind insoweit folgende *Varianten:* Erstens können die Partner eine Umwandlung entsprechend gesetzlicher, hierfür vorgesehener Vorschriften vornehmen (statutory conversion). Diese Form der Umwandlung ist im ULLCA §§ 902, 903 – wie auch beispielsweise im N.Y. Limited Liability Company Law §§ 1006, 1007[875] – geregelt und setzt unter anderem eine Umwandlungsvereinbarung (ULLCA § 902(c)), eine Zustimmung aller Partner oder des im Gesellschaftsvertrag der Personengesellschaft hierfür genannten Prozentsatzes an Partnern (ULLCA § 902(b)) sowie das Einreichen einer Gründungsurkunde beim Secretary of State (ULLCA § 902(d)) voraus. Die Gesellschaft, die auf diese Weise umgewandelt worden ist, ist in jeder Hinsicht der gleiche Rechtsträger wie vor der Umwandlung, ULLCA § 903(a), N.Y. Limited Liability Company Law § 1007(a). Eine zweite Möglichkeit ist die auf gesetzliche Bestimmungen gestützte Fusion (statutory merger) einer LLC mit einer oder in eine GP. Diese ist gemäß ULLCA § 904(a) sowie beispielsweise in Kalifornien nach Cal. Corp. Code § 17550(a) und in New York gemäß N.Y. Limited Liability Company Law § 1001(b) erlaubt. Voraussetzung ist, daß sowohl in der LLC als auch in der GP entweder alle Gesellschafter oder, wenn entsprechende Bestimmungen in den Gesellschaftsverträgen enthalten sind, eine über die Anteilsmehrheit verfügende Zahl an Gesellschaftern zustimmt, ULLCA § 904(c)(1), (3). Konsequenz ist, daß beide Gesellschaften in dem entstehenden Rechtsgebilde aufgehen, ULLCA § 906(a)(1), und ihre Vermögenswerte auf dieses übertragen werden, ULLCA § 906(a)(2). Eine dritte Variante ist die Übertragung der Anteile der Gesellschafter an der Personengesellschaft auf die LLC verbunden mit der Ausgabe von LLC-Anteilen in gleichem Umfang, gefolgt von der Liquidation der Personengesellschaft. Die Vermögensgegenstände der Personengesellschaft gehören nach diesen Ereignissen den Gesellschaftern der LLC. Eine vierte Möglichkeit ist die Übertragung der Vermögenswerte der Personengesellschaft auf die LLC im Austausch für einen Anteil an der LLC, gefolgt von der Liquidation der Personengesellschaft und der anteiligen Übertragung des LLC-Anteils an die ehemaligen Per-

---

874 *CCH (ed.)*, 803.
875 N.Y. Limited Liability Company Law §§ 1006, 1007 (McKinney 1994 & Supp. 1996); dagegen enthält das Recht Kaliforniens keine Bestimmung, die die conversion einer Personengesellschaft in eine LLC erlaubt.

sonengesellschafter entsprechend ihrem jeweiligen ehemaligen Anteil an der Personengesellschaft. Die letzte Variante schließlich ist die Liquidation der Personengesellschaft, auf die eine Verteilung der Vermögenswerte an die ehemaligen Personengesellschafter gemäß ihren Anteilen an der Personengesellschaft folgt. Die ehemaligen Personengesellschafter übertragen dann die Vermögenswerte auf die LLC. Die Folge ist, daß die LLC Eigentümerin der Vermögenswerte der Personengesellschaft wird und die ehemaligen Personengesellschafter die Anteile an der LLC in dem gleichen Verhältnis wie ursprünglich diejenigen an der Personengesellschaft halten. Diese Möglichkeit birgt allerdings ein erhebliches steuerliches Risiko in sich, da sie die Ausschüttung des Vermögens der sich in Liquidation befindlichen Personengesellschaft an die Gesellschafter mit sich bringt.

IV. Vergleich

Für die Umwandlung einer GP in eine LLP ist ein geringeres Maß an formalen Voraussetzungen zu erfüllen als für die Umwandlung in eine PC, da es lediglich in letzterem Fall zur Auflösung und Beendigung der Personengesellschaft und zur Übertragung der Vermögensgegenstände auf einen neuen Rechtsträger kommt. Die Umwandlung einer Personengesellschaft in eine LLC kann auf verschiedenen Wegen erfolgen. Eine steuerrechtlich nachteilige Ausschüttung von Vermögenswerten an die Gesellschafter kann dabei insbesondere dann vermieden werden, wenn die Partner eine sogenannte statutory conversion oder einen statutory merger vornehmen, ihre Anteile im Austausch für die Ausgabe von LLC-Anteilen auf die Gesellschaft übertragen oder aber die Vermögenswerte der Personengesellschaft auf die LLC übertragen werden, gefolgt von der Liquidation der Personengesellschaft und der Übertragung des LLC-Anteils an die ehemaligen Partner.

3. Kapitel: Gesellschafterwechsel

Für Anwaltsgesellschaften sind die Fragen des Gesellschafterwechsels von besonderer Bedeutung, da Erfolg und Mißerfolg der law firm von den Tätigkeitsbeiträgen des einzelnen Gesellschafters abhängen. Denkbar ist insoweit sowohl der Eintritt und das Ausscheiden eines Gesellschafters, als auch die rechtsgeschäftliche Anteilsübertragung.

A. Eintritt, Ausscheiden und Ausschluß von Gesellschaftern

I. General Partnership

Aufgrund der personalen Struktur der Gesellschaft und der hiermit verbundenen Notwendigkeit, den einzelnen Partner vor dem *Eintritt* eines unerwünschten neuen Gesellschafters zu schützen, setzt die Aufnahme eines neuen Partners bei der GP in Ermangelung einer anderweitigen Vereinbarung im Gesellschaftsvertrag die Zustimmung aller Partner voraus, UPA § 18(g), RUPA § 401(1).[876] Die erforderliche Zustimmung kann auch durch konkludentes Verhalten gegeben oder verweigert werden.[877] Ferner können die Gesellschafter eine Klausel in den Partnerschaftsvertrag aufnehmen, in der sie auf das Einstimmigkeitserfordernis und damit auf das Vetorecht eines einzelnen Partners verzichten und die Zustimmung einer bestimmten Zahl an Partnern für ausreichend erklären.[878] Aufgrund der schwerwiegenden Folgen, die die Aufnahme eines neuen Partners für jeden einzelnen Gesellschafter – beispielsweise im Hinblick auf die persönliche Haftung – haben kann, interpretiert die Rechtsprechung derartige Bestimmungen aber restriktiv.[879] Bei einer Anwalts-GP ist zudem zu beachten, daß der neu eintretende Partner dem zulässigen Gesellschafterkreis angehören muß.[880]

---

876 Borger v. Garver, 417 N.E.2d 370 f. (Ind. Ct.App. 1981); Tamir v. Lamb, 427 N.Y.S.2d 487 f. (A.D. 2nd Dept. 1980); *affd*, 424 N.E.2d 556 (N.Y. Ct.App. 1981); Buffkin v. Strickland, 312 S. E.2d 579 (580 f.) (S.C. Ct.App. 1984).

877 Polikoff v. Levy, 204 N.E.2d 807 (808 ff.) (Ill. Ct.App. 1965); *cert. denied*, 382 U.S. 904 (1965).

878 Vgl. hierzu *Bromberg/Ribstein*, General Partnership, Vol. 2, 6:49 f.

879 Rapoport v. 55 Perry Co., 376 N.Y.S.2d 147 (149 ff.) (A.D. 1st Dept. 1975).

880 Vgl. hierzu oben unter 4. Teil, 2.Kapitel, C.I.

Der *Ausschluß* (expulsion) eines Partners aus der Personengesellschaft beinhaltet die Beendigung der Beteiligung eines Miteigentümers und ist daher ein bedeutendes Ereignis für die GP. Konstruktiv stützt sich der Ausschluß auf die Zustimmung des ausgeschlossenen Partners, der den ein bestimmtes Ausschlußverfahren vorsehenden Partnerschaftsvertrag akzeptiert hat.[881] Die Vorteile des auf den Partnerschaftsvertrag gestützten Ausschlußverfahrens sind, daß es sehr schnell durchgeführt[882] und die Auflösungskonsequenz der Teilung der Einkünfte während des Auflösungsstadiums vermieden werden kann.[883] Ausschlußverfahren können aufgrund von Fehlverhalten oder nachlassender Produktivität eines Partners erforderlich werden. Die Entscheidung über den Ausschluß ist allerdings immer bis zu einem gewissen Umfang subjektiv. Besonders schwierig sind Ausschlußverfahren, die auf sogenannte Inkompatibilitäten (incompatibilities) gestützt werden, da es selten möglich sein wird, alle Gründe für die Meinungsverschiedenheiten und die Angemessenheit des Verhaltens sämtlicher Partner in den Entscheidungsvorgang einzubeziehen, aufgrund dessen eine Entscheidung gefällt wird.[884]

Weder UPA noch RUPA legen fest, welche inhaltlichen Bestimmungen eine Ausschlußklausel enthalten sollte. Zweckmäßig erscheint die Aufnahme zumindest folgender Bestimmungen: wer die Befugnis zum Ausschluß eines Partners hat; welche prozentualen Mehrheiten hierfür erforderlich sind; ob ein Grund für den Ausschluß vorhanden sein muß; auf welche Weise der ausgeschlossene Partner gegen spätere Ansprüche geschützt wird, die Dritte gegenüber der Anwalts-GP haben; und zu welchem Zeitpunkt der Ausschluß wirksam wird.[885]

Das auf eine entsprechende Bestimmung im Partnerschaftsvertrag gestützte Ausschlußverfahren wird lediglich in UPA § 31 neben anderen möglichen Gründen für eine Auflösung der GP genannt.[886] UPA § 38

---

881 RUPA § 601 IV sieht zusätzlich vor, daß ein Partner durch ein einstimmiges Votum der anderen Partner ausgeschlossen werden kann, wenn eine den Ausschluß regelnde Bestimmung im Partnerschaftsvertrag fehlt. Aufgrund ihrer geringen Bedeutung im Rahmen von Anwaltsgesellschaften soll diese Bestimmung jedoch außer Acht gelassen werden.

882 Dies veranlaßte einige Gerichte, die Ausschlußverfahren als „guillotine actions" zu bezeichnen; vgl. z. B. Lawlis v. Kightlinger & Gray, 562 N.E.2d 435 (443) (Ind. Ct.App. 1990); Holman v. Coie, 522 P.2d 515 (524) (Wash. Ct.App. 1974); *cert. denied*, 420 U.S. 984 (1975).

883 Vgl. z. B. Beckman v. Farmer, 579 A.2d 618 (634) (D.C. Ct.App. 1990).

884 Vgl. hierzu *Hillman*, Lawyer Mobility, 5:4 f.

885 *Hillman*, Lawyer Mobility, 5:7.

886 UPA § 31(1)(d): „ ... expulsion of any partner from the business bona fide in accordance with such a power conferred by the agreement between the partners ... "

wiederum stellt fest, daß ein ausgeschlossener Partner, der entweder aufgrund einer entsprechenden Zahlung oder einer vertraglichen Vereinbarung von der Haftung für die Verbindlichkeiten der GP befreit wurde, lediglich Anspruch auf eine Abfindung in Höhe des Nettobetrags, den ihm die GP schuldet,[887] hat. RUPA ändert die Bestimmungen des UPA nur insoweit, als der auf den Partnerschaftsvertrag gestützte Ausschluß eines Partners als Maßnahme angesehen wird, die zu einer Lossagung (dissociation) des ausgeschlossenen Gesellschafters führt. Diese führt grundsätzlich nicht zur Auflösung (dissolution) der GP.[888] Im Gegensatz zum UPA enthält RUPA obligatorische, den Aufkauf der Anteile anordnende Bestimmungen (buyout provisions).[889] Grundsätzlich erfordert der Ausschluß eines Partners bei Fortführung der Gesellschaft durch die übrigen Partner, daß in dem Partnerschaftsvertrag vor Auftreten der Gründe, auf die der Ausschluß gestützt werden soll, eine den Ausschluß autorisierende Bestimmung aufgenommen wurde.[890] Fehlt sie, dann kann ein Ausschluß nur mit einstimmiger Zustimmung aller Partner, einschließlich des auszuschließenden, erreicht werden. Dieser Fall ist aber lediglich theoretischer Natur, da der auszuschließende Partner kaum seine Stimme für seinen eigenen Ausschluß geben wird. Ein „Entlassen" eines Partners, das nicht auf eine Ausschlußklausel gestützt werden kann, stellt keinen Ausschluß eines Partners dar, sondern eine Auflösung der Gesellschaft aufgrund des ausdrücklichen Willens der Partner, einen ihrer Kollegen zu „entfernen".[891] Ein Partner, der auf diesem Weg seine Gesellschafterstellung verliert, hat anders als ein aufgrund einer vertraglichen Bestimmung ausgeschlossener Gesellschafter das Recht, die Liquidation (winding-up) der

---

887 UPA § 38(1): „. . . he shall receive . . . only the net amount due him from the partnership."
888 RUPA § 601(3).
889 RUPA § 701.
890 RUPA § 601 IV gestattet zusätzlich den Ausschluß eines Partners durch einen einstimmigen Beschluß der anderen Partner, sofern es ungesetzlich wäre, die Geschäfte der Personengesellschaft mit dem auszuschließenden Gesellschafter fortzuführen, der Anteil des auszuschließenden Partners übertragen wurde, oder – falls der auszuschließende Gesellschafter eine Kapitalgesellschaft ist – diese ihre Auflösung beantragt hat oder ihre Satzung widerrufen wurde. Ob die Ausschlußregelung der Schriftform bedarf, steht nicht fest. Die im Rahmen von Ausschlußklauseln ergangene Rechtsprechung bezog sich in den meisten Fällen auf die Anwendung und Auslegung schriftlicher Ausschlußbestimmungen. Allerdings existieren auch einzelne Entscheidungen, die einen auf eine mündliche Vereinbarung gestützten Ausschluß zuließen; vgl. z. B. Frank v. R.A. Pickens & Son Co., 572 S. W.2d 133 (134 f.) (Ark. Supr.Ct. 1978) und – speziell für Anwaltsgesellschaften – Hogan v. Morton, 1993 WL 64220, 1 (4 ff.) (Tenn. Ct.App. 1993).
891 Vgl. Beckman v. Farmer, 579 A.2d 618 (634) (D.C. Ct.App. 1990).

GP zu verlangen.[892] Schließlich ist zu beachten, daß nach UPA §§ 31, 38 nur solche Ausschlüsse wirksam sind, die im Hinblick auf den Gesellschaftsvertrag ohne Mißbrauchsabsicht vorgenommen werden. RUPA § 404(d) wiederum setzt Gutgläubigkeit und ein redliches Geschäftsgebaren (good faith and fair dealing) voraus. Wenn die Ausschlußklausel keinen Grund für den Ausschluß voraussetzt, ist ein solcher trotz des Erfordernisses der Gutgläubigkeit auch nicht erforderlich.[893]

Ein Ausschluß eines Partners aufgrund eines gerichtlichen Beschlusses ist nach UPA § 32 möglich, führt aber grundsätzlich zur Auflösung der GP. Stützt sich der gerichtliche Beschluß allerdings auf ein Fehlverhalten des Partners, so kann die wegen des Ausschlusses grundsätzlich erforderliche Auflösung als sogenannte unrechtmäßige Auflösung (wrongful dissolution) behandelt und die GP von den am Fehlverhalten nicht beteiligten Partnern fortgeführt werden.[894] RUPA dagegen gestattet den Ausschluß eines Partners durch einen entsprechenden gerichtlichen Beschluß, ohne daß es zu einer Auflösung der GP kommt. Voraussetzung ist, daß ein Grund für den Ausschluß gegeben ist. Als solcher kommen unter anderem ein berufliches Fehlverhalten des Partners, eine wesentliche Verletzung des Partnerschaftsvertrages und ein Verhalten, das die Fortsetzung der Tätigkeit der GP mit dem betreffenden Partner praktisch unmöglich macht, in Frage.[895]

Das *Ausscheiden eines Partners von Todes wegen* hat nach UPA § 31(4) die Auflösung der GP zur Folge. Wenn es die übrigen Partner wünschen, können sie ihre Zusammenarbeit in einer neuen GP fortführen. Nach RUPA § 601(7)(i) kann die GP dagegen von den verbleibenden Partnern fortgesetzt werden.

Jeder Partner einer Anwalts-GP kann seine Mitgliedschaft in der GP *kündigen* und damit die Gesellschaft freiwillig verlassen. Dies führt nach UPA § 29 und in eingeschränktem Umfang[896] auch nach RUPA § 602(a) zur Auflösung der Personengesellschaft. Schließlich kann eine Änderung des Gesellschafterbestandes dadurch herbeigeführt werden, daß die GP durch eine ausdrückliche Willenskundgabe aller Partner aufgelöst und daraufhin eine neue Gesellschaft mit anderen Gesellschaftern gegründet wird.[897]

---

892 Vgl. *Hillman*, Lawyer Mobility, 5:6 f.
893 Vgl. *Hillman*, 78 Nw. U. L. Rev. 1983, 527 (569 ff.); Levy v. Queens Medical Group, 476 N.Y.S.2d 613 (614) (A.D. 2nd Dept. 1984).
894 UPA § 38(2).
895 RUPA § 601(5).
896 Vgl. hierzu *Hillman*, Lawyer Mobility, 4:42 ff.
897 Dies ermöglichen sowohl UPA, als auch RUPA; vgl. UPA § 31(1)(c); RUPA

Viele Anwaltsgesellschaften sehen darüberhinaus in ihrem Partnerschaftsvertrag die Möglichkeit einer Auflösung der GP durch ein Votum eines bestimmten Prozentsatzes der Partner vor.[898]

II. Limited Liability Partnership

Im Gegensatz zum Recht der GP regelt der Prototype LLP Act nicht, unter welchen Bedingungen ein neuer Gesellschafter in die LLP *eintreten* kann. Damit stellt sich die Frage, ob die entsprechenden Bestimmungen aus dem Recht der GP auf die LLP übertragen werden können. Dagegen läßt sich zwar vorbringen, daß es bei der LLP, in der die persönliche Haftung anders als bei der GP grundsätzlich beschränkt ist, weniger wichtig als bei dieser erscheint, im Hinblick auf den Eintritt eines neuen Gesellschafters allen Partnern ein Vetorecht einzuräumen. Andererseits ändert aber auch bei einer LLP der Eintritt eines neuen Gesellschafters die finanzielle und die Geschäftsführungsstruktur der Gesellschaft. Zudem geht die Haftungsbeschränkung nicht in allen Einzelstaaten und für alle Berufsgruppen gleich weit. Daraus ergibt sich, daß es auch für die LLP bei der Regel bleiben muß, daß für den Eintritt eines neuen Gesellschafters die Zustimmung aller Partner erforderlich ist, UPA § 18(g), RUPA § 401(1). Dies kann wie bei der GP durch eine Vereinbarung geändert werden, wobei auch hier von einer restriktiven Interpretation entsprechender Bestimmungen im Gesellschaftsvertrag durch die Gerichte ausgegangen werden kann.[899] Bei einer Anwalts-LLP ist zusätzlich zu berücksichtigen, daß der neue Partner dem zulässigen Gesellschafterkreis angehören muß.[900]

Die Haftung ausgeschiedener Partner gegenüber Dritten ist im Gegensatz zu den Bedingungen des Eintritts im Prototype LLP Act gesetzlich geregelt, Prototype LLP Act § 703. Offen bleibt aber, wann ein Partner *ausgeschlossen* werden darf, welche Folgen ein *Ausscheiden von Todes wegen* hat und wann ein Partner das Recht hat, die LLP *freiwillig zu verlassen.* Für die Beantwortung dieser Fragen sind – wie schon für die an den Eintritt eines neuen Gesellschafters zu stellenden Anforderungen – die Grundsätze des Rechts der GP anzuwenden, da der Prototype LLP Act auf dem Personengesellschaftsrecht aufbaut. Danach muß insbesondere jeder Partner in einer LLP wie in einer GP das Recht besitzen, die Gesellschaft jederzeit

---

§ 801(2)(ii).
898 Vgl. hierzu auch UPA § 38(2).
899 Vgl. hierzu die Ausführungen zur GP oben unter 4. Teil, 3.Kapitel, A.I.
900 Vgl. hierzu oben 4. Teil, 2.Kapitel, C.II.

verlassen und in Ermangelung einer anderweitigen Bestimmung im Gesellschaftsvertrag die Liquidation der Gesellschaft herbeiführen zu können.[901]

III. Professional Corporation

Ähnlich wie im Prototype LLP Act haben die Fragen des Gesellschafterwechsels auch im Recht der PC nur eine sehr lückenhafte gesetzliche Regelung gefunden. So enthält M.P.C.S. § 23 f. zwar Bestimmungen über das Ausscheiden von Gesellschaftern von Todes wegen und bei einem Verlust der für die Gesellschafterstellung nach M.P.C.S. § 20 erforderlichen Voraussetzungen. Im übrigen sind Eintritt, Ausschluß und freiwilliges Ausscheiden im M.P.C.S. aber nicht geregelt. Damit stellt sich die Frage, ob auf den Eintritt, den Ausschluß oder das freiwillige Ausscheiden eines Gesellschafters aus einer Anwalts-PC *Personen- oder Kapitalgesellschaftsrecht* Anwendung findet.

Zwar läßt sich für eine ausschließliche Anwendung von *Kapitalgesellschaftsrechtsgrundsätzen* auf den Gesellschafterwechsel in der PC vorbringen, daß die Anwendung der personengesellschaftsrechtlichen Grundsätze auf die Frage der Verteilung der Einnahmen im Abwicklungsstadium der PC im Widerspruch zu den einzelstaatlichen Gesetzen und Regelungen steht, die eine abrupte Trennung von Anwalts-PC und ausscheidendem Anwalt fordern. So sind die PC-Anteile eines ausscheidenden Gesellschafters in manchen Staaten innerhalb kurzer Zeit an die Gesellschaft oder einen anderen Gesellschafter oder eine sonstige geeignete Person zu übertragen.[902] In einigen Einzelstaaten ist auch die Möglichkeit, zur gleichen Zeit Anteile an mehr als einer PC zu besitzen, eingeschränkt.[903] Zudem hat der Gesellschafter in der Regel seine frei-

---

901 *Bromberg/Ribstein*, Limited Liability Partnerships, 135 ff.
902 So müssen beispielsweise in Arizona die Anteile innerhalb von 90 Tagen übertragen werde, Ariz. Rev. Stat. Ann. § 10-909D (Supp. 1995); in Delaware und Nebraska ist eine Übertragung ohne schuldhaftes Zögern erforderlich, Del. Code Ann. tit.8 § 611 (1991), Neb. Supr. Ct. Rules on Professional Service Corporations, Rule I(D) (West 1992); in Rhode Island hat die Übertragung der Anteile innerhalb von neun Monaten zu erfolgen, R.I. Supr. Ct. Rules, Art. II, Rule 10(g) (Michie 1993); vgl. *Hillman*, Lawyer Mobility, 6:21.
903 Vgl. z. B. Alaska Stat. § 10.45.060 (1995); Vt. Stat. Ann. tit.11, § 806 (1993). Dies erschwert die Mobilität der Anwälte zwischen verschiedenen Anwaltsgesellschaften, da danach ein Wechsel von einer law firm zur anderen nur möglich ist, wenn die Anteile sofort nach dem Ausscheiden übertragen werden. Einige Einzelstaaten, wie beispielsweise Florida (Fla. Stat. Ann. § 621.06 (West Supp. 1996)), erlauben ausdrücklich die

berufliche Tätigkeit aktiv in der PC auszuüben.[904] Die Stimmrechte eines aus einer PC ausscheidenden Gesellschafters erlöschen unabhängig von einem etwaig weiterbestehenden Bucheigentum an dem Anteil zum Zeitpunkt der Kündigung.[905] Dispositive Bestimmungen sehen eine Bewertung des Anteils des ausscheidenden PC-Gesellschafters nach dem Buchwert vor, welchen der Anteil in dem Monat hatte, der dem Ausscheiden voranging.[906] Diese Bestimmungen sind mit einer Anwendung von Partnerschaftsrechtsgrundsätzen und der daraus folgenden weiterbestehenden Verbindung zwischen dem ausscheidenden Gesellschafter und seinen ehemaligen Mitgesellschaftern zum Zwecke der Abwicklung der noch nicht erledigten Geschäfte nur schwer in Einklang zu bringen.[907] Gegen die Anwendung von Personengesellschaftsrecht auf den Gesellschafterwechsel in der PC spricht auch, daß beinahe alle Einzelstaaten die Bestimmungen des jeweiligen business corporation Rechts auf die PC für entsprechend anwendbar erklären, soweit diese nicht im Widerspruch zu den Regelungen des PC-Gesetzes stehen. Das Recht der business corporations sieht anders als das Partnerschaftsgesellschaftsrecht nicht vor, daß die unerledigten Arbeiten während einer Zeit der Abwicklung durch die Gesellschafter beendet werden müssen, sondern beendet den Status als Gesellschafter zum Zeitpunkt der Übertragung der Anteile.[908]

Andererseits ist zu berücksichtigen, daß insbesondere der Grundsatz der schnellen Trennung von ausscheidendem Gesellschafter und PC nur in einer Minderheit von Einzelstaaten Gültigkeit beanspruchen kann. Auch hat die Rechtsprechung entschieden, daß eine Anwalts-PC im Hinblick auf die Aufteilung der aus der Bearbeitung der zum Zeitpunkt des Ausscheidens nicht erledigten Fälle erzielten Einnahmen wie eine GP zu behandeln

---

gleichzeitige Gesellschafterstellung in mehreren PCs. Andere, wie Delaware und Illinois, haben eine anfänglich in ihren PC-Gesetzen enthaltene Beschränkung der gleichzeitigen Gesellschafterstellung in verschiedenen PCs beseitigt; *Hillman*, Lawyer Mobility, 6:22.

904 Vgl. z. B. Ind. Rules for Admission to Bar and Discipline of Attorneys, Rules 27(e),(f) (West 1995); Mass. Supr. Jud. Ct. Rules, Rule 3:06 (West 1995); R.I. Gen. Laws § 7-5.1-5 (1992). Andererseits ist beispielsweise im District of Columbia und in Maryland eine aktive Tätigkeit in der PC nicht erforderlich, um den Gesellschafterstatus erhalten oder behalten zu können, D.C. Code Ann. § 29-608 (1991); Md. Corps. & Ass'ns Code Ann. § 5-106 (Supp. 1995); *Hillman*, Lawyer Mobility, 6:22.

905 Vgl. z. B. Ariz. Rev. Stat. Ann. § 10-909(D) (Supp. 1995); *Hillman*, Lawyer Mobility, 6:22.

906 Vgl. z. B. Ala. Code § 10-10-14 (1994); Del. Code Ann. tit.8, § 613 (Michie 1991); D.C. Code Ann. § 29-617 (1991).

907 *Hillman*, Lawyer Mobility, 6:21 f.

908 *Hillman*, Lawyer Mobility, 6:23.

ist.[909] Dies wird im wesentlichen darauf gestützt, daß Anwälte, die in einer PC zusammenarbeiten, einander fiduziarische Pflichten (fiduciary duties) schulden, die denjenigen der Partner einer Anwalts-GP gleichen.[910] Dazu kommt, daß die Anwalts-PC aufgrund ihrer personalen Struktur und der aktiven Mitarbeit der anwaltlichen Gesellschafter einer Personengesellschaft ähnelt. Schließlich können die Folgen des Eintritts und Ausscheidens von Gesellschaftern für die Finanz- und Geschäftsführungsstruktur der PC sowie das in einigen Einzelstaaten gegebene Risiko persönlicher Haftung der anderen Gesellschafter für die Berufsfehler des neuen Kollegen gravierend sein. Aus diesem Grund sind auf den Gesellschafterwechsel bei einer Anwalts-PC die *Grundsätze des Personengesellschaftsrechts* anzuwenden, soweit das M.P.C.S. selbst keine Regelung enthält.

Der *Eintritt* eines neuen Gesellschafters in eine bestehende PC erfolgt danach nicht nach kapitalgesellschaftsrechtlichen Grundsätzen allein durch die Übernahme von Anteilen unmittelbar von der Gesellschaft selbst, R.M.B.C.A. § 6.21. Vielmehr setzt der Eintritt gemäß UPA § 18(g), RUPA § 401(1) in Ermangelung einer anderweitigen Vereinbarung im Gesellschaftsvertrag die einstimmige Zustimmung aller Gesellschafter voraus. Zudem muß der neu eintretende Gesellschafter dem zulässigen Gesellschafterkreis angehören.[911]

Auch der *Ausschluß* eines Gesellschafters ist im M.P.C.S. nur teilweise geregelt. So muß nach M.P.C.S. § 23 die PC die Anteile eines Gesellschafters selbst erwerben oder aber durch eine Person, welche die in M.P.C.S. §§ 20, 3 für die Gesellschafterstellung in der PC aufgestellten Voraussetzungen erfüllt (qualified person),[912] erwerben lassen, wenn der Gesellschafter stirbt, seine Stellung als qualified person für einen Zeitraum von mehr als fünf Monaten verliert oder die Anteile aufgrund eines Gesetzes oder einer gerichtlichen Entscheidung auf eine Person übergehen,

---

909 Fox v. Abrams, 210 Cal. Rptr. 260 (263 ff.) (Cal. Ct.App. 1985); Kreutzer v. Wallace, 342 So.2d 981 (982 f.) (Fla. Ct.App. 1977). Auch die Entscheidung Langhoff v. Marr, 568 A.2d 844 (855) (Md. Ct.Spec.App. 1990); *vacated on other grounds*, Marr v. Langhoff, 589 A.2d 470 (472 ff.) (Md. Ct.App. 1991) geht von der Anwendbarkeit des Personengesellschaftsrechts auf die Anwalts-PC aus. Boyd, Payne, Gates & Farthing v. Payne, Gates, Farthing & Radd, P.C. 422 S.E.2d 784 (786 ff.) (Va. Supr.Ct. 1992) wiederum ordnete die Anwendung von Personengesellschaftsrecht auf eine Anwalts-PC an, die im Innenverhältnis nach Partnerschaftsrechtsgrundsätzen ausgestaltet war.

910 Fox v. Abrams, 210 Cal.Rptr. 260 (265 f.) (Cal. Ct.App. 1985). Kreutzer v. Wallace, 342 So.2d 981 (982 f.) (Fla. Ct.App. 1977).

911 4. Teil, 2.Kapitel, C.III.

912 Eine qualified person ist im Falle einer Anwalts-PC eine zur anwaltlichen Berufsausübung zugelassene Person, eine aus solchen Personen zusammengesetzte Personengesellschaft oder PC; vgl. Official Comment zum M.P.C.S. § 3, PC-7.

die für einen Zeitraum von mehr als fünf Monaten den für die Gesellschafterstellung in einer PC zu erfüllenden Voraussetzungen nicht genügt,[913] M.P.C.S. § 23(a), (c). Weitere Regelungen fehlen.

Damit sind auf alle nicht vom M.P.C.S. § 23 erfaßten Fälle unfreiwilligen Ausscheidens von Gesellschaftern die personengesellschaftsrechtlichen Grundsätze anzuwenden, zumal der R.M.B.C.A. keine den Ausschluß von Anteilsinhabern regelnde Bestimmung enthält.[914] Der Ausschluß eines Gesellschafters muß also entweder im Gesellschaftsvertrag autorisiert worden sein, oder er bedarf der Zustimmung aller Gesellschafter. Scheiden beide Möglichkeiten aus, so bleibt den Gesellschaftern nur, die PC aufzulösen und unter Ausschluß des unerwünschten Kollegen eine neue Anwaltsgesellschaft zu gründen. Ein freiwilliges Verlassen der PC durch Kündigung eines Gesellschafters ist im M.P.C.S. ebenfalls nicht geregelt, so daß auch hier Personengesellschaftsrecht zur Anwendung kommt. Anders als im Recht der business corporation, nach dem die Aktionäre grundsätzlich keinen Anspruch darauf haben, eine Zahlung in Höhe des Wertes ihrer Anteile zu erhalten oder die Gesellschaft aufzulösen und ihre Stellung als Anteilsinhaber aufzugeben,[915] können die Gesellschafter einer PC gegenüber der Gesellschaft kündigen. Dies ist in einer PC von besonderer Bedeutung, da die anwaltlichen Gesellschafter hier ihrer Berufsausübung gemeinschaftlich nachgehen und ein Verkauf der Anteile anders als in der business corporation durch M.P.C.S. § 22 eingeschränkt ist. Dabei sind nicht die im UPA festge-

---

913 Vgl. M.P.C.S. § 23(a): „A professional corporation must acquire (or cause to be acquired by a qualified person) the shares of its shareholder, at a price the corporation believes represents their fair value as of the date of death, disqualification, or transfer, if: (1) the shareholder dies; (2) the shareholder becomes a disqualified person, except as provided in subsection (c); or (3) the shares are transferred by operation of law or court judgment to a disqualified person, exccept as provided in subsection (c).“; (c): „This section does not require the acquisition of shares in the event of disqualification if the disqualification lasts no more than five months from the date the disqualification or transfer occurs.“

914 Die einer Ausschlußregelung am nächsten kommende Bestimmung des business corporation law ist R.M.B.C.A. § 6.01(c)(2), welcher Bestimmungen zu den rückkaufbaren Stammaktien (redeemable common stock) enthält. Das Fehlen einer den Ausschluß von Anteilsinhabern in der business corporation regelnden Bestimmung läßt sich darauf zurückführen, daß das Recht der business corporation von einer passiven Position der Aktionäre ausgeht und diese mangels Teilnahme an der Geschäftsführung gewöhnlich keinen Grund für einen Ausschluß setzen.

915 Dies beruht darauf, daß grundsätzlich von der freien Übertragbarkeit der Anteile ausgegangen wird. Allerdings besteht in der business corporation wie in der PC die Möglichkeit, diesen Grundsatz durch eine vertragliche Vereinbarung abzuändern, wonach die Aktien beispielsweise auf Verlangen des Aktionärs von der Gesellschaft rückzukaufen sind.

legten Grundsätze zu übertragen, denn dies hätte zur Folge, daß jeder Aktionär die Gesellschaft auch ohne eine entsprechende vertragliche Bestimmung jederzeit freiwillig verlassen könnte und die PC im Regelfall daraufhin aufgelöst werden müßte, was wiederum der Stellung der PC als einer juristischen Person mit grundsätzlich unbegrenzter Lebensdauer widerspräche. Sinnvoll erscheint vielmehr eine Anwendung der RUPA-Bestimmungen,[916] die die Möglichkeiten einer Fortführung der Gesellschaft nach dem freiwilligen Ausscheiden eines Gesellschafters gegenüber UPA erweitern.

IV. Limited Liability Company

Auch der ULLCA regelt den *Eintritt* eines neuen Gesellschafters nicht. Etwas anderes gilt für eine rechtsgeschäftliche Übertragung von Geschäftsanteilen. So führt die Abtretung eines Geschäftsanteils durch ein Mitglied an einen Dritten nur dann zur Gesellschafterstellung des Dritten mit allen Rechten, die mit der Mitgliedschaft in der LLC verbunden sind, wenn sämtliche Gesellschafter zustimmen, ULLCA § 503(a). Daraus läßt sich der allgemeine Grundsatz entnehmen, daß ein Dritter der Zustimmung aller Gesellschafter der LLC bedarf, um Gesellschafter einer LLC zu werden und nicht nur finanzielle, sondern auch Informations- und Geschäftsführungsrechte zu erhalten. Danach setzt der Eintritt eines neuen Gesellschafters auch bei der LLC voraus, daß alle Gesellschafter zustimmen. Ferner muß das neue Mitglied bei einer Anwalts-LLC dem zulässigen Gesellschafterkreis angehören.[917]

Ein *Ausschluß* eines members einer LLC ist möglich, wenn dieser im Gesellschaftsvertrag vorgesehen ist, ULLCA § 601(3). Unter bestimmten Voraussetzungen – wie beispielsweise wenn die Fortführung der Tätigkeit in der LLC zusammen mit dem auszuschließenden Gesellschafter ungesetzlich wäre – kann ein Gesellschafter auch durch das einstimmige Votum der übrigen Gesellschafter ausgeschlossen werden, ULLCA § 601(4).[918]

916 Vgl. RUPA § 603.
917 Vgl. hierzu oben 4. Teil, 2.Kapitel, C.IV.
918 ULLCA § 601 IV: „the memberÿs expulsion by the unanimous vote of the other members if: (i) it is unlawful to carry on the company business with the member; (ii) there has been a transfer of substantially all of the memberÿs company interest, other than a transfer for security purposes, or a court order charging the memberÿs company interest, which has not been foreclosed; (iii) 90 days after the company notifies a corporate member that it will be expelled because it has filed a certificate of dissoultion or the equivalent, its charter has been revoked, or its right to conduct business has been suspended by the jurisdiction of its incorporation, unless a member obtains a revocation

Schließlich ist es möglich, einen Gesellschafter auch durch eine gerichtliche Verfügung, die auf Antrag der Gesellschaft oder eines anderen Gesellschafters ergeht, auszuschließen. Voraussetzung ist, daß der auszuschließende Gesellschafter sich eines Fehlverhaltens schuldig gemacht hat, das die Tätigkeit der Anwalts-LLC in schwerwiegender Weise beeinträchtigt, daß er vorsätzlich oder dauerhaft den Gesellschaftsvertrag wesentlich verletzt hat oder ein mit der Tätigkeit der LLC in Zusammenhang stehendes Verhalten an den Tag gelegt hat, welches die Fortsetzung der Zusammenarbeit mit dem betreffenden Gesellschafter in der LLC unzumutbar oder impraktikabel erscheinen läßt, ULLCA § 601(5). Ein Gesellschafter muß im übrigen unter anderem dann ausscheiden, wenn ein Ereignis eintritt, das nach einer Bestimmung des Gesellschaftsvertrags zum Ausscheiden führt (ULLCA § 601(2)), der Gesellschafter Konkurs anmeldet (ULLCA § 601(6)) oder stirbt, geschäftsunfähig wird oder aus anderen Gründen seine Fähigkeit verliert, seine gesellschaftsvertraglichen Pflichten zu erfüllen (ULLCA § 601(7)). Diejenigen einzelstaatlichen LLC-Gesetze, die anders als der ULLCA spezielle Bestimmungen für die Freiberufler-LLC enthalten, erklären ausdrücklich, daß ein Gesellschafter, der seine *Zulassung* zur Ausübung der betreffenden Berufstätigkeit *verliert*, die Voraussetzungen für den Gesellschafterstatus nicht mehr erfüllt und daher als Gesellschafter aus der LLC *ausscheiden muß*.[919]

Jeder Gesellschafter einer LLC kann jederzeit *freiwillig* aus der Gesellschaft *ausscheiden*, ULLCA §§ 601(1), 602(a). Hierbei ist zwischen einer rechtmäßigen Trennung (rightful dissociation) und einer unrechtmäßigen Lossagung (wrongful dissociation) zu unterscheiden. Lediglich bei letzterer hat der ausscheidende Gesellschafter seinen Kollegen die durch sein Ausscheiden entstehenden Schäden zu ersetzen, ULLCA § 602(c). Eine abschließende Aufzählung der Fälle, in denen ein freiwilliges Ausscheiden eines Gesellschafters eine wrongful dissociation darstellt, findet sich in ULLCA § 602(b). Danach ist ein Ausscheiden unter anderem dann als wrongful dissociation zu beurteilen, wenn es sich unter Verletzung einer ausdrücklichen Bestimmung im Gesellschaftsvertrag vollzieht, ULLCA § 602(b)(1).

Konsequenz des Ausscheidens oder Ausschlusses eines Gesellschafters ist in einer LLC, die für eine unbestimmte Zeitdauer gegründet wurde, grundsätzlich die Auflösung der Gesellschaft, ULLCA § 801(3). Etwas

---

of the certificate of dissolution or no reinstatement of its charter or its right to conduct business; or (iv) a partnership or a limited liability company that is a member has been dissolved and its business is being wound up."

919 Vgl. z. B. N.Y. Limited Liability Company Law §§ 1209 f. (McKinney Supp. 1996).

anderes gilt dann, wenn eine Anteilsmehrheit der verbleibenden Gesellschafter innerhalb von 90 Tagen nach dem Ausscheiden des Gesellschafters für die Fortführung der LLC stimmt oder eine Klausel im Gesellschaftsvertrag enthalten ist, die die Fortführung der Gesellschaft im Falle
des Ausscheidens eines Mitglieds vorsieht, ULLCA § 801(3)(i), (ii).

V. Vergleich

Der Eintritt eines neuen Gesellschafters setzt in allen Anwaltsgesellschaften voraus, daß alle Gesellschafter zustimmen oder eine anderweitige
Regelung im Gesellschaftsvertrag enthalten ist. Der neue Gesellschafter
muß dem für Anwaltsgesellschaften zulässigen Gesellschafterkreis angehören. Ein Ausschluß eines Gesellschafters wird in einer Anwalts-GP und -
LLP im Regelfall auf eine Bestimmung im Gesellschaftsvertrag gestützt.
Ist dies nicht möglich, so kann der Ausschluß – falls praktisch realisierbar –
auf das einstimmige Votum aller Gesellschafter einschließlich des auszuschließenden gestützt werden. Weitere Möglichkeiten sind ein Ausschluß
durch gerichtlichen Beschluß oder eine Auflösung der Gesellschaft, gefolgt von einer Neugründung unter Ausschluß des unerwünschten Partners. Auf den Ausschluß eines Gesellschafters aus einer Anwalts-PC sind
die personengesellschaftsrechtlichen Grundsätze zu übertragen. In einer
Anwalts-LLC kann der Ausschluß eines Gesellschafters ebenfalls auf eine
etwaige Bestimmung im Gesellschaftsvertrag, die einstimmige Zustimmung aller Gesellschafter oder eine gerichtliche Verfügung gestützt werden. Daneben kommt unter bestimmten, gesetzlich geregelten Voraussetzungen auch ein auf das einstimmige Votum lediglich der ausschließenden
Gesellschafter gestützter Ausschluß in Frage. Ein freiwilliges Verlassen
der Anwaltsgesellschaft durch einen Gesellschafter ist bei allen vier gesellschaftsrechtlichen Formen gleichermaßen jederzeit möglich. Der
Ausschluß und das freiwillige Ausscheiden eines Gesellschafters führen
wie das Ausscheiden eines Gesellschafters durch Tod bei Personengesellschaften im Regelfall zur Auflösung der Gesellschaft, falls sich das einschlägige einzelstaatliche Personengesellschaftsrecht am UPA orientiert.
Ist das betreffende Gesetz allerdings bereits an den Bestimmungen des
RUPA ausgerichtet, so kann die Gesellschaft in aller Regel von den verbleibenden Partnern fortgeführt werden, wenn diese das wünschen. Die
durch grundsätzlich unbegrenzte Lebensdauer charakterisierte PC wiederum kann im Regelfall ebenfalls fortgeführt werden. In der LLC kommt
es nach der gesetzlichen Regelung grundsätzlich zur Auflösung der Ge-

sellschaft. Die verbleibenden Gesellschafter können die Gesellschaft aber fortführen, wenn sie innerhalb von 90 Tagen eine entsprechende Entscheidung mit einfacher Anteilsmehrheit fällen.

B. Rechtsgeschäftliche Anteilsübertragung

I. General Partnership

Die rechtsgeschäftliche Anteilsübertragung durch Abtretung (assignment) gemäß UPA § 27 setzt anders als der Eintritt eines neuen Gesellschafters nach UPA § 18(g) keine Zustimmung der anderen Gesellschafter voraus, gibt dem Abtretungsempfänger jedoch auch keinen Anspruch auf Teilnahme an der Geschäftsführung und keine Informationsrechte, UPA § 27(1).[920] Dies hat zur Folge, daß auch die Einschränkung des Gesellschafterkreises durch ABA Model Rules of Professional Conduct MR 5.4 bei einer Abtretung nicht berücksichtigt werden muß. Wenn alle Partner allerdings der rechtsgeschäftlichen Anteilsübertragung zustimmen, erhält der Abtretungsempfänger alle Informations- und Geschäftsführungsrechte und muß dann auch dem für Anwaltsgesellschaften zulässigen Gesellschafterkreis angehören.[921] Schließlich ist bei der rechtsgeschäftlichen Übertragung eines Anteils an einer Anwaltsgesellschaft noch zu beachten, daß er nach den standesrechtlichen Grundsätzen keinen rechtlich anerkannten Firmenwert (goodwill) enthält, den der Anwalt verkaufen kann.[922]

---

920 Kellis v. Ring, 155 Cal.Rptr. 297 (299 ff.) (Cal. Ct.App. 1979); Rapoport v. 55 Perry Co., 376 N.Y.S.2d 147 (149 ff.) (A.D. 1st Dept. 1975). Rechtsprechung und Literatur gehen davon aus, daß die Geschäftsführungsrechte bei dem abtretenden Partner verbleiben; Kanarek v. Gadlex Assocs, 496 N.Y.S.2d 253 (254 f.) (Or. Supr.Ct. 1964); *Ribstein/Keatinge*, Limited Liability Companies, Vol. 1, 7.25 f.; vgl. auch RUPA, der dies in § 503(d) ausdrücklich klarstellt.

921 Siehe oben 4. Teil, 2.Kapitel, C.I.

922 Dies ist die einheitliche Auffassung von Gerichten und Anwaltskammern, vgl. ABA Model Code of Professional Responsibility, EC 4-6: „The obligation of a lawyer to preserve the confidences and secrets of his client continues after the termination of his employment. Thus a lawyer should not attempt to sell a law practice as a going business because, among other reasons, to do so would involve the disclosure of confidences and secrets."; Dwyer v. Jung, 336 A.2d 498 (499 ff.) (N.J. Super.Ct. 1975); *appeal granted and matter remanded,* 343 A.2d 464 (N.J. Supr.Ct. 1975); *aff'd,* 348 A.2d 208 (N.J. Super.Ct. 1975); Siddall v. Keating, 196 N.Y.S.2d 986 (N.Y. Ct.App. 1959); Geffen v. Moss, 125 Cal.Rptr. 687 (692 ff.) (Cal. Ct.App. 1975); für eine Übersicht über den Meinungsstand in der Literatur siehe *Ribstein*, 70 Neb. L. Rev. 1991, 38 (48 ff.).

II. Limited Liability Partnership

Für die rechtsgeschäftliche Übertragung von Anteilen an einer LLP gilt das zur GP Ausgeführte entsprechend.

III. Professional Corporation

Das M.P.C.S. beschränkt die rechtsgeschäftliche Anteilsübertragung in M.P.C.S. § 22 insoweit, als Erwerber nur Individuen, GPs und PCs sein dürfen, die gemäß M.P.C.S. § 20 dem zulässigen Gesellschafterkreis angehören.[923] Dies wurde durch die Rechtsprechung bestätigt.[924] Damit beantwortet das M.P.C.S. allerdings nicht die Frage, ob alle mit der Gesellschafterstellung oder lediglich die mit dem Anteil verbundenen finanziellen Rechte, nicht aber Geschäftsführungsrechte übertragen werden. Dies hängt wiederum davon ab, ob Kapital- oder Personengesellschaftsrecht auf die rechtsgeschäftliche Anteilsübertragung bei einer PC Anwendung findet. So gilt im Recht der business corporation, daß der Aktionär seinen Anteil in Ermangelung anderweitiger Vereinbarungen frei übertragen kann und der Abtretungsempfänger grundsätzlich alle Gesellschafterrechte erhält,[925] während der Zessionar bei einer Abtretung eines Anteils im Personengesellschaftsrecht grundsätzlich nur die finanziellen, nicht aber die Informations- oder Geschäftsführungsrechte erwirbt, UPA § 27; RUPA § 503(d). Dabei spricht zwar die personale Struktur der Anwalts-PC dafür, daß der Abtretungsempfänger bei einer PC wie bei einer Personengesellschaft nur die finanziellen, mangels Zustimmung aller Gesellschafter aber nicht auch die Geschäftsführungsrechte erhält. Andererseits läßt sich für einen Übergang aller mit dem Anteil verbundenen Rechte auch ohne einstimmige Zustimmung der Anteilsinhaber vorbringen, daß M.P.C.S. § 22 ausdrücklich eine Beschränkung der freien Übertragbarkeit der Anteile auf solche Personen und Gesellschaften vorsieht, die die betreffende freiberufliche Tätigkeit ausüben können oder in denen sie ausgeübt werden kann. Der Official Comment zu M.P.C.S. § 20[926] weist darauf hin, daß durch diese Einschränkung der freien Übertragbarkeit sichergestellt werden soll, daß die für die jeweilige Berufsgruppe einschlägigen standesrechtlichen Grund-

---

923 Vgl. hierzu oben 4. Teil, 2.Kapitel, C.III.
924 Street v. Sugarman, 202 So.2d 749 (750) (Fla. Supr.Ct. 1967); R.M.B.C.A. § 6.27.
925 Vgl. hierzu *Ribstein/Keatinge*, Limited Liability Companies, Vol. 1, 7-20 f.
926 M.P.C.S. § 20, Official Comment, *ABA*, Model Business Corporation Act, PC-20.

sätze und Beschränkungen auch nach dem Anteilsübergang beachtet werden. Diese Bestimmung des M.P.C.S. § 22 wäre weitgehend[927] überflüssig, wenn bei einer Abtretung eines Anteils nur die mit diesem verbundenen finanziellen Rechte auf den Zessionar übergehen würden, er aber keinen Anspruch auf aktive Teilnahme an der Tätigkeit der PC hätte. Infolgedessen ist davon auszugehen, daß eine rechtsgeschäftliche Anteilsübertragung in einer PC im Rahmen von M.P.C.S. § 22 zu einem Übergang aller mit der Gesellschafterstellung verbundenen Rechte führt, auch wenn keine einstimmige Zustimmung der Gesellschafter vorliegt.[928] Aufgrund der Bedeutung der Identität der Gesellschafter für die Zusammenarbeit in einer Anwalts-PC und der Gefahr persönlicher Haftung für die Fehler von Kollegen erscheint es daher in jedem Fall ratsam, eine über M.P.C.S. § 22 hinausgehende Beschränkung der freien Übertragbarkeit der Anteile in den Gesellschaftsvertrag aufzunehmen. Schließlich gilt für die Anwalts-PC in gleichem Maße wie für die Anwaltspersonengesellschaften, daß die Anteile an der Gesellschaft keinen durch die anwaltlichen Gesellschafter rechtsgeschäftlich übertragbaren anerkannten goodwill enthalten.[929]

IV. Limited Liability Company

Wie bei den Personengesellschaften, so bewirkt die Abtretung eines Anteils auch bei der LLC grundsätzlich nur einen Übergang finanzieller Rechte. Der Zessionar erlangt die Ansprüche auf die Ausschüttungen (distributions), zu denen der Zedent, hätte er den Anteil nicht übertragen, berechtigt wäre, ULLCA § 502. Das Recht zur Teilnahme an der Geschäftsführung kann der Abtretungsempfänger dagegen nur mit Zustimmung aller Gesellschafter der LLC erhalten, ULLCA § 503(a). Damit wird sichergestellt, daß die Gesellschafter der LLC nicht gegen ihren Willen eine Änderung der Struktur der Geschäftsführung und ein durch einen unerwünschten Gesellschafter unter Umständen gesteigertes Haftungsri-

---

927 Etwas anderes würde nur dann gelten, wenn die Abtretung mit einstimmiger Zustimmung aller Gesellschafter erfolgte und der Zessionar daher auch ein Recht auf Teilnahme an der Geschäftsführung hätte. Hier wäre ohne M.P.C.S. § 22 das Risiko der Aufnahme einer Person gegeben, die nicht zu dem nach M.P.C.S. § 20 zulässigen Gesellschafterkreis gehört.

928 Dies wird wohl auch von *Bowman*, 10 Pepp. L. Rev. 1983, 515 (522 f.) so beurteilt, welcher in der – von M.P.C.S. § 22 abgesehen – freien Übertragbarkeit der Anteile auch ohne Zustimmung der anderen Gesellschafter einen bedeutenden Vorteil der PC gegenüber der GP sieht.

929 Siehe oben 4. Teil, 3. Kapitel, B.I.

siko hinnehmen müssen.[930] Letzteres ist insbesondere für solche Anwaltsgesellschaften von Bedeutung, die in einem Einzelstaat tätig sind, der die persönliche Haftung der anwaltlichen Gesellschafter für die Berufsfehler ihrer Kollegen vorschreibt. Da die Abtretung eines Anteils an einer LLC lediglich bewirkt, daß der Abtretungsempfänger Ansprüche auf die Ausschüttungen erlangt, sie ihn aber nicht zum LLC-Gesellschafter macht, setzt die Abtretung eines Anteils an einer Anwalts-LLC nicht voraus, daß der Zessionar dem zulässigen Gesellschafterkreis angehört,[931] sofern nicht die für die Teilnahme an der Geschäftsführung erforderliche einstimmige Zustimmung der LLC-Gesellschafter gegeben ist. Hinsichtlich der Frage der Verwertung des goodwill einer Anwaltsgesellschaft durch rechtsgeschäftliche Anteilsübertragung besitzt das zur GP und PC Ausgeführte auch für die LLC Gültigkeit.[932]

V. Vergleich

Die rechtsgeschäftliche Anteilsübertragung durch Abtretung unterscheidet sich von dem Ausscheiden eines Gesellschafters und dem Eintritt eines neuen Gesellschafters vor allem dadurch, daß es nur bei der Abtretung eines Anteils zu einer direkten Rechtsbeziehung zwischen Veräußerer und Erwerber kommt. Bei der Anwalts-GP, -LLP und -LLC erlangt der Abtretungsempfänger grundsätzlich keinen Anspruch auf Teilnahme an der Geschäftsführung und keine Informationsrechte, sondern lediglich finanzielle Ansprüche. Hierfür ist weder eine einstimmige Zustimmung der Gesellschafter erforderlich noch muß der Zessionar eines Anteils an einer solchen Anwaltsgesellschaft dem für diese zulässigen Gesellschafterkreis angehören. Anders ist die Rechtslage, wenn alle Gesellschafter der rechtsgeschäftlichen Anteilsübertragung zustimmen. In diesem Fall erhält der Abtretungsempfänger wie bei einem Eintritt ohne rechtsgeschäftliche Anteilsübertragung alle mit der Gesellschafterstellung verbundenen Rechte und muß aus diesem Grund auch dem zulässigen Gesellschafterkreis angehören. Anteile an einer Anwalts-PC können dagegen grundsätzlich nur an Personen abgetreten werden, die die Voraussetzungen für eine Gesellschafterposition in einer Anwalts-PC erfüllen. Bei der rechtsgeschäftlichen Übertragung eines Anteils an einer Anwalts-PC erhält der Zessionar alle mit der Gesellschafterstellung verbundenen Rechte. Zustimmungserfordernisse

---

930 Vgl. *Ribstein/Keatinge*, Limited Liability Companies, Vol. 1, 7-5.
931 Vgl. hierzu oben 4. Teil, 2.Kapitel, C.IV.
932 Siehe oben 4. Teil, 3.Kapitel, B.I., II.

sieht das Gesetz nicht vor. Aufgrund der Bedeutung der Identität des einzelnen Gesellschafters ist in einer Anwalts-PC die Aufnahme von Bestimmungen in den Gesellschaftsvertrag geboten, die hierfür bestimmte Mehrheits- oder Einstimmigkeitserfordernisse festsetzen.

C. Abfindung

I. General Partnership

Die Gesellschafter einer Anwalts-GP können in den *Partnerschaftsvertrag Bestimmungen* aufnehmen, die die Frage der Abfindung eines freiwillig oder unfreiwillig ausgeschiedenen Partners regeln[933] und festlegen, daß die Gesellschaft den Anteil eines ausscheidenden Gesellschafters für einen bestimmten Preis oder zu einem durch eine bestimmte Methode zu berechnenden Betrag aufkaufen muß. Beim Entwurf derartiger Vereinbarungen ist zu berücksichtigen, daß die Anteilsbewertungsmethode einen Einfluß auf die Möglichkeit der Gesellschafter hat, aus der Anwaltsgesellschaft auszuscheiden und Mandanten mitzunehmen. So mag eine Abfindung auf der Grundlage der Forderungen der Anwaltsgesellschaft und der sich in Bearbeitung befindlichen Mandatsverhältnisse ein Ausscheiden unterstützen, während eine Bewertungsmethode, nach der der Gesellschafter nur sein eingebrachtes Kapital und seine Verdienste bis zum Zeitpunkt des Ausscheidens erhält, den umgekehrten Effekt haben kann.[934] Eine weitere, verbreitete Möglichkeit ist die Vereinbarung einer Gebührenteilung, nach welcher der ausscheidende Anwalt einen bestimmten Prozentsatz der Gebühren beanspruchen kann, die im Rahmen von Fällen eingenommen werden, welche sich zum Zeitpunkt des Ausscheidens in Bearbeitung befinden.[935]

Fehlt eine *gesellschaftsvertragliche Regelung,* so fragt der ausgeschiedene Partner üblicherweise nach einem dem Equity Recht[936] zuzuordnenden

---

933 Vgl. hierzu *Hillman,* Lawyer Mobility, 5:5.
934 Vgl. *Hillman,* Lawyer Mobility, 6:27 f.
935 Vgl. hierzu – auch zu etwaigen standesrechtlichen Problemen – *Hillman,* Lawyer Mobility, 6:37.
936 Der Grundgedanke des Equity Rechts ist, daß die Rechtsprechung hier eine angemessene Entscheidung im Einzelfall zu finden sucht und sich nicht auf die restriktiv formulierten Regeln des Common Law beschränkt. Das Equity Recht beruht auf einem System von Regeln und Grundsätzen, die in England entwickelt wurden und unterscheidet sich hinsichtlich seiner Herkunft, den ihm zugrundeliegenden Theorien und

Verfahren, bei dem alle zwischen den Parteien bestehenden Ansprüche festgestellt werden und dann eine vollständige Abrechnung erfolgt (accounting).[937] Die Berechnung des Abfindungsanspruches des ausgeschiedenen Partners im Rahmen des accounting erfolgt nach den in UPA § 40 aufgestellten Grundsätzen. Eine Spezialregelung findet sich in UPA § 42 für das Ausscheiden eines Gesellschafters durch Tod oder den Eintritt in den Ruhestand bei Fortführung der Geschäfte der GP durch die übrigen Partner. Nach UPA § 38(2)(b) und RUPA § 701(c) sind Schäden, die durch ein unrechtmäßiges Ausscheiden entstehen, von dem Abfindungsanspruch abzuziehen. Auch hat ein solcher Partner kein Vetorecht hinsichtlich der Fortführung der GP. Anders als UPA sieht RUPA bei Fortsetzung der GP nach dem Ausscheiden eines Partners vor, daß die Gesellschaft den Anteil des ehemaligen Gesellschafters aufkaufen muß.[938] Die schwierigen Fragen, wie die Bewertung einer Anwalts-GP als einer Gesellschaft mit nicht ohne weiteres verkehrsfähigem Betriebsvermögen zu erfolgen hat, und ob die standesrechtlichen Beschränkungen, die hinsichtlich des Verkaufs von Anwaltskanzleien Anwendung finden,[939] sich auf die Höhe der Abfindung eines ausscheidenden Gesellschafters auswirken, werden aber auch von RUPA offengelassen. Problematisch ist zudem, daß die durch RUPA § 701(b) angeordnete Bewertungsmethode, nach der der Wert der Anwaltsgesellschaft zum Zeitpunkt des Ausscheidens ohne den ausscheidenden Partner festzulegen ist, zu überhöhten Abfindungsbeträgen führen kann, da eine Mitnahme von sich in Bearbeitung befindlichen Fällen durch den ausgeschiedenen Gesellschafter nach dem Zeitpunkt seines Ausscheidens hierbei nicht berücksichtigt wird.[940]

Methoden vom Common Law, obgleich verfahrensrechtlich die equitable rights und die legal rights in den bundesstaatlichen und den meisten einzelstaatlichen Gerichten der Vereinigten Staaten im gleichen Gericht eingeklagt werden können; vgl. im einzelnen Blackÿs Law Dictionary, 374 („Equity").

937 Consaul v. Cummings, 222 U.S. 262 ff. (1911); Munyan v. Curtis, Mallet-Prevost, Colt & Mosle, 472 N.Y.S.2d 321 f. (A.D. 1st Dept. 1984); Levin v. Barish, 460 A.2d 1174 (1175) (Pa. Super.Ct. 1983), *order affÿd in part, reversed in part on other grounds*, 481 A.2d 1183 (1184 ff.) (Pa. Super.Ct. 1984).

938 RUPA § 701(a); hinsichtlich des von der GP an den Partner zu zahlenden Preises stellt RUPA § 701(a) fest, daß dieser demjenigen Betrag entsprechen muß, „ . . . that would have been distributable to the dissociating partner . . . if, on the date of dissociation, the assets of the partnership were sold at a price equal to the greater of the liquidation value or the value based on a sale of the entire business as a going concern without the dissociated partner and the partnership were wound up as of that date."

939 Siehe oben 4. Teil, 3.Kapitel, B.I.

940 *Hillman*, Lawyer Mobility, 4:50 f.

II. Limited Liability Partnership

Für die LLP gilt wie für die GP, daß ein ausscheidender Partner mangels einer Regelung der Abfindungssumme im Gesellschaftsvertrag einen Anspruch auf ein accounting und bei Anwendung der RUPA-Grundsätze auch auf einen Aufkauf seines Anteils durch die Gesellschaft hat.[941]

III. Professional Corporation

Wie bei Personengesellschaften, so ist auch bei der Anwalts-PC die Aufnahme schriftlicher und detaillierter *Vereinbarungen* für den Fall des Ausscheidens eines Kollegen zweckmäßig. Beim Entwurf solcher Vereinbarungen sind die gleichen Grundsätze zu beachten wie bei der Anwalts-GP.[942]

Fehlt eine entsprechende *Bestimmung in Gründungsurkunde und Satzungsbestimmungen*, so gilt folgendes: Nur wenige Einzelstaaten verlangen durch Gesetz einen Aufkauf der Anteile ausscheidender Anwälte. Zum Teil wird hierbei die Aufnahme von Regelungen für den Aufkauf der Anteile ausscheidender Gesellschafter durch die PC in Gründungsurkunde, Satzungsbestimmungen oder privaten Vereinbarungen der Gesellschafter verlangt,[943] zum Teil ist eine Bewertung der Anteile ausscheidender Gesellschafter auf der Grundlage des Buchwertes (book value)[944] oder eines Verkehrswertes (fair value)[945] vorgesehen. Gesetzliche Bestimmungen, die präzise Richtlinien für die Anteilsbewertung vorschreiben, sind der Ausnahmefall.[946]

Typischerweise sehen die PC-Gesetze lediglich vor, daß der Anteil eines verstorbenen sowie eines die Voraussetzungen für die Gesellschafterstellung in der PC nicht erfüllenden (disqualified) Gesellschafters von der PC aufzukaufen sind, M.P.C.S. § 23. Disqualified sind dabei nur solche Personen, die aus rechtlichen Gründen nicht Anteilseigner einer PC werden können, M.P.C.S. §§ 3, 20. Dies ist beispielsweise dann zu

---

941 Vgl. hierzu *Bromberg/Ribstein*, Limited Liability Partnerships, 134 f.
942 Siehe oben 4. Teil, 3.Kapitel, C.I.
943 Vgl. z. B. Ariz. Rev. Stat. Ann. § 10-909 (Supp. 1995); Ky. Rev. Stat. Ann. § 274.095 (Michie 1989).
944 Z.B. Ala. Code § 10-10-14 (1994); Del. Code Ann. tit.8 § 613 (1991); D.C. Code Ann. § 29-617 (1991).
945 Z.B. S. C. Code Ann. § 33-19-250 (Law Co-op. 1990).
946 Z.B. R.I. Gen. Laws § 7-5.1-5 (1992); S. C. Code Ann. § 33-19-250 (Law Co-op. 1990).

bejahen, wenn ein Gesellschafter einer Anwalts-PC seine Zulassung zur Anwaltschaft verliert, nicht aber schon aufgrund des Ausscheidens eines Aktionärs als solches.[947] Im M.P.C.S. und den meisten einzelstaatlichen Gesetzen ist ein Recht und eine Pflicht des ausscheidenden, aber die Voraussetzungen für die Gesellschafterstellung in einer PC erfüllenden Gesellschafters, seinen Anteil aufkaufen zu lassen, nicht vorgesehen. Daher versucht ein Teil der Rechtsprechung, speziell für Anwalts-PCs ein derartiges Recht auf Bedenken hinsichtlich des fortbestehenden Informationsrechts des ausscheidenden, seinen Anteil aber behaltenden Gesellschafters zu stützen.[948] Völlig zutreffend werden diese Bedenken von anderen Gerichten aber für nicht gravierend genug erachtet, um die Gesellschaft zum Aufkauf des Anteils zu verpflichten.[949] Das Einsichtsrecht ausgeschiedener Kollegen beschränkt sich nämlich auf die Geschäftsbücher der PC, erstreckt sich aber nicht auf Akten, die Informationen über Mandanten enthalten. Somit besteht keine ausreichende Grundlage für eine Verpflichtung oder das Recht der Gesellschaft, die Anteile ausscheidender Gesellschafter aufzukaufen.[950] Infolgedessen hat es dabei zu bleiben, daß ein ausscheidender Gesellschafter keinen Anspruch auf den Aufkauf seines Anteils durch die Anwalts-PC hat, wenn dieser nicht in einer Vereinbarung oder einschlägigen einzelstaatlichen gesetzlichen Bestimmung enthalten ist.

IV. Limited Liability Company

Nach ULLCA § 701(a) hat ein ausscheidender Gesellschafter bei einer Fortführung der Gesellschaft durch die verbleibenden Gesellschafter einen Anspruch auf den Verkehrswert seines Anteils. ULLCA § 701(b) verpflichtet die LLC, dem ausscheidenden Gesellschafter ein Kaufangebot zu unterbreiten. Der Preis und die Methode seiner Bestimmung können auch bei der LLC im Gesellschaftsvertrag festgelegt werden. Ist dies der Fall, so sind diese Regelungen entscheidend, ULLCA § 701(c). Auch bei der Anwalts-LLC sind beim Entwurf derartiger Vereinbarungen die bei der An-

---

947 Trittipo v. OÿBrien, 561 N.E.2d 1201 (1204) (Ill. Ct.App. 1990).
948 Melby v. OÿMelia, 286 N.W.2d 373 (374 f.) (Wis. Ct.App. 1979); Trittipo v. OÿBrien, 561 N.E.2d 1201 (1208) (Ill. Ct.App. 1990); Berrett v. Purser & Edwards, 876 P.2d 367 (369 f.) (Utah Supr.Ct. 1994).
949 Corlett, Killian, Hardeman, McIntosh and Levi, P.A. v. Merritt, 478 So.2d 828 (830 ff.) (Fla. Ct.App. 1985); das Gericht erkennt hierbei ausdrücklich an, daß daß der ausscheidende Gesellschafter dann Anteile besitzt, die nicht verkehrsfähig sind.
950 So im Ergebnis auch *Hillman*, Lawyer Mobility, 6:34.

walts-GP dargestellten Erwägungen zu berücksichtigen.[951] Kommt es innerhalb von 120 Tagen nach dem Ausscheiden nicht zu einer Vereinbarung über den Kauf des Anteils, so ist der ausscheidende Gesellschafter berechtigt, den Aufkauf seines Anteils durch ein gerichtliches Verfahren zu erzwingen, ULLCA § 701(d). Das Gericht hat den Verkehrswert unter der Berücksichtigung der in ULLCA § 702 hierfür aufgestellten Richtlinien[952] festzusetzen, ULLCA § 701(e). Führt das Ausscheiden des Gesellschafters zur Auflösung der Gesellschaft, so kommt es zu einem accounting, bei dem die Vermögenswerte und Verbindlichkeiten der LLC sowie die Anteile der Gesellschafter bestimmt werden. Daraufhin sind die Vermögenswerte zu verkaufen, die Schulden zu bezahlen und die verbleibenden Werte an die Gesellschafter zu verteilen.[953]

V. Vergleich

Die Höhe des Abfindungsanspruchs ausscheidender Gesellschafter kann in allen Gesellschaftsformen durch die Aufnahme einer entsprechenden Bestimmung im Gesellschaftsvertrag geregelt werden. Wird dies unterlassen, so kann ein ausscheidender Partner bei einer Anwalts-GP und -LLP ein accounting verlangen. Nach RUPA ist die Gesellschaft zudem verpflichtet, den Anteil des ausgeschiedenen Partners aufzukaufen. Ein ausscheidender Gesellschafter einer Anwalts-PC hat in den meisten Einzelstaaten – von dem Spezialfall des Ausscheidens durch Tod oder aufgrund des Verlusts der Voraussetzungen für die Gesellschafterstellung abgesehen – keinen gesetzlichen Anspruch auf einen Aufkauf seiner Anteile durch die Gesellschaft. Ein derartiger Anspruch läßt sich auch nicht auf Grundsätze des common laws stützen. Im Gegensatz dazu hat der ausscheidende Gesellschafter bei einer Anwalts-LLC einen gerichtlich erzwingbaren Anspruch auf die Zahlung des Verkehrswertes seines Anteils durch die Gesellschaft.

---

951 Siehe oben 4. Teil, 3. Kapitel, C.I.
952 Vgl. hierzu *Ribstein/Keatinge*, Limited Liability Companies, Vol. 1, 11-8.
953 Vgl. ULLCA §§ 801, 806; *Ribstein/Keatinge*, Limited Liability Companies, Vol. 1, 11-17 f.

4. Kapitel: Innenverhältnis

Im folgenden werden kurz die für Geschäftsführung und Beschlußfassung sowie Kapitalausstattung geltenden Grundsätze dargestellt. Auf dieser Grundlage kann dann im anschließenden Kapitel die Haftungsproblematik erörtert werden.

A. Geschäftsführung und Beschlußfassung

I. General Partnership

Jeder Partner einer GP hat die gleichen Teilhaberechte an der Geschäftsführung, UPA § 18(e), RUPA § 401(f).[954] Sein Stimmrecht hängt nicht von seinen Beiträgen zur Gesellschaft ab.[955] Dies kann mit zunehmender Größe einer Gesellschaft zu administrativen Problemen führen. Möglich ist aber, eine hiervon abweichende Wertigkeit der Stimmen zu vereinbaren. Hierzu kommt es häufig im Falle freiberuflich tätiger Personengesellschaften, deren Partner sich unter Umständen im Hinblick auf ihre Berufserfahrung und ihre Fähigkeiten stark unterscheiden.[956] Die Rechtsprechung neigt allerdings zu einer restriktiven Interpretation derartiger Vereinbarungen.[957] Bei der Geschäftsführung gilt das Mehrheitsprinzip, soweit keine Änderung des Partnerschaftsvertrages oder eine sonstige grundlegende Angelegenheit betroffen ist, UPA § 18(h), RUPA § 401(j).[958]

---

954 UPA § 18(e): „All partners have equal rights in the management and conduct of the partnership business."; RUPA § 401(f): „Each partner has equal rights in the management and conduct of the partnership business." Die Rechtsprechung lehnt es ab, in die zulässige Ausübung der Teilhaberechte eines Partners an der Geschäftsführung einzugreifen, Hauke v. Frey, 93 N.W.2d 183 (184 f.) (Neb. Supr.Ct. 1958).

955 Reed v. Robilio, 273 F.Supp. 954 (957 ff.) (W.D. Tenn. 1967); *affÿd*, 400 F.2d 730 (732 ff.) (6th Cir. 1968).

956 Vgl. hierzu *Bromberg/Ribstein*, General Partnership, Vol. 2, 6:40.

957 Vgl. Wilzig v. Sisselman, 442 A.2d 1021 (1024 ff.) (N.J. Super.Ct. 1982).

958 UPA § 18(h): „Any differences arising as to ordinary matters connected with the partnership business may be decided by a majority of the partners; but no act in contravention of any agreement between the partners may be done rightfully without the consent of all the partners."; RUPA § 401(j): „A difference arising as to a matter in the ordinary course of business of a partnership may be decided by a majority of the partners. An act outside the ordinary course of business of a partnership and an amendment to the partnership agreement may be undertaken only with the consent of all of the partners."

Für eine Entscheidung über grundlegende Angelegenheiten ist, wie sich mittelbar aus UPA § 18(h) ergibt und wie RUPA § 401(j) ausdrücklich feststellt, Einstimmigkeit erforderlich. Eine Beschlußfassung findet nach der gesetzlichen Regelung nur statt, wenn es zu einer Meinungsverschiedenheit über die betreffende Angelegenheit kommt, ein oder mehrere Partner also ihre abweichende Meinung nach außen hin kundtun.[959] Schließlich können auch einzelne Geschäftsführungsaufgaben auf benannte Partner übertragen werden, da die die Geschäftsführung regelnden gesetzlichen Bestimmungen dispositiv sind.

II. Limited Liability Partnership

Für das Recht der Partner einer LLP auf Teilnahme an der Geschäftsführung gilt das zur GP Ausgeführte, da die LLP-Gesetze keine hiervon abweichende Regelung enthalten.[960] Aus dem gleichen Grund sind auch die für die GP geltenden Grundsätze über die Wertigkeit der Stimmen sowie die erforderlichen Mehrheiten bei der Entscheidungsfindung auf die LLP zu übertragen.[961]

III. Professional Corporation

Das M.P.C.S. schreibt nicht vor, daß die PC eine zentralisierte Geschäftsführung haben muß.[962] Die Gesellschafter können sich jedoch für eine solche entscheiden, indem sie leitende Angestellte und einen Verwaltungsrat ernennen und diesen bestimmte Befugnisse übertragen. Dies hat den Vorteil, daß die übrigen Gesellschafter sich ganz auf ihre freiberufliche Tätigkeit konzentrieren können.[963] Nach M.P.C.S. § 30 müssen dann allerdings auch mindestens die Hälfte der Verwaltungsratsmitglieder und alle leitenden Angestellten außer secretary und treasurer zur in der PC

---

959 UPA § 18(h): „Any difference arising ... may be decided ....“
960 *Bromberg/Ribstein*, Limited Liability Partnerships, 120 ff. Dies ist auch deshalb gerechtfertigt, weil es auch in einer LLP – je nach dem anwendbaren einzelstaatlichen Recht – zu einer Haftung für vertragliche Verbindlichkeiten der Gesellschaft und für Berufsfehler von Kollegen kommen kann und die Partner daher die Möglichkeit haben müssen, an der Geschäftsführung mitzuwirken, vgl. hierzu 4. Teil, 5. Kapitel, D.IV.
961 *Bromberg/Ribstein*, Limited Liability Partnerships, 123 f.
962 Die einzelstaatlichen PC-Gesetze machen dies allerdings z. T. von einer ausdrücklichen schriftlichen Vereinbarung der Aktionäre abhängig, in der diese auf einen Verwaltungsrat verzichten; vgl. z. B. Wyo. Stat. § 17-3-101 (1989 & Supp. 1995).
963 Vgl. *Bowman*, 3 Pepp. L. Rev. 1983, 515 (521 f.).

ausgeübten freiberuflichen Tätigkeit zugelassen sind. Für vom Verwaltungsrat getroffene Entscheidungen ist eine einfache Mehrheit ausreichend, soweit Gründungsurkunde, Satzungsbestimmungen oder Gesetz nicht ausnahmsweise eine qualifizierte Mehrheit vorschreiben. Jedes Verwaltungsratsmitglied hat eine Stimme.[964] Bei Abstimmungen der Gesellschafter gibt – wie in einer business corporation – jede Aktie eine gleichwertige Stimme, R.M.B.C.A. § 7.21(a). Nach M.P.C.S. § 31(a) kann nur eine Person, die die Zulassung zu dem in der PC ausgeübten Beruf hat, von einem Gesellschafter zum Abstimmungsbevollmächtigten (proxy) ernannt werden. Grundsätzlich genügt bei Abstimmungen eine einfache Mehrheit. Die Gründungsurkunde kann aber höhere Stimmenmehrheitserfordernisse vorschreiben, R.M.B.C.A. § 7.27.

IV. Limited Liability Company

Bei der LLC können die Gesellschafter zwischen einer Geschäftsführung durch die Gesellschafter selbst und der Errichtung einer zentralisierten Geschäftsführung wählen, ULLCA §§ 404(a), (b), 112(b)(9).[965] Die Gründungsurkunde einer LLC muß angeben, ob die Gesellschaft eine zentralisierte Geschäftsführung hat, ULLCA § 203(a)(6). In einer LLC ohne zentralisierte Geschäftsführung hat mangels einer entgegenstehenden Regelung im Gesellschaftsvertrag jeder Gesellschafter ein gleiches Recht zur Teilnahme an der Geschäftsführung, ULLCA § 404(a)(1). Es wird nach Köpfen abgestimmt, wobei die meisten Entscheidungen von einer einfachen Mehrheit der Gesellschafter getroffen werden können, ULLCA § 404(a)(2). Ausnahmsweise verlangt ULLCA § 801(3)(i) bei bestimmten Fällen des Ausscheidens eines Gesellschafters eine Mehrheit an Anteilen für eine Entscheidung über die Fortführung der Gesellschaft. ULLCA § 404(c) enthält eine abschließende Aufzählung der Angelegenheiten, in denen eine einstimmige Zustimmung der Gesellschafter erforderlich ist. Haben sich die Gesellschafter für eine zentralisierte Geschäftsführung entschieden, so müssen sie leitende Angestellte ernennen und Verwaltungsratsmitglieder wählen. Es werden dann alle Geschäftsangelegenheiten der Gesellschaft, die nicht in der abschließenden Aufzählung des ULLCA § 404(c) enthalten sind, ausschließlich durch die Geschäftsführer entschieden. Hat die LLC mehrere Geschäftsführer, so

---

964 R.M.B.C.A. § 8.24(a).
965 Für eine Übersicht über das Recht der Einzelstaaten vgl. *Ribstein/Keatinge*, Limited Liability Company, Vol. 1, 8-2 f.

entscheiden diese mit einfacher Mehrheit, ULLCA § 404(b)(2). Bei den in ULLCA § 404(c) aufgelisteten Angelegenheiten bleibt es bei dem Erfordernis der einstimmigen Zustimmung der Gesellschafter, ULLCA § 404(b)(1), (2). Eine Abstimmungsbevollmächtigung ist möglich, ULLCA § 404(e).

V. Vergleich

Die Gesellschafter einer Anwalts-PC haben wie die einer Anwalts-LLC die Wahl zwischen einer zentralisierten Geschäftsführung durch einen Verwaltungsrat und leitende Angestellte einerseits und einer dezentralisierten Geschäftsführung durch die Gesellschafter selbst andererseits. In den Personengesellschaften GP und LLP dagegen führen die Partner mit grundsätzlich gleichen Teilnahmerechten die Geschäfte, wenn auch einzelne Geschäftsführungsaufgaben auf benannte Partner übertragen werden können. Bei GP und LLP – und hinsichtlich der meisten Angelegenheiten auch in der LLC – stimmen die Gesellschafter nach der gesetzlichen Regelung nach Köpfen ab, bei der PC nach Kapitalanteilen. In der Regel genügt eine einfache Mehrheit. Abweichende Vereinbarungen bezüglich der Frage, ob nach Köpfen oder Kapitalbeiträgen abgestimmt wird, welche Wertigkeit die Stimmen haben und welchen Mehrheitserfordernissen genügt werden muß, sind möglich und bei Anwaltsgesellschaften aufgrund der unter Umständen sehr unterschiedlichen Beiträge der einzelnen Partner zum Erfolg der Gesellschaft angezeigt.

B. Kapitalausstattung

Weder die GP-, noch die LLP-, LLC- und PC-Gesetze[966] verlangen eine Mindestkapitalausstattung.

---

966 Vgl. für die PC M.P.C.S. § 20, R.M.B.C.A. § 6.21. Die GP-, LLP- und LLC-Gesetze enthalten diesbezüglich keine Regelungen.

C. Gewinnverteilung

I. General Partnership

In einer GP erfolgt die Gewinn- und Verlustverteilung grundsätzlich nach Köpfen.[967] Es kann aber eine anderweitige Vereinbarung getroffen werden. Dies kommt vor allem in freiberuflich tätigen Gesellschaften in Frage, in welchen eine weite Variationsbreite hinsichtlich der Beiträge der einzelnen Partner zum Gewinn der Gesellschaft gegeben sein kann.[968]

II. Limited Liability Partnership

Für die LLP gilt das zur GP Ausgeführte. Dabei liegen von der Grundregel der Gewinn- und Verlustverteilung nach Köpfen abweichende Vereinbarungen allerdings nicht nur wegen der unterschiedlichen Tätigkeitsbeiträge nahe, sondern auch aufgrund des – abhängig vom Aufgabengebiet und der Position des betreffenden Partners innerhalb der Kanzleistruktur sowie dem einschlägigen einzelstaatlichen Haftungsrecht – unterschiedlich großen Haftungsrisikos.[969]

III. Professional Corporation

Das M.P.C.S. enthält keine Bestimmungen über die Gewinnverteilung. Nach den business corporation Gesetzen hat der Verwaltungsrat darüber zu entscheiden, ob und in welcher Höhe an die Anteilseigner eine Dividende ausgeschüttet wird, R.M.B.C.A. § 6.40. Eine Gewinnverteilung nach Kapitalanteilen ist bei einer Anwalts-PC aufgrund der großen Bedeutung des Arbeitseinsatzes der einzelnen Anteilseigner für den Gewinn der Gesellschaft nicht überzeugend. Sinnvoll erscheint in diesem Fall eine Vereinbarung der Gesellschafter, die die Gewinnverteilung nicht von den Kapital-, sondern von den unterschiedlichen Tätigkeitsbeiträgen abhängig macht.

---

967 UPA § 18(a); Carlson v. Phillips, 63 N.E.2d 193 f. (Ill. Ct.App. 1945).
968 Vgl. z. B. Skillman v. First Natÿl Bank of Kansas City, 524 S. W.2d 51 (53 ff.) (Mo. Ct.App. 1975). Zu den verschiedenen in Anwaltsgesellschaften verwendeten Methoden zur Berechnung der Gewinnverteilung vgl. *Bromberg/Ribstein*, General Partnership, Vol. 2, 6:11.
969 Vgl. hierzu *Bromberg/Ribstein*, Limited Liability Partnerships, 68.

IV. Limited Liability Company

In Ermangelung einer anderweitigen Vereinbarung erfolgt die Gewinnverteilung in der LLC gemäß den einzelstaatlichen LLC-Gesetzen nach der jeweiligen Kapitaleinlage und nicht nach Köpfen.[970] Bei einer Anwalts-LLC ist aus den für die Anwalts-GP und -PC dargelegten Gründen eine Vereinbarung angezeigt, die den Arbeitseinsatz der einzelnen Gesellschafter hinreichend berücksichtigt.

V. Vergleich

In der GP und LLP erfolgt die Gewinn- und Verlustverteilung nach Köpfen, während sie sich in der PC und LLC grundsätzlich nach den Kapitaleinlagen richtet. Bei Anwaltsgesellschaften ist jedoch unabhängig von der gesellschaftsrechtlichen Form, in der die anwaltliche Zusammenarbeit erfolgt, eine von den gesetzlichen Grundregeln abweichende Gewinnverteilung angezeigt, die die Gewinnverteilung an den Tätigkeitsbeiträgen der einzelnen Partner orientiert.

---

970 Für eine Übersicht über die einzelstaatlichen Bestimmungen zu dieser Frage vgl. *Ribstein/Keatinge*, Limited Liability Companies, Vol. 1, 6-2 f. Der ULLCA scheint eine Verteilung nach Köpfen vorzuschreiben, ULLCA § 405(a): „Any limited liability companyÿs distributions made before itÿs dissolution and winding must be in equal shares."

5. Kapitel: Außenverhältnis

Die Frage der Haftungsvoraussetzungen und Haftungsbeschränkungsmöglichkeiten in den verschiedenen Gesellschaftsformen hat für US-
amerikanische Anwälte in den letzten Jahren, die durch steigende Schadensersatzforderungen charakterisiert waren, an Bedeutung gewonnen.[971]
Sie wird daher im folgenden im Anschluß an einen Überblick über andere
problematische Bereiche des Außenverhältnisses – Namen, registerrechtliche Publizität und Vertretung – im einzelnen erörtert.

A. Name, Firma

I. General Partnership

Der UPA selbst regelt den Namen der *GP* nicht. Grundsätzlich können die
Partner in Form einer GP Geschäfte betreiben, ohne der Gesellschaft einen
Namen zu geben.[972] Wollen die Partner ihr jedoch eine Bezeichnung
geben, so darf diese nicht die Gefahr von Verwechslungen oder Täu-
schungen in sich bergen.[973] Dabei sind vor allem Namenszusätze und
Abkürzungen zu vermeiden, die eine dritte Partei glauben machen könnten, daß es sich um eine Kapitalgesellschaft handelt.[974]

Eine *Anwalts-GP* hat die für die anwaltliche Berufsausübung geltenden
Regelungen zu beachten. So verbietet der ABA Model Code of Professional Responsibility DR 2-102(B) die Verwendung von Geschäfts-
bezeichnungen (trade names).[975] Auch sind Namen, die irreführend im

---

971 Vgl. hierzu bereits den 1. Teil (Einleitung) und z. B. *Banoff*, 4 Bus. L. Today 3/4 1995, 10 (14).

972 Townsend v. L.J. Appel Sons, 164 A. 679 (680) (Md. Ct.App. 1933); Meriden Nat. Bank v. Gallaudet, 24 N.E. 994 (995 f.) (N.Y. Ct.App. 1890).

973 Vgl. *Bromberg/Ribstein*, Partnership, Vol. 1, 2:120.

974 Application of Seigal, 171 N.Y.S.2d 186 (187 f.) (Supr. Ct. 1958).

975 Die verfassungsrechtliche Zulässigkeit des Verbots von trade names im Namen von law firms durch die einzelstaatlichen Legislativen wurden vom Supreme Court bestätigt; Friedman v. Rogers, 440 U.S. 1 ff. (1979). Auf diese Entscheidung stützen sich die Entscheidungen, die die Verwendung jeglicher trade names durch Anwälte verbieten; In re Sekerez, 458 N.E.2d 229 (242) (Ind. Supr.Ct. 1984); *cert. denied*, 105 S. Ct. 182 (1984); In re Oldtowne Legal Clinic, 400 A.2d 1111 (1112 ff.) (Md. Ct.App. 1979). Es existiert aber auch Rechtsprechung, die das Verbot des Gebrauchs von trade names dahingehend interpretiert, daß hiervon nur unzutreffende und irreführende trade names

Hinblick auf die Identität der in der Sozietät tätigen Anwälte sein können, nicht zulässig. Gleiches gilt nach DR 2–102(B) für den Namen eines Anwalts, der aufgrund der Aufnahme einer Tätigkeit im Gerichtswesen, als Volksvertreter oder als Beamter im Bereich der Exekutive für die Dauer dieser Tätigkeit nicht mehr regelmäßig aktiv in der law firm mitarbeitet.[976] Nach dem ABA Model Code of Professional Responsibility EC 2-11 muß die Bezeichnung einer Anwalts-GP den Namen mindestens eines in ihr praktizierenden Anwalts enthalten.[977] Dabei darf zusätzlich zu dem Namen eines in ihr tätigen Gesellschafters auch der oder die Namen eines oder mehrerer verstorbener oder in den Ruhestand gegangener Partner[978] aufgenommen werden, vorausgesetzt, es kommt nicht zu einer Irreführung der Öffentlichkeit. Der Name eines aus der Sozietät ausgeschiedenen, aber weiterhin anwaltlich tätigen Partners ist dagegen nach dem ABA Model Code of Professional Responsibility von der Bezeichnung der law firm zu entfernen, um eine Täuschung im

---

erfaßt sein sollen; In re Shannon, 638 P.2d 482 (483 f.) (Or. Supr.Ct. 1982). So stellte ein Gericht fest, daß der Name „The Law Team" nicht falsch oder irreführend ist; Florida Bar v. Feterman, 439 So.2d 835 (836 ff.) (Fla. Supr.Ct. 1983). Gleiches gilt für den Zusatz „Clinic", vorausgesetzt, daß die betreffende Anwaltsgesellschaft tatsächlich eine Vielzahl von Fällen routinemäßig erledigt, so daß dieser Begriff nicht falsch und irreführend ist; In re R.M.J., 455 U.S. 191 (193 ff.) (1982).

976 ABA Model Code of Professional Responsibility DR 2-102: „A lawyer in private practice under a trade name, a name that is misleading as to the identity of the lawyer or lawyers practicing under such name, or a firm name containing names other than those of one or more of the lawyers in the firm, except that the name of a professional corporation or professional association may contain „P.C." or „P.A." or similar symbols indicating the nature of the organization, and if otherwise lawful a firm may use as, or continue to include in, its name the name or names of one or more deceased or retired members of the firm or of a predecessor firm in a continuing line of succession. A lawyer who assumes a judicial, legislative, or public executive or administrative post or office shall not permit his name to remain the name of a law firm or to be used in professional notices of the firm during any significant period in which he is not actively and regularly practicing law as a member of the firm, during such period other members of the firm shall not use his name in the firm name or in professional notices of the firm."

977 ABA Model Code of Professional Responsibility, EC 2-11: „ . . . a lawyer in private practice should practice only under a designation containing his own name, the name of a lawyer employing him, the name of one or more of the lawyers practicing in a partnership . . . ."

978 Phillips v. Cahill, Gordon & Reindel (N.Y. Supr. Ct. 1981) N.Y.L.J., 26 May 1981, 7. Dies entspricht auch dem ABA Model Code of Professional Responsibility EC 2-11: „ . . . For many years some law firms have used a firm name retaining one or more names of deceased or retired partners and such practice is not improper if the firm is a bona fide successor of a firm in which the deceased or retired person was a member, if the use of the name is authorized by law or by contract, and if the public is not misled thereby . . . ."

Rechtsverkehr zu vermeiden.[979] Weit verbreitet ist das Erfordernis, daß alle im Namen der GP genannten Anwälte die Zulassung zur Anwaltschaft im betreffenden Einzelstaat besitzen müssen.[980] Eine Konsequenz dieser Regelung waren Entscheidungen, die law firms, die in mehreren Staaten tätig waren, in bestimmten Bundesstaaten die Verwendung des von ihnen geführten Namens untersagten. Der Grund hierfür war, daß die Bezeichnung der law firm die Namen von in den jeweiligen Bundesstaaten nicht zugelassenen Anwälten enthielt. Insoweit half es den betroffenen Anwaltsgesellschaften nicht, daß alle im Einzelstaat tatsächlich tätigen Anwälte auch in diesem zugelassen waren.[981] Im Gegensatz zu diesen Judikaten gestatten die ABA Model Rules of Professional Conduct MR 7.5(b) die Verwendung eines solchen Namens, wenn kenntlich gemacht wird, welche Anwälte in welcher Niederlassung der law firm tätig und in welchen Einzelstaaten sie zugelassen sind.[982] Zu dem gleichen Ergebnis kommt die DR 2-102(D) des ABA Model Code of Professional Responsibility, die dies davon abhängig macht, daß der Briefkopf der law firm die örtlichen Grenzen der Zulassung der Rechtsanwälte klargestellt.[983] Die Verwendung akademischer Grade schließlich ist unproblematisch.[984]

979 ABA Code of Professional Responsibility EC 2-11: „ . . . the name of a partner who withdraws from a firm but continues to practice law should be omitted from the firm name in order to avoid misleading the public."

980 Vgl. *Wolfram*, 785. Dagegen dürfen nach New York Criminal & Civil Courts Bar Assÿn v. Jacoby, 460 N.E.2d 1325 f. (N.Y. Ct.App. 1984) die Namen von im jeweiligen Einzelstaat nicht zugelassenen Partnern in die Firma aufgenommen werden, soweit die Tatsache der fehlenden Zulassung offengelegt wird.

981 In re Professional Ethics Advisory Comm. Opinion 475, 444 A.2d 1092 (1095 ff.) (N.J. Supr.Ct. 1982), *app. dismissed sub nom.* Jacoby & Meyers v. Supreme Court of New Jersey, 459 U.S. 962 (1982). Für weitere Nachweise vgl. *Wolfram*, 785.

982 ABA Model Rules of Professional Conduct MR 7.5(b): „A law firm with offices in more than one jurisdiction may use the same name in each jurisdiction, but identification of the lawyers in an office of the firm shall indicate the jurisdictional limitations on those not licensed to practice in the jurisdiction where the office is located."

983 ABA Model Code of Professional Responsibility DR 2-102(D): „A partnership shall not be formed or continued between or among lawyers licensed in different jurisdictions unless all enumerations of the members and associates of the firm on its letterhead and in other permissible listings make clear the jurisdictional limitations on those members and associates of the firm not licensed to practice in all listed jurisdictions; however, the same firm name may be used in each jurisdiction."

984 Vgl. ABA Model Rules of Professional Responsibility, DR 2-102(E): „Nothing contained therein shall prohibit a lawyer from using or permitting the use of, in connection with his name, an earned degree or title derived therefrom indicating his training in the law."

II. Limited Liability Partnership

Alle LLP-Gesetze schreiben vor, daß diese Gesellschaftsform in ihre Firma (name) den Zusatz „Registered Limited Liability Partnership","Limited Liability Partnership", „L.L.P.", „R.L.L.P.", „LLP" oder „RLLP" aufnimmt.[985] Die meisten gesetzlichen Regelungen verlangen, daß solche Namen vermieden werden müssen, bei denen eine Verwechslungsgefahr mit einer anderen LLP, einer corporation, limited partnership oder LLC besteht.[986] Die einzelstaatlichen LLP-Gesetze ordnen als Konsequenz bei Nichtbeachtung dieser Bestimmungen zum Teil ausdrücklich den Verlust der Haftungsbeschränkung an.[987] Teilweise nehmen sie zu den Folgen nicht Stellung.[988] Für die Ausübung anwaltlicher Tätigkeit in Form der LLP gelten die oben[989] zur GP gemachten Ausführungen zu den Anforderungen an den Namen einer law firm entsprechend.[990]

---

985 Vgl. Prototype LLP Act § 911: „The name of a registered limited liability partnership shall contain the words „Registered Limited Liability Partnership" or „Limited Liability Partnership", or the abbreviation „R.L.L.P." or „L.L.P." or the designation „RLLP" or „LLP" as the last words or letters of its name." In New York beispielsweise ist die die Firma der LLP regelnde Bestimmung ähnlich, setzt aber nicht voraus, daß der Zusatz am Ende des Namens zu stehen hat; N.Y. Partnership Law § 121-1501 (McKinney Supp. 1995).

986 Vgl. z. B. Ariz. Rev. Stat. Ann. § 29-244 (Supp. 1995); Colo. Rev. Stat. § 7-60-145 (West Supp. 1995); Conn. Gen. Stat. Ann. § 20(b) (West Supp. 1995); Del. Code tit.6, § 1545 (Michie Supp. 1994); Kan. Stat. Ann. § 56-2(a) (1994 & Supp. 1995); Md. Corps. & Assÿns Code Ann. § 9-803(a)(3) (Supp. 1995).

987 Allerdings bleibt die Haftungsbeschränkung bestehen, wenn der Partner zeigen kann, daß die dritte Partei nicht darauf vertraute, daß es sich bei der Gesellschaft um eine GP handelte; vgl. Minn. Stat. Ann. § 323.45(5) (West 1995 & Supp. 1996); N.D. Cent. Code § 44-22-06 (1995).

988 Wenn das einschlägige einzelstaatliche LLP-Gesetz eine Haftungsbeschränkung nicht nur für deliktische, sondern auch für vertragliche Ansprüche vorsieht, ist die Frage der Konsequenz der Nichteinhaltung dieser Erfordernisse von besonderer Bedeutung, da der Vertragsschluß im Vertrauen der dritten Partei auf die Stellung der Gesellschaft als GP mit unbeschränkter Haftung aller Partner zustandegekommen sein kann. In diesem Fall wird der Partner an der Geltendmachung der Haftungsbeschränkung in der Regel durch den Einwand unzulässiger Rechtsausübung gehindert sein. Vgl. hierzu *Bromberg/Ribstein*, Limited Liability Partnerships, 50 m.w.N.

989 4. Teil, 5. Kapitel, A.I.

990 Vgl. 4. Teil, 5.Kapitel, A.I.

III. Professional Corporation

Die Firma (name) der PC muß den Zusatz „professional corporation", „professional association", „service corporation", „P.C.", „P.A." oder „S.C." enthalten, M.P.C.S. § 15(a)(1).[991] Nach M.P.C.S. § 15(a)(3) müssen bei der Firmengebung zusätzlich die Regelungen eingehalten werden, welche von der für die betreffende Berufsgruppe zuständigen Genehmigungsbehörde erlassen wurden. Gemäß M.P.C.S. § 15(b) muß die Firma von den Namen anderer, bereits beim Secretary of State registrierter, Gesellschaften unterscheidbar sein. Hiervon ist aber eine Ausnahme zu machen, wenn die Verwechslungsgefahr hinsichtlich der Firmen darauf beruht, daß in ihnen Namen von Personen verwendet wurden, die an der Gesellschaft beteiligt sind. Nach dem Official Comment der ABA zu M.P.C.S. § 15 soll diese Bestimmung sicherstellen, daß sich jede PC in ihrer Firma als solche zu erkennen gibt und daß grundsätzlich keine Verwechslungsgefahr mit anderen Gesellschaften besteht[992] Wie für die Anwalts-LLP, so gelten die Ausführungen zum Namen der Anwalts-GP[993] auch für die Anwalts-PC.[994]

IV. Limited Liability Company

In die Firma (name) der LLC müssen die Worte „limited liability company" oder „limited company", die Abkürzungen „L.L.C.", „LLC", „L.C." oder „LC" aufgenommen werden, ULLCA § 105(a). Die Firma muß von den Bezeichnungen anderer, beim Secretary of State registrierter Unternehmen, zu unterscheiden sein, ULLCA § 105(b), wenn diese der Führung der Firma durch die LLC nicht zustimmen, ULLCA § 105(c).[995] Die Kon-

---

991 Vgl. M.P.C.S. § 15(a): „The name of a domestic professional corporation and of a foreign professional corporation authorized to transact business in this state, in addition to satisfying the requirements of (MBCA §§ 4.01 and 15.06): (1) must contain the words „professional corporation", or „professional association", or „service corporation" or the abbreviation „P.C.", „P.A.", or „S.C." . . . ." Vergleichbare Bestimmungen sind auch in den einzelstaatlichen Regelungen zu finden – so beispielsweise N.Y. Bus. Corp. Law § 1512(b); Cal. Corps.Code § 202(a) (West 1990 & Supp. 1995).

992 Abgedruckt in: *ABA*, Model Business Corporation Act Annotated, PC-15 f.

993 4. Teil, 5. Kapitel, A.I.

994 Siehe oben 4. Teil, 5.Kapitel, A.I.

995 Die Einzelstaaten verbieten zum Teil Namen, die eine täuschende Ähnlichkeit (deceptive similarity) zu den Namen anderer Unternehmen aufweisen; vgl. z. B. Fla. Stat. Ann. § 608.406(1) (West Supp. 1996). Zum Teil ordnen sie an, daß die Namen von anderen Firmen in den Unterlagen des Secretary of State unterscheidbar (di-

sequenzen der Nichteinhaltung dieser Anforderungen werden nur in wenigen einzelstaatlichen Gesetzen ausdrücklich geregelt.[996] Zum Teil ist die Möglichkeit, den Namen einer verstorbenen Person in die Firma aufzunehmen oder in ihr zu belassen, bei freiberuflich tätigen LLCs nur eingeschränkt zulässig.[997] Zusätzlich zu den Bestimmungen, die im jeweiligen LLC-Gesetz enthalten sind, müssen bei der Firmengebung die Regelungen eingehalten werden, welche die für die betreffende Berufsgruppe zuständige Genehmigungsbehörde erlassen hat.[998] Im übrigen gelten für eine Anwalts-LLC die oben bei der Anwalts-GP erörterten namensrechtlichen Grundsätze entsprechend.[999]

V. Vergleich

Die LLP, PC und LLC müssen Zusätze in ihre Firma aufnehmen, in denen sie ihre jeweilige Gesellschaftsform erkennbar machen. Bei der GP genügt es dagegen in der Regel, wenn nicht aufgrund ihres Namens eine Verwechslungsgefahr mit einer Kapitalgesellschaft besteht. Bei allen vier Gesellschaftsformen muß eine Verwechslungsgefahr hinsichtlich der Firmen anderer Unternehmen vermieden werden. Dient der Zusammenschluß in der GP, LLP, PC oder LLC der anwaltlichen Berufsausübung, so sind zusätzlich die für diese geltenden Regelungen zu beachten. Danach muß die Firma einer Anwaltsgesellschaft den Namen mindestens eines in ihr praktizierenden Rechtsanwalts enthalten. Der Name eines in den Ruhestand gegangenen oder verstorbenen Gesellschafters darf beibehalten werden. Ob die Verwendung von Begriffen wie „Clinic" oder „Lawyer Team" zulässig ist, wird nicht einheitlich beurteilt. Ebenso steht nicht mit Sicherheit fest, ob im Firmennamen Anwälte aufgeführt werden dürfen, die im betreffenden Einzelstaat nicht zugelassen sind. Möglicherweise irreführende Angaben sind in jedem Fall zu vermeiden.

---

stinguishable) sein müssen; vgl. z. B. N.Y. Limited Liability Company Law § 204(b) (McKinney Supp. 1996).

996 Vgl. z. B. Fla. Stat. Ann. § 608.406(2) (West Supp. 1996).

997 So setzt dies beispielsweise in New York voraus, daß die Person zum Zeitpunkt ihres Todes bereits namensgebend für die LLC war oder aber ihr Name in der Firma einer Personengesellschaft oder PC enthalten war und mindestens zwei Drittel der Partner oder Aktionäre dieser Gesellschaften Mitglieder in der fraglichen LLC werden; N.Y. Limited Liability Company Law § 1212(a) (McKinney Supp. 1996).

998 Vgl. z. B. N.Y. Limited Liability Company Law § 1215 (McKinney Supp. 1996).

999 Vgl. 4. Teil, 5.Kapitel, A.I.

B. Registerrechtliche Publizität

Während im Falle der GP eine registerrechtliche Publizität durch die formlose Gründung ausscheidet, sind der Antrag auf Registereintragung der LLP wie auch die Gründungsurkunden von PC und LLC öffentlich einsehbare Dokumente, von denen insbesondere Gläubiger beim Secretary of State Abschriften erhalten könne.[1000] Diese Dokumente genießen allerdings keine positive oder negative Publizität im Sinne des deutschen Rechts.[1001]

C. Vertretung

I. General Partnership

Nach UPA § 9(1) ist jeder Partner Vertreter der GP. Sein Handeln bindet die Gesellschaft gegenüber Dritten, soweit es offensichtlich zum Betrieb des gewöhnlichen Geschäftsverkehrs vorgenommen wird. Etwas anderes gilt ausnahmsweise dann, wenn der handelnde Partner im Einzelfall keine Vertretungsmacht hat und der Dritte hiervon wußte.[1002] UPA § 9(3) enthält eine nicht abschließende Aufzählung von Fällen, in denen der Partner keine Vertretungsmacht besitzt. Wenn ein Partner ohne Vertretungsmacht handelt, verpflichtet er die Gesellschaft und seine Mitgesellschafter nicht, haftet aber selbst mit seinem Privatvermögen.[1003] Nach UPA § 13 haftet die Gesellschaft für beim Betrieb des gewöhnlichen Geschäftsverkehrs auftretende deliktische Handlungen und Unterlassungen ihrer Partner, soweit dritte Personen hierbei Schaden erlei-

---

1000 Vgl. *Keatinge/Ribstein/Hamill/Gravelle/Connaughton*, 47 Bus. Law. 1992, 375 (410).
1001 Vgl. *Bungert*, Gesellschaftsrecht, 50.
1002 UPA § 9(1): „Every partner is an agent of the partnership for the purpose of its business, and the act of every partner, including the execution in the partnership name of any instrument, for apparently carrying on in the usual way the business of the partnership of which he is a member binds the partnership, unless the partner so acting has in fact no authority to act for the partnership in the particular matter, and the person with whom he is dealing has knowledge of the fact that he has no such authority." Gleiches gilt nach RUPA § 301. Vgl. hierzu *Bungert*, Gesellschaftsrecht, 9; *Bromberg/Ribstein*, General Partnership, Vol. 1, 4:2 ff.
1003 Taft v. Church, 39 N.E. 283 (284) (Mass. Supr.Ct. 1895); Gimbel Bros. v. Martinson, 157 N.Y.S. 458 (459) (Supr. Ct. 1916).

den.[1004] Nach RUPA § 303 kann die GP bei der für die Registrierung von Grundstücksübergängen zuständigen Stelle eine Erklärung einreichen, die die Vertretungsmacht hinsichtlich einzelner oder aller Partner beschränkt (statement of partner authority). Beschränkungen der Vertretungsmacht, die in dieser Erklärung enthalten sind, sind Dritten gegenüber wirksam. Dies gilt jedoch nur für Immobiliengeschäfte, RUPA § 303(e). UPA §§ 9-14 regeln lediglich die Frage der Vertretungsmacht von Partnern, nicht aber die von Angestellten ohne Gesellschafterstellung. Nach den allgemeinen vertretungsrechtlichen Grundsätzen, die UPA § 4(3) für auf die GP anwendbar erklärt, kann die GP auch durch die Handlungen dieser Personen verpflichtet werden.

Diese Grundsätze des Personengesellschaftsrechts finden auch auf Anwaltsgesellschaften Anwendung. Danach kann das Handeln oder Unterlassen eines jeden Partners die Gesellschaft und damit alle Partner verpflichten, vorausgesetzt, es bezieht sich auf die von der GP verfolgte anwaltliche Berufsausübung und gehört damit zum Betrieb des gewöhnlichen Geschäftsverkehrs.[1005]

II. Limited Liability Partnership

Für die LLP gelten grundsätzlich die Ausführungen zur GP. So ist auch in der LLP jeder Partner Vertreter der Gesellschaft und bindet sie durch sein Handeln gegenüber Dritten, wenn es offensichtlich zum Betrieb des gewöhnlichen Geschäftsverkehrs vorgenommen wird.[1006] Auch haftet die

---

1004 Eine vergleichbare Bestimmung enthält RUPA § 305(a); vgl. zu UPA § 13 *Bromberg/ Ribstein*, Partnership, Vol. 1, 4:78 ff.

1005 So stellt die Beauftragung eines Partners einer Anwalts-GP durch einen Mandanten in Ermangelung einer ausdrücklichen anderslautenden Vereinbarung die Beauftragung der gesamten Anwaltsgesellschaft dar. Dies gilt auch für Verträge, die nicht Mandatsverhältnisse begründen, sondern sich beispielsweise auf die Erstellung von Photokopien von Dokumenten der law firm beziehen; Blue Print Co., Inc. v. Ford Marrin Esposito Witmeyer &Bergman, 424 N.Y.S.2d 970 f. (Civ.Ct. 1980); *affyd*, 438 N.Y.S.2d 170 f. (Supr.Ct. 1981). Für die deliktische Haftung einer law firm für die fehlerhaften Berufsleistungen eines Partners vgl. z. B. Priddy v. MacKenzie, 103 S. W. 968 (972 ff.) (Mo. Supr.Ct. 1907). Die Haftung erstreckt sich auf die Vermögenswerte der Anwaltsgesellschaft, wie beispielsweise die Bibliotheken sowie auf das Privatvermögen eines jeden Partners; vgl. *Wolfram*, 884. Allerdings sind Partner nicht in jeder Hinsicht das alter ego ihrer Mitgesellschafter. So besitzt ein Partner einer GP beispielsweise hinsichtlich des Empfangs von an einen seiner Mitgesellschafter gerichteten Gerichtsurkunden in Anwaltshaftprozessen keine Vertretungsmacht; Grayson v. Wofsey, Rosen, Kweskin & Kuriansky, 478 A.2d 629 (630 f.) (Conn. Super.Ct. 1984).

1006 UPA § 9(1); RUPA § 301.

LLP für die beim Betrieb des gewöhnlichen Geschäftsverkehrs auftretenden fehlerhaften Handlungen und Unterlassungen ihrer Gesellschafter.[1007] Die Registrierung einer GP als LLP bringt also keine Veränderung des Umfangs der Vertretungsmacht der Partner mit sich. Im Hinblick auf die zukünftige Entwicklung ist aber denkbar, daß die Beschränkung der persönlichen Haftung der Gesellschafter die Rechtsprechung veranlassen wird, den Umfang der Haftung der Gesellschaft selbst für die fehlerhaften Handlungen eines Partners zu erweitern.[1008]

III. Professional Corporation

Die Vertretungsmacht der Gesellschafter einer PC hängt entscheidend davon ab, ob diese ein zentralisiertes Management besitzt oder nicht. Bei einem zentralisierten Management ist die Vertretungsmacht im Verwaltungsrat (board of directors) konzentriert. Die Aktionäre können die Gesellschaft grundsätzlich nicht gegenüber Dritten binden. Ausnahmsweise können die nicht an der Geschäftsführung beteiligten Anteilseigner die Gesellschaft nach den allgemeinen vertretungsrechtlichen Grundsätzen im Außenverhältnis jedoch wirksam verpflichten, wenn im Einzelfall eine tatsächliche (actual authority) oder eine Anscheinsvollmacht (apparent authority) zu bejahen ist. Dabei ist zu berücksichtigen, daß sich Anwaltsgesellschaften und sonstige PCs von der business corporation dadurch unterscheiden, daß nach M.P.C.S. §§ 20 ff. nur zur entsprechenden Tätigkeit zugelassene Freiberufler Aktionäre einer PC werden können und diese in aller Regel auch aktiv in der Gesellschaft tätig sind. Dies läßt eine von den allgemeinen Grundsätzen abweichende Beurteilung zu. So wird eine tatsächliche oder Anscheinvollmacht der in der PC tätigen anwaltlichen Gesellschafter aufgrund ihrer aktiven Mitarbeit in der Regel zu bejahen sein, auch wenn die Anwalts-PC im Einzelfall eine zentralisierte Geschäftsführung besitzt. Damit haben diese Gesellschafter die Fähigkeit, die PC im Außenverhältnis nach allgemeinen vertretungsrechtlichen Grundsätzen wirksam zu verpflichten.[1009] In einer PC ohne zentralisiertes Ma-

1007 UPA § 13; RUPA § 305(a).
1008 *Bromberg/Ribstein*, Limited Liability Partnerships,126.
1009 Vgl. hierzu Heath v. Craighill, Rendleman, Ingle & Blythe, P.A., 388 S.E.2d 178 (180 ff.) (N.C. Ct.App. 1990); *review denied* 395 S.E.2d 678 (N.C. Supr.Ct. 1990); Fox v. Wilson, 354 S.E.2d 737 (741 ff.) (N.C. Ct.App. 1987); Eisenberg v. Gagnon, 766 F.2d 770 (779 ff.) (3d Cir. 1985); *cert. denied sub nom.* Weinstein v. Eisenberg, 474 U.S. 946 (1985); Reiner v. Kelley, 457 N.E.2d 946 (953) (Ohio Ct.App. 1983); Zimmermann v. Hogg & Allen, Professional Association, 209 S.E.2d 795 (796 ff.)

nagement dagegen besitzen die Gesellschafter wegen der personalen Struktur der Gesellschaft und der damit verbundenen Nähe zur Personengesellschaft schon aufgrund ihrer Position als Anteilseigner Vertretungsmacht für die PC.[1010]

IV. Limited Liability Company

Bei der LLC ist hinsichtlich der Vertretungsmacht ebenfalls zwischen Gesellschaften mit und ohne zentralisierte Geschäftsführung zu unterscheiden. Besitzt die LLC eine zentralisierte Geschäftsführung, so kann eine Vertretungsmacht der Gesellschafter der LLC nach ULLCA § 301(b)(1) nicht auf ihre Gesellschafterstellung als solche gegründet werden. Den Gesellschaftern kann aber durch die Aufnahme einer entsprechenden Bestimmung in die Gründungsurkunde (articles of incorporation)[1011] und in manchen Einzelstaaten auch durch eine diesbezügliche Regelung im Gesellschaftsvertrag (operating agreement)[1012] die Fähigkeit verliehen werden, die LLC Dritten gegenüber zu binden. Ist keine derartige Regelung vorhanden, so kann der Dritte argumentieren, daß das betreffende LLC-Mitglied als Geschäftsführer Vertretungsmacht besaß. Nach manchen einzelstaatlichen Regelungen kann nämlich ein Gesellschafter durch ein entsprechendes Verhalten der anderen LLC-Gesellschafter Geschäftsführer werden, obgleich dies dem Inhalt der Gründungsurkunde widerspricht. Es ist sogar denkbar, daß ein Gesellschafter eine Geschäftsführerstellung kraft Rechtsschein, bedingt durch das Verhalten der anderen Gesellschafter der LLC, erlangt.[1013] Unklar ist allerdings, wie Dritte feststellen können, welche Gesellschafter Geschäftsführer sind und daher die LLC im Außenverhältnis verpflichten können. In einer LLC ohne zentralisierte Geschäftsführung sind alle Gesellschafter

---

(N.C. Supr.Ct. 1974); Hirsch v. Texas Lawyersÿ Insurance Exchange, 808 S. W.2d 561 (562 ff.) (Tex. Ct.App. 1991).

1010 Vgl. hierzu *Ribstein/Keatinge*, Limited Liability Companies, 8:37 f.

1011 Vgl. hierzu *Ribstein/Keatinge*, Limited Liability Companies, 8-19.

1012 Vgl. z. B. Ariz. Rev. Stat. Ann. § 29-654(B) (Supp. 1995); Colo. Rev. Stat. § 7-80-407 (Supp. 1994).

1013 So ist es beispielsweise nach Md. Corps. & Assÿns Code Ann. § 4A-401(B) (Supp. 1995) denkbar, daß – ein entsprechendes Auftreten der LLC-Mitglieder vorausgesetzt – ein LLC-Mitglied einer Gesellschaft mit zentralisierter Geschäftsführung Anscheinsvollmacht besitzt oder aber die LLC durch den Einwand unzulässiger Rechtsausübung daran gehindert werden kann, sich auf die fehlende Vertretungsmacht ihres Mitglieds zu berufen, auch wenn das Mitglied nach einer ausdrücklichen Bestimmung in der Gründungsurkunde keine Vollmacht besaß.

nach ULLCA § 301(a)(1), (2) Vertreter der Gesellschaft und binden sie durch ihr Handeln gegenüber Dritten, wenn es offensichtlich zum Betrieb des gewöhnlichen Geschäftsverkehrs gehört. Ist letzteres nicht der Fall, dann sind die anderen Gesellschafter durch das Verhalten ihres Mitgesellschafters gemäß ULLCA § 301(a)(3) nur gebunden, wenn diesem im Einzelfall Vertretungsmacht erteilt worden war oder sein Handeln nachträglich von ihnen genehmigt wird. Im übrigen gilt für die LLC wie auch schon für die LLP, daß die Beschränkung der persönlichen Haftung der Gesellschafter die Gerichte veranlassen könnte, den Umfang der Haftung der Gesellschaft selbst für die fehlerhaften Handlungen eines Partners zu erweitern.[1014]

V. Vergleich

In der GP kann jeder Partner die Gesellschaft Dritten gegenüber binden, soweit sein Handeln offensichtlich zum Betrieb des gewöhnlichen Geschäftsverkehrs gehört. Dies gilt unabhängig davon, ob die GP eine zentralisierte Geschäftsführung hat und der betreffende Partner geschäftsführend ist. Eine Einschränkung der Vertretungsmacht mit Wirksamkeit im Außenverhältnis ist bei der GP nur im Hinblick auf Immobiliengeschäfte im sogenannten statement of partner authority möglich und daher für die Anwaltshaftung uninteressant. Im übrigen finden die allgemeinen Grundsätze des Vertretungsrechts Anwendung. Für die Vertretungsmacht der Partner einer LLP gelten die bei der GP ausgeführten Grundsätze. Allerdings ist vorstellbar, daß die Gerichte die mit einer Anwalts-LLP verbundene Haftungsbeschränkung für fehlerhafte Berufsleistungen für die Partner zum Anlaß nehmen werden, um den Umfang der Haftung der Gesellschaft selbst für die fehlerhaften Handlungen der Gesellschafter durch eine weite Interpretation des offensichtlich zum Betrieb des gewöhnlichen Geschäftsverkehrs gehörenden Handelns zu vergrößern. Anders als die Partner einer GP und LLP besitzen die Aktionäre einer PC nicht schon aufgrund ihrer Position als Gesellschafter Vertretungsmacht für die PC, wenn diese ein zentralisiertes Management hat. Die Fähigkeit, die Gesellschaft im Außenverhältnis wirksam zu verpflichten, kann sich hier nur aus einer tatsächlichen oder einer Anscheinsvollmacht und damit aus den allgemeinen vertretungsrechtlichen Grundsätzen ergeben. Hat die Anwalts-PC keine zentralisierte Geschäftsführung, so kann aufgrund der strukturellen Nähe einer solchen PC zur Personengesellschaft jeder Ge-

---

1014 *Bromberg/Ribstein*, Limited Liability Partnerships, 126.

sellschafter die PC hinsichtlich solcher Geschäfte binden, die offensichtlich dem Betrieb des gewöhnlichen Geschäftsverkehrs zuzuordnen sind. Bei der LLC schließlich ist ebenfalls danach zu unterscheiden, ob diese ein zentralisiertes Management besitzt oder nicht. In einer LLC mit zentralisiertem Management haben die Gesellschafter – anders als die Partner einer GP und LLP, aber vergleichbar mit den Aktionären einer PC – nicht schon aufgrund ihrer Gesellschafterstellung die Möglichkeit, die Gesellschaft im Außenverhältnis wirksam zu verpflichten. Eine solche Befugnis kann sich wie bei der PC nur nach den allgemeinen vertretungsrechtlichen Grundsätzen aus einer entsprechenden Bevollmächtigung ergeben, die beispielsweise in die Gründungsurkunde aufgenommen werden kann. Wird die LLC nicht mit Hilfe einer zentralisierten Geschäftsführung, sondern durch ihre Gesellschafter geleitet, dann ist – wie in einer GP oder LLP – jeder Gesellschafter kraft ausdrücklicher gesetzlicher Anordnung Vertreter der Gesellschaft.

D. Haftung

I. Überblick über das Anwaltshaftungsrecht

1. Voraussetzungen anwaltlicher Haftung

Die Furcht der Anwälte vor einer Haftung aus fehlerhafter Berufsausübung (malpractice liability) ist in der Regel der Hauptgrund dafür, daß Anwälte nach Möglichkeiten der Haftungsbeschränkung suchen. Dies ist vor dem Hintergrund zu sehen, daß in den U.S.A. in den letzten Jahren eine erhebliche Zunahme bei der Geltendmachung von Schadensersatzansprüchen wegen fehlerhafter Berufsausübung zu beobachten war.[1015]

1015 Vgl. hierzu den ersten Teil dieser Arbeit sowie *Couric*, 79-APR A.B.A.J. 1993, 64. Allerdings darf dabei nicht übersehen werden, daß auch die Haftung für allgemeine, nicht mit fehlerhafter Berufsausübung im Zusammenhang stehende Verpflichtungen (liability for general business obligations) wie vertragliche Ansprüche aus Büroraum- und Computerleasingverhältnissen sowie vor allem die Gehaltsansprüche der Angestellten eine Quelle für die persönliche Haftung der Anwälte und eine Ursache für den Zusammenbruch von Kanzleien sein können – die bekanntesten Konkurse großer Kanzleien und Wirtschaftsprüfungsgesellschaften in dem vergangenen Jahrzehnt waren hierauf zurückzuführen; vgl. *Banoff*, 4 Bus. L. Today 3/4 1995, 10 (13 f.). Erwähnenswert ist in diesem Zusammenhang der sogenannte „*Zwergstern*" *(dwarf star)-Effekt.* Hier verläßt eine nicht unwesentliche Anzahl an Anwälten mit wichtigen Mandanten die Kanzlei. Daraufhin entschließen sich andere, die Kanzlei ebenfalls zu

Es ist hierbei zwischen auf common law-Grundsätzen beruhenden und gesetzlichen Anspruchsgrundlagen sowie zwischen einer Haftung gegenüber dem Mandanten und gegenüber Dritten zu unterscheiden. Was die Haftung des Rechtsanwalts gegenüber seinem Mandanten nach *common law-Grundsätzen* betrifft, so beruhen die meisten anwaltlichen Haftpflichtfälle auf Verletzung der Sorgfaltspflicht (negligence), Verletzung der Vertrauens- und Treuepflichten (fiduciary breach), Vertragsbruch (breach of contract) oder arglistiger Täuschung (fraud).[1016] Dabei stellt negligence den in der Praxis wichtigsten Tatbestand dar. Alle Anspruchsgrundlagen setzen voraus, daß der Rechtsanwalt gegenüber dem Mandanten eine Pflicht hat, diese verletzt wurde und dem Mandanten dadurch ein Schaden entstanden ist. Die Verpflichtung des Anwalts dem Mandanten gegenüber wiederum erfordert grundsätzlich ein bestimmtes Verhältnis zwischen Anwalt und Mandant, das durch die Verpflichtung eines Anwalts, berufsmäßig eine bestimmte Rechtsangelegenheit für den Mandanten zu erledigen, entsteht und vertraglichen Charakter hat.[1017]

Allerdings werden in der Praxis nur wenige Klagen wegen Berufsfehlern auf eine *Vertragsverletzung* als Anspruchsgrundlage gestützt, da dies voraussetzt, daß die der Klage zugrundeliegende Verpflichtung des Anwalts, deren Verletzung vom Mandanten behauptet wird, ausdrücklich Gegenstand des fraglichen Vertrages ist und Anwälte nur selten ausdrücklich vertraglich ein bestimmtes Ergebnis versprechen oder garantieren.[1018] Ein

---

verlassen. Es kommt zu einer dramatischen Verringerung der Zahl der Mandate, die sich in Bearbeitung befinden, sowie der Möglichkeit, Außenstände einzuziehen. Dann besteht die Gefahr, daß die vertraglichen Verpflichtungen der Kanzlei die Aktivposten übersteigen.

1016 *Mallen/Smith*, Vol. 1, 554 ff.; für eine nähere Definition der einzelnen Haftungsgrundlagen vgl. auch *Gatto*, 20 ff.; wegen der Bedeutung der auf negligence beruhenden Klagen sollen hier ihre Voraussetzungen kurz zusammengefaßt werden: Es muß eine Verpflichtung des Anwalts entstanden sein, der Anwalt muß schuldhaft versäumt haben, gewöhnliche Fach- und Sachkenntnis auszuüben und der Schaden des Mandanten muß unmittelbar durch diese Pflichtverletzung verursacht worden sein, vgl. *Mallen/Smith*, Vol. 1, 601.

1017 Vgl. *Mallen/Smith*, Vol. 1, 554 ff.

1018 Vgl. *Mallen/Smith*, Vol. 1, 589. Vgl. allerdings als Beispiele für Klagen, die auf einer Verletzung der vertraglichen Verpflichtungen aus dem Dienstleistungsvertrag beruhen, Collins v. Reynard, 607 N.E.2d 1185 (1186 ff.) (Ill. Supr.Ct. 1992); Milwaukee Partners v. Collins Engineers, Inc., 485 N.W.2d 274 (276 ff.) (Wis. Ct.App. 1992). Zudem kamen auch auf derartigen Versprechen des Anwalts beruhende Klagen vor, vgl. z. B. Gunn v. Mahoney, 408 N.Y.S.2d, 896 (900) (Supr.Ct. 1978) (Hier hatte ein Anwalt seinem Mandanten versprochen, dessen Geschäft zu inkorporieren, unterließ dies aber. Die Konsequenz war, daß der Mandant seinen Gläubigern gegenüber persönlich und unbeschränkt haftete.).

Bruch des mit Annahme des Mandats konkludent abgegebenen Versprechens, bei der Erbringung der juristischen Dienstleistungen die übliche Fach- und Sachkenntnis (ordinary skill and knowledge) auszuüben[1019] – dies entspricht zugleich dem Sorgfaltsmaßstab, der entscheidet, ob negligence vorliegt[1020] – führt in der Regel nur zu einem *deliktischen Anspruch.*[1021] Einige Einzelstaaten lassen allerdings die Ableitung eines vertraglichen Anspruchs aus dem Bruch dieses konkludenten Versprechens zu und geben dem Mandanten das Wahlrecht zwischen dem Vertrags- und dem deliktischen Anspruch. Eine auf einer Vertragsverletzung beruhende Klage kann wegen der hier für den Kläger günstigeren Verjährungsfrist vorteilhaft sein.[1022] Auch ist bei einer offensichtlichen Vertragsverletzung ein Sachverständigenbeweis sowie die Darlegung eines Sorgfaltsmaßstabes nicht erforderlich.[1023] Schließlich unterscheiden sich die Möglichkeiten der Haftungsbeschränkung im Hinblick auf vertragliche und deliktische Ansprüche.[1024]

Die meisten Klagen wegen fehlerhafter Berufsausübung basieren auf unerlaubter Handlung, die sich ihrerseits aus einer Verletzung der treuhänderischen Pflichten (fiduciary obligations)[1025] zur ungeteilten Loyalität (undivided loyalty) und zur Vertraulichkeit (confidentiality) des Anwalts gegenüber dem Mandanten ergibt.[1026] Diese, in der Verletzung der fiduciary obligations zu sehende unerlaubte Handlung ist von der – auf einer Verletzung der Sorgfaltsanforderung beruhenden – professional negligen-

---

1019 Vgl. z. B. für Kalifornien Bucquet v. Livingston, 129 Cal.Rptr., 514 (518 ff.) (Cal. App.Ct. 1976); Ventura County Humane Society for the Prevention of Cruelty to Children and Animals, Inc. v. Holloway, 115 Cal.Rptr., 464 (467 ff.) (Cal. App.Ct. 1974); für New York: Saveca v. Reilly, 488 N.Y.S.2d, 876 (877 f.) (A.D. 3 Dept. 1985); Gunn v. Mahoney, 408 N.Y.S.2d, 896 (900) (Super.Ct. 1978).

1020 Vgl. zur Definition dieses Sorgfaltsmaßstabs *Mallen/Smith*, Vol. 2, 550 f.

1021 Vgl. hierzu *Mallen/Smith*, Vol. 1, 591.

1022 Die Verjährungsfristen unterliegen einzelstaatlichen Regelungen und sind sehr unterschiedlich vgl. *Mallen/Smith*, Vol. 2, 729 ff.

1023 Vgl. *Mallen/Smith*, Vol. 1, 589.

1024 Vgl. *Keatinge/Maxfield/Spudis*, Q 229 ALI-ABA 1994, 1 (114); vgl. hierzu auch die Ausführungen in dieser Arbeit unter 4. Teil, 5. Kapitel, D. II.

1025 Vgl. für eine Definition der fiduciary obligations *Mallen/Smith*, Vol. 2, 226 ff.

1026 Die Verletzung dieser Pflichten wird zum Teil als constructive fraud bezeichnet; *Mallen/Smith*, Vol. 1, 599 f. Sie stellt keinen Vertragsbruch, sondern eine unerlaubte Handlung dar; Citizens State Bank of Dickinson v. Shapiro, 575 S. W.2d, 375 (386 f.) (Tex. Ct.Civ.App. 1978); *Mallen/Smith*, Vol. 2, 229; vgl. allerdings auch den Vorschlag *Mannings*, in bestimmten Fällen der Haftung wegen fehlerhafter Berufsausübung durch Freiberufler eine außervertragliche Pflicht zu konstruieren und den Unterschied zwischen Vertrag und Delikt zu vernachlässigen, *Manning*, 21 Loy. U. L. Rev. 1990, 741 ff.

ce zu unterscheiden, ist aber wie jene Bestandteil der legal malpractice.[1027] Der ersatzfähige Schaden schließlich umfaßt im Regelfall die durch die Nachlässigkeit des Anwalts verursachten finanziellen Verluste.

Für die *Dritthaftung* auf der Basis der common law-Grundsätze wiederum gilt folgendes: Wenn ein Anwalt einem Mandanten gegenüber anwaltliche Dienstleistungen erbringt und Konsequenz seiner Tätigkeit ist, daß Dritte Schaden nehmen, haftet der Rechtsanwalt grundsätzlich nicht. Das gleiche gilt für den Fall, daß der Dritte durch einen Vertragsbruch des Mandanten geschädigt wird, welcher auf der Vertretung des Mandanten durch den Anwalt beruht.[1028] Ein Anwalt haftet dritten Personen gegenüber vielmehr in der Regel nur dann, wenn ein Fall der arglistigen Täuschung (fraud), Kollusion (collusion) oder einer böswilligen oder deliktischen Handlung (malicious or tortious act) zu bejahen ist.[1029] Allerdings besteht auch die Möglichkeit der Haftung für negligence gegenüber Nichtmandanten. So kann ein Anwalt einem Dritten für fahrlässig irreführende Angaben haften.[1030] Dies wurde von der Rechtsprechung beispielsweise in Fällen bejaht, in denen Investoren hinsichtlich von Investitionsobjekten auf unrichtige Gutachten (opinions) vertraut hatten.[1031] Voraussetzung ist dabei

---

1027 Vgl. z. B. Bukoskey v. Walter W. Shuham, CPA, P.C., 666 F.Supp., 181 (184 f.) (D.Alaska 1987); Solomon v. Aberman, 493 A.2d, 193 (196 ff.) (Conn. Supr.Ct. 1985). Die fiduciary obligations stellen keinen Sorgfaltsmaßstab (standard of care), sondern einen Verhaltensmaßstab (standard of conduct) auf; vgl. z. B. Palfy v. Rice, 473 P.2d, 606 (608 ff.) (Alaska Supr.Ct. 1970); Bank of Mill Creek v. Elk Horn Coal Corp., 575 S. E.2d, 736 (748 f.) (W.Va. Ct.App. 1950).

1028 Sonders v. Sears, Roebuck and Co., 501 So.2d, 829 (832) (La. Ct.App. 1986); Harvey v. Connor, 407 N.E.2d, 879 (880 ff.) (Ill. Ct.App. 1980); *cert. denied* 451 U.S. 938 (1981).

1029 Vgl. beispielsweise für Kalifornien Daly v. Smith, 33 Cal.Rptr. 920 (926 f.) (Cal. Ct.App. 1963); für New York Chelsea Marine, Inc. v. Scoralick, 463 N.Y.S.2d, 489 (429 f.) (A.D. 2 Dept. 1983). Vgl. *Mallen/Smith*, Vol. 1, 287 ff. für arglistige Täuschung (fraud), böswillige Rechtsverfolgung (malicious prosecution), Verfahrensmißbrauch (abuse of process), rechtswidrige Verhaftung (false arrest or imprisonment), Verleitung zum Vertragsbruch (interference with an advantageous relationship), vorsätzliches Zufügen psychischer Schmerzen (intentional infliction of mental distress), Verletzung der Privatsphäre (invasion of privacy), Beleidigung (defamation).

1030 Diese kann zu Schadensersatzbeträgen führen, welche in ihrer Höhe den auf der Grundlage der bundesstaatlichen und einzelstaatlichen Securities Laws verhängten Haftungssummen entsprechen. Anders als die common law negligence-Haftung setzen die gesetzlichen Anspruchsgrundlagen allerdings zumeist voraus, daß der Nichtmandant beweist, daß der Rechtsanwalt mit Vorsatz (scienter) gehandelt hat. Vgl. *Mallen/Smith*, Vol. 1, 527 ff.

1031 Vgl. Eisenberg v. Gagnon, 766 F.2d, 770 (779 ff.) (3d Cir. 1985); *cert. denied*, 474 U.S. 946 (1985); Lubin v. Sybedon Corp., 688 F.Supp., 1425 (1455 f.) (S.D.Cal. 1988); In re Rexplore, Inc. Securities Litigations, 685 F.Supp. 1132 (1146) (N.D.Cal. 1988).

immer, daß die Verletzung einer Pflicht des Rechtsanwalts gegenüber dieser dritten Person begründet werden kann. Hierzu wird zum Teil auf das Konzept des Vertrages zugunsten Dritter zurückgegriffen und geprüft, ob beide, Anwalt und Mandant, wollen, daß die Dienstleistungen der dritten Person zugute kommen.[1032] Zum Teil werden mehrere Kriterien miteinander kombiniert, wobei nicht die Absicht der Begünstigung des Dritten, sondern die Vorhersehbarkeit seiner Schädigung entscheidend ist.[1033]

Die wichtigsten, einem *Mandanten zur Verfügung stehenden gesetzlichen Anwaltshaftungsansprüche* lassen sich in die folgenden drei Fallgruppen einteilen: Fehlen der bei der Erbringung juristischer Dienstleistungen erforderlichen Sorgfalt mit der Konsequenz der Schädigung des Mandanten;[1034] absichtliches Fehlverhalten eines Anwalts, wie beispielsweise arglistige Täuschung oder die Verlängerung eines Prozesses, um die Gebührenhöhe zu steigern;[1035] Unterschlagung von dem Mandanten zustehenden Geldbeträgen.[1036] Die gesetzlichen Regelungen spielen allerdings trotz ihres Umfangs in der Praxis keine erhebliche Rolle für die Anwaltshaftung.[1037]

Große Bedeutung haben die gesetzlichen Anspruchsgrundlagen dagegen im Rahmen der *Dritthaftung* von Rechtsanwälten.[1038] Zu nennen ist in

---

1032 Vgl. z. B. Flaherty v. Weinberg, 492 A.2d, 618 (621 ff.) (Md. Ct.App. 1985); Formento v. Joyce, 522 N.E.2d, 312 (316 f.) (Ill. Ct.App. 1988); Angel, Cohen & Rogovin v. Oberon Investment, 512 So.2d, 192 (194) (Fla. Supr.Ct. 1987).

1033 Danach ist unter anderem danach zu fragen, ob der Schaden für den Anwalt vorhersehbar war und wenn ja, mit welchem Grad an Sicherheit; wie eng die Verbindung zwischen dem Handeln des Anwalts und dem schließlich entstehenden Schaden war und ob die Anerkenung der Haftung nach den Umständen des Einzelfalles eine unangemessene Belastung wäre; vgl. z. B. Lucas v. Hamm, 15 Cal.Rptr. 821 (823 ff.) (Cal. Supr.Ct. 1961); *cert.den.*, 368 U.S. 987 (1962).

1034 Vgl. z. B. N.J. Stat. Ann. § 2A:13-4. Der Mandant kann in einem solchen Fall auf Schadensersatz klagen, N.J. Stat. Ann. § 2A:13-4 (Supp. 1995).

1035 Vgl. z. B. N.Y. Jud.Law § 487 (McKinney 1983 & Supp. 1996); Wiggin v. Gordon, 455 N.Y.S.2d 205 (208 f.) (N.Y.City Civ.Ct. 1982); Four Star Stage Lighting, Inc. v. Merrick, 392 N.Y.S.2d 297 (298) (A.D. 1 Dept. 1977). Die Schadensersatzsummen sind in diesen Fällen in der Regel sehr hoch, denn das Gericht hat die Möglichkeit, Schadensersatz in dreifacher Höhe (triple damages) zuzuerkennen; N.Y. Jud.Law § 487 (McKinney 1983 & Supp. 1996).

1036 Ein derartiges Verhalten hat in jedem Fall zur Folge, daß der Anwalt den Betrag zuzüglich Zinsen herausgeben muß. Einzelne Gesetze, wie beispielsweise Mass.Gen.Laws Ann. ch. 221-§ 51 (West 1993) sehen darüber hinaus die Zahlung einer Strafgebühr vor; vgl. hierzu Doucette v. Kwiat, 467 N.E.2d 1374 (1376 f.) (Mass. Supr.Ct. 1984).

1037 Vgl. hierzu *Mallen/Smith*, Vol. 1, 614.

1038 Für einen Überblick über die Vielzahl der Regelungen vgl. *Mallen/Smith*, Vol. 1, 611 ff.

diesem Zusammenhang insbesondere der Racketeer Influenced and Corrupt Organizations Act (RICO).[1039] Dieser verbietet unter anderem die betrügerische Benutzung des Post- und des Telegrafennetzes (mail and wire fraud)[1040] sowie den Wertpapierschwindel (fraud in the sale of securities).[1041] In letzter Zeit werden zudem immer häufiger Sanktionen gegen Anwälte wegen offensichtlich aussichtslosen oder schikanösen Verfahrens (frivolous or harassing actions) auf der Basis des Federal Rule of Civil Procedure 11 bejaht.[1042] Schließlich hat die Haftung von Anwälten auf der Grundlage der Securities Laws[1043] einen erheblichen Umfang angenommen.[1044]

1039 Zu finden sind die RICO Bestimmungen in 18 U.S.C.A. §§ 1961–1968 (West 1996).

1040 Vgl. zum mail fraud 18 U.S.C.A. § 1341 (West 1996); Ohman v. Kahn, 685 F.Supp. 1302 (1309 f.) (S.D.N.Y. 1988); Odesser v. Continental Bank, 676 F.Supp. 1305 (1311 ff.); zum wire fraud vgl. 18 U.S.C.A. § 1343 (West 1996). Die Tatbestände des mail und des wire fraud verbieten die Verwendung von zwischenstaatlichen Kommunikationssystemen zur Unterstützung eines betrügerischen Planes.

1041 Die entscheidenden Bestimmungen hierfür finden sich in 18 U.S.C.A. § 1962(a), (b), (c) und (d) (West 1996). Mittlerweile scheint es, als würden Kläger in Wertpapierbetrugsklagen routinemäßig die Behauptung einschließen, die Anwälte hätten RICO § 1962(c) verletzt. Vgl. z. B. Singh v. Curry, 667 F.Supp. 603 (606 ff.) (N.D.Ill. 1987); Andreo v. Friedlander, Gaines, Cohen, Rosenthal & Rosenberg, 660 F.Supp. 1362 (1366 ff.) (D.Conn. 1987); Volk v. D.A. Davidson & Co., 816 F.2d 1406 (1413 ff.) (9th Cir. 1987); In re Energy Systems Equipment Leasing Securities Litigation, 642 F.Supp. 718 (740 ff.) (E.D.N.Y. 1986). Ein typisches Beispiel hierfür ist In re National Mortgage Pool Certificates Securities Litigation, 636 F.Supp. 1138 (1157 ff.) (C.D.Cal. 1986). Hier hatten Anwälte ein Memorandum hinsichtlich der nicht öffentlichen Unterbringung von Gesellschaftsanteilen (private placement memorandum) entworfen, das die Gesellschaftsgründer (promoter) dann verwendeten, um Investoren zu werben. Das Investment scheiterte und die Investoren klagten. Sie argumentierten, daß die Anwälte an der Erledigung der Angelegenheiten des RICO Unternehmens – also der Gruppe der promoter – beteiligt waren, da sie das private placement memorandum entworfen hatten. Hierbei sollte es zu mehreren Fällen des mail and wire fraud gekommen sein. Vgl. zur Frage der Anwaltshaftung nach RICO § 1962 auch *Shapiro*, 61 U.Chi.L.Rev. 1994, 1153 ff.

1042 28 U.S.C.A. FRCP Rule 11 (West 1996); *Grosberg*, 32 Villanova L.Rev. 575 ff. (1987).

1043 Vgl. §§ 11, 12(a), (b), 17(a) des Securities Act of 1933, 15 U.S.C.A. §§ 77k(a), 77l(1), (2), 77q (West 1996); vgl. § 10(b) des Securities Act of 1934 und Rule 10b-5, 15 U.S.C.A. § 78j(b), 17 C.F.R. § 240.10b-5 (West 1996).

1044 Vgl. hierzu Ackerman v. Schwartz, 947 F.2d 841 (844 ff.) (7th Cir. 1991); Gilmore v. Berg, 761 F.Supp. 358 (376) (D.N.J. 1991); Stevens v. Equidyne Extractive Industries 694 F.Supp. 1057 (1062 ff.) (S.D.N.Y. 1988). Erheblich erweitert wurde die gesetzliche Dritthaftung zuletzt durch eine Entscheidung, nach der eine Anwaltskanzlei Investoren gegenüber in einer Klage wegen Wertpapierbetrug auch dann haften kann, wenn die Kanzlei für den ausschließlichen Gebrauch ihres Mandanten ein Gutachten schreibt, welches Information tatsächlicher Art enthält, deren Unvollständigkeit oder Inkorrektheit sie kennt oder zu kennen Grund hat. Dies soll nach dieser Entscheidung

Die Haftung des Anwalts für *eigene Berufsfehler* ergibt sich unproblematisch aus dem soeben Ausgeführten. Eine Haftung kommt aber nicht nur für die eigenen Fehler in Frage. Eine weitere Möglichkeit ist die *supervisory liability for malpractice*. Hierunter ist die Haftung von Anwälten zu verstehen, die ihre Leitungs- oder Überwachungspflicht im Hinblick auf die Berufsfehler, welche die von ihnen zu beaufsichtigenden Anwälte begehen, verletzen. Bei der supervisory liability läßt sich die Haftung mit der Leitungs- oder Überwachungsmacht erklären. Diese Form der Haftung kann der verantwortliche Partner nicht dadurch vermeiden, daß er behauptet, die Details des betreffenden Falles nicht gekannt zu haben, denn auch mangelhafte Überwachung führt zur Haftung des Partners.[1045] Die sogenannte *vicarious malpractice liability* wiederum betrifft Fälle, in welchen der haftende Anwalt den Berufsfehler weder selbst begeht, noch gegen eine Überwachungs- oder Leitungspflicht verstößt. Die vicarious malpractice liability kann unter Umständen als Haftung für die Mitgesellschafter aus der gesellschaftsrechtlichen Form der Zusammenarbeit abgeleitet werden.[1046] Außerdem kann sie sich aus der Doktrin der Haftung des Dienstherren für die deliktischen Handlungen von Angestellten (doctrine of respondeat superior) ergeben.[1047] Auch ist eine Haftung für die Pflichtverletzungen eines assoziierten Anwalts möglich.[1048]

auch dann gelten, wenn das Gutachten ausdrückliche Haftungsausschlüsse enthält. Letztere wiesen in diesem Fall darauf hin, daß das Gutachten nur für den internen Gebrauch durch den Mandanten bestimmt war, daß die Kanzlei die ihm zugrundeliegenden Tatsachen durch den Mandanten erhalten hatte, daß es nicht möglich ist, in einem solchen Gutachten eine Stellungnahme hinsichtlich seiner Anwendbarkeit auf jeden einzelnen Investor abzugeben und daß Dritte nicht auf dieses Gutachten vertrauen sollten; First Western Government Securities, Inc. v. Kline, 24 F.3d 480 (3rd Circuit 1994), *cert. denied,* 115 S. Ct. 613 (1994).

1045 *Banoff,* 4 Bus. L. Today March/April 1995, 10 (14).
1046 So haften alle Partner einer GP für die Berufsfehler eines jeden von ihnen persönlich; vgl. *Mallen/Smith*, Vol. 1, 334 ff. (für die GP); auch nehmen die Gerichte einiger Staaten diese Haftung auch bei einer Zusammenarbeit der Rechtsanwälte in einer an sich eine Haftungsbeschränkung zur Verfügung stellenden Gesellschaftsform an; vgl. hierzu *Banoff,* 4 Bus. L. Today March/April 1995, 10 (14) (für die LLP, PC und LLC); *Mallen/Smith*, Vol. 1, 348 ff. (für die PC, LLC und LLP); vgl. die Ausführungen dieser Arbeit zur Frage der Haftungsbeschränkungsmöglichkeiten in der LLP, PC und LLC unter 4. Teil, 5. Kapitel, D. II.
1047 Vgl. *Mallen/Smith*, Vol. 1, 379 ff.
1048 Vgl. *Mallen/Smith*, Vol. 1, 385 ff.

2. Möglichkeiten der Haftungsbeschränkung

Es ist denkbar, daß ein Anwalt versucht, sein Haftungsrisiko hinsichtlich potentieller Berufsfehler dadurch zu beschränken, daß er mit dem Mandanten einen entsprechenden Vertrag schließt. Allerdings wird das Verhältnis zwischen Anwalt und Mandant nicht von den normalen vertragsrechtlichen Grundsätzen bestimmt.[1049] Aufgrund der treuhänderischen Natur dieses Verhältnisses muß der Anwalt vielmehr die Interessen des Mandanten mit ungeteilter Loyalität verfolgen und vertreten.[1050] Für eine *vertragliche Haftungsbeschränkung im Voraus für eigene Berufsfehler* ist in diesem Zusammenhang kein Raum, denn eine solche Vereinbarung würde den Interessen des Anwalts und nicht denen des Mandanten dienen.[1051] Dementsprechend schließen auch die anwaltlichen Standesrichtlinien die Möglichkeit einer Haftungsbeschränkung für eigene fehlerhafte Berufsausübung durch eine individualvertragliche Regelung vor Erbringung der juristischen Dienstleistungen praktisch aus. So verbietet der Model Code of Professional Responsibility, DR 6–102 Anwälten ausdrücklich, ihre Haftung gegenüber dem Mandanten für eigene Berufsfehler im Voraus auszuschließen oder zu beschränken.[1052] Nach den neueren ABA Rules of Professional Conduct, Rule 1.8(h) wiederum setzt die Wirksamkeit einer solchen haftungsbeschränkenden Vereinbarung nicht nur voraus, daß der Mandant dabei von einem unabhängigen Anwalt vertreten wird, sondern zusätzlich, daß ein Gesetz eine solche Vereinbarung zuläßt,[1053] was aber bislang nicht geschehen ist.[1054] Im Rahmen von

---

1049 Dies beruht darauf, daß das Verhältnis zwischen Anwalt und Mandant persönlicher und vertraulicher Natur ist; In re Dunn, 98 N.E. 914 (915 f.) (N.Y. Ct.App. 1912).

1050 Model Code of Professional Responsibility, EC 5-1, EC 7-8, DR 5-105(A) (1981); Model Rules of Professional Conduct, Rules 1.2(a), 1.7, 2.1 (1983).

1051 *Developments*, Lawyers Responsibilities, 107 Harv.L.Rev. 1994, 1548 (1664).

1052 „ ... lawyer shall not attempt to exonerate himself from or limit his liability to his client for his personal malpractice.", Model Code of Professional Responsibility, DR 6-102(A) (1981). Vgl. auch Model Code of Professional Responsibility EC 6-6 (1981), „A lawyer who handles the affairs of his client properly has no need to attempt to limit his liability for his professional activities, and one, who does not handle the affairs of his client properly should not be permitted to do so."

1053 ABA Model Rules of Professional Conduct, Rule 1.8(h) (1983) „A lawyer shall not make an agreement prospectively limiting the lawyerÿs liability to a client for malpractice unless permitted by law and the client is independently represented in making the agreement, or settle a claim for such liability with an unrepresented client or former client without first advising that person in writing that independent representation is appropriate in connection therewith."

1054 Die einzigen Regelungen, die diese Art der haftungsbeschränkenden Vereinbarung behandeln, sind Rule 1.8(h) der ABA Model Rules of Professional Conduct (1983), die im Code of Professional Responsibility (1981) enthaltene und einem Anwalt eine

Disziplinarverfahren sind sowohl zum Model Code als auch den Model Rules Gerichtsentscheidungen ergangen, die diese in der Frage der vertraglichen Haftungsbeschränkung bestätigen.[1055] Nach der derzeitigen Rechtslage sind daher lediglich Vereinbarungen, die ein Verfahren zur Konfliktlösung für den Fall des Auftretens eines Berufsfehlers vorsehen, möglich.[1056]

Die erörterten standesrechtlichen Grundsätze wie auch die bisher ergangenen Gerichtsentscheidungen nehmen nur zu Versuchen der Anwälte Stellung, die Haftung im Hinblick auf eigene Berufsfehler zu beschränken,

vorab vereinbarte Haftungsbeschränkung für eigene Berufsfehler gänzlich verbietende DR 6-102 sowie die nach dem Vorbild der Rule 1.8(h) und DR 6-102 formulierten einzelstaatlichen Regelungen. Diese gestatten ebenfalls keine Haftungsbeschränkung für Berufsfehler im voraus, sondern lediglich einen Vergleichsschluß nach dem Eintreten des Fehlers. Vgl. zu den einzelstaatlichen Regelungen *Gillers/Simon*, 93 ff. Obgleich der Wortlaut des Model Rule 1.8(h) auf den ersten Blick den Eindruck erweckt, daß eine vertragliche Haftungsbeschränkung vor Erbringung der juristischen Dienstleistungen dann akzeptabel ist, wenn sie gesetzlich gestattet ist, ist eine vertragliche Haftungsbeschränkung also mangels solcher ermächtigender Gesetze ausgeschlossen. Kommentatoren unterstellen den Verfassern der Rule 1.8(h), genau dieses Ergebnis beabsichtigt zu haben; vgl. *Hazard/Hodes*, Vol. 1, 281; *Gross*, 75 Ky.L.J. 1987, 793 ff.

1055 Für DR 6-102(A) vgl. z. B. People v. Foster, 716 P.2d 1069 (1071) (Colo. Supr.Ct. 1986): Hier hatte ein Anwalt in die Aktienkaufvertragsvereinbarung eines Mandanten eine Klausel integriert, die den Anwalt von jeglicher Haftung für mit dieser Transaktion zusammenhängenden Fragen freizeichnete. Für Rule 1.8(h) vgl. Committee in Legal Ethics of the West Virginia State Bar v. Cometti, 430 S. E.2d 320 (328) (W.Va. Ct.App. 1993): In der dieser Entscheidung zugrundeliegendem Fall hatte ein Anwalt, nachdem er eine Berufungseinlegung versäumt und damit einen Berufsfehler begangen hatte, eine haftungsausschließende Vereinbarung mit einer Mandantin getroffen. Denkbar ist auch, daß ein Gericht die Frage der rechtlichen Durchsetzbarkeit eines vertraglichen Haftungsausschlusses für Berufsfehler im Rahmen einer Schadensersatzklage des Mandanten behandeln muß. Es könnte die rechtliche Durchsetzbarkeit der Haftungsbeschränkungsklausel dann mit der Begründung verneinen, daß sie einen Verstoß gegen die public policy darstellt, die in den Regelungen des Model Codes of Professional Responsibility oder der Model Rules of Professional Conduct zum Ausdruck kommt. Bislang hat allerdings kein derartiger Fall einem Gericht zur Entscheidung vorgelegen, vgl. *Wolfram*, 495 ff.

1056 So kann beispielsweise vertraglich eine schiedsgerichtliche Streitbeilegung für Fragen hinsichtlich der Qualität der erbrachten juristischen Dienstleistungen vereinbart werden, vorausgesetzt, der Mandant erhält angemessene Auskunft über die möglichen Risiken, die mit dem Verzicht auf das Recht, Klage zu erheben, verbunden sind. Eine derartige Vereinbarung verletzt Rule 1.8(h) nicht, da sie lediglich ein Verfahren zur Konfliktlösung vorsieht, nicht aber versucht, die Haftung des Anwalts im Voraus zu beschränken; vgl. hierzu *Hazard/Hodes*, Vol. 1, 280 ff.; für einen Überblick über die zu dieser Frage erlassenen State Bar Opinions vgl. *Brickman*, 1990 Utah L.Rev. 1990, 277 (279); *Developments*, Lawyers̆ Responsibilities, 107 Harv. L.Rev. 1994, 1548 (1666 f.).

nicht aber im Hinblick auf die *supervisory liability* oder die *vicarious malpractice liability*. Bei der vicarious liability kann dem betroffenen Anwalt anders als bei der Haftung für eigene Berufsfehler und der Haftung wegen Verletzung der Überwachungspflicht kein Vorwurf juristischen Fehlverhaltens gemacht werden. Für eine Zulässigkeit einer individual-vertraglichen Beschränkung hinsichtlich der vicarious liability sprechen daher Gerichtsentscheidungen, in denen es Anwälten erlaubt wurde, im Hinblick auf nichtjuristische Tätigkeiten ihre Haftung für – ihre eigene – gewöhnliche Fahrlässigkeit zu beschränken.[1057]

Im Hinblick auf eine Haftungsbeschränkung durch Wahl einer entsprechenden *Gesellschaftsform* gilt, daß der selbst fehlerhaft handelnde Anwalt sich der aus seiner Tätigkeit folgenden Haftung durch keine gesellschaftsrechtliche Form entziehen kann. Dies beruht zum einen auf der allgemeinen common law rule, wonach eine Person für ihre eigenen unerlaubten Handlungen haftet und sich dieser Haftung nicht dadurch entziehen kann, daß sie eine Gesellschaft mit eigener Rechtspersönlichkeit gründet.[1058] Dieser Grundsatz findet auch auf Rechtsanwälte Anwendung, die eine persönliche und unbeschränkte Haftung für eigene Berufsfehler nicht durch die Gründung einer juristischen Person vermeiden können.[1059] Zum anderen ergibt sich dies aber auch aus den Gesetzen der Einzelstaaten, welche die Freiberuflern offenstehenden Gesellschaftsformen betreffen.[1060] Die Standesrichtlinien dagegen regeln die Frage der Zulässigkeit anwaltlicher Berufsausübung in einer Kapitalgesellschaft und damit auch der einer Haftungsbeschränkung durch Gründung einer juristischen Person nicht.[1061] Die Möglichkeit, die supervisory liability for malpractice sowie die vicarious malpractice liability durch die Wahl einer geeigneten Ge-

---

1057 So erklärte beispielsweise ein Gericht in einem Fall, in dem ein Anwalt als Testamentsvollstrecker tätig geworden war, eine entsprechende Klausel mangels unzulässiger Beeinflussung, Übervorteilung oder Mißbrauchs der treuhänderischen Beziehung für wirksam; Petty v. Privette, 818 S. W.2d 743 (747 f) (Tenn. Ct.App. 1989).
1058 Vgl. Restatement (Second) of Agency, § 320 (1958).
1059 Connell v. Hayden, 443 N.Y.S.2d 383 (402 f.) (1981); Cote v. Wadel, 796 F.2d 981 (983) (7th Cir. 1986).
1060 Nicht völlig unzweideutig insoweit sind lediglich die PC-Gesetze Iowas, New Mexicos und Rhode Islands. Diese könnten auf den ersten Blick dahingehend interpretiert werden, daß sie die Haftung auch hinsichtlich eigener Berufsfehler beschränken, also eine umfassende Haftungsbeschränkung gewähren, wie sie die Anteilsinhaber einer juristischen Person üblicherweise genießen; diese Frage wird unten unter 4. Teil, 5. Kapitel, D.III.2.b. und c. näher erörtert; vgl. hierzu auch *Maycheck*, 47 U. Pitt. L. Rev. 1986, 817 (820).
1061 In den Standesrichtlinien finden sich lediglich die bereits dargelegten allgemeinen Grundsätze zur Beschränkung der vertraglichen Haftung, vgl. ABA Model Rules of Professional Conduct, Rule 1.8(h).

sellschaftsform auszuschließen, ist in den einzelnen Staaten unterschiedlich geregelt.[1062]

II. General Partnership

1. Haftungsvoraussetzungen

a) Grundlagen

In aller Regel wird in einer Klage wegen eines anwaltlichen Berufsfehlers nicht nur derjenige Partner einer GP benannt, der die fehlerhafte Berufsleistung selbst erbracht hat, aber unter Umständen nicht über ausreichende eigene Vermögensgegenstände und Versicherungsdeckung verfügt. Vielmehr werden auch seine Partner verklagt. Dies beruht darauf, daß nach den Modellgesetzen UPA und RUPA *jeder Gesellschafter einer GP für die deliktischen Handlungen und die Vertragsverletzungen eines Partners, die dieser im normalen geschäftlichen Verkehr und damit mit Vertretungsmacht begangen hat, haftet.*[1063] Dieser Grundsatz gilt auch für durch einen Mitgesellschafter erbrachte fehlerhafte Berufsleistungen und zwar selbst dann, wenn die mithaftenden Gesellschafter an den fehlerhaften Berufsleistungen des Kollegen nicht beteiligt waren, nichts von ihnen wußten, keine Überwachungsaufgaben hinsichtlich des die fehlerhafte Leistung erbringenden Partners wahrzunehmen hatten und ihnen auch kein Verschulden sonstiger Art vorzuwerfen war. Es handelt sich dann um die *vicarious malpractice liability.*[1064] Erforderlich ist lediglich, daß der handelnde Gesellschafter tatsächlich Vertretungsmacht besaß[1065] oder diese im Hinblick auf das Auftreten der GP im Rechtsverkehr kraft Rechtsschein unterstellt werden muß.[1066] Dabei gilt, daß eine nicht offensichtliche Beschränkung der Vertretungsmacht eines Gesellschafters nur bei besonderer

---

1062 Vgl. hierzu die Ausführungen dieser Arbeit unter 4. Teil, 5. Kapitel, D. II., III., IV., V.

1063 Vgl. UPA §§ 13, 14, 15a; RUPA §§ 305, 306.

1064 Vgl. z. B. für Kalifornien Redman v. Walters, 152 Cal.Reptr. 42 (45) (Ct.App. 1979); Blackmon v. Hale, 83 Cal.Rptr. 194 (199 ff.) (Supr.Ct. 1970); für New York Benvenuto v. Taubman, 690 F.Supp. 149 (152 ff.) (E.D.N.Y. 1988); Bingham v. Zolt, 683 F.Supp. 965 (975 ff.) (S.D.N.Y. 1988); Riley v. Larocque, 297 N.Y.S. 756 (764 ff.) (Supr.Ct. 1937); Lichtenheld v. Bersen, 285 N.Y.S. 585 (586) (A.D. 2 Dept. 1936); Model Building & Loan Assoc. of Mott Haven v. Reeves, 140 N.E. 715 (718) (N.Y. Ct.App. 1923).

1065 Phillips v. Carson, 731 P.2d 820 (836 f.) (Kan. Supr.Ct. 1987); Blackmon v. Hale, 463 P.2d 418 (422 f.) (Cal. Supr.Ct. 1970).

1066 Investors Title Insurance Co. v. Herzig, 350 S. E.2d 160 (162 f.) (N.C. Ct.App. 1986); Blackmon v. Hale, 463 P.2d 418 (422 ff.) (Cal. Supr.Ct. 1970).

Benachrichtigung gegenüber dem Mandanten wirksam ist.[1067] Wenn die geschädigte Person allerdings privat Geschäfte mit einem Gesellschafter abschloß, kann hieraus keine vicarious malpractice liability der Mitgesellschafter folgen.[1068] Der tatsächliche sowie der Rechtsscheinsumfang der Vertretungsmacht des handelnden Gesellschafters wird durch die Art der Tätigkeiten bestimmt, welche die GP ausübt. Bei einer Anwalts-GP gilt sie daher für die normalen Tätigkeiten einer Anwaltssozietät. Die beruflichen Fehlleistungen müssen also juristischer Art sein oder zumindest mit der Erbringung juristischer Dienstleistungen zusammenhängen;[1069]

1067 Blackmon v. Hale, 463 P.2d 418 (423 f.) (Cal. Supr.Ct. 1970).

1068 In Re Steinmetzÿ Estate, 1 N.Y.S.2d 601 (605 f.) (Sur.Ct. 1937); Riley v. Larocque, 297 N.Y.S. 756 (764 ff.) (Supr.Ct. 1937). Allerdings ist dieser Grundsatz dann nicht anzuwenden, wenn der betreffende Gesellschafter ein Generalbevollmächtigter – wie beispielsweise der Vorstandsvorsitzende einer Kapitalgesellschaft – ist; Zimmermann v. Hogg & Allen, Professional Assoc., 209 S. E.2d 795 (800) (N.C. Supr.Ct. 1974).

1069 So haftet eine Anwalts-GP gewöhnlich nicht für ein von einem ihrer Gesellschafter aufgenommenes persönliches Darlehen, Investors Title Insurance Co. v. Herzig, 350 S. E.2d 160 (163 f) (N.C. Ct.App. 1986). Gleiches gilt für den Verlust finanzieller Mittel, die ein Mandant dem Gesellschafter zwecks Investierung überläßt, McGarity v. Craighill, Rendleman, Ingle & Blythe, P.A., 349 S. E.2d 311 (313 ff.) (N.C. Ct.App. 1986); Rouse v. Pollard, 21 A.2d 801 (803 f.) (N.J. Ct.App. 1941), und zwar nach In re Steinmetzÿ Estate, 1 N.Y.S.2d 601 (605 f.) (Sur.Ct. 1937) sogar dann, wenn der Gesellschafter dem Mandanten als Sicherheit einen auf den Namen der Anwalts-GP lautenden Schuldschein ausstellt. Die Zugehörigkeit der Tätigkeit eines Gesellschafters zu den normalen Geschäften einer Anwaltssozietät wurde auch in einem Fall verneint, in dem ein Gesellschafter sich gegenüber einem Investoren des Betruges schuldig gemacht hatte, wobei das betreffende Immobiliengeschäft in keinem Zusammenhang mit der Erbringung juristischer Dienstleistungen durch die Anwalts-GP stand, Sheinkopf v. Stone, 927 F.2d 1259 (1269) (1st Cir. 1991). In Shelton v. Fairley, 356 S. E.2d 917 (921 f.) (N.C. Ct.App. 1987) wurde eine Haftung der Mitgesellschafter in einem Fall angenommen, in dem ein Gesellschafter als Testamentsvollstrecker tätig geworden war, die Gebühren aber nicht der Anwalts-GP zugeflossen waren. In Jackson v. Jackson, 201 S. E.2d 722 (723 f.) (N.C. Ct.App. 1974), entschied das Gericht gegen die Haftung der Mitgesellschafter für die böswillige Rechtsverfolgung eines Gesellschafters der GP, da die böswillige Rechtsverfolgung im ABA Model Code of Professional Responsibility DR 7-102(A) (1981) verboten sei und damit nicht zum normalen Geschäftsverkehr einer Anwaltssozietät gehören könne. Diese Argumentation – mit der die vicarious malpractice liability der Gesellschafter einer Anwalts-GP für alle Berufsfehler, die den ABA Model Code of Professional Responsibility (1981) oder die ABA Model Rules of Professional Conduct (1983) verletzen, verneint werden könnte – widerspricht allerdings der Partnerschaftsgesetzgebung, vgl. UPA §§ 13, 15(a); RUPA §§ 305, 306. Zur Kritik an dem Gerichtsurteil vgl. *Wolfram*, 236 f. Im Gegensatz zu dieser Entscheidung wurde die Haftung für einen Mitgesellschafter in einem Fall bejaht, in dem dieser die Rechtsabteilung eines später in Konkurs gehenden Kreditinstituts geleitet und die Vergabe von Krediten gesteuert hatte, wobei die Anwalts-GP von den Gebühren profitiert hatte, Federal Deposit Ins. Corp. v. Mmahat, 907 F.2d 546 (552 f.) (5th Cir. 1990);

grundsätzlich haften Gesellschaft und Partner[1070] dann aber auch für böswillige Rechtsverletzungen eines Gesellschafters.[1071] Wenn die Mitgesellschafter bei einer böswilligen Rechtsverletzung eines Kollegen ausnahmsweise nicht allein aufgrund ihrer Rechtsstellung als Partner der GP haftbar gemacht werden können, besteht immer noch die Möglichkeit einer Haftung wegen eigener Fahrlässigkeit im Hinblick auf mangelhafte Überwachung des die Rechtsverletzung begehenden Gesellschafters.[1072] Die Partner einer GP haften aber nicht nur für ihre Mitgesellschafter, sondern auch für die Angestellten der Gesellschaft, soweit diese mit Vertretungsmacht handeln.[1073]

---

cert. denied 111 S. Ct. 1387 (1991). Auch existiert Rechtsprechung dahingehend, daß ein Gesellschafter, der sich Geld von einem Mandanten borgt, letzteren im Hinblick auf die damit zusammenhängenden juristischen Gesichtspunkte beraten muß und daß es im Falle einer fehlenden oder unzulänglichen Beratung zu einer vicarious malpractice liability der anderen Gesellschafter kommen kann; Roach v. Mead, 722 P.2d 1229 (1235) (Or. Supr.Ct. 1986).

1070 Vgl. z. B. Husted v. McCloud, 450 N.E.2d 491 (494 f.) (Ind. Supr.Ct. 1983); Williams v. Burns, 463 F.Supp. 1278 (1282 ff.) (D.Colo. 1979); Lichtenheld v. Bersen, 285 N.Y.S. 585 (586) (A.D. 2 Dept. 1936).

1071 Vgl. für Kalifornien z. B. Blackmon v. Hale, 463 P.2d 418 (423 f.) (Cal. Supr.Ct. 1970); für New York vgl. Clientsÿ Security Fund of State of New York v. Grandeau, 526 N.E.2d 270 (273) (N.Y. Ct.App. 1988); Bingham v. Zolt, 683 F.Supp. 965 (S.D.N.Y. 1988); Ottinger v. Dempsey, 504 N.Y.S.2d 517 (518) (A.D. 2 Dept. 1986), *appeal dismissed* 69 N.Y.2d 822 (Ct.App. 1987); Model Bldg. & Loan Assÿn of Mott Haven v. Reeves, 140 N.E. 715 (718) (N.Y. Ct.App. 1923). Allerdings wurde die Haftung einer Anwaltssozietät in einem Fall verneint, in dem einer ihrer Anwälte sich nach einem Geschäftsessen, während dessen Verlauf Geschäftsangelegenheiten der Sozietät diskutiert worden waren, betrank und daraufhin einen anderen Besucher des Lokals erschoß. Das Gericht entschied, daß in diesem Fall keine Überwachungs- oder Kontrollpflicht verletzt worden war; Hayes v. Far West Services, 50 Wash.App. 505 (506 ff.) (Wash. Ct.App. 1988). Auch erstreckt sich die Haftung bei unbeteiligten Mitgesellschaftern nicht auf etwaige zugesprochene punitive damages; Husted v. McCloud, 450 N.E.2d 491 (493 f.) (Ind. Ct.App. 1983).

1072 Vgl. z. B. Myers v. Aragona, 318 A.2d 263 (268) (Md. Ct.App. 1974).

1073 Die Haftung für Angestellte kann sich aus tatsächlich erteilter, aber auch aus einer Anscheinsvollmacht ergeben. Vgl. für ersteren Fall z. B. Soberg v. Sanders, 220 N.W. 781 (782) (Mich. Supr.Ct. 1928); für letzteren z. B. DeVaux v. American Home Assurance Co., 444 N.E.2d 355 (357 ff.) (Mass. Supr.Ct. 1983). Für die Berufsfehler freier Mitarbeiter haften die Gesellschafter dagegen grundsätzlich nicht; vgl. z. B. Bochian v. Esanu, Katsky, Korins & Siger, 476 N.Y.S.2d 1009 (1012 f.) (Supr. Ct. 1984). Etwas anderes gilt nur dann, wenn ein anwaltlicher Gesellschafter die Fehlleistungen des freien Mitarbeiters ausdrücklich autorisiert oder gesteuert hat oder aber ihm die fehlende Vertrauenswürdigkeit des freien Mitarbeiters bekannt war, er ihm die Aufgabe trotzdem übertrug und damit ein unvernünftig hohes Schädigungsrisiko im Hinblick auf die Mandanten in Kauf nahm. Vgl. auch Noble v. Sears, Roebuck & Co., 109 Cal.Rptr. 269 (271 ff.) (Ct.App. 1973).

Im übrigen gilt für Anwaltssozietäten, daß in Ermangelung einer anderslautenden ausdrücklichen Vereinbarung in der *Beauftragung eines Gesellschafters* der Anwalts-GP *die der gesamten Anwalts-GP* zu sehen ist, so daß die juristischen Dienstleistungen durch jeden der von der GP beschäftigten Anwälte erbracht werden können. Die Tatsache, daß sie durch einen anderen als den ursprünglich vertragsschließenden Anwalt geleistet werden, kann als solche nicht zu einer Haftung wegen eines Berufsfehlers führen.[1074]

b) Haftung des ausgeschiedenen Partners

Das Ausscheiden eines Gesellschafters führt grundsätzlich nicht zu einer Haftungsfreistellung für Ansprüche oder Verpflichtungen, die entstanden sind, während er Gesellschafter der GP war. Gleiches gilt bei einer Auflösung der Gesellschaft.[1075] Ob ein ausgeschiedener Partner allerdings auch für solche Berufsfehler haftet, die erst nach seinem Ausscheiden von einem Gesellschafter der Anwalts-GP begangen werden, wird im Recht der Einzelstaaten uneinheitlich beurteilt. So gilt beispielsweise in Kalifornien der Grundsatz, daß der Zeitpunkt des Eingehens des Mandatverhältnisses und nicht der der tatsächlichen Begehung des Berufsfehlers für die Haftung eines ausscheidenden Gesellschafters maßgebend ist, weil eine Verpflichtung der GP bereits zum ersteren Zeitpunkt entsteht. Daher kann ein ausscheidender Gesellschafter in Kalifornien eine Haftung für zukünftige Berufsfehler seiner ehemaligen Kollegen im Rahmen von Mandatsverhältnissen, die bereits zu einer Zeit eingegangen wurden, zu der er noch Partner war, nur vermeiden, indem die Mandanten von seinem Ausscheiden informiert werden und sie einem Erlöschen seiner Verpflichtungen zustimmen.[1076] Die Zustimmung kann unterstellt werden, wenn der Mandant vom Ausscheiden des Gesellschafters weiß, dennoch fortfährt, die juristischen Dienstleistungen der Anwaltssozietät zu beanspruchen und hierbei nur bestimmte Anwälte heranzieht.[1077] Im Gegensatz dazu wurde

---

1074 Burton by Burton v. Estrada, 501 N.E.2d 254 (259 f.) (Ill. Ct.App. 1986); Sellers v. State, 321 So.2d 706 (706 f.) (Ala. Ct.App. 1975), *cert. quashed*, 321 So.2d 708 (Ala. Supr.Ct. 1975).

1075 Vgl. z. B. für Kalifornien Redman v. Walters, 152 Cal.Rptr. 42 (45) (Ct.App. 1979); für New York Vollgraff v. Block, 458 N.Y.S.2d 437 (439 f.) (Supr. Ct. 1982); Camp v. Reeves, 205 N.Y.S. 259 (263 f.) (A.D. 1 Dept. 1924), *affy'd* 148 N.E. 753 (N.Y. Ct.App.1924).

1076 Redman v. Walters, 152 Cal.Rptr. 42 (45 f.) (Ct.App. 1979); zur Kritik an dieser Entscheidung vgl. *Kalish*, 70 Neb.L.Rev. 1991, 265 (268 ff.) m.w.N.

1077 Collins v. Levine, 274 S. E.2d 841 (843 f.) (Ga. Ct.App. 1980); Palomba v. Barish, 626 F.Supp. 722 (725 f.) (E.D.Pa. 1985).

beispielsweise in Florida entschieden, daß ein anwaltlicher Gesellschafter für nach seinem Ausscheiden von den verbleibenden Partnern begangenen Berufsfehler nicht haftet, wenn er kein finanzielles Interesse am weiteren Werdegang des Mandats hatte.[1078]

Im umgekehrten Fall, in dem der Gesellschafter ausscheidet, der den Berufsfehler begangen hat, bleibt die Haftung der GP und der Mitgesellschafter bestehen. Zudem kommt es zu einer von der Haftung des ausscheidenden Partners unabhängigen Haftung der verbleibenden Gesellschafter für alle Schäden, die durch die unterlassene Unterrichtung des Mandanten von den Fehlleistungen entstehen, sofern die verbleibenden Gesellschafter von dem Berufsfehler wußten und ihn nicht offenlegten.[1079] Die ehemaligen Mitgesellschafter haften allerdings nicht für Berufsfehler eines ehemaligen Partners, die dieser nach einer Auflösung der Gesellschaft begeht,[1080] wenn die ehemaligen Gesellschafter nicht den Anschein eines Fortbestehens der GP erwecken.[1081]

c) Haftung in einer De Facto General Partnership

Unabhängig von den internen Vereinbarungen kann sich eine Haftung für Berufsfehler gegenüber einem Mandanten eines anwaltlichen Kollegen auch auf der Basis einer de facto partnership ergeben. Dies setzt voraus, daß die Anwälte Büroräume und Sekretariatsdienstleistungen miteinander teilen, in Briefköpfen oder Schriftsätzen einen gemeinsamen Namen verwenden[1082] und der Mandant aufgrund des Auftretens der Anwälte vernünftigerweise darauf vertrauen kann, daß die Dienstleistungen durch eine Personengesellschaft und nicht durch einen Einzelanwalt erbracht werden.[1083] Die bloße gemeinschaftliche Benutzung von Büroräumen und ein

---

1078 Burnside v. McCrary, 384 So.2d 1292 (1293) (Fla. Ct.App. 1980). Andere Gerichtsentscheidungen halten sogar ein derartiges finanzielles Interesse für unschädlich, vgl. Gibson v. Talley, 275 S. E.2d 154 (155 f.) (Ga. Ct.App. 1980), *appeal after remand*, 291 S. E.2d 72 (74 f.) (Ga. Ct.App. 1982).

1079 Camp v. Reeves, 205 N.Y.S. 259 (263 f.) (A.D. 1 Dept. 1924), *affÿd.* 148 N.E. 753 (Ct.App. 1925), *reargument denied* 150 N.E. 532 (Ct.App. 1925).

1080 Anderson v. Meglemre, 738 S. W.2d 931 (932 f.) (Mo. Ct.App. 1987); Ventro v. Darlson, 468 So.2d 463 (464) (Fla. Ct.App. 1985); Holton v. American Pastry Products Corp., 174 N.E. 663 (663 f.) (Mass. Supr.Ct. 1931).

1081 Royal Bank and Trust Co. v. Weintraub, Gold & Alper, 497 N.E.2d 189 (190 ff.) (N.Y. Ct.App. 1986).

1082 Vgl. hierzu *Mallen/Smith*, Vol. 1, 345 ff.

1083 *Mallen/Smith*, Vol. 1, 346.

gemeinschaftlicher Name genügen hierfür nach der Rechtsprechung in der Regel allerdings noch nicht.[1084]

2. Möglichkeiten der Haftungsbeschränkung

In der Gesellschaftsform der GP ist die persönliche Haftung der Partner unbeschränkt. Dies gilt gleichermaßen für eigene Berufsfehler und die fehlerhafte Berufsausübung durch Mitgesellschafter. Auch eine Haftungsbeschränkung durch eine vertragliche Vereinbarung im Voraus mit dem Mandanten ist Anwälten, zumindest im Hinblick auf eigene Berufsfehler, nicht möglich.[1085]

3. Ergebnis

Jeder Partner einer GP haftet neben der Gesellschaft selbst persönlich und unbeschränkt für alle Schulden der Gesellschaft einschließlich solcher, die auf der fehlerhaften Berufsleistung eines Mitgesellschafters im Rahmen der Tätigkeit der Anwaltssozietät beruhen. Es gibt trotzdem immer noch zahlreiche Anwaltssozietäten in den Vereinigten Staaten von Amerika, welche anwaltliche Dienstleistungen in der Form einer GP erbringen.[1086] Dies mag auf der im Vergleich zur PC günstigeren steuerlichen Behandlung einer GP beruhen. Zudem mögen einige Sozietäten der Ansicht sein, daß diese Gesellschaftsform gerade aufgrund der mit ihr verbundenen unbeschränkten Haftung gegenüber den Mandanten ein Zeichen für ausnahmslos hohe Qualität setzt, welches das Ansehen der Sozietät fördert.[1087] Auch ist die unbegrenzte Haftung ein Faktor, der die Arbeitsdis-

---

1084 Brown v. Gerstein, 460 N.E.2d 1043 (1052 f.) (Mass. Ct.App. 1984), *review denied*, 464 N.E.2d 73 (Mass. Supr.Ct. 1984); Joseph v. Greater New Guide Baptist Church, Inc., 194 So.2d 127 (130) (La. Ct.App. 1966), *writ refused*, 195 So.2d 647 (La. Supr.Ct. 1967); Cottman v. Cottman, 468 A.2d 131 (139) (Md. Ct.App. 1983). In einer Entscheidung des Court of Appeals des Bundesstaates Maryland wurde zwar festgestellt, daß die bloße Benutzung eines gemeinsamen Namens für die Haftung als Gesellschafter einer de facto GP genügen kann, Myers v. Aragona, 318 A.2d 263 (268 f.) (Md. Ct.App. 1974); nach den diesem Urteil zugrundeliegenden Tatsachen hatten die Anwälte sich aber dem Mandanten gegenüber zusätzlich ausdrücklich als Partner bezeichnet. Vgl. zu diesem Urteil auch *Mallen/Smith*, Vol. 1, 347. Wenn die Anwälte einen Mandanten glauben machen, daß sie in einer GP zusammenarbeiten, haften sie auch als Gesellschafter einer solchen; Bonavire v. Wampler, 779 F.2d 1011 (1016 f.) (4th Cir. 1985); Ventro v. Darlson, 468 So.2d 463 (Fla. App. 1985); Coleman v. Moody, 372 S. W.2d 306 (313) (Tenn. Ct.App. 1963); Norfleet v. Stewart, 20 S. W.2d 868 (871) (Ark. Supr.Ct. 1929).
1085 Vgl. hierzu die Ausführungen oben 4. Teil, 5.Kapitel, I. 2.
1086 Vgl. hierzu *Duncan*, 10 BNAÿs Corp. Couns. Wkly. 1995, 8.

ziplin der Anwälte verbessern und diese durch die Angst vor persönlicher Haftung dazu veranlassen kann, ihre Arbeiten gegenseitig regelmäßig und intensiv zu kontrollieren.[1088]

III. Professional Corporation

1. Grundlagen

Die Anwalts-PC ist die älteste gesellschaftsrechtliche Form anwaltlicher Zusammenarbeit, ·die Haftungsbeschränkungsmöglichkeiten bietet. Auch wird der Umfang der mit der Gesellschaftsform der Anwalts-LLP verbundenen Haftungsbeschränkung nur im Zusammenhang mit den für die Anwalts-PC geltenden Grundsätzen verständlich. Daher kann die Diskussion der Anwalts-LLP nur aufbauend auf derjenigen der Anwalts-PC erfolgen.

Die Möglichkeit, die persönliche Haftung der Gesellschafter durch die Wahl der PC als Form der Zusammenarbeit zu beschränken, stellt heute den Hauptgrund für die Inkorporierung von Anwaltssozietäten dar.[1089] Dabei wird allerdings im Recht der Einzelstaaten uneinheitlich beurteilt, ob und in welchem Umfang Anwälte in einer PC ihre persönliche Haftung für nicht mit fehlerhafter Berufsausübung zusammenhängende Verpflichtungen der Gesellschaft sowie für Berufsfehler ihrer Kollegen beschränken können. Die einzelstaatlichen Regelungen sind wiederum vor dem Hintergrund der *Stellungnahmen der ABA* – einschließlich ihrer Commitees on Ethics and Professional Responsibility – sowie der *im M.P.C.S. enthaltenen Haftungsregelungen* gegeben zu sehen.

Die ABA stellt in ihrer Formal Opinion 303[1090] fest, daß Rechtsanwälten, die in Form einer PC zusammenarbeiten, die Gesellschaftern einer Kapitalgesellschaft zur Verfügung stehenden Haftungsbeschränkungen zu gewähren sind, wenn zur Sicherung der Vertrauenswürdigkeit der Anwaltschaft die folgenden beiden Voraussetzungen erfüllt sind:[1091] Erstens muß

1087 Vgl. *Carr/Mathewson*, 96 J. Pol. Econ. 1988, 766 (779); *Fama/Jensen*, 26 J. L. & Econ. 1983, 327 ff.
1088 *Carr/Mathewson*, 33 J. L. & Econ. 1990, 307 (321 f.).
1089 Vgl. *Kalish*, 29 Ariz. L.Rev. 1987, 563 (564); *Schneider*, 55 Cin. L.Rev. 1987, 785 (786); *Paas*, 52 J.Corp.L. 1985, 371 (374).
1090 ABA Committee on Ethics and Professional Responsibility, Formal Opinion 303 (1961), abgedruckt in 48 A.B.A.J. 159 (1962).
1091 Die ABA Formal Opinion 303 bezieht sich daneben auch auf zum Schutz ethischer Grundsätze im Hinblick auf die drei anderen Charakteristika einer Kapitalgesellschaft zu treffenden Maßnahmen. So ist ein zentralisiertes Management nur dann zulässig, wenn alle Geschäftsführer der PC Anwälte sind, vgl. Model Code of Pro-

der Anwalt, der die juristischen Dienstleistungen selbst erbringt, dem Mandanten persönlich für etwaige Fehler haften. Hierdurch wird der Schutz des engen Vertrauensverhältnisses zwischen Anwalt und Mandant, wie es der Model Code of Professional Responsibility, EC 5-1 vorschreibt, gewährleistet. Zweitens muß der Mandant über die Beschränkung der Haftung der anderen, nicht persönlich an der Bearbeitung des betreffenden Mandats beteiligten Anwälte der PC informiert werden. Dieser Voraussetzung kann durch den Namenszusatz „P.C." oder „P.A.", „Corporation" oder „Association" Genüge getan werden.[1092] Gemäß der EC 6-6 des Model Code of Professional Responsibility wiederum haftet ein Anwalt als Gesellschafter einer PC für die Berufsfehler seiner Kollegen nur beschränkt,[1093] vorausgesetzt, daß die Haftungsbeschränkung durch ein Gesetz gestattet ist. Bemerkenswert ist in diesem Zusammenhang, daß Rechtsprechung existiert, die den Anwälten die Haftungsbeschränkung trotzdem verweigert.[1094] Nach M.P.C.S. § 34(a) haftet schließlich jeder in einer PC tätige Freiberufler für eigene fehlerhafte Berufsleistungen persönlich und unbeschränkt. Gemäß M.P.C.S. § 34(b) haftet die PC selbst für ihre Angestellten, soweit diese mit tatsächlicher oder Anscheinsvollmacht handeln. M.P.C.S. § 34(c) und (d) regeln die Haftung von Gesellschaftern einer PC für Verbindlichkeiten, die nicht mit von ihnen persönlich begangenen Berufsfehlern zusammenhängen und empfehlen den staatlichen Gesetzgebern, eine der drei folgenden Varianten zu wählen: Entweder sollen die Gesellschafter einer PC im Hinblick auf alle nicht durch M.P.C.S. § 34(a) geregelten Haftungsfälle wie Aktionäre einer business corporation behandelt oder aber Partnern einer GP gleichgestellt werden; die dritte Variante ist die Beschränkung der persönlichen Haftung unter der Voraussetzung, daß die PC eine Versicherung über eine bestimmte Haftungssumme abschließt, deren Höhe durch die für die jeweilige Berufs-

---

fessional Responsibility EC 5-24 (1979). Die unbeschränkte Lebensdauer und die freie Übertragbarkeit der Geschäftsanteile wiederum setzen voraus, daß diese nur an andere Anwälte übertragen werden können, vgl. Model Code of Professional Responsibility EC 4-6 (1979); Street v. Sugarman, 202 So.2d 749 (795 f.) (Fla. Supr.Ct. 1967).

1092 Vgl. hierzu M.P.C.S. § 15(a) sowie oben unter 4. Teil, 5.Kapitel, A.3.
1093 Model Code of Professional Responsibility EC 6-6 (1979).
1094 Der Georgia Supreme Court entschied, daß ein in einer PC tätiger Anwalt entgegen dem PC-Gesetz des Bundesstaates für Berufsfehler eines angestellten Anwalts haften müsse, da die Haftungsbeschränkung trotz EC 6-6 und dem PC-Gesetz nicht unmittelbar für alle in der Gesellschaft beschäftigten Rechtsanwälte gelte: „ ... it cannot successfully be argued that Ethical Consideration 6-6 is a self-executing rule which automatically insulates each shareholder of a professional corporation from liability for the malpractice of the other."; First Bank & Trust Co. v. Zagoria, 302 S. E.2d 674 (676) (Ga. Supr.Ct. 1983).

gruppe zuständige Genehmigungsbehörde festgelegt werden soll.[1095] Die Frage, welcher der drei Varianten der Vorzug zu geben sei, diskutierte das ABA Committee on Corporate Laws, welches das M.P.C.S. entwarf, allerdings nicht und gab daher der einzelstaatlichen Gesetzgebung und den Gerichten insoweit keine Entscheidungshilfe.[1096]

2. Möglichkeiten der Haftungsbeschränkung

a) Überblick

Die *Handelndenhaftung* für eigene Berufsfehler kann nicht durch Gründung einer PC umgangen werden. Dies ergibt sich, wie bereits erwähnt,[1097] sowohl aus der common law rule, die eine Person für eigene unerlaubte Handlungen haften läßt und eine Haftungsbeschränkung durch Gründung einer juristischen Person insoweit ausschließt, als auch aus den meisten einzelstaatlichen PC-Gesetzen.[1098] Uneinheitlich beurteilt wird hingegen die Frage nach der Möglichkeit einer *Beschränkung der persönlichen Haftung* eines in einer PC tätigen Anwalts *für* die gewöhnlichen, *nicht mit fehlerhaften Berufsleistungen zusammenhängenden Verbindlichkeiten der PC* (liability for general business obligations) und für die *Berufsfehler anderer Anwälte*. Die gesetzlichen Regelungen der Einzelstaaten variieren zwischen vollständig beschränkter bis hin zu gänzlich unbeschränkter persönlicher Haftung der anwaltlichen Gesellschafter einer PC, lassen sich

---

1095 M.P.C.S. § 34(c) Variante 1: „Except as otherwise provided by statute, the personal liability of a shareholder of a domestic or foreign professional corporation is no greater in any respect than the liability of a shareholder of a corporation incorporated under the (Model) Business Corporation Act." Variante 2: „Except as otherwise provided by statute ... every shareholder of the corporation is liable to the same extent as if he were a partner in a partnership and the services creating liability were rendered on behalf of the partnership." Variante 3: „ ... every shareholder of the corporation is liable to the same extent as if he were a partner in a partnership and the services creating liability were rendered on behalf of the partnership: except as otherwise provided by statute; or unless the corporation has provided secutity for professional responsibility under subsection (d) and the liability is satisfied to the extent provided by the security." M.P.C.S. § 34(d): „A domestic or foreign professional corporation may provide security for professional responsibility by obtaining insurance or a surety bond ... "

1096 Vgl. hierzu den Official Comment der ABA zu M.P.C.S. § 34; abgedruckt in *ABA*, Model Business Corporation Act Annotated, PC-32.

1097 Siehe oben unter 4. Teil, 5. Kapitel, D.I.2.

1098 Nicht ganz eindeutig sind insoweit nur die PC-Gesetze Iowas, New Mexicos und Rhode Islands. Diese könnten ihrem Wortlaut nach dahingehend verstanden werden, daß sie die vollständig beschränkte Haftung gewähren, welche die Anteilsinhaber einer juristischen Person üblicherweise genießen. Diese Interpretation ist aber nicht zutreffend, wie unter 4. Teil, 5.Kapitel D. III. 2.b. und c. näher erläutert wird.

aber in *fünf Grundtypen* einteilen und damit systematisieren.[1099] Die Interpretation der einzelstaatlichen Gesetze wird durch die knappen, in der Regel nicht zu allen Möglichkeiten der Anwaltshaftung[1100] Stellung nehmenden und mitunter mehrdeutigen Regelungen erschwert. Die Gerichte der Bundesstaaten wiederum haben – auf Gründe des öffentlichen Interesses und die Befugnis der Gerichte, die Zulassung zur Anwaltschaft zu regeln, verweisend – den gesetzlich vorgesehenen Umfang der Haftungsbeschänkung verringert. Daher sollen im folgenden zuerst die fünf verschiedenen gesetzlichen Grundtypen dargestellt werden. Dem folgen eine Erörterung der zur Frage der Anwaltshaftung im Hinblick auf die PC ergangenen Rechtsprechung und eine erneute Einteilung des Rechts der Einzelstaaten in inhaltlich zusammengehörende Regelungsgruppen, nunmehr aber auf der Basis der durch die Rechtsprechung modifizierten Gesetze und daher abweichend von den ursprünglichen fünf Regelungstypen.

b) Gesetzliche Regelungen

aa) Erster Grundtyp: Extremlösungen

Die Gesetze der ersten Regelungsgruppe beschränken die Haftung entweder vollständig oder überhaupt nicht. Lediglich drei Einzelstaaten haben Gesetze, die ihrem Wortlaut nach eine der Rechtslage bei der business corporation vergleichbare vollständige Haftungsbeschränkung vorsehen. Diese sind Rhode Island, Iowa und New Mexico. So regelt zwar das PC-Gesetz Rhode Islands die Haftungsfrage nicht selbst, aber die R.I. Gen. Laws erklären in § 7–5.1–1. die Bestimmungen des Rhode Island Business Corporation Act auf die PC anwendbar.[1101] Die Aktionäre einer business corporation wiederum haften nur in Höhe ihrer Einlage. Daher könnte aus dem Wortlaut des PC-Gesetzes Rhode Islands gefolgert werden, daß Gleiches auch für die Gesellschafter einer PC gilt und Dritte ihre Ansprüche aus gewöhnlichen Geschäftsschulden der PC ebenso wie aus Berufsfehlern der Gesellschafter nur gegen die PC richten, nicht aber die Aktionäre persönlich haftbar machen können. Dasselbe gilt für Iowa, gemäß dessen

---

1099 Für eine andere Einteilung vgl. *Maycheck*, 47 U. Pitt. L. Rev. 1986, 817 (818 ff.); aufgrund zwischenzeitlich vorgenommener Gesetzesänderungen ist die Zuordnung der einzelstaatlichen PC-Gesetze zu den Regelungsgruppen in der Weise, wie sie von *Maycheck* vorgenommen wurde, allerdings nicht mehr zutreffend.

1100 Diese sind die Haftung für eigene Berufsfehler, die supervisory liability, die vicarious liability und die Haftung für general business obligations.

1101 R.I. Gen. Laws § 7-5.1-1. (1992). Allerdings setzt § 7-5.1-8. für PCs zwingend den Abschluß einer Versicherung voraus.

PC-Gesetz die Haftung der Gesellschafter einer PC, als Gesellschafter, in der gleichen Weise und in gleichem Umfang beschränkt ist wie bei Aktionären einer business corporation.[1102] Gleiches gilt für das PC-Gesetz New Mexicos.[1103]

Das Gesetz des Bundesstaates Colorado stellt die andere Extremposition dar. Danach haften die in einer PC tätigen Anwälte persönlich und unbeschränkt für eigene Berufsfehler und solche ihrer Mitgesellschafter und Angestellten wie auch für gewöhnliche, nicht mit fehlerhafter Berufsausübung zusammenhängende Schäden. Dabei kann die persönliche Haftung für solche Berufsfehler, an deren Begehung der betreffende Gesellschafter nicht persönlich beteiligt war, ausgeschlossen werden, wenn die PC eine Versicherung in einer bestimmten Höhe abgeschlossen hat.[1104]

bb) Zweiter Grundtyp: Haftung für persönliche fehlerhafte Berufsleistungen

In einer Reihe von Staaten haften die Gesellschafter einer PC nach dem Wortlaut des jeweiligen PC-Gesetzes nur für fehlerhafte Berufsleistungen, an deren Erbringung sie persönlich beteiligt waren. Haftungsbeschränkung genießen die Aktionäre dagegen hinsichtlich der Berufsfehler ihrer Kollegen. Dies ist davon unabhängig, ob eine etwaige Überwachungspflicht verletzt wurde.[1105] Gleiches gilt für allgemeine, nicht mit fehlerhafter Berufsausübung im Zusammenhang stehende Schulden der Gesellschaft. In diese Kategorie fallen Alabama, Alaska, Arkansas, Hawaii, Kentucky, Lousiana, Maryland, Massachusetts, Minnesota, Nevada, North Dakota, South Carolina, South Dakota und Texas.[1106]

1102 27 Iowa Code Ann. § 496C.9 (1991) „ ... the liability of the shareholders of a professional corporation, as shareholders, shall be limited in the same manner and to the same extent as in the case of a corporation organized under the Iowa business corporation Act."

1103 N.M. Stat. Ann. § 53-6-8 (Supp. 1995): „... the Professional Corporation Act... does not modify the legal relationship ... between a person performing professional services and the client ... who receives such services; but the liability of the shareholder shall be otherwise limited."

1104 Colo. R. Civ. P. ch. 22, Rule 265(I) (West 1995).

1105 Vgl. z. B. Nev. Rev. Stat. § 89.060 (1994): „ ... nothing contained in this section shall render ... (a) person personally liable in tort for any act in which he has not personally participated."

1106 Ala. Code § 10-4-390 (1994); Alaska Stat. § 10.45.140 (1995); der Wortlaut des PC-Gesetzes Arkansas ist insoweit nicht eindeutig und könnte auch in die dritte Regelungsgruppe eingeordnet werden, Ark. Stat. Ann. § 4-19-201 (1991) („No person shall be personally liable for any obligation of ... a professional corporation solely because such person is a shareholder ... of such professional corporation."); Hawaii Rev. Stat.

cc) *Dritter Grundtyp: Haftung für persönliche fehlerhafte*
Berufsleistungen und für die Fehler von „überwachten" Kollegen

Die meisten Einzelstaaten schreiben vor, daß die Gesellschafter einer PC
für die von ihnen selbst erbrachten fehlerhaften juristischen Dienstleistungen sowie für solche Berufsfehler haften, die Personen begangen haben, die sich während der Erbringung der Leistung unter ihrer Überwachung und Kontrolle befanden oder die sie hätten überwachen und
kontrollieren müssen.[1107] Der Wortlaut der Gesetze ordnet diese unbeschränkte persönliche Haftung nur für die Erbringung juristischer Dienstleistungen in der genannten Form an. Berufsfehler, an welchen der betreffende Anwalt nicht beteiligt war und hinsichtlich derer ihn auch kein
Vorwurf mangelhafter Überwachung trifft, sind von der unbeschränkten
Haftung dagegen ebensowenig erfaßt wie die Ansprüche Dritter gegen die
Gesellschaft aus gewöhnlichen, nicht mit fehlerhaften Berufsleistungen
zusammenhängenden Geschäftsschulden. Im Hinblick auf die letztgenannten Ansprüche fehlt zwar eine explizite Regelung. Die Haftungsbeschränkung kann hier aber aus einem Umkehrschluß gefolgert werden,
denn da die persönliche Haftung der PC-Gesellschafter nur für Berufsfehler angeordnet ist, bleibt es ansonsten bei der beschränkten Haftung, die
die Kapitalgesellschaft ihren Anteilsinhabern üblicherweise gewährt.
Dieser Regelungsgruppe sind Arizona, Connecticut, der District of Columbia, Delaware, Florida, Idaho, Illinois, Indiana, Kansas, Maine, Michigan, Mississippi, Missouri, Montana, Nebraska, New Hampshire, New
Jersey, New York, Pennsylvania, Virginia und Washington zuzuordnen.[1108]

---

§ 415A-11 (1993) (allerdings setzt dies den Abschluß einer Versicherung voraus, die
den in § 415A-11(c) aufgestellten Anforderungen genügt; andernfalls kommt zu der
Haftung für eigene Berufsfehler noch eine supervisory malpractice liability.); Ky.
Rev. Stat. Ann. § 274.055 (Michie 1989); La. Rev. Stat. Ann. § 12:807 (West 1994);
Mass. Gen. Laws Ann. ch. 156A-§ 6a (West 1992); Md. Corps. & Assÿns Code Ann.
§ 5-121 (Supp. 1995); Minn. Stat. Ann. § 310A.10 (West Supp. 1996); Nev. Rev. Stat.
§ 89.060 (1994); N.D. Cent. Code § 10-31-09 (1995); S.C. Code Ann. § 33-19-340
(Law Co-op. 1990); S.D. Codified Laws Ann. § 47-13A-2, § 47-13A-7 (1991 & Supp.
1995); Tex. Stat. Ann. art. 1528e, § 16 (Vernon Supp. 1996).

1107 Vgl. z.B. N.Y. Bus. Corp. Act § 1505(a) (McKinney 1986 & Supp. 1995): „Each
Shareholder, employee or agent of a professional service corporation shall be personally and fully liable and accountable for any negligent or wrongful act or misconduct
committed by him or by any person under his direct supervision and control while
rendering professional services on behalf of such corporation."

1108 Ariz. Rev. Stat. Ann. § 10-905 (Supp. 1995); Conn. Gen. Stat. Ann. § 33-182(e) (West
1987 & Supp. 1995); D.C. Code Ann. § 29-611 (1991); Del. Code Ann. tit. 8 § 608
(1991); Fla. Stat. Ann. § 621.07 (West Supp. 1996); Idaho Code § 30-1306 (1980 &
Supp. 1995); Ill. Ann. Stat. ch. 805, § 1018 (Smith-Hurd 1993); Ind. Code Ann. § 23-

dd) Vierter Grundtyp: Haftung für alle in der PC erbrachten fehlerhaften Berufsleistungen

Nach den PC-Gesetzen Wyomings, Wisconsins und Oregons haften die Gesellschafter einer PC für alle mit fehlerhafter Berufsausübung zusammenhängenden Schäden. Dies gilt unabhängig davon, ob sie selbst an der Erbringung der fehlerhaften Berufsleistungen beteiligt waren, ob sie Aufsichtspflichten verletzten oder aber ihnen kein Vorwurf nachlässigen oder fehlerhaften Verhaltens in irgendeiner Form gemacht werden kann.[1109] So stellt beispielsweise das PC-Gesetz Wyomings ausdrücklich fest, daß die Gesellschafter der PC für Berufsfehler wie Personengesellschafter haften.[1110] Eine Haftung für allgemeine, nicht mit fehlerhafter Berufsausübung zusammenhängende Schulden der Gesellschaft besteht nach dem ausdrücklichen Wortlaut des PC-Gesetzes Oregons nicht.[1111] Gleiches gilt im Ergebnis auch für Wisconsin und Wyoming. Die Gesetze dieser Einzelstaaten nehmen zwar nicht explizit zu dieser Frage Stellung. Sie schreiben aber jeweils nur eine Haftung für Schäden vor, die aus der Erbringung juristischer Dienstleistungen folgen. Im übrigen lassen sie die Gesellschafter in den Genuß der Haftungsbeschränkung kommen, welche den Aktionären einer business corporation zukommt.[1112]

1.5-2-6 (West 1989); Kan. Stat. Ann. § 17-2715 (Supp. 1994); Me. Rev. Stat. Ann. tit.13, § 708 (Supp. 1995); Mich. Comp. Laws Ann. § 450.226 (West 1990 & Supp. 1995); Miss. Code Ann. § 79-10-67 (Supp. 1995); Mo. Ann. Stat. § 356.171 (Vernon 1991 & Supp. 1996); Mont. Code Ann. § 35-4-404 (1991); N.C. Gen. Stat. § 55B-9 (1991 & Supp. 1993); Neb. Rev. Stat. § 21-2210 (1991); N.H. Rev. Stat. Ann. § 294-A:17(II) (1987 & Supp. 1995); N.J. Rev. Stat. § 14A:17-8 (Supp. 1995); N.Y. Bus. Corp. Law § 1505(a) (McKinney 1986 & Supp. 1995); 15 Pa. Cons. Stat. Ann. § 2925(b)(d) (Purdon 1995); Va. Code § 13.1-547. (Supp. 1995); Wash. Rev. Code § 18.100.070 (1989).

1109 Wyo. Stat. § 17-3-102 (1989 & Supp. 1995); Wis. Stat. Ann. § 180.94(8) (West 1992 & Supp. 1995); Or. Rev. Stat. § 58.185(1), (2), (3) (1995).

1110 Wyo. Stat. § 17-3-102 (1989 & Supp. 1995): „ ... professional services ... licensed stockholder or stockholders, licensed employees, each of whom ... shall remain as fully liable and responsible for his professional activities ... as though practicing individually rather than in a corporation.“

1111 Or. Rev. Stat. § 58.185(7) (1995) stellt ausdrücklich fest, daß nicht die Gesellschafter, sondern nur die Gesellschaft für „debts and other contractual obligations“ der PC haften.

1112 Eine andere Beurteilung ist im Falle Wyomings und Wisconsins denkbar, wenn man die Grenzen des Begriffs der „juristischen Dienstleistungen“ entsprechend weit zieht. Für eine Erörterung dieser Fragen vgl. *Kalish*, 29 Ariz. L. Rev. 1987, 563 (584 ff.), der die Übertragung der in den einzelstaatlichen PC-Gesetzen enthaltenen Definitionen des Begriffs der „professional services“ ablehnt und stattdessen prüft, was zu den normalen Tätigkeiten der PC gehört und welche Erwartungen der Mandant vernünftigerweise haben durfte. Dieser Zwei-Punkte Test wurde durch den Wisconsin Su-

ee) Fünfter Grundtyp: Saving clause und Unklarheit hinsichtlich der Haftungsfrage

In den in die Regelungsgruppe fünf einzuordnenden Einzelstaaten bleibt die Frage der Haftungsbeschränkung unklar, weil die einzige Bestimmung des PC-Gesetzes, die die Haftungsfrage behandelt,[1113] eine sogenannte saving clause ist. Diese besagt lediglich, daß das für die Beziehung zwischen Freiberufler und Mandant geltende Recht durch das jeweilige professional corporation statute nicht berührt wird.[1114] Die saving clause nimmt also nicht unmittelbar und ausdrücklich zum Umfang der Haftung der Freiberufler Stellung. Zu dieser Kategorie gehören Kalifornien, Georgia, Ohio, Utah, Vermont und West Virginia. In den meisten anderen, den Regelungsgruppen eins bis vier zuzuordnenden Staaten, ist die saving clause zusätzlich zu einer die Haftungsfrage regelnden Bestimmung zu finden.[1115]

---

preme Court in Heckert v. Stauber, 317 N.W.2d 834 (845) (Wis. Supr.Ct. 1982) begründet.

1113 Cal. Corp. Code § 13410 (West Supp. 1996); Ga. Code Ann. § 14-7-7 (1994); Ohio Rev. Code Ann. § 1785.04 (Page Supp. 1995); Okla. Stat. Ann. tit. 18, § 812 (West Supp. 1996); Tenn. Code Ann. § 48-3-407 (Supp. 1995); Utah Code Ann. § 16-11-10 (1995); Vt. Stat. Ann. tit.11, § 808 (1993); W.Va. Code § 30-2-5a (1993 & Supp. 1995).

1114 Vgl. z. B. Cal. Corp. Code § 13410 (West Supp. 1996): „Nothing in this part shall affect or impair ... any law, rule or regulation pertaining ... to the professional relationship between any licensed person furnishing professional services and the person receiving such services."

1115 Vgl. Alaska Stat. § 10.45.140 (1995); Ariz. Rev. Stat. Ann. § 10-905 (Supp. 1995); Ark. Stat. Ann. § 4-29-205 (Michie 1991); Conn. Gen. Stat. Ann. § 33-182(e) (West 1987 & Supp. 1995); D.C. Code Ann. § 29-611 (1991); Del. Code Ann. tit. 8, § 608 (1991); Fla. Stat. Ann. § 621.07 (West Supp. 1996); Hawaii Rev. Stat. § 415A-11 (1993); Idaho Code § 30-1306 (1980 & Supp. 1995); Ill. Rev. Stat. ch. 805, § 1018 (Smith-Hurd 1993); Iowa Code Ann. § 496C.9 (1991); Kan. Stat. Ann. § 17-2715 (Supp. 1994); Ky. Rev. Stat. Ann. § 274.055 (Michie 1989); La. Rev. Stat. Ann. § 12:807 (West 1994); Mass. Gen. Laws Ann. ch. 156A-§ 6(b) (West 1992); Md. Corps. & Ass̈yns Code Ann. § 5-121 (Supp. 1995); Me. Rev. Stat. Ann., tit.13, § 708 (Supp. 1995); Mich. Comp. Laws Ann. § 450.226 (West 1990 & Supp. 1995); Minn. Stat. Ann. § 310A.10 (West Supp. 1996); Miss. Code Ann. § 79-10-67 (Supp. 1995); Mo. Ann. Stat. § 356.191 (Vernon 1991 & Supp. 1996); Mont. Code Ann. § 35-4-404 (1991); Neb. Rev. Stat. § 21-2210 (1991); Nev. Rev. Stat. § 89.060 (1994); N.H. Rev. Stat. Ann. § 294-A:17(II) (1987 & Supp. 1995); N.J. Rev. Stat. § 14A:17-8 (Supp. 1995); N.M. Stat. Ann. § 53-6-8 (Supp. 1995); N.D. Cent. Code § 10-31-09 (1995); Or. Rev. Stat. § 58.185 (1995); 15 Pa. Cons. Stat. Ann. § 2925 (Purdon 1995); S. C. Code Ann. § 33-19-340 (Law Co-op. 1990); S. D. Codified Laws Ann. § 47-13A-7 (1991 & Supp. 1995); Tex. Stat. Ann. art. 1528e, § 16 (Vernon Supp. 1996); Va. Code § 13.1-547. (Supp. 1995); Wash. Rev. Code § 18.100.070 (1989); Wis. Stat. Ann. § 180.94(8) (West 1992 & Supp. 1995); Wyo. Stat. § 17-3-102 (1989 & Supp. 1995). Nur Alaba-

c) Modifizierung durch die Rechtsprechung

aa) Regelungskompetenz der Gerichte

Zahlreiche einzelstaatliche Gerichte haben in PC-Gesetzen enthaltene Regelungen der Haftungsfrage verworfen. Dabei berufen sich die Gerichte auf ein immanentes Recht der Judikative, die Belange der Anwaltschaft zu regeln und schließen von der ausschließlichen Befugnis der Rechtsprechung, die Zulassung zur Anwaltschaft zu regulieren, auf das Recht, auch Fragen der anwaltlichen Berufsausübung in Form der Kapitalgesellschaft einschließlich der damit verbundenen Haftungsfragen zu entscheiden, und zwar gegebenenfalls sogar entgegen dem ausdrücklichen Gesetzeswortlaut.[1116] Es ist seit langem geklärt, daß Gerichte die ausschließliche Befugnis haben, darüber zu entscheiden, wer ein Organ der Rechtspflege (officer of the court) wird.[1117] Daher dürften die Gesetzgeber nicht Zulassungsbedingungen zur Anwaltschaft festlegen, die denen widersprechen, die die Gerichte aufgestellt haben.[1118] Gleiches gilt – im Hinblick auf die bereits zugelassenen Anwälte – für die Verhängung von Disziplinarmaßnahmen. Allerdings müssen alle Zulassungsvoraussetzungen und -standards einen ausreichenden Zusammenhang mit der Fähigkeit einer Person zur Ausübung des Anwaltsberufs (fitness or capacity of a person to practice law)

---

ma, Colorado, Indiana, New York und Rhode Island haben in ihren PC-Gesetzen auf eine saving clause verzichtet.

1116 So stellt der Supreme Court Ohios in South High Development Ltd. v. Weiner, Lippe & Cromley Co., 445 N.E.2d 1106 (1109 f.) (Ohio Supr.Ct. 1983) fest, daß er die Befugnis habe, die Zulassungsbedingungen zur Anwaltschaft festzulegen und daß eine dieser Bedingungen darin bestehe, daß Anwälte, die in der Form der Kapitalgesellschaft zusammenarbeiten, auf die mit dieser Gesellschaftsform nach dem Gesellschaftsrecht verbundene Haftungsbeschränkung verzichten. Der Supreme Court Georgias wiederum merkte zu Beginn der Entscheidung First Bank & Trust Co. v. Zagoria an, daß nicht eine Interpretation des PC-Gesetzes Georgias, sondern eine Ausübung der Regelungsbefugnis des Gerichts für die Lösung dieses Falles ausschlaggebend sei, „which call(s) for the exercise of this courtÿs authority to regulate the practice of law.", First Bank & Trust Co. v. Zagoria, 302 S.E.2d 674 (675) (Ga. Supr. Ct. 1983). Vgl. auch State ex rel. Green v. Brown, 180 N.E.2d 157 f (Ohio Supr.Ct. 1962).

1117 Ex parte Garland, 71 U.S. (4 Wall.) 333 (347 ff.) (1886); Ex parte Secombe, 60 U.S. (19 How.) 9 (13 ff.) (1856).

1118 Board of Commÿrs of Ala. State Bar v. State ex rel. Baxley, 324 So.2d 256 (258 ff.) (Ala. Supr.Ct. 1975); Land Title Co. v. State ex rel. Porter, 299 So.2d 289 (293 ff.) (Ala. Supr.Ct. 1974); In re Greer, 81 P.2d 96 (98) (Ariz. Supr.Ct. 1938); In re Kaufman, 206 P.2d 528 (534 ff.) (Idaho Supr.Ct. 1949); In re Senate Bill No. 630, 523 P.2d 484 (485 f.) (Mont. Supr.Ct. 1974); State v. Bander, 254 A.2d 552 (553 ff.) (N.J. County Ct. 1969); Archer v. Ogden, 600 P.2d 1223 (1226 f.) (Okla. Supr. Ct. 1979); In re Tenn. State Bar Assÿn, 532 S.W.2d 224 (226 ff.) (Tenn. Supr.Ct. 1975).

haben.[1119] Dieser Zusammenhang fehlt bei einer Haftungsbeschränkung im Hinblick auf allgemeine, nicht mit fehlerhafter Berufsausübung zusammenhängende Geschäftsschulden, denn die Zahlungsunfähigkeit der Anwaltsgesellschaft kann nicht in einen direkten Zusammenhang mit der Fähigkeit der in ihr tätigen Anwälte zur Ausübung des Anwaltsberufes gebracht werden. Im Ergebnis gilt dies auch für eine Haftungsbeschränkung für die Berufsfehler anderer Anwälte, weil eine gerichtlich angeordnete Haftung hier auf eine Bestrafung eines Unbeteiligten hinausläuft und damit ebenfalls in keinem Zusammenhang mit dessen Fähigkeiten als Anwalt steht. Infolgedessen ist den Gerichten vorzuwerfen, daß sie sich in ihren – die einzelstaatlichen gesetzlichen Haftungsbeschränkungen in PC-Gesetzen verwerfenden – Entscheidungen nicht im Rahmen ihrer Befugnis halten, die Zulassung zur Anwaltschaft zu regulieren.[1120] Da diese Entscheidungen aber gültiges Recht sind und sie die gesetzlichen Grundtypen zum Teil erheblich modifiziert haben, sollen sie im folgenden überblicksmäßig dargestellt werden.

bb) Erster Grundtyp

Der Supreme Court Rhode Islands hat bereits 1970 festgestellt, daß Anwälte lediglich ihre Haftung für gewöhnliche Geschäftsschulden und die Berufsfehler anderer Anwälte durch die Gründung einer PC beschänken können. Damit hat das Gericht eine Haftungsbeschränkung für eigene fehlerhafte Berufsleistungen implizit ausgeschlossen.[1121] In Iowa und New Mexico fehlen entsprechende Gerichtsentscheidungen. Das Schrifttum interpretiert die PC-Gesetze jedoch auch hier in Übereinstimmung mit der common law rule, nach welcher sich ein Anwalt der Haftung für eigene Berufsfehler nicht durch Gründung einer juristischen Person entziehen kann.[1122]

In Colorado haften die Anwälte ebenfalls nur für die eigenen Berufsfehler, vorausgesetzt, die PC schließt die erforderliche Versicherung ab. Wenn dies unterlassen wurde, ist fraglich, ob die Haftung auf die eigenen Be-

---

1119 Schware v. Board of Bar Examiners, 353 U.S. 232 (239) (1957).
1120 Vgl. zur Kritik dieser Rechtsprechung im Schrifttum *O'Hearn*, 17 Akron L. Rev. 1983, 143 (152 f.); *Paas*, 11 J. Corp. L. 1986, 371 (372 ff.).
1121 In re Rhode Island Bar Ass'n, 263 A.2d 692 (695 ff.) (R.I. Supr.Ct. 1970).
1122 Vgl. hierzu beispielsweise *Maycheck*, 47 Pitt. L Rev. 1986, 817 (820), die darauf verweist, daß der Gesetzestext von der Beschränkung der Haftung der Gesellschafter „as shareholders" entsprechend derjenigen, die Gesellschafter einer business corporation genießen, spricht und damit impliziert, daß der Gesellschafter in seiner Eigenschaft als Freiberufler seine common law-Anwaltshaftung für eigene Berufsfehler beibehält.

rufsfehler und die der Kollegen beschränkt ist oder aber sich auch auf allgemeine Geschäftsverbindlichkeiten erstreckt. Die Gerichte Colorados haben zu dieser Frage bislang nicht Stellung genommen. Da kein Grund ersichtlich ist, warum die Gesellschafter einer PC im Hinblick auf diese general business obligations anders gestellt werden sollten, als die einer business corporation – deren Haftungsbeschränkung keinen Versicherungsabschluß voraussetzt – ist davon auszugehen, daß die Haftung der Gesellschafter auch in diesem Fall auf berufliche Fehlleistungen beschränkt ist.[1123]

cc) Zweiter Grundtyp

Die Gerichte der in die zweite Regelungsgruppe einzuordnenden Einzelstaaten haben die gesetzlich vorgesehene Beschränkung der Haftung auf eigene Berufsfehler zum Teil bestätigt und zum Teil verworfen. So haften beispielsweise nach dem Supreme Court Nevadas die Gesellschafter einer PC nicht persönlich für fehlerhafte Berufsleistungen ihrer Kollegen, wenn sie an der Leistungserbringung nicht selbst beteiligt waren.[1124] Der Alabama Court of Appeals unterscheidet in ähnlicher Weise zwischen der aktiven Teilnahme an den fehlerhaften Tätigkeiten und der bloßen Gesellschafterstellung, wobei lediglich erstere zu einer Haftung führen soll.[1125] Im Gegensatz dazu umfaßt dem Supreme Court Kentuckys zufolge die Haftung der Gesellschafter einer PC entgegen dem Gesetzeswortlaut auch fehlerhafte Berufsleistungen, die von Mitgesellschaftern oder Angestellten erbracht wurden, deren Tätigkeit der Gesellschafter zu überwachen hatte.[1126] Der Supreme Court Hawaiis ging ursprünglich noch einen Schritt weiter und ließ in einer PC zusammenarbeitende Anwälte entgegen den gesetzlichen Bestimmungen wie Gesellschafter einer general partnership und damit nicht nur für ihre eigenen Berufsfehler, sondern auch für die fehlerhaften Berufsleistungen der anderen Gesellschafter der PC sowie

---

1123 Ebenso entschied der Supreme Court Arizonas zu einer Zeit, als das PC-Gesetz Arizonas noch eine vollständig unbeschränkte Haftung der Gesellschafter vorsah, vgl. Vinall v. Hoffman, 651 P.2d 850 (851 f.) (Ariz. Supr. Ct. 1982).

1124 Grayson v. Jones, 710 P.2d 76 (76 f.) (Nev. Supr.Ct. 1985).

1125 Cleveland v. Williams, 441 So.2d 919 (920 f.) (Ala. Civ.App. 1983).

1126 Boyd v. Badenhausen, 556 S.W.2d 896 (898 f.) (Ky. Supr. Ct. 1978); in dieser Entscheidung ging es um einen Arzt, der als direkter Vorgesetzter denjenigen Angestellten zu überwachen hatte, der eine fahrlässig fehlerhafte Berufsleistung erbracht hatte; „placing a layer of other people, by whomsoever they may be employed between a physician and his patient does not alter the situation, because the physicianÿs professional duties are not susceptible of being delegated or diffused."; Boyd v. Badenhausen, 556 S.W.2d 896 (898) (Ky. Supr.Ct. 1978).

für die der angestellten Anwälte und für nicht mit Berufsfehlern im Zusammenhang stehende Verbindlichkeiten haften.[1127] Die Konsequenz war, daß alle Gesellschafter für sämtliche Verbindlichkeiten verantwortlich waren; ein Ergebnis, das im Schrifttum kritisiert wurde.[1128] Diese Rechtsprechung ist dann durch eine Gesetzesänderung außer Kraft gesetzt worden, die unter der Voraussetzung, daß eine Versicherung über eine bestimmte Haftsumme abgeschlossen wurde, eine Beschränkung der Haftung auf die eigenen Berufsfehler vorsieht.[1129] Die Rechtsprechung hat diese Gesetzesänderung allerdings nicht hingenommen und ordnet nun die persönliche Haftung jedes Gesellschafters für alle von einem in der PC tätigen Anwalt begangenen Berufsfehler an. Ein Überwachungsverschulden ist hierfür nicht erforderlich. Eine Haftung für sonstige Verbindlichkeiten besteht allerdings nicht.[1130]

dd) Dritter Grundtyp

Die meisten der in Gruppe drei eingeordneten einzelstaatlichen PC-Gesetze haben die Frage der *Haftung für allgemeine, nicht mit fehlerhafter Berufsausübung in Zusammenhang stehende Verpflichtungen* nicht ausdrücklich geregelt. New York beispielsweise schreibt in seinem PC-Gesetz explizit vor, daß die Gesellschafter für eigene Berufsfehler und für fehlerhafte Berufsleistungen, die von Personen erbracht wurden, die sie hierbei zu überwachen hatten, haften, schweigt aber zur Frage der Haftung für nicht mit Berufsfehlern zusammenhängenden Verbindlichkeiten. Konsequenz war eine Reihe von Fällen, in denen New Yorker Gerichte die Frage der persönlichen Haftung von Freiberuflern für Mietzins- und vergleichbare Verbindlichkeiten der PC zu beantworten hatten. Die Entscheidungen der Gerichte ließen anfangs eine einheitliche Linie vermissen. So verneinte das erste zu diesem Problem ergangene Urteil die Haftung der Freiberufler mit der Begründung, das PC-Gesetz lasse seinem Wortlaut nach die Gesellschafter nur für eigene fehlerhafte Berufsausübung sowie Überwachungspflichtverletzungen haften. Die Haftung für allgemeine Geschäftsverbindlichkeiten liege

---

1127 In re Bar Assÿn of Hawaii, 516 P.2d 1267 (1268 ff.) (Hawaii Supr.Ct. 1973).

1128 So weist *Maycheck*, 47 Pitt. L. Rev. 1986, 817 (825) darauf hin, daß das Anwalt-Mandant-Verhältnis persönlicher Natur sei und der Mandant lediglich vertrauen könne, daß ihm die besondere Fachkunde der ganzen *law firm* zur Verfügung stehe, nicht aber, daß ihm alle Gesellschafter haften. Vgl. hierzu auch *Bittker*, 17 Tax L.Rev. 1961, 1 (8 ff.) sowie für eine Parallele im Arzt-Patient-Verhältnis Birt v. St.Mary Mercy Hospital of Gary, Inc., 370 N.E.2d 379 (383) (Ind. Ct.App. 1977).

1129 Vgl. Hawaii Rev. Stat. § 415A-11 (1993).

1130 Hawaii Supr. Ct. Rules, Rule 6(g)(1) (West 1993).

daher außerhalb dessen, wofür das Gesetz die persönliche Haftung der Freiberufler habe aufrechterhalten wollen.[1131] Nur zwei Jahre später entschied ein anderes New Yorker Gericht, daß die Gesellschafter einer Anwalts-PC persönlich für die Geschäftsverbindlichkeiten der PC in Anspruch genommen werden konnten.[1132] Hierbei argumentierte es damit, daß Freiberuflern die Gründung von Kapitalgesellschaften hauptsächlich deshalb erlaubt worden war, um sie in den Genuß bestimmter Steuervorteile kommen zu lassen. Eine Beschränkung der persönlichen Haftung für Verbindlichkeiten der Gesellschaft dagegen verstoße gegen das öffentliche Interesse und sei vom Gesetzgeber nicht beabsichtigt gewesen.[1133] Auch würden die Gläubiger der Anwalts-GP darauf vertrauen, daß die Anwälte persönlich für die Verbindlichkeiten der PC haften.[1134] Diese Verbindlichkeiten könnten auch als „Nebenverbindlichkeiten" und damit als im weiteren Sinne zu der Erbringung juristischer Dienstleistungen gehörend angesehen werden. Ferner stellten die Gesellschafter einer PC anders als die einer business corporation ihre Arbeitskraft in der Regel in den Dienst der Gesellschaft und nähmen an der Führung des Unternehmens teil, so daß keine Schutzbedürftigkeit im Hinblick auf die gewöhnlichen Geschäftsverbindlichkeiten der PC

1131 Die Ansprüche waren in diesem Fall nicht gegen Anwälte, sondern gegen Zahnärzte gerichtet, die in einer PC zusammenarbeiteten; Schnapp, Hochberg & Sommers v. Nislow, 431 N.Y.S.2d 324 ff. (N.Y. Supr. Ct. 1980). Den entscheidenden Unterschied zwischen business und professional corporation veranschaulicht das Gericht sehr klar mit den folgenden Worten: „ ... that the professional corporate entity, unlike the business corporate entity, does not exist to shield the individual professional corporate shareholder from liability ... for his wrongful act or misconduct arising out of the rendition of „his" professional services. That because of the „special and confidential relationship" existing between the professional and his client ... , together with the reliance placed by the layman in such professionalism, logic dictates the professional to be held to a high standard in rendering his or her professional services, and the seriousness of a negligent or wrongful act or misconduct to result in being „penalized" by vulnerability to personal liability. That this personal liability should be extended to include non-professional activities such as business debts or miscellaneous obligations of the corporation ... on the other hand defies logic and lacks support in statute or at law."; Schnapp, Hochberg & Sommers v. Nislow, 431 N.Y.S.2d 324 (326) (N.Y. Supr. Ct. 1980).

1132 Infosearch, Inc. v. Horowitz, 459 N.Y.S.2d 348 ff. (N.Y. City Civ. Ct. 1982).

1133 „The purpose of permitting professional incorporation ... was not to shield lawyers from the payment of just debts ... such purpose would be clearly contrary to public policy."; Infosearch, Inc. v. Horowitz, 459 N.Y.S.2d 348 (349) (N.Y. City Civ. Ct. 1982).

1134 „When one extends credit to a law firm, one expects that his debt is secured by the legal and moral obligation of the members of that firm, notwithstanding that it is a professional corporation."; Infosearch, Inc. v. Horowitz, 459 N.Y.S.2d 348 (349) (N.Y. City Civ. Ct. 1982).

gegeben sei.[1135] Schließlich hat der New York Court of Appeals die rechtliche Ungewißheit in einem Fall beseitigt, in der in einer PC zusammenarbeitende Anwälte persönlich für fällige Mietzinsen in Anspruch genommen werden sollten, obgleich nur die Gesellschaft selbst als Mieterin in dem Vertrag genannt war. Das Gericht hat hier festgestellt, daß die Gesellschafter einer PC für allgemeine, nicht mit fehlerhafter Berufsausübung zusammenhängende Verbindlichkeiten nur beschränkt haften[1136] und dies mit dem Wortlaut des Gesetzes, welcher nur für berufliche Fehlleistungen die Aufrechterhaltung der persönlihen Haftung der Freiberufler nach der Inkorporierung vorschreibe, begründet.[1137] Unter Hinweis auf den klaren Wortlaut sei das Argument zu verwerfen, es handle sich bei den general business obligations um mit den eigentlichen juristischen Dienstleistungen zusammenhängende „Nebenverbindlichkeiten", so daß sich die Haftung auch auf sie erstrecke.[1138] Auch bestünden Unterschiede zwischen beruflichen Fehlleistungen einerseits, für die eine Verantwortlichkeit der Anwälte mit ihrem Privatvermögen gegenüber den Mandanten für Berufsfehler im öffentlichen Interesse sichergestellt werden müsse, und den sonstigen Geschäftsverbindlichkeiten der PC, für die keine zwingenden oder im öffentlichen Interesse liegenden Gründe für die persönliche Haftung der Anwälte ersichtlich seien. Außerdem müsse berücksichtigt werden, daß der Gesetzgeber den Anwälten, um sie in den Genuß der steuerlichen Anreize der Kapitalgesellschaft kommen zu lassen, den Weg in die PC eröffnen und ihnen dabei konsequenterweise auch die beschränkte Haftung zugute kommen lassen wollte, welche ein Charakteristikum der Kapitalgesellschaft sei.[1139] Ausnahmsweise soll nach Auffassung des New York Court of Appeals allerdings bei einem Mißbrauch der Rechtsfigur der juristischen Person die Entscheidung anders ausfallen und eine Durchgriffshaftung bejaht werden können.[1140] Es sind mittlerweile eine Reihe weiterer Entscheidungen gefolgt, die bestätigen, daß die Ge-

1135 Infosearch, Inc. v. Horowitz, 459 N.Y.S.2d 348 (349) (N.Y. City Civ. Ct. 1982). Insoweit folgte das Gericht der Entscheidung Weiner v. Weiner, D.P.M., P.C., 390 N.Y.S.2d 359 (362) (N.Y. Supr.Ct. 1976).

1136 Weÿre Associate Co. v. Cohen Stracher & Bloom, 478 N.Y.S.2d 670 (673) (A.D. 2 Dept. 1984); *affÿd* 490 N.Y.S.2d 743 (745 ff.) (Ct.App. 1985).

1137 Weÿre Associate Co. v. Cohen Stracher & Bloom, 490 N.Y.S.2d 743 (745) (Ct.App. 1985).

1138 Entscheidend seien dabei die Worte „ ... while rendering professional services ...", N.Y. Bus. Corp. Law § 1505(a) (McKinney 1986 & Sup. 1995); Weÿre Associate Co. v. Cohen Stracher & Bloom, 490 N.Y.S.2d 743 (745) (Ct.App. 1985).

1139 Weÿre Associate Co. v. Cohen Stracher & Bloom, 490 N.Y.S.2d 743 (745 f.) (Ct.App. 1985).

1140 Weÿre Associate Co. v. Cohen Stracher & Bloom, 490 N.Y.S.2d 743 (746) (Ct.App. 1985).

sellschafter einer PC entsprechend dem Gesetzeswortlaut nur für eigene Berufsfehler und die fehlerhaften Berufsleistungen der von ihnen zu überwachenden Mitgesellschafter oder angestellten Anwälte, nicht aber für sonstige Verbindlichkeiten der PC persönlich haften.[1141] Gleiches gilt für die meisten anderen in die dritte Regelungsgruppe einzuordnenden Einzelstaaten.[1142]

Die Frage der *Haftung für Berufsfehler* wurde bislang anders als diejenige für sonstige Verbindlichkeiten aufgrund des klaren Wortlauts der PC-Gesetze nur von wenigen Gerichten diskutiert. Dabei hat ein New Yorker Gericht den Wortlaut des PC-Gesetzes im Hinblick auf die supervisory liability eng ausgelegt und die persönliche Haftung eines Freiberuflers für den Berufsfehler eines Kollegen mit der Begründung verneint, er sei nicht befugt gewesen, ihn zu kontrollieren. Für eine Haftung sei erforderlich, daß der Freiberufler an dem entstandenen Schaden mitschuldig sei, was zumindest einen Verstoß gegen eine Kontrollpflicht voraussetze.[1143] Ein Gericht in dem Staat Illinois wiederum hat am Rande liegende und für die eigentliche

---

1141 Krouner v. Koplovitz, 572 N.Y.S.2d 959 (962) (A.D. 3 Dept. 1991); Gleicher v. Schachner, 563 N.Y.S.2d 1010 (1011) (N.Y.City Civ.Ct. 1990); Kramer v. Twin County Grocers, 542 N.Y.S.2d 787 (780) (A.D. 2 Dept. 1989).

1142 Vgl. z. B. für Florida Rickard v. Auto Publisher, Inc., 735 F.2d 450 (455) (11th Cir. 1984).

1143 Connell v. Hayden, 443 N.Y.S.2d 383 (395 ff.) (A.D. 2 Dept. 1981). Im Hinblick auf den Zweck des N.Y. Bus. Corp. Law § 1505(a) (McKinney 1986 & Sup. 1995) führt das Gericht folgendes aus: „The purpose of subdivision (a) of section 1505 was to clearly indicate that, by incorporating, a professional could not insulate himself from personal liability to his clients for injuries sustained due to his own fault. ... the liability is not vicarious but rather merely reflects the common law rule ... that a supervisor is liable if he directs or permits tortious conduct by those under his supervision or fails to exercise proper control over them .... The section does permit professionals, by incorporating, to avoid the vicarious liability to which they would be exposed if they practiced as partners ...“ ; Connell v. Hayden, 443 N.Y.S.2d 383 (402) (A.D. 2 Dept. 1981). Ebenso wurde N.Y. Bus. Corp. Law § 1505(a) (McKinney 1986 & Supp. 1995) in dem Fall Paciello v. Patel, 443 N.Y.S.2d 403 (405 f.) (A.D. 2 Dept. 1981) interpretiert. Der Supreme Court Kansas wiederum verneinte die Haftung eines Anwalts als Verwaltungsmitglied einer sogenannten Legal Aid Society für einen anwaltlichen Kollegen. Dies basierte allerdings darauf, daß ein Verwaltungsrat einer Kapitalgesellschaft deren Vertreter ist, die Doktrin von der Haftung des Dienstherrn für Erfüllungsgehilfen (doctrine of respondeat superior) auf Vertreter (agents) keine Anwendung findet und daher aus der Position als Verwaltungsratsmitglied als solcher keine Haftung für die deliktischen Handlungen der Gesellschaft abgeleitet werden kann. Das PC-Gesetz Kansas, das eine Haftung für von zu überwachenden Kollegen erbrachte berufliche Fehlleistungen vorschreibt, diskutierte das Gericht in diesem Fall nicht, weil das Gesetz keine Anwendung auf non-profit corporations wie die in dem Fall betroffene Legal Aid Society findet; Galan v. McCollister, 580 P.2d 1324 (1325 f.) (Kan. Supr. Ct. 1978).

fachliche Leistungserbringung irrelevante Tätigkeitsakte als für eine eigene Teilnahme an der fehlerhaften Berufsleistung unzureichend abgegrenzt und die persönliche Haftung der Mitgesellschafter hier verneint.[1144] Dagegen haften nach der Rechtsprechung Delawares die Anteilsinhaber persönlich und unbeschränkt für die Berufsfehler der in der Gesellschaft tätigen Anwälte und zwar unabhängig davon, ob diese Gesellschafter- oder Angestelltenstatus besitzen und ob die mithaftenden Gesellschafter eine Überwachungspflichtverletzung begangen haben oder nicht.[1145] Dies gilt ebenso für Illinois und Indiana.[1146]

ee) Vierter Grundtyp

Der Supreme Court Wisconsins hat das einzelstaatliche PC-Gesetz, wonach die Freiberufler unabhängig von eigenem Verschulden für alle Berufsfehler, nicht aber für sonstige Verbindlichkeiten haften, bestätigt und zudem Kriterien für die Abgrenzung der beruflichen Fehlleistungen von den sonstigen Verbindlichkeiten entwickelt.[1147] Danach setzt die Haftung der Mitgesellschafter voraus, daß das Verhalten des Anwalts in direktem Zusammenhang mit den von der PC angebotenen freiberuflichen Dienstleistungen steht und daß während ihrer Erbringung Fehler begangen wurden.

ff) Fünfter Grundtyp

In den Staaten, deren PC-Gesetze keine spezielle, die Haftungsfrage regelnde Bestimmung, sondern allein eine saving clause enthalten, kommen die Gerichte zu unterschiedlichen Ergebnissen. So hat beispielsweise der Ohio Supreme Court entschieden, daß in der PC tätige Anwälte aufgrund ihrer Gesellschafterstellung *unbeschränkt persönlich für Berufsfehler und auch für sonstige, mit fehlerhafter Berufsausübung in keinem Zusammenhang stehende Verbindlichkeiten haften*,[1148] denn eine PC müsse aufgrund

---

1144 Fure v. Sherman Hospital, 371 N.E.2d 143 (145) (Ill. App.Ct. 1977). In diesem Fall hatte ein Arzt als Gesellschafter einer PC lediglich einen Beleg für die Versicherung des Patienten unterzeichnet, aber weder irgendwelche Krankenhaus- oder medizinischen Akten des Patienten unterzeichnet noch selbst an der Behandlung des Patienten teilgenommen oder diese überwacht oder kontrolliert.

1145 Del. Supr. Ct. Rules, Rule 67(h) (Michie 1988).

1146 Ill. Supr. Ct. Rules, Rule 721(d) (West 1993); Ind. Rules for Admission to the Bar and the Disc. of Attor., Rule 27(c) (West 1992).

1147 Herkert v. Stauber, 317 N.W.2d 834 (844 ff.) (Wis. Supr. Ct. 1982).

1148 Z.B. South High Development, Ltd. v. Weiner, Lippe & Cromley Co., L.P.A., 445 N.E.2d. 1106 (1108 ff.) (1983). Im Gegensatz dazu hat der Federal Court of Appeals des sechsten Circuits die saving clause Ohios dahingehend ausgelegt, daß sie nur die

ihres besonderen Zweckes anders behandelt werden als die sogenannte business corporation. Die Zusammenarbeit in der PC diene in erster Linie der Ausübung freiberuflicher Tätigkeiten. Dagegen liege der Zweck der business corporation in erster Linie in der Erzielung eines Gewinns, der dann zumindest zum Teil an die Anteilsinhaber ausgeschüttet werden könne. Die Aktionäre einer business corporation seien in der Regel nicht gleichzeitig ihre Angestellten und beteiligten sich zumeist nicht am Management des Unternehmens. Daraus wiederum folge, daß sie gegen eine Haftung für die Verbindlichkeiten der Gesellschaft geschützt werden müßten. Im Gegensatz dazu seien die Anteilsinhaber einer PC an dem Betrieb ihres Unternehmens beteiligt und nicht schutzbedürftig.[1149] Diese Entscheidung ist bald darauf durch einen anderen Fall bestätigt worden, in dem die Haftung eines Gesellschafters einer PC für die deliktischen Handlungen seines Kollegen aufgrund seiner Eigenschaft als Gesellschafter mit der Begründung bejaht worden ist,[1150] die Haftung des Anteilsinhabers folge naturgemäß aus derjenigen der Gesellschaft.[1151] Unklar ist allerdings, ob diese Rechtsprechung auch dann angewendet und die Haftung auf die Teilnahme an der Unternehmensführung gestützt werden kann, wenn die gewöhnlichen Geschäftsführungsaufgaben – wie bei vielen größeren Anwalts-PCs – einem management committee überlassen werden. Die Gesellschafter, die nicht Mitglieder des management committees sind, sind dann in gleicher Weise schutzbedürftig wie die Aktionäre einer business corporation. Auch stellt sich, wenn die Teilnahme am Manage-

---

common law-Haftung für die eigenen Berufsfehler des Freiberuflers bewahren wollte, daß die Haftungsbeschränkung durch die PC zugunsten der Gesellschafter im übrigen aber wirksam sei; OÿNeill v. United States, 410 F.2d 888 (898) (6th Cir. 1969). Eine solche Interpretation macht die saving clause allerdings überflüssig, weil es ohnehin unvorstellbar ist, daß ein PC-Gesetz die common law Haftung für eigene Berufsfehler beseitigen kann; *Note*, Professional Corporations and Associations, 75 Harv. L. Rev. 1962, 776 (781).

1149 Vgl. South High Development, Ltd. v. Weiner, Lippe & Cromley Co., L.P.A., 445 N.E.2d. 1106 (1108) (1983).

1150 Reiner v. Kelley, 457 N.E.2d 946 (950 ff.) (Ohio Ct.App. 1983); die Haftung des Gesellschafters sei „by reason of his participation as shareholder" gegeben; Reiner v. Kelley, 457 N.E.2d 946 (951) (Ohio Ct.App. 1983).

1151 Reiner v. Kelley, 457 N.E.2d 946 (952) (Ohio Ct.App. 1983). Ähnlich entschied auch der Court of Appeals North Carolinas, indem er die Gesellschafter einer PC für die beruflichen Fehlleistungen eines Kollgegen haftbar machte, an denen sie nicht beteiligt waren und im Hinblick auf die sie auch keine Überwachungspflichtverletzung traf; Nelson v. Patrick, 326 S. E.2d 45 (50) (N.C. Ct.App. 1985); allerdings hat der Gesetzgeber dieses Urteil im Jahre 1993 durch eine Gesetzesänderung, durch die eine neue Bestimmung in das PC-Gesetz eingefügt wurde, die die Haftung der Gesellschafter auf eigene Berufsfehler und Überwachungspflichtverletzungen beschränkte, effektiv außer Kraft gesetzt; vgl. N.C. Gen. Stat. § 55B-9 (1991 & Supp. 1993).

ment der entscheidende Faktor sein soll, die Frage, ob nicht die Gesellschafter einer closely held corporation[1152] ihre Haftungsbeschränkung
verlieren müßten. Diese Sonderform der business corporation ist nämlich
nicht nur durch eine kleine Anzahl von Gesellschaftern und die fehlende
Marktgängigkeit der Anteile charakterisiert, sondern insbesondere auch
durch die persönliche Beteiligung der Anteilseigner an der Unterneh-
mensleitung als leitende Angestellte, Verwaltungsratsmitglieder und Geschäftsführer.[1153] Schließlich übersieht die Rechtsprechung, daß nicht nur
PCs, sondern auch viele business corporations ihre Gewinne im wesentlichen durch die Erbringung von Dienstleistungen und nicht durch die
Investition finanzieller, ihnen von den Gesellschaftern zur Verfügung ge-
stellter Mittel in Betriebsvermögen erzielen.[1154]

Ein anderer Staat, der die Gesellschafter einer PC auf der Grundlage einer
saving clause wie Partner einer GP haften läßt, ist Georgia. Der Supreme
Court dieses Einzelstaates bejaht die Haftung eines Gesellschafters einer
Anwalts-PC für die Berufsfehler eines Mitgesellschafters mit der Begründung, die anwaltliche Tätigkeit müsse dem öffentlichen Interessse
dienen und es müsse verhindert werden, daß Anwaltsgesellschaften sich
in kommerzielle Unternehmen verwandeln.[1155] Dies entspreche auch
den berechtigten Erwartungen der Mandanten.[1156] Dem ist aber entgegenzuhalten, daß die Öffentlichkeit in ausreichender Weise dadurch geschützt werden kann, daß sie über die Haftungsbeschränkung informiert
wird[1157] und die PC gesetzlich verpflichtet wird, eine Berufshaftpflichtversicherung abzuschließen.[1158] Zudem hat die Haftungsbeschränkung
keinen Einfluß auf etwaige Disziplinarmaßnahmen, denen der Freiberufler im Falle einer Verletzung ethischer Grundsätze unterworfen

---

1152 Eine allgemein verbindliche Definition der closely held corporation existiert nicht;
zum Begriff vgl. *Bungert*, Gesellschaftsrecht, 38 f.

1153 Vgl. *Bungert*, Gesellschaftsrecht, 38 f.

1154 *Paas*, 11 J. Corp. L. 1986, 371 (380).

1155 " ... we make no distinction between partnerships and professional corporations in
this respect. We cannot allow a corporate veil to hang from the cornices of professional
corporations which engage in the law practice. ..." ; First Bank & Trust Co. v.
Zagoria, 302 S. E.2d 674 (676) (Ga. Supr.Ct. 1983).

1156 „A lawyer̈s relationship to his client is a very special one. So also is the relationship
between a lawyer and the other members of his or her firm a special one. When a client
engages the services of a lawyer the client has the right to expect the fidelity of other
members of the firm. It is inappropriate for the lawyer to be able to play hide-and-seek
in the shadows and folds of the corporate veil and thus escape the responsibilities of
professionalism."; First Bank & Trust Co. v. Zagoria, 302 S. E.2d 674 (675) (Ga.
Supr.Ct. 1983).

1157 Vgl. hierzu ABA Formal Opinion 303 (1961).

1158 Vgl. In re Rhode Island Bar Assÿn, 263 A.2d 692 (697) (R.I. Supr.Ct. 1970).

wird.[1159] Schließlich ist auch zweifelhaft, ob der Mandant, der nur einen oder eine geringe Zahl an Anwälten einer PC mit der Bearbeitung seines Falles betraut, wirklich vernünftigerweise darauf vertrauen darf, daß für etwaige Berufsfehler trotz der Tätigkeit der Anwälte in der Form der Kapitalgesellschaft alle Gesellschafter persönlich und unbeschränkt haften.[1160]

Im Gegensatz dazu *haftet* nach dem Utah Court of Appeals trotz eines vergleichbaren Wortlauts der gesetzlichen saving clause ein Gesellschafter einer Anwalts-PC *nicht für die fehlerhaften Berufsleistungen seiner Kollegen, solange er nicht an ihrer Erbringung beteiligt war.*[1161]

Kalifornien wiederum stellt insoweit einen *Sonderfall* dar, als durch die Anwaltskammer dieses Staates erlassene und durch den Supreme Court Kaliforniens bestätigte Regelungen vorschreiben, daß die Gesellschafter einer PC bei der Anwaltskammer *schriftliche Garantieerklärungen* in bestimmter Höhe für diejenigen Verbindlichkeiten der PC, die auf fehlerhafte Berufsleistungen zurückzuführen sind, einzureichen haben.[1162] Die Rules der Anwaltskammer Kaliforniens schweigen zu der Frage, ob diese Garantieerklärungen die Grenze der möglichen persönlichen Haftung von Gesellschaftern für die Verbindlichkeiten der PC darstellen. Nach der Rechtsprechung ist dies nicht der Fall, sondern die Gesellschafter haften persönlich und unbeschränkt gleich Partnern einer GP.[1163]

d) Zwischenergebnis

Unter Einbeziehung der durch die Rechtsprechung vorgenommenen Modifizierungen ergeben sich damit folgende fünf Regelungsgruppen: In der ersten haften nur der Handelnde und die PC selbst für Berufsfehler. Für

---

1159 Birt v. St.Mary Mercy Hospital of Gary, Inc., 370 N.E.2d 379 (384) (Ind. Ct.App. 1977).

1160 Vgl. hierzu *Paas*, 11 J. Corp. L. 1986, 371 (380) und zum Ganzen *Maycheck,* 47 U. Pitt. L. Rev. 1986, 817 (838 f.).

1161 Ein in einer PC tätiger Anwalt ist danach „not vicariously liable for the acts or omissions of another shareholder in the performance of professional service unless that shareholder has participated in the alleged acts or omissions."; Stewart v. Coffman, 748 P.2d 579 (581) (Utah Ct.App. 1988).

1162 Der Mindestbetrag der Garantieerklärungen ist US $ 50.000 für eine einzelne Verbindlichkeit und US $ 100.000 für alle Verbindlichkeiten eines Jahres. Diese Zahlen sind mit der Anzahl der in der PC tätigen Anwälte zu multiplizieren, wobei eine Obergrenze von US $ 500.000 für einzelne Verbindlichkeiten und US $ 5.000.000 für alle in einem Jahr entstandenen Verbindlichkeiten nicht überschritten werden muß. Law Corporation Rules of the State Bar of California, Rule 4(B) (West 1995).

1163 Vgl. Beane v. Paulsen, 26 Cal. Rptr.2d 486 (490 ff.) (Cal. Ct.App. 1993).

sonstige, nicht mit fehlerhafter Berufsausübung zusammenhängende Verbindlichkeiten der Gesellschaft haftet diese nur selbst. In diese Gruppe sind beispielsweise Rhode Island, Nevada und Alabama einzuordnen. In der zweiten Kategorie haften nur die PC und der Handelnde für Berufsfehler, wenn die Gesellschaft gemäß den gesetzlichen Bestimmungen eine Versicherung über eine bestimmte Höhe abgeschlossen hat oder ein Sicherungsmittel in entsprechender Höhe hinterlegt hat. Für sonstige Verbindlichkeiten der Gesellschaft haftet nur die PC selbst. Hierzu gehört unter anderem Colorado. In der dritten Gruppe haften der Handelnde, die PC und derjenige, der eine Überwachungs- oder Kontrollpflicht gegenüber dem die fehlerhaften Berufsleistungen erbringenden Kollegen verletzt hat, für Berufsfehler. Für sonstige Verbindlichkeiten wiederum haftet nur die PC. Die bedeutendsten Beispiele für diese Regelungsgruppe sind New York, Florida, New Jersey und der District of Columbia. In der vierten Gruppe haften nicht nur der Handelnde, der Überwachende und die PC für Berufsfehler, sondern auch die Gesellschafter, die an der Erbringung der betreffenden freiberuflichen Dienstleistungen weder durch eigenes fehlerhaftes Handeln, noch durch pflichtwidriges Unterlassen der Überwachung beteiligt waren. Dagegen besteht keine Haftung für sonstige, nicht auf fehlerhafter Berufsausübung beruhende Verbindlichkeiten. Hierzu gehören beispielsweise Illinois, Delaware und Wisconsin. In der fünften Gruppe schließlich haften die Gesellschafter wie Partner einer GP persönlich für alle auf Berufsfehlern beruhenden und sonstigen Verbindlichkeiten der Gesellschaft. Ohio, Georgia und Kalifornien sind Beispiele für Einzelstaaten, die in diese Gruppe einzuordnen sind.

3. Einfluß der supervisory liability auf die innere Struktur der law firms

a) Grundlagen

Die obige Darstellung hat gezeigt, daß die Regelungsgruppe am weitesten verbreitet ist, in der die Gesellschafter einer Anwalts-PC für ihre eigenen Berufsfehler und die beruflichen Fehlleistungen von Kollegen, die sie zu kontrollieren hatten, haften. Dies mag darauf beruhen, daß diese Regelungsgruppe einen vernünftigen Kompromiß zwischen der beschränkten Haftung nur für die eigenen Berufsfehler und der völlig unbeschränkten Haftung gleich Partnern einer GP darstellt. Ohne eine partnership-gleiche Haftung zu begründen, werden die Mandanten durch die persönliche Haftung des fehlerhaft Handelnden und des ihn Überwachenden in ausreichendem Umfang geschützt. Dabei erscheint vor allem die Haftung der

Gesellschafter für die Fehler ihrer angestellten Anwälte angemessen, weil letztere einen beträchtlichen Teil der Arbeiten erledigen. So haftet dann auch ein Gesellschafter, der die tägliche Arbeit eines angestellten, ihm zugeteilten Anwalts kontrolliert, im Falle einer durch diesen erbrachten fehlerhaften Berufsleistung unproblematisch persönlich und unbeschränkt. Mit der *zunehmenden Größe der Anwaltsgesellschaften* geht jedoch eine *komplexere innere Struktur* einher. Es werden häufig bestimmte *Leitungsfunktionen* auf verschiedene Formen von *Komitees* sowie *Einzelpersonen* übertragen. Damit wird auch die Bestimmung der Frage, wer an der Überwachung und Kontrolle beteiligt ist und daher das Haftungsrisiko mitträgt, immer schwieriger. Die *Abgrenzung* des *für* eine Bejahung der *Haftung ausreichenden Überwachungsumfangs* nimmt an Dringlichkeit zu.

Der Wortlaut der meisten Gesetze[1164] verlangt eine unmittelbare Überwachung und zusätzlich eine unmittelbare Kontrolle („direct supervision and control"). Dies spricht dafür, daß eine nur gelegentliche Überwachungspflicht nicht zur Haftung führt, sondern eine engere Form der Überwachung gemeint ist. Dann wäre eine *ständige Anleitung und Kontrolle* Voraussetzung einer Haftung für die Berufsfehler eines Kollegen. Die Tatsache allein, daß jemand letztlich für die Arbeit eines anderen verantwortlich ist, würde für eine Haftung nicht genügen. Auch bei Fällen, die primär in einer bestimmten Abteilung einer law firm bearbeitet werden, und bei denen ein Gesellschafter einer anderen Abteilung nur für bestimmte, in dessen Spezialgebiet liegende Einzelaspekte hinzugezogen wird, wäre grundsätzlich anzunehmen, daß es mangels Überwachung und Kontrolle des Falles in seiner Gesamtheit zu keiner persönlichen Haftung des Spezialisten kommt.

Andererseits erscheint zweifelhaft, wie dem Begriff der Kontrolle neben dem der Überwachung ein eigenständiger Bedeutungsgehalt zukommen soll. So besteht die Möglichkeit, den Wortlaut dahingehend zu interpretieren, daß es genügt, wenn ein Mandatsverhältnis im Verantwortungsbereich eines Gesellschafters liegt, um den Begriff der Überwachung des Mandats durch diesen Gesellschafter zu bejahen. Die Überwachung könnte sich – unabhängig davon, ob der Gesellschafter mit der Erledigung der konkreten Arbeit zu tun hat – bereits daraus ergeben, daß er der Vorgesetzte der den Fall bearbeitenden Kollegen ist.

Zu diesen Fragen sind bislang *keine Gerichtsentscheidungen* ergangen. Deshalb ist unklar, ob den Gesetzen im Haftungsfall tatsächlich eine ge-

---

1164 Vgl. z. B. N.Y. Bus. Corp. Law § 1505(a) (McKinney 1986 & Supp. 1995).

sellschafterfreundliche Auslegung beigemessen werden wird oder nicht. Die Auswirkungen dieser Frage können erheblich sein. Daher wird sie im folgenden in einem gesonderten Abschnitt diskutiert. Dabei sollen zuerst verschiedene Fallkonstellationen dargestellt werde, bei denen einzelne Gesellschafter oder Gesellschaftergruppen, die innerhalb der Anwaltssozietät bestimmte, unmittelbar auf die anwaltliche Berufsausübung oder aber auf die Firmenführung bezogenen Leitungsfunktionen besitzen, aufgrund ihrer Position in die Gefahr der Haftung im Rahmen der supervisory liability kommen. Im Anschluß werden die Konsequenzen dieser unsicheren Rechtslage sowie die Frage, mit welcher inneren Struktur der anwaltlichen Zusammenarbeit das Haftungsrisiko am geringsten gehalten werden kann, ohne daß dies negative Folgen für andere Aspekte der Anwaltsgesellschaft hat, diskutiert.

b) Komitees und Einzelpersonen mit Leitungsfunktion

Komitees, die sich *ausschließlich* mit *internen Angelegenheiten* der *Anwaltsgesellschaft* befassen, können nicht auf der Grundlage der supervisory liability für die Berufsfehler anderer haftbar gemacht werden. Dies beruht darauf, daß sie in keiner Weise Überwachungs- oder Leitungsfunktionen im Hinblick auf bestimmte Anwälte und von diesen zu bearbeitende konkrete Mandate wahrnehmen. Beispiele für derartige Komitees sind die administrative committees,[1165] die financial oversight and audit committees[1166] und die hiring oder appointment committees.[1167]

Die *Grauzone* beginnt bei den policy committees. Diese sind zwar grundsätzlich nur für die Regelung wichtiger, innerer Angelegenheiten wie beispielsweise die Entwicklung neuer Tätigkeitsfelder zuständig.[1168] In diesen Bereichen ist eine Haftung wegen einer Überwachungs- oder Leitungspflichtverletzung nicht vorstellbar. Etwas anderes gilt, wenn das policy committee zusätzlich konkrete Mandate betreffende Entscheidungen überprüft, die in anderen Komitees getroffen wurden. Hier rückt eine Haftung der Mitglieder des policy committees für die von ihm überprüften

---

1165 So befaßt sich beispielsweise das administrative committee der law firm Skadden, Arps, Slate, Meagher & Flom ausschließlich mit Fragen der Führung der Anwaltsgesellschaft; *Caplan*, 90.

1166 Dieses Komitee ist beispielsweise bei Skadden, Arps, Slate, Meagher & Flom für die Budgetplanung verantwortlich; *Caplan*, 312.

1167 Diese sind – wie der Name schon sagt – für die Anwerbung von Angestellten und neuen Gesellschaftern sowie für die Entscheidung über die Ernennung von Mitgesellschaftern für bestimmte Positionen verantwortlich.

1168 Für das policy committee der law firm Skadden, Arps, Slate, Meagher & Flom vgl. *Caplan*, 234, 313.

beruflichen Fehlentscheidungen anderer, das konkrete Mandat unmittelbar bearbeitender Anwälte in den Bereich des Möglichen. Die Haftung der Mitglieder von management committees hängt ebenfalls von den Umständen des Einzelfalles ab. Falls es lediglich die geschäftlichen Aspekte der anwaltlichen Berufsausübung behandelt, ist eine Haftung der Mitglieder für in der Anwaltsgesellschaft auftretende Fälle fehlerhafter Berufsausübung nicht denkbar, weil hier keine unmittelbare Überwachung gegeben ist. Beteiligt sich das management committee jedoch als Gruppe an Aktivitäten, die die anwaltliche Berufsausübung in einem konkreten Fall betreffen, ist eine supervisory liability seiner Mitglieder möglich.

Auch die Haftung der Mitglieder eines opinion (oversight) committees wird von den konkreten Aufgaben und dem Zweck, den das Komitee im Einzelfall verfolgt, bestimmt.[1169] So besteht die Möglichkeit, daß das opinion committee lediglich allgemeine Richtlinien im Hinblick auf die Verfahrensweisen konzipiert, welche bei der Erstellung und Ausgabe von opinions und memoranda innerhalb der law firm zu beachten sind. Es kann beispielsweise festlegen, daß nur Gesellschafter der PC opinions ausgeben dürfen, nicht aber Angestellte, daß der eine opinion ausstellende Gesellschafter sie zu unterzeichnen hat und daß sie durch einen zweiten Gesellschafter zu überprüfen und zu unterzeichnen ist. Hier scheidet eine Haftung der Mitglieder des opinion committee für etwaige Schäden, die der Mandant oder Dritte erleiden, aus – und zwar auch dann, wenn das Verfahren zu einem materiellen Fehler geführt hat –, da das Komitee nur den Verfahrensweg vorgeschrieben hat, nicht aber an der Erledigung eines konkreten Falles beteiligt war. Andererseits ist denkbar, daß das opinion committee tatsächlich konkrete opinions überprüft und billigt, die beispielsweise deshalb fehlerhaft sind, weil der Mandant unrichtige Angaben über Tatsachengrundlagen gemacht hat. Ferner kommt – wenn sich die Frage stellt, ob ein Interessenkonflikt vorliegt – eine Entscheidung des opinion committee über die Annahme eines konkreten Mandatsverhältnisses durch die law firm in Betracht. Bei diesen Fallkonstellationen besteht dann ausnahmsweise die Möglichkeit einer persönlichen Haftung der Mitglieder des Komitees.[1170]

1169 Die supervisory liability von opinion committees hat in letzter Zeit durch die Erweiterung der Haftung von Anwälten für Opinions in Fällen von Wertpapierschwindel durch die Rechtsprechung an Bedeutung gewonnen; vgl. z. B. Kline v. First Western Government Securities, 24 F.3d 480 ff. (3d Cir. 1994); *cert. denied*, 115 S. Ct. 613 (1994).

1170 Vgl. ferner für standesrechtliche Probleme, die bei der Zusammenarbeit von Anwälten in ad hoc und anderen Teams entstehen können, vgl. *Twitchell*, 72 Minn. L. Rev.

Auch für die persönliche Haftung des department chairs, also des Vorsitzenden einer Abteilung innerhalb der law firm, kommt es auf die Umstände des Einzelfalles an. Erschöpft sich die Leitungsfunktion des department chairs in der Zuteilung von Fällen, der Überprüfung der Produktivität der Abteilung und der Beurteilung der in der Abteilung beschäftigten Anwälte, so besteht die einzige Beziehung zwischen department chair und konkretem Mandat darin, daß er dem anwaltlichen Mitgesellschafter den Fall zugeteilt hat. Dies genügt für eine Haftung für die Fehler des Mitgesellschafters wegen Verletzung einer Überwachungs- und Kontrollpflicht nicht. Hiervon zu unterscheiden ist allerdings eine Haftung aufgrund einer eigenen Sorgfaltspflichtverletzung, die gegebenenfalls auf die fehlerhafte Auswahl des das Mandat bearbeitenden Kollegen gestützt werden kann. Erfordern Schwierigkeit oder Umfang eines bestimmten Mandats dagegen, daß der department chair die Art und Weise seiner Erledigung regelmäßig kontrolliert und daher in nicht unerheblichem Umfang an ihr beteiligt ist, sind seine Pflichten nicht mehr rein administrativ und eine persönliche Haftung für Berufsfehler rückt in den Bereich des Möglichen. Überwacht der department chair im Einzelfall die tatsächliche Durchführung der Arbeit eines Kollegen, so haftet er für dessen fehlerhafte Leistungen.

Damit bleibt festzuhalten, daß Anwälte, deren Leitungsfunktion strategischer Natur ist und die lediglich innere Angelegenheiten regeln[1171] oder die die Erledigung der Mandate koordinieren,[1172] ohne mit dem day-to-day management eines konkreten Falles befaßt zu sein, kein Haftungsrisiko für Überwachungspflichtverletzungen im Rahmen der supervisory liability eingehen.

1988, 697 ff.

1171 So ist der executive partner der law firm Skadden, Arps, Slate, Meagher & Flom beispielsweise dafür zuständig, bei Fragen, die für die Anwaltsgesellschaft von entscheidender Bedeutung sind, auf eine Konsens hinzuwirken und er hat den Vorsitz des compensation und des policy committees; *Caplan*, 312. Dies sind rein interne Aufgaben, bei denen eine Haftung für Überwachungsverschulden nicht denkbar ist.

1172 Die beiden sogenannten legal practice partner der law firm Skadden, Arps, Slate, Meagher & Flom z. B. haben die Tätigkeiten der law firm in den Bereichen Gesellschaftsrecht und Prozeßrecht zu koordinieren sowie mit Kollegen über Personalfragen, die Entwicklung des Mandantenstammes, die Ausstellung von Rechnungen und über Fragen der Firmenpolitik zu beraten; *Caplan*, 312. Auch hier scheint mangels einer Beziehung der legal practice partner zum konkreten Fall kein Haftungsrisiko zu bestehen.

c) Gestaltungsvorschlag

Wann immer eine persönliche Haftung der Mitglieder des policy, management oder opinion committee für die Berufsfehler anderer Anwälte aufgrund der konkreten Ausgestaltung und/oder Zielsetzung des Komitees in Betracht kommt, stellt sich die Frage, ob dies nicht eine *abschreckende Wirkung auf (zukünftige) Mitglieder* hat. Möglicherweise sind keine Anwälte zu finden, die bereit sind, dem Komitee ohne zusätzliche finanzielle Leistungen zum Ausgleich für das gestiegene Haftungsrisiko beizutreten. Wenn diejenigen Gesellschafter Mitglieder dieser Komitees werden, die in der law firm die höchsten Vergütungen erhalten, steht dem Haftungsrisiko ein angemessenes Gegengewicht gegenüber. Andernfalls kann den Mitgliedern als Anreiz eine Risikoprämie bezahlt oder die Deckungssumme der Berufshaftpflichtversicherung erhöht werden.

Wird das Haftungsrisiko losgelöst von allen anderen Faktoren gesehen, die den Erfolg einer Anwaltsgesellschaft beeinflussen, so läßt sich eine *Minimierung des Risikos der supervisory liability* am besten mit folgender Struktur erreichen: das opinion committee gibt lediglich allgemeine Richtlinien und Verfahrensmaßstäbe für den Erlaß von Opinions heraus; die Entscheidung über die Ausstellung einer opinion verbleibt bei einem oder mehreren einzelnen Partnern; das policy committee befaßt sich ausschließlich mit internen Angelegenheiten; das management committee greift nicht in konkrete Fälle ein, sondern regelt allein die geschäftlichen Aspekte der Anwaltsgesellschaft; bei einem potentiellen Interessenkonflikt schließlich entscheidet kein Komitee darüber, ob ein Mandat von der law firm übernommen wird oder nicht. Vielmehr informiert der Anwalt, bei dem im Falle der Repräsentation eines Mandanten ein Interessenkonflikt vorliegen könnte, die betroffenen Mandanten hierüber und holt ihre Zustimmung ein.[1173]

Allerdings stellt sich die Frage, ob die Verringerung des Haftungsrisikos einer derartig strukturierten Anwaltsgesellschaft nicht einen negativen *Eindruck auf die Mandanten* macht oder ein Absinken der gegenseitigen Überwachung nach sich zieht. Wenn eine Anwaltsgesellschaft die unbeschränkte Haftung in einer GP beibehält, statt eine Kapitalgesellschaft zu gründen, gewinnen Mandanten möglicherweise den Eindruck, daß die

---

1173 Nach Rule 1.7 der ABA Model Rules of Professional Conduct ist im Falle der Gefahr eines Interessenkonflikts erforderlich, daß die Mandanten informiert werden, sie der Repräsentation durch den Anwalt trotzdem zustimmen und der Anwalt der Auffassung ist und vernünftigerweise auch sein darf, daß die Übernahme des neuen Mandatsverhältnisses keinen negativen Einfluß auf das bereits bestehende Mandatsverhältnis mit dem anderen Mandanten hat.

Dienstleistungen der Anwaltsgesellschaft von so hoher Qualität sind, daß sich eine Haftungsbeschränkung erübrigt.[1174] Im Gegensatz dazu ist es sehr unwahrscheinlich, daß die Mandanten bei einer Anwalts-PC, die das Risiko der supervisory liability in der soeben dargestellten Weise zu begrenzen versucht, hieraus negative Schlußfolgerungen auf die Qualität der anwaltlichen Leistungen ziehen. Die meisten Mandanten sind nicht darüber informiert, welche Art von Komitees die von ihnen mit der Erledigung bestimmter Tätigkeiten betraute law firm hat oder gar wie diese strukturiert sind und welche Aufgaben sie im einzelnen haben. Bei einem Interessenkonflikt wiederum wird eine ausdrückliche Nachfrage eines Gesellschafters beim Mandanten wegen einer diesbezüglichen Haftungsbefreiung nicht zu einem negativen Bild der Anwaltsgesellschaft beim Mandanten führen, da eine solche Nachfrage in keinem Zusammenhang mit einer schlechten Qualität der anwaltlichen Dienstleistungen steht.

Denkbar ist dagegen, daß die gesetzlichen Vorschriften, nach denen die Überwachung und Kontrolle eines Kollegen zu einer Haftung für dessen Berufsfehler führen kann, zur Folge haben, daß die Gesellschafter versuchen, keine Überwachungsaufgaben mehr wahrzunehmen, um das Risiko eigener Haftung nicht zu vergrößern. Diese Gefahr ist zwar gegeben, wird aber durch die dargelegte Gestaltung nicht verstärkt, da diese die unmittelbare Überwachung der täglichen Arbeit von Kollegen an konkreten Fällen nicht einschränkt.

Andererseits besteht die Möglichkeit, daß die persönliche Haftung für eigene Berufsfehler und für solche von Kollegen Anwälten einen *Anreiz für gegenseitiges Kontrollieren* (monitoring) und Beraten (consulting) setzt, da die Gesellschafter sich bewußt sind, hierdurch das Risiko eigener unbeschränkter Haftung verringern zu können. Dies kann eine Erhöhung der Qualität der juristischen Dienstleistungen der Kanzlei und eine Verringerung ihrer Verluste wegen Berufsfehlern zur Folge haben.[1175] Eine innere Struktur einer Anwalts-PC, welche die Gefahr der supervisory liability möglichst gering hält, führt aber – wenn überhaupt – allenfalls zu einer Abnahme der Kontrolle in vernachlässigbar geringem Umfang. Ein effektives Kontrollieren der Arbeit eines Kollegen ist in der Regel nämlich nur möglich, wenn der Gesellschafter eine Kenntnis der Details des betreffenden Falles besitzt. Ein zeitintensives gegenseitiges Kontrollieren durch Gesellschafter mit gleichem Stand an Fachwissen und Fähigkeiten ist unökonomisch; effizient ist dagegen die Überwachung der angestellten

---

1174 Vgl. zu dieser Frage *Carr/Mathewson*, 96 J.Pol. Econ. 1988, 766 (779); *Fama/Jensen*, 26 J. Law & Econ. 1983, 327 (334).
1175 Vgl. *Fama/Jensen*, 26 J. Law & Econ. 1983, 327 (335).

Anwälte durch die Gesellschafter, welche über eine größere Fachkenntnis verfügen. Der Umfang dieser Überwachung wird aber durch die dargestellte Struktur der Anwaltsgesellschaft nicht verringert, da diese Struktur das Haftungsrisiko der Gesellschafter hinsichtlich der fehlerhaften Berufsleistungen zu überwachender angestellter Anwälte nicht vermindert. Im übrigen wird in vielen Fällen der gute Ruf der Anwaltsgesellschaft der wichtigste Anreiz für eine effektive gegenseitige Kontrolle sein. Um den good will der law firm zu bewahren und keine Mandanten zu verlieren, werden die Gesellschafter eine sorgfältige Kontrolle zur Fehlervermeidung vornehmen, auch ohne daß ihnen das Risiko einer persönlichen Haftung für Berufsfehler ihrer Kollegen droht. Damit ist festzuhalten, daß eine möglichst weitgehende Verringerung des Haftungsrisikos durch eine entsprechende Ausgestaltung der inneren Struktur der law firm keine nachlassende Kontrolle und keine Verschlechterung ihrer Reputation nach sich ziehen wird.

4. Haftungsdurchgriff

Eine Haftung der Gesellschafter kann sich nicht nur daraus ergeben, daß der Haftungsbeschränkung speziell in der Freiberufler-Kapitalgesellschaft Grenzen gesetzt sind, sondern auch aus einer Durchgriffshaftung (piercing the corporate veil). Die Rechtsprechung hat die für die business corporation entwickelten Grundsätze für die Durchgriffshaftung auf die PC übertragen.[1176] So wird das Rechtsinstitut des piercing the corporate veil von Gerichten bei der PC wie der business corporation nur bei Vorliegen außerordentlicher Umstände angewandt. Danach ist die Kapitalgesellschaft grundsätzlich als selbständige juristische Person anzuerkennen und die Haftungsbeschränkung zu beachten.[1177] Die Gesellschafter einer Kapitalgesellschaft können aber per-

---

1176 Vgl. z. B. Ize Nantan Bagowa, Ltd. v. Scalia, 577 P.2d 725 (728 f.) (Ariz. Ct.App. 1978); Village at Camelback Property Owners Ass'yn Inc. v. Carr, 538 A.2d 528–541 (Pa. Sup.Ct. 1988), Rinck v. Rinck, 526 A.2d 1221 (1222 ff.) (Pa. Sup.Ct. 1987); In re Flygstad, 56 B.R. 884 (887) (Bankr. N.D.Iowa 1986); In re Shailam, 144 B.R. 626 (630 ff.) (Bankr. N.D.N.Y. 1992); Habeck v. MacDonald, 520 N.W.2d 808 (812 f.) (N.D. Supr.Ct. 1994); Abelow v. Grossman, 457 N.Y.S.2d 30 (32 f.) (A.D. 1 Dept. 1982); Lyon v. Barrett, 445 A.2d 1153 (1158) (N.J. Supr.Ct. 1982); Morrow v. Cooper, 824 P.2d 1048 (1051) (N.M. Ct.App. 1991).

1177 Vgl. United States v. Milwaukee Refrigerator Transit Co., 142 F. 247 (255) (E.D.Wis. Cir.Ct. 1905): „If any general rule can be laid down, in the present state of authority, it is that a corporation will be looked upon as a legal entity as a general rule, and until sufficient reason to the contrary appears; but, when the notion of legal entity is used to defeat public convenience, justify wrong, protect fraud, or defend crime, the law will regard the corporation as an association of persons . . .“

sönlich für deren Verbindlichkeiten in Anspruch genommen werden, wann immer die Anerkennung der selbständigen Rechtspersönlichkeit und der damit einhergehenden Haftungsbeschränkung der Kapitalgesellschaft ungerechte Ergebnisse hervorbringen würde.[1178] Ob es zu einer Durchgriffshaftung kommt, hängt entscheidend von den Umständen des Einzelfalles ab. Indizien, die hierfür sprechen, sind beispielsweise eine Unterkapitalisierung,[1179] eine Vermischung von eigenem Kapital und Vermögensgegenständen mit solchen der Kapitalgesellschaft und die ungenehmigte Verwendung von Kapital der Gesellschaft für andere als die von ihr verfolgten Zwecke,[1180] die Behandlung der Vermögensgegenstände der Gesellschaft durch eine Person als deren Eigentum,[1181] die Erklärung einer Person, sie hafte persönlich für die Schulden der Kapitalgesellschaft,[1182] die mangelnde Trennung der Buchführung verschiedener Rechtsträger[1183] sowie der Besitz aller Aktien durch einen einzelnen Aktionär.[1184]

5. Haftung des ausgeschiedenen Gesellschafters

Auf die Frage der Haftung des ausscheidenden Gesellschafters finden ergänzend zu den PC-Gesetzen, wie oben dargelegt,[1185] die Bestimmungen des business corporation law Anwendung. Wenn der betreffende Einzelstaat die Haftung für die Berufsfehler der Mitgesellschafter oder sonstige Verbindlichkeiten vorschreibt, kann sie durch das bloße Ausscheiden

---

1178 Vgl. *Henn/Alexander*, 346 m.w.N.; eine andere Formulierung der Voraussetzungen für den Haftungsdurchgriff gibt beispielsweise Zubik v. Zubik, 384 F.2d 267 (270) (3d Cir. 1967); *cert. denied*, 390 U.S. 988 (1968); danach hat er zu erfolgen, wenn er erforderlich ist, um Betrug, Gesetzwidrigkeit oder Unrecht zu verhindern. Ob hierfür zwingend erforderlich ist, daß der Gesellschafter die Form der juristischen Person zu einer arglistigen Täuschung mißbraucht hat, wird von der Rechtsprechung nicht einheitlich beurteilt. Beispielsweise ist es in Pennsylvania nicht erforderlich; Rinck v. Rinck, 526 A.2d 1221 (1223) (Pa. Sup.Ct. 1987). Dagegen muß in New York bewiesen werden, daß die Form der Kapitalgesellschaft für eine arglistige Täuschung mißbraucht wurde; In re Shailam, 144 B.R. 626 (630) (Bankr. N.D.N.Y. 1992).

1179 Vgl. Associated Vendors, Inc. v. Oakland Meat Company, 26 Cal.Rptr. 806 (813) (Cal. Ct.App. 1962).

1180 Vgl. z. B. Riddle v. Leuschner, 335 P.2d 107 (110 ff.) (Cal. Supr.Ct. 1959); Asamen v. Thompson, 131 P.2d 841 (845 ff.) (Ca. Ct.App. 1942).

1181 Minton v. Cavaney, 364 P.2d 473 (475 ff.) (Cal. Supr.Ct. 1961).

1182 Stark v. Coker, 129 P.2d 390 (394 f.) (Cal. Supr.Ct. 1942).

1183 Temple v. Bodega Bay Fisheries, Inc., 4 Cal.Rptr. 300 (303) (Cal. Ct.App. 1960).

1184 Dies allein ist allerdings kein Grund für einen Haftungsdurchgriff; vgl. z. B. Hollywood Cleaning & Pressing Co. v. Hollywood Laundry Service, Inc., 17 P.2d 709 (711) (Cal. Supr.Ct. 1932) sowie *Fuller*, 51 Harv. L. Rev. 1938, 1373 (1376 ff.).

1185 Vgl. 4. Teil, 3. Kapitel, A. III.

aus der PC als solches nicht beseitigt werden. Die Haftung hängt daher grundsätzlich davon ab, in welche der fünf Grundtypen das betreffende einzelstaatliche PC-Recht einzuordnen ist. Weiterhin ist entscheidend, ob es sich um Verbindlichkeiten handelt, die zum Zeitpunkt des Ausscheidens bereits bestanden, aber unter Umständen noch nicht bekannt waren oder um solche, die erst nach dem Ausscheiden zur Entstehung gelangten. Für beide Alternativen ist von Bedeutung, welche Handlungen oder Ereignisse ein Ausscheiden in diesem Sinne darstellen und wie der exakte Zeitpunkt des Ausscheidens festgestellt werden kann.

Unabhängig davon, ob die Berufsfehler, die vor dem Ausscheiden des Gesellschafters begangen wurden, auch vorher oder aber erst später entdeckt werden, haftet der ausscheidende Gesellschafter in den Einzelstaaten, die eine persönliche Haftung für Berufsfehler anderer Gesellschafter oder für andere Verbindlichkeiten der Gesellschaft vorschreiben, auch nach dem Ausscheiden. Dies ergibt sich aus den PC-Gesetzen und der hierzu ergangenen Rechtsprechung, die eine Haftung anordnen und zur Frage des Fortbestehens der Haftung nach dem Ausscheiden schweigen. Damit erscheint eine Beendigung der Haftung für bereits begangene Berufsfehler auf der Basis des Ausscheidens aus der Gesellschaft nicht denkbar. Das Recht der business corporations ist insoweit nicht einschlägig, da es dem PC-Recht derjenigen Staaten, die die persönliche Haftung für Berufsfehler von Kollegen oder sonstige Verbindlichkeiten vorschreiben, widerspricht.[1186]

Etwas anderes gilt für Verbindlichkeiten, die auf Berufsfehlern beruhen, welche nach Ausscheiden des Gesellschafters aus der PC begangen wurden, wobei die ihnen zugrundeliegenden Mandatsverhältnisse aber schon vor dem Ausscheiden bestanden und bis dahin nicht beendet waren. In der Regel ergibt sich aus dem Wortlaut der PC-Gesetze, der die vicarious liability an den Status als Gesellschafter knüpft, daß die Anteilseigner nur für solche fehlerhaften Berufsleistungen persönlich haften, die zu einer Zeit erbracht wurden, als sie noch in der PC tätig waren.[1187] Damit wird den fehlenden Überwachungsmöglichkeiten

1186 Vgl. hierzu *Hillman*, 6:23.
1187 Vgl. z. B. für Delaware Del. Supr. Ct. Rules, Rule 67(h) (West 1995): „Each shareholder shall be jointly and severally liable for damages proximately caused by an attorney employed by the corporation to a person for whom professional services are being rendered for any negligent or wrongful act or omission to the same extent as if the negligent or wrongful act or omission has been committed by the shareholder."; für Hawaii Haw. Supr. Ct. Rules, Rule 6(g)(1) (West 1995): „ ... liability of shareholders ... for (malpractice) arising out of the performance of professional services by the corporation while they are shareholders ... is joint and several to the same extent

des aus einer PC ausscheidenden Gesellschafters Rechnung getragen.[1188]

Der Zeitpunkt des Ausscheidens ist also entscheidend für die Beseitigung des Haftungsrisikos für später von ehemaligen Kollegen begangene Berufsfehler. Dieser Zeitpunkt wird von den PC-Gesetzen nicht definiert. Eine Anwendung der in den meisten business corporation Gesetzen enthaltenen Bestimmung, wonach die Aussage der Geschäftsbücher über die Inhaberstellung an den Anteilen (record ownership)[1189] entscheidend für die Stellung als Gesellschafter ist,[1190] erscheint nicht zwingend erforderlich zu sein, da die Vermögens- und die Stimmrechte eines Anteilsinhabers einer PC kraft Vereinbarung und in manchen Einzelstaaten auch kraft Gesetzes zum Zeitpunkt der Kündigung beendet werden können, auch wenn die Anteile nicht sofort auf die PC oder einen geeigneten anderen Gesellschafter übertragen werden. In diesem Fall verlieren die in den Geschäftsbüchern festgehaltenen Daten der Inhaberstellung an Bedeutung. Als Zeitpunkt des Ausscheidens sollte dann der Zeitpunkt definiert werden, zu dem der ausscheidende Gesellschafter die mit der Stellung als Gesellschafter üblicherweise verbundenen Rechte verloren hat.[1191]

6. Gesamtergebnis

Anwälte können ihre Handelndenhaftung nicht durch die Gründung einer PC beschränken. Eine Haftungsbeschränkung ist dagegen nach den durch die Rechtsprechung modifizierten PC-Gesetzen der Einzelstaaten hinsichtlich der Berufsfehler von Kollegen sowie im Hinblick auf nicht mit fehlerhafter Berufsausübung zusammenhängende Verbindlichkeiten der PC möglich. Je nach dem anwendbaren einzelstaatlichen Recht variieren die Möglichkeiten der Haftungsbeschränkung. Zum Teil ist – von der Handelndenhaftung abgesehen – eine vollständige Haftungsbeschränkung gewährleistet, die durch den Abschluß einer Berufshaftpflichtver-

---

as if the shareholders ... were general partners"; für Oregon Or. Rev. Stat. Ann. § 58.185(2) (1995), „A shareholder is ... jointly and severally liable with all of the other shareholders"; nicht ganz so deutlich sind die Supreme Court Rules in Massachusetts, vgl. Mass. Supr. Ct. Rules, Rule 3:06(3)(b) (West 1996), „All the owners of an entity which is a professional corporation at the time of any negligent or wrongful act, ... of any owner or employee of said entity which occurs in the performance of legal services by said entity ... shall be jointly and severally liable ..."

1188 *Hillman*, 6:24 f.
1189 Record owner ist derjenige, der am record date in den Unterlagen der Gesellschaft als Inhaber des entsprechenden Anteils registriert ist; vgl. hierzu *Merkt*, 331.
1190 Vgl. z. B. R.M.B.C.A. § 1.40(22).
1191 *Hillman*, 6:25 f.

sicherung in bestimmter Höhe durch die PC bedingt sein kann. Zum Teil besteht eine Haftungsbeschränkung, von der eigene Berufsfehler und die von Kollegen, hinsichtlich derer eine Überwachungspflicht bestand, ausgenommen sind. Eine weitere Möglichkeit ist, daß die Haftung nur für die nicht mit fehlerhafter Berufsausübung zusammenhängenden Verbindlichkeiten der Gesellschaft beschränkbar ist. Schließlich scheidet eine Haftungsbeschränkung durch die Zusammenarbeit in Form der PC in einzelnen Einzelstaaten völlig aus.

Die weit überwiegende Zahl der Einzelstaaten schreibt eine Haftung nicht nur für eigene Berufsfehler, sondern auch für die von Kollegen, die der betreffende Gesellschafter hätte überwachen sollen, vor. Das Risiko der Haftung für Überwachungspflichtverletzungen kann insbesondere dann ein unvorhersehbares Ausmaß annehmen, wenn die PC eine komplexe Struktur mit auf verschiedene Individuen oder Komitees übertragenen Leitungsfunktionen besitzt. Um dieses Risiko möglichst gering zu halten, sollten derartige Komitees und Einzelpersonen soweit möglich nicht in konkrete, von anwaltlichen Mitgesellschaftern bearbeitete Fälle eingreifen, sondern sich entweder auf rein innere Angelegenheiten der law firm oder aber auf die Entscheidung über allgemeine Richtlinien und Verfahrensmaßstäbe beschränken, ohne dabei auf einzelne Mandatsverhältnisse Bezug zu nehmen.

Zusätzlich zu der von der PC ohnehin nur in geringerem Umfang als von der business corporation gewährleisteten Haftungsbeschränkung zugunsten der Gesellschafter besteht bei der PC unter den gleichen Voraussetzungen wie bei der business corporation die Möglichkeit eines Haftungsdurchgriffs (piercing the corporate veil). Ein ausscheidender Gesellschafter haftet lediglich für fehlerhafte Berufsleistungen, die vor seinem Ausscheiden erbracht werden, nicht aber für solche Berufsfehler, die erst später und damit zu einem Zeitpunkt begangen wurden, zu dem er keinerlei Kontrollmöglichkeiten hinsichtlich der Tätigkeit seiner früheren Kollegen hatte.

IV. Limited Liability Partnership

1. Grundlagen

Die Verbreitung der LLP als Form anwaltlicher Zusammenarbeit ist darauf zurückzuführen, daß in ihr einerseits die Gewinne lediglich auf Gesellschafterebene besteuert werden (pass-through taxation) und sie andererseits eine weitgehende Haftungsbeschränkung gewährt. Der Umfang der Haftungsbeschränkung hängt von den gesetzlichen Regelungen des Einzelstaates ab. Diese wurden im Hinblick auf die anwaltliche Berufsausübung anders als die PC-Gesetze bislang nicht explizit durch die Rechtsprechung modifiziert, da die Gerichte gerade erst begonnen haben, sich mit der LLP als Gesellschaftsform im allgemeinen und mit dieser Frage im besonderen zu beschäftigen. Die Rechtsprechung, welche zur Haftung von Rechtsanwälten ergangen ist, die in der Form der PC tätig sind, ist allerdings zumindest insoweit ergänzend heranzuziehen, als sie die Grenze der möglichen Haftungsbeschränkung auch für die in einer LLP tätigen Rechtsanwälte bilden dürfte. Es ist nicht denkbar, daß Anwälte durch Zusammenarbeit in Form der LLP, die der GP nahesteht, eine weitergehende Beschränkung der persönlichen Haftung erreichen können als im Falle der Tätigkeiten in einer PC als Kapitalgesellschaft, zu deren Charakteristika grundsätzlich die beschränkte persönliche Haftung der Aktionäre gehört. Nach dem Prototype LLP Act § 306(a) haftet jeder Partner persönlich und unbeschränkt für alle Verbindlichkeiten der Gesellschaft. Etwas anderes gilt nur insoweit, als niemand allein aufgrund seiner Gesellschafterstellung für die Verbindlichkeiten der LLP haftbar gemacht werden kann, Prototype LLP Act § 306(c).[1192] Auf eine ausdrückliche Bestimmung dahingehend, daß die Haftung des jeweils Handelnden für seine eigenen Berufsfehler durch Prototype LLP Act § 306(c) nicht beeinträchtigt wird, wurde verzichtet. Nach dem Official Comment zu § 306 wurde diese Klarstellung als überflüssig angesehen.[1193]

1192 Prototype LLP Act § 306(a): „Except as otherwise provided in subsection (b) or subsection (c), all partners are liable jointly and severally for all obligations of the partnership unless otherwise agreed by the claimant or provided by law."; § 306(c): „A person is not, solely by reason of being a partner, liable, directly or indirectly, including by way of indemnification, contribution, assessment or otherwise, for debts, obligations or liabilities of, or chargeable to, the partnership, whether sounding in tort, contract or otherwise, which are incurred, created or assumed by the partnership while the partnership is a registered limited liability partnership."

1193 Prototype LLP Act, Official Comment zu § 306; abgedruckt in: *Bromberg/Ribstein,* Limited Liability Partnerships, 421. Im Official Comment, a.a.O., wird darauf hingewiesen, daß diejenigen einzelstaatlichen Legislativen, die eine derartige Klarstellung für zweckmäßig halten, folgenden zusätzlichen Satz in Prototype LLP Act § 306(c) aufnehmen sollten: „Nothing in this subsection (c) shall affect the liability of a partner in a registered limited liability partnership for his own negligence, malpractice, wrongful acts or misconduct."

2. Möglichkeiten der Haftungsbeschränkung

a) Überblick

Der Umfang der Haftungsbeschränkung ist in allen Staaten insoweit begrenzt, als jeder Partner nach common law-Grundsätzen für seine eigenen Berufsfehler[1194] und in den meisten Einzelstaaten auch für diejenigen seiner Kollegen, die er hätte überwachen sollen, haftet.[1195] Im übrigen lassen sich die LLP-Gesetze in zwei große Regelungsgruppen einteilen. In der einen ist die Haftung nur für solche Ansprüche beschränkt, die auf ein berufliches Fehlverhalten eines Mitgesellschafters oder Angestellten der LLP zurückzuführen sind. In der anderen ist die Haftung zusätzlich auch für sonstige, nicht auf fehlerhafter Berufsausübung beruhende Verbindlichkeiten der Gesellschaft beschränkt. Zum Teil ist der Abschluß einer Haftpflichtversicherung Voraussetzung für die Wirksamkeit der Haftungsbeschränkung.[1196]

b) Grundtypen

aa) Erster Grundtyp: Haftungsbeschränkung für fahrlässiges und sonstiges Fehlverhalten von Mitgesellschaftern

Am weitesten verbreitet ist der Gesetzestyp, der die persönliche Haftung der Gesellschafter für fahrlässiges oder sonstiges Fehlverhalten von Mitgesellschaftern oder Angestellten der LLP beschränkt. So bestimmt bei-

---

1194 Vgl. Blackmon v. Hale, 463 P.2d 418 (423) (Cal. Supr.Ct. 1970).

1195 Ariz. Rev. Stat. Ann. § 29-215 (Supp. 1995); Conn. Gen. Stat. § 34-44 (West Supp. 1995); D.C. Code Ann. § 41-146 (Supp. 1995); Del. Code Ann. tit.6, § 1515(c) (Michie Supp. 1994); Fla. Stat. Ann. § 620.79(2) (West Supp. 1996); Ga. Code Ann. § 14-8-15(c) (1994); Idaho Code § 53-315(4) (Supp. 1995); Ill. Comp. Stat. Ann. ch. 805, § 205/15 (Smith-Hurd Supp. 1995); Iowa Code § 486.15 (Supp. 1995); Kan. Stat. Ann. § 56-315 (1994 & Supp. 1995); Md. Corps. & Ass'ns Code Ann. § 9-307 (Supp. 1995); § 9-307 Mo. Rev. Stat. § 358.150(3) (Vernon Supp. 1996); N.C. Gen. Stat. § 59-45 (1991 & Supp. 1995); N.Y. Partnership Law § 26 (McKinney 1988 & Supp. 1995); Ohio Rev. Code Ann. § 1775.17 (Page Supp. 1995); S. C. Code Ann. § 33-41-370 (Law Co-op. Supp. 1995); S. D. Codified Laws Ann. § 48-2 (Supp. 1995); Tex. Rev. Civ. Stat. Ann. art. 6132b-§ 3.08 (Vernon Supp. 1996); Va. Code Ann. § 50-15 (Supp. 1995). Eine Ausnahme bilden die Gesetze Indianas und Colorados, die ledglich eine Handelndenhaftung anordnen, aber zur Frage der supervisory liability schweigen; vgl. Colo. Rev. Stat. Ann. § 7-60-115 (West Supp. 1995); Ind. Code Ann. § 23-4-1-15(3) (West Supp. 1995).

1196 So ist z. B. nach Tex. Rev. Civ. Stat. Ann. art. 6132b-§ 45-C (Vernon Supp. 1996) der Abschluß einer Berufshaftpflichtversicherung in Höhe von US $ 100.000 durch eine LLP Voraussetzung für die Ausübung freiberuflicher Tätigkeiten in der Form der LLP. Die meisten größeren in Texas ansässigen law firms sind mittlerweile in der Form der LLP tätig; vgl. hierzu *Rae*, 30 Hous. Law. 1993, 47 ff.

spielsweise das LLP-Gesetz Delawares, daß die Partner einer eingetragenen LLP nicht für die Verbindlichkeiten der Gesellschaft haften, die auf
Fahrlässigkeit, unerlaubten Handlungen und sonstigem Fehlverhalten beruhen. Dies soll unabhängig davon gelten, ob es sich um einen deliktischen
oder einen vertraglichen Anspruch handelt.[1197] Ähnliche Formulierungen
wie in Delaware enthalten die LLP-Gesetze einiger weiterer Einzelstaaten.[1198] Andere unterscheiden zwischen auf Fahrlässigkeit (negligence)
oder sonstigem Fehlverhalten (malfeasance) beruhenden Verpflichtungen
einerseits – nur für diese wird die Haftungsbeschränkung angeordnet – und
sonstigen Verbindlichkeiten andererseits. Dabei fehlt es an einer ausdrücklichen Gleichsetzung von deliktischen und vertraglichen Ansprüchen.[1199] Trotzdem sind unter den Begriff der „negligence" auch vertragliche Ansprüche zu fassen und die Haftungsbeschränkung gilt damit nicht
nur für deliktische, sondern auch für vertragliche Anwaltshaftungsansprüche, da der Begriff der Fahrlässigkeit hier nicht technisch,[1200] sondern

1197 Del. Code Ann. tit.6, § 1515(b) (Michie Supp. 1994): „Subject to subsection (c) of this
     section, a partner in a registered limited liability partnership is not liable, either
     directly or indirectly, by way of indemnification, contribution, assessment or other-
     wise, for debts, obligations and liabilities of or chargeable to the partnership arising
     from negligence, wrongful acts or misconduct, whether characterized as tort, contract
     or otherwise, committed while the partnership is a registered limited liability part-
     nership and in the course of the partnership business by another partner or an emp-
     loyee, agent or representative of the partnership." Im Hinblick auf Delaware ist
     allerdings anzumerken, daß Del. Code Ann. tit.6, § 1515(d) (Michie Supp. 1994) die
     Zulässigkeit und die Bedingungen anwaltlicher Berufsausübung in der Form der LLP
     in das Ermessen des Delaware Supreme Court stellt und letzterer hierzu bislang nicht
     Stellung genommen hat. Daher muß davon ausgegangen werden, daß die Zusam-
     menarbeit von Anwälten in einer LLP nach der derzeitigen Rechtslage in Delaware
     nicht zulässig ist.
1198 Ein vergleichbarer Wortlaut ist in D.C. Code § 41-146(a) (Supp. 1995) zu finden.
     Auch die LLP-Gesetze Illinois und Kansas enthalten Formulierungen, die nicht
     danach unterscheiden, ob ein Fehlverhalten als Vertragsverletzung oder als unerlaubte
     Handlung einzuordnen ist; vgl. Ill. Rev. Stat. ch. 805, § 205/15 (Smith-Hurd Supp.
     1995); Kan. Stat. Ann. § 56-315 (1994 & Supp. 1995).
1199 So ist die Haftungsbeschränkung in Texas anwendbar auf „debts and obligations ...
     arising from errors, omissions, negligence, or malfeasance", Tex. Rev.
     Civ. Stat. Ann. art. 6132b-§ 3.08, § 45-C (Vernon Supp. 1996). Im LLP-Gesetz North
     Carolinas, N.C. Gen. Stat. § 59-45 (1991 & Supp. 1995), heißt es in (B): „ ... not
     individually liable for debts and obligations of the partnership arising from errors,
     omissions, negligence, incompetence, or malfeasance committed in the course of the
     partnership business by another partner ... not working under the supervision or
     direction of the first partner at the time the (malpractice) occurs, unless the first
     partner was directly involved in the specific activity."; während in (C) die persönliche
     Haftung der Partner „for debts and obligations of the partnership arising from any
     cause other than a partnerÿs (malpractice)" angeordnet wird.
1200 Zu den Voraussetzungen eines Anspruchs wegen Verletzung der rechtlich festgeleg-

nur als eine Art Schuldform zu verstehen ist und sich daher nicht auf deliktische Ansprüche beschränkt.[1201] Einige Gesetze wiederum orientieren sich bei der Definition der Anspruchskategorie, für die eine Beschränkung der persönlichen Haftung besteht, danach, welche Ansprüche nach UPA §§ 13 et seq. gegen die Personengesellschaft gerichtet werden können.[1202] Da diese Bestimmungen sich mit dem Fehlverhalten von Partnern befassen,[1203] ist hier eine ähnliche Verhaltenskategorie von der Haftungsbeschränkung erfaßt wie bei dem LLP-Gesetz Delawares und den LLP-Gesetzen anderer Staaten, die diesem vergleichbare Formulierungen aufweisen. Allerdings kann durch den Verweis auf bestimmte Bestimmungen des UPA die von den meisten anderen LLP-Gesetzen beseitigte Unterscheidung zwischen beruflichem Fehlverhalten, aus dem sich ein deliktischer, und solchem, aus dem sich ein vertraglicher Anspruch herleiten läßt, wieder relevant werden, weil der UPA zwischen deliktischen und vertraglichen Ansprüchen unterscheidet.[1204] Für nicht mit fehlerhafter Berufsausübung zusammenhängende Verbindlichkeiten haften die Gesellschafter dagegen immer persönlich.

bb) Zweiter Grundtyp: Haftungsbeschränkung für Fehlverhalten von Mitgesellschaftern sowie für sonstige Verbindlichkeiten der Gesellschaft

Einige einzelstaatlichen LLP-Gesetze – wie beispielsweise das des Bundesstaates New York[1205] – sehen dagegen eine sehr weitgehende Haftungsbeschränkung vor. Diese erfaßt nicht nur die Fehler von Mitgesellschaftern und Angestellten, sondern auch die Verbindlichkeiten der Gesellschaft, welche nicht mit unerlaubten Handlungen oder anderem

---

ten Sorgfaltspflicht, also des auf negligence im technischen Sinn beruhenden Anspruchs, im Bereich der Anwaltshaftung vgl. *Gatto*, 23 m.w.N.

1201 Nach dem Schrifttum sind vor allem auch vertragsrechtliche Gewährleistungsansprüche (implied warranty in contract) hierunter zu fassen; *Lubaroff/Schorr*, 51 ff. Vgl. hierzu auch *Bungert*, RIW 1994, 360 (362).

1202 Vgl. z. B. Ohio Rev. Code Ann. § 1775.17. (Page Supp. 1995).

1203 UPA § 13 behandelt die Frage der Haftung der Gesellschaft für unerlaubte Handlungen eines Partners („Partnership Bound by Partnerÿs Wrongful Act") und UPA § 14 die der Haftung der Gesellschaft für die Verletzung von Treuhänderpflichten durch einen Partner („Partnership Bound by Partnerÿs Breach of Trust").

1204 Vgl. hierzu *Bromberg/Ribstein*, Limited Liability Partnerships, 81.

1205 N.Y. Partnership Law § 26(b) (McKinney 1988 & Supp. 1995): „... no partner of a partnership which is a registered limited liability partnership is liable or accountable ... for any debts, obligations or liabilities of, or chargeable to, the registered limited liability partnership or each other, whether arising in tort, contract or otherwise ..."

Fehlverhalten von Kollegen im Zusammenhang stehen.[1206] Danach haften die Anteilsinhaber nur für ihre eigenen Fehler.[1207]

c) Supervisory liability

Das Prototype LLP-Gesetz nimmt zur supervisory liability nicht ausdrücklich Stellung, sondern erklärt nur, daß ein Gesellschafter nicht allein aufgrund seiner Gesellschafterstellung persönlich haftet.[1208] In den LLP-Gesetzen der Einzelstaaten wiederum finden sich *unterschiedliche Formulierungen.* Dabei ist die unter anderem in den LLP-Gesetzen Delawares und New Yorks enthaltene Bestimmung, derzufolge ein Gesellschafter für die Fehler von Kollegen haftet, wenn sich letztere unter seiner unmittelbaren Überwachung und Kontrolle befanden, am weitesten verbreitet.[1209] Nach dem LLP-Gesetz Marylands kommt es dagegen darauf an, ob dem Gesellschafter im Hinblick auf die Ernennung, die unmittelbare Überwachung oder die Zusammenarbeit mit dem anderen Partner oder Angestellten Fahrlässigkeit vorzuwerfen ist.[1210] Ganz ähnlich lautet die entsprechende Bestimmung des LLP-Gesetzes South Carolinas, die lediglich statt von Fahrlässigkeit von Verschulden spricht.[1211] Einige Staaten wiederum sehen nur dann eine Haftung des Gesellschafters für die Fehler seiner

---

1206 Hierzu gehören Arkansas, Georgia, Indiana, Maryland, Minnesota, Missouri, Montana, North Dakota, New York und South Dakota; vgl. Ark. Code Ann. § 4-32-304 (Michie 1987 & Supp. 1993); Ga. Code Ann. § 14-8-15(b) (Supp. 1995); Ind. Code § 23-4-1-15(2)(b) (West Supp. 1995); Md. Corps. & Assÿns Code Ann. § 9-307(b) (Supp. 1995); Minn. Stat. § 323.14 (West 1995 & Supp. 1996); Mo. Rev. Stat. § 358.150(2) (Vernon Supp. 1996); Mont. Code Ann. § 35-10-307(3) (1995); N.D. Cent. Code § 44-22-08 (1995); N.Y. Partnership Law § 26 (McKinney 1988 & Supp. 1995); S. D. Codified Laws Ann. § 48-2 (Supp. 1995).

1207 Vgl. hierzu *Bromberg/Ribstein,* Limited Liability Partnerships, 82 ff.

1208 Prototype LLP Act § 306(c).

1209 So lautet die Haftungsbeschränkung nach Del. Code Ann. tit.6, § 1515(c) (Michie Supp. 1994): „ ... not affect the liability of a partner in a registered limited liability partnership for his own negligence, wrongful acts, or misconduct, or that of any person under his direct supervision and control." Im N.Y. Partnership Law § 26(c) (McKinney 1988 & Supp. 1995) heißt es: „Notwithstanding the provisions of subdivision (b) of this section, (i) each partner, ... shall be personally and fully liable and accountable for any negligent or wrongful act or misconduct committed by him or her or by any person under his or her direct supervision and control while rendering professional services on behalf of such registered limited liability partnership ..."

1210 Gemäß Md. Corps. & Assÿns Code Ann. § 9-307 (Supp. 1995) haftet der Gesellschafter, wenn er „negligent in appointing, directly supervising, or cooperating with the other partner, employee, or agent" gehandelt hat.

1211 Nach S. C. Code Ann. § 33-41-370 (Law Co-op. Supp. 1995) ist „fault" des Gesellschafters im Hinblick auf die Ernennung, unmittelbare Überwachung oder Zusammenarbeit erforderlich.

Kollegen vor, wenn er selbst an dem Fehlverhalten beteiligt war oder zumindest von ihm wußte.[1212]

Die *Variationsbreite* geht infolgedessen von der unmittelbaren Überwachung und Kontrolle der Leistungserbringung bis zu einer direkten Teilnahme an ihr.[1213] Einzelne Gesetze setzen Verschulden voraus, während andere lediglich bestimmen, welche Arten von Tätigkeiten die persönliche Haftung zur Folge haben können. Bei der Haftung aufgrund bloßer direkter Überwachung und Kontrolle ist anzunehmen, daß nur eine enge Form der Überwachung und gleichzeitigen Kontrolle – wie sie beispielsweise im Fall der Überwachung der täglichen Arbeit eines angestellten Anwalts durch einen Partner in der Regel gegeben sein dürfte – zur Haftung führen kann. Die Letztverantwortung für ein Mandatsverhältnis innerhalb der Anwaltsgesellschaft zu besitzen, soll hierfür nicht genügen.[1214] Im übrigen gilt hinsichtlich der supervisory liability innerhalb einer Anwalts-LLP in solchen Staaten, die einen Partner bei unmittelbarer Überwachung und Kontrolle haften lassen, aufgrund des vergleichbaren Wortlauts das oben[1215] zur Anwalts-PC Ausgeführte entsprechend.

d) Vicarious malpractice liability

Eine vicarious liability scheidet nach den einzelstaatlichen LLP-Gesetzen aus. Rechtsprechung, die diese Form der Haftung für die LLP anordnet, gibt es bislang ebenfalls nicht. Es ist allerdings denkbar und sogar wahrscheinlich, daß die einzelstaatlichen Gerichte, die die Gesellschafter von Anwalts-PCs entgegen den einschlägigen PC-Gesetzen für die Berufsfehler ihrer Kollegen haften lassen, ihre Rechtsprechung auch auf die LLP

1212 Nach D.C. Code Ann. § 41-146 (Supp. 1995) setzt die Haftung voraus, daß der Partner an der konkreten Leistungserbringung, in deren Verlauf es zu Fehlern kam, unmittelbar beteiligt war, oder aber zum Zeitpunkt, als die Berufsfehler begangen wurden, bereits schriftlich von der fehlerhaften Tätigkeit benachrichtigt worden war. Tex. Rev. Civ. Stat. Ann. art. 6132b-§ 3.08 (Vernon Supp. 1996) sieht vor, daß der Partner unmittelbar an der fehlerhaften Leistungserbringung beteiligt gewesen sein muß oder daß er zum Zeitpunkt der Vornahme der fehlerhaften Tätigkeit schon von dieser benachrichtigt worden war und es unterlassen hatte, zumutbare Schritte zu ihrer Verhinderung zu ergreifen sowie auch später nichts unternahm, um den Fehler zu verbessern. N.C. Gen. Stat. § 59-45 (1991 & Supp. 1995) schließlich läßt den Gesellschafter nur dann haften, wenn er unmittelbar an der konkreten Leistungserbringung beteiligt war.

1213 Vgl. hierzu *Bromberg/Ribstein*, Limited Liability Partnerships, 86.

1214 Vgl. *Lubaroff/Schorr*, 515 ff.

1215 Vgl. 4. Teil, 5. Kapitel, D.III.3.

übertragen werden, denn es ist kein Grund ersichtlich, warum die Gesellschafter einer Anwalts-LLP, also einer Personengesellschaft, hinsichtlich der persönlichen Haftung günstiger gestellt werden sollten als die der Kapitalgesellschaft Anwalts-PC. Beispiele für Einzelstaaten, bei denen danach eine vicarious malpractice liability von in einer LLP tätigen Anwälten in Frage käme, sind Georgia, Indiana und Ohio.[1216]

e) Zwischenergebnis

Anwälte können sich durch den Zusammenschluß in einer LLP nicht ihrer Haftung für eigene Berufsfehler entziehen. Gleiches gilt grundsätzlich hinsichtlich der Haftung für von Kollegen erbrachte fehlerhafte Leistungen, wenn eine Überwachungspflicht verletzt wurde. Hierbei enthalten die einzelstaatlichen LLP-Gesetze allerdings deutlich voneinander abweichende Formulierungen, die in ihrer Mehrheit kein Verschulden des Gesellschafters voraussetzen und unterschiedliche Interpretationen zulassen. Im übrigen ist zwischen zwei einzelstaatlichen Regelungsgruppen zu differenzieren. Die erste und am weitesten verbreitete Gruppe, zu der beispielsweise Delaware und der District of Columbia gehören, beschränkt lediglich die Haftung für Ansprüche aus unerlaubter Handlung oder sonstigem Fehlverhalten der Mitgesellschafter. Die zweite Regelungsgruppe, der unter anderem New York zuzuordnen ist, sieht darüber hinaus noch eine Haftungsbeschränkung für sonstige, nicht mit fehlerhafter Leistungserbringung im Zusammenhang stehende Verbindlichkeiten vor und folgt damit dem Prototype LLP-Gesetz § 306(c). Unklar ist schließlich, ob diejenigen einzelstaatlichen Gerichte, die für Gesellschafter einer Anwalts-PC entgegen dem Wortlaut der betreffenden PC-Gesetze eine vicarious liability anordnen, diese Rechtsprechung auch auf die Partner einer LLP übertragen werden.

3. Freiwillige Haftungserweiterung

Die LLP-Gesetze New Yorks und South Dakotas enthalten eine Bestimmung,[1217] derzufolge auf die durch die Form der LLP gewährte Haftungsbeschränkung im Hinblick auf einzelne oder alle Partner verzichtet werden kann. Hierfür ist – mangels anderweitiger Vereinbarung im Gesellschafts-

---

1216 Vgl. für Indiana: Indiana Rules for Admission to the Bar and the Discipline of Attorneys 27(c) (West 1996); für Georgia: First Bank & Trust Co. v. Zagoria, 302 S. E.2d 674 (675) (Ga. Supr.Ct. 1983); Ohio Supr.Ct. Rules III, § 4 (Baldwin 1996).

1217 N.Y. Partnership Law § 26(d) (McKinney 1988 & Supp. 1995); S. D. Codified Laws Ann. § 48-2 (Supp. 1995).

vertrag – ein Mehrheitsbeschluß der Gesellschafter erforderlich.[1218] Die Gesetze weisen hierbei darauf hin, daß ein solcher Verzicht keinen Einfluß auf die daneben bestehende Möglichkeit hat, die persönliche Haftung eines oder mehrerer Partner durch einen Garantievertrag oder eine Bürgschaft zu erweitern.[1219]

4. Haftungsdurchgriff

Nur wenige der einzelstaatlichen LLP-Gesetze enthalten Regelungen zur Frage des Haftungsdurchgriffs. So erklären die LLP-Gesetze Colorados, Minnesotas und North Dakotas die für den Haftungsdurchgriff bei einer Kapitalgesellschaft (piercing the corporate veil) entwickelten Grundsätze ausdrücklich als auf die LLP entsprechend anwendbar. Dabei handelt es sich dann um ein piercing the entity veil.[1220] Die LLP-Gesetze Colorados und Minnesotas, welche die Anwendung der Grundsätze des Kapitalgesellschaftsrechts anordnen,[1221] bestimmen dabei allerdings ausdrücklich, daß die Verwendung informeller Verfahren allein keine ausreichende Basis für einen Durchgriff ist.[1222] Die meisten Gesetze schweigen jedoch hierzu. Dies gilt auch für das Prototype LLP-Gesetz.

Damit stellt sich die Frage, ob bei einer LLP, welche die für das piercing the corporate veil aufgestellten Standards erfüllt, ein Haftungsdurchgriff erfolgen kann, wenn eine ausdrückliche Regelung im jeweils einschlägigen einzelstaatlichen LLP-Gesetz fehlt. Hiergegen sprechen die schwerwiegenden Unterschiede zwischen einer LLP und einer Kapitalgesellschaft. So ist die Unterkapitalisierung bei einer corporation anders zu beurteilen als bei einer LLP, da die business corporation Gesetze nicht vorsehen, daß eine Versicherung abgeschlossen werden muß, wohingegen einige LLP-

---

1218 Vgl. z. B. N.Y. Partnership Law § 26(d) (McKinney 1988 & Supp. 1995): „ ... all or specified partners of ... a registered limited liability partnership may be liable in their capacity as partners for all or specified debts, obligations or liabilities of a registered limited liability partnership to the extent at least a majority of the partners shall have agreed unless otherwise provided in any agreement between the partners. Any such agreement may be modified or revoked to the extent at least a majority of partners shall have agreed, ... “

1219 N.Y. Partnership Law § 26(d) (McKinney 1988 & Supp. 1995); S. D. Codified Laws Ann. § 48-2 (Supp. 1995).

1220 Colo. Rev. Stat. Ann. § 7-60-153 (West Supp. 1995); Minn. Stat. Ann. § 323.14(3) (West Supp. 1996); N.D. Cent. Code § 44-22-09 (1995).

1221 Colo. Rev. Stat. Ann. § 7-60-153 (1) (West Supp. 1995); Minn. Stat. Ann. § 323.14(3) (West Supp. 1996).

1222 Colo. Rev. Stat. Ann. § 7-60-153 (2) (West Supp. 1995); Minn. Stat. Ann. § 323.14(3) (West Supp. 1996); vgl. hierzu auch *Bromberg/Ribstein*, Limited Liability Partnerships, 92.

Gesetze dies zur Bedingung der Ausübung freiberuflicher Tätigkeit machen. Ist letzteres der Fall, dann kann davon ausgegangen werden, daß der betreffende einzelstaatliche Gesetzgeber den Abschluß einer Versicherung über den gesetzlich vorgegebenen Mindestbetrag ausreichen lassen wollte, auch wenn die Versicherungssumme im konkreten Fall nicht genügt, um die Ansprüche zu befriedigen.[1223] Das gleiche Argument ließe sich allerdings auch auf eine PC übertragen, die in einem Einzelstaat ansässig ist, dessen PC-Gesetz eine obligatorische Mindestversicherung vorsieht. Ein weiterer Unterschied zwischen LLP und Kapitalgesellschaft ist, daß die LLP-Gesetze in ihrer Mehrheit eine Haftungsbeschränkung nur für Ansprüche aus Fahrlässigkeit, unerlaubter Handlung und sonstigem Fehlverhalten vorsehen. Hierbei kommt es zwar – entweder kraft ausdrücklichem Gesetzeswortlaut oder aufgrund einer entsprechenden Auslegung des Gesetzes[1224] – nicht darauf an, ob die Ansprüche vertraglicher oder deliktischer Natur sind. Für diese Ansprüche aus Fahrlässigkeit, unerlaubter Handlung und sonstigem Fehlverhalten scheiden aber per se eine Reihe der Fallgruppen der Durchgriffshaftung aus.[1225] So ist es hier beispielsweise nicht möglich, den Haftungsdurchgriff auf eine Täuschung der Gläubiger über die Kapitalisierung der Gesellschaft zu stützen. Für andere, nicht aus fehlerhafter Berufsausübung oder sonstigem Fehlverhalten folgende Ansprüche haften die in einer Anwalts-LLP tätigen Anwälte in der Mehrheit der Einzelstaaten ohnehin kraft Gesetzes unbeschränkt. Schließlich schreiben die LLP-Gesetze anders als im Kapitalgesellschaftsrecht üblich beispielsweise für die Zusammenkünfte des Verwaltungsrates oder der Gesellschafter keine Formalitäten vor, so daß eine weitere Fallgruppe der Durchgriffshaftung, nämlich der Durchgriff wegen einer Nichteinhaltung von Formalitäten, ausscheidet. Infolgedessen scheidet eine Durchgriffshaftung bei der Anwalts-LLP aus, wenn das einschlägige LLP-Gesetz sie nicht regelt.

5. Haftung des ausgeschiedenen Partners

Das Ausscheiden aus einer LLP ist nach dem Prototype LLP-Gesetz § 703(a) ohne Einfluß auf die persönliche Haftung des Gesellschafters für

---

1223 Vgl. hierzu Walkovszky v. Carlton, 276 N.Y.S.2d 585 (589 ff.) (Ct. App. 1966) (in diesem Fall lehnte das Gericht eine Durchgriffshaftung wegen Unterkapitalisierung mit der Begründung ab, der Beklagte habe die gesetzlichen Bestimmungen hinsichtlich einer Mindestversicherung eingehalten); vgl. auch *Bromberg/Ribstein*, Limited Liability Partnerships, 92.

1224 Vgl. hierzu oben unter 4. Teil, 5.Kapitel, D.V.2.b.

1225 Vgl. *Bromberg/Ribstein*, Limited Liability Partnerships, 92.

die vor seinem Ausscheiden entstandenen Verbindlichkeiten. Für die nach seinem Ausscheiden begründeten Verbindlichkeiten ist der ehemalige Partner dagegen grundsätzlich nicht haftbar, Prototype LLP-Gesetz § 703(a). Etwas anderes gilt nur dann, wenn die Voraussetzungen des Prototype LLP-Gesetz § 703(b) vorliegen: die betreffende Verbindlichkeit der LLP muß innerhalb von zwei Jahren nach seinem Ausscheiden entstanden sein; das Ausscheiden des Gesellschafters darf nicht zu einer Auflösung der LLP geführt haben; er müßte – hätte er noch die Stellung eines Partners – für die betreffende Verbindlichkeit nach Prototype LLP Act § 306 persönlich haftbar gemacht werden können; die andere Vertragspartei darf nicht gewußt haben, daß er ausgeschieden war und durfte auch vernünftigerweise annehmen, daß er noch ein Partner in der LLP war. Dabei muß eine Kenntnis der anderen Vertragspartei vom Ausscheiden des Partners auch nicht nach bestimmten anderen Bestimmungen unterstellt werden.[1226]

Die einzelstaatlichen LLP-Gesetze wiederum äußern sich nur zum Teil ausdrücklich zur Frage der Haftung eines ausscheidenden Gesellschafters. So bestimmt beispielsweise das LLP-Gesetz Pennsylvanias, daß ein Partner nach seinem Ausscheiden nur noch für solche Verbindlichkeiten haftet, die auf seinem eigenen, vor seinem Ausscheiden aus der LLP begangenen, Fehlverhalten beruhen. Für alle anderen Ansprüche besteht nach seinem Ausscheiden keine persönliche Haftung. Das gilt selbst dann, wenn der Gesellschafter für die betreffende Verbindlichkeit vor seinem Ausscheiden persönlich haftbar war. Um in den Genuß dieser Haftungsbeschränkung zu kommen, muß der Gesellschafter allerdings beim Secretary of State eine schriftliche Bekanntgabe seines Ausscheidens einreichen und die LLP darf nicht innerhalb eines Zeitraums von einem Jahr nach dem Ausscheiden aufgelöst werden.[1227]

1226 Prototype LLP-Gesetz § 703(b): „A partner who dissociates without resulting in a dissolution and winding up of the partnership business is liable as a partner to the other party in a transaction entered into by the partnership ... within two years after the partner**ÿ**s dissociation, only if the obligation is one for which he is liable under Section 306 and at the time of entering into the transaction the other party: (1) reasonably believed that the dissociated partner was then a partner; (2) did not have notice of the partner**ÿ**s dissociation; and (3) is not deemed to have had knowledge under Section 303(e) or notice under Section 704(c)." Section 303(e) betrifft Grundstücksgeschäfte und Section 704(c) die Wirkung einer beim Secretary of State eingereichten schriftlichen Bekanntgabe des Ausscheidens (statement of dissociation).
1227 Pa. Stat. Ann. tit. 15, § 8205 (Purdon 1995).

In anderen Gesetzen fehlt eine ausdrückliche Regelung. Dabei legen sie – wie beispielsweise das LLP-Gesetz Delawares[1228] – teilweise fest, daß die Haftung für auf Fahrlässigkeit oder sonstigem Fehlverhalten beruhende Verbindlichkeiten beschränkt ist, die entstanden sind, während die Gesellschaft als LLP registriert war. Aus diesem Wortlaut folgt, daß auch ein ausgeschiedener Gesellschafter für solche Verbindlichkeiten nicht persönlich haftet. Zum Teil bestimmen sie aber, daß die Haftungsbeschränkung auf einen Partner Anwendung findet, der in einer registrierten LLP tätig ist.[1229] Dies könnte dahingehend interpretiert werden, daß der ausscheidende Gesellschafter nach seinem Ausscheiden persönlich für die vor diesem Zeitpunkt entstandenen Verbindlichkeiten der Gesellschaft haftet, da die Haftungsbeschränkung nur für Partner – und nicht für ehemalige Partner – der Gesellschaft angeordnet ist. Das Schrifttum läßt diese Frage offen.[1230] Präzedenzfälle stehen hierzu bislang noch aus. Allerdings entstünde bei einer Auslegung, welche die Haftung in solchen Fällen bejaht, allein durch das Ausscheiden als solches eine persönliche Haftung des ausgeschiedenen Gesellschafters für Verbindlichkeiten, für die seine persönliche Haftung während seiner Gesellschafterstellung in der LLP beschränkt war. Dies ist nicht einsichtig. Daher ist der Auslegung der Vorzug zu geben, nach welcher die Haftungsbeschränkung für alle vor dem Ausscheiden entstandenen Verbindlichkeiten gilt, unabhängig davon, ob der Gesellschafter danach ausgeschieden ist oder nicht.

Damit stellt sich die Folgefrage, wie Verpflichtungen aus etwaigen vor dem Ausscheiden begründeten Dauerschuldverhältnissen zu behandeln sind. Nach den hierzu für die general partnership ergangenen Entscheidungen haften ausscheidende Gesellschafter weiterhin persönlich.[1231] Diese Rechtsprechung kann auf die Einzelstaaten übertragen werden, in denen die Gesellschafter persönlich für vertragliche Verbindlichkeiten haften, die nicht mit fehlerhaften Berufsleistungen in Zusammenhang stehen. In der Minderheit der Staaten, in der dies nicht der Fall ist, kann aber – wie dargelegt – nicht durch das Ausscheiden des Partners alleine eine persönliche Haftung für Verbindlichkeiten begründet werden, für die er während seiner Beteiligung an der LLP nicht in Anspruch genommen werden konnte.

1228 Del. Code Ann. tit. 6, § 1515(b) (Michie Supp. 1994).
1229 Vgl. z. B. D.C. Code Ann. § 41-146(a) (Supp. 1995).
1230 Vgl. hierzu *Bromberg/Ribstein*, Limited Liability Partnerships, 110.
1231 In re Judiciary Tower Associates v. Chandler, 175 B.R. 796 (808 ff.) (Bankr. D.D.C. 1994); Shea v. State Farm Fire & Casualty Company, 403 S. E.2d 81 (82) (Ga. Ct.App. 1991).

6. Gesamtergebnis

Grundvoraussetzung der Haftungsbeschränkung ist, daß die LLP zum Zeitpunkt des Entstehens der betreffenden Verbindlichkeit bereits registriert war und daß auch die sonstigen gesetzlichen Anforderungen an die LLP eingehalten wurden. So ist denkbar, daß es zu einer persönlichen Haftung der Partner kommt, wenn die gesetzlich festgelegte Pflichtversicherung nicht abgeschlossen wurde, der Name der LLP nicht den gesetzlichen Anforderungen entspricht oder die Erneuerung der Registrierung versäumt wurde. Wurde den genannten gesetzlichen Anforderungen entsprochen, so gilt für die persönliche Haftung der Gesellschafter folgendes: Für die nicht auf fehlerhafter Berufsausübung oder sonstigem Fehlverhalten beruhenden Verbindlichkeiten schreibt die Mehrheit der LLP-Gesetze die persönliche Haftung aller Gesellschafter vor. Die Handelndenhaftung von Anwälten kann durch die Registrierung einer Gesellschaft als LLP ebenfalls nicht eingeschränkt werden. Im Hinblick auf die Berufsfehler von Kollegen wird eine persönliche Haftung durch die meisten einzelstaatlichen LLP-Gesetze nur dann angeordnet, wenn die Gesellschafter den die fehlerhafte Leistung erbringenden Kollegen zu überwachen oder aber von dem Fehler Kenntnis hatten. Dabei enthalten die einzelstaatlichen Gesetze unterschiedliche Formulierungen der supervisory liability. Diese stellen entweder darauf ab, daß der die fehlerhaften Leistungen erbringende Kollege sich unter der Überwachung und Kontrolle des haftenden Gesellschafters befand, oder aber, daß eine Überwachungspflicht fahrlässig verletzt wurde. Zum Teil wird auch auf eine Beteiligung am oder eine Kenntnis vom Fehlverhalten abgestellt. Für die Frage, wie die supervisory liability im konkreten Fall abzugrenzen ist, gelten im Grunde die zur PC gemachten Ausführungen; die Entscheidung über die Haftung kann aufgrund der zum Teil recht konkreten Formulierungen in den LLP-Gesetzen hier allerdings im Einzelfall einfacher sein. Einzelne LLP-Gesetze sehen vor, daß auf die Beschränkung der persönlichen Haftung für einzelne oder alle Gesellschafter durch Mehrheitsentscheid der Partner verzichtet werden kann. Zu einer Erweiterung der Haftung kann auch ein Haftungsdurchgriff führen, der allerdings nur in wenigen Einzelstaaten ausdrücklich gesetzlich geregelt ist und ansonsten nicht möglich ist. Ausscheidende Gesellschafter haften auch nach ihrem Ausscheiden nicht für solche Verbindlichkeiten, die bereits vor ihrem Ausscheiden entstanden sind, und für die sie während ihrer Zugehörigkeit zur LLP nicht persönlich hafteten.

V. Limited Liability Company

1. Grundlagen

In der LLC werden die Gewinne wie bei einer Personengesellschaft nur auf der Gesellschafterebene besteuert. Andererseits aber kommen ihre Gesellschafter in den Vorteil einer Haftungsbeschränkung, wie sie von einer Kapitalgesellschaft gewährt wird. Der Umfang der Haftungsbeschränkung wird in den einzelstaatlichen LLC-Gesetzen festgelegt. Gerichtsentscheidungen, die sich mit der Frage auseinandersetzen, ob und inwieweit Rechtsanwalts-LLCs hinsichtlich des Umfangs der Haftungsbeschränkung anders zu behandeln sind als andere LLCs, stehen bislang noch aus. Allerdings hat die Anwaltskammer Nebraskas erklärt, daß Anwälte aufgrund der durch die LLC gewährten Haftungsbeschränkung nicht in dieser gesellschaftsrechtlichen Form tätig werden dürfen. Es könne nämlich davon ausgegangen werden, daß der Supreme Court des Staates in der damit verbundenen Beschränkung der Haftung für die vicarious malpractice liability einen Verstoß gegen die Rules of Professional Conduct sehen würde.[1232] Die Anwaltskammer des Districts of Columbia wiederum stellte fest, daß die Rules of Professional Conduct durch die Ausübung anwaltlicher Tätigkeit in Form der LLC nicht verletzt würden, solange die Haftung des Handelnden bestehen bleibe.[1233] Die zur Frage des Umfangs der Haftungsbeschränkung in der Anwalts-PC ergangene Rechtsprechung dürfte bei der Interpretation der einzelstaatlichen LLC-Gesetze ergänzend heranzuziehen sein, da Anwälten mit der Form der LLC eine Gesellschaftsform zur Verfügung gestellt werden sollte, die die vorteilhafte Besteuerung einer Personengesellschaft mit der Haftungsbeschränkung einer Kapitalgesellschaft verbindet. Nach dem ULLCA § 303(a) können die Gesellschafter und Manager einer LLC nicht allein aufgrund ihrer Stellung als Gesellschafter oder Manager für die Verbindlichkeiten der Gesellschaft haftbar gemacht werden. Dies gilt unabhängig davon, ob es sich um vertragliche oder deliktische Ansprüche handelt.[1234] Zur Frage, ob die Handelndenhaftung, die supervisory liability und die vicarious malpractice liability daneben bestehen bleiben, nimmt der ULLCA nicht Stellung. Dem Wortlaut nach erscheint zumindest eine Haftung für die eigenen

---

1232 Nebraska State Bar Association, Ethics Opinion 94-1 (1994).

1233 D.C. Bar Association, Ethics Opinion 235 (1994).

1234 ULLCA § 303(a): „ ... the debts, obligations, and liabilities of a limited liability company, whether arising in contract, tort or otherwise, are solely the debts, obligations, and liabilities of the company. A member or manager is not personally liable for a debt, or other obligation of the company, solely by reason of being or acting as a member or manager."

Berufsfehler sowie für die von denjenigen Kollegen, die der Gesellschafter hätte überwachen müssen, möglich, da nur eine auf die Gesellschafter-stellung als solche gestützte persönliche Haftung ausgeschlossen wird.

2. Möglichkeiten der Haftungsbeschränkung

a) Überblick

Eine Begrenzung der Handelndenhaftung durch die Zusammenarbeit in Form der LLC ist nicht möglich. Jeder Gesellschafter haftet entweder aufgrund einer ausdrücklichen Regelung im einschlägigen einzelstaatli-chen LLC-Gesetz oder in Ermangelung einer solchen nach der bereits erwähnten common law rule[1235] für seine eigenen Berufsfehler. Im übri-gen ist zu unterscheiden zwischen Einzelstaaten, die eine Haftung nur für die eigenen Berufsfehler anordnen, und solchen, die dies durch eine su-pervisory malpractice liability ergänzen. In jenen Fällen kann zusätzlich danach unterschieden werden, ob die vicarious malpractice liability aus-drücklich oder implizit gesetzlich ausgeschlossen ist. Schließlich enthal-ten eine Reihe von Gesetzen eine saving clause, die entweder ganz allge-mein anordnet, daß das für die Beziehung zwischen Freiberufler und Mandant geltende Recht durch das betreffende einzelstaatliche LLC-Ge-setz nicht berührt wird, oder zusätzlich erklärt, daß das LLC-Gesetz auch an der Haftung des Freiberuflers nichts zu ändern beabsichtigt. Eine vica-rious liability der in der LLC tätigen Freiberufler wird dabei zumindest nicht ausdrücklich angeordnet. Einzelne saving clauses schließen die vi-carious liability der Freiberufler sogar explizit aus, obgleich das für die Beziehung zwischen Freiberufler und Mandant geltende Recht durch das LLC-Gesetz grundsätzlich nicht modifiziert werden soll.

b) Grundtypen

aa) Erster Grundtyp: Haftung für persönliche fehlerhafte Berufsleistungen

Die Gesetze der Einzelstaaten, die zu der ersten Regelungsgruppe gehören, wie beispielsweise Alabama, Arkansas, Montana, New Hampshire, South Dakota, Tennessee, Texas, Utah und Washington, sehen ihrem Wortlaut nach eine Haftung der Freiberufler nur für ihr eigenes Tun und Unterlassen und damit für ihre eigenen Berufsfehler vor.[1236] Auch bestimmen diese

---

1235 Vgl. hierzu oben 4. Teil, 5.Kapitel, D.I.2.
1236 Vgl. z. B. Ark. Code Ann. § 4-32-308 (Michie Supp. 1993): „All individuals rendering professional service may be personally liable for any results of that individualÿs acts or omissions."; Ala. Code § 10-12-45(A) (1994); Mont. Code Ann. § 35-8-1306(1) (1995); N.H. Rev. Stat. Ann. § 304-D:9(II) (Supp. 1995); S. D. Codified Laws Ann.

Gesetze ausdrücklich, daß für die Gesellschafter einer LLC keine vicarious liability besteht.[1237] Dabei haben Utah und Texas sich allerdings für saving clauses entschieden, nach denen das für die Beziehung zwischen Anwalt und Mandant einschließlich der Haftung für fehlerhafte Berufsleistungen geltende Recht durch das LLC-Gesetz nicht modifiziert werden soll. Die LLC-Gesetze South Dakotas und Washingtons machen den Ausschluß der vicarious malpractice liability vom Abschluß einer Versicherung abhängig.[1238] In Alabama, New Hampshire und Utah ist die Beseitigung der vicarious liability entweder durch Entscheidungen der Gerichte oder durch die Anwaltskammern für die Gesellschaftsform der PC bestätigt worden.[1239] Insgesamt kann dieser etwas verwirrenden Rechtslage der einheitliche Grundgedanke entnommen werden, daß der Freiberufler für die eigenen Fehler haftet, nicht aber – gegebenenfalls unter der Voraussetzung eines Versicherungsabschlusses – für die seiner Kollegen. Allerdings kann nicht mit Sicherheit davon ausgegangen werden, daß im Einzelfall nicht doch ein Gericht die Haftung für das eigene Tun und Unterlassen weit interpretiert und beispielsweise Überwachungspflichtverletzungen unter den Begriff der Unterlassungen faßt, so daß es letztlich auch in dieser Regelungsgruppe zu einer supervisory liability kommen kann.

---

§ 47-13A-2(7) (Supp. 1995); Tenn. Code Ann. § 48-248-406(a) (Supp. 1995); Tex. Stat. Ann. art. 1528n, 11.05 (Vernon Supp. 1996); Utah Code Ann. § 48-2b-111(2) (1995); Wash. Rev. Code Ann. § 25.15.045(2) (West Supp. 1996).

1237 Vgl. z. B. Ark. Code Ann. § 4-32-308 (Michie Supp. 1993): „No member, employee of a member, manager or employee of a limited liability company shall be personally liable for the acts or omission of any other member, employee of a member, manager, or employee of the limited liability company."; Ala. Code § 10-12-45(B) (1994); Mont. Code Ann. § 35-8-1306(1) (1995); N.H. Rev. Stat. Ann. § 304-D:9(II) (Supp. 1995); S. D. Codified Laws Ann. § 47-13A-2(7) (Supp. 1995); Tenn. Code Ann. § 48-248-406(a) (Supp. 1995); Tex. Stat. Ann. art. 1528n, 11.05 (Vernon Supp. 1996); Utah Code Ann. § 48-2b-111 (1995); Wash. Rev. Code Ann. § 25.15.045(2) (West Supp. 1996).

1238 S. D. Codified Laws Ann. § 47-13A-2(7) (Supp. 1995): „ ... all shareholders ... shall be jointly and severally liable for all acts, errors and omissions of the employees ... except during periods of time when the ... shall maintain in good standing lawyersÿ professional liability insurance which shall meet the following minimum standards ..." ; Wash. Rev. Code Ann. § 25.15.045(2) (West Supp. 1996): „ ... the company fails to maintain for itself and for its members practicing in this state a policy of professional liability insurance ... then the companyÿs members shall be personally liable to the extent that, had such insurance ... been maintained, it would have covered the liability in question."

1239 Vgl. für Alabama: Cleveland v. Williams, 441 So.2d 919 (921) (Ala. Civ.App. 1983); für New Hampshire: In re N.H. Bar Assÿn, 266 A.2d 853 (854) (N.H. Supr.Ct. 1970); für Utah: Stewart v. Coffman, 748 P.2d 579 (581) (Utah Ct.App. 1988).

bb) *Zweiter Grundtyp: Haftung für persönliche fehlerhafte Berufsleistungen und für die Fehler von „überwachten" Kollegen*

Die Mehrzahl der einzelstaatlichen LLC-Gesetze – unter ihnen sind beispielsweise die Gesetze New Yorks, Arizonas, Floridas, Idahos, Michigans, Mississippis und des Districts of Columbia – sieht eine Haftung für eigene Berufsfehler und für die von Kollegen, die die fehlerhaften Leistungen unter der Überwachung und Kontrolle des betreffenden Gesellschafters vornahmen, vor.[1240] Die vicarious malpractice liability der Gesellschafter der LLC ist zum Teil ausdrücklich gesetzlich ausgeschlossen.[1241] Zum Teil ergibt sich die Haftungsbeschränkung auf eigene Berufsfehler und die supervisory liability nur mittelbar. So ordnen einige LLC-Gesetze die Haftung für eigene Fehlleistungen und Überwachungspflichtverletzungen ausdrücklich an, während sie zur Frage der vicarious malpractice liability schweigen.[1242] Dann bleibt es für die vicarious liability bei der durch die gesellschaftsrechtlichen Form der LLC grundsätzlich in gleicher Weise wie durch die Kapitalgesellschaft gewährten Beschränkung der persönlichen Haftung der Gesellschafter.[1243] Einige einzelstaatliche Gesetze, die die Haftungsbeschränkung für die vicarious liability anerkennen, enthalten eine saving clause. Danach soll zum Teil das für die Beziehung zwischen Freiberufler und Mandant geltende Recht durch das LLC-Gesetz nicht berührt werden,[1244] zum Teil bestimmt die saving clause

---

1240 Vgl. z. B. N.Y. Limited Liability Company Law § 1205(a) (McKinney Supp. 1996): „Each member ... of a professional service limited liability company ... shall be personally and fully liable and accountable for any negligent or wrongful act or misconduct committed by him or her or by any person under his or her direct supervision and control while rendering professional services on behalf of such professional service limited liability company."; Ariz. Rev. Stat. Ann. § 29-846 (Supp. 1995); Fla. Stat. Ann. § 621.07 (West Supp. 1996); Idaho Code § 53-615(3) (Supp. 1995); Mich. Comp. Laws Ann. § 450.4905 (West Supp. 1995); Miss. Code Ann. § 79-29-904 (Supp. 1995); D.C. Code Ann. § 29-1314(c) (Supp. 1995).

1241 Vgl. z. B. Ariz. Rev. Stat. Ann. § 29-846 (Supp. 1995):" ... a member ... of a limited liability company is not vicariously responsible for the liability of another member, ... unless such other member, manager or employee was acting under his direct supervision and control while performing professional services on behalf of the limited liability company."; D.C. Code Ann. § 29-1314(c) (Supp. 1995); Fla. Stat. Ann. § 621.07 (West Supp. 1996).

1242 Vgl. z. B. N.Y. Limited Liability Company Law § 1205(a) (McKinney Supp. 1996); Idaho Code § 53-615(3) (Supp. 1995); Mich. Comp. Laws Ann. § 450.4905(2) (West Supp. 1995); Miss. Code Ann. § 79-29-904 (Supp. 1995).

1243 Auch entschied die Rechtsprechung in dieser Weise im Hinblick auf vergleichbare Formulierungen in PC-Gesetzen; vgl. Stewart v. Coffman, 748 P.2d 579 (581) (Utah Ct.App. 1988).

1244 Idaho Code § 53-615(3) (Supp. 1995); Mich. Comp. Laws Ann. § 450.4905(2) (West Supp. 1995); Miss. Code Ann. § 79-29-904 (Supp. 1995).

zusätzlich, daß das LLC-Gesetz auch an der Haftung des Freiberuflers nichts zu ändern beabsichtigt.[1245] Nach einigen saving clauses wiederum soll das für die Beziehung zwischen Freiberufler und Mandant geltende Recht durch das LLC-Gesetz grundsätzlich nicht modifiziert werden, wobei davon aber die Frage der vicarious malpractice liability ausgenommen ist.[1246] Was Stellungnahmen der Gerichte und der Anwaltskammern zur Beschränkung der Haftung für die vicarious liability in diesen Einzelstaaten angeht, so haben die Anwaltskammern des Districts of Columbia und Michigans ausgeführt, daß die Haftungsbeschränkung in einer LLC nicht gegen ethische Grundsätze verstößt, solange die Handelndenhaftung bestehen bleibt.[1247] In New York wiederum billigte ein Gericht die Beschränkung der vicarious liability für Berufsfehler anwaltlicher Kollegen in einer PC.[1248]

c) Supervisory liability

Nach dem Wortlaut der meisten Gesetze ist eine unmittelbare Überwachung und Kontrolle Voraussetzung der Haftung.[1249] Es ist daher anzunehmen, daß eine ständige Anleitung und Kontrolle Voraussetzung einer Haftung für die Berufsfehler eines Kollegen ist, eine nur gelegentliche Überwachung dagegen nicht das nötige Engeverhältnis aufweist. Für die bei der Anwalts-LLC im gleichen Umfang wie bei der Anwalts-PC auftretenden Abgrenzungsprobleme bei der Beantwortung der Frage, wer an der Überwachung und Kontrolle beteiligt ist, gilt das oben zur Anwalts-PC Ausgeführte[1250] sinngemäß.

1245 Ariz. Rev. Stat. Ann. § 29-846 (Supp. 1995).

1246 D.C. Code Ann. § 29-1314(c) (Supp. 1995); Fla. Stat. Ann. § 621.07 (West Supp. 1996).

1247 D.C. Bar Association, Ethics Opinion 235 (1994); Michigan Bar Association, Ethics Opinion R-17 (1994).

1248 Krouner v. Koplovitz, 572 N.Y.S.2d 959 (962) (A.D. 3 Dept. 1991).

1249 Die meisten einzelstaatlichen Bestimmungen verlangen eine „direct supervision and control"; vgl. z. B. N.Y. Limited Liability Company Law § 1205(c) (McKinney Supp. 1996); Ariz. Rev. Stat. Ann. § 29-846 (Supp. 1995); Fla. Stat. Ann. § 621.07 (West Supp. 1996); Idaho Code § 53-615(3) (Supp. 1995); Mich. Comp. Laws Ann. § 450.4905 (West Supp. 1995); Miss. Code Ann. § 79-29-904 (Supp. 1995). Lediglich das LLC-Gesetz des Districts of Columbia sieht keine unmittelbare Überwachung und Kontrolle vor, sondern läßt die Überwachung und Kontrolle als solches genügen; „ ... a member shall be personally liable and accountable only for any negligent or wrongful act or misconduct committed by such member, or by any individual under such memberÿs supervision and control ..." ; D.C. Code Ann. § 29-1314(c) (Supp. 1995).

1250 Vgl. 4. Teil, 5. Kapitel, D.III.3.

d) Vicarious malpractice liability

Ob es nach derzeitiger Rechtslage für Rechtsanwälte, welche in einer LLC tätig sind und die – soweit erforderlich – den gesetzlichen Anforderungen hinsichtlich des Abschlusses von Berufshaftpflichtversicherungen nachgekommen sind, zu einer vicarious liability kommen kann, ist unklar. Eine vicarious liability der Gesellschafter scheidet nach den gesetzlichen Regelungen aller Einzelstaaten aus. Die einzige die Beschränkung der vicarious liability verwerfende Stellungnahme einer Anwaltskammer ist die bereits erwähnte[1251] Ethics Opinion der Nebraska Bar Association, derzufolge die LLC Anwälten als Form gemeinschaftlicher Berufsausübung verschlossen sein soll, weil die Haftungsbeschränkung gegen standesrechtliche Grundsätze verstoße.[1252] Bislang sind in der Rechtsprechung keine Präzedenzentscheidungen ergangen, welche die Haftung der Gesellschafter einer LLC auf die Berufsfehler ihrer Kollegen ausdehnen. Es liegt allerdings nahe, daß die Gerichte der Einzelstaaten, die die Gesellschafter von Anwalts-PCs entgegen der Gesetzeslage für Fehler ihrer Kollegen haften lassen, mit der gleichen Argumentation auch die vicarious liability der Gesellschafter einer Anwalts-LLC bejahen werden. Es ist nämlich kein Grund ersichtlich, warum die Gesellschafter bei der LLC als Hybrid zwischen Kapital- und Personengesellschaft, dem die steuerlichen Vorteile einer Personengesellschaft zugute kommen, im Hinblick auf die Haftungsfrage günstiger gestellt werden sollten als bei der Kapitalgesellschaftsform der PC. Einzelstaaten, bei denen eine solche Haftung der in einer LLC tätigen Anwälte in Frage käme, sind beispielsweise Indiana, Georgia und Ohio.[1253]

e) Zwischenergebnis

Die einzelstaatlichen LLC-Gesetze können im Hinblick auf die Regelung der Haftungsfrage in zwei verschiedene Gruppen eingeteilt werden. In der ersten Regelungsgruppe besteht lediglich eine Haftung der LLC für alle Verbindlichkeiten und eine Handelndenhaftung für Berufsfehler. Zu den Einzelstaaten, die dieser Gruppe zuzuordnen sind, gehören beispielsweise Texas und Washington. In Washington ist allerdings der Abschluß einer Berufshaftpflichtversicherung Voraussetzung der Haftungsbeschränkung.

1251 Siehe oben unter 4. Teil, 5.Kapitel, D.V.1.
1252 Nebraska State Bar Association, Ethics Opinion 94-1 (1994).
1253 Vgl. für Indiana: Indiana Rules for Admission to the Bar and the Discipline of Attorneys 27(c) (West 1996); für Georgia: First Bank & Trust Co. v. Zagoria, 302 S. E.2d 674 (675) (Ga. Supr.Ct. 1983); Ohio Supr.Ct. Rules III, § 4 (Baldwin 1996).

In der zweiten Kategorie haftet wiederum die LLC für alle Verbindlichkeiten, während der Handelnde nur für Schäden in Anspruch genommen werden kann, die durch eigene Berufsfehler und solche von Kollegen, die er unmittelbar zu überwachen und zu kontrollieren hatte, entstanden sind. Eine weitere Regelungsgruppe ließe sich erschließen, wenn die Übertragung der durch die Rechtsprechung bestimmter Einzelstaaten für die Anwalts-PC entwickelten Grundsätze auf die in diesen Staaten tätigen Anwalts-LLCs vorweggenommen würde. Danach haftet die Gesellschaft für alle Verbindlichkeiten und die Gesellschafter haften für eigene Berufsfehler und solche ihrer Kollegen persönlich. Eine Überwachung und Kontrolle ist nicht Voraussetzung für die Haftung. Ob eine solche dritte Kategorie allerdings tatsächlich zur Entstehung kommen wird oder ob es bei den ersten beiden Gruppen bleiben wird, ist – auch angesichts der vehementen Kritik, die an dieser Rechtsprechung zur PC im Schrifttum geübt wird[1254] – unklar.

3. Freiwillige Haftungserweiterung

ULLCA § 303(c) bestimmt, daß einzelne oder alle Gesellschafter einer LLC auf die durch diese Gesellschaftsform gewährte Haftungsbeschränkung verzichten können, vorausgesetzt, daß eine entsprechende Bestimmung in der Gründungsurkunde aufgenommen wird und der haftende Gesellschafter der Aufnahme der Bestimmung oder seiner Bindung an sie schriftlich zugestimmt hat.[1255] Einige Einzelstaaten, wie beispielsweise New York, haben eine vergleichbare Bestimmung in ihre LLC-Gesetze aufgenommen.[1256]

4. Haftungsdurchgriff

Bislang sind keine gerichtlichen Entscheidungen zu der Frage ergangen, ob die im Kapitalgesellschaftsrecht entwickelten Grundsätze der Durch-

---

1254 Vgl. statt vieler *Paas*, 11 J. Corp. L. 1986, 371 (380) m.w.N.
1255 ULLCA § 303(c): „All or specified members of a limited liability company are liable in their capacity as members for all or specified debts or other obligations of the company if: (1) a provision to this effect is included in the articles of organization; and (2) a member so liable has consented in writing to the adoption of the provision or to be bound by the provision."
1256 N.Y. Limited Liability Company Law § 609(b) (McKinney Supp. 1996), der nach N.Y. Limited Liability Company Law § 1213 (McKinney Supp. 1996) auch auf freiberuflich tätige LLCs anwendbar ist.

griffshaftung[1257] auf die LLC unmittelbar übertragen werden können. Der ULLCA regelt das Problem der Durchgriffshaftung ebenfalls nicht, sondern legt lediglich fest, daß die Vernachlässigung der üblichen gesellschaftsrechtlichen Formalerfordernisse oder von Anforderungen an die Geschäftsführung als solche keinen Grund für eine Mißachtung der Haftungsbeschränkung darstellen.[1258] Vergleichbare Regelungen sind in einigen einzelstaatlichen LLC-Gesetzen zu finden.[1259] Abgesehen von den LLC-Gesetzen Colorados und Washingtons, die ausdrücklich festlegen, welche Formalerfordernisse gemeint sind, ist unklar, welche Formalitäten nach diesen Bestimmungen mißachtet werden können, ohne daß dies eine Durchgriffshaftung zur Folge hat. Auch steht nicht fest, ob die Vernachlässigung von Formalitäten, obgleich sie als solche nicht zu einem Haftungsdurchgriff führen kann, bei der im Einzelfall vorzunehmenden Prüfung der Voraussetzungen für das piercing the entity veil neben anderen Punkten berücksichtigt werden darf.[1260] Die LLC-Gesetze einiger Staaten wiederum enthalten Bestimmungen, die die Anwendung der Rechtsprechungsgrundsätze zum piercing the corporate veil ausdrücklich übertragen. So ordnet beispielsweise das LLC-Gesetz North Dakotas eine persönliche Haftung der LLC-Gesellschafter für den Fall an, daß die Voraussetzungen für eine Durchgriffshaftung nach Kapitalgesellschaftsrechtsgrundsätzen erfüllt wären.[1261] Gleiches gilt für die LLC-Gesetze einiger weiterer Einzelstaaten.[1262] Auch bei den anderen Staaten ist zu erwarten, daß

1257 Vgl. die Ausführungen zur Durchgriffshaftung bei Kapitalgesellschaften oben unter 4. Teil,5.Kapitel, D.III.4.

1258 ULLCA § 303(b): „The failure of a limited liability company to observe the usual company formalities or requirements relating to the exercise of its company powers or management of its business is not a ground for imposing personal liability on the members or managers for liabilities of the company."

1259 Colo. Rev. Stat. § 7-80-107 (Supp. 1994); Ga. Code Ann. § 14-11-314 (1994); Me. Rev. Stat. Ann. tit.13, § 645(2) (Supp. 1995); Wash. Rev. Code § 25.15.060 (West Supp. 1996).

1260 Diese Fragen werden in einzelnen Gesetzen noch weiter verkompliziert. So macht das LLC-Gesetz des Staates Maine die Anwendbarkeit der Ausnahmebestimmung, nach der eine Verletzung der Formerfordernisse als solche kein Grund für einen Haftungsdurchgriff sein soll, von Me. Rev. Stat. Ann. tit.13, § 645(3) (Supp. 1995) abhängig, wonach „the exceptions under the common law to a limited liability of shareholders of a business corporation" anzuwenden sind; Me. Rev. Stat. Ann. tit.13, § 645(2) (Supp. 1995). Georgia bestimmt in seinem LLC-Gesetz, daß dieses „does not alter any law with respect to disregarding legal entities"; Ga. Code Ann. § 14-11-314 (1994).

1261 N.D. Cent. Code § 10-32-29 (1995): „The case law that states the conditions and circumstances under which the corporate veil of a corporation may be pierced under North Dakota law also applies to limited liability companies."

1262 Vgl. z. B. Cal. Corp. Code § 17101 (1994 & West Supp. 1996); Colo. Rev. Stat. § 7-80-107 (Supp. 1994); Me. Rev. Stat. Ann. tit.13, § 645(3) (Supp. 1995); Minn. Stat. Ann. § 322B.303 (West Supp. 1996).

die Rechtsprechung das Instrument der Durchgriffshaftung auf die LLC übertragen wird,[1263] da die LLC der corporation aufgrund der in beiden Gesellschaftsformen allen Gesellschaftern gewährten Haftungsbeschränkung nahesteht. Hieran ändert sich nichts, wenn es um eine Anwalts-LLC geht, weil die Rechtsprechung die für die business corporation entwickelten Durchgriffsgrundsätze auf die PC übertragen hat und auch keine Bedenken gegen ihre Übertragung auf die Professional Service LLC bestehen. Allerdings ist die Wahrscheinlichkeit, daß es bei einer LLC zu einer Durchgriffshaftung kommt, wegen den zwischen den beiden Gesellschaftsformen – trotz der Vergleichbarkeit in der Haftungsbeschränkung – bestehenden Unterschieden geringer als bei einer corporation.[1264]

5. Haftung des ausgeschiedenen Gesellschafters

Die Haftung eines ausgeschiedenen Gesellschafters hängt zum einen davon ab, in welche der drei Regelungsgruppen das betreffende einzelstaatliche LLC-Gesetz einzuordnen ist. Zum anderen ist entscheidend, ob es sich um Verbindlichkeiten handelt, die zum Zeitpunkt des Ausscheidens bereits entstanden waren, oder ob der Berufsfehler erst nach dem Ausscheiden begangen wurde. Für Berufsfehler, die der Gesellschafter selbst vor seinem Auscheiden begangen hat, haftet er. Dies gilt unabhängig davon, ob die Fehler zum Zeitpunkt des Ausscheidens bekannt waren, da die LLC-Gesetze für diesen Fall keine Beendigung der Haftung vorsehen. Für eine Haftung für Berufsfehler von Kollegen ist Voraussetzung, daß das LLC-Gesetz des betreffenden Einzelstaates eine supervisory liability vorsieht und der ausgeschiedene Gesellschafter den fehlerhaft handelnden Kollegen überwacht und kontrolliert hat oder aber daß in dem betreffenden Einzelstaat die zur PC ergangene Rechtsprechung eine vicarious liability vorsieht und diese Rechtsprechung auf die LLC übertragen wird. Verbindlichkeiten, die auf fehlerhaften Berufsleistungen beruhen, die nach dem Ausscheiden des Gesellschafters aus der LLC erbracht wurden, können auch dann nicht zu seiner Haftung führen, wenn das der Tätigkeit

---

1263 Vgl. hierzu *Hamill*, 41 Fla. L.Rev. 1989, 721 (751); *Farmer/Mezzullo*, 25 U. Rich. L. Rev. 1991, 789 (809); *Gazur/Goff*, 41 Case W. Res. L. Rev. 1991, 387 (403); *Bungert*, IStR 1993, 128 (133); *Ribstein/Keatinge*, Limited Liability Companies, 12-3.

1264 So ist eine auf Unterkapitalisierung gestützte Durchgriffshaftung im Falle einer LLC sehr unwahrscheinlich, da die LLC-Gesetze Bestimmungen enthalten, die die Haftung für die Entnahme finanzieller Mittel aus konkursreifen LLCs vorsehen, welches der Hauptanwendungsfall für die Durchgriffshaftung im Rahmen der Unterkapitalisierung von Kapitalgesellschaften ist. Schließlich sind nach den LLC-Gesetzen weniger Formalerfordernisse einzuhalten als bei den corporation Gesetzen; vgl. hierzu *Ribstein/Keatinge*, Limited Liability Companies, 12-3.

zugrundeliegende Mandatsverhältnis schon vor dem Ausscheiden entstanden und bis dahin nicht beendet war. Dies ergibt sich einerseits aus den fehlenden Kontrollmöglichkeiten des aus der LLC ausgeschiedenen Gesellschafters ab dem Zeitpunkt seines Ausscheidens und andererseits aus dem die Haftung an den Status als Gesellschafter knüpfenden Wortlaut der LLC-Gesetze.[1265]

6. Gesamtergebnis

Die LLC selbst haftet für alle Verbindlichkeiten. Auch die Handelndenhaftung von Anwälten kann durch eine Zusammenarbeit in Form der LLC nicht beschränkt werden. Hinsichtlich der Beufsfehler von Kollegen ist folgendermaßen zu unterscheiden. In einigen Einzelstaaten haften die Mitgesellschafter hierfür nicht, während die Mehrheit der LLC-Gesetze eine Haftung der LLC-Gesellschafter für berufliche Fehlleistungen von Kollegen vorsieht, die sich unter der Überwachung und Kontrolle des betreffenden Gesellschafters befanden. Eine vicarious liability der Gesellschafter einer Anwalts-LLC ist bislang in keiner gesetzlichen Regelung und auch nicht durch die Rechtsprechung angeordnet worden. Es ist allerdings davon auszugehen, daß die einzelstaatlichen Gerichte, die diese Form der Haftung für die anwaltlichen Gesellschafter einer PC bestimmt haben, diese Rechtsprechung auf die Anwalts-LLC ausdehnen werden. Die Frage der supervisory liability kann bei der LLC zu den gleichen Abgrenzungsschwierigkeiten führen wie bei der PC. Für nicht mit fehlerhafter Berufsausübung zusammenhängende Verbindlichkeiten haften die Gesellschafter nicht persönlich. Einige gesetzlichen Regelungen enthalten Bestimmungen, die es einzelnen oder allen LLC-Gesellschaftern ermöglichen, auf die mit der LLC grundsätzlich verbundene Haftungsbeschränkung durch eine entsprechende gesellschaftsrechtliche Regelung zu verzichten. Ein Haftungsdurchgriff nach den für das Kapitalgesellschaftsrecht entwickelten Grundsätzen ist auch in der LLC möglich, wobei hiervon allerdings nach dem Wortlaut einiger Gesetze die Verletzung bestimmter Formalerfordernisse ausgenommen ist. Der ausscheidende Gesellschafter schließlich kann nur für Berufsfehler in Anspruch genommen werden, die vor seinem Ausscheiden begangen wurden, und für die er auch als LLC-Gesellschafter haftete.

1265 Vgl. z. B. für New York N.Y. Limited Liability Company Law § 1205(b) (McKinney Supp. 1996): „Each member . . . of a professional service limited liability company . . . shall be personally . . . liable . . . for any negligent or wrongful act . . . while rendering professional services in his or her capacity as a member . . . of such professional service limited liability company."

VI. Vergleich

Die Handelndenhaftung kann nicht beschränkt werden. Anwälte haften also für ihre *eigenen Berufsfehler* immer persönlich, unabhängig davon, ob sie in einer Anwalts-GP, Anwalts-PC, Anwalts-LLP oder Anwalts-LLC tätig sind. Dagegen unterscheiden sich die vier dargestellten Gesellschaftsformen hinsichtlich der *Haftung für fehlerhafte Leistungen ihrer Kollegen.* So ist diese Form der malpractice liability in einer GP unabhängig davon zu bejahen, ob der betreffende Gesellschafter an der fehlerhaften Leistung beteiligt war, von ihr wußte, den handelnden Kollegen überwachte oder aber in keiner Weise an ihr oder ihrer Kontrolle teilnahm. Bei der Anwalts-PC kommt es in der Mehrzahl der Einzelstaaten nur dann zu einer Haftung, wenn der fehlerhaft Handelnde sich unter der direkten Überwachung und Kontrolle des betreffenden Anwalts befindet. Ist dies nicht der Fall, so haften die PC-Gesellschafter dagegen in den meisten Einzelstaaten nicht persönlich für die Berufsfehler ihrer Kollegen. Auch die meisten einzelstaatlichen LLP-Gesetze schreiben für die Partner einer Anwalts-LLP zusätzlich zur Handelndenhaftung eine supervisory liability vor. Anders als im Falle der PC-Gesetze wird hierbei aber nicht einheitlich der Begriff der „direkten Überwachung und Kontrolle" verwendet, sondern es finden sich zum Teil Formulierungen, die eine fahrlässige Überwachungspflichtverletzung oder eine Beteiligung am oder eine Kenntnis vom Fehlverhalten voraussetzen. Eine über die supervisory liability hinausgehende Haftung für Fehler von Kollegen ordnet keines der LLP-Gesetze an. Zu einer vicarious malpractice liability wird es daher bei der LLP nur kommen, wenn die Gerichte ihre Rechtsprechung, durch die sie in einigen Einzelstaaten entgegen dem Gesetzeswortlaut eine vicarious malpractice liability für die Gesellschafter einer Anwalts-PC anordnen, auf die Anwalts-LLP übertragen. Dies erscheint, soweit diese Rechtsprechung im Hinblick auf die PC nicht geändert wird, nicht abwegig, da nicht einzusehen ist, warum die Gesellschafter einer PC – und damit einer Kapitalgesellschaft – einer strengeren Haftung unterworfen sein sollten als die der Personengesellschaftsform der LLP. Auch für die Anwalts-LLC gilt, daß die Gesetze für die Gesellschafter mehrheitlich neben der Haftung für die eigenen Berufsfehler eine supervisory liability vorsehen. Die Formulierungen sprechen anders als bei der LLP einheitlich wie auch die PC-Gesetze von einer direkten Überwachung und Kontrolle. Eine vicarious malpractice liability wird durch die LLC-Gesetze nicht angeordnet. Sie ist daher nur denkbar, wenn die Gerichte, wie das in wenigen Einzelstaaten der Fall ist, die anwaltlichen Gesellschafter einer PC in dieser Weise haften lassen und diese Rechtsprechung auf die Anwalts-LLC übertragen wird. Es ist daher festzuhalten, daß sich die persönliche Haftung von Rechtsanwälten für Berufsfehler in PC, LLP und LLC nur unwesentlich unterscheidet. Die Handelndenhaftung kann unter keinen Umständen ausgeschlossen werden; es kommt in der Mehrheit der Staaten bei allen drei Gesellschaftsformen zusätzlich zu einer supervisory liability, nicht aber in aller Regel zu einer darüber hinausgehenden Haftung für Berufsfehler von Kollegen, die sich nicht unter der Überwachung und Kontrolle des betreffenden Anwalts befanden. Auch die Abgrenzungsprobleme, die vorwiegend in größeren Anwaltsgesellschaften mit komplexer Struktur hinsichtlich der Haftung für Überwachungspflichtverletzungen auftreten können, sind in diesen drei Gesellschaftsformen vergleichbar. Allerdings ist vorstellbar, daß die teilweise etwas konkreteren Formulierungen der LLP-Gesetze zur Frage der supervisory liability die Klärung der Haftungsfrage im Einzelfall gegenüber der PC und der LLC etwas erleichtern. Die GP dagegen ist haftungsrechtlich für ihre Gesellschafter nachteilig, da grundsätzlich alle Partner nicht nur für eigene Fehler, sondern auch für die ihrer Kollegen haften und es hierbei nicht auf die Verletzung einer Überwachungspflicht ankommt.

Hinsichtlich der *Haftung für nicht mit fehlerhafter Berufsausübung zusammenhängende Verbindlichkeiten* ist folgendermaßen zu unterscheiden: In der Anwalts-GP haften die Gesellschafter hierfür persönlich. Gleiches gilt in der Mehrheit der Einzelstaaten für die Anwalts-LLP. Eine Haftungsbeschränkung sehen allerdings einige wenige einzelstaatliche LLP-Gesetze, wie beispielsweise das des Staates New York, vor. In der Anwalts-PC haften die Gesellschafter dagegen in der ganz überwiegenden Zahl der Staaten für die nicht auf Berufsfehlern beruhenden Verbindlichkeiten nicht persönlich. Die LLC-Gesetze aller Bundesstaaten sehen eine Beschränkung der persönlichen Haftung aller Gesellschafter für nicht mit fehlerhaften Berufsleistungen im Zusammenhang stehende Verbindlichkeiten vor. Einzuschränken ist dies insoweit, als die Rechtsprechung die Haftungsbeschränkung auch für diese Verbindlichkeiten wie schon für die Haftung für Berufsfehler nicht weiter gehen lassen wird als in der PC. Damit haften die Anteilsinhaber einer Anwalts-PC und die Gesellschafter einer Anwalts-LLC gleichermaßen für nicht auf Berufsfehlern beruhende Verbindlichkeiten in fast allen Bundesstaaten nur beschränkt.

Bei einigen einzelstaatlichen LLP-und LLC-Gesetzen besteht die *Möglichkeit*, durch Aufnahme einer entsprechenden Bestimmung in den Gesellschaftsvertrag oder durch Mehrheitsentscheid der Gesellschafter *auf die durch die gesellschaftsrechtliche Form prinzipiell gewährte Haftungs-*

beschränkung zu verzichten. Ein *Haftungsdurchgriff* ist bei der GP wegen der generell unbeschränkten Haftung überflüssig. Bei der PC kommt er unter den gleichen Voraussetzungen wie bei einer business corporation in Frage. Dies gilt grundsätzlich für die LLP und die LLC, wenn es hier auch schwieriger als bei der Kapitalgesellschaft sein dürfte, den Durchgriff zu rechtfertigen. Ein ausgeschiedener Gesellschafter haftet grundätzlich nur für die vor seinem Ausscheiden begangenen Berufsfehler.

Festzuhalten bleibt damit, daß die GP unter rein haftungsrechtlichen Gesichtspunkten die ungünstigste gesellschaftsrechtliche Form der Zusammenarbeit für Anwälte darstellt, während es hinsichtlich des Umfangs der Haftungsbeschränkung für anwaltliche Berufsfehler kaum einen Unterschied macht, ob Rechtsanwälte ihre Leistungen in der PC, LLP oder LLC erbringen. Bei der Haftung für die nicht mit fehlerhafter Berufsausübung zusammenhängenden Verbindlichkeiten sind allerdings PC und LLC in den meisten Einzelstaaten für die anwaltlichen Gesellschafter vorteilhafter als die LLP. Schließlich ist die Gefahr einer Durchgriffshaftung – die allerdings bei bei einer Anwaltsgesellschaft ohnehin nicht von großer Bedeutung ist – bei LLP und LLC etwas geringer als bei der PC. Damit sind Anwalts-PC und Anwalts-LLC für die anwaltlichen Gesellschafter haftungsrechtlich am vorteilhaftesten.

5. Teil: Vergleichende Analyse

1. Kapitel: Gesellschaftsverträge im Vergleich

Ein Vergleich der Anwälten zugänglichen Gesellschaftsformen in Deutschland und den U.S.A. setzt voraus, daß Gemeinsamkeiten und Unterschiede hinsichtlich der gesellschaftsvertraglichen Regelungsmöglichkeiten erörtert werden. Von Bedeutung sind dabei vor allem Unterschiede hinsichtlich der Formvorschriften, der Beschlußfassung, Geschäftsführung und Vertretung, Kapitalausstattung und Gewinnverteilung sowie des Namensrechts.

A. Formvorschriften

Formfrei können in Deutschland nur die Anwalts-GbR und in den U.S.A. die Anwalts-GP gegründet werden. Beide Gesellschaftsformen bedürfen weder eines schriftlich abgeschlossenen Gesellschaftsvertrags noch einer Registeranmeldung. Es genügt, wenn die zukünftigen Gesellschafter sich einig darüber sind, daß sie in der Gesellschaft gemeinschaftlich anwaltliche Berufsleistungen erbringen wollen.

Bei allen anderen Gesellschaftsformen, die Anwälten für die Berufsausübung in Deutschland und in den Vereinigten Staaten zur Verfügung stehen, müssen dagegen bestimmte *Formalanforderungen* erfüllt werden. So setzt die Entstehung einer LLP oder LLC zwar keinen schriftlich abgeschlossenen Gesellschaftsvertrag voraus; es sind aber die Gründungsurkunden beim Secretary of State des jeweiligen Einzelstaates einzureichen, woraufhin eine Registereintragung zu erfolgen hat. Bei der PC ist in einigen Staaten zusätzlich zur Gründungsurkunde eine Bescheinigung der für die betreffende Berufsgruppe zuständigen Genehmigungsbehörde beim Secretary of State einzureichen. Diese hat zu bestätigen, daß die Gesellschafter, Verwaltungsratsmitglieder und leitenden Angestellten die Zulassung zu dem in der PC ausgeübten Beruf besitzen. Der Secretary of State stellt daraufhin die Gründungsbescheinigung aus. Dann hat eine Gründerversammlung stattzufinden, in welcher die obligatorischen Satzungsbestimmungen erlassen werden. Erst dann erfolgt die Registeranmeldung bei der für die betreffende Berufssparte zuständigen Genehmigungsbehörde – beispielsweise in New York bei der Appellate Division des Supreme Courts oder beim Court of Appeals – durch Einreichen einer Abschrift der Gründungsurkunde. Obgleich das zur Entstehung der PC führende Verfahren etwas komplizierter als das bei der LLP oder LLC ist, ist der durch die staatlichen Gesetze festgelegte Mindestinhalt der Gründungsurkunde in etwa vergleichbar. Sie enthält immer den Namen der Gesellschaft, Name und Anschrift des anfänglichen Zustellungsbevollmächtigten sowie die anfängliche ladungsfähige Gesellschaftsadresse. In der Regel ist auch die Art der geplanten Aktivitäten sowie bei der LLC deren Dauer anzugeben. Bei der LLC und der PC kommen die Namen und Adressen der Gründer und bei der PC die Zahl der Aktien hinzu.

Bei Gründung einer PartG oder Anwalts-GmbH sind vergleichbare Formerfordernisse zu erfüllen. So bedarf anders als bei der Anwalts-LLP und der Anwalts-LLC zwar der Partnerschaftsvertrag zwingend der Schriftform, der Gesellschaftsvertrag der Anwalts-GmbH sogar der notariellen Form. Wie bei LLP, LLC und PC ist aber bei der PartG und Anwalts-GmbH eine Registeranmeldung erforderlich. Diese muß bei der PartG den gleichen Mindestinhalt wie der Partnerschaftsvertrag enthalten, nämlich den Namen und den Sitz der Partnerschaft, den Namen, Wohnort und den in der PartG ausgeübten Beruf eines jeden Partners sowie den Gegenstand der PartG. Nicht notwendig ist dagegen eine Vorlage des schriftlichen Partnerschaftsvertrages, der zahlreiche rein interne Vorschriften enthalten kann. Dagegen hat der Registerrichter bei der Eintragung der Anwalts-GmbH auch die inhaltliche Richtigkeit der durch die Gesellschafter angegebenen rechtserheblichen Fakten zu prüfen. Hierbei sind neben den bei jeder GmbH zwingenden Angaben zu Firma, Sitz und Gegenstand des Unternehmens, dem Betrag des Stammkapitals und den Beträgen der Stammeinlagen bei der Anwalts-GmbH zusätzlich Bestimmungen zur Sicherung der anwaltlichen Unabhängigkeit in die Satzung aufzunehmen und vom Registerrichter zu kontrollieren. Zu diesem Zweck ist in der Satzung der Erwerb von Geschäftsanteilen durch nicht zum Kreis des § 59a BRAO gehörende Personen auszuschließen. Darüberhinaus muß sichergestellt werden, daß die Mehrheit der Geschäftsführer Rechtsanwälte sind und eine Haftpflichtversicherung über einen Betrag von DM 2 Mio. für die in der Anwalts-GmbH tätigen Rechtsanwälte und die Gesellschaft selbst abgeschlossen wird.

Bei denjenigen US-amerikanischen Gesellschaftsformen, die die Haftung kraft Rechtsform beschränken, hat das Fehlen einer Haftpflichtversicherung in einer bestimmten, gesetzlich festgelegten Höhe grundsätzlich lediglich die Unwirksamkeit der Haftungsbeschränkung zur Folge. Etwas anderes gilt nur für die LLP, bei der die Versicherung eine Voraussetzung für die wirksame Entstehung der Anwaltsgesellschaft darstellt.

Eine fehlerhafte Gründung ist mangels einzuhaltender Formvorschriften bei der Anwalts-GP und der Anwalts-GbR kaum vorstellbar. Wird gegen das beim Partnerschaftsvertrag geltende Schriftformerfordernis verstoßen, so wird die PartG, wenn sie in Vollzug gesetzt wird, nach der Lehre von der fehlerhaften Gesellschaft zunächst als wirksam behandelt. Wurde sie in das Partnerschaftsregister eingetragen, könnten sich Dritte, die vom Formverstoß nichts wissen, zudem den Partnern und der PartG gegenüber auf die Eintragung berufen. Gleiches gilt auch für die Anwalts-GmbH, bei welcher nach der Eintragung ins Handelsregister allerdings ohnehin nur noch bestimmte schwerwiegende Inhaltsmängel des Gesellschaftsvertrags geltend gemacht werden können.

Ähnlich ist die Rechtslage in den Vereinigten Staaten. Hier sind die Folgen einer fehlerhaften Gründung durch die staatlichen LLP-Gesetze geregelt, während auf die PC sowie die LLC die im Recht der business corporation für eine fehlerhafte Entstehung entwickelten Grundsätze übertragen werden. Danach wird die Gesellschaft als wirksam entstanden behandelt, wenn alle wesentlichen Gründungsvoraussetzungen erfüllt sind. Insofern besteht eine Parallele zur GmbH, bei der nach Eintragung nur besonders wesentliche Mängel des Gesellschaftsvertrages geltend gemacht werden können. Zusätzlich können sich die Gesellschafter im Einzelfall mit dem Einwand unzulässiger Rechtsausübung gegen die Ansprüche Dritter verteidigen, was wiederum insoweit an die Rechtssituation in Deutschland erinnert, als sich Dritte nur auf die Registereintragung der Anwalts-GmbH oder Anwalts-PartG berufen können, wenn ihnen die Unrichtigkeit der Eintragung nicht bekannt war.

B. Gesellschafter

Vergleicht man die den US-amerikanischen Anwaltsgesellschaften offenstehenden Möglichkeiten zur *interprofessionellen Zusammenarbeit* mit der in Deutschland vorzufindenden Rechtslage, dann fällt auf, daß die

Anwälte in Deutschland die weitergehenden interprofessionellen Kooperationsmöglichkeiten besitzen. So können sowohl in der GbR, als auch der PartG und der Anwalts-GmbH neben Rechtsanwälten andere Freiberufler wie insbesondere Steuerberater und Wirtschaftsprüfer Gesellschafter werden. Dagegen ist es den Juristen in fast allen Bundesstaaten der U.S.A. immer noch durch standesrechtliche Grundsätze verboten, juristische Dienstleistungen in einer Gesellschaft zu erbringen, an der auch Nichtjuristen als Gesellschafter beteiligt sind. Möglich ist danach lediglich, Nichtjuristen als Angestellte in einer Anwaltsgesellschaft zu beschäftigen oder eine Tochtergesellschaft zu gründen, in der nichtjuristische Beratungsteams durch ihre Dienstleistungen die umfassende Beratung des Mandanten sicherstellen.

Gesellschafter einer US-amerikanischen Anwaltsgesellschaft können daher nur *Anwälte, Anwaltspersonengesellschaften und Anwaltskapitalgesellschaften* werden. Dies gilt unabhängig davon, ob es sich um eine GP, LLP, LLC oder PC handelt. Dabei ist beispielsweise auch eine partnership of professional corporations zulässig, also eine Personengesellschaft, deren Gesellschafter sämtlich oder zum Teil separate PCs sind. Bei der Anwalts-GbR, -PartG und -GmbH dagegen kommen nur natürliche Personen – und damit neben Rechtsanwälten auch die anderen in § 59a BRAO genannten Freiberufler – als Gesellschafter in Betracht.

Bei den Personengesellschaften ist in Deutschland und den Vereinigten Staaten eine *Mindestzahl* von zwei Gesellschaftern erforderlich, bei den Kapitalgesellschaftsformen einschließlich der LLC genügt ein Gesellschafter.

C. Gesellschafterwechsel

Der *Eintritt* eines neuen Gesellschafters erfordert bei den US-amerikanischen Anwaltsgesellschaften und der deutschen Anwalts-GbR und Anwalts-PartG gleichermaßen neben der Zugehörigkeit des neuen Gesellschafters zu dem in einer Anwaltsgesellschaft zulässigen Personenkreis die einstimmige Zustimmung der Gesellschafter, vorausgesetzt, der Gesellschaftsvertrag sieht keine geringeren Mehrheitserfordernisse vor, und erfolgt grundsätzlich durch einen Aufnahmevertrag. Nur bei der Anwalts-GmbH, bei der ein Eintritt eines Gesellschafters in die bestehende Gesellschaft auf dem Wege des ursprünglichen Erwerbs im Rahmen einer Kapitalerhöhung vollzogen werden kann, genügt eine Mehrheit von mindestens 75 %. Jeder Gesellschafter kann in Deutschland wie in den Vereinigten Staaten mangels anderweitiger Vereinbarungen im Gesellschaftsvertrag die Anwalts-Gesellschaft grundsätzlich jederzeit *freiwillig verlassen*; einzuschränken ist dies allerdings insoweit, als bei der PartG für eine fristlose Kündigung ein wichtiger Grund erforderlich ist und das Recht der GmbH keine Möglichkeit einer ordentlichen Kündigung vorsieht, so daß den anwaltlichen Gesellschaftern einer Anwalts-GmbH zur Wahrung der anwaltlichen Unabhängigkeit ein Kündigungsrecht in der Satzung eingeräumt werden muß. Der *Ausschluß* eines Gesellschafters setzt bei den deutschen Anwaltsgesellschaften voraus, daß ein wichtiger Grund in seiner Person vorliegt; hiervon abweichende Vereinbarungen im Gesellschaftsvertrag sind möglich. Bei den US-amerikanischen Anwaltsgesellschaften ist der Ausschluß auf eine entsprechende Bestimmung im Gesellschaftsvertrag, das einstimmige Votum aller, auch des auszuschließenden Gesellschafters oder einen gerichtlichen Beschluß zu stützen. Die LLC stellt insoweit einen Sonderfall dar, als ein Gesellschafter unter bestimmten, gesetzlich geregelten Voraussetzungen auch durch das einstimmige Votum lediglich der verbleibenden Gesellschafter ausgeschlossen werden kann. Ob die Anwaltsgesellschaft nach dem Ausscheiden eines Gesellschafters fortbesteht, hängt schließlich in Deutschland und in den Vereinigten Staaten gleichermaßen entscheidend von ihrer Rechtsform ab. So führen die Kündigung wie der Tod eines Gesellschafters nach dem Recht der GbR – vorbehaltlich einer anderweitigen Regelung im Gesellschaftsvertrag oder der einstimmigen Zustimmung aller Gesellschafter zur Fortführung der Gesellschaft – zur *Auflösung* der Gesellschaft. In der Anwalts-PartG ist die Fortsetzung der Gesellschaft durch die verbleibenden Partner dagegen der gesetzliche Regelfall. Gleiches gilt für das Ausscheiden eines Gesellschafters von Todes wegen auch für die Anwalts-GmbH; bei ihr wird in aller Regel das satzungsmäßig einzuräumende Kündigungsrecht durch die Aufnahme einer Bestimmung in den Gesellschaftsvertrag ergänzt werden, wonach die Gesellschaft bei einer Kündigung nicht aufgelöst wird. In den Vereinigten Staaten kann eine Anwalts-PC und Anwalts-LLC von den verbleibenden Gesellschaftern fortgeführt werden, wenn diese das wünschen. Bei Personengesellschaften ist dagegen die Auflösung der gesetzliche Regelfall, wenn sich das einschlägige Personengesellschaftsrecht noch am UPA und nicht am RUPA orientiert. Lehnt es sich an den RUPA an, so ist der gesetzliche Regelfall die Fortführung der Gesellschaft, welche allerdings eine entsprechende Willenskundgabe der verbleibenden Gesellschafter voraussetzt.

Neben einem Eintritt durch ursprünglichen Erwerb von Anteilen und einem Ausscheiden durch Kündigung oder Ausschluß kommt auch ein Ausscheiden und eine Neuaufnahme von Gesellschaftern durch eine *rechtsgeschäftliche Anteilsübertragung* durch Abtretung in Betracht, bei der es zu einer direkten Rechtsbeziehung zwischen Veräußerer und Erwerber kommt. Dabei dürfen in Deutschland Anteile nur an Personen übertragen werden, die dem Kreis des § 59a BRAO angehören und bei der Anwalts-PartG sowie der Anwalts-GbR ist nach dem gesetzlichen Leitbild zudem die Zustimmung aller Gesellschafter oder Zulassung der Abtretung im Gesellschaftsvertrag erforderlich. Die Anteile der US-amerikanischen Kapitalgesellschaft für Rechtsanwälte der Anwalts-PC dürfen – ähnlich wie bei den deutschen Anwaltsgesellschaften – nur an Personen abgetreten werden, die die Voraussetzungen für eine Gesellschaftsposition in einer Anwalts-PC erfüllen. Zustimmungserfordernisse sieht das Recht der PC hierfür ebensowenig vor wie das der GmbH. In Deutschland und den Vereinigten Staaten ist eine Aufnahme derartiger Erfordernisse in den Gesellschaftsvertrag der Anwaltskapitalgesellschaft aber aufgrund der Bedeutung der Identität des einzelnen Gesellschafters gleichermaßen dringend geboten. Anders als bei den deutschen Anwaltsgesellschaften und der Anwalts-PC erhält der Abtretungsempfänger eines Anteils an einer GP, LLP oder LLC grundsätzlich lediglich finanzielle Rechte, nicht aber einen Anspruch auf Teilnahme an der Geschäftsführung oder Informationsrechte. Dementsprechend setzt eine Abtretung hier auch nicht voraus, daß der Zessionar dem zulässigen Gesellschafterkreis angehört und die Gesellschafter der Abtretung zustimmen. Wenn diese Voraussetzungen allerdings erfüllt sind, erhält der Abtretungsempfänger auch alle mit der Gesellschafterstellung verbundenen Rechte.

Die Höhe des bei Ausscheiden eines Gesellschafters entstehenden *Abfindungsanspruchs* ist in Deutschland nach etwaigen Bestimmungen des Gesellschaftsvertrags zu berechnen; wurde keine Regelung in den Gesellschaftsvertrag aufgenommen, so ist der wirkliche Wert einschließlich des goodwill maßgeblich. Im Unterschied dazu ist die Rechtslage in den Vereinigten Staaten uneinheitlich. Zwar kann bei allen Gesellschaftsformen eine Bestimmung in den Gesellschaftsvertrag aufgenommen werden, die Bestehen und Umfang des Abfindungsanspruchs regelt. Fehlt eine solche aber, dann hat der aus der Anwaltsgesellschaft ausscheidende Gesellschafter nur bei den Personengesellschaften – unter Geltung des RUPA – und bei der LLC einen Anspruch auf Aufkauf seines Anteils, nicht aber bei der PC.

D. Geschäftsführung und Beschlußfassung

Im Hinblick auf die Geschäftsführung und Beschlußfassung ist die deutsche Sozietät in Form der GbR und der PartG mit der US-amerikanischen Anwalts-GP und Anwalts-LLP vergleichbar. Die Anwalts-GmbH ähnelt dagegen der Anwalts-PC und -LLC. So besitzen die GbR und PartG wie auch die GP und LLP keine zentralisierte Geschäftsführung. Das Recht der GbR geht vom Grundsatz der Gesamtgeschäftsführung aus, die aber abdingbar ist und insbesondere in größeren Sozietäten regelmäßig durch die Vereinbarung einer Einzelgeschäftsführung ersetzt wird. In der Anwalts-PartG stellt die Einzelgeschäftsführung das gesetzliche Leitbild dar. In der Anwalts-GP und -LLP gilt für die Geschäftsführung zwar nach dem Gesetz das Mehrheitsprinzip, es können aber einzelne Geschäftsführungsaufgaben auf benannte Partner übertragen werden. Beschlüsse sind nach der gesetzlichen Regelung in der GbR und der PartG einstimmig zu fassen; auch dieser Grundsatz ist aber abdingbar. Bei Mehrheitsbeschlüssen bestimmt die Zahl der Gesellschafter die Berechnung der Mehrheit; auch hier können abweichende Regelungen getroffen werden. Ähnliches gilt für GP und LLP, bei denen die Beschlüsse der Gesellschafter zwar schon nach dem gesetzlichen Leitbild in aller Regel nur mit einfacher Mehrheit gefaßt werden müssen, diese aber wie in GbR und PartG nach der Zahl der Partner berechnet wird. Dabei besteht wie in Deutschland die Möglichkeit, eine andere Wertigkeit der Stimmen zu vereinbaren.

Die Anwalts-GmbH wiederum hat eine zentralisierte Geschäftsführung. Dabei sieht das Gesetz eine Gesamtgeschäftsführung vor; abweichend hiervon kann aber Einzelgeschäftsführung vereinbart werden. In Anwalts-PC und -LLC können sich die Gesellschafter gleichermaßen für oder gegen eine zentralisierte Geschäftsführung entscheiden. Die Geschäftsführung erfolgt nach der gesetzlichen Regelung nach dem Mehrheitsprinzip. Bei Abstimmungen der Gesellschafter ist bei Anwalts-GmbH, PC und LLC nach der – abdingbaren – gesetzlichen Regelung grundsätzlich eine einfache Mehrheit ausreichend. Diese berechnet sich bei GmbH und PC nach der Höhe der Geschäftsanteile, bei der LLC dagegen nach Köpfen.

E. Vertretung

Das Recht der GbR wie auch das der GmbH gehen grundsätzlich von einer Gesamtvertretungsmacht aus; in Anwaltsgesellschaften wird aber regelmäßig abweichend hiervon Einzelvertretung vereinbart. Letzteres hat das PartGG wie auch das US-amerikanische Personengesellschaftsrecht für GP und LLP zum gesetzlichen Regelfall erhoben. Bei PC und LLC hängt die Vertretungsmacht dagegen davon ab, ob die Gesellschaft eine zentralisierte Geschäftsführung besitzt. Ist dies zu bejahen, so besitzen die Gesellschafter nicht schon aufgrund ihrer Position als Anteilsinhaber Vertretungsmacht. In Anwaltsgesellschaften ist allerdings denkbar, eine tatsächliche Vertretungsmacht oder zumindest eine Anscheinsvollmacht der anwaltlichen Gesellschafter anzunehmen und sie auf deren aktive Mitarbeit in der Gesellschaft zu stützen. Ist keine zentralisierte Geschäftsführung vorhanden, so gilt für Anwalts-PC und -LLC, daß wie bei den Personengesellschaften kraft Gesetzes jeder Gesellschafter ein Vertreter der Gesellschaft ist.

F. Kapitalausstattung und Gewinnverteilung

Abgesehen von der Anwalts-GmbH, die ein Mindeststammkapital in Höhe von DM 50.000 voraussetzt, ist bei keiner der deutschen und US-amerikanischen Anwaltsgesellschaften eine Mindestkapitalausstattung erforderlich.

In der Frage der Gewinnverteilung gleichen sich die gesetzlichen Regelungen für GbR, PartG, GP sowie LLP einerseits und für GmbH, PC und LLC andererseits. So erfolgt die Gewinn- und Verlustverteilung nach dem gesetzlichen Leitbild bei den Personengesellschaften nach Köpfen, bei den Kapitalgesellschaften und der LLC dagegen im Verhältnis der Geschäftsanteile. Bei allen Anwaltsgesellschaften wird aber regelmäßig eine hiervon abweichende Gewinnverteilung vereinbart, die sich an den Tätigkeitsbeiträgen der Gesellschafter orientiert.

G. Name

Für die deutsche Anwalts-GbR und Anwalts-PartG gilt gleichermaßen wie für die US-amerikanischen Anwaltsgesellschaften, daß der Gesellschaftsnamen nach standesrechtlichen Grundsätzen den Namen mindestens eines in ihnen praktizierenden Rechtsanwalts zu enthalten hat, daneben aber auch die Namen eines oder mehrerer bereits verstorbener oder in den Ruhestand gegangener Gesellschafter aufgenommen werden können. In beiden Ländern ist allerdings die Auffassung weit verbreitet, daß das Erfordernis der Nennung mindestens eines tatsächlich noch in der Kanzlei praktizierenden Partners unbeachtlich ist, so daß auch Bezeichnungen von Anwaltsgesellschaften anzutreffen sind, die ausschließlich Namen bereits verstorbener oder ausgeschiedener Anwälte enthalten. Bei der Anwalts-PartG, der Anwalts-LLP, -PC und -LLC ist zudem ein die Gesellschaftsform kennzeichnender Zusatz, bei der PartG auch noch ein Hinweis auf den oder die in der Gesellschaft ausgeübten Berufe erforderlich.

Auch die Firma einer Anwalts-GmbH hat einen die Gesellschaftsform verdeutlichenden Zusatz zu enthalten. Welche weiteren Grundsätze bei der Wahl des Namens einer Anwalts-GmbH zu beachten sind, wird dagegen nicht einheitlich beurteilt. Den Vorzug zu geben ist hier der Ansicht, daß auch hier der Name mindestens eines zumindest früher in ihr praktizierenden Rechtsanwalts aufzunehmen ist. Es besteht auch die Möglichkeit, den Namen ausgeschiedener Gesellschafter in der Firma der GmbH fortzuführen.

H. Ergebnis

Festzuhalten bleibt damit insbesondere folgendes: Nur die Anwalts-GbR und die Anwalts-GP können formfrei gegründet werden. Dagegen sind bei der Errichtung aller anderen Anwaltsgesellschaften in Deutschland und den Vereinigten Staaten von Amerika bestimmte Formalanforderungen einzuhalten. Im Hinblick auf den Gesellschafterkreis wiederum fällt auf, daß die Möglichkeiten interprofessioneller Zusammenarbeit, so beschränkt sie in Deutschland auch immer noch sind, doch weiter gehen als in den U.S.A. Andererseits erlauben die meisten US-amerikanischen Einzelstaaten die Teilnahme nicht nur von Anwälten, sondern auch von weiteren Anwalts-Personengesellschaften und Anwalts-Kapitalgesellschaften als

Gesellschafter einer Anwalts-PC und Anwalts-GP, während sich in Deutschland an der Anwalts-PartG, -GbR und -GmbH nur natürliche Personen beteiligen können. Für den Gesellschafterwechsel wiederum finden sich in den U.S.A. vor allem hinsichtlich der Möglichkeit, Gesellschafter auszuschließen und die Gesellschaft bei einem freiwilligen Ausscheiden, einem Ausscheiden von Todes wegen oder einem Ausschluß fortzusetzen, sehr differenzierte Regelungen. Im Gegensatz hierzu ist der gesetzliche Regelfall in Deutschland bei PartG und Anwalts-GmbH die Fortsetzung der Gesellschaft durch die verbleibenden Gesellschafter. In der Anwalts-GbR kommt es grundsätzlich zur Auflösung, bei einer anderweitigen Regelung im Gesellschaftsvertrag oder einer Zustimmung der Gesellschafter kann die Gesellschaft aber fortgeführt werden. Der Name der Anwaltsgesellschaften schließlich hat in den Vereinigten Staaten von Amerika mindestens einen bürgerlichen Namen enthalten. Dies gilt auch für die deutsche Anwalts-GbR, Anwalts-PartG und Anwalts-GmbH.

2. Kapitel: Haftung im Vergleich

Im Rahmen eines Vergleichs der den deutschen und US-amerikanischen Anwälten zur Verfügung stehenden Möglichkeiten der Haftungsbeschränkung soll nun insbesondere versucht werden, Anregungen für die rechtspolitische Diskussion über eine obligatorische Handelndenhaftung in der deutschen Anwalts-GmbH zu geben. Auch werden die Ursachen der Unterschiede in der Haftung der die eigentlichen Leistungserbringer überwachenden Anwälte in beiden Ländern verdeutlicht. Dies läßt wiederum Rückschlüsse auf die Interpretation der in §§ 8 II PartGG, 51a II BRAO gegebenen Definitionen zu und erlaubt es, zu beurteilen, ob eine Aufnahme konkreterer Formulierungen durch den deutschen Gesetzgeber zweckmäßig wäre.

A. Haftung für nicht mit fehlerhafter Berufsausübung zusammenhängende Verbindlichkeiten (ordinary business obligations)

In *Deutschland* bietet allein die Anwalts-GmbH kraft Rechtsform Schutz vor einer persönlichen Haftung der Gesellschafter für nicht mit fehlerhafter Berufsausübung zusammenhängende Verbindlichkeiten – beispielsweise aus Büroraummietverhältnissen, Computerleasingverträgen und Dienstverträgen –, nicht aber die Anwalts-GbR oder Anwalts-PartG.

In den *Vereinigten Staaten von Amerika* dagegen sind die ordinary business obligations als Ursachen für die bekanntesten Big Firm Konkurse des letzten Jahrzehnts[1266] anerkannt. Auch herrscht anders als in Deutschland die Auffassung vor, daß diese Art von Verbindlichkeiten mit einem für den einzelnen Gesellschafter gleichermaßen unüberschaubaren Risiko verbunden ist wie die malpractice liablity selbst. Der einzelne Gesellschafter kann nämlich in der Regel nicht verhindern, daß wenn eines Tages eine nicht unwesentliche Anzahl von Anwälten die Kanzlei verläßt, dies einen Weggang von Mandanten, eine Verringerung der sich in Bearbeitung befindlichen Mandate und schließlich ein Übergewicht der vertraglichen Verpflichtungen der Partner im Vergleich zu den Aktivposten nach sich zieht. Derartige Ereignisse werden insbesondere bei langfristigen Miet-

---

1266 Vgl. hierzu *Banoff,* 4 Bus. L. Today, 3/4 1995, 10 (13 f.).

und sonstigen Vertragsverhältnissen auch zumeist zum Zeitpunkt des Vertragsschlusses noch nicht absehbar sein. Vor diesem Hintergrund sind die gesellschaftsrechtlichen Haftungsbeschränkungsmöglichkeiten für die sogenannten ordinary business obligations in den Vereinigten Staaten zu sehen, die zwar nicht für alle Gesellschaftsformen gelten, aber im Vergleich zu Deutschland doch deutlich weiter gehen. So bieten beinahe alle PC-Gesetze – die Ausnahmen bilden nur Colorado und aufgrund einer Intervention einzelstaatlicher Gerichte auch noch einzelne andere Bundesstaaten wie Ohio und Georgia – eine Haftungsbeschränkung für diese Art von Verbindlichkeiten. Dabei wird die in der Mehrheit der Staaten vorzufindende Haftungsbeschränkung im wesentlichen darauf gestützt, daß bei den ordinary business obligations anders als bei Schäden, die auf anwaltliche Berufsfehler zurückzuführen sind, kein Grund besteht, eine professional corporation anders als eine business corporation zu behandeln. Auch kann auf die treuhänderische Natur des Verhältnisses zwischen Anwalt und Mandant und die Pflicht des Rechtsanwalts, dessen Interessen mit ungeteilter Loyalität wahrzunehmen, zur Rechtfertigung einer Ungleichbehandlung bei ordinary business obligations nicht verwiesen werden. Was die Rechtsform der LLC betrifft, so haftet nach der staatlichen Gesetzgebung sogar ausnahmslos nur die Gesellschaft selbst. Dagegen sind ihre Gesellschafter persönlich nicht für die nicht mit fehlerhafter Berufsausübung in Zusammenhang stehenden Verbindlichkeiten der LLC haftbar. Auch die Rechtsprechung hat bislang nicht angeordnet, daß die LLC-Gesellschafter entgegen dem Gesetzeswortlaut persönlich für ordinary business obligations haften. Allerdings besteht Grund zur Annahme, daß die Gerichte derjenigen Einzelstaaten, deren Rechtsprechung die Gesellschafter einer PC in Abweichung vom jeweiligen einzelstaatlichen PC-Gesetz persönlich für ordinary business obligations haften läßt, die Rechtsprechung zur Anwalts-PC auf die Anwalts-LLC übertragen werden. Denkbar wäre hier aber auch, daß sie ihre bisherige Rechtsprechung zur PC nicht aufrechterhalten. Die Gesellschaftsform der LLP wiederum ist, soll die Haftung für diese Art der Verbindlichkeiten beschränkt werden, weniger geeignet als die LLC oder die PC. Sie bietet den in ihr zusammengeschlossenen Partnern nämlich in der Mehrheit der Einzelstaaten keinen Schutz vor einer persönlichen Haftung für ordinary business obligations. Die prominenteste Ausnahme hiervon ist das LLP-Gesetz New Yorks mit seiner weitergehenden, auch Schäden, die nicht auf Berufsfehler zurückzuführen sind, einbeziehenden Haftungsbeschränkung. Die GP schließlich ist die einzige Gesellschaftsform, in der die anwaltlichen Partner nach dem Recht aller Einzelstaaten persönlich für die ordinary business obligations der Gesellschaft haften.

B. Haftung für Berufsfehler (malpractice liability)

I. Anspruchsgrundlagen

In *Deutschland* wird die Anwaltshaftung in aller Regel auf einen vertraglichen Schadensersatzanspruch des Mandanten gestützt. Dabei ist, weil die anwaltliche Haftung sich meist aus einer fahrlässigen Verletzung der allgemeinen Sorgfaltspflicht ergibt, regelmäßig die *positive Vertragsverletzung* die Rechtsgrundlage. Eine deliktische Haftung aus § 823 I BGB scheidet bei Vermögensschäden – und im Regelfall erleidet der Mandant nur solche – aus.

Im Gegensatz dazu basieren in den *Vereinigten Staaten* die meisten Klagen wegen fehlerhafter Berufsausübung auf einem *deliktischen Anspruch*. In Betracht kommt hierfür der Tatbestand der negligence wie auch der einer Verletzung der sogenannten fiduciary obligations. Eine auf Vertragsverletzung gestützte Klage kommt nur selten in Frage, denn sie setzt grundsätzlich voraus, daß ein Anwalt ausdrücklich vertraglich ein bestimmtes Ergebnis versprochen hat, was kaum vorkommt. Lediglich in wenigen Einzelstaaten ist es darüberhinaus gestattet, einen vertraglichen Anspruch aus dem Bruch der bei Annahme eines Mandats durch den Anwalt konkludent abgegebenen Zusage abzuleiten, bei der Erbringung der juristischen Dienstleistungen die übliche Fach- und Sachkenntnis auszuüben.

Festzuhalten bleibt damit, daß die Anwaltshaftung in Deutschland vorwiegend auf vertragliche Anspruchsgrundlagen gestützt wird, während geschädigte Mandaten in den Vereinigten Staaten schwerpunktmäßig deliktische, auf common law-Grundsätzen basierende Ansprüche geltend machen.

II. Haftungsbeschränkung

1. Grundlagen

In *Deutschland* wurden *haftungsbeschränkende vertragliche Vereinbarungen* – auch für den Handelnden – in engen Grenzen schon seit langem als zulässig erachtet und haben mit § 51a BRAO und § 8 II PartGG mittlerweile eine klare Regelung erfahren. Für anwaltliche Berufsfehler einzelner sowie in einer Anwalts-GbR oder Anwalts-PartG tätiger Anwälte ist die vertragliche Vereinbarung auch der einzig sichere Weg, in den Genuß einer Haftungsbegrenzung zu kommen; im Hinblick auf die PartG sieht der Referentenentwurf zur Anwalts-GmbH allerdings eine gesetzliche Konzentration der Haftung auf den oder die Handelnden vor. Eine Haftungsbegrenzung durch die Wahl einer *Kapitalgesellschaft* als Form anwaltlicher Zusammenarbeit oder durch die Ausgestaltung der Rechtsform der GbR als GbRmbH wurde bis in jüngster Zeit für unzulässig erachtet. Auch heute, nach der Anerkennung der Anwalts-GmbH durch die Rechtsprechung, bestehen noch Zweifel hinsichtlich der Verläßlichkeit der mit ihr verbundenen gesellschaftsrechtlichen Haftungsbeschränkung.

Dies steht im Gegensatz zur Rechtslage in den *Vereinigten Staaten von Amerika*. Hier verbieten die durch die Rechtsprechung bestätigten anwaltlichen Standesrichtlinien den Rechtsanwälten, ihre Haftung für eigene fehlerhafte Berufsleistungen im Voraus auszuschließen. Erlaubt ist lediglich, ein Verfahren zur Konfliktlösung für den Fall vorzusehen, daß ein Rechtsanwalt eine fehlerhafte Berufsleistung erbringt. Ob sich dieses Verbot *haftungsbeschränkender Vereinbarungen* auch auf die Haftung für die Berufsfehler von Kollegen – sei es mit, sei es ohne eine eigene Überwachungspflichtverletzung – erstreckt, ist dabei allerdings unklar. Im Gegensatz zu vertraglichen Vereinbarungen kann eine Haftungsbeschränkung durch die Wahl einer geeigneten *Rechtsform* anwaltlicher Tätigkeit erreicht werden. Auch hier ist zwar die Handelndenhaftung zwingend, während die Beschränkbarkeit der supervisory malpractice liability und der vicarious malpractice liability vom einschlägigen einzelstaatlichen Recht sowie der jeweiligen Gesellschaftsform abhängt. Bei einer Haftungsbeschränkung durch Rechtsform besteht aber wesentlich mehr Rechtssicherheit und -klarheit für die supervisory und vicarious liability als im Bereich vertraglicher Beschränkungsmöglichkeiten.

Die deutsche Rechtslage unterscheidet sich also hauptsächlich in folgendem von den Vereinigten Staaten: In Deutschland kann die persönliche Haftung der anwaltlichen Gesellschafter einschließlich des Handelnden vertragsrechtlich wie gesellschaftsrechtlich beschränkt werden, wobei die gesellschaftsrechliche Haftungsbeschränkung nur im Rahmen der Anwalts-GbR mbH und der Anwalts-GmbH möglich ist, während die PartG nach der derzeitigen Rechtslage für eine Haftungsbegrenzung noch zwingend eine vertragliche Vereinbarung voraussetzt. In den Vereinigten Staaten kann eine Haftungsbeschränkung für den Handelnden dagegen weder auf der Ebene des Gesellschafts- noch der des Vertragsrechts erreicht werden und es ist auch unklar, ob es möglich ist, die Haftung für die Berufsfehler von Kollegen durch vertragliche Vereinbarung zu begrenzen. Die Tätigkeit in einer entsprechenden gesellschaftsrechtlichen Form – und hierfür stehen mit der PC, der LLC und der LLP grundsätzlich drei verschiedene Gesellschaftsformen zur Verfügung – gestattet allerdings aufgrund vorhandener gesetzlicher Regelungen und Gerichtsentscheidungen eine relativ verläßliche Beurteilung der Haftungsbeschränkungsmöglichkeiten für die supervisory und vicarious liability. Inwieweit die Haftungsbeschränkungsmöglichkeiten in Deutschland bei den verschiedenen gesellschaftsrechtlichen Formen und dem jeweiligen Näheverhältnis des Inanspruchgenommenen zur Begehung des Berufsfehlers von denen in den Vereinigten Staaten im einzelnen abweichen und welche Konsequenzen hieraus für den Umgang mit den deutschen Neuregelungen zu ziehen sind, soll im folgenden diskutiert werden.

2. Handelndenhaftung

Die Haftung des Handelnden kann in einer *Anwalts-GbR* und *Anwalts-PartG* individualvertraglich auf die einfache und mit vorformulierten Vertragsbedingungen auf die vierfache Höhe der Mindestversicherungssumme beschränkt werden, § 51a I Nr. 1 BRAO. Dazu kommt, daß in der PartG und der GbR, sofern die Haftung auf einen Gesellschafter konzentriert worden ist, der an der Bearbeitung nicht unmaßgeblich beteiligt ist – und hierfür genügt in der PartG auch die verantwortliche Leitung und Überwachung – weitere Gesellschafter an der Leistungserbringung teilnehmen dürfen, ohne daß sie beim Auftreten eines Fehlers ebenfalls als Handelnde haftbar gemacht werden können. Sollte der Referentenentwurf zur Anwalts-GmbH dagegen Gesetz werden, so würden kraft Gesetzes alle Handelnden haften, deren Tätigkeitsbeiträge nicht von untergeordneter Bedeutung sind. In der *Anwalts-GmbH* haftet der Handelnde nicht persönlich, wenn er seine Einlage erbracht hat und eine Berufshaftpflichtversicherung in Höhe des vierfachen Betrages der Mindestversicherungssumme abgeschlossen worden ist. Auch dies soll durch den Referentenentwurf, der die Einführung einer gesetzlichen Handelndenhaftung vorschlägt, geändert werden.

In den *Vereinigten Staaten* war die anwaltliche Handelndenhaftung schon zur Zeit der ersten Anwaltsgesellschaften zwingend. Sie kann weder durch vertragliche Vereinbarungen, noch durch die Tätigkeit in einer grundsätzlich eine Haftungsbeschränkung gewährenden Gesellschaftsform ausgeschlossen oder auch nur begrenzt werden. Das Verbot einer vertraglichen Haftungsbeschränkung ist durch die Standesrichtlinien geregelt und beruht auf dem Grundgedanken, daß eine – den Interessen des Anwalts und nicht des Mandanten dienende – Haftungsbeschränkung für anwaltliche Berufsfehler keinen Platz in dem Mandatsverhältnis hat, in dessen Rahmen der Anwalt die Interessen seines Mandanten mit ungeteilter Loyalität zu vertreten hat. Die Unzulässigkeit eines Haftungsausschlusses auf der Basis des Gesellschaftsrechts wiederum ist auf einen allgemeinen Grundsatz des common law zurückzuführen, der vorschreibt, daß sich eine Person der Haftung für ihre eigenen unerlaubten Handlungen nicht dadurch entziehen kann, daß sie in der Form einer juristischen Person tätig wird. Dieser Rechtsgrundsatz ist in den einzelstaatlichen Gesetzen sowie von der Rechtsprechung bestätigt worden.

Da alle Einzelstaaten der Vereinigten Staaten seit Jahrzehnten eine persönliche und unbeschränkte Haftung des Handelnden in der Kapitalgesellschaftsform der Anwalts-PC vorsehen, drängt sich die Frage auf, ob hieraus *Anregungen für die rechtspolitische Diskussion über eine obligatorische Handelndenhaftung in der deutschen Anwalts-GmbH* gewonnen werden können und ob die oben[1267] erörterten, gegen die Einführung einer generellen Handelndenhaftung sprechenden Argumente dabei an Gewicht verlieren.

Zugunsten der Handelndenhaftung kann vorgebracht werden, daß, wie die Erfahrungen der Vergangenheit in den Vereinigten Staaten gezeigt haben, der Handelndenhaftung im Einzelfall durchaus kompensatorische Wirkung zukommen mag. So macht beispielsweise der von der New Yorker Kanzlei Kaye, Scholer, Fierman, Hayes und Hadler getätigte Vergleichsabschluß über eine Summe von US $ 49 Mio. deutlich, daß eine Handelndenhaftung sich nicht immer schon deshalb erübrigt, weil die Versicherungssumme hoch genug ist, um den Schaden zu begleichen. Dieser von der Kanzlei Kaye, Scholer, Fierman, Hayes und Hadler aufzubringende Betrag war nämlich nur zu einem Teil durch die Versicherung gedeckt, während US $ 16 Mio. von den Partnern zu tragen waren.[1268] Die Furcht vor persönlicher Haftung bei einem Schaden in einer durch die Versicherung nicht mehr vollständig gedeckten Höhe mag auch im Einzelfall zu besonders sorgfältigem Arbeiten anspornen; allerdings ist im Hinblick auf die Präventivfunktion der anwaltlichen Haftung zu berücksichtigen, daß der ausschlaggebende Anreiz, fehlerfreie Leistungen zu erbringen, in Deutschland gleichermaßen wie in den Vereinigten Staaten von Amerika nicht durch das Haftungsrisiko, sondern durch die Notwendigkeit gesetzt wird, einen guten Ruf der Kanzlei aufzubauen oder zu erhalten.

Gegen eine Handelndenhaftung können grundsätzlich in Deutschland wie in den Vereinigten Staaten die mit einer Bestimmung des Handelnden

---

1267 3. Teil, 5.Kapitel, D.IV.3.
1268 Vgl. hierzu *Fortney*, 66 U. Colo. L. Rev. 1995, 329.

verbundenen praktischen Probleme vorgebracht werden. Diese wären allerdings bei der Handelndenhaftung in einer Anwalts-GmbH geringer als sie es bei der Haftungskonzentration auf den das Mandat bearbeitenden oder die Erbringung verantwortlich überwachenden Anwalt nach §§ 51a II BRAO, 8 II PartGG sind. Dies beruht darauf, daß bei einer obligatorischen Haftung des Handelnden und einer beschränkten Haftung der übrigen gerade nicht zu Beginn des Mandatsverhältnisses vereinbart werden muß, wer haftet. Es ist vielmehr lediglich festzustellen, wer tatsächlich tätig wurde, wenn ein Fehler begangen wurde. Im Gegensatz hierzu setzt die Haftungskonzentration nach §§ 8 II PartGG, 51a II BRAO voraus, daß vereinbart wird, welcher Partner tätig zu werden hat und zieht im Falle einer Verletzung die gesamtschuldnerische Haftung aller Gesellschafter nach sich. Auch sind in den Vereinigten Staaten im Zusammenhang mit der Bestimmung der handelnden Anwälte bislang keine Probleme aufgetreten. Dies mag daran liegen, daß die Handelndenhaftung einen tatsächlichen Tätigkeitsbeitrag verlangt und die mit der Abgrenzung des Umfanges an Überwachungstätigkeit, der für die sogenannte supervisory liability erforderlich ist, verbundenen Schwierigkeiten bei der Haftung des Handelnden daher nicht auftreten. Infolgedessen bleibt festzuhalten, daß zwar im Einzelfall einmal Probleme bei der Feststellung des Handelnden auftreten mögen. Diese sind aber weit geringer als die mit der Abgrenzung der supervisory liability in den Vereinigten Staaten oder mit einer Haftungskonzentration auf der Grundlage der §§ 8 II PartGG oder 51a II BRAO in Deutschland verbundenen Probleme.

Daraus kann aber nicht schon auf die rechtspolitische Zweckmäßigkeit der Einführung einer Handelndenhaftung auch in Deutschland geschlossen werden. Ein Vergleich mit der Rechtslage in den Vereinigten Staaten ändert nämlich nichts daran, daß die Einführung einer Handelndenhaftung für die Gesellschafter einer Anwalts-GmbH entgegen § 13 II GmbHG einen Systembruch im deutschen Gesellschaftsrecht darstellen würde, der überdies als eine nicht zu rechtfertigende Ungleichbehandlung gegenüber anderen Berufsgruppen zu beurteilen wäre, die ebenfalls in der Form einer Kapitalgesellschaft – und zwar ohne Handelndenhaftung – tätig werden dürfen. In den Vereinigten Staaten gilt die Handelndenhaftung vielmehr nicht nur speziell für Rechtsanwälte, sondern basiert auf einer allgemeinen common law rule, nach der jede Person für ihre eigenen unerlaubten Handlungen zu haften hat und sich dieser Haftung nicht durch die Formierung einer juristischen Person entziehen kann. Aufgrund des nicht auf Rechtsanwälte beschränkten Gültigkeitsbereiches kommt es in den Vereinigten Staaten zu keiner Ungleichbehandlung. Auch kann in der Handelndenhaftung kein Systembruch gesehen werden. Damit gilt, daß die entscheidend gegen eine Einführung einer Handelndenhaftung in Deutschland sprechenden Gründe auch bei einem Vergleich mit der Rechtslage in den U.S.A. nicht an Bedeutung verlieren und von einer Einführung der Handelndenhaftung durch den Gesetzgeber in Deutschland abgesehen werden sollte.

3. Haftung des Leitenden und Überwachenden

Die Möglichkeiten, die Haftung des die Leistungserbringung überwachenden oder leitenden Gesellschafters zu beschränken, gehen in *Deutschland* weiter als in den Vereinigten Staaten. So ist die persönliche Haftung des überwachenden Rechtsanwalts in der Anwalts-GmbH nach § 13 II GmbHG beschränkt. Die Gesellschafter einer PartG und einer Anwalts-GbR können ihre gesamtschuldnerische Haftung nach der derzeitigen Rechtslage vertraglich beschränken; § 51 a I BRAO ermöglicht insoweit eine Haftungsbeschränkung auf bestimmte Höchstbeträge und die §§ 8 II PartGG, 51 a II BRAO zusätzlich eine Haftungskonzentration auf einen oder mehrere Partner. Dabei muß nach § 8 II PartGG der nach der Haftungskonzentration verantwortliche Partner „innerhalb der PartG die berufliche Leistung zu erbringen oder verantwortlich zu leiten und zu überwachen haben". Daraus folgt, daß derjenige, der in der Haftungskonzentration genannt ist, an der Leistungserbringung tatsächlich in verantwortlicher Weise – und damit in zumindest nicht unmaßgeblichem Umfang – beteiligt sein muß. Ist die Haftung auf den leitenden und überwachenden Partner beschränkt worden, dann kommt es darauf an, daß Leitungs- und Überwachungspflichten dem Bereich des nach der haftungskonzentrierenden Vereinbarung verantwortlichen Partners organisatorisch zugewiesen sind und innerhalb dieser organisatorisch bezeichneten Sphäre muß die zum Schadensersatz verpflichtende fehlerhafte Berufsausübung tatsächlich begangen worden sein. Neben dem Partner, auf den die Haftung konzentriert wurde, können nach der derzeitigen Rechtslage jedoch noch weitere Gesellschafter an der fehlerhaften Bearbeitung des Mandats oder an ihrer Leitung und Überwachung teilnehmen, ohne daß sie deswegen zusätzlich zu dem in der Haftungskonzentration benannten Partner haften. Sollte die im Referentenentwurf zur Anwalts-GmbH geplante Änderung der Haftungsverfassung allerdings Gesetz werden, so hafteten kraft Gesetzes alle Partner, die mit – nicht nur untergeordneten Beiträgen – an der Bearbeitung des Mandats beteiligt sind. Nach § 51 a II BRAO besteht die Möglichkeit, die Haftung auf einzelne Gesellschafter der Sozietät zu beschränken, die das Mandat „im Rahmen ihrer eigenen beruflichen Befugnisse bearbeiten". Demzufolge muß der, auf den die Haftung konzentriert werden soll, tatsächlich in nicht unmaßgeblichem Umfang an der Leistungserbringung beteiligt sein. Neben ihm können sich wie auch bei einer Haftungskonzentration gemäß § 8 II PartGG bei der PartG, andere Gesellschafter an der fehlerhaften Leistungserbringung beteiligen, ohne daß sie oder alle Gesellschafter zusätzlich zu ihrem in der haftungskonzentrierenden Vereinbarung benannten Kollegen haften. Schlägt die Haftungskonzentration fehl, weil der in ihr benannte Partner nicht oder nur unmaßgeblich an der Leistungserbringung beteiligt ist, so hat dies aber die gesamtschuldnerische Haftung aller Gesellschafter zur Folge.

Im Gegensatz dazu ist in den *Vereinigten Staaten* unklar, ob die supervisory malpractice liability im Voraus vertraglich beschränkt werden kann. Eine Haftungsbeschränkung kraft Rechtsform scheidet hinsichtlich der supervisory liability für die GP generell und in den meisten Bundesstaaten auch für die PC, LLC und LLP aus. Insbesondere ist es nicht möglich, die Haftung auf einen Gesellschafter zu konzentrieren, der an der Leistungserbringung tatsächlich beteiligt ist oder diese überwacht, und andere, die sich ebenfalls an der Bearbeitung oder ihrer Leitung und Überwachung beteiligen, im Verhältnis zum Mandanten von dieser persönlichen Haftung freizustellen. Bei der PC ist in den meisten Einzelstaaten neben der Haftung des Handelnden auch die desjenigen, der die Leistungserbringung direkt überwacht und kontrolliert, obligatorisch. In diesem Zusammenhang stellt sich die Frage, ob für die unmittelbare Überwachung und Kontrolle eine nur gelegentliche Überwachungspflicht oder die Tatsache allein, daß ein Gesellschafter letztlich für die Arbeit des Kollegen verantwortlich ist, ausreicht, oder aber eine engere Form der Überwachung mit ständiger Anleitung und Kontrolle nötig ist. Dies kann nicht mit Sicherheit beantwortet werden. Der Wortlaut der Gesetze spricht zwar dafür, daß eine enge, regelmäßige Überwachung nötig ist, um eine Haftung bejahen zu können; es sind jedoch noch keine Gerichtsentscheidungen zu dieser Frage ergangen. Die LLC-Gesetze verwenden die gleichen Formulierungen. Dies gilt auch für einen Teil der LLP-Gesetze; andere LLP-Gesetze enthalten allerdings konkretere Formulierungen, die die Klärung der Haftungsfrage im Einzelfall erleichtern dürften. So wird beispielsweise zum Teil Fahrlässigkeit hinsichtlich der Ernennung oder unmittelbaren Überwachung des Kollegen oder aber eine Beteiligung am oder zumindest eine Kenntnis vom Fehlverhalten verlangt. Eine gesamtschuldnerische Haftung aller Gesellschafter besteht nur bei der GP und in einzelnen Staaten, deren

Gerichte dies vorschreiben, auch bei der PC sowie – bei einer Übertragung dieser Rechtsprechung – auch bei LLC und LLP.

Diese *Unterschiede* in der Möglichkeit der Haftungsbegrenzung für Gesellschafter sind vor folgendem *Hintergrund* zu sehen: In Deutschland wird es bei der vertraglichen Haftungskonzentration auf einen der Gesellschafter für entscheidend gehalten, daß der Mandant zu Beginn des Mandatsverhältnisses weiß, wer ihm im Schadensfall haftet. Zudem soll die Sozietät daran gehindert werden, die Haftung auf einen vermögenslosen Strohmann zu konzentrieren. Diesen Anforderungen wird schon dadurch genügt, daß die Person des oder der haftenden Gesellschafter entsprechend umschrieben wird, sie in nicht unmaßgeblicher Weise an der Leistungserbringung beteiligt sein muß und andernfalls alle Gesellschafter gesamtschuldnerisch haften, so daß diese die Haftung nicht risikolos auf einen tatsächlich nicht an der Erledigung des Auftrags beteiligten Gesellschafter beschränken können. Im Gegensatz dazu stellt die zwingende Haftung des die Mandatserledigung unmittelbar leitenden und überwachenden Gesellschafters in den Vereinigten Staaten eine konsequente Ausdehnung des Grundsatzes der Handelndenhaftung auf alle diejenigen, die am Berufsfehler – sei es auch nur durch die Überwachung des tatsächlich tätigen Anwalts – teilnehmen, dar. Es haften dem Mandanten alle, die selbst gehandelt oder aber die Leistungserbringung geleitet und überwacht haben; mit dem Mandanten kann daher nicht schon zu Beginn des Mandatsverhältnisses vereinbart werden, welcher Gesellschafter ihm im Schadensfall haftet, und auch die Frage der Haftungskonzentration auf einen Strohmann scheidet per se aus. Vor diesem Hintergrund ist verständlich, daß, anders als in Deutschland, einerseits die Haftung nicht auf einen oder einzelne der tatsächlich durch eigenes Handeln oder Leitung und Überwachung an der Erledigung des Auftrags beteiligten Gesellschafter beschränkt werden kann, andererseits aber auch nicht die gesamtschuldnerische Haftung aller Gesellschafter in Frage kommt, wenn andere Anwälte als zu Beginn des Mandatsverhältnisses vereinbart, die beruflichen Leistungen erbringen.

Die in den Vereinigten Staaten von Amerika am weitesten verbreitete Definition der Haftung des Überwachenden ist die, die eine „unmittelbare Überwachung und Kontrolle" voraussetzt. Hier besteht, wie dargelegt, mangels konkretisierender Stellungnahmen der Rechtsprechung eine gravierende Rechtsunsicherheit. Vor allem in größeren Kanzleien, in denen Leitungsfunktionen auf einzelne Personen oder Komitees konzentriert sowie ständig Mandate durch größere Gruppen von Anwälten und unter Einschaltung von Spezialisten bearbeitet werden, hat die *allgemein gehaltene*

Definition der supervisory liability massive Abgrenzungsprobleme zur Folge. Diese Schwierigkeiten ergäben sich auch in Deutschland, wenn § 8 II PartGG dahingehend interpretiert würde, daß nur die in der haftungskonzentrierenden Vereinbarung genannten Gesellschafter durch einen tatsächlichen Tätigkeitsbeitrag oder in ihrer Leitungs- und Überwachungsfunktion an der Bearbeitung des Mandats beteiligt sein dürften, die Haftungskonzentration andernfalls fehlschlüge. In Deutschland wären die Folgen einer solchen Interpretation sogar besonders problematisch, da ein Fehlschlagen der Haftungskonzentration zur gesamtschuldnerischen Haftung aller Gesellschafter nach §§ 8 II PartGG, 51a II BRAO führen würde. Daher ist eine Auslegung erforderlich, die die Teilnahme weiterer, in der Vereinbarung nicht genannter Gesellschafter ermöglicht, ohne daß die Haftungsbeschränkung deshalb unwirksam wird.

Zwischen den Vereinigten Staaten und Deutschland bestehen also derzeit gravierende Rechtsunterschiede. So ist festzuhalten, daß in Deutschland bei einer Haftungskonzentration auf den Handelnden oder Überwachenden dieser dem Mandanten im Voraus genannt werden muß. Die Teilnahme weiterer Gesellschafter an der Mandatsbearbeitung führt nicht zu ihrer Haftung oder der gesamtschuldnerischen Haftung aller Gesellschafter, soweit dadurch der Beitrag eines in der Haftungskonzentration genannten Kollegen nicht eine lediglich untergeordnete Bedeutung erhält. in den Vereinigten Staaten dagegen ist der Handelnde oder Überwachende nicht im Voraus zu bezeichnen. Aufgrund dieser Unterschiede erscheint auch eine Änderung der §§ 8 II PartGG, 51a II BRAO durch die Aufnahme konkreter Formulierungen durch den Gesetzgeber nach dem Beispiel einiger LLP-Gesetze der Vereinigten Staaten nicht erforderlich.

Allerdings käme es, wenn die im Referentenentwurf zur Anwalts-GmbH vorgeschlagene Änderung der Haftungverfassung der PartG Gesetz werden und damit per Gesetz eine Konzentration der Haftung auf den oder die Handelnden eintreten würde, zu einer Angleichung der für die PartG geltenden Rechtslage an die in den Vereinigten Staaten hinsichtlich der LLC, LLP und PC bestehenden Rechtslage.

4. Haftung für Berufsfehler ohne eigene Pflichtverletzung, Leitungs- oder Überwachungsverantwortlichkeit

Hinsichtlich der Möglichkeit, die Haftung für eigene Berufsfehler und solche von Kollegen, die der Gesellschafter zu leiten und zu überwachen hat, zu beschränken, ist folgendermaßen zu differenzieren. In *Deutschland* ist die Haftung für diese Verbindlichkeiten in der Anwalts-GmbH und der

Anwalts-GbR mbH kraft Rechtsform beschränkt. In der Anwalts-PartG kann die Haftung dagegen derzeit nur vertraglich begrenzt werden. Dabei ist die Beschränkung auf einen Höchstbetrag nach § 51a I BRAO ebenso möglich wie der Ausschluß der Haftung der nicht am Berufsfehler beteiligten Gesellschafter durch Vereinbarung einer Haftungskonzentration auf den Handelnden gemäß §§ 51a II BRAO, 8 II PartGG.

Im Gegensatz dazu herrscht in den *Vereinigten Staaten* keine Klarheit hinsichtlich der Frage, ob die Haftung für fehlerhafte Berufsleistungen eines Kollegen, welche der Haftende zu leiten und zu überwachen hatte, vertraglich im Voraus beschränkt oder ausgeschlossen werden kann, da weder die Standesrichtlinien hierzu Stellung nehmen, noch Präzedenzfälle vorhanden sind. Allerdings kann für die Zulässigkeit einer solchen Vereinbarung vorgebracht werden, daß dem Anwalt hier kein Vorwurf juristischen Fehlverhaltens gemacht werden kann und die Vereinbarung daher anders als bei einem Ausschluß der Haftung für eigene Berufsfehler auch nicht im Widerspruch zum Charakter des Mandatsverhältnisses steht, in dem der Anwalt die Interessen des Mandanten mit ungeteilter Loyalität wahrzunehmen hat. Dabei ist die Frage der vertraglichen Haftungsbegrenzungsmöglichkeiten im Bereich der vicarious malpractice liability ohnehin von untergeordneter Bedeutung, da die Haftung hierfür nach allen einzelstaatlichen PC, LLC und LLP-Gesetzen – zum Teil unter der Voraussetzung der Aufrechterhaltung einer Haftpflichtversicherung über einen bestimmten Betrag – schon kraft der gesellschaftsrechtlichen Form ausgeschlossen ist. Die Rechtsprechung hat in einzelnen Staaten entgegen dem ausdrücklichen Wortlaut der jeweils einschlägigen PC-Gesetze auch die vicarious liability der Gesellschafter einer Anwalts-PC angeordnet. Es ist zu erwarten, daß die betreffenden einzelstaatlichen Gerichte, sollten sie diese Rechtsprechung aufrechterhalten, sie auch auf die Anwalts-LLC und Anwalts-LLP übertragen werden, zumal diese einer business corporation, deren Charakteristikum die beschränkte Haftung ist, noch weniger nahestehen als die PC.

Festzuhalten bleibt damit, daß in Deutschland in der PartG die Haftung eines Partners derzeit vertraglich ausgeschlossen werden kann, indem die Haftung auf denjenigen anderen Partner konzentriert wird, der das Mandat selbst bearbeitet oder die Auftragserledigung verantwortlich leitet. In der Anwalts-GmbH wiederum ist die Haftung vorbehaltlich der im Referentenentwurf zur Anwalts-GmbH geplanten Einführung einer gesetzlichen Handelndenhaftung schon kraft Rechtsform beschränkt. Im Gegensatz dazu ist die Rechtslage hinsichtlich vertraglicher Haftungsausschlüsse in den Vereinigten Staaten unklar, wobei in den meisten Einzelstaaten allerdings mit den Rechtsformen der PC, LLC und LLP ohnehin ein Haftungs-ausschluß für die vicarious liability verbunden ist.

5. Durchgriffshaftung

Die Frage der Durchgriffshaftung stellt sich bei *deutschen Anwaltsgesell-schaften* anders als bei US-amerikanischen erst seit kurzem, da die Ge-sellschafter einer in der Form der GbR – nicht: GbRmbH – oder PartG betriebenen Sozietät mangels einer haftungsbeschränkenden vertraglichen Vereinbarung ohnehin gesamtschuldnerisch haften und die Zulässigkeit der Anwalts-GmbH erst seit jüngster Zeit anerkannt wird. In der Anwalts-GmbH ist ein Durchgriff nur unter den gleichen engen Voraussetzungen wie bei einer gewerblich tätigen GmbH zuzulassen.

In den *Vereinigten Staaten* wird die Frage der Durchgriffshaftung bei Anwaltsgesellschaften seit langem diskutiert. Dies beruht darauf, daß der Grundsatz der gesamtschuldnerischen Haftung aller Gesellschafter ledig-lich in der Anwalts-GP uneingeschränkt gilt, während bei der anwaltlichen Tätigkeit in Form der PC, LLP und LLC schon mit der gesellschaftsrecht-lichen Form eine Haftungsbeschränkung verbunden ist, wenn diese auch abhängig vom einschlägigen einzelstaatlichen Recht und der Art der Ver-bindlichkeiten unterschiedlich weit ausfällt. Der Bedeutung der Frage entsprechend haben einzelstaatliche Rechtsprechung und Gesetzgebung Stellung genommen und zumindest für den Durchgriff bei der PC klare Richtlinien vorgegeben. So hat die Rechtsprechung die zur business cor-poration entwickelten Grundsätze des piercing the corporate veil auf die PC übertragen; danach ist die PC wie die business corporation grundsätz-lich als selbständige juristische Person anzuerkennen und die Haftungsbe-schränkung zu beachten; nur ganz ausnahmsweise und unter besonderen Umständen, unter welchen der Durchgriff auch bei der business corpora-tion möglich ist, kommt die Durchgriffshaftung auch bei der Anwalts-PC in Betracht. Bei der LLP ist die Übertragung dieser Grundsätze zum Teil gesetzlich vorgeschrieben, im übrigen sind sie nicht anwendbar. Bei der LLC ordnen einige einzelstaatliche Gesetze allerdings ausdrücklich an, daß bei der Verletzung bestimmter Formalanforderungen kein Durchgriff erfolgen darf. Im übrigen ist das Risiko, daß es zu einer Durchgriffshaftung kommt, bei der Anwalts-LLC jedenfalls geringer als bei der Kapitalge-sellschaftsform der PC, da eine Reihe der zum piercing the corporate veil entwickelten Fallgruppen per se nur bei Kapitalgesellschaften Anwendung finden können.

III. Haftung ausgeschiedener Gesellschafter

Die Bedeutung der Regelungen *im Recht der GbR und im PartGG*, nach denen die Haftung eines Gesellschafters für Verbindlichkeiten der Gesellschaft, die vor seinem Ausscheiden begründet waren, spätestens mit Ablauf von fünf Jahren ab der Kenntnis des Gläubigers vom Aussscheiden des Gesellschafters, § 736 II BGB, oder – vorteilhafter – ab der Eintragung ins Partnerschaftsregister, §§ 8 II PartGG, 160 HGB, erlischt, ist für Rechtsanwaltsgesellschaften aufgrund der durch § 51b BRAO angeordneten dreijährigen Verjährungsfrist für Schadensersatzansprüche aus Mandatsverhältnissen gering. In der *Anwalts-GmbH* wiederum haften die Gesellschafter – vorbehaltlich der Einführung einer obligatorischen Handelndenhaftung durch den Gesetzgeber – ohnehin nicht persönlich.

Dem steht eine komplexe Rechtssituation hinsichtlich der Haftung ausgeschiedener Gesellschafter in den *Vereinigten Staaten* gegenüber. Dies beginnt damit, daß eine dem § 51b BRAO vergleichbare Spezialregelung für die Verjährung von Ersatzansprüchen von Mandanten fehlt. Die Verjährungsfristen unterliegen vielmehr einzelstaatlichen Regelungen und können sehr unterschiedlich sein. Dabei kann lediglich festgestellt werden, daß die Verjährungsfristen für vertragliche Ansprüche für den Mandanten in der Regel günstiger sind als für auf dem Deliktsrecht beruhende Ansprüche.[1269] Dazu kommt, daß zwar in allen für die anwaltliche Berufsausübung zur Verfügung stehenden Rechtsformen das Ausscheiden eines Gesellschafters grundsätzlich nichts an seiner Haftung für fehlerhafte Berufsleistungen ändert, für die er auch vor seinem Ausscheiden haftbar war. Dieser Grundsatz wird aber teilweise durch einzelstaatliche Regelungen eingeschränkt, nach denen der ausgeschiedene Gesellschafter beispielsweise lediglich für die Berufsfehler weiterhin haften soll, die er persönlich begangen hat, oder die für die Beschränkung der Nachhaftung eine Registrierung des Ausscheidens verlangen oder Formulierungen enthalten, aus denen nicht mit hinreichender Klarheit hervorgeht, ob der ausgeschiedene Gesellschafter für vor seinem Austritt begangene Berufsfehler uneingeschränkt weiterhaftet oder nicht.

Folglich unterscheidet sich die Rechtssituation in den Vereinigten Staaten hinsichtlich der Haftung derjenigen Gesellschafter, welche aus einer Anwaltsgesellschaft ausgeschieden sind, vor allem dadurch von der Rechtslage in Deutschland, daß die US-amerikanischen Regelungen sehr unübersichtlich sind. Als einheitlicher Grundsatz läßt sich allerdings

---

1269 Vgl. für Beispiele *Mallen/Smith*, Vol. 2, 729 ff.

anführen, daß das Ausscheiden im Regelfall sowohl in Deutschland als auch nach dem Recht der meisten US-amerikanischen Einzelstaaten nichts an einer Haftung des betreffenden Gesellschafters für vor dem Ausscheiden begangene Berufsfehler ändert.

C. Ergebnis

Der Vergleich der Haftungsbeschränkungsmöglichkeiten, die Rechtsanwälten in Deutschland und den Vereinigten Staaten zur Verfügung stehen, hat gezeigt, daß dem US-amerikanischen Rechtssystem trotz seiner völlig anders als in Deutschland strukturierten Grundlagen der Anwaltshaftung doch einige Anregungen für den Umgang mit den deutschen Regelungen entnommen werden können. So wird insbesondere die in dieser Arbeit befürwortete weite Interpretation der durch §§ 8 II PartGG, 51a II BRAO eröffneten Möglichkeiten der Haftungskonzentration durch die in der obigen Darstellung[1270] beschriebenen, mit der supervisory liability verbundenen Probleme gestützt. Wäre die Beteiligung zusätzlicher, in der Vereinbarung nicht genannter Gesellschafter an der Leistungserbringung nämlich nicht zulässig, so käme es in Deutschland ebenfalls zu den Schwierigkeiten, die in den Vereinigten Staaten bei der supervisory liability und ihrem Zusammenwirken mit der inneren Struktur der Anwaltsgesellschaften zu beobachten sind. Die dargestellten, in den Vereinigten Staaten aufgrund der obligatorischen Handelndenhaftung aufgetretenen Probleme hinsichtlich der Abgrenzung des Handelndenbegriffs sowie auch hinsichtlich der Auswirkungen der Haftung auf die innere Struktur der Anwaltsgesellschaften sprechen gegen die gesetzliche Einführung einer Handelndenhaftung in der Anwalts-GmbH. Auch hat die Erörterung der rechtlichen Grundlagen der US-amerikanischen Handelndenhaftung, welche keine Entsprechung im deutschen Recht finden, verdeutlicht, daß der Handelndenhaftung des common law keine Vorbildfunktion für das deutsche Recht zukommen kann. Gleiches gilt wegen der gravierenden, in den Grundlagen der Anwaltshaftung wie im Gesellschaftsrecht vorzufindenden Unterschiede zwischen den beiden Rechtssystemen auch für die meisten anderen mit den Haftungsbeschränkungsmöglichkeiten zusammenhängenden Fragen.

1270 4. Teil, 5. Kapitel, D.III.3.

6. Teil: Zusammenfassende Bewertung

Die vorliegende Arbeit vergleicht die tatsächliche Entwicklung der deutschen und US-amerikanischen Anwaltsgesellschaften sowie die gesellschaftsrechtlichen Gestaltungsmöglichkeiten für die gemeinschaftliche anwaltliche Berufsausübung in Deutschland und den Vereinigten Staaten von Amerika. Die Arbeit versucht, damit Impulse für einen Umgang mit der durch den Beschluß des BayObLG aus dem Jahre 1994 für zulässig erklärten Anwalts-GmbH und mit dem 1995 in Kraft getretenen PartGG zu geben. Dabei sind im wesentlichen folgende Ergebnisse festzuhalten:

Die Entwicklung der deutschen Anwaltsgesellschaften wurde lange Zeit durch das traditionelle Berufsbild des Rechtsanwalts und oft nur historisch zu erklärende Restriktionen geprägt. Zu nennen sind in diesem Zusammenhang beispielsweise das erst 1989 durch ein Urteil des Bundesgerichtshofes beseitigte, die Entstehung von Großsozietäten erschwerende Verbot überörtlicher Sozietäten und das in den alten Bundesländern bis zum Jahre 2000 anwendbare Lokalisationsprinzip. Dazu kam der Versuch einer Abschottung nach außen, der durch die Entwicklungen im Europarecht ab den siebziger Jahren zunehmend zunichte gemacht wurde. Dagegen entstanden die ersten US-amerikanischen Big Firms und damit die Vorläufer der heutigen Großkanzleien bereits um die Jahrhundertwende und die ersten überregionalen Anwaltsgesellschaften immerhin schon in den fünfziger Jahren. Parallel hierzu kam es zu einer eingehenden Beschäftigung der US-amerikanischen Rechtswissenschaft mit den Ursachen für die Entwicklung der Rechtsanwaltsgesellschaften, mit Kanzleihierarchien und der Stabilität verschiedener Karrieresysteme.

Neben diesen Unterschieden gibt es in der Entwicklung in beiden Ländern aber auch Gemeinsamkeiten wie die traditionelle Beschränkung der interprofessionellen Zusammenarbeit und den starken Anstieg der Anwaltszulassungen in den vergangenen Jahren. Auch hatten die gesellschaftsrechtlichen Kooperationsmöglichkeiten in Deutschland wie den U.S.A. in der Vergangenheit keinen entscheidenden Einfluß auf die Entwicklung der Anwaltskanzleien. So waren deutsche Kanzleien in der Lage, in der Form der GbR einen Umfang von 100 und mehr Rechtsanwälten zu erreichen, während zahlreiche US-amerikanische Anwaltsgesellschaften auch zu einer Zeit general partnerships blieben, in der Rechtsanwälte bereits die

Möglichkeit hatten, sich in Form von Kapitalgesellschaften zu organisieren. Noch nicht absehbar ist allerdings, wie viele deutsche und US-amerikanische Anwaltsgesellschaften ihre Rechtsform zukünftig wechseln und erst seit jüngerer Zeit zur Verfügung stehende Gesellschaftsformen nutzen werden. So ist in Deutschland zu der Möglichkeit, in einer Sozietät in Form der GbR zusammenzuarbeiten, mit dem Inkrafttreten des PartGG im Jahre 1995 die Freiberufler-PartG getreten. Zudem hat das BayObLG in seinem Beschluß vom 24.11.1994 zutreffend aus dem Recht auf freie Berufswahl die Zulässigkeit der Anwalts-GmbH hergeleitet. Dabei gehen die von dem Gericht aufgestellten Mindestvoraussetzungen allerdings zu weit, denn es muß genügen, wenn die Satzung sicherstellt, daß der Gesellschafterkreis auf die in § 59a BRAO genannten Personen beschränkt, die Mehrheit der Geschäftsführerpositionen durch Rechtsanwälte besetzt wird und Haftpflichtversicherungen über einen Mindestbetrag von DM 2 Mio. für die Rechtsanwälte und die Gesellschaft selbst abgeschlossen werden. Der mittlerweile vorliegende Referentenentwurf zur Anwalts-GmbH, der eine gesetzliche Handelndenhaftung, eine Berufshaftpflichtversicherung über fünf Millionen DM und die Verpflichtung aller Gesellschafter zur Übernahme von Geschäftsführerpositionen vorsieht, der Anwalts-GmbH die Postulationsfähigkeit verwehrt sowie die gleichberechtigte Zusammenarbeit von Rechtsanwälten mit anderen Berufsgruppen weitgehend verhindert, sollte in dieser Form nicht Gesetz werden, um die Anwalts-GmbH als neue Form anwaltlicher Zusammenarbeit nicht zu entwerten.

Anders als in Deutschland wurde den Anwälten in den Vereinigten Staaten von Amerika bereits um 1960 mit den ersten einzelstaatlichen PC-Gesetzen die Möglichkeit eröffnet, in Form einer Kapitalgesellschaft tätig zu werden. 1976 hat die ABA dann das erste PC-Modellgesetz erlassen. Die älteste gesellschaftsrechtliche Form anwaltlicher Zusammenarbeit ist allerdings auch in den U.S.A. eine Personengesellschaft ohne gesellschaftsrechtliche Haftungsbeschränkung, nämlich die GP. Seit wenigen Jahren dürfen Rechtsanwälte in den meisten Einzelstaaten zudem in der Form der LLC, die haftungsrechtlich wie eine PC und steuerlich wie eine Personengesellschaft behandelt wird, tätig werden. In jüngster Zeit – beispielsweise im Jahre 1994 in New York – kam dann noch die LLP hinzu, die Rechtsanwälten die Möglichkeit gibt, die traditionelle Form der Personengesellschaft beizubehalten und wie diese besteuert zu werden, trotzdem aber eine Haftungsbeschränkung zu erlangen, die weitgehend der Rechtslage bei der PC entspricht.

Die den Anwälten in den verschiedenen Gesellschaftsformen offenstehenden Haftungsbeschränkungsmöglichkeiten unterscheiden sich in den beiden Ländern grundlegend. Dabei ist schon die rechtliche Ausgangssituation völlig verschieden: So sind Ansprüche wegen fehlerhafter anwaltlicher Berufsleistungen in Deutschland in aller Regel vertraglicher, in den U.S.A. dagegen deliktischer Natur. Die vertragliche Vereinbarung einer Haftungsbeschränkung ist den Anwälten in Deutschland in engen, gesetzlich vorgegebenen Grenzen gestattet: Nach der BRAO und dem PartGG ist – vorbehaltlich der geplanten Änderung der Haftungsverfassung der PartG – eine Konzentration der Haftung auf einen Gesellschafter möglich, der dann auch tatsächlich in nicht unmaßgeblichem Umfang an der Leistungserbringung beteiligt sein muß. Neben ihm können sich aber noch andere Gesellschafter an der fehlerhaften Leistungserbringung beteiligen, ohne daß sie zusätzlich haftbar gemacht werden können oder es zu einer gesamtschuldnerischen Haftung aller Gesellschafter kommt. Anstelle der oder zusätzlich zu der Haftungskonzentration kann auch eine Begrenzung der Haftung auf einen Höchstbetrag erfolgen und zwar auch bei demjenigen Gesellschafter, auf den die Haftung konzentriert worden ist. In den Vereinigten Staaten von Amerika sind haftungsbeschränkende Vereinbarungen im Voraus dagegen zumindest für eigene fehlerhafte Leistungen verboten.

Eine Haftungsbeschränkung auf der Ebene des Gesellschaftsrechts wiederum können Rechtsanwälte in Deutschland grundsätzlich nur durch Wahl der Rechtsform der Anwalts-GmbH erreichen. Allerdings ist eine Anwalts-GbR mbH dann zulässig, wenn deutliche Hinweise auf die Haftungsbeschränkung gegeben weren, so daß keine Gefahr einer Täuschung der Mandanten besteht. Das PartGG wiederum bringt keine gesellschaftsrechtliche Haftungsbeschränkung mit sich, sondern vereinfacht lediglich die Möglichkeiten vertraglicher Haftungsbeschränkungen, indem es bei der Haftungskonzenration auf die durch die BRAO vorgesehenen Formvorschriften verzichtet. Dies will der Referentenentwurf zur Anwalts-GmbH ändern, indem er für die PartG die Enführung einer gesetzlichen Haftungskonzentration auf den handelnden Anwalt vorsieht. In den U.S.A. gehen die Möglichkeiten der Haftungsbeschränkung auf der Ebene des Gesellschaftsrechts einerseits weiter als in Deutschland, da den Anwälten hier mit der PC, der LLC und der LLP drei verschiedene Rechtsformen zur Verfügung stehen, die eine Haftungsbeschränkung gewähren. Gesetzliche Regelungen und zahlreiche Gerichtsentscheidungen lassen dabei auch eine relativ verläßliche Beurteilung des Umfangs der Haftungsbeschränkung zu: Sie erstreckt sich bei den drei Gesellschaftsformen in der überwiegenden Zahl der Einzelstaaten auf fehlerhafte Leistungen, die der in Anspruch genommene Gesellschafter nicht selbst begangen hat, sondern die Kollegen erbracht haben, die sich aber auch nicht unter seiner unmittelbaren Überwachung befanden. Andererseits sind die Möglichkeiten der Haftungsbeschränkung insoweit enger, als die Haftung des Handelnden zwingend ist und auch auf der Ebene des Gesellschaftsrechts nicht beschränkt werden kann. Von einer Einführung einer solchen generellen Handelndenhaftung durch den deutschen Gesetzgeber, wie sie in letzter Zeit unter Hinweis auf ausländische Rechtsordnungen vermehrt gefordert wird und wie sie der Referentenentwurf zur Anwalts-GmbH vorschlägt, ist aber abzusehen, da die in dieser Arbeit diskutierten, entscheidend gegen die Handelndenhaftung sprechenden Gründe auch bei einem Vergleich mit der Rechtslage in den U.S.A. nicht an Gewicht verlieren.

Insgesamt konnten also durch den Rechtsvergleich mit den U.S.A. trotz der grundlegenden Unterschiede zwischen den Rechtssystemen einige Anregungen für den Umgang mit den deutschen Regelungen gewonnen werden; es ist aber nicht möglich, dem US-amerikanischen Recht der Anwaltsgesellschaften und der Anwaltshaftung eine Vorbildfunktion zuzugestehen.

Literaturverzeichnis

Lehrbücher und Monographien werden gewöhnlich nur mit dem Namen des Verfassers zitiert. Sind von einem Verfasser mehrere Werke verwendet worden, wird zur Unterscheidung eine Abkürzung des jeweiligen Titels in Klammern hinzugesetzt. Bei Zeitschriften folgt auf die Jahreszahl – der bei amerikanischen Zeitschriften der Band vorangestellt wird – die Angabe der Seitenzahlen. Dabei wird bei Aufsätzen, die vier oder mehr Seiten lang sind, die erste und die letzte Seite angegeben. Ansonsten steht eine Seitenzahl allein oder ist von „f." bzw. „ff." gefolgt.

Abel, Richard L., American Lawyers, New York, Oxford 1989.

Abels, Michael, Anwalt 2001, AnwBl 1990, 281.

Adams, Edward A., U.S. Lawyers Lose Opportunities in GATT Agreement, N.Y.L.J. v. 17.12.1993, 1.

Ahlers, Dieter, Der Anwalts-Notar als Gesellschafter einer überörtlichen Sozietät und in einer Rechtsanwaltsgesellschaft mit beschränkter Haftung, AnwBl 1991, 573–576.

– Die Anwalts-GmbH nach geltendem Recht, AnwBl 1991, 226–238.

– Die GmbH als Zusammenschluß Angehöriger freier Berufe zur gemeinsamen Berufsausübung. In: Pfeiffer, Gerd/Wiese, Günther/Zimmermann, Klaus (Hrsg.), Festschrift für Heinz Rowedder zum 75. Geburtstag, München 1994, 1–19.

– Die Rechtsanwalts-GmbH, AnwBl 1991, 10–14.

– Die Zulässigkeit der Anwalts-GmbH. Bemerkungen zum Beschluß des Bayerischen Obersten Landesgerichts, AnwBl 1995, 3–8.

– Rechtsanwalts-GmbH zugelassen: Ein Intermezzo?, AnwBl 1995, 121–125.

Alberts, Martin, Die Gesellschaft bürgerlichen Rechts im Umbruch, Frankfurt am Main 1994.

American Bar Association (ed.), Model Business Corporation Act Annotated, New York 3d ed. 1995, Vol. 4 (zitiert: Model Business Corporation Act Annotated).

– Recommendation and Report on Law Firms' Ancillary Business Activities, Discussion Draft, 8.2.1990, Chicago 1990 (zitiert: Ancillary Business).

Andrews, Thomas, Nonlawyers in the Business of Law: Does the One Who Has the Gold Really Make the Rules?, Hastings L. J. 40 (1989), 556–677.

Armstrong, Michael, Can Corporations be Partners, Bus. Law. 20 (1965), 899–910.

Bärwaldt, Roman/Schabacker, Joachim, Darf sich nur noch die Partnerschaftsgesellschaft „und Partner" nennen?, MDR 1997, 114–116.

Bailey, B. Todd/Bailey, Rick D., The Idaho Limited Liability Company: In Search of the Perfect Entity, Idaho L. Rev. 31 (1994), 1–81.

Bakker, Rainer, Rechtsanwaltsgesellschaften in England – Ein rechtsvergleichender Beitrag zur Reformdiskussion des anwaltlichen Berufs- und Organisationsrechts, AnwBl 1993, 245–254.

Banoff, Sheldon, Alphabet Soup: A Navigator's Guide – What Business Form is Best for Professionals, Bus. L. Today 4 (3/4 1995), 10–18.

Bartl, Harald/Henkes, Ulrich/Schlarb, Eberhard, GmbH-Recht, Handbuch und Kommentar, Heidelberg, 3.Aufl. 1990.

Baumbach, Adolf (Begründer)/Hefermehl, Wolfgang, Wettbewerbsrecht, Kommentar, München, 19.Aufl. 1996.

Baumbach, Adolf (Begründer)/Hopt, Klaus/Duden, Konrad, Kommentar zum Handelsgesetzbuch mit Nebengesetzen ohne Seerecht, Kurz-Kommentar. München, 29. Aufl. 1995.

Baumbach, Adolf/Hueck, Alfred, GmbH-Gesetz, Kommentar, begründet von Baumbach, Adolf/Hueck, Alfred, nunmehr verfaßt von Hueck, Götz/Schulze-Osterloh, Joachim/Zöllner, Wolfgang, München, 16.Aufl. 1996.

Baumbach, Adolf/Lauterbach, Wolfgang, Zivilprozeßordnung, Kommentar, begründet von Baumbach, Adolf/Lauterbach, Wolfgang, nunmehr verfaßt von Albers, Jan/Hartmann, Peter, München, 55.Aufl. 1997.

Bayer, Hermann-Wilfried/Imberger, Frank, Die Rechtsformen freiberuflicher Tätigkeit, DZWiR 1993, 309–319.

Beaudrot, Charles R./Houghton, Kendall, Effective Use of Limited Liability Companies in Georgia – An Overview of their Characteristics and Advantages, Mercer L. Rev. 45 (1993), 25–52.

Bellstedt, Christoph, Die Rechtsanwalts-GmbH, AnwBl 1995, 573–581.

Berger, Güran, Rechtsberatung durch Unternehmensberater, NJW 1990, 2355–2358.

Bermann, George A./Goebel, Roger J./Davey, William J./Fox, Eleanor M., Cases and Materials on European Community Law, St. Paul, Minn. 1993.

– Nochmals: Die Rechtsformen freiberuflicher Tätigkeit, DZWiR 1995, 177–183.

Bittker, Boris, Professional Associations and Federal Income Taxation: Some Questions and Comments, Tax L. Rev. 17 (1961), 1–40.

Black, Henry Campbell, Black's Law Dictionary, Definitions of the Terms and Phrases of American and English Jurisprudence, Ancient and Modern, St. Paul, Minn., 6. Aufl. 1991.

Block, Dennis J./Warren, Irwin H./Meierhofer, George F., Model Rule of Professional Conduct 5.7: Its Origin and Interpretation, Georgetown J. Legal Ethics 5 (1992), 745–816.

Blumberg, Hanno/Jessnitzer, Kurt (Hrsg.), Bundesrechtsanwaltsordnung, Kommentar. Köln, 7. Aufl. 1995.

Bösert, Bernd, Der Regierungsentwurf eines Gesetzes zur Schaffung von Partnerschaftsgesellschaften (Partnerschaftsgesellschaftsgesetz – PartGG), DStR 1993, 1332–1340.

Boin, Kai T., Weg frei für die Anwalts-GmbH?, NJW 1995, 371 ff.

Borgmann, Brigitte, Die Haftung des Rechtsanwalts, AnwBl 1995, 222-225.

Borgmann, Brigitte/Haug, Karl, Anwaltshaftung, 3.Aufl. 1995.

Bornkamm, Joachim, Die Grenzen anwaltlicher Werbung, WRP 1993, 643–651.

Bowman, Forest J., The Professional Corporation – Has the Death Knell been Sounded? Pepp. L. Rev. 10 (1983), 515–544.

Borgmann, Brigitte/Haug, Karl H., Anwaltshaftung, München, 3.Aufl. 1995.

Brallier, Jess M., Lawyers and other Reptiles, Chicago 1992.

Braun, Anton, Contra Anwalts-GmbH, MDR 1995, 447.

Brickmann, Lester, Attorney-Client Fee Arbitration: A Dissenting View, Utah L.Rev. 1990 (1990), 277–307.

Brieske, Rembert, Die Berufshaftpflichtversicherung, AnwBl 1995, 225–232.

Brodsky, Edward, Reliance in Legal Opinions, N. Y. L. J. v. 4.2.1995, 3, 7–11.

Bromberg, Alan R./Ribstein, Larry E., Bromberg and Ribstein on Limited Liability Partnership and the Revised Uniform Partnership Act, Boston 1995 (zitiert: Limited Liability Partnerships).

– Bromberg and Ribstein on Partnership, Boston, 1. Aufl. 1988 (Loseblatt, 1995), Vol. 1–4 (zitiert: Partnership).

Brown, Laura R., Limited Liability for Shareholders in Virginia Professional Corporations: Fact or Fiction?, U. Rich. L. Rev. 21 (1987), 571–588.

Bungert, Hartwin, Die (Registered) Limited Liability Partnership, RIW 1994, 360–367.

– Gesellschaftsrecht in den U.S.A., München 1994 (zitiert: Gesellschaftsrecht).

– Gründung und Verfassung der US-amerikanischen Limited Liability Company: neues personen- und kapitalgesellschaftsrechtliches Hybrid, IStR 1993, 128–179.

– The American Lawyer – Charakterbild des US-amerikanischen Wirtschaftsanwalts aus deutscher Perspektive, MDR 1994, 864–869.

Busse, Felix, Anwalt 2000 – Gedanken zu einem Beruf im Wandel, AnwBl 1994, 482–487.

Canaris, Claus-Wilhelm, Haftung Dritter aus positiver Forderungsverletzung, VersR 1965, 114–118.

Caplan, Lincoln, Skadden – Power, Money and the Rise of a Legal Empire, New York 1993.

Carr, Jack L./Mathewson, G. Frank, Reply to Prof. Gilson (J. Pol. Econ. 99 (1991), 420–425), J. Pol. Econ. 99 (1991), 426–429.

– The Economics of Law Firms: A Study in the Legal Organization of the Firm, J. L. & Econ. 33 (1990), 307–330.

– Unlimited Liability as a Barrier to Entry, J. Pol. Econ. 96 (1988), 766–784.

CCH (ed.), A Guide to Limited Liability Companies, Chicago 1995.

Christensen, Dirk G./Bertschi, Scott F., LLC Statutes: Use by Attorneys, Ga. L. Rev. 29 (1995), 693–761.

Coester-Waltjen, Dagmar, Besonderheiten des neuen Partnerschaftsgesellschaftsgesetzes, Jura 1995, 666 ff.

Connecticut Bar Association (ed.), Practicing under the Uniform Partnership Act or the Limited Liability Company Act, Conn. B. J. 68 (1994), 460 f.

Couric, Emily, The Tangled Web – When Ethical Misconduct Becomes Legal Liability, 79 APR A.B.A.J. 1993, 64–68.

Coy, Gayle L., Permitting the Sale of a Law Practice: Furthering the Interests of Both Attorneys and Their Clients, Hofstra L. Rev. 22 (1994), 969–986.

Crezelius, Georg, Kurzkommentar zu OLG Hamm, Urt. v. 19.5.1989, EWiR 1989, 979 f.

– Kurzkommentar zu BFH, Urt. v. 27.6.1989, EWiR 1990, 43 f.

Crossman, Alexander, Germany's Lawyers Respond to the Market, Int'l Fin. L. Rev. 3/1995, 26-39.

Cunningham, John, The Tax Angle, Bus. L. Today 4 (3/4 1995), 21 ff.

Curran, Barbara, Supplement to the Lawyer Statistical Report – The U.S. Legal Profession in 1985, Chicago 1986 (zitiert: The U.S. Legal Profession in 1985).

– The Lawyer Statistical Report: A Statistical Profile of the U.S. Legal Profession in the 1980's, Chicago 1985 (zitiert: The U.S. Legal Profession in the 1980's).

Darby, Elizabeth R., Relations between Attorneys – When Does a Partnership Exist?, J. Legal Profession 18 (1993), 319–327.

Dauner-Lieb, Barbara, Durchbruch für die Anwalts-GmbH? Anmerkungen zum Beschluß des BayObLG vom 24.11.1994, GmbHR 1995, 259–264.

Demharter, Anmerkung zum Beschluß des BayObLG v. 24.11.1994, NJW 1995, 199 ff.

Deutsch, Claudia H., For Law Firms, the Shakeout in the Business World Has Begun, The New York Times Law v. 17.2.1995, B8.

Dittmann, Thomas, Überlegungen zur Rechtsanwalts-GmbH, ZHR 1997, 332–336.

Donath, Roland, Rechtsberatungsgesellschaften, ZHR 1992, 134–173.

Duncan, Beth, Conversion To Limited Liability Partnership Is Easy, But The Safety Net They Offer Is Only A Partial One, BNA's Corp. Couns. Wkly. v. 8.2.1995, 8.

Düwell, Franz-Josef, Zur Zulässigkeit der Berufsausübung in einer Kapitalgesellschaft, AnwBl 1990, 388 f.

Eisenberg, Melvin A. (ed.), Corporations and Business Associations, Statutes, Rules, Materials and Forms, Westbury, N.Y. 1995.

Emmerich, Volker, Heymann Handelsgesetzbuch Kommentar, Band 2, Zweites Buch, §§ 105–237, Emmerich, Volker/Honsell, Thomas/Jung, Willi/Otto, Harro/Herrmann, Harald/Horn, Norbert/Niehus, Rudolf/Sonnenschein, Jürgen (Hrsg.), Berlin 1989.

Emmerich, Volker/Sonnenschein, Jürgen, Konzernrecht, München, 4. Aufl. 1992.

Errens, Martina, Folgen des GATS-Abkommens für den Rechtsanwalt, AnwBl 1994, 461 ff.

Ewer, Wolfgang, Interdisziplinäre Zusammenarbeit, AnwBl 1995, 161–167.

Falkenhausen, Joachim Frhr. von, Brauchen die Rechtsanwälte ein Partnerschaftsgesetz?, AnwBl 1993, 479 ff.

Fama, Eugene F./Jensen, Michael C., Agency Problems and Residual Claims, J. L. & Econ. 26 (1983), 327–349.

Farmer, S. Brian/Mezzullo, Louis A., The Virginia Limited Liability Company Act, U. Rich. L. Rev. 25 (1991), 789–839.

Feurich, Wilhelm, Die überörtliche Anwaltssozietät, AnwBl 1989, 360–368.

Feurich, Wilhelm/Braun, Anton (Hrsg.), Bundesrechtsanwaltsordnung, Kommentar, München, 3.Aufl. 1995.

Fischer, Thomas, Die Haftung des Rechtsanwalts für Berufspflichtverletzungen im englischen und deutschen Recht, Diss. Marburg 1995.

Flume, Werner, Allgemeiner Teil des Bürgerlichen Rechts, Erster Band, Erster Teil, Die Personengesellschaft, Berlin 1977.

Fortney, Susan S., Am I my Partner's Keeper? Peer Review in Law Firms, U. Colo. L. Rev. 66 (1995), 329–373.

Friedman, C. Hugh/Dallas, Evridiki, Corporations, Vol. 2, Encino, Ca. 1984 (Loseblatt, Ergänzungslieferung 1995).

Gail, Winfried/Overlack, Arndt, Anwaltsgesellschaften, Köln, 2.Aufl. 1996.

Galanter, Marc /Palay, Thomas, Tournament of Lawyers – the Transformation of the Big Law Firm. Chicago, London 1991.

– Why the Big Get Bigger: The Promotion – to – Partner – Tournament and the Growth of Large Law Firms, Va. L. Rev. 76 (1990), 747–811.

Gatto, John D., Die Anwaltshaftung im US-amerikanischen und deutschen Recht, Frankfurt am Main 1993, Diss. Gießen 1992.

Gazur, Wayne M./Goff, Neil M., Assessing the Limited Liability Company, Case W. Res. L. Rev. 41 (1991), 387–471.

Gerken, Ulrich, Die ausschließlich von Rechtsanwälten geführte Steuerberatungsgesellschaft, AnwBl 1996, 157 f.

Gibbons, Thomas F., Anwaltschaft im Jahr 2001, AnwBl 1990, 282–285.

Gilgan, Hans-Günther, Auswirkungen des Partnerschafts-Gesellschaftsgesetzes auf die Angehörigen des steuerberatenden Berufs, Stbg 1995, 28 ff.

Gillers, Stephen/Simon, Roy D., Regulation of Lawyers: Statutes and Standards with Recent Supreme Court and ABA Opinions, U.S.A. 1994.

Gilson, Ronald J., Unlimited Liability and Law Firm Organization: Tax Factors and the Direction of Causation. J. Pol. Econ. 99 (1991), 420–425.

Gilson, Ronald J./Mnookin, Robert H., Coming of Age in a Corporate Law Firm: The Economics of Associate Career Patterns, Stan. L. Rev. 41 (1989), 567–595.

– Sharing among the Human Capitalists. An Economic Inquiry into the Corporate Law Firm and How Partners Split Profits; Stan. L. Rev. 37 (1985), 313–392.

Gimbel, William J., Unfunded Liabilities have the Potential to Put a Law Firm Under, Legal Management (The Journal of the Association of Legal Administration) 1992, 16–23.

Gordon, Robert W., A Perspective from the United States. In: Wilton, Carol (ed.), Essays in the History of Canadian Law. Beyond the Law: Lawyers and Business in Canada, 1830 to 1930, Canada 1990, 425–437.

Granelli, James S., Partnerhip: A Shake or a Signature, Nat'l L. J. v. 23.10.1978, 1, 4.

Grippando, James M., Don't Take It Personally – Limited Liability For Attorney Shareholders Under Florida's Professional Corporation Act, Fla. St. L. Rev. 15 (1987), 279–320.

Grosberg, Lawrence M., Illusion and Reality in Regulating Lawyer Performance: Rethinking Rule 11, Villanova L. Rev. 32 (1987), 575–690.

Gross, Leonard E., Contractual Limitations on Attorney Malpractice Liability: An Economic Approach, Ky. L.J. 75 (1987), 793–839.

Grüninger, Michael, Aspekte, Strategien und Möglichkeiten einer EWIV von Rechtsanwälten, AnwBl 1992, 111–114.

– Die deutsche Rechtsanwaltssozietät als Mitglied einer EWIV, AnwBl 1990, 228–234.

Grunewald, Barbara, Gesellschaftsrecht, Tübingen 1994.

Gummert, Hans, Haftung und Haftungsbeschränkung bei der BGB-Außengesellschaft – Ein Beitrag zur Haftungsordnung der BGB-Gesellschaft, Diss. Bonn 1991.

– Zur Zulässigkeit einseitiger Haftungsbeschränkung auf das Vermögen der BGB-Außengesellschaft, ZIP 1993, 1063–1067.

Hachenburg, Max, Großkommentar zum Gesetz betreffend die Gesellschaft mit beschränkter Haftung, begründet von Max Hachenburg, weitergeführt von Barz, Carl Hans/Hohner, Georg, erster Band (§§ 1-34), Ulmer, Peter. (Hrsg.), Berlin, 8. Aufl. 1992.

Hadding, Walther, Haftungsbeschränkung in der unternehmerisch tätigen Gesellschaft bürgerlichen Rechts. In: Löwisch, Manfred/Schmidt-Leithoff, Christian/ Schmiedel, Burkhard (Hrsg.), Beiträge zum Handels- und Wirtschaftsrecht, Festschrift für Fritz Rittner zum 70. Geburtstag. München 1991, 133–146.

Halm, Dirk, Die Limited Liability Company: Eine Gesellschaftsform etabliert sich in den U.S.A., GmbHR 1995, 576 ff.

Hamill, Susan Pace, The Limited Liability Company: A Possible Choice for Doing Business, Fla. L. Rev. 41 (1989), 721–771.

Hamilton, Robert W., Registered Limited Liability Partnerships, Present at the Birth (Nearly), U. Colo. L. Rev. 66 (1995), 1065–1103.

Harte-Bavendamm, Henning, Überörtliche Anwaltssozietäten – Wettbewerber und „rechtssuchendes Publikum", AnwBl 1989, 546–551.

Hartstang, Gerhard, Anwaltsrecht, Köln 1991.

Hartung, Wolfgang, Das anwaltliche Berufsrecht am Scheideweg, AnwBl 1993, 549–552.

– Sozietät oder Kooperation? Zwei unterschiedliche Formen beruflicher Zusammenarbeit, AnwBl 1995, 333–338.

Hartwieg, Oskar, Rechtsvergleichendes zum Gegenstand der Anwalts-Haftung, AnwBl 1995, 209–216.

Hauschka, Christoph E., Die überörtliche Anwaltssozietät, Ein europarechtlicher Nachtrag, AnwBl 1989, 551–554.

Hausmann, Hellmut, Gesamtdeutsche und Europäische Perspektiven für die Freien Berufe, AnwBl 1990, 603 f.

Haynsworth, Harry J., Law Firm Breakups, Bus. Law. 46 (1990), 363 f.

Hazard, Geoffrey/Hodes, William, The Law of Lawyering: A Handbook on the Model Rules of Professional Conduct, Vol. 1, 2, Englewood Cliffs, 2d ed. 1990 (1994 Supp.).

Heckelmann, Dieter, Die GbRmbH als (neue) Gesellschaftsform?, in: Westermann, Harm Peter/Rosener, Wolfgang (Hrsg.), Festschrift für Karlheinz Quack zum 65. Geburtstag, Berlin 1991, 244–257.

Heermann, Peter, Haftungsbeschränkungen in der BGB-Außengesellschaft, BB 1994, 2421–2433.

Heinemann, Peter, Rechtsformwahl und Anwalts-GmbH, AnwBl 1991, 233–238.

Hellwig, Hans-Jürgen, Die Rechtsanwalts-GmbH, ZHR 1997, 337–365.

– Formen der Gestaltung der Zusammenarbeit mit dem ausländischen Anwalt, AnwBl 1996, 124–129.

Henn, Harry G./Alexander, John R., Laws of Corporations and other Business Enterprises, St. Paul, Minnesota 1983 (Pocket Part 1986).

Henninger, Michael-Peters, Europäisches Berufsrecht, BB 1990, 73–78.

Henssler, Martin, Anwaltschaft im Wettbewerb, AnwBl 1993, 541–548.

– Anwaltsgesellschaften, NJW 1993, 2137–2145.

– Der Gesetzesentwurf zur Regelung der Rechtsanwalts-GmbH, ZIP 1997, 1481–1491.

– Der Regierungsentwurf eines Gesetzes über Partnerschaftsgesellschaften, WiB 1994, 53–56.

– Die Freiberufler-GmbH, ZIP 1994, 844–852.

– Die Rechtsanwalts-GmbH, JZ 1992, 697–709.

– Die Rechtsanwalts-GmbH – Zulässigkeit und Satzungserfordernisse, ZHR 1997, 305–331.

– Neue Formen anwaltlicher Zusammenarbeit, DB 1995, 1549–1556.

– Partnerschaftsgesellschaftsgesetz, München 1997.

– Rechtliche Rahmenbedingungen anwaltlicher Tätigkeit in Europa, in: Henssler, Martin/Nerlich, Jörg (Hrsg.), Anwaltliche Tätigkeit in Europa, Köln 1994, 9–36.

Henssler, Martin/Prütting, Hanns (Hrsg.), Bundesrechtsanwaltsordnung, Kommentar, München 1997.

Hey, Friedrich, Gesellschafts- und steuerrechtliche Aspekte der Limited Liability Company, RIW 1992, 916–923.

Heydt, Karl-Eduard von der, Gesellschaftsrechtliche Grundlagen der EWIV, in: Heydt, Karl-Eduard von der/Rechenberg, Wolf-Georg von (Hrsg.), Die Europäische Wirtschaftliche Interessenvereinigung, Stuttgart 1991, 3–106.

Hillman, Robert W., Misconduct as a Basis for Excluding or Expelling a Partner: Effecting Commercial Divorce and Securing Custody of the Business, Nw. U. L. Rev. 78 (1983), 527–582.

– Hillman on Lawyer Mobility, The Law and Ethics of Partner Withdrawals and Law Firm Breakups, Boston, New York, Toronto, London, 1995 (zitiert: Lawyer Mobility).

Hobson, Wayne K., Symbol of the New Profession: Emergence of the Large Law Firm, 1870–1915, in: Gawalt, Gerhard W. (Hrsg.), The New High Priests. Lawyers in Post-War America, Westport, London 1984, 1–27.

Hölscher, Christoph, Die Professional Corporation – die „amerikanische Form der Partnerschaft," RIW 1995, 551 ff.

Hommelhoff, Peter/Schwab, Martin, Anmerkungen zu BayObLG Beschl. v. 24.11.1994, WiB 1995, 115–118.

Hopt, Klaus, Nichtvertragliche Haftung außerhalb von Schadens- und Bereicherungsrecht – zur Theorie und Dogmatik des Berufsrechts und der Berufshaftung , AcP 183 (1983), 608–724.

Hornung, Anton, Partnerschaftsgesellschaft für Freiberufler, RPfleger 1995, 481–488, RPfleger 1996, 1–9.

Huber, Konrad, Verkehrspflichten zum Schutz fremden Vermögens, in: König, Detlef/Kreuzer, Karl F./Leser, Hans G./v. Bieberstein, Wolfgang/Schlechtriem, Peter (Hrsg.), Festschrift für Ernst von Caemmerer zum 70. Geburtstag, Tübingen 1978, 359 - 388.

Hüchting, Heinrich, Die Relevanz des internationalen Wettbewerbs für die deutsche Anwaltschaft. AnwBl 1989, 440–444.

Hueck, Götz, Gesellschaftsrecht, München, 19.Aufl. 1991.

Hufen, Friedhelm, Berufsfreiheit – Erinnerung an ein Grundrecht, NJW 1994, 2913–2922.

Jähnke, Burkhard, Rechtliche Vorgaben einer künftigen Neuregelung des anwaltlichen Standesrechts, NJW 1988, 1888–1893.

Jauernig, Othmar (Hrsg.), Bürgerliches Gesetzbuch, Kommentar, erläutert von Jauernig, Othmar/Schlechtriem, Peter/Stürner, Rolf/Teichmann, Arndt/Vollkommer, Max, München, 7.Aufl. 1994.

Johnson, Vincent, On Shared Human Capital, Promotion Tournaments, and Exponential Law Firm Growth. Rezension von Galanter/Palay, Tournament of Lawyers, Tenn. L. Rev. 58 (1991), 537–556.

Jürgenmeyer, Michael, Berufsrechtliche Diskriminierung der interprofessionell tätigen Rechtsanwälte, BRAK-Mitt. 4/1995, 142–146.

Justice, Kathleen E., There Goes the Monopoly: The California Proposal to Allow Nonlawyers to Practice Law, Vanderbilt L. Rev. 44 (1991), 179–212.

Kaiser, Hans/Bellstedt, Christoph, Die Anwaltssozietät, Berlin, 2.Aufl. 1995.

Kalish, Stephen E., Comment: A Departed Partner's Liability for the Post-Departure Malpractice of Her Ex-Colleagues – A Practical Approach, Neb. L. Rev. 70 (1991), 265–276.

– The Sale of a Law Practice: The Model Rules of Professional Conduct Point in a New Direction, U. Miami L. Rev. 39 (1985), 471–509.

– Lawyer Liability and Incorporation of the Law Firm: A Compromise Model Providing Lawyer-Owners with Limited Liability and Imposing Broad Vicarious Liability on Some Lawyer-Employees, Ariz. L. Rev. 29 (1987), 563–597.

Karlsbach, Werner, Standesrecht des Rechsanwalts, Köln 1956.

Keatinge, Robert R./Maxfield, John R./Spudis, Barbara C., Limited Liability Companies: Into the Mainstream, Q 229 American Law Institute ABA (1994), 1–144.

Keatinge, Robert R./Ribstein, Larry E./Hamill, Susan Pace/Gravelle, Michael L./ Connaughton, Sharon, The Limited Liability Company: A Study of the Emerging Entity, Bus. Law. 47 (1992), 375–460.

Kempter, Fritz, Das Partnerschaftsgesellschaftsgesetz, BRAK-Mitt. 3/1994, 122–125.

Kespohl-Willemer, Annette, Der deutsche Anwalt in der Europäischen Gemeinschaft, Rechtliche Rahmenbedingungen und Möglichkeiten, JZ 1990, 28–31.

– Rechtsanwaltschaftsgesellschaft in Dänemark, AnwBl 1990, 457 ff.

Klein, William A./Zolt, Eric M., Business Form, Limited Liability, and Tax Regimes: Lurching Toward a Coherent Outcome?, U. Colo. L. Rev. 66 (1995), 1001–1041.

Klein-Blenkers, Friedrich, Wirtschaftliche Bedeutung und rechtliche Fragen zur Europäischen Wirtschaftlichen Interessenvereinigung, DB 1994, 2224 ff.

Kleine-Cosack, Michael, Bundesrechtsanwaltsordnung, Kommentar, München, 2. Aufl. 1996.

Klunzinger, Eugen, Grundzüge des Gesellschaftsrechts, München, 8.Aufl. 1993.

Knoll, Heinz-Christian, Mustersatzung für eine Rechtsanwalts-GmbH, WiB 1995, 130-133.

Knoll, Christian/Schüppen, Matthias, Die Partnerschaftsgesellschaft – Handlungszwang, Handlungsalternative oder Schubladenmodell, DStR 1995, 608–613, 646–652.

Koch, Harald, Nationale und internationale Organisations- und Kooperationsformen anwaltlicher Tätigkeit in der Bundesrepublik Deutschland, in: Gilles, Peter (Hrsg.), Anwaltsberuf und Richterberuf in der heutigen Gesellschaft, Baden Baden 1991, 153–171.

Koch, Ludwig, Welche gesetzlichen Regelungen empfehlen sich für das Recht der rechtsberatenden Berufe, insbesondere im Hinblick auf die Entwicklung in der Europäischen Gemeinschaft?, AnwBl 1990, 577–589.

– Zur Zulässigkeit der Rechtsanwalts-GmbH nach geltendem Recht, AnwBl 1993, 157–160.

– Pro Anwalts-GmbH, MDR 1995, 446.

Kögel, Steffen, Unternehmerische BGB-Gesellschaft: Möglichkeiten und Risiken der Haftungsbeschränkung bei Verträgen, DB 1995, 2201–2207.

Köndgen, Johannes, Selbstbindung ohne Vertrag, Tübingen 1981.

König, Jürgen, Neues Berufsrecht, überörtliche Sozietät (Zu Schroeder/Teichmann, AnwBl 1990, 22 ff.), AnwBl 1990, 259 f.

Kollhosser, Helmut/Raddatz, Anselm, Die Europäische Wirtschaftliche Interessenvereinigung (EWIV), JA 1989, 10–16.

Kornblum, Udo, Die Haftung der Gesellschafter für Verbindlichkeiten von Personengesellschaften, Diss. Frankfurt 1972.

Kotulla, Michael, Der anwaltliche „Lokalisierungszwang" und die Berufsfreiheit, AnwBl 1990, 126–133.

Krämer, Achim, Die verfassungsrechtliche Stellung des Rechtsanwalts, NJW 1995, 2313–2317.

Kremer, Arnold, Die GmbH als Rechtsform freiberuflicher Zusammenarbeit, Diss. Berlin 1979.

– Freie Berufe in der Rechtsform der GmbH, GmbHR 1983, 259–267.

Kübler, Friedrich, Gesellschaftsrecht, Heidelberg, 4. Aufl. 1994.

Kulka, Michael, Der „Freiberufler-Konzern" (Zugleich eine Besprechung zum Urteil des BGH v. 19.9.1994), DZWiR 1995, 45–53.

Kunz, Christian, Die Europäisierung des Berufsrechts der Rechtsanwälte, Baden-Baden 1997 (zugl. Diss. Würzburg 1997).

Landry, Klaus, Die Anwalts-Kapitalgesellschaft – eine Replik auf MDR 1995, 447, MDR 1995, 558.

Lange, Hans-Peter, Nochmals: Anwaltlicher „Lokalisierungszwang" und Berufs-freiheit. Stehen „der anwaltliche Lokalisierungszwang und die Berufsfreiheit" (zu Kotulla, AnwBl 1990, 126 ff.) wirklich in unüberbrückbarem Gegensatz?, AnwBl 1990, 241–244.

Lechner, Wolfgang D., Lokalisation und Singularzulassung: Bemerkungen aus der Praxis, AnwBl 1991, 301–304.

Lenz, Tobias, Die Partnerschaft – alternative Gesellschaftsform für Freiberufler?, MDR 1994, 741–746.

Leptien, Ulrich, Kurzkommentar zu BGH, Urt. v. 7.3.1990, EWiR 1990, 883 f.

Levinson, Harold L., Independent Law Firms that Practice Law Only: Society's Need, the Legal Profession's Responsibility, Ohio State L. J. 51 (1990), 229–262.

Levy, Beryl, Corporation Lawyer: Saint or Sinner, Philadelphia 1961.

Lewis, Neil A., Non-Lawyers to Be Partners in Nation's Capital, New York Times v. 2.3.1990, B8 ff.

Liesenfeld, Claus, Haftungsbeschränkungen und Berufshaftpflichtversicherung, AnwBl 1996, 26.

Lingenberg, Joachim/Hummel, Fritz/Zuck, Rüdiger/Eich, Alexander (Hrsg.), Kommentar zu den Grundzügen des anwaltlichen Standesrechts, Köln, 2. Aufl. 1988.

Lipartito, Kenneth/Pratt, Joseph, Baker & Botts in the Development of Modern Houston, Austin 1991.

Lipp, Martin, Zwischen Gesamthand und Gesamtschuld, BB 1982, 74–79.

Lubaroff, Martin/Altman, Paul, Delaware Limited Partnerships, Englewood Cliffs, 1995.

Lubaroff, Martin/Schorr, Brian, Forming and Using Limited Liability Companies and Limited Liability Partnerships, New York 1994.

Lutter, Marcus/Hommelhoff, Peter (Hrsg.), GmbH-Gesetz, Kommentar, Köln, 14. Aufl. 1995.

Lyons, James, Baker and McKenzie: The Belittled Giant, A. Law., 10/1985, 115–122.

Maier, Arno, Die Reform des Anwaltsrechts in Frankreich, AnwBl 1991, 182 f.

Mallen, Ronald E./Smith, Jeffrey M., Legal Malpractice, Vol. 1–4, St. Paul, Minnesota, 4th ed. 1996.

Manning, Blanche M., Legal Malpractice: Is it Tort or Contract?, Loy. U. L. J. 21 (1990), 741–756.

Martens, Klaus-Peter, Schlegelberger Handelsgesetzbuch Kommentar, Geßler, Ernst/Hildebrandt, Wolfgang/Martens, Klaus-Peter/Hefermehl, Wolfgang/ Schröder, Georg/Schmidt, Karsten (Hrsg.), München, 5. Aufl. 1992.

Matthews, Mary E., The Arkansas Limited Liability Company: A Business Entity is Born, Ark. L. Rev. 46 (1994), 791–872.

Marx, Thomas, Die Europäische Wirtschaftliche Interessenvereinigung (EWIV) als Kooperationsform für die freien Berufe, AnwBl 1997, 241–245.

Maycheck, Karen M., Shareholder Liability in Professional Legal Corporations: A Survey of the States, U. Pitt. L. Rev. 47 (1986), 817–841.

Mayen, Thomas, Die verfassungsrechtliche Stellung des Rechtsanwalts – Ausprägungen und Auswirkungen auf das anwaltliche Berufsrecht, NJW 1995, 2317–2324.

Meilicke, Wienand/von Westphalen, Friedrich/Hoffmann, Jürgen/Lenz, Tobias, Kommentar zum Partnerschaftsgesellschaftsgesetz, München 1995 (zitiert: PartGG).

Menkel-Meadow, Carrie, Culture Clash in the Quality of Life in the Law: Changes in the Economics, Diversification and Organization of Lawyering, Case W. Res. L. Rev. 44 (1994), 621–663.

Merkt, Hanno, US-amerikanisches Gesellschaftsrecht, Heidelberg 1991.

Merle, Henner, Freizügigkeit für Rechtsanwälte in der Europäischen Union, Frankfurt am Main u. a. 1995 (zugl.: Diss., Münster 1994).

Mertens, Hans-Joachim, Deliktsrecht und Sonderprivatrecht – zur Rechtsfortbildung des deliktischen Schutzes von Vermögensinteressen, AcP 178 (1978), 227–262.

Michalski, Lutz, Das Gesellschafts- und Kartellrecht der berufsrechtlich gebundenen freien Berufe, Köln 1989, Habil. Bielefeld 1986/87.
– Die freiberufliche Zusammenarbeit im Spannungsfeld von Gesellschafts- und Berufsrecht, AnwBl 1989, 65–76.
– Zum Regierungsentwurf eines Partnerschaftsgesetzes, ZIP 1993, 1210–1214.

Michalski, Lutz/Römermann, Volker, Kommentar zum Partnerschaftsgesellschaftsgesetz, Köln 1995 (zitiert: PartGG).

Mittelsteiner, Karl-Heinz, Das neue Berufsrecht der Steuerberater, DStR 1994, Beihefter zu Heft 37, 1–39.

Müller-Gugenberger, Christian, Bringt die „Partnerschaft" für die freien Beufe Wettbewerbsgleichheit im Gemeinsamen Markt?, DB 1972, 1517–1523.
– EWIV – Die neue europäische Gesellschaftsform, NJW 1989, 1449–1458.

Münchener Kommentar zum Bürgerlichen Gesetzbuch, Band 1, Allgemeiner Teil (§§ 1–240), AGB-Gesetz, Säcker, Franz Jürgen (Hrsg.); München, 3.Aufl. 1993; Band 3, Schuldrecht, Besonderer Teil, 2. Halbbd. (§§ 652–853), München, 2.Aufl. 1986, Rebmann, Kurt/Säcker, Franz-Jürgen (Hrsg.), München, 2. Aufl. 1986.

Munneke, Gary A., Dances With Nonlawyers: A New Perspective On Law Firm Diversification, Fordham L. Rev. 61 (1992), 559–615.

Naegele, Wolfgang/Jürgensen, Klaus Chr., Zusammenschlüsse von Freiberuflern, Hamburg, 2. Aufl. 1995.

Nelson, Robert, Partners with Power: The Social Transformation of the Large Law Firm, Berkeley 1988.

– The Future of American Lawyers: A Demographic Profile of a Changing Profession in a Changing Society, Case W. Res. L. Rev. 44 (1994), 345–387.

Nerlich, Jörg, Kooperation zwischen europäischen Rechtsanwälten, Diss. Bonn 1994.

– Multinationale und transnationale Anwaltssozietäten in Europa, in: Henssler, Martin/Nerlich, Jörg (Hrsg.), Anwaltliche Tätigkeit in Europa, Köln 1994, 37–82.

Neye, Hans-Werner, Partnerschaft und Umwandlung, ZIP 1997, 722–726.

Nietzer, Wolf M., Gesellschaftsformen amerikanischer Anwaltskanzleien, AnwBl 1995, 67–71.

Noah, Timothy, Washington's Plan to Let Lobbyists be Partners in Law Firms Strikes Some Lawyers as Appalling, Wall St. J. v. 27.4.1990, A14.

Oberlander, Willi, Europäische Anwaltskooperationen haben Vorsprung auf dem Markt für Rechtsberatung, Handelsblatt v. 14.1.1994, K3.

Odersky, Walter, Anwaltliches Berufsrecht und höchstrichterliche Rechtsprechung, AnwBl 1991, 238–247.

O'Hearn, Timothy J., Professional Corporations – Shareholder Liability in Ohio: Confounding Attorney and Others, Akron L. Rev. 17 (1983), 143–154.

Oppermann, Bernd, Grenzen der Haftung in der Anwalts-GmbH und der Partnerschaft, AnwBl 1995, 453–456.

Overton, George W., Supervisory Responsibility: A New Ball Game for Law Firms and Lawyers, Ill. B. J. 1990, 434–438.

Paas, David, Professional Corporations and Attorney-Shareholders: The Decline of Limited Liability, J. Corp. L. 11 (1986), 371–390.

Paefgen, Thomas Christian, Konzentrationstendenzen im U.S.-amerikanischen Anwaltsmarkt und ökonomische Analyse, JA 1994, X – XXXVI.

Palandt, Bürgerliches Gesetzbuch, Kommentar, verfaßt von Bassenge, Peter/Diederichs, Uwe/Edenhofer, Wolfgang/Heinrichs, Helmut/Heldrich, Andreas/Putzo, Hans/Thomas, Heinz, München, 56.Aufl. 1997.

Poll, Jens, Die Haftung der Freien Berufe zwischen standesrechtlicher Privilegierung und europäischer Orientierung. Paderborn u. a. 1994 (zugl. Diss. FU Berlin 1992 u.d.T.: Die Haftung der freien Berufe am Beispiel des Rechtsanwalts).

Prohaska, Astrid, Die Handelndenhaftung in der Anwalts-GmbH, MDR 1997, 701–704.

Rae, David B., Limited Liability Partnership: The Time to Become One is Now, Hous. Law. 30 (1993), 47 ff.

Raisch, Peter, Freie Berufe und Handelsrecht, in: Löwisch, Manfred/Schmidt-Leithoff, Christian/Schmiedel, Burkhard (Hrsg.), Beiträge zum Handels- und Wirtschaftsrecht, Festschrift für Fritz Rittner zum 70. Geburtstag, München 1991, 471–489.

Ramsey, Vaughn H., Analyzing Recent Statutory Modifications Limiting Professional Liability, The Business Lawyer, North Carolina Bar Association 1/1994, 8 ff.

Reichert, Jochen, Der GmbH-Vertrag, München, 2. Aufl. 1994.

Remmertz, Frank Rene, Anwaltschaft zwischen Tradition und Wettbewerb, Bonn 1996 (zugl. Diss. Köln 1996).

Rheinspitz, F.J., Zur Reform des Anwaltsstandes, AnwBl 1990, 260 f.

Ribstein, Larry E., A Theoretical Analysis of Professional Partnership Goodwill, Neb. L. Rev. 70 (1991), 38–74.

– Statutory Forms for Closely Held Firms: Theories and Evidence from LLCs, Wash. U. L. Q. 73 (1995), 369–432.

– The Deregulation of Limited Liability and the Death of Partnership, Wash. U. L. Q. 70 (1992), 417–487.

– The Revised Uniform Partnership Act: Not Ready for Prime Time, Bus. Law. 49 (1993), 45–82.

Ribstein, Larry E./Keatinge, Robert R., Ribstein and Keatinge on Limited Liability Companies, Vol. 1, Colorado, New York, 1. Aufl. 1992 (Loseblatt, 1996) (zitiert: Limited Liability Companies).

Ribstein, Larry E./Kobayashi, Bruce H., Uniform Laws, Model Laws and Limited Liability Companies, Colo. L. Rev. 66 (1995), 947–988.

Rinsche, Franz-Josef, Die Haftung des Rechtsanwalts und des Notars, Köln, 5.Aufl. 1995.

Ripps, Stephen R., Law Firm Ownership of Ancillary Businesses in Ohio – A New Era?, Akron L. Rev. 27 (1993), 1–19.

Römermann, Volker, Entwicklungen und Tendenzen bei Anwaltsgesellschaften, Köln 1995 (zugl. Diss. Bayreuth 1995).

Roesen, Anton, Zur Frage der Haftungsbeschränkung, AnwBl 1962, 25–28.

Rose, Joel A., Policy and Operations: Defining the Roles, N. Y. L. J. v. 2.5.1995, 5, 8.

Roth, Günter H., Gesetz betreffend die Gesellschaften mit beschränkter Haftung, Kommentar, München, 2. Auflage 1987.

Rowedder, Heinz/Fuhrmann, Hans/Rasner, Henning/Koppensteiner, Hans-Georg/ Rittner, Fritz/Langfermann, Josef/Zimmermann, Klaus, Gesetz betreffend die Gesellschaften mit beschränkter Haftung (GmbHG), Kommentar, München, 2.Aufl. 1990.

Salger, Hanns-Christian, Überörtliche Anwaltssozietäten in Deutschland, NJW 1988, 186 f.

Saller, Rudolf, Rechtliche Grundlagen der BGB-Gesellschaft im Hinblick auf die Möglichkeiten einer Haftungsbegrenzung, DStR 1995, 183–188.

Samborn, Randall, Non-Lawyers as Firm Partners, Nat'l L. J. v. 5.3.1990, B 1, B46 f.

Sandberger, Georg/Müller-Graff, Peter-Christian, Formen freiberuflicher Zusammenarbeit, ZRP 1975, 1–7.

Sander, Richard H./Williams, E. Douglass, Why Are There So Many Lawyers? Perspectives on a Turbulent Market, L. & Soc. Inquiry 14 (1989), 431–479.

Sargent, Mark A., Limited Liability Company Handbook, Iowa 1993.

Sauren, Marcel/Haritz, Detlef, Anwalts-GmbH: Gründung oder Einbringung im Steuerrecht, MDR 1996, 109–113.

Schardey, Günter, Die neue Bundesrechtsanwaltsordnung, AnwBl 1994, 369 ff.
– Zur Lage der Anwaltschaft und zum Stand der 4. Berufsrechtsdiskussion, AnwBl 1991, 2 ff.

Schaub, Bernhard, Das neue Partnerschaftsregister, NJW 1996, 625–627.

Schlosser, Peter, Grünes Licht für Rechtsanwalts-GmbHs?, JZ 1995, 345–349.

Schmidt, Karsten, Der Regierungsentwurf eines Gesetzes über Partnerschaftsgesellschaften, WiB 1994, 53–56.
– Die Freiberufliche Partnerschaft – zum neuen Gesetz zur Schaffung von Partnerschaftsgesellschaften, NJW 1995, 1–7.
– Handelsrecht, Köln u. a., 4. Aufl. 1994 (zitiert: Handelsrecht).
– Gutachten zur Überarbeitung des Schuldrechts, Band III, Köln 1983.
– Gesellschaftsrecht, Köln u. a., 3. Aufl. 1997 (zitiert: Gesellschaftsrecht).
– Partnerschaftsgesetzgebung zwischen Berufsrecht, Schuldrecht und Gesellschaftsrecht, ZIP 1993, 633–652.

Schneider, Nora, Incorporated Lawyers – The Veil Rises and Falls, Cin. L. Rev. 55 (1987), 785–798.

Scholz, Kommentar zum GmbH-Gesetz, 1.Band, §§ 1-44; 2.Band, §§ 45-85, begründet von Scholz, Franz, bearbeitet von Crezelius, Georg/Emmerich, Volker/Priester, Hans-Joachim/Schmidt, Karsten/Schneider, Uwe/Tiedemann, Klaus/Westermann, Peter/Winter, Heinz (Hrsg.), Köln u. a., 8. Aufl. 1995.

Schroeder, Dirk, Die Berufshaftung des Anwalts – Ausschluß, Beschränkung oder Versicherung?, AnwBl 1984, 522–525.

Schwark, Eberhard, Voraussetzungen und Grenzen der persönlichen Gesellschafterhaftung der GbR, in: Kübler, Friedrich/Mertens, Hans-Joachim/Werner, Winfried (Hrsg.), Festschrift für Theodor Heinsius zum 65. Geburtstag, Berlin 1991, 753–769.

Scriba, Michael O.E., Die Europäische Wirtschaftliche Interessenvereinigung, Heidelberg 1988 (zugl.: Diss. Münster 1987).

Seibert, Ulrich, Die Partnerschaft, Eine neue Gesellschaftsform für Freiberufler, Bonn 1994 (zitiert: Die Partnerschaft).
– Die Partnerschaft für die Freien Berufe, DB 1994, 2381–2384.
– Zum neuen Entwurf eines Partnerschaftsgesellschaftsgesetzes, AnwBl 1993, 155 ff.

Seibert, Ulrich/Köster, Beate-Kathrin; Die kleine AG, Köln, 2. Aufl. 1995.

Shapiro, Jeffrey N., Attorney Liability under RICO § 1962 (c) after Reves v. Ernst & Young, U. Chi. L. Rev. 61 (1994), 1153–1174.

Sieg, Oliver, Internationale Anwaltshaftung, Heidelberg 1996 (zugl.: Diss. Münster 1995).

Smigel, Erwin, The Impact of Recruitment on the Organization of the Large Law Firm, A. Soc. Rev. 25 (1960), 25–66.
– The Wall Street Lawyer: Professional Organization Man?, Bloomington, 1969.

Smith, Frederic L., Professional Corporations in Ohio: The Time for Statutory Reversion, Ohio St. L. J. 30 (1969), 439–457.

Soergel, Bürgerliches Gesetzbuch, Kommentar, Band 1, Allgemeiner Teil (§§ 1–240), begründet von Soergel, Theodor, neu herausgegeben von Siebert, Wolfgang, mitverfaßt von Baur, Jürgen. Stuttgart u. a., 12.Aufl. 1988.

Sommer, Michael, Anwalts-GmbH oder Anwalts-Partnerschaft? Zivil- und steuerrechtliche Vor- und Nachteile, GmbHR 1995, 249–258.

Sotiropoulos, Georgios, Partnerschaftsgesellschaft: Haftung der Partner und Haftungsbeschränkungswege, ZIP 1995, 1879–1886.

Starck, Joachim, Die Auswirkungen des Markengesetzes auf das Gesetz gegen den unlauteren Wettbewerb, DZWir 1996, 313–316.

Staub, Großkommentar zum Handelsgesetzbuch, §§ 105–113, begründet von Hermann Staub, weitergeführt von Canaris, Claus-Wilhelm/Schilling, Wolfgang/Ulmer, Peter, Berlin, 4.Aufl. 1989.

Stehle, Heinz/Longin, Franz, Rechtsformen für die Freien Berufe, Stuttgart 1995.

Stoldt, Martina, Organisations- und Kooperationsmöglichkeiten für Anwälte, Steuerberater, Wirtschaftsprüfer und árzte in Europa und den U.S.A., in: Seibert, Die Partnerschaft, Eine Gesellschaftsform für Freiberufler, Bonn 1994, 62–81.

Stuber, Manfred, Das Partnerschaftsgesetz unter besonderer Berücksichtigung der Belange der Anwaltschaft, WiB 1994, 705–710.

– Die Partnerschaftsgesellschaft, Mustervertrag einer freiberuflichen Partnerschaft, München 1995.

Stucken, Ralf, Mustervertrag einer Partnerschaftsgesellschaft, WiB 1994, 744–749.

Sutton, John F./Dzienkowski, John S., Cases and Materials on the Professional Responsibility of Lawyers, St. Paul, Minnesota 1989.

Sykes, Alan O., The Boundaries of Vicarious Liability: An Economic Analysis of the Scope of Employment Rule and Related Legal Doctrines, Harv. L.Rev. 101 (1988), 563–609.

Taupitz, Jochen, Rechtsanwalts-GmbH zugelassen: Durchbruch oder Intermezzo?, NJW 1995, 369 ff.

– Zur Zulässigkeit von Freiberufler-GmbHs, Heilkunde-GmbH: ja, Rechtsberatungs-GmbH: nein?, JZ 1994, 1100–1108.

Teichmann, Eghard, Die überörtliche Anwaltssozietät. Eine Chance für die kleinere Praxis?, AnwBl 1989, 368–372.

Thümmel, Manfred, Die Partnerschaft – eine neue Gesellschaftsform für Freiberufler, WPg 1971, 399 f.

Tiebing, Otto, Lokalisation und Singularzulassung nicht mehr zeitgemäß?, AnwBl 1990, 300–303.

Tilman, Winfried, Rechtliche und rechtspolitische Fragen der Singularzulassung, AnwBl 1990, 480 ff.

Twitchell, Mary, The Ethical Dilemmas of Lawyers on Teams, Minn. L. Rev. 72 (1988), 697–773.

Ulmer, Peter, Abfindungsklauseln in Personengesellschafts- und GmbH-Verträgen, in: Westermann, Harm Peter/Rosener, Wolfgang (Hrsg.), Festschrift für Karlheinz Quack zum 65. Geburtstag, Berlin 1991, 477–503.

Vollkommer, Max, Anwaltshaftungsrecht, München 1989.

Vorbrugg, G., Der deutsche Anwalt im internationalen Wettbewerb, Möglichkeiten, Chancen, Grenzen, AnwBl 1989, 451–456.

Vorbrugg, Georg/Salzmann, Stephan, Überregionale Anwaltskooperationen, AnwBl 1996, 129–140.

Weber, Claus, Der Vorschlag für eine Richtlinie zur Verbesserung der Niederlassungsbedingungen für Rechtsanwälte im EG-Ausland, DZWir 1996, 127–129.

Weidlich, Thom, Ancillary Business Prospering Quietly, Nat'l L. J. v. 21.12.1992, 1.

Weidner, Donald J./Larson, John W., The Revised Uniform Partnership Act: The Reporters Overview, Bus. Law. 49 (1993), 1–44.

Weil, Fred B./Wood, Robert W., Rethinking Professional Corporations After Tax Equity. The Tax Magazine 1983, 186–197.

Wellkamp, Ludger, Risikobegrenzung in der Unternehmer-BGB-Gesellschaft, NJW 1993, 2715–2718.

Wertenbruch, Johannes, Die Bezeichnung „und Partner" außerhalb der Partnerschaft, ZIP 1996, 1776–1778.

– Partnerschaftsgesellschaft und neues Umwandlungsrecht, ZIP 1995, 712–716.

Westphalen, Friedrich Graf von, Anwaltliche Haftungsbeschränkung im Widerstreit mit der Verbraucherschutzrichtlinie, ZIP 1995, 546–550.

Wheaton, James J., LLC Terminology, Comparisons with other Business Organizations and Comparisons of LLCs under Different Statutes, Q 229 American Law Institute ABA 1994, 145–168.

Widmann, Siegfried/Mayer, Robert, Umwandlungsrecht, Band 2. Bonn, 2. Aufl. 1981 (Loseblatt, 23. Ergänzungslieferung, Juni 1993).

Wiedemann, Herbert, Gesellschaftsrecht, Band 1, München 1980.

Wiesner, Ernst, Überörtliche Sozietät (Zu AnwBl 1989, 272), AnwBl 1989, 660 f.

Wilsing, Hans-Ulrich, Gemischte Sozietäten zwischen Rechtsanwälten, Steuerberatern und Wirtschaftsprüfern in Europa, in: Henssler, Martin/Nerlich, Jörg, Rechtliche Rahmenbedingungen anwaltlicher Tätigkeit in Europa, Köln 1994, 83–107.

Winters, Karl-Peter, Die Zukunft der Rechtsberatung, die Anwaltschaft unter Modernisierungszwang und Expansionsdruck, NJW 1988, 521–528.

Wolfram, Charles W., Modern Legal Ethics, St. Paul 1986.

Wright, Stephen L./Holland, Eva M., Neue Wege im Gesellschaftsrecht der U.S.A.: Die Limited Liability Company (LLC) am Beispiel des Bundesstaates Georgia, NJW 1996, 95–99.

Wüst, Günther, Ausbaubedürfnisse im Gesellschaftsrecht, JZ 1989, 270–278.

Zöller, Richard, Zivilprozeßordnung, Kommentar, bearbeitet von Geimer, Reinhold/Greger, Reinhard/Gummer, Peter/Herget, Kurt/Philippi, Peter/Stöber, Kurt/Vollkommer, Max, Köln, 20.Aufl. 1997.

Zuck, Rüdiger, Berufs- und standesrechtliche Rahmenbedingungen der künftigen Formen anwaltlicher Zusammenarbeit und anwaltlicher Werbung, AnwBl 1988, 351–354.

– Die europäische wirtschaftliche Interessenvereinigung als Instrument anwaltlicher Zusammenarbeit, NJW 1990, 954–959.
– Formen anwaltlicher Zusammenarbeit, AnwBl 1988, 19–25.
– Vertragsgestaltung bei Anwaltskooperationen, Köln 1995.

Verzeichnis der US-amerikanischen Gerichtsentscheidungen

(in alphabetischer Reihenfolge)

Abelow v. Grossman, 457 N.Y.S. 2d 30–33 (A.D. 1 Dept. 1982).
Ackerman v. Schwartz, 947 F.2d 841–849 (7th Cir. 1991).
Allstate Insurance Co. v. Horowitz, 461 N.Y.S. 2d. 218–221 (N.Y.City Civ.Ct. 1983).
Anderson v. Meglemre, 738 S. W.2d 931 ff. (Mo. Ct.App. 1987).
Andreo v. Friedlander, Gaines, Cohen, Rosenthal & Rosenberg, 660 F.Supp. 1362–1375 (D.Conn. 1987).
Angel, Cohen & Rogovin v. Oberon Investment, 512 So.2d 192 ff. (Fla. Supr.Ct. 1987).
In Re American Continental Corporation/Lincoln Savings and Loan Securities Litigation, 794 F.Supp. 1424 -1466 (D. Arizona 1992).
Application of Seigal, 171 N.Y.S. 2d 186 ff. (Supr.Ct. 1958).
Archer v. Ogden, 600 P.2d 1223–1227 (Okla. Supr.Ct. 1979).
Asamen v. Thompson, 131 P.2d 841–849 (Ca.Ct.App. 1942).
Associated Vendors, Inc. v. Oakland Meat Company, 26 Cal.Rptr. 806–816 (Cal. Ct.App. 1962).
A. Willmann & Assocs. v. Penseiro, 192 A.2d 469–473 (Me. Supr.Jud.Ct. 1963).
Bank of Mill Creek v. Elk Horn Coal Corp., 57 S. E.2d 736–753 (W.Va. Ct.App.).
In re Bar Ass'n of Hawaii, 516 P.2d 1267–1270 (Hawaii Supr.Ct. 1973).
Barmat v. Doe, 747 P.2d 1218–1223 (Ariz. Supr.Ct. 1987).
Beane v. Paulsen, 26 Cal.Rptr.2d 486–493 (Cal. Ct.App. 1993).
Beckman v. Farmer, 579 A.2d 618–659 (D.C. Ct.App. 1990).
Benvenuto v. Taubman, 690 F.Supp. 149–154 (E.D.N.Y. 1988).
Berrett v. Purser & Edwards, 876 P.2d 367–376 (Utah Supr.Ct. 1994).
Bert v. Helvering, 92 F.2d 491–496 (D.C. Cir. 1937).
Bingham v. Zolt, 683 F.Supp. 965–977 (S.D.N.Y. 1988).
Birt v. St. Mary Mercy Hospital of Gary, Inc., 370 N.E.2d 379–385 (Ind. Ct.App. 1977).
Blackmon v. Hale, 83 Cal.Rptr. 194–201, 463 P.2d 418–425 (Cal. Supr.Ct. 1970).
Blue Print Co., Inc. v. Ford Marrin Esposito Witmeyer & Bergman, 424 N.Y.S. 2d 970 f. (Civ.Ct. 1980); *aff'd*, 438 N.Y.S. 2d 170 f. (Supr.Ct. 1981).
Board of Comm'rs of Ala. State Bar ex rel. Baxley, 324 So.2d 256–265 (Ala. Supr.Ct. 1975).
Bockian v. Esanu, Katsu, Korins & Siger, 476 N.Y.S. 2d 1009–1013 (Supr.Ct. 1984).
Bonavire v. Wampler, 779 F.2d 1011–1017 (4th Cir. 1985).

Eisenberg v. Gagnon, 766 F.2d 770–788 (3d Cir. 1985); *cert.den.sub.nom.*Weinstein v. Eisenberg, 474 U.S. 946 (1985).

Empey v. United States, 406 F.2d 157–170 (10th Cir. 1969).

In re Energy Systems Equipment Leasing Securities Litigation, 642 F.Supp. 718–755 (E.D.N.Y. 1986).

Federal Deposit Insurance Corporation v. Mmahat, 907 F.2d 546–554 (5th Cir. 1990); *cert. den.*, 111 S. Ct. 1987 (1991).

Federal Deposit Insurance Corporation v. O'Melveny & Meyers, 969 F.2d 744–752 (9th Cir. 1992).

First Bank & Trust Co. v. Zagoria, 302 S. E.2d 674 ff. (Ga. Supr.Ct. 1983).

First Western Government Securities, Inc. v. Kline, 24 F.3d 480–500 (3rd Cir. 1994), *cert. den.*, 115 S. Ct. 613 (1994)

Fisher v. Fisher, 250 F.Supp. 677–683 (E.D.Pa. 1965).

Flaherty v. Weinberg, 492 A.2d 618–630 (Md. Ct.App. 1985).

Florida Bar v. Feterman, 439 So.2d 835–840 (Fla. Supr.Ct. 1983).

In re Flygstad, 56 B.R. 884–891 (Bankr. N.D.Iowa 1986).

Formento v. Joyce, 522 N.E.2d 312–317 (Ill. Ct.App. 1988).

Four Star Stage Lighting, Inc. v. Merrick, 392 N.Y.S. 2d 297 ff. (A.D.1 Dept. 1977).

Fox v. Abrams, 210 Cal.Rptr. 260–266 (Cal. Ct.App. 1985).

Fox v. Wilson, 354 S. E.2d 737–743 (N.C. Ct.App. 1987).

Frank v. R.A. Pickens & Son Co., 572 S.W.2d 133–135 (Ark. Supr.Ct. 1978).

Friedman v. Rogers, 440 U.S. 1–28 (1979).

Fure v. Sherman Hospital, 371 N.E.2d 143 ff. (Ill. App.Ct. 1977).

Galan v. McCollister, 580 P.2d 1324 ff. (Kan. Supr.Ct. 1978).

Gano v. Jamail, 678 S. W.2d 152–155 (Tex. Ct.App. 1984).

Ex parte Garland, 71 U.S. (4 Wall.) 333–339 (1886).

Geffen v. Moss, 125 Cal.Rptr. 687–694 (Cal. Ct.App. 1975).

Gibson v. Talley, 275 S. E.2d 154–157 (Ga. Ct.App. 1980); *appeal after remand*291 S. E.2d 72–76 (Ga. Ct.App. 1982).

Gilmore v. Berg, 761 F.Supp. 358–376 (D.N.J. 1991).

Gimbel Bros. v. Martinson, 157 N.Y.S. 458 ff. (Supr. Ct. 1916).

Gleicher v. Schachner, 563 N.Y.S. 2d 1010 ff. (N.Y.City Civ.Ct. 1990).

Grayson v. Jones, 710 P.2d 76 f. (Nev. Supr.Ct. 1985).

Grayson v. Wofsey, Rosen, Kweskin & Kuriansky, 478 A.2d 629 ff. (Conn. Super.Ct. 1984)

Greenberg v. Rose, 342 P.2d 522–525 (Cal. Ct.App. 1959).

State ex rel. Green v. Brown, 180 N.E.2d 157 f. (Ohio Supr.Ct. 1962).

In re Greer, 81 P.2d 96–103 (Ariz. Supr.Ct. 1938).

Application of Griffiths, 413 U.S. 717–733 (1973).

Gunn v. Mahoney, 408 N.Y.S. 2d 896–901 (Super.Ct. 1978).

Habeck v. MacDonald, 520 N.W.2d 808–813 (N.D. Supr.Ct. 1994).

Harvey v. Connor, 407 N.E.2d 879 ff. (Ill. Ct.App. 1980); *cert. den.*: 451 U.S. 938 (1981).

Hauke v. Frey, 93 N.W.2d 183 ff. (Neb. Supr.Ct. 1958).

Hayes v. Far West Services, 50 Wash.App. 505–509 (Wash.Ct. App. 1988).

Heath v. Craighill, Rendleman, Ingle & Blythe, P.A., 388 S. E.2d 178–183 (N.C. Ct.App. 1990), *review denied,* 309 S. E.2d 678 (N.C. Supr.Ct. 1990).

Herkert v. Stauber, 317 N.W.2d 834–846 (Wis. Supr.Ct. 1982).

Hirsch v. Texas Lawyers' Insurance Exchange, 808 S. W.2d 561–565 (Tex. Ct.App. 1991).

Hogan v. Morton, 1993 WL 64220, 1–8 (Tenn. Ct.App. 1993).

Holder v. United States, 412 F.2d 1189 (5th Cir. 1969).

Hollywood Cleaning & Pressing Co. v. Hollywood Laundry Service, Inc., 17 P.2d 709 ff. (Cal. Supr.Ct. 1932).

Holman v. Coie, 522 P.2d 515–527 (Wash. Ct.App. 1974); *cert. denied,* 420 U.S. 984 (1975).

Holton v. American Pastry Products Corp., 174 N.E. 663 f. (Mass. Supr.Ct. 1931).

Howell v. Bowden, 368 S.W.2d 842–851 (Tex. Ct. App. 1963).

Husted v. McCloud, 450 N.E.2d 491–495 (Ind. Supr.Ct. 1983).

Infosearch, Inc. v. Horowitz, 459 N.Y.S. 2d 348 ff. (N.Y.City Civ.Ct. 1982).

Investors Title Insurance Co. v. Herzig, 350 S. E.2d 160–164 (N.C. Ct.App. 1986).

Ize Nantan Bagowa, Ltd. v. Scalia, 577 P.2d 725–730 (Ariz. Ct.App. 1978).

Jackson v. Jackson, 201 S. E.2d 722 ff. (N.C. Ct.App. 1974).

Joseph v. Greater New Guide Baptist Church, Inc., 194 So.2d 127–130 (La. Ct.App. 1966); *writ refused,* 195 So.2d 647 (La. Supr.Ct. 1967).

In re Judiciary Tower Associates, 175 B.R. 796–820 (Bankr. D.D.C. 1994).

Kanarek v. Gadlex Assocs, 496 N.Y.S. 2d 253 ff. (Or. Supr.Ct. 1964).

In re Kaufman, 206 P.2d 528–539 (Idaho Supr.Ct. 1949).

Kellis v. Ring, 155 Cal.Rptr. 297–301 (Cal. Ct.App. 1979).

Kline v. First Western Government Securities, Inc., 24 F.3d 480–500 (3d Cir. 1994); *cert. den.:* 115 S. Ct. 613 (1994).

Kramer v. Twin County Grocers, 542 N.Y.S. 2d 787 f. (A.D. 2 Dept. 1989).

Kreutzer v. Wallace, 342 So.2d 981 ff. (Fla. Ct.App. 1977).

Krouner v. Koplovitz, 572 N.Y.S. 2d 959–962 (A.D. 3 Dept. 1991).

Kurzner v. United States, 413 F.2d 97–112 (5th Cir. 1969).

Land Title Co. v. State ex rel. Porter, 299 So.2d 289–300 (Ala. Supr.Ct. 1974).

Langhoff v. Marr, 568 A.2d 844–855 (Md. Ct.Spec.App. 1990); *vacated on other grounds,* 589 A.2d 470–478 (Md. Ct.App. 1991).

Lawlis v. Kightlinger & Gray, 562 N.E.2d 435–443 (Ind. Ct.App. 1990).

Legum Furniture Corp. v. Levine, 232 S. E.2d 782–786 (Va. Supr.Ct. 1977).

Lenhart v. Toledo Urology Associates, 356 N.E.2d 749 ff. (Ohio Ct.App. 1975).

Levin v. Barish, 460 A.2d 1174–1177 (Pa. Super.Ct. 1983), *order aff'd in part, reversed in part on other grounds,* 481 A.2d 1183–1190 (Pa. Super.Ct. 1984).

Levy v. Queens Medical Group, 476 N.Y.S. 2d 613 f. (A.D. 2nd Dept. 1984).

Lichtenheld v. Bersen, 285 N.Y.S. 585 f. (A.D. 2 Dept. 1936).

Longley Supply Co. of New Bern v. Styron, 214 S. E.2d 777 ff. (N.C. Ct.App. 1975).

Lubin v. Sybedon Corp., 688 F.Supp. 1425–1464 (S.D. Cal. 1988).

Lucas v. Hamm, 15 Cal. Rptr. 821–828 (Supr.Ct. 1961); *cert. den.:* 368 U.S. 987 (1962).

Lurie v. Arizona Fertilizer & Chem. Co., 421 P.2d. 330–335 (Ariz. Supr.Ct. 1966).

Lyon v. Barrett, 445 A.2d 1153–1158 (N.J. Supr.Ct. 1982).

McCombs v. Rudman, 17 Cal.Rptr. 351–354 (Cal. Ct.App. 1961).

McGarity v. Craighill, Rendleman. Ingle & Blythe, P.A., 349 S. E.2d 311 -315 (N.C. Ct.App. 1986).

Melby v. O'Melia, 286 N.W.2d 373 ff. (Wis. Ct.App. 1979).

Meriden Nat. Bank v. Gallaudet, 24 N.E. 994 ff. (N.Y. Ct.App. 1890).

Milwaukee Partners v. Collins Engineers, Inc., 485 N.W.2d 274–278 (Wis. Ct.App. 1992).

Minton v. Cavaney, 364 P.2d 473–477 (Cal. Supr.Ct. 1961).

Model Building & Loan Ass'n of Mott Haven v. Reeves, 140 N.E. 715–718 (N.Y. Ct.App. 1923).

Moorman Manufacturing Co. v. National Tank Co., 435 N.E.2d 443–457 (Ill. Supr.Ct. 1982).

Morrissey v. Commissioner of Internal Revenue, 296 U.S. 344–362 (1935).

Morrow v. Cooper, 824 P.2d 1048–1053 (N.M. Ct.App. 1991).

Munyan v. Curtis, Mallet-Prevost, Colt & Mosle, 472 N.Y.S. 2d 321 f. (A.D. 1st Dept. 1984).

Myers v. Aragona, 318 A.2d 263–269 (Md. Ct.App. 1974).

Nash v. Vann, 390 So.2d 301–304 (Ala. Ct.App. 1980).

In re National Mortgage Equity Corp. Mortgage Pool Certificates Securities Litigation, 636 F.Supp. 1138–1173 (C.D. Cal. 1986).

New York Criminal and Civil Courts Bar Association v. Jacoby, 460 N.E.2d 1325–1328 (N.Y. Ct.App. 1984).

Noble v. Sears, Roebuck & Co., 109 Cal.Rptr. 269–275 (Ct.App. 1973).

Norfleet v. Stewart, 20 S.W.2d 868–871 (Ark. Supr.Ct. 1929).

Odesser v. Continental Bank, 676 F.Supp. 1305–1317 (E.D. Pa. 1987).

O'Donnell v. McLoughlin, 125 A.2d 370–374 (Pa. Supr. Ct. 1956).

Ohmon v. Kahn, 685 F.Supp. 1302–1311 (S.D.N.Y. 1988).

In re Oldtowne Legal Clinic, 400 A.2d 1111–1117 (Md. Ct.App. 1979).

O'Neill v. United States of America, 410 F.2d 888–905 (6th Cir. 1969).

Ottinger v. Dempsey, 504 N.Y.S. 2d 517 ff. (A.D. 2 Dept. 1986); *appeal dismissed*, 69 N.Y.2d 822 (Ct.App. 1987).

Paciello v. Patel, 443 N.Y.S. 2d 403–406 (A.D. 2 Dept. 1981).

Palfy v. Rice, 473 P.2d 606–614 (Alaska Supr.Ct. 1970).

Palomba v. Barish, 626 F.Supp. 722–727 (E.D. Pa. 1985).

People v. Foster, 716 P.2d 1069–1072 (Colo. Supr.Ct. 1986).

Petty v. Privette, 818 S.W.2d 743–748 (Tenn. Ct.App. 1989).

Phillips v. Cahill, Gordon & Reindel, N.Y.L.J., 26 May 1981, 7 (N.Y. Supr.Ct. 1981).

Phillips v. Carson, 731 P.2d 820–837 (Kan. Supr.Ct. 1987).

Polikoff v. Levy, 204 N.E.2d 807–811 (Ill. Ct.App. 1965); *cert. denied*, 382 U.S. 903 (1965).

Presutti v. Presutti, 310 A.2d 791–795 (Md. Ct.App. 1973).

Zimmermann v. Hogg & Allen, Professional Assoc., 209 S. E.2d 795–805 (N.C. Supr.Ct. 1974).

Zubik v. Zubik, 384 F.2d 267–276 (3d Cir. 1967); *cert. denied*, 390 U.S. 988 (1968).